lonely planet

Berlin

ÉDITION ÉCRITE ET ACTUALISÉE PAR

Andrea Schulte-Peevers

Sommaire

Préparer son voyage 4

Explorer Berlin 78

Comprendre Berlin 255

Berlin pratique 301

Plans de Berlin 338

COVID-19

Au moment où nous terminions l'édition de ce guide, la pandémie de Covid-19 impactait fortement le monde du voyage. Les informations que vous trouverez dans cet ouvrage sont donc susceptibles de changements.

Renseignez-vous bien avant votre départ car la situation aura probablement évolué quand vous préparerez votre voyage.

Alexanderplatz p. 117
Shopping et siège de l'emblématique Fernsehturm.

Maison Schwarzenberg p. 135
Street art et lieux décalés.

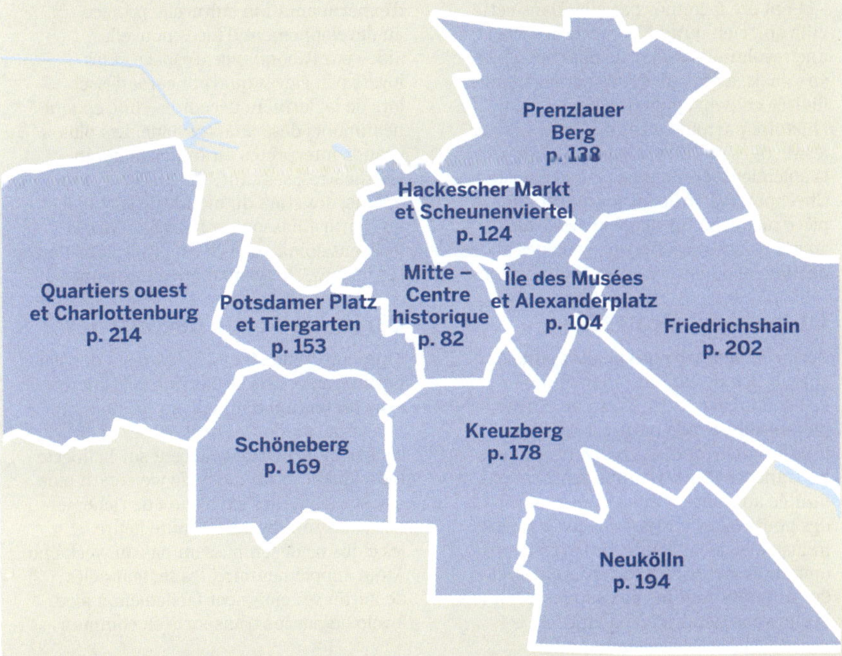

Bienvenue à Berlin

Mélange de glamour et de monde alternatif, Berlin fascine par sa culture, son architecture d'avant-garde, sa cuisine, sa vie nocturne et son histoire encore palpable.

Une ville chargée d'histoire

Otto von Bismarck et Karl Marx, Albert Einstein et Adolf Hitler, Marlene Dietrich et David Bowie : tous ont façonné Berlin – et ont été façonnés par elle. Dans cette ville qui, rien qu'au XXe siècle, a orchestré une révolution, a servi de quartier général aux nazis, a été pulvérisée par les bombes, divisée en deux, puis finalement réunifiée, l'histoire partout vous interpelle. Longer les vestiges du Mur, s'émerveiller devant la splendeur d'un palais prussien, visiter Checkpoint Charlie ou se trouver dans la pièce même où fut planifié l'Holocauste : au gré de ses rues, Berlin prend des allures de manuel d'histoire en trois dimensions.

Un paradis de la fête

Berlin est une ville qui ne dort jamais et tient lieu de capitale allemande de l'hédonisme festif. L'offre nocturne, pléthorique, est de nature à satisfaire tous les goûts, tous les budgets et toutes les tranches d'âge. L'animation n'est pas limitée aux soirées et aux week-ends ; des petits clubs en sous-sol aux temples industriels de la techno, des *Biergärten* ombragés aux bars à cocktails chics, et des cabarets coquins aux soirées à l'Opéra, Berlin vous tiendra en haleine 24h/24.

Une créatrice de tendances

Côté créativité, Berlin ne semble avoir aucune limite. Ces vingt dernières années, la ville s'est muée en un laboratoire d'expérimentation culturelle propice au développement d'idées nouvelles, aidée par l'abondance d'espace et les loyers peu élevés qui l'ont caractérisée lors de la dernière décennie – une époque néanmoins désormais révolue. Les plus grands interprètes étrangers honorent ses théâtres, ses salles de concerts et ses opéras, des stars du monde de l'art telles qu'Olafur Eliasson ou Jonathan Meese y élisent domicile. À Berlin, l'art, sous toutes ses formes, trouve matière à s'exprimer.

Un mode de vie décontracté

Multiculturelle, dix fois plus vaste que Paris, Berlin n'en conserve pas moins le charme sans prétention d'un village cosmopolite. Fidèles au credo "vivre et laisser vivre", les Berlinois mettent l'accent sur la liberté individuelle et un mode de vie créatif plus que sur les signes extérieurs de richesse. Les cafés sont bondés à toute heure, et les clubs ne désemplissent pas du week-end. Atout supplémentaire, les secteurs-clés de Berlin se rejoignent facilement à pied, à vélo ou par les transports en commun.

Pourquoi j'aime Berlin

Par Andrea Schulte-Peevers, auteure

Berlin est une bonne vivante qui ne se prend pas trop aux sérieux. Pour moi, elle est tout simplement grisante : elle m'étreint, m'inspire, m'écoute et me fait me sentir bien, avec moi-même, le monde et les autres. J'affectionne ses monuments, ses immenses étendues de végétation, ses bars à ciel ouvert et ses restaurants chics, mais c'est avant tout son côté brut qui me bouleverse. Imprévisible et humble autant qu'irrésistible, Berlin n'est pas une ville figée, et vous renvoie tout l'amour que vous lui donnez.

Pour en savoir plus sur notre auteure, voir p. 368

Ci-dessus : cathédrale de Berlin (p. 118)

Le Top 10 de Berlin

1

Porte de Brandebourg *(p. 86)*

1 Les souverains prussiens franchissaient cette porte néoclassique marquant l'entrée de la ville royale, et Napoléon 1er voulut même la démonter pour l'installer à Paris. Longtemps isolée à l'est du Mur, en RDA, la porte de Brandebourg fut un symbole de division et d'oppression, avant de devenir l'image même de l'Allemagne réunifiée après 1989. Le monument, trônant parmi les ambassades et les banques de la Pariser Platz, en impose en particulier la nuit, lorsque ses colonnes inspirées de l'Acropole d'Athènes et la sculpture de la déesse de la Victoire dominant le Quadrige sont baignées d'une lumière dorée.

Mitte – Centre historique

Mur de Berlin *(p. 140)*

2 Il est des événements qui ont le pouvoir d'émouvoir le monde entier. La chute du mur de Berlin en 1989 est de ceux-là. Tous ceux qui ont assisté à la scène, en direct ou sur l'écran de la télévision, gardent un souvenir ému du spectacle de ces Berlinois euphoriques dansant sous la porte de Brandebourg. S'il en subsiste peu de vestiges, le Mur reste présent dans l'imaginaire berlinois et dans des lieux comme Checkpoint Charlie, le mémorial du Mur de Berlin et l'East Side Gallery (photo).

Prenzlauer Berg

CANADASTOCK / SHUTTERSTOCK ©

KARNIZZ / SHUTTERSTOCK ©

3

4

Île des Musées *(p. 106)*

3 Conçu comme un Louvre berlinois sur la Spree, cet imposant ensemble de 5 édifices est le fleuron des collections de la ville. Inscrits au Patrimoine mondial, ces musées présentent 6 000 ans d'art et d'histoire culturelle. Contemplez les antiquités du musée de Pergame et de l'Ancien Musée, la reine Néfertiti au Nouveau Musée, les œuvres du XIXe siècle de l'Ancienne Galerie nationale (p. 112) ou les sculptures médiévales du musée Bode. Traversez ensuite la rue jusqu'au Forum Humboldt tout neuf.

Île des Musées et Alexanderplatz

Reichstag *(p. 84)*

4 Autre symbole de Berlin, le Reichstag a été incendié, bombardé, laissé à l'abandon, puis emballé dans du tissu avant de renaître comme siège du Parlement de l'Allemagne réunifiée. Prenez l'ascenseur (gratuit) jusqu'au toit et admirez la vue sur Berlin – vous verrez plusieurs sites emblématiques de la ville, en particulier la porte de Brandebourg et le parc de Tiergarten. Arpentez la passerelle en spirale dans l'étincelant dôme de verre (page ci-contre) qui coiffe le monument, signé de l'architecte britannique Norman Foster.

Mitte – Centre historique

Vie nocturne *(p. 58)*

5 Si Berlin est réputée pour ses clubs techno, les divertissements nocturnes ne se limitent pas à cela. Des raves gothiques aux soirées hip-hop, des pubs où la bière est exclusivement artisanale aux cafés au bord de l'eau, des *Biergärten* aux repaires underground : trouver une soirée qui sied à votre humeur est un jeu d'enfant. Vous pourrez aussi revivre les années 1920 dans un cabaret, vibrer au son de grandes symphonies à la Philharmonie de Berlin ou passer la soirée à l'Opéra.

Où prendre un verre et faire la fête

6

Street art et mouvements alternatifs *(p. 184)*

6 Si, par ses musées, son agenda culturel et ses restaurants, Berlin rivalise avec d'autres capitales, elle trouve sa singularité dans l'esprit d'ouverture et de tolérance qui règne ici, propice à l'expérimentation et à l'émergence de mouvements alternatifs. Kreuzberg, Friedrichshain et le nord de Neukölln sont des laboratoires de créativité où naissent les tendances. On y trouve des œuvres de *street art*, comme à travers toute la ville, tel l'impressionnant *Astronaut/Cosmonaut* (page ci-contre) du français Victor Ash.

Les arts à Berlin

Château de Charlottenbourg *(p. 216)*

7 Le Schloss Charlottenburg (p. 216) est le plus grand et le plus beau des palais royaux prussiens de Berlin. Édifié au XVIIIe siècle, ce joyau baroque témoigne du faste de la cour des Hohenzollern, en particulier sous Frédéric Ier et Frédéric II le Grand. On y admire de fastueux appartements ornés de toiles de maître de l'école française, des salles d'apparat et un cabinet de porcelaines asiatiques. Deux grandes ailes complètent l'édifice proprement dit, d'un jaune caractéristique des Hohenzollern. Le parc est magnifique.

Quartiers ouest et Charlottenburg

7

Mémorial de l'Holocauste *(p. 87)*

8 En arpentant l'immense labyrinthe, hommage de l'Allemagne aux victimes juives du IIIe Reich, on ressent, dans le silence des lieux, la présence des disparus. L'Holocaust-Mahnmal, ou mémorial aux Juifs assassinés d'Europe, témoigne de la barbarie nazie. L'architecte new-yorkais Peter Eisenman a transcrit l'indicible horreur au moyen d'un dédale de 2 711 stèles de hauteurs inégales, comme autant de sarcophages posés sur un sol irrégulier. Une exposition poignante, richement illustrée et documentée est située au sous-sol.

Mitte – Centre historique

Kulturforum *(p. 162)*

9 Conçu dans les années 1950 comme la réponse de Berlin-Ouest à l'Île des Musées, le Kulturforum réunit des lieux de culture passionnants. La Pinacothèque (p. 158), l'un des plus importants musées d'art berlinois, réunit une collection de grands maîtres, de Rembrandt à Vermeer. D'autres musées sont consacrés aux arts graphiques, aux arts décoratifs et aux instruments de musique. La Philharmonie (p. 163) héberge l'un des meilleurs orchestres au monde, dans une salle de concerts aux formes originales, dessinée par Hans Scharoun dans les années 1960.

Potsdamer Platz et Tiergarten

9

10

Potsdamer Platz *(p. 155)*

10 Construit autour de la zone de démarcation qui sépara Est et Ouest pendant 28 ans, ce quartier incarne mieux que tout autre le renouveau allemand. Après avoir été coupée par le Mur puis avoir constitué le plus vaste chantier du monde de 1990 à 2005, la Potsdamer Platz est redevenue la pierre angulaire de la capitale, à la fois carrefour de transports, quartier d'affaires et haut lieu des sorties berlinoises. Ce vaste ensemble de bureaux, de musées, de cinémas, de théâtres ou d'hôtels fournit aussi un large terrain d'exercice où s'exprime le talent d'architectes de renom, tels Helmut Jahn et Renzo Piano.

Potsdamer Platz et Tiergarten

Quoi de neuf ?

Trente ans après la réunification, Berlin reste une métropole en constant mouvement. Malgré d'évidents défis, l'optimisme, la résilience et une foi inébranlable dans l'avenir continuent de façonner le moral de la ville et de ses habitants.

Aéroport de Berlin-Brandebourg

L'aéroport de Berlin-Brandebourg (p. 302 ; BER), nouvel aéroport central de Berlin, a ouvert ses portes le 31 octobre 2020 après 8 ans de coûteux retard. Il englobe l'ancien aéroport de Schönefeld. L'aéroport de Tegel, désormais fermé, deviendra un campus technologique.

Prolongement de la ligne d'U-Bahn U5

Après 10 ans de travaux, le prolongement de la ligne U5 sous Unter den Linden, entre la porte de Brandebourg et l'Alexanderplatz, a été inauguré en décembre 2020.

Forum Humboldt

En décembre 2020 a été inaugurée une première partie de ce que sera le Forum Humboldt (p. 120), un musée et centre culturel occupant une reproduction du palais royal prussien à côté de l'Île des Musées, au cœur du centre-ville. D'autres parties doivent ouvrir en 2021.

Futurium

Tournez-vous vers l'avenir et découvrez des stratégies pour le façonner à la Maison des futurs (p. 98), ouverte fin 2019 dans un édifice aux allures de vaisseau spatial.

100% LOCAL

L'ÉCHO DE LA RUE

Andrea Schulte-Peevers, auteure

Sans la pandémie, Berlin traverserait une période faste. Les start-up sont ici en plein essor, aux portes de la ville Elon Musk construit en un temps record une immense usine qui pourrait générer 10 000 emplois, et de nouvelles constructions, voire des quartiers entiers, poussent un peu partout. Il y a de nouvelles pistes cyclables et le gouvernement local a même gelé les loyers pour empêcher le coût du logement de s'envoler.

Il y a aussi les immenses chantiers achevés en 2020. Le plus attendu était l'aéroport de Berlin-Brandebourg, mis en service en octobre, avec cependant 8 ans de retard et un surcoût colossal. Deux mois plus tard, les premières rames d'U-Bahn circulaient sur le prolongement de la ligne U5, transportant les passagers vers de nouvelles stations chics sous Unter den Linden et comblant ainsi un trou important dans le réseau berlinois de transports en commun. Pendant ce temps-là, à l'air libre, ouvrait le Forum Humboldt, aménagé dans un palais prussien reconstruit et appelé à devenir un centre culturel d'envergure.

Le coronavirus n'a qu'à bien se tenir : Berlin est un fauve doué de résilience.

Fontaines à eau

Pour contribuer à réduire les déchets plastiques, Berliner Wasserbetriebe (le service des eaux berlinois) a installé plus de 120 fontaines distribuant l'eau potable de Berlin, riche en minéraux. Vous les trouverez dans les lieux publics fréquentés, notamment le Kurfürstendamm (p. 221) et le parc de Friedrichshain (p. 206).

Galerie James-Simon

Bâtiment d'entrée de l'Île des Musées, la galerie James-Simon (p. 107), conçue par David Chipperfield, a ouvert ses portes en juillet 2019. Elle donne pour l'instant accès au musée de Pergame et au Nouveau Musée, et accueille de petites expositions.

Musée juif

Musée en zigzag habillé de zinc, le Musée juif (p. 180) a accueilli ses premiers visiteurs dans une muséographie entièrement revue en août 2020. Un musée interactif pour les enfants situé de l'autre côté de la rue doit également ouvrir dès que la pandémie de Covid-19 le permettra.

Église de Friedrichswerdersche

Au terme d'une importante restauration, la Friedrichswerdersche Kirche (p. 93) convertie en musée, accueille de nouveau des visiteurs depuis octobre 2020. Elle renferme de splendides sculptures du début du XIXe siècle.

PalaisPopulaire

Ouvert en septembre 2018, le PalaisPopulaire (p. 93) est un espace d'exposition aménagé dans un palais royal prussien modernisé. Sponsorisé par la Deutsche Bank, il accueille des expositions temporaires dont les thèmes vont de l'art au sport.

Trottinettes électriques

Berlin a officiellement autorisé les trottinettes électriques en juin 2019. Elles ne font pas l'unanimité, mais semblent être appelées à perdurer.

LIRE, ÉCOUTER, REGARDER

Vous trouverez des idées et des actualités à jour sur le site www.lonelyplanet.fr/destinations/europe/allemagne/berlin.

Going Local Berlin (www.visitberlin.de/en/going-local-berlin). Cette application gratuite de l'office du tourisme berlinois vous entraîne dans des coins branchés des 12 arrondissements de la ville. Sur iOS et Android.

Radio Spätkauf (www.radiospaetkauf.com). Actualités irrévérencieuses mais intéressantes, en anglais, avec podcast et blog en ligne.

Abandoned Berlin (www.abandonedberlin.com). À travers les édifices en ruine, ce site Internet révèle des aspects méconnus de la passionnante histoire de Berlin.

Pieces of Berlin (www.piecesofberlin.com). Ce blog couplé à Instagram montre la vie de Berlinois ordinaires (en allemand).

LE SAVIEZ-VOUS ?

Tendances culinaires Ingrédients issus du développement durable, régionaux et bio.

Parcs, jardins et forêts 25,5% de la superficie.

Kebabs vendus 400 000/jour.

Population 3,762 millions d'habitants.

Fermeture de musées

L'aile nord et la salle de l'Autel de Pergame du musée de Pergame sont fermés pour travaux au moins jusqu'en 2023. En attendant, on peut admirer le majestueux autel de Pergame dans une rotonde construite exprès pour l'exposition "Pergamonmuseum. Das Panorama" (p. 109), basée sur un immense panorama et des sculptures originales du site de Pergame.

Le Bauhaus-Archiv devrait rester fermer pour rénovation jusqu'en 2025.

L'essentiel

Pour plus d'informations, voir *Berlin pratique* (p. 301).

Devise
Euro (€)

Langue
Allemand

Visas
Inutile pour les citoyens de l'UE, ainsi que pour les Canadiens et les Suisses séjournant moins de 90 jours.

Argent
Les cartes bancaires sont très largement acceptées, mais ayez aussi des espèces. Il y a des DAB partout.

Téléphones portables
Pour les voyageurs européens, leur forfait fonctionne à Berlin comme dans leur pays d'origine, sans surcoût. Les autres voyageurs se renseigneront sur les frais d'itinérance.

Heure locale
Berlin est en GMT/UTC + 1 heure (heure normale d'Europe centrale).

Information touristique
Visit Berlin (www.visitberlin.de), l'office du tourisme berlinois, dispose d'antennes dans la principale gare ferroviaire de la ville, l'aéroport BER, ainsi qu'à la porte de Brandebourg. On peut aussi recourir à son **centre d'appel** (☎030-2500 2333 ; ⏲9h-18h lun-ven).

Budget quotidien

Moins de 100 €

- Lit en dortoir ou location chez un particulier : 18-35 €
- Kebab : 3-4 €
- Discothèque : 5-20 €
- Forfait journalier pour les transports en commun : 8,60 €

100-200 €

- Luxueux loft ou chambre double en hôtel chic : 80-120 €
- Menu de 2 plats avec vin : 40-60 €
- Visite guidée : 10-20 €
- Entrée de musée : 8-30 €

Plus de 200 €

- Appartement chic ou chambre double dans un hôtel haut de gamme : à partir de 180 €
- Menu gastronomique de 2 plats avec vin : 80 €
- Cabaret : 50-80 €
- Course en taxi : 25 €

À savoir

Emportez de bonnes chaussures de marche – la meilleure façon d'apprécier la ville est de circuler à pied –, un parapluie ou un vêtement de pluie (il pleut à n'importe quel moment de l'année), mais aussi des lunettes et un chapeau de soleil.

À prévoir

Deux ou trois mois avant Prenez vos billets pour la Philharmonie, l'Opéra national, la collection Boros d'art contemporain et autres lieux prestigieux.

Un mois avant Réservez une table dans un restaurant tendance ou étoilé, notamment pour les dîners le week-end.

Deux semaines avant Réservez en ligne pour la coupole du Reichstag, le Nouveau Musée et le musée de Pergame (uniquement en été).

Sites Web

Lonely Planet (www.lonelyplanet.fr). Infos, réservations, forum...

Visit Berlin (www.visitberlin.de/fr). Site officiel de l'office du tourisme, en partie en français.

Museumsportal (www.museumsportal-berlin.de/fr/). Portail sur les musées de la ville, en partie en français.

Berlin en ligne (www.berlin-en-ligne.com). Site très complet en français.

BVG (www.bvg.de). Site Internet du réseau de transports, avec un planificateur d'itinéraires.

Le Petit Journal (lepetitjournal.com/berlin). Articles de fond et agenda en français.

QUAND PARTIR

S'il fait chaud en juillet-août, il pleut aussi souvent. La fraîcheur du printemps et de l'automne favorise la tenue de nombreux festivals. L'hiver est une période calme.

Berlin

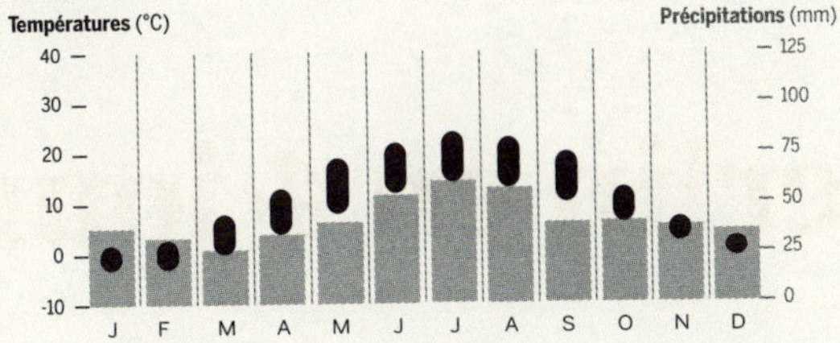

Arriver à Berlin

Aéroport de Berlin-Brandebourg Des trains FEX Airport Express pour le centre de Berlin partent deux fois par heure (30 min de trajet) ; les trains RE7 et RB14 partent une fois par heure (30 min) ; les trains S9 partent toutes les 20 minutes (45 min) ; tous ces trajets coûtent 3,60 €. Un taxi jusqu'au centre-ville revient à 50-60 €.

Hauptbahnhof Principale gare ferroviaire, située dans le centre-ville près du quartier gouvernemental et de la porte de Brandebourg. Elle est desservie par le S-Bahn, l'U-Bahn, le tram, les bus et taxis.

Zentraler Omnibusbahnhof (ZOB). Depuis la gare routière centrale, située à la lisière ouest du centre-ville, l'U-Bahn U2 part de la station Kaiserdamm en direction du centre-ville (pour Bahnhof Zoo, 8 min ; pour Alexanderplatz, 28 min ; 2,90 €). Un taxi coûte 15 € pour les quartiers ouest et 28 € pour Alexanderplatz.

Plus d'information p. 302.

Comment circuler

U-Bahn Moyen de transport le plus efficace. De 4h à 0h30 en semaine, et toute la nuit les vendredis, samedis et jours fériés. Des bus de nuit prennent le relais du dimanche au jeudi.

S-Bahn Ces trains de banlieue assurent les trajets plus longs. Mêmes horaires que l'U-Bahn.

Bus Lents, mais économiques pour voir les curiosités, surtout les lignes 100, 200 et 300. Fréquents de 4h30 à 0h30 ; toutes les 30 minutes la nuit. Les MetroBus (M41, M19) circulent 24h/24, 7j/7.

Tramway Seulement dans les quartiers est. Les MetroTrams (M1, M2) circulent 24h/24, 7j/7.

Vélo Nombreux loueurs et pistes cyclables. Les vélos sont acceptés dans certains wagons de l'U-Bahn, du tramway et du S-Bahn.

Taxi On peut les héler, les réserver par téléphone, via une application, ou les prendre aux stations.

Plus d'information p. 305.

Où se loger

Les 143 000 chambres que comptabilisent les hôtels berlinois sont assez vite occupées, surtout l'été et pendant les vacances scolaires, les festivals et les salons, et les prix flambent ; il est alors indispensable de réserver. Sinon, les tarifs sont très abordables pour une capitale européenne. Le choix va des hôtels de luxe aux chaînes internationales, en passant par des hôtels de charme et d'anciens B&B à la berlinoise, des auberges de jeunesse et des appartements individuels.

Plus d'information p. 245.

VISITES GUIDÉES EN FRANÇAIS

Berlin à la carte (www.berlin-a-la-carte.com). Une entreprise familiale, gérée par Véronique Baude et son fils. Visites guidées à vélo ou à pied, en petits groupes.

Good Morning Berlin (www.goodmorningberlin.com). Agence tenue par une Française, Élodie Benchereau. Visites thématiques et guides francophones.

Vive Berlin (www.viveberlintours.de). Voir p. 308.

Berlin en 4 jours

Journée 1

Mitte – Centre historique (p. 82)

Un seul jour à Berlin ? Cet itinéraire vous conduira sur les sites phares. Réservez une place dans l'ascenseur menant à la coupole du **Reichstag**, puis immortalisez la **porte de Brandebourg** avant de vous recueillir au **mémorial de l'Holocauste**. Admirer ensuite l'architecture contemporaine de la **Potsdamer Platz**. Longez les **vestiges du mur de Berlin** dans la Niederkirchner Strasse pour rejoindre **Checkpoint Charlie**. Songez à la folie de la guerre froide avant de rejoindre la Friedrichstrasse, où vous déjeunerez en admirant le magnifique **Gendarmenmarkt**.

Déjeuner À l'espace de restauration des Galeries Lafayette (p. 103).

Île des Musées et Alexanderplatz (p. 104)

Suivez l'avenue Unter den Linden vers l'est, faites un tour dans le **Forum Humboldt**, un tout nouveau centre culturel, puis passez le reste de l'après-midi parmi les antiquités du **musée de Pergame**. Pour vous détendre, sirotez une bière en regardant passer les curiosités lors d'une **croisière fluviale** d'une heure autour de l'Île des Musées.

Dîner Pensez à réserver une table chez Frea (p. 132)

Hackescher Markt et Scheunenviertel (p. 124)

Savourez la journée écoulée et organisez la suivante devant un cocktail d'expert au **Buck & Breck**, un lieu branché façon bar clandestin.

Journée 2

Prenzlauer Berg (p. 138)

Prévoyez 2 heures pour entrevoir ce qu'était la vie à Berlin à l'époque du Mur en explorant le **mémorial du Mur de Berlin**, une exposition sur 1,4 km de long. Faites un petit tour au **Mauerpark**, puis prenez un café au **Bonanza Coffee Heroes** avant de faire du lèche-vitrine dans la Kastanienallee.

Déjeuner Au W-Der Imbiss (p. 147), un restaurant animé de la Kastanienallee.

Hackescher Markt et Scheunenviertel (p. 124)

Baladez-vous dans Scheunenviertel et découvrez le labyrinthe de ruelles étroites de ce quartier juif historique où sont situés l'étincelante **Nouvelle Synagogue** ressuscitée et les **Hackesche Höfe**, d'agréables cours agrémentées de boutiques et de cafés. Allez voir les dernières œuvres de *street art* au **Haus Schwarzenberg**, puis rejoignez la Spree pour prendre un café et une pâtisserie en terrasse au **Petit Bijou**, un adorable café offrant une vue superbe sur la façade baroque du musée Bode.

Dîner Cap sur Kreuzberg pour un repas allemand chez Orania (p. 188).

Kreuzberg (p. 178)

Après le dîner, lancez-vous dans une tournée des bars autour de la Kottbusser Tor (p. 189) : nos adresses préférées sont **Würgeengel** pour un cocktail, **Möbel Olfe** pour une bière et l'**Otto Rink** pour un verre de vin.

WERNER SPREMBERG / SHUTTERSTOCK ©

Bikini Berlin (p. 227)

MICHAEL KAERCHER / SHUTTERSTOCK ©

Potsdam (p. 230)

Journée 3

Quartiers ouest et Charlottenburg (p. 214)

Le 3e jour, ralliez le **château de Charlottenbourg**, où vous ne manquerez ni la Nouvelle Aile édifiée par Frédéric II le Grand, ni le parc. Prenez le bus jusqu'au Zoologischer Garten et recueillez-vous devant l'**église du Souvenir**, en ruine après les bombardements de 1943. Puis, profitez des boutiques dans le **Kurfürstendamm** et les rues adjacentes, ainsi que dans le centre commercial **Bikini Berlin** et le magnifique grand magasin **KaDeWe**.

Déjeuner Un repas gastronomique à l'espace de restauration du KaDeWe (p. 176).

Neukölln (p. 194)

Rejoignez **Tempelhofer Feld**, au sud, pour admirer un ancien aéroport réaménagé en parc et aire de jeux. En quittant ce parc par l'est, vous plongerez dans Neukölln. Sirotez une bière ou un *latte* dans l'un des nombreux cafés de cet agréable quartier avant de prendre l'U-bahn jusqu'à la station de Warschauer Strasse. Promenez-vous le long de l'**East Side Gallery**, puis empruntez le Warschauer Brücke pour rejoindre Friedrichshain, en admirant, par exemple, le *street art* au **RAW Gelände**.

Dîner Un délicieux repas sans viande au 1990 Vegan Living (p. 207).

Friedrichshain (p. 202)

Terminez la journée en prenant un verre dans l'un des nombreux bars de la Boxhagener Platz, de la Simon-Dach-Strasse et de la Sonntagstrasse.

Journée 4

Potsdam (p. 230)

Berlin ne manque pas d'autres sites ni d'activités, mais nous vous recommandons de consacrer la plus grande partie de votre journée à explorer les parcs et les palais de Potsdam, à 40 minutes à peine en S-Bahn. Achetez des billets en ligne pour le créneau horaire que vous souhaitez afin de voir ce bijou rococo qu'est le **château de Sans-Souci**. Le parc environnant et les nombreux autres palais, plus petits, en particulier le **Pavillon chinois**, sont également à voir.

Déjeuner Dépaysez-vous dans le parc du Drachenhaus (p. 231).

Potsdam (p. 230)

Après avoir exploré le parc, mettez le cap sur la vieille ville de Potsdam pour vous balader dans le **Holländisches Viertel** (quartier hollandais) ou aller voir la dernière expo en date au très chic **musée Barberini**. Revenez ensuite à Berlin pour vous délasser dans le **Prater Biergarten**.

Dîner Prenez place sur un tabouret du charmant restaurant Umami (p. 147), à Prenzlauer Berg.

Prenzlauer Berg (p. 138)

Après le dîner, promenez-vous sur la jolie **Kollwitzplatz**. Ceux qui ont encore de l'énergie pourront se lancer dans une tournée des bars, en marquant peut-être un arrêt au **Bryk Bar** ou au **Becketts Kopf**.

Envie de...

Musées

Musée de Pergame
Des trésors d'architecture monumentale antique. (p. 107)

Nouveau Musée
La reine Néfertiti, vedette de la collection égyptienne, et autres pièces inestimables de l'Antiquité. (p. 109)

Musée juif Un parcours exhaustif qui va au-delà de l'Holocauste en retraçant la riche histoire des juifs d'Allemagne. (p. 180)

Muséum d'histoire naturelle
Rencontre avec les dinosaures, découverte de l'univers, de l'évolution et même de l'anatomie des mouches ! (p. 98)

Musée allemand des Techniques
Avions, trains, bateaux et automobiles en nombre, premier ordinateur du monde et autres bijoux de technologie. (p. 182)

Marchés

Flohmarkt im Mauerpark
Incomparable, ce marché aux puces est bondé l'été. (p. 151)

Street Food Thursday En-cas du monde entier et bières artisanales dans un marché couvert du XIXe siècle. (p. 186)

Marché turc Berlin invite le Bosphore en bord de canal sur ce marché animé, aux produits peu onéreux. (p. 201)

Nowkoelln Flowmarkt
Un marché aux puces pour hipsters, avec trésors faits main et concerts improvisés. (p. 201)

Kollwitzplatzmarkt
Les gourmets y dénicheront les meilleurs produits pour un pique-nique mémorable. (p. 152)

Muséum d'histoire naturelle (p. 98)

Vues sur la ville

Tour de la Télévision Le plus haut édifice d'Allemagne domine les grands sites de Berlin. (p. 116)

Coupole du Reichstag Sur réservation, on rejoint en ascenseur la coupole de verre qui surmonte le bâtiment historique du Parlement allemand. (p. 84)

Teufelsberg À l'est de Berlin, on profite d'un panorama complet de la capitale du haut de la deuxième plus haute "montagne" (p. 222) de la ville, située dans la forêt de Grunewald.

Panoramapunkt Vue imprenable sur la ville après avoir emprunté l'ascenseur le plus rapide au monde. (p. 156)

Cathédrale de Berlin Le dôme de la plus grande église de la ville offre une vue renversante sur l'Île des Musées et le Forum Humboldt. (p. 118)

Terrasse sur le toit du Park Inn Lounge en plein air sur le toit du Park Inn Hotel, avec vue sur la Fernsehturm (tour de la Télévision). (p. 117)

Weltballon Berlin Le survol de Berlin en ballon captif, près de Checkpoint Charlie. (p. 103)

Histoire de la guerre froide

Mémorial du Mur de Berlin Découvrez l'histoire du mur de Berlin dans cette exposition qui s'étire sur 1,4 km, en extérieur et en intérieur. (p. 140)

Musée de la Stasi L'histoire de la police secrète est-allemande dans son ancien QG. (p. 212)

Prison de la Stasi Visite de la prison de Berlin-Est. (p. 212)

East Side Gallery Une balade sur le plus long tronçon du mur de Berlin encore debout, patchwork de *street art*. (p. 204)

Palais des larmes Dans cet ancien poste-frontière, vous saisirez tout l'impact émotionnel de la partition de Berlin. (p. 95)

Histoire de la Seconde Guerre mondiale

Topographie de la Terreur Une exposition permanente dans les anciens quartiers de la SS et de la Gestapo. (p. 94)

Mémorial de l'Holocauste Le principal mémorial d'Allemagne sur le génocide des Juifs d'Europe par les nazis. Incontournable. (p. 87)

Sachsenhausen Un des premiers camps de concentration nazis, à Oranienburg, juste au nord de Berlin. Une visite qui marque profondément. (p. 235)

Mémorial de la Résistance allemande Retrace l'histoire des Allemands, civils ou militaires, qui ont résisté face aux nazis, à l'image de l'opération Walkyrie. (p. 162)

Maison de la conférence de Wannsee C'est ici que les hauts responsables nazis mirent au point la "solution finale". (p. 241)

Activités gratuites

Consultez aussi le chapitre Berlin à peu de frais (p. 33).

East Side Gallery La plus longue portion du mur de Berlin encore debout est aujourd'hui couverte de peintures murales. (p. 204)

Mémorial du Mur de Berlin Exposition sur l'histoire du mur et son impact sur la vie des Berlinois. (p. 140)

Futurium Découvrez et contribuez à façonner l'avenir dans ce musée-laboratoire de visions et d'idées. (p. 98)

Voir aussi les chapitres
- Où se restaurer (p. 52)
- Où prendre un verre et faire la fête (p. 58)
- LGBTIQ+ (p. 66)
- Où sortir (p. 70)
- Shopping (p. 75)

Reichstag Réservez en ligne pour accéder gratuitement à son célèbre dôme de verre. (p. 84)

Tempelhofer Feld Promenez-vous sur d'anciennes pistes d'atterrissage dans l'un des plus vastes parcs urbains du monde. (p. 196)

Bearpit Karaoke On se presse pour chanter dans ce karaoké mobile lorsqu'il s'installe dans l'amphithéâtre du Mauerpark le dimanche, du printemps à l'automne. (p. 144)

Architecture contemporaine

Musée juif L'édifice de Daniel Libeskind est une étonnante métaphore sur l'histoire des Juifs d'Allemagne. (p. 180)

Nouveau Musée Un superbe et ingénieux cocktail de nouveau et d'ancien dans une architecture signée David Chipperfield (p. 109)

Sony Center Le complexe de Helmut Jahn est la plus belle réussite architecturale de la Potsdamer Platz. (p. 155)

I. M. Pei Bau Les formes géométriques et l'entrée en spirale de verre de cette annexe du musée de l'Histoire allemande sont signées du "Mandarin du modernisme", Ieoh Ming Pei. (p. 88)

"Berlin Brain" L'architecte Norman Foster, à qui l'on doit le dôme du Reichstag, est aussi l'auteur de ce bâtiment tout en courbes surnommé le "Cerveau de Berlin" ; il accueille la bibliothèque de philologie de l'Université libre. (p. 239)

Musique

Philharmonie La grande salle de concerts de Berlin, résidence de son célèbre Orchestre philharmonique. (p. 163)

Bearpit Karaoke Les visiteurs du monde entier viennent se prendre pour des vedettes de la chanson dans ce karaoké mobile, qui prend place le dimanche dans le Mauerpark. (p. 144)

Konzerthaus Au cœur du Gendarmenmarkt, ce joyau architectural signé Karl Friedrich Schinkel accueille d'excellents concerts de musique classique. (p. 102)

Expériences insolites

Station d'espionnage de Teufelsberg Laissez s'exprimer le James Bond qui est en vous dans les ruines décorées de *street art* de ce poste d'écoute américain datant de la guerre froide. (p. 222)

Silent Green Kulturquartier Concerts, cinéma et gastronomie vous attendent dans ce crématorium reconverti en centre culturel. (p. 143)

Musée des Choses inouïes Revoyez votre conception des musées dans cette stupéfiante exposition de curiosités. (p. 171)

Nuture Mini Art Golf Jouez au minigolf grâce à une installation artistique interactive, au Tempelhofer Feld. (p. 196)

Monsterkabinett Un univers sombre et étrange peuplé d'une petite armée de monstres mécaniques attachants. (p. 135)

Collections d'art

Pinacothèque Malle aux trésors débordant de toiles de grands maîtres, dans le vaste ensemble du Kulturforum. (p. 158)

Collection Boros Une collection privée d'art contemporain dans un bunker de la Seconde Guerre mondiale. (p. 97)

Hamburger Bahnhof Un tour d'horizon de l'art mondial après les années 1950, dans une gare ferroviaire remarquablement réhabilitée. (p. 90)

Musée Berggruen Des Picasso inestimables et des œuvres de Klee et de Giacometti dans le cadre d'un bâtiment qui servait autrefois de casino aux officiers prussiens. (p. 219)

Musée Die Brücke Les toiles iconoclastes des premiers peintres expressionnistes allemands avec le groupe Die Brücke (1905-1913). (p. 238)

Collection Scharf-Gerstenberg Un voyage dans les profondeurs du surréalisme. (p. 219)

Julia Stoschek Collection Une grande collection privée basée sur l'image en mouvement, exposée dans un édifice de l'époque socialiste. (p. 96)

KINDL – Centre d'Art contemporain De nouvelles œuvres d'artistes émergents ou bien établis, exposées dans une ancienne brasserie en brique des années 1920. (p. 196)

Années 1920 et cabaret

Chamäleon Dans le cadre intime d'une salle de bal historique, des spectacles où se mêlent acrobaties, théâtre, musique et danse. (p. 138)

Bar Jeder Vernunft Ce chapiteau Art nouveau tapissé de miroirs fournit un cadre glamour à des spectacles de qualité. (p. 225)

Friedrichstadt-Palast Le plus grand théâtre de revue d'Europe : on y donne des spectacles dignes de La Vegas, à la technologie moderne, avec des costumes, des chanteurs, des danseurs et des acrobates extraordinaires. (p. 136)

1. Absinth Depot Berlin Prenez rendez-vous avec "la fée verte" dans ce bar original. (p. 137)

Haltes royales

Château de Charlottenbourg Ce joyau baroque livre un aperçu du train de vie des Hohenzollern. (p. 216)

Château de Sans-Souci À Potsdam, ce palais respire l'opulence. Il domine de vastes terrasses couvertes de vignes et une grande fontaine. (p. 230)

Cathédrale de Berlin L'immense et somptueux Berliner Dom a longtemps été l'église de la cour des rois. Plusieurs membres de la dynastie des Hohenzollern reposent dans la crypte. Leurs sarcophages sont superbement sculptés. (p. 118)

Île aux Paons Une île romantique avec des paons qui font la roue et un palais de fantaisie, bâti par un souverain pour ses tête-à-tête avec sa maîtresse. (p. 241)

Circuits organisés

Refugee Voices Tours Découvrez Berlin à travers le regard de réfugiés syriens et apprenez les raisons qui les ont conduits à fuir leur pays. (p. 309)

Fat Tire Tours Circuits à vélo en anglais pour explorateurs urbains et passionnés d'histoire. (p. 309)

GUBIN YURY / SHUTTERSTOCK ©

En haut : Viktoriapark (p. 183)

En bas : station d'espionnage de Teufelsberg (p. 222)

HANOHIKI / SHUTTERSTOCK ©

Trabi Safari Voyages dans le temps à travers la ville au volant d'une Trabant de l'ex-RDA. (p. 103)

Berliner Unterwelten Explorez les entrailles de Berlin dans ce bunker de la Seconde Guerre mondiale. (p. 147)

Bowie Berlin Tour – Berlin Music Tours Découvrez l'endroit où David Bowie vivait, travaillait et festoyait lors de son séjour à Berlin dans les années 1970. (p. 309)

Alternative Berlin Tours Visites en profondeur du *street art* de Berlin, menées par des artistes et suivies d'atelier graffitis. (p. 308)

Parcs et jardins

Tiergarten Les pelouses,arbres et sentiers de ce grand parc incitent à la flânerie. (p. 164)

Tempelhofer Feld L'aéroport désaffecté de Tempelhof est devenu l'un des plus grands parcs urbains du monde. (p. 196)

Parc du château de Charlottenbourg Un pique-nique aux abords d'un bel étang et de palais baroques. (p. 216)

Parc de Sans-Souci Un refuge loin de la foule… et des soucis ! (p. 230)

Parc public de Friedrichshain Sur ses deux "montagnes" nées de décombres de la Seconde Guerre mondiale, ce parc et ses recoins cachés offrent nombre de distractions. (p. 206)

Viktoriapark Un parc miniature au sommet de Kreuzberg, la plus "haute" colline de Berlin (66 m d'altitude), avec *Biergärten* et aire de jeux. (p. 183)

Mois par mois

LE TOP 5

Berlinale, février

Carnaval des Cultures, mai

Christopher Street Day, juillet

Marathon de Berlin, septembre

Marchés de Noël, décembre

Janvier

Même après le Nouvel An, la vie nocturne ne faiblit pas. Le froid incite à se réfugier au musée ou dans le salon gastronomique de l'Internationale Grüne Woche (Semaine verte).

Tanztage

Dans la Sophiensaele, une salle historique proche du Hackescher Markt, se déroulent ces Journées de la danse (sophiensaele.com/en). Ce festival de danse contemporaine de 2 semaines réunit principalement des chorégraphes et danseurs berlinois prometteurs.

Internationale Grüne Woche

Foire de 9 jours (www.gruenewoche.de/en/) dédiée aux produits gourmands, à l'agriculture et au jardinage, pour découvrir les dernières tendances gastronomiques et goûter aux saveurs du monde entier.

Février

Les journées sont encore sombres, mais Berlin s'illumine d'étoiles lors de son prestigieux festival de cinéma. Pièces de théâtre, opéras, concerts et fêtes incitent à sortir.

Transmediale

Les arts numériques règnent sur ce festival avant-gardiste (transmediale.de) qui explore les liens entre art, culture et technologie par le biais d'expositions, conférences, projections et performances.

Berlinale

Des célébrités du monde entier affluent au Festival international du film de Berlin (www.berlinale.de), plus connu sous le nom de Berlinale. Durant 2 semaines, une multitude de films sont projetés dans diverses salles de la ville, suivis d'autant de soirées de gala. Ce festival décerne les Ours d'or et d'argent.

Mars

Ce mois est une bonne période pour découvrir les sites sans la foule, mais les hôtels affichent complet durant la foire du tourisme (ITB).

Internationale Tourismus Börse (ITB)

Ce salon international du tourisme (www.itb-berlin.de/en/) est l'occasion d'un voyage virtuel autour du globe. Réservé aux professionnels durant la semaine, il est ouvert au public le week-end.

MaerzMusik

"Musique" ou "paysages sonores" ? Vous déciderez après avoir passé une journée à ce festival de musique contemporaine (www.berlinerfestspiele.de/maerzmusik), où les groupes expérimentaux ont toute leur place à côté des orchestres symphoniques.

Avril

On commence à vivre dehors, les cafés sortent des tables sur le trottoir et des bourgeons apparaissent sur les

arbres. Les hôtels sont pris d'assaut pour les vacances de Pâques.

Achtung Berlin

Des films sur Berlin et produits au moins en partie à Berlin sont en compétition pour le New Berlin Film Award durant ce festival d'une semaine (achtungberlin.de). Scénaristes, réalisateurs, producteurs et acteurs assistent souvent aux projections.

Festtage

Daniel Barenboim, directeur musical du prestigieux Opéra national (Staatsoper Unter den Linden ; www.staatsoper-berlin.de), réunit les meilleurs chefs d'orchestre, solistes et orchestres du monde entier pendant ces 10 jours de gala.

Gallery Weekend

Collectionneurs, critiques et autres passionnés prennent part à un circuit gratuit dans les 40 meilleures galeries de la ville (www.gallery-weekend-berlin.de). Généralement le dernier week-end du mois.

Mai

Un mois idéal pour visiter Berlin : le printemps se prête aux sorties dans les Biergärten, aux pique-niques et aux promenades. Les jours fériés ponctuant le mois ajoutent à l'ambiance festive.

Carnaval des Cultures

Chaque week-end de Pentecôte (7 semaines après Pâques), le Karneval der Kulturen (www.karneval-berlin.de) célèbre le patchwork culturel berlinois par 4 jours de musique, de danse, d'art et de culture, culminant dans une parade où des artistes aux tenues extravagantes déambulent dans les rues de Kreuzberg.

Theatertreffen

Des compagnies germanophones émergentes ou confirmées présentent, pendant 16 jours, leurs nouvelles productions aux Rencontres théâtrales de Berlin (www.theatertreffen-berlin.de).

1er-MAI/MYFEST

Il fut un temps où les manifestations du 1er-Mai tournaient à l'émeute entre policiers armés et groupes d'extrême-gauche dans le quartier de Kreuzberg. Bien qu'un "1er-Mai révolutionnaire" officiel attire toujours jusqu'à 15 000 manifestants anticapitalistes et antifascistes, l'événement se déroule depuis plusieurs années sans incidents. Cela est dû en partie à une présence policière massive, mais aussi à l'existence d'une fête alternative et majoritairement apolitique : depuis 2003, Myfest se tient à Kreuzberg de midi à minuit. Le cortège du 1er-Mai révolutionnaire part quant à lui à 18h de la Lausitzer Platz.

Juin

La saison des festivals s'intensifie lors du solstice d'été. Le temps plus clément permet la tenue de nombreuses manifestations en plein air.

Biennale de Berlin

Cette biennale d'art contemporain (p. 127) explore les tendances internationales et invite les artistes à exposer leurs œuvres dans divers lieux de la capitale, pendant environ 2 mois. Prochain rendez-vous en 2022.

Fête de la Musique

Le 21 juin, jour du solstice, l'été débute avec des centaines de concerts gratuits pour cette fameuse fête (www.lafetedelamusique.de/en/) née en France en 1982.

48 heures de Neukölln

Durant un week-end de juin, le quartier multiculturel de Neukölln transforme boutiques, cours, parcs, églises, trottoirs, galeries et bars en espaces d'exposition improvisés afin de célébrer l'art et la culture (www.48-stunden-neukoelln.de).

Juillet

La chaleur estivale amène les Berlinois à fréquenter les plans d'eau de la ville ou la campagne alentour. Les gastronomes font leurs emplettes de produits de saison sur les marchés et les files d'attente s'allongent.

Classic Open Air Festival

Durant 5 nuits, 5 concerts en plein air – de l'opéra à la pop – avec, en toile de fond, le Schauspielhaus (www.classicopenair.de/en) sur le Gendarmenmarkt.

Wassermusik

Série de concerts très populaires, inspirés par le thème de l'eau et donnés sur le toit-terrasse de la Maison des cultures du monde (Haus der Kulturen der Welt ; www.hkw.de/en/wassermusik). Également marchés et projections de films sur le même thème.

Christopher Street Day

Quelle que soit votre orientation sexuelle, sortez repeindre la ville en rose durant cette immense marche des fiertés (p. 68). Les chars, où l'on se trémousse torses nus sur des rythmes électro, sont souvent décorés de slogans politiques homosexuels.

Août

La ville affiche plus d'événements en plein air que l'on ne peut en découvrir en un séjour : concerts dans des parcs, croisières, bars de plage, baignades dans les lacs et grande fête de la bière.

Young Euro Classic

Les virtuoses de la nouvelle génération interprètent de la musique classique et contemporaine lors de ce festival (www.young-euro-classic.de) créé pour les orchestres symphoniques de jeunes. Les concerts ont lieu au Konzerthaus sur le Gendarmenmarkt.

Holi Festival of Colours

La fête des couleurs, un festival itinérant

En haut : marché de Noël sur le Gendarmenmarkt (p. 89)
En bas : carnaval des Cultures (p. 25)

d'origine indienne (www.holifestival.com), fait escale à Berlin depuis 2012. Au son des concerts et des DJ venus d'Inde et d'ailleurs, les fêtards se déhanchent, jetant en l'air (et sur la foule) une poudre colorée, le *gulal*.

Lange Nacht der Museen

Culture et divertissement se conjuguent lors de cette Nuit des musées (www.lange-nacht-der-museen.de) – 80 musées ouvrent leurs portes de 18h à 2h.

Zug der Liebe

Ce défilé de chars (zugderliebe.org) célèbre en musique l'amour, la fraternité et l'égalité, en dénonçant populisme, gentrification et autres questions sociales et politiques de notre temps.

Septembre

Si l'école a repris, les occasions de s'amuser restent nombreuses, et le temps est agréable. Les jours raccourcissent alors que la nouvelle saison culturelle est lancée.

Berlin Art Week

Foire d'art contemporain (www.berlinartweek.de/en/) avec expos, conférences, projections et circuits organisés. Collections privées et ateliers d'artiste ouvrent aussi leurs portes.

Marathon de Berlin

Joignez-vous aux 40 000 coureurs ou encouragez-les lors de la plus grande course urbaine allemande (www.berlin-marathon.com). Neuf records du monde ont été battus depuis la première édition en 1974.

Musikfest Berlin

Orchestres, chœurs, chefs et solistes de renom se retrouvent durant 21 jours pour des concerts (www.berlinerfestspiele.de) à la Philharmonie et ailleurs dans la capitale.

Octobre

Le froid arrive, les arbres se parent d'or, tandis que Berlin continue de briller, notamment lors de la fête des Lumières.

Festival of Lights

Durant 10 jours, les sites historiques de Berlin, tels la tour de la Télévision, la cathédrale et la porte de Brandebourg s'habillent de lumières (illuminations, projections et feux d'artifice ; www.festival-of-lights.de/en/).

Porn Film Festival

Vintage, nippon ou "indé", le cinéma pornographique a aussi sa Berlinale (pornfilmfestivalberlin.de/en).

Jour de l'Unité allemande

Fêtez la réunification le 3 octobre : ce *Tag der deutschen Einheit* est férié et se célèbre un peu partout dans les rues, de la porte de Brandebourg au Rotes Rathaus (hôtel de ville).

Novembre

Excellente époque pour visiter Berlin si vous n'aimez pas la foule et cherchez des hôtels à petits prix. La météo n'est guère clémente, mais les hôtels offrent des réductions intéressantes.

JazzFest Berlin

Ce festival de jazz (www.jazzfest-berlin.de) fait swinguer Berlin depuis 1964 avec des concerts organisés en de nombreux lieux de la ville. À l'affiche, jeunes talents et pointures du jazz.

Décembre

Les jours sont courts et froids, mais l'ambiance est festive. Les vitrines sont décorées, les rues et les façades s'illuminent et les marchés de Noël annoncent les fêtes de fin d'année.

Marchés de Noël

Achetez des décorations scintillantes ou succombez aux friandises de saison dans les dizaines de marchés de Noël de la ville.

Saint-Nicolas

La nuit précédant la Saint-Nicolas (6 décembre), les enfants laissent leurs chaussures devant la porte pour recevoir des bonbons s'ils ont été sages, ou un caillou dans le cas contraire. Cette tradition est devenue le Noël que l'on connaît aujourd'hui. Les Allemands restent attachés à la version originale et fêtent la Saint-Nicolas, déguisements à l'appui.

Saint-Sylvestre

On serre des inconnus dans ses bras, on s'extasie devant les feux d'artifice, on boit des bulles à la bouteille... La plus grande fête publique se déroule à la porte de Brandebourg.

Avec des enfants

Berlin avec des bambins ? Un jeu d'enfant si vous leur réservez un créneau dans un programme quotidien pas trop chargé. Des fermes pédagogiques aux musées interactifs et aux châteaux, les sites d'intérêt ne manquent pas. Parcs, aires de jeux ingénieuses, piscines et lacs pour la baignade sont aussi présents dans tous les quartiers.

HANOHIKI / SHUTTERSTOCK ©

Musée allemand des Techniques (p. 182)

Musées

Muséum d'histoire naturelle

Mesurez-vous à des squelettes de dinosaures, voyagez à travers l'espace, remontez jusqu'à l'aube des temps et découvrez pourquoi les zèbres ont des rayures dans cet excellent Muséum d'histoire naturelle. (p. 98)

Centre scientifique Spectrum

Spectrum permet de se familiariser avec des notions comme l'équilibre ou le poids, les éléments ou l'énergie électrique tout en jouant : les enfants appuient sur des boutons, tirent sur des manettes et se livrent à des dizaines d'expériences scientifiques. (p. 182)

Musée allemand des Techniques

La collection de ce musée, près du centre scientifique Spectrum, est si vaste qu'il vaut mieux se concentrer sur 2 ou 3 sections. La visite d'une heure avec audioguide est une bonne introduction. (p. 182)

Madame Tussauds

Les enfants de tout âge adorent poser avec les représentations en cire de leurs stars préférées. (p. 95)

Legoland Discovery Centre

Un pays des merveilles de la construction, avec attractions, divertissements et activités interactives. (p. 156)

Musée des Jeux vidéo

Les ados s'éclateront dans cet univers dédié aux jeux vidéo, de *Pac-Man* à *World of Warcraft*. (p. 206)

Musée du Mur

Les jeunes intéressés par l'histoire et suffisamment attentifs apprécieront les ingénieux dispositifs mis au point pour fuir l'Allemagne de l'Est. (p. 97)

Labyrinth Kindermuseum

Un monde fantastique vous attend dans cet **espace interactif** (☎030-8009 31150 ; www.kindermuseum-labyrinth.de ; Osloer Strasse 12 ; 6,50 € ; ⏲9h-13h30 jeu, 11h-18h ven-dim, horaires variables selon la saison ; U Pankstrasse).

Parcs, piscines, aires de jeux

Park am Gleisdreieck

Ce parc familial multiplie les espaces ludiques : terrains de basket, skatepark, jeux et découverte de la nature. (p. 182)

Kollwitzplatz

Cette place possède 3 aires de jeux pour différents âges, dont une avec des jouets en bois géants. Elles sont prises d'assaut par les enfants l'après-midi et le week-end. Cafés et glaciers tout près. (p. 142).

Kinderbad Monbijou

Aux beaux jours, cette **piscine** (plan p. 346, C5 ; ☎030-2219 0011 ; www.berlinerbaeder.de/baeder/kinderbad-monbijou/ ; Oranienburger Strasse 78 ; adulte/enfant 5,50/3,50 € ; ⏲11h-19h juin-déb sept ; 🚋M1, M5, M6, ⓈHackescher Markt, Oranienburger Strasse) attire les familles de Hackescher Markt et Scheunenviertel.

Parc public de Friedrichshain

Jouez dans le “Village indien”, prenez-vous pour un pirate sur le bateau du “port” et retrouvez vos personnages fériques préférés à la fabuleuse Märchenbrunnen (fontaine des contes de fées). (p. 206).

Animaux

Zoo de Berlin

Quelque 20 000 animaux pour ravir les petits, et une grande aire de jeux. (p. 224)

Tierpark Berlin

L'immense **zoo** (☎030-515 310 ; www.tierpark-berlin.de/en ; Am Tierpark 125 ; tarif plein/réduit/4-15 ans 14,50/9,50/7 € ; ⏲zoo 9h-18h30 avr-sept, 9h-18h mars et oct, 9h-16h30 nov-fév, palais 13h-17h jeu-sam tte l'année ; P 👪 ; ⓊTierpark) permet aussi d'assister au repas des fauves.

Sealife Berlin

À Sealife (p. 117), les bambins collent leur nez aux parois de dizaines d'aquariums. Ils résolvent des énigmes en admirant étoiles de mer et anémones.

Musée en plein-air Domäne Dahlem

Dans cette **ferme** (Freilichtmuseum Domäne Dahlem ; ☎030-666 3000 ; www.domaene-dahlem.de ; Königin-Luise-Strasse 49 ; ferme gratuit, musée tarif plein/réduit 5/3 €, gratuit - 18 ans ; ⏲ferme 7h-22h mai-sept et 8h-19h oct-avr, musée 10h-17h sam-dim ; P 👪 ; ⓊDahlem-Dorf) en activité, les enfants pourront approcher les animaux, ramasser les œufs, récolter les pommes de terre ou simplement observer les activités quotidiennes.

Jugendfarm Moritzhof

Dans cette ferme récréative (p. 145), les enfants peuvent caresser les animaux et apprendre la vannerie, le forgeage, le feutrage et autres activités d'antan.

> **BON À SAVOIR**
>
> **Transports en commun** Les enfants de moins de 6 ans voyagent gratuitement, et ceux âgés de 6 à 14 ans paient un tarif réduit (*ermässigt*).
>
> **Droits d'entrée** De nombreux musées, monuments et autres sites sont gratuits pour les moins de 18 ans, ou parfois pour les moins de 12 ou 14 ans.

Se restaurer

Les enfants sont les bienvenus à toute heure, notamment dans les cafés, les bistrots, les pizzerias et les *Biergärten*. Un *Kindermenü* (menu enfant) ou un *Kinderteller* (plat enfant) y sont souvent proposés. À défaut, demandez des demi-portions ou un repas simple. *Schnitzel* (escalope viennoise), *Pommes mit Ketchup/Mayonnaise* (frites avec ketchup/mayonnaise), *Nudeln mit Tomatensosse* (pâtes à la sauce tomate) et *Fischstäbchen* (bâtonnets de poisson) sont très appréciés.

Il existe des aires de restauration dans les centres commerciaux, des cafétérias dans les grands magasins, et des stands d'en-cas pour enfants sur les marchés fermiers. Les boulangeries-pâtisseries qui vendent gâteaux et sandwichs sont innombrables. Les *Bratwurst* (saucisses) dans un petit pain et les *Döner Kebab* figurent parmi les en-cas les plus courus.

Inutile de préciser que les supermarchés et les pharmacies comptent tous les produits dont vous pourrez avoir besoin.

Pour des informations d'ordre général, consultez le guide *Voyager avec ses enfants* publié par Lonely Planet.

Comme un Berlinois

La vie de la capitale, loin d'être figée, se renouvelle régulièrement sous l'influence des nouveaux Berlinois venus d'autres régions d'Allemagne ou de l'étranger. Il est donc plutôt facile de s'y intégrer, de nouer des relations avec les habitants et d'adopter les coutumes locales.

MASSIMO TODARO / SHUTTERSTOCK ©

La porte de Brandebourg (p. 86)

Dîner à l'extérieur

Les Berlinois dînent souvent dehors, ils adorent ça – qu'il s'agisse d'un *döner* vite avalé au kebab du coin ou d'un menu dégustation de 8 plats dans un temple gastronomique étoilé au Michelin. Car, lors d'un repas, il est aussi question de convivialité. S'attabler avec la famille et les amis demeure un merveilleux moyen de garder le contact, de s'engager dans des discussions animées et d'échanger les derniers potins.

Les petits-déjeuners et brunchs pris à l'extérieur sont aussi très appréciés, surtout le week-end. Déjeuner en ville n'est plus l'apanage des employés de bureau et des hommes d'affaires ; de nombreux restaurants proposent désormais des menus déjeuner à prix plus abordables. La tradition allemande du café-gâteaux de l'après-midi reste populaire, mais elle tend à se perdre chez les jeunes.

Le principal repas pris dehors est le dîner, et les restaurants se remplissent vers 19h30-20h. Comme il est d'usage d'y passer jusqu'à 2 heures, puis de s'attarder devant un cocktail ou un dernier verre de vin, les restaurants ne prévoient qu'un service par table et par soir. Les serveurs attendront que vous demandiez l'addition pour vous l'apporter.

Sortir et s'amuser

La plupart des Berlinois commencent la soirée vers 21h ou 22h dans un pub ou un bar. Les plus jeunes se retrouvent fréquemment chez l'un d'entre eux pour boire un verre à peu de frais, un rituel baptisé *"Vorglühen"* (littéralement "préchauffage"). Une fois dehors, les gens prennent quelques verres au même endroit ou écument les bars avant de terminer dans un club, au plus tôt vers 1h ou 2h du matin.

Il est plus courant de passer commande au serveur que d'aller chercher ses consommations au bar. Ne recourez à ce dernier procédé que si tout le monde le fait ou si vous voyez l'indication *Selbstbedienung* ("service au bar"). Entre Allemands, il est rare (et surprenant) qu'on offre une tournée à toute la tablée.

Une fois au club, la nuit est à vous ! Les plus résistants sortent en titubant au lever du jour, ou plus tard encore... Depuis que certains clubs restent ouverts 24h/24 le week-end, il devient de plus en plus fréquent de sortir dans la journée et de rentrer chez soi vers 23h pour une bonne nuit de sommeil (mais ne culpabilisez pas si cette pratique raisonnable n'est pas votre tasse de thé !). Faire la fête à Berlin nécessite dans tous les cas une bonne endurance.

Faire du shopping

Les habitants font pratiquement toutes leurs courses dans leur *Kiez* (quartier). En général, 3 ou 4 supermarchés, dont au moins un bio, leur sont accessibles à pied. La plupart des gens s'approvisionnent plusieurs fois par semaine, plutôt qu'en une seule grosse expédition. Certains supermarchés assurent la livraison à domicile, et la commande par Internet se développe de plus en plus.

Beaucoup d'habitants préfèrent acheter les produits frais et artisanaux (nouilles, fromage, miel, pesto, etc.) sur les marchés fermiers et dans les petites boutiques spécialisées. La journée commence avec des *Brötchen* (pains) que l'on achète à la boulangerie tout juste sortis du four. Les commerces de proximité sont aussi des adresses de choix, privilégiées par les Berlinois pour leurs achats de cadeaux, de fleurs, de vin, de livres ou de quincaillerie.

Plusieurs types de commerces vendent des vêtements : grandes chaînes, boutiques haut de gamme, vintage et tendance, marchés aux puces et boutiques en ligne. Les marques soucieuses de développement durable et d'environnement progressent sur le marché. Quand les Berlinois s'aventurent hors de leur quartier pour faire du shopping, c'est le plus souvent à la faveur d'achats d'exception – ameublement, véhicules ou produits spécifiques introuvables sur place. Il existe de grands centres commerciaux au cœur de la ville, comme LP12 Mall of Berlin (p. 168) et Alexa (p. 123), mais la plupart sont installés en banlieue.

BON À SAVOIR

La plupart des Berlinois privilégient le vélo pour se déplacer. Louez-en un ou profitez des systèmes de vélo-partage que l'on trouve partout (p. 306). Sinon, et en particulier par mauvais temps, utilisez l'excellent réseau de transports publics. Et, pour profiter des curiosités de la ville sans vous ruiner, montez dans les bus 100, 200 ou 300.

Se loger

Le logement berlinois typique est un vaste appartement en location de 2 chambres, en étage (personne ne veut vivre au rez-de-chaussée), dans un grand immeuble du début du XXe siècle, qui donne souvent sur une *Hinterhof* (cour) remplie de vélos et de poubelles de recyclage colorées. L'appartement possède de hauts plafonds, de grandes fenêtres et, souvent, du parquet. La cuisine, presque toujours la plus petite pièce de la maison, jouxte la salle de bains. Certaines ont un petit garde-manger et/ou un cellier (ou un cagibi qui en tient lieu).

Les appartements des immeubles neufs, aux plafonds plus bas, ont une configuration plus moderne, avec cuisine ouverte sur le salon/salle à manger, dressing, toilettes séparées et balcons. Les plus chics sont climatisés, ce qui est appréciable depuis que les températures estivales dépassent souvent 35°C.

Les appartements berlinois sont en général joliment meublés, avec une grande attention portée au design, mais sans oublier le confort. Comme ailleurs en Europe, au moins un meuble provient d'une certaine chaîne suédoise – mais, en fonction des revenus, le reste aura été déniché au centre de design de Stilwerk, dans une boutique d'artisanat polonais, sur un marché aux puces ou sur Internet.

Se détendre

S'ils aiment beaucoup leur ville, les Berlinois apprécient également d'en sortir, surtout l'été. Lorsqu'ils ne s'envolent pas pour Majorque ou l'île Maurice, ils tentent au moins d'aller

D BUSQUETS / SHUTTERSTOCK ©

Strandbad Plötzensee (p. 240)

passer une journée ensoleillée au bord d'un lac. Il y en a des dizaines, dont le Plötzensee (p. 240) à Wedding, le Weissensee près de Prenzlauer Berg, le vaste Müggelsee (p. 244) à Köpenick et le Wannsee (p. 240) à Zehlendorf, tous desservis par les transports publics. Des centaines d'autres sont accessibles en train ou en voiture dans la campagne environnante de Brandebourg. Chacun a son site de prédilection, où il se plaît à revenir. Il est courant (mais pas obligatoire) de se baigner nu.

La ville disposant de superbes parcs, les Berlinois aiment s'y détendre en famille ou entre amis, une bière fraîche à la main, se reposer à l'ombre, jouer au frisbee ou lire. Certains jardins disposent de zones où les barbecues sont autorisés.

Visiter la ville et se cultiver

Les Berlinois – surtout ceux fraîchement installés – apprécient les offres culturelles de la capitale et sont souvent au fait des dernières ouvertures de musées ou de galeries, des productions théâtrales ou des projets architecturaux en cours.

Bien qu'ils aiment jouer les touristes dans leur propre ville, les Berlinois restent à l'écart des musées et des grandes attractions l'été, quand le monde entier converge sur la ville. Ils attendent le plus souvent les mois d'hiver, froids et sombres, ou les visites en nocturne, quand le public est moins nombreux. Lors de la *Lange Nacht der Museen* (Longue Nuit des musées, généralement en août) qui a lieu chaque année (p. 27), des dizaines de musées restent ouverts jusqu'à plus de minuit, et les amateurs y affluent.

Les passions des Berlinois

Le football

Beaucoup de Berlinois se passionnent pour le Hertha BSC, l'équipe de football locale, qui a connu bien des hauts et des bas ces dernières années. Après une courte période en *2. Fussball-Bundesliga* (2e division de football), l'équipe a retrouvé la 1re *Bundesliga*. Les vrais supporters ne quittent de toute façon jamais le navire et beaucoup, en saison, s'affichent en bleu et blanc sur le chemin du Stade olympique (p. 226) pour se rendre aux matchs.

Une petite révolution a eu lieu quand le 1. FC Union, l'autre grand club berlinois, a rejoint la *Bundesliga* en 2019. Cette équipe, qui joue au stade Alte Försterei dans le quartierde Köpenick, est particulièrement suivie dans les quartiers est de Berlin.

La météo

De nombreux Berlinois sont des météorologues amateurs et ne laissent jamais passer une occasion de parler de la pluie ou du beau temps, de l'été trop chaud, de l'hiver trop froid et de ce que demain nous réserve... Donc, si vous ne savez pas quoi dire à un Berlinois, relancez la conversation en parlant de la météo. Autres sujets favoris : l'augmentation des loyers ou l'incompétence du gouvernement local.

Berlin à peu de frais

Il est bien connu que l'on peut en avoir plus pour son argent à Berlin que dans toute autre capitale occidentale. Mieux encore, il existe de nombreuses manières de ménager son budget avec de très belles choses à voir gratuitement, notamment des sites comme le dôme du Reichstag et le mémorial du Mur de Berlin.

WERNER SPREMBERG / SHUTTERSTOCK © ARCHITECTS: CHRISTOPH RICHTER & JAN MUSIKOWSKI

Le Futurium (p. 98)

Musées historiques

Étant donné le rôle central qu'a joué l'Allemagne dans l'histoire du XXe siècle, il est logique que la ville abrite autant de mémoriaux et d'expositions traitant des événements les plus importants de ce siècle. Leur accès est gratuit.

Sur la Seconde Guerre mondiale

Après vous être intéressé aux organisations du pouvoir nazi à la *Topographie de la terreur* (p. 94), rendez-vous au musée germano-russe (p. 243) pour voir le bureau où fut signée la reddition de l'Allemagne. Dans la Maison de la conférence de Wannsee (p. 241) se trouve la salle où la "solution finale" a été planifiée. Non loin, Sachsenhausen (p. 235) est l'un des camps de concentration où elle a été mise en œuvre. Vous pourrez aussi vous rendre au mémorial de l'Holocauste (p. 87). Celui de la Résistance allemande (p. 162), celui aux Héros silencieux (p. 164) et le musée et atelier pour non-voyants Otto Weidt (p. 135) sont consacrés aux Allemands qui ont combattu les nazis.

Sur la guerre froide

L'East Side Gallery (p. 204) est peut-être la plus grande section du mur de Berlin encore debout, mais, pour avoir une idée complète de l'apparence réelle et de l'impact du Mur sur la population, allez au mémorial du Mur de Berlin (p. 140) et au Palais des larmes (p. 95). Pour un aperçu de la vie des Allemands de l'autre côté du Rideau de fer, rendez-vous au nouveau musée de la Kulturbrauerei (p. 143). À Checkpoint Charlie, une exposition en extérieur retrace les grands événements de la guerre froide, tandis que le musée des Alliés (p. 239) donne leur point de vue sur cette période.

Musées et galeries gratuits

Musées spécialisés

Découvrez gratuitement l'histoire de la démocratie allemande à l'Église allemande (p. 89), ce à quoi ressemblera le monde de demain au nouveau Futurium (p. 98), et l'Oskar Schindler berlinois au Musée et atelier pour non-voyants Otto Weidt (p. 135) – un autre “Juste parmi les nations” qui a sauvé de nombreuses vies. Les plus beaux musées d’arts gratuits sont le musée Urban Nation (p. 171), dédié au *street art*, et le Times Art Center Berlin (p. 128), où sont exposées des œuvres chinoises contemporaines. De grandes collections d’entreprise sont visibles au PalaisPopulaire de la Deutsche Bank (p. 93) et à la Daimler Contemporary (p. 161). Des objets insolites vous attendent au musée des Choses inouïes (p. 171). Les amateurs d’aviation militaire se rendront aux confins de la ville pour visiter le musée d’Histoire militaire à l’aérodrome de Berlin-Gatow (p. 237).

Gratuit pour les moins de 18 ans

Beaucoup de musées sont gratuits pour les jeunes de moins de 18 ans. Il s’agit aussi bien d’établissements publics, comme le musée de Pergame (p. 107), le Nouveau Musée (p. 109), la Pinacothèque (p. 158) et la Hamburger Bahnhof (p 90), que d’institutions privées comme le centre d’exposition C/O Berlin (p. 221) et le musée Käthe-Kollwitz (p. 222).

Visites guidées gratuites

Nombre de musées et de galeries proposent gratuitement des audioguides en plusieurs langues, et certains organisent des visites guidées gratuites (souvent en allemand).

Alternative Berlin Tours (p. 308) et New Berlin Tours (p. 308) proposent des circuits “gratuits” en anglais, mais les guides sont en fait rémunérés au pourboire. Donnez-leur ce que vous voulez, sachant qu’une visite guidée coûte environ 20 €.

Musique

Des concerts sont donnés gratuitement toute l’année dans les pubs, les bars, les parcs et les églises. Consultez les magazines publiant le calendrier des manifestations.

Concerts d’été

L’été, quantité de parcs de Berlin vibrent au son du jazz, de la pop, de la samba et de la musique classique. Le ravissant Teehaus im Englischen Garten (p. 166), par exemple, présente deux concerts chaque dimanche (à 16h et 19h) en juillet-août.

L’ESSENTIEL

Sites Internet Recherchez les événements gratuits par date sur le site www.gratis-in-berlin.de.

Cartes de réduction Le Museumspass (tarif plein/réduit 29/14,50 €) est valable 3 jours dans 30 musées.

Wi-Fi public Consultez le site www.berlin.de/en/wifi pour connaître la liste des 2 000 points d’accès gratuits au Wi-Fi de la ville.

Karaoké

Au Mauerpark, les dimanches d’été, des milliers de spectateurs viennent encourager les artistes en herbe du Bearpit Karaoke (p. 144), divertissant karaoké en plein air.

Classique

Les mardis de septembre à mi-juin, à 13h, le foyer de la Philharmonie (p. 163) se remplit pour des concerts de musique de chambre gratuits. Du mardi au samedi, à 12h30, vous pouvez profiter de récitals d’orgue à l’église Saint-Matthieu (p. 163), dans le Kulturforum, ou à la même heure, du mardi au vendredi, à l’Église française (p. 89).

Rock et jazz

Pour des concerts gratuits uniques, consultez les magazines listant les sorties. Les amateurs de jazz se feront plaisir au A-Trane (p. 227), le lundi, et lors de sa jam-session nocturne (après 0h30) du samedi. Le mercredi, le b-Flat (p. 136) présente ses propres jam-sessions gratuites. La **Kunstfabrik Schlot** (plan p. 348, C1 ; ☎030-448 2160 ; www.kunstfabrik-schlot.de ; Invalidenstrasse 117, Schlegelstrasse 26 ; ⏱tlj ; S Nordbahnhof, U Naturkundemuseum) est gratuite plusieurs jours par semaine.

TOBIAS ARHELGER / SHUTTERSTOCK ©

Checkpoint Charlie (p. 96)

Le mur de Berlin

Même s'il n'en subsiste que de maigres vestiges, le Mur demeure un souvenir vivace, pour les habitants comme pour les voyageurs. Pendant 28 ans, il sépara deux mondes et fut le symbole ultime de la guerre froide.

Au commencement...

L'édification de cette "frontière" commença peu après minuit le 13 août 1961, quand des milliers de soldats et de miliciens est-allemands commencèrent à dérouler des kilomètres de barbelés, bientôt remplacés par des plaques de béton préfabriquées. Les rues furent soudainement coupées en deux, les transports entre les deux parties de la ville interrompus, et il fut interdit aux Allemands de l'Est, y compris aux travailleurs qui faisaient la navette, de rallier Berlin-Ouest.

Le gouvernement de la République démocratique allemande (RDA) mettait ainsi fin à l'hémorragie de cerveaux et de bras qui n'avait pas cessé depuis la création de cet État en 1949. Près de 3,6 millions de personnes avaient émigré à l'Ouest, menaçant la survie économique et politique du pays. La construction du Mur n'en fut pas moins un choc : quelques mois avant le 13 août, le dirigeant de la RDA Walter Ulbricht avait déclaré lors d'une conférence de presse que "personne [n'avait] l'intention d'ériger un mur".

Une barrière tangible

Cette "barrière de protection antifasciste" fut un instrument d'oppression qui fit de Berlin-Ouest un îlot de démocratie. Elle se composait d'un barrage de 43 km à l'intérieur de la ville, qui séparait Berlin-Ouest de Berlin-Est, et d'une frontière de 112 km entre Berlin-Ouest et l'Allemagne

STATIONS FANTÔMES

Le mur de Berlin affectait aussi le réseau de transports urbains. Trois lignes de métro (les actuelles U6, U8 et la S-Bahn) partant de Berlin-Ouest circulaient sous le secteur est pour rejoindre les stations et gares de la zone ouest. À hauteur des stations fantômes de Berlin-Est, sérieusement gardées par les patrouilles armées de la RDA, les rames ralentissaient mais ne s'arrêtaient pas. Dans la **station de S-Bahn Nordbahnhof**, une exposition est consacrée aux tentatives d'évasion par voie souterraine et aux mesures mises en place par le gouvernement est-allemand pour en dissuader les Berlinois de l'Est.

de l'Est. Chaque segment en béton armé mesurait 3,6 m de haut pour 1,2 m de large et pesait 2,6 tonnes. Par endroits, la zone frontalière englobait la Spree ou des canaux. Sans cesse renforcé, le mur de Berlin finit par devenir un système de sécurité complexe, constitué de deux murs : le mur principal, contigu à la frontière avec Berlin-Ouest, et le mur de sécurité intérieur, qui étaient séparés par "la bande de la mort". Pour passer à l'Ouest, il fallait franchir le mur intérieur, derrière lequel se trouvait une clôture électrifiée équipée d'une alarme. Les fugitifs devaient ensuite affronter d'autres obstacles, notamment des chiens de garde, des barbelés et des fossés, et franchir un chemin de patrouille sous la lumière crue de puissants projecteurs. À intervalles réguliers se dressaient 300 miradors où étaient postés des gardes-frontières ayant reçu l'ordre de tirer à vue. Seuls 9 de ces miradors subsistent, tel celui de l'Erna-Berger-Strasse (p. 161), près de la Potsdamer Platz.

Côté occidental, des artistes recouvrirent le mur de graffitis colorés, tandis que le gouvernement construisait des plateformes d'où on pouvait observer ce qui se passait de l'autre côté.

Passages à l'Ouest

Bien qu'il n'existe pas de chiffres exacts, on estime à près de 100 000 le nombre d'Est-Allemands ayant tenté de franchir le Mur, et à plusieurs centaines les "victimes du Mur" mortes par noyade ou autre accident fatal, sans compter celles qui mirent fin à leurs jours après s'être fait prendre. Les gardes-frontières en ont abattu plus d'une centaine, les premiers dès les jours qui suivirent l'édification. Les sentinelles qui réussissaient à empêcher une évasion étaient promues ou récompensées.

Le premier homme tué près du Mur était tailleur, il avait 24 ans. Le 24 août 1961 – à peine 11 jours après le début de l'opération de fortification –, Günter Litfin tenta de traverser à la nage les 40 m du canal Humboldthafen sous une pluie de balles. En 2003, son frère resté à l'Est et inquiété a pu inaugurer le **mémorial** (☎030-213 085 123 ; www.gedenkstaette-guenter-litfin.de ; Kieler Strasse 2 ; ⏲10h-17h sam-dim mai-sept ; 🚊M5, M8, M10, Ⓤ Schwarzkopfstrasse) GRATUIT installé à sa mémoire dans un ancien poste de commandement/mirador proche du lieu du sinistre premier décès.

Le 17 août 1962, un autre épisode ne laisse nul doute sur les ordres donnés aux gardes de la Volkspolizei (Police du peuple). Les Vopos qui avaient tiré sur Peter Fechter laissèrent le fugitif de 18 ans se vider de son sang sous leurs yeux. Près de Checkpoint Charlie, un mémorial (p. 91) sur la Zimmerstrasse est voué à sa mémoire, tout comme ceux proches du Reichstag rappellent combien d'hommes perdirent la vie dans cette ultime tentative de fuite vers la liberté : le mémorial des Croix blanches (p. 91), le Parlement des arbres (p. 91) et le mémorial du Mur compris dans la Marie-Elisabeth-Lüders-Haus (p. 91).

Coupée en deux par le Mur, une rangée d'immeubles résidentiels se retrouvant à l'Ouest et l'autre à l'Est, la Bernauer Strasse est le lieu du grand mémorial du Mur de Berlin (p. 142) qui s'étire sur 1,4 km. Durant la construction du Mur, nombre d'habitants de Berlin-Est s'enfuirent sur-le-champ en sautant dans des bâches de sauvetage ou en glissant le long de cordes. C'est aussi dans la Bernauer Strasse que furent creusés plusieurs tunnels d'évasion, dont le Tunnel 29, excavé en 1962 et baptisé ainsi car 29 personnes l'empruntèrent pour fuire à l'Ouest avant que les gardes-frontières le repèrent. D'autres eurent moins de chance : leurs portraits se succèdent le long de la poignante Fenêtre du souvenir.

Le musée du Mur (p. 97), près de Checkpoint Charlie, évoque l'ingéniosité sans limite des citoyens est-allemands.

Il expose des dispositifs utilisés pour passer à l'Ouest, dont une montgolfière, une planche de surf creuse, une voiture trafiquée et un mini sous-marin.

La chute du Mur

La chute du Mur fut aussi inattendue que son édification. À l'automne 1989, des milliers d'habitants de la RDA quittèrent le pays à la faveur de l'ouverture par la Hongrie de ses frontières avec l'Autriche. Enhardis par les événements, des centaines de milliers d'Allemands de l'Est descendirent dans la rue, réclamant le respect des droits de l'homme et la fin de la dictature du parti unique, le SED (Sozialistische Einheitspartei Deutschlands, Parti socialiste unifié d'Allemagne). Portées par l'exigence d'une réforme politique, de grandes manifestations eurent lieu et un demi-million de personnes se rassembla sur l'Alexanderplatz le 4 novembre 1989.

Le 9 novembre, le porte-parole du gouvernement est-allemand, Günter Schabowski, annonçait en direct à la télévision la levée de toutes les restrictions aux déplacements vers l'Ouest. Quand cette mesure devait-elle prendre effet ? lui demanda aussitôt un journaliste. Nerveux, Schabowski consulta ses notes… et finit par lâcher ses mots historiques : "Pour autant que je sache, immédiatement." Ladite mesure ne devait en fait pas entrer en application avant le lendemain, mais nul n'en avait avisé Schabowski.

La nouvelle se répandit dans Berlin-Est, et des centaines de milliers de personnes convergèrent vers le Mur. Les Vopos n'eurent d'autre choix que de les laisser passer. Des scènes de liesse signèrent ainsi les retrouvailles des deux Allemagnes.

Aujourd'hui

La démolition du Mur fut entreprise quasi immédiatement. Aujourd'hui, en certains endroits, seul un œil averti reconnaîtrait l'Est de l'Ouest. Vous serez aidé dans cet exercice par la double rangée de pavés associés à des plaques de bronze portant l'inscription "Berliner Mauer 1961-1989", qui suit le tracé du Mur sur 5,7 km. Ne manquez pas le **parcours historique du mur de Berlin** (www.berlin.de/mauer/fr/histoire/le-parcours-historique-du-mur-de-berlin), qui se compose de 32 panneaux explicatifs installés le long du tracé du Mur. Ceux-ci

Mémorial du Mur de Berlin (p. 140)

Le mur de Berlin

La construction du Mur est un événement singulier dans l'histoire humaine : il coupait physiquement une ville en deux, tout en séparant deux idéologies et deux systèmes politiques. C'est son impact sur le monde des années 1960 à 1990 et cet héritage universel qui continue à interroger, plusieurs décennies après sa "chute" en novembre 1989. Il subsiste encore des sections du mur d'origine et d'autres vestiges, ainsi que des musées et des mémoriaux, qui permettent d'imaginer la réalité et les difficultés de la vie quotidienne à Berlin durant la guerre froide.

Cette page montre les principaux sites permettant de découvrir différentes facettes de cette période de tensions internationales. Le **1 mémorial du Mur de Berlin** (p. 140) est une excellente introduction à cette frontière dans la ville, et à ce que signifiait de vivre dans son ombre. Méditez sur ce que vous venez d'apprendre en flânant le long du **2 Mauerpark**, là où s'étendait le no man's land, avant d'aller voir l'émouvante exposition du **3 Palais des larmes** (p. 95), un ancien point de passage de la frontière. Revivez l'euphorie de la chute

Porte de Brandebourg

Le monde entier s'est réjoui de voir les Berlinois de l'Est et de l'Ouest faire la fête ensemble sur le mur de Berlin, face à la célèbre porte de la cité, qui est devenue un symbole photogénique de l'Allemagne réunifiée.

Potsdamer Platz

C'est autour de la Potsdamer Platz que "la bande de la mort" était la plus large. Un nouveau quartier a surgi de terre dans les années 1990 et seule une petite section du mur de Berlin rappelle sa présence.

Checkpoint Charlie

À ce poste-frontière utilisé par les diplomates et les étrangers, chars américains et soviétiques se firent face de chaque côté du Mur lors de l'une des plus graves crises de la guerre froide.

Palais des larmes

Ce pavillon moderniste de verre et d'acier, érigé en 1962, fut surnommé "Palais des larmes" en raison des nombreux adieux déchirants qui eurent lieu juste devant, là où les Allemands de l'Est et leurs visiteurs occidentaux devaient se séparer.

du Mur à la **4 porte de Brandebourg** (p. 86), puis admirez la résurrection de la **5 Potsdamer Platz** (p. 155), qui n'était qu'un immense terrain vague jusque dans les années 1990. L'importance géopolitique du Mur est au cœur de **6 Checkpoint Charlie** (p. 96), témoin de moments glaçants de la guerre froide. Terminez sur les fresques colorées de **7 l'East Side Gallery** (p. 204). On peut visiter ces sites en combinant marche à pied et transports en commun, mais une balade à vélo (p. 40) est le meilleur moyen de se faire une idée du tracé irrégulier du Mur dans le centre-ville.

EN BREF

Début de la construction 13 août 1961

Chute du Mur 9 novembre 1989

Longueur totale 155 km

Hauteur 3,6 m

Poids de chaque segment 2,6 tonnes

Nombre de miradors 300

TORVAL MORK/SHUTTERSTOCK ©

Mémorial du Mur de Berlin
Ce mémorial s'efforce de montrer tous les dispositifs du Mur et quels impacts ont eu ces fortifications sur la vie quotidienne de la population de part et d'autre.

Mauerpark
Célèbre pour son marché aux puces et son karaoké, ce parc très fréquenté occupe une partie de l'ancienne "bande de la mort". Une section du Mur restée debout, longue de 30 m, sert de terrain d'entraînement officiel aux graffeurs en devenir.

LINKA A ODOM/GETTY IMAGES ©

East Side Gallery
La plus longue section du Mur encore debout longe la Spree sur 1,3 km. Après 1989, p lus de 100 artistes de tous pays sont venus exprimer leur sentiment sur ce moment historique avec une série de fresques colorées et expressives.

EWAIS/SHUTTERSTOCK ©

évoquent des événements spécifiques là où ils se sont produits : la partition de Berlin, la construction du Mur, sa chute, les personnes mortes pour avoir tenté de le franchir.

Il ne reste aujourd'hui que 2 km de la barrière en béton, notamment la section la plus connue (1,3 km de *street art*) et appelée l'East Side Gallery (p. 204). Toutefois, quantité de vestiges de l'époque (lampadaires, barrières, périmètres de sécurité, coffrets électriques, etc.) restent disséminés dans la ville, souvent si bien intégrés que seul un œil exercé les repère (aidez-vous du site : www.berlin.de/mauer/fr/lieux/restes-du-mur).

Circuits à pied ou à vélo

Good Morning Berlin (p. 17), Vive Berlin (p. 308), Berliner for a day (berlinerforaday.com) et Berlin like a local (berlinlikealocal.com) proposent des balades en français, à pied ou à vélo le long du Mur et aux alentours. Berlin on Bike (p. 309) parcourt le même territoire, et même plus, à vélo.

Vous pouvez louer un vélo pour parcourir tout ou partie des 160 km du **Berliner Mauerweg** (piste du mur de Berlin), un circuit cycliste ou pédestre balisé qui suit l'ancien tracé du Mur, jalonné de 40 stations d'information (www.berlin.de/mauer/fr/histoire/le-parcours-historique-du-mur-de-berlin). Un itinéraire vous est proposé dans notre circuit à vélo "Au plus près du Mur" (ci-contre).

Le Mur par quartiers

Ces vestiges du Mur, musées et mémoriaux, perpétuent l'héritage du mur de Berlin.

➡ **Mitte, quartier historique** Panorama d'Asisi sur Berlin (Die Mauer), mémorial du Mur de la Marie-Elisabeth-Lüders-Haus (Mauer-Mahnmal im Marie-Elisabeth-Lüders-Haus), BlackBox Kalter Krieg, Brandenburger Tor, Checkpoint Charlie, mémorial des Croix blanches (Gedenkort Weisse Kreuze), Mauermuseum, Parlement des arbres (Parlament der Bäume), mémorial à Peter Fechter, Palais des larmes (Tränenpalast).

➡ **Prenzlauer Berg** Mémorial du Mur de Berlin (Gedenkstätte Berliner Mauer), Mauerpark, Bornholmer Brücke.

➡ **Potsdamer Platz et Tiergarten** Ruines du Mur sur la Potsdamer Platz, portion de mur dans la Niederkirchner Strasse (à côté de Topographie de la terreur), mirador d'Erna-Berger-Strasse.

➡ **Friedrichshain** East Side Gallery.

Circuit à vélo
Au plus près du Mur

DÉPART BORNHOLMER BRÜCKE PRÈS DU S-BAHN BORNHOLMER STRASSE
ARRIVÉE EAST SIDE GALLERY
DISTANCE 15 KM ; **DURÉE** 2 HEURES 30

Ce parcours aisé longe ce qui fut le mur de Berlin, partant du pont en acier appelé Bösebrücke (ou Bornholmer Brücke). Le long d'une portion du Mur, une exposition extérieure (gratuite) retrace les événements du 9 novembre 1989, quand fut ouvert le premier **1 poste-frontière de Bornholmer Strasse**.

Prenez à l'Est dans la Bornholmer Strasse, tournez à droite dans la Malmöer Strasse et à droite dans la Behmstrasse. Près du haut de la colline, traversez la rue et enjambez les voies ferrées par la passerelle de Schwedter Steg. Continuez tout droit jusqu'au **2 Mauerpark** (p. 142), créé le long de l'ancienne "bande de la mort". Une section du Mur (environ 300 m) passait derrière le stade Friedrich-Ludwig-Jahn.

Le Mauerpark est adjacent à la Bernauer Strasse, où s'étire sur 1,4 km le **3 mémorial du Mur de Berlin** (p. 140). On y mesure la réalité du Mur et son impact dans la vie quotidienne, au fil des vestiges des installations frontalières, tunnels creusés par des fugitifs, chapelle, monument et section du Mur.

La Bernauer Strasse débouche sur la **4 S-Bahn de Nordbahnhof** (p. 36), une des stations fantômes de Berlin-Est qui abrite une exposition. Suivez l'Invalidenstrasse vers l'ouest, avant de tourner à gauche dans la Chausseestrasse pour rejoindre la Friedrichstrasse au sud. Traversez la Spree et longez à droite le Reichstagufer jusqu'au poste-frontière qu'on appelait **5 Palais des larmes** (p. 95), lieu d'adieux déchirants pour les Berlinois séparés (voir l'exposition gratuite à l'intérieur). Continuez le long du Reichstagufer, traversez sur votre droite le Marshallbrücke, puis tournez un peu plus loin à gauche dans la Reinhardtstrasse, puis une seconde fois à gauche sur le Schiffbauerdamm. À votre gauche se dresse le **6 Parlement des arbres** (p. 91), une installation paysagère signée Ben Wagin en souvenir des "victimes du

Mur". Une seconde installation de l'artiste est à découvrir à l'étape suivante. Portez votre vélo pour descendre les marches rejoignant la promenade du Schiffbauerdamm le long de la Spree. Quelques tours de roue plus loin, la 7 **Marie-Elisabeth-Lüders-Haus** (p. 92) présente dans son sous-sol vitré des fragments du Mur, chacun peint d'un millésime et du nombre de morts à la frontière cette même année.

Reprenez le Schiffbauerdamm jusqu'au Marshallbrücke que vous traverserez sur votre droite pour suivre la Wilhelmstrasse jusqu'à Unter den Linden. Tournez à droite pour rejoindre la 8 **porte de Brandebourg** (p. 86) où débuta la construction du Mur le 13 août 1961. Passé la porte, virez à gauche sur l'Ebertstrasse vers le sud et la 9 **Potsdamer Platz** (p. 155), vaste no man's land lorsque la ville était divisée. Face à l'entrée de la station de S-Bahn, il reste quelques 10 **sections du mur de Berlin**.

Continuez au sud par la Stresemannstrasse avec un premier crochet sur la gauche dans l'Erna-Berger-Strasse pour arriver à l'un des derniers 11 **miradors de la RDA** (p. 161). De retour sur la Stresemannstrasse, continuez vers le sud jusqu'à la Niederkirchner Strasse à votre gauche : elle mène à une section extérieure du Mur (côté ouest), protégée par une barrière pour prévenir les démontages en guise de souvenirs.

Poursuivez à l'est sur la Niederkirchner Strasse qui devient la Zimmerstrasse avant d'arriver à 12 **Checkpoint Charlie** (p. 96). Continuez vers l'est par la Zimmerstrasse qui passe devant le 13 **mémorial à Peter Fechter** (p. 91), un jeune homme que les Vopos laissèrent agoniser le 17 août 1962. Virez à droite dans l'Axel-Springer-Strasse, à gauche dans l'Oranienstrasse, et encore à gauche (à hauteur de la Moritzplatz) pour rejoindre l'Heinrich-Heine-Strasse. Après le carrefour avec la Sebastianstrasse se trouvait le point de passage de la 14 **Heinrich-Heine-Strasse**, utilisé par les Allemands de l'Ouest, ainsi que pour l'envoi de colis et de courrier. Suivez la Heinrich-Heine-Strasse vers le nord, prenez à droite dans la Köpenicker Strasse, puis à gauche l'Engeldamm pour traverser la Spree et filez à droite dans la Stralauer Strasse jusqu'à 15 l'**East Side Gallery** (p. 204) couverte de fresques peintes à l'extérieur du Mur après 1989. La Spree faisait partie de Berlin-Est, et des gardes y patrouillaient en bateau.

VIKTOR RONNERT / SHUTTERSTOCK ©

Ci-dessus : mirador est-allemand (p. 161)

À gauche : East Side Gallery (p. 204)

Annexe moderne du musée de l'Histoire allemande (p. 88), conçue par l'architecte I. M. Pei

Musées historiques et mémoriaux

Depuis ses débuts au Moyen Âge, l'histoire de Berlin – en particulier son rôle lors de périodes clés du XXe siècle – forme une trame fascinante. Elle est en outre très bien documentée grâce à de nombreux musées, mémoriaux et monuments, qui occupent souvent des sites historiques ouverts au public.

Histoire de Berlin et de l'Allemagne

Pour découvrir l'histoire allemande du début du Moyen Âge à nos jours, rien ne vaut le musée de l'Histoire allemande (p. 88) aménagé dans l'ancien arsenal prussien de Mitte. Non loin, le musée de la Marche de Brandebourg (p. 120) dévoile l'évolution de Berlin, du petit village médiéval à l'actuelle métropole. Le Musée juif (p. 180) retrace, lui, l'histoire de la communauté israélite dans la ville.

Le IIIe Reich

Peu de périodes ont modelé le destin de la ville autant que ces douze années durant lesquelles Berlin fut la capitale de l'Allemagne nazie. Quantité de musées et de mémoriaux, tous gratuits, en perpétuent la sinistre mémoire. L'exposition *Topographie de la terreur* (p. 94) permet d'en savoir plus sur le IIIe Reich. C'est dans une villa au bord du lac, la Maison de la conférence de Wannsee (p. 241), que les dirigeants nazis mirent en place la "solution finale".

L'ESSENTIEL

Billets

Beaucoup de musées et de lieux de mémoire sont gratuits (p. 33), dont le mémorial du Mur de Berlin, la *Topographie de la Terreur* et le mémorial de la Résistance allemande. Parmi les musées historiques majeurs payants, citons le Musée juif, ceux de la Marche de Brandebourg, de l'Espionnage, de l'Histoire allemande et du Mur, et le château de Cecilienhof.

Heures d'ouverture

Horaires ordinaires De 10h à 18h, et souvent jusqu'à 20h une fois par semaine.

Fermeture le lundi Musée de la Marche de Brandebourg, Centre d'information, château de Charlottenbourg, château de Cecilienhof, musée germano-russe de Berlin-Karlshorst, Palais des larmes, musée des Alliés, Urban Nation et musée de la Kulturbrauerei.

L'impact insondable de la terreur nazie est aussi relaté avec émotion au centre d'information sous-jacent au mémorial de l'Holocauste (p. 87), comme au camp de concentration de Sachsenhausen (p. 235). Le mémorial de la Résistance allemande (p. 162), celui des Héros silencieux (p. 164) et le musée-atelier pour non-voyants Otto Weidt (p. 135) rendent hommage aux Berlinois qui s'opposèrent aux nazis.

La capitulation allemande fut signée dans l'actuel musée germano-russe Berlin-Karlshorst (p. 243), qui présente le conflit du point de vue soviétique. Dans les parcs de Treptow (p. 183) et de Tiergarten (p. 92), deux monuments rendent hommage aux Russes tombés durant la bataille de Berlin. Enfin, la conférence alliée de Potsdam se tint au château de Cecilienhof, en 1945.

La guerre froide

Après 1945, Berlin s'est trouvée au cœur de la guerre froide. En témoignent la division de la ville et la construction du Mur. Le plus long tronçon qui en subsiste est l'East Side Gallery (p. 204) et ses œuvres de *street art*, mais une visite au mémorial du Mur de Berlin (p. 140) et au Palais des larmes (p. 95) en donne une vision plus claire.

Le musée de la RDA (p. 118) est consacré, de manière interactive, à la vie quotidienne de l'autre côté du Mur, tandis que le musée de la Kulturbrauerei (p. 143), gratuit, aborde le même thème de manière plus traditionnelle. Ces deux sites évoquent aussi le rôle de la Stasi dans la consolidation du régime, un rôle également analysé dans le musée de la Stasi (p. 212). Une visite guidée de la prison de la Stasi (p. 212), où étaient détenus les opposants au régime, est aussi très instructive.

Proche de Checkpoint Charlie (p. 96), le musée du Mur (p. 97), institution privée, retrace les audacieuses tentatives que firent des Allemands de l'Est pour rejoindre l'Ouest. Pour un aperçu de la guerre froide du point de vue occidental, visitez le musée des Alliés (p. 239). Enfin, le musée allemand de l'Espionnage (p. 161), sur la Leipziger Platz, évoque la face cachée de Berlin.

Musées et mémoriaux par quartiers

- **Mitte – Centre historique** BlackBox, musée de l'Histoire allemande, musée du Mur, Centre d'information du mémorial de l'Holocauste, Mémorial soviétique du Tiergarten, *Topographie de la terreur*, Palais des larmes, musée de Pergame, Panorama d'Asisi sur Berlin.
- **Île des Musées et Alexanderplatz** Musée de la RDA, musée de la Marche de Brandebourg.
- **Hackescher Markt et Scheunenviertel** Musée-atelier pour non-voyants Otto Weidt.
- **Prenzlauer Berg** Mémorial du Mur de Berlin, cimetière juif de la Schönhauser Allee, musée de la Kulturbrauerei.
- **Potsdamer Platz et Tiergarten** Story of Berlin, musée du Mur, mémorial des Héros silencieux, mémorial de la Résistance allemande, musée de l'Espionnage, musée du Mur.
- **Kreuzberg** Musée juif.
- **Quartiers ouest et Charlottenburg** Église du Souvenir.
- **Environs de Berlin** Musée des Alliés, musée germano-russe Berlin-Karlshorst, mémorial de Plötzensee, Maison de la conférence de Wannsee, Sachsenhausen, prison de la Stasi, musée de la Stasi, monument aux Morts soviétiques de Treptow.
- **Potsdam** Château de Cecilienhof.

La sélection de Lonely Planet

Mémorial du Mur de Berlin (p. 140). Exposition multimédia en intérieur et en extérieur qui illustre de manière frappante l'histoire, la réalité physique et l'impact du mur de Berlin.

Topographie de la Terreur (p. 94). Une étude poignante sur les origines du nazisme, ses auteurs et ses victimes, à voir sur le site du siège de la Schutzstaffel (SS) et du quartier général de la Gestapo.

Musée juif (p. 180). L'édifice anguleux de Daniel Libeskind offre un cadre saisissant à cette exposition très documentée sur l'histoire et le patrimoine culturel des Juifs d'Allemagne.

Mémorial et musée de Sachsenhausen (p. 235). Aucun livre, aucun film ne peut traduire l'émotion que l'on ressent en se rendant en personne dans un camp de concentration.

Musée de l'Histoire allemande (p. 88). Un ancien arsenal prussien campe le décor à une histoire de l'Allemagne dans le contexte européen, du Moyen Âge à nos jours.

Lieux d'histoire

Prison de la Stasi (p. 212) Cette prison figure dans le film *La Vie des autres* (2006), dans lequel le célèbre acteur Ulrich Mühe campe un capitaine de la Stasi. Visites parfois menées par d'anciens détenus.

Musée de la Stasi (p. 212). Le quartier général du redoutable ministère de la Sécurité d'État est-allemand abrite désormais un musée.

Palais des larmes (p. 95). L'exposition du Tränenpalast relate l'histoire de ce poste-frontière, où les Allemands de l'Est disaient adieu à leurs proches.

Mémorial et musée de Sachsenhausen (p. 235). Situé au nord de Berlin, ce camp de concentration a servi de modèle à de nombreux autres.

Mémoire juive

Musée juif (p. 180). La chronique honorifique de près de 1 700 ans d'histoire juive en Allemagne et de la communauté berlinoise.

Centre d'information du mémorial de l'Holocauste (p. 87). Une exposition poignante aborde sous l'angle individuel un des chapitres les plus sinistres de notre histoire.

Musée-atelier pour non-voyants Otto Weidt (p. 135). Découvrez comment cet homme a sauvé de nombreux Juifs.

Quai 17 (p. 239). De sinistres voies ferrées rappellent l'endroit d'où partirent les trains vers les camps de concentration.

Cimetière juif de la Schönhauser Allee (p. 143). Hommage aux quelque 25 000 Juifs inhumés ici entre 1827 et 1945, tels le peintre Max Liebermann ou le compositeur Meyerbeer.

Avec des enfants

Musée de la RDA (p. 118). Un voyage interactif derrière le rideau de fer pour en découvrir la vie quotidienne.

Musée du Mur (p. 97). La collection de dispositifs ingénieux et originaux utilisés par les Allemands de l'Est pour fuir leur pays est fascinante.

Freilichtmuseum Domäne Dahlem (p. 29). À l'abri d'un manoir de 1560, cet écomusée parcourt 8 siècles d'histoire agricole et artisanale.

Dates décisives

Maison de la conférence de Wannsee (p. 241). Entrer dans la pièce où de hauts dignitaires nazis élaborèrent la "solution finale" en janvier 1942 fait froid dans le dos.

Musée germano-russe de Berlin-Karlshorst (p. 243). C'est dans cet ancien siège de l'administration militaire soviétique que, le 8 mai 1945, la Seconde Guerre mondiale prit fin d'un coup de stylo, avec la reddition de l'armée allemande.

Château de Cecilienhof (p. 233). Ce joli palais abrita du 17 juillet au 2 août 1945 la conférence de Potsdam. C'est alors que Staline, Truman et Attlee scellèrent le sort des nations vaincues et divisèrent l'Allemagne en 4 zones d'occupation.

Mémorial de la Résistance allemande (p. 162). Pénétrez dans les lieux où l'officier Claus von Stauffenberg et ses conjurés fomentèrent leur tentative d'assassinat d'Hitler.

Architecture

Musée Juif (p. 180). Les constructions de Daniel Libeskind sont toujours des métaphores émouvantes, comme l'illustre ce musée.

Musée de la Marche de Brandebourg (p. 120). Cet imposant assemblage de briques rouges rassemble ingénieusement la copie de plusieurs édifices historiques situés dans l'État voisin du Brandebourg.

Musée de l'Histoire allemande (p. 88). Cet ancien arsenal d'époque baroque, comme en témoignent les statues de guerriers agonisant dans la cour, est doté d'une annexe contemporaine signée I. M. Pei.

Musée Berggruen (p. 219)

Les arts à Berlin

Riche de centaines de musées et galeries, dont plusieurs collections d'envergure internationale, la capitale allemande joue un rôle majeur sur la scène artistique mondiale. Près de 20 000 artistes y ont élu domicile, participant à l'énergie incroyable et au goût de l'expérimentation de cette ville "éternellement inachevée".

Ancienne Galerie nationale (p. 112)

Principaux musées artistiques

Les musées d'art les plus connus sont administrés par les Staatliche Museen zu Berlin (musées d'État de Berlin ; www.smb.museum).

Pinacothèque (p. 158). Peinture européenne du XIIIe au XVIIIe siècle, dont des Rembrandt, Caravage et Vermeer, dans le Kulturforum.

Ancienne Galerie nationale (p. 112). Des œuvres néoclassiques, romantiques, impressionnistes et des débuts du modernisme, notamment signées Friedrich, Menzel ou Monet ; sur l'île des Musées.

Hamburger Bahnhof – musée d'Art contemporain (p. 90). Art contemporain international, de Warhol à Rauschenberg, en passant par Beuys ; à l'est de la Hauptbahnhof.

Musée Berggruen (p. 219). Modernistes classiques, principalement Picasso et Klee ; près du château de Charlottenbourg.

Collection Scharf-Gerstenberg (p. 219). Œuvres surréalistes de Goya, Magritte, Dubuffet, Ernst et d'autres ; près du château de Charlottenbourg.

Église de Friedrichswerder (p. 93). Sculpture européenne du XIXe siècle ; dans une église de style néogothique créée par Karl Friedrich Schinkel.

Nouvelle Galerie nationale (p. 163). Art du début du XXe siècle, dont des expressionnistes allemands. Elle fait partie du Kulturforum. Fermée pour rénovation, elle devrait à l'été 2021.

Berlin compte aussi nombre de petites structures spécialisées. Vous pourrez

L'ESSENTIEL

Billets

- Les billets s'achètent directement au musée, mais il vaut mieux réserver pour les expos les plus demandées.
- Les galeries ne font pas payer de droits d'entrée. La plupart organisent des vernissages et des finissages.
- Le Museum Pass Berlin (tarif plein/réduit 29/14,50 €) donne accès à environ 30 musées durant 3 jours. Disponible dans les musées participants et les offices du tourisme.

S'y prendre à l'avance

- Les grandes expositions affichent vite complet : achetez les billets à l'avance en ligne, tout comme pour les musées les plus réputés de la ville.
- La plupart des collections privées nécessitent une réservation ; prenez votre billet plusieurs mois avant votre séjour pour la collection Boros.

Heures d'ouverture

- Les grands musées ouvrent de 10h à 18h environ, avec des horaires étendus un jour par semaine, en général le mardi. Beaucoup ferment le lundi.
- Les galeries ouvrent généralement de 12h à 18h du mardi au samedi et sur rendez-vous.
- Les Archives du Bauhaus et certaines salles du musée de Pergame sont fermés pour travaux. La Nouvelle Galerie nationale devrait rouvrir en juillet 2021.

Circuits organisés

GoArt! Berlin (www.goart-berlin.de) organise des circuits sur mesure consacrés à la scène artistique berlinoise, qui vous ouvrent les portes des collections privées, des studios d'artistes et des galeries ou vous présentent des œuvres majeures du *street art*. Service de conseil dans le domaine de l'art.

Sites Internet

Museumsportal (www.museumsportal-berlin.de/fr/). Portail des musées de la ville.

Landesverband Berliner Galerien (www.berliner-galerien.de). Liste des plus importantes galeries de Berlin et liens.

Ci-dessus : peinture murale de l'artiste Tankpetrol, lors d'une inauguration au musée Urban Nation (p. 171)

Ci-dessous : East Side Gallery (p. 204)

ainsi admirer les toiles expressionnistes du groupe Die Brücke dans un joli musée (p. 238) situé à l'est de la forêt de Grunewald ; voir les toiles de Max Liebermann dans l'atelier de sa villa du lac de Wannsee (p. 241) ; parcourir un siècle d'art berlinois à la Berlinische Galerie (p. 182) ; ou découvrir la sculpture d'après 1945 au Kunsthaus Dahlem (p. 239).

Sans collection propre, le Martin-Gropius-Bau (p. 161) et la Maison des cultures du monde (p. 92) proposent de superbes expositions temporaires et des spectacles artistiques. La Maison des cultures du monde se consacre surtout aux arts contemporains des cultures ou des sociétés non européennes.

Les femmes sont à l'honneur dans le musée Käthe-Kollwitz (p. 222), dédié à l'une des grandes artistes allemandes du début du XXe siècle, et dans le **Musée enfoui** (Das Verborgene Museum ; plan p. 366 ; ☎030-313 3656 ; www.dasverborgenemuseum.de ; Schlüterstrasse 70 ; tarif plein/réduit 2/1 € ; ⏲15h-19h jeu-ven, 12h-16h sam-dim ; Ⓢ Savignyplatz, Ernst-Reuter-Platz), qui présente des artistes méconnues de la même époque.

Il existe aussi des collections d'entreprises comme le PalaisPopulaire (p. 93) ou la Daimler Contemporary (p. 161) et des collections privées comme la Julia Stoschek Collection (p. 96), la collection Hoffmann (p. 127), le musée Frieder Burda (p. 127) et l'incontournable collection Boros (p. 97).

Galeries

L'Association des galeries de Berlin (www.berliner-galerien.de) réunit près de 340 galeries, et on dénombre au moins 200 showrooms et autres espaces qui présentent régulièrement des expositions. Il est intéressant d'aller admirer les œuvres les plus récentes des grands artistes qui vivent et travaillent à Berlin, tels Thomas Demand, Jonathan Meese, Via Lewandowsky, Isa Genzken, Tino Sehgal, Esra Ersen, John Bock et le duo Ingar Dragset et Michael Elmgreen.

Les galeries se concentrent dans 4 secteurs principaux :

Scheunenviertel (Mitte). L'Auguststrasse et la Linienstrasse ont vu émerger la scène contemporaine après la chute du Mur. Certains pionniers ont depuis emménagé dans des locaux plus grands, mais les principaux tels Eigen + Art, neugerriemschneider, Galerie Neu et Sprüth Magers sont restés.

Environs de Checkpoint Charlie (nord de Kreuzberg). Il y a plusieurs galeries importantes dans les Zimmerstrasse, Charlottenstrasse, Rudi-Dutschke-Strasse et Markgrafenstrasse – Galerie Thomas Schulte, Carlier Gebauer, Galerie Barbara Thumm, Galerie Tammen, Kang Contemporary, KOW et Feldbusch, Wiesner, Rudolph.

Environs de la Potsdamer Strasse (Schöneberg). Les environs délabrés de la Potsdamer Strasse et de la Kurfürstenstrasse sont devenus l'un des quartiers artistiques les plus dynamiques de Berlin avec nombre de galeries bien établies et de nouvelles venues. Parmi les plus importantes, citons la Galerie Isabella Bortolozzi, la Galerie Thomas Fischer, ainsi que Jarmuschek + Partner et Klosterfelde Edition.

Environs de la Savignyplatz (Charlottenburg). Ce quartier traditionnel de galeries du centre-ouest de la ville connaît une renaissance depuis que plusieurs galeries de Mitte y ont migré. Parmi les plus notables : Camera Work, Contemporary Fine Arts, Mehdi Chouakri, Galerie Michael Schultz, Galerie Max Hetzler et Galerie Brockstedt.

Street art

Pochoirs, collages, *throw-ups*, bombages, voilà quelques mots magiques du *street art* et du graffiti, ces formes avant-gardistes qui ont contribué à modeler l'esthétique du Berlin contemporain. Capitale du *street art*, la ville accueille le premier musée d'art urbain d'Allemagne, Urban Nation, à Schöneberg. Elle est le terrain de jeu de poids lourds internationaux tels que Blu, JR, Os Gêmeos, Romero, Shepard Fairey et ROA, aux côtés d'artistes locaux comme Alias, El Bocho et XOOOOX. Chaque nuit, des centaines d'artistes hantent les rues et devancent la police, bombant leurs visions éclatantes, souvent en quelques secondes.

BLOGS SUR L'ART

Berlin Art Link (www.berlinartlink.com). Magazine en ligne sur les arts contemporains : visites d'ateliers, interviews d'artistes et critiques. Calendrier des événements.

Street Art Berlin (www.streetartbln.com). Agenda, articles sur les nouvelles œuvres et les artistes berlinois.

ARTatBerlin (www.artatberlin.com). Guide des galeries d'art et des musées, calendrier et carte de l'art contemporain à Berlin.

On peut voir des œuvres de *street art* partout en ville, mais les environs de la station d'U-Bahn Schlesisches Tor, à Kreuzberg, abritent des œuvres notables, comme le *Pink Man* de Blu (p. 184) et le *Yellow Man* des Brésiliens Os Gêmeos (p. 184). Il y a aussi de quoi voir sur la Skalitzer Strasse, où s'élève l'Astronaut/Cosmonaut de Victor Ash (p. 184), visible aussi du métro aérien, entre les stations Kottbusser Tor et Görlitzer Bahnhof, sur la ligne U1. On trouve aussi une nouvelle œuvre de la superstar Shepard Fairey, **Make Art Not War**, sur la Mehringplatz.

De l'autre côté de la Spree, à Friedrichshain, le RAW Gelände (p. 206) est un cadre sans cesse renouvelé qui possède même une galerie consacrée au *street art*, l'Urban Spree (p. 207). Autour de la Boxhagener Platz, on verra des œuvres de Boxi, Alias ou El Bocho. La façade du Kino Intimes (p. 211) mérite aussi un coup d'œil. À Mitte, le long de la Dircksenstrasse, l'intérieur des arches du S-Bahn est couvert de fresques, mais en matière de *street art*, la cour de la Haus Schwarzenberg (p. 135) est reine. Dans Prenzlauer Berg, le Mauerpark possède une section du mur de Berlin où les artistes en herbe peuvent exercer leurs talents en toute légalité. Dans l'entrée du Kastanienallee 86, un bâtiment délabré, il y a de belles œuvres d'Alias et El Bocho. Beaucoup de graffitis parsèment le parcours circulaire du S41/S42.

Passionnés de *street art*, ne manquez pas l'ancienne station d'espionnage de Teufelsberg (p. 222), qui en regorge !

Plusieurs agences organisent des visites à pied autour du *street art*, notamment Alternative Berlin Tours (p. 308), qui propose aussi un atelier de cet art. *Street Art in Berlin* (2015), de Kai Jakob, est un bon livre sur le sujet.

L'ART DANS LA RUE

À Berlin, pas besoin de délier sa bourse pour voir installations, sculptures et peintures : l'art a investi la rue, où l'on trouve la plus longue fresque extérieure du monde (1,3 km), l'East Side Gallery (p. 204). Peu importe le quartier, les œuvres de grands artistes sont partout. Le quartier de la Potsdamer Platz excelle en la matière avec des œuvres de Keith Haring, Mark di Suvero, Richard Serra, Eduardo Chillida ou Frank Stella.

Villa Liebermann, au bord du lac Wannsee (p. 241)

Les arts par quartiers

- **Mitte – Centre historique** Collection Boros, Hamburger Bahnhof, Académie des arts (sur la Pariser Platz), les galeries autour de Checkpoint Charlie, Maison des cultures du monde.
- **Île des Musées et Alexanderplatz** Ancienne Galerie nationale, Ancien Musée, musée Bode.
- **Hackescher Markt et Scheunenviertel** Musée Frieder Burda, collection Hoffmann, *street art*, galeries de premier ordre autour de la Auguststrasse.
- **Potsdamer Platz et Tiergarten** Daimler Contemporary, Pinacothèque, Gropius-Bau, Daimler-City.
- **Kreuzberg** *Street art*, mais aussi Berlinische Galerie et König Galerie dans l'église Sainte-Agnès.
- **Friedrichshain** East Side Gallery, *street art* au RAW Gelände.
- **Quartiers ouest et Charlottenburg** C/O Berlin, galeries autour de la Savignyplatz, musée Käthe-Kollwitz, musée Berggruen, musée de la Photographie, collection Scharf-Gerstenberg.
- **Grunewald** *Street art* dans la station d'espionnage de Teufelsberg.

La sélection de Lonely Planet

Pinacothèque (p. 158). Vaste collection d'œuvres des grands maîtres allemands, italiens, français, espagnols et néerlandais, du XIIIe au XVIIIe siècle.

Hamburger Bahnhof (p. 90). Warhol, Beuys, Lichtenstein et Twombly figurent parmi les figures de l'art contemporain présentées dans cette gare désaffectée.

Collection Boros (p. 97). Réservez votre billet des mois à l'avance pour cette incroyable collection privée d'art avant-gardiste exposé dans un bunker de la Seconde Guerre mondiale.

Gropius-Bau (p. 161). Expositions temporaires de premier ordre, dans un splendide bâtiment Renaissance.

Musées dédiés à un seul artiste

Musée Käthe-Kollwitz (p. 222). Collection très représentative de l'œuvre de la grande artiste allemande, qui a travaillé sans relâche à évoquer la souffrance, la guerre et les pertes humaines.

Villa Liebermann (p. 241). Charmante exposition de Max Liebermann, peintre contemporain impressionniste et fondateur de la Sécession berlinoise. Dans une résidence d'été en bord de lac.

Dalí L'exposition (p. 161). Collection privée d'œuvres peu connues (livres illustrés, dessins, sculptures) du célèbre artiste catalan.

Musées par genres

Musée Berggruen (p. 219). Picasso, Klee et Giacometti sont les piliers de cette collection classique-moderniste, vendue à la ville par le marchand d'art et collectionneur Heinz Berggruen.

Collection Scharf-Gerstenberg (p. 219). Cet espace plonge dans les mondes fantastiques créés par Goya, Ernst, Magritte...

Ancienne Galerie nationale (p. 112). Ce vénérable temple de l'art abrite nombre d'œuvres du XIXe siècle, dont des chefs-d'œuvre du romantisme par des maîtres comme Caspar David Friedrich, Karl Friedrich Schinkel et Carl Blechen.

Musée Die Brücke (p. 238). Un bijou niché dans une forêt qui fait la part belle aux œuvres expressionnistes de Karl Schmidt-Rottluff, Ernst Ludwig Kirchner et d'autres membres du premier groupe artistique moderne d'Allemagne.

Musée Bode (p. 112). Les plus grands noms de la sculpture européenne, du Moyen Âge au XVIIIe siècle, sont exposés dans ce musée majestueux de l'Île des Musées.

Urban Nation (p. 171). Premier musée d'art urbain d'Allemagne.

Galeries d'art contemporain

Collection Boros (p. 97). Un austère bunker de la Seconde Guerre mondiale transformé en lieu d'exposition présentant de l'art d'avant-garde, souvent créé tout exprès.

KW Institute for Contemporary Art (p. 127). Espace artistique majeur prônant la collaboration et l'interdisciplinarité.

Julia Stoschek Collection (p. 96). Sélection d'œuvres autour de l'art médiatique, dans l'ancien centre culturel tchèque des années 1960.

KINDL – Centre d'art contemporain (p. 196). Espace d'exposition interdisciplinaire logé dans le bâtiment industriel d'une ancienne brasserie.

Schinkel Pavillon (p. 93). Repaire d'art contemporain installé dans un bel édifice octogonal datant de la RDA.

Times Art Center Berlin (p. 128). Art contemporain chinois avec un focus sur les nouveaux médias et la vidéo. Sponsorisé par le Guangdong Times Museum, à but non lucratif.

Expositions photo

C/O Berlin (p. 221). Véritable mine de trésors, ce centre expose temporairement les plus grands noms allemands et internationaux de la photographie.

Musée de la Photographie (p. 221). Des sélections de clichés dont Helmut Newton a fait don à la ville côtoient des œuvres d'artistes de premier choix de la collection permanente.

Camera Work (camerawork.de). Cette galerie de premier plan présente des monstres de la photo tels que Man Ray et Diane Arbus, ainsi que des stars montantes tel Christian Tagliavini.

Salles d'exposition

Gropius-Bau (p. 161). Un must, dont tout le monde parle. Expositions itinérantes explorant tous les champs artistiques.

Maison des cultures du monde (p. 92). Des événements s'intéressant tout particulièrement aux cultures et aux sociétés non européennes.

Académie des arts (p. 93 et 164). L'École des beaux-arts la plus ancienne de Berlin (1696) présente dans deux lieux des expositions de divers styles artistiques.

PalaisPopulaire (p. 93). Des œuvres de la Deutsche Bank dans un palais prussien rénové.

Plats végans

Où se restaurer

La table berlinoise évolue à pas de géant. Si la cuisine allemande traditionnelle est toujours bien présente, le plat typique se fait désormais plus léger, plus sain, plus créatif et plus susceptible de provenir d'un restaurant bio ou estampillé cuisine du monde. La haute cuisine n'est pas en reste, avec plusieurs chefs étoilés au Michelin.

Tendances culinaires

Comme pour l'art et la mode, les Berlinois sont à l'affût de la prochaine tendance en matière culinaire. Les mordus de cuisine seront donc aux anges dans la capitale.

CUISINE RÉGIONALE ÉCORESPONSABLE

Manger sain et durable est très tendance ; à Berlin, on ne jure que par la cuisine bio, locale et de saison. Des cafés du coin aux restaurants étoilés au Michelin, les chefs s'approvisionnent tous le plus localement possible. Pionnier écoresponsable du concept "de la ferme à la table", le restaurant Nobelhart & Schmutzig (p. 101) est même allé plus loin en bannissant de sa cuisine tous les produits non issus de la région.

La forte demande locavore a entraîné la prolifération de fermes dans l'État voisin du Brandebourg. Porc nourri aux pommes de la Havel, mozzarella au lait de bufflonnes de Kremmen ou sanglier de Schorfheide figurent désormais souvent sur les cartes. Certains chefs cultivent leur propre jardin, tandis que des restaurants comme Good Bank (p. 121), Beba (p. 166) et Layla (p. 166) disposent d'une "ferme verticale" sur place.

Les méthodes de conservation de produits de saison (vinaigre, saumure et fermentation) ont aussi le vent en poupe.

PARADIS VÉGÉTARIEN

Manger de la viande est parfois jugé d'un autre âge à Berlin, ce qui explique l'essor des restaurants végétariens et végétaliens dans la ville. Fer de lance de la tendance veggie depuis quelques années, la capitale a vu naître en 2011 Veganz, la première chaîne de supermarchés végans au monde. En 2018, le plus grand temple végétarien de Berlin, Cookies Cream (p. 100), est entré dans la constellation des étoiles du Michelin, et Kopps (p. 130) et Lucky Lee (p. 147) ne vont sans doute pas tarder à le rejoindre. Ouvert en 2019, Frea (p. 132), le premier restaurant zéro déchet de la ville, va encore plus loin. On trouvera une liste exhaustive des restaurants végétariens et végétaliens sur le site www.happycow.net.

CUISINE LEVANTINE

Si houmous, chakchouka, kibbe, farouj et autres spécialités du Moyen-Orient étaient presque inconnues des papilles allemandes il y a encore quelques années, l'arrivée d'Israéliens entreprenants et de réfugiés venus de Syrie, d'Iran et d'Irak a changé la donne. Cette cuisine saine et délicieuse est désormais servie dans bon nombre de restaurants, tels Kanaan (p. 146), Café Mugrabi (p. 186) et Malakeh (p. 174).

UN GOÛT POUR LA CUISINE INTERNATIONALE

La cuisine asiatique est appréciée à Berlin dans toute sa diversité, surtout quand il s'agit de saveurs vietnamiennes, coréennes et japonaises. À présent, c'est à la cuisine chinoise de connaître son grand moment, avec pour plat phare les nouilles du Sichuan, arrosées de sauce sésame et d'huile de piment si épicée qu'elles vous arracheront une petite larme. Allez les goûter chez Liu Nudelhaus (p. 100), à Mitte.

L'ESSENTIEL

Heures d'ouverture

Cafés 8h-20h

Restaurants 11h-22h ; certains restaurants proposent une carte réduite jusqu'à minuit

Fast-foods 11h-minuit, voire plus tard

Fourchette de prix

Prix valables pour un plat principal.

€ moins de 12 €

€€ 12-25 €

€€€ plus de 25 €

Addition et pourboire

- On vous apportera l'addition que si vous la demandez : *"Zahlen, bitte"*.
- Il est d'usage d'ajouter au moins 10% pour un bon service.
- Donnez le pourboire lorsque vous payez, plutôt que de le laisser sur la table (vu comme une impolitesse). Par exemple, si l'addition est de 28 € et que vous souhaitez donner un pourboire de 2 €, dites 30 €. Si vous ne voulez pas que l'on vous rende la monnaie, vous pouvez dire *"Stimmt so"* (C'est bon).

Réservations

En dehors des restaurants les plus décontractés, il vaut mieux réserver, surtout pour le dîner et le week-end. Réservez les plus en vogue un mois à l'avance, voire plus. Il est souvent possible de réserver une table via le site Internet.

ODD ANDERSEN / GETTYIMAGES ©

À gauche : Damaskus Konditorei (p. 198)

Ci-dessus : un food truck

Vous prendrez moins de risques en déjeunant dans un restaurant géorgien (toujours plus nombreux), tel Der Blaue Fuchs (p. 146), à Prenzlauer Berg. La Géorgie est à la croisée de l'Europe, de l'Asie et du Moyen-Orient ; sa cuisine s'en ressent.

ACCORDS NON ALCOOLISÉS

Quoi de mieux qu'un repas où chaque plat est accompagné d'un verre de vin avec lequel il s'accorde parfaitement ? Sachez que certains chefs berlinois proposent une alternative sans alcool : jus faits maison, kombucha ou kéfir subliment ainsi les arômes des plats. Pour essayer, rendez-vous dans des restaurants étoilés comme Coda (p. 199), Einsunternull (p. 132) et Horvàth (www.restaurant-horvath.de).

PARTAGE ET DÉCONTRACTION

Bien que courante dans de nombreux pays, la pratique qui consiste à commander plusieurs petits plats qu'on pose au centre de la table pour que chacun s'y serve reste encore peu développée en Allemagne.

Les restaurants guindés, eux, n'ont pas davantage leur place à Berlin – trop éloignés de l'esprit de la ville. Le nouveau concept de "cuisine gastronomique décontractée" a en revanche beaucoup de succès.

Où se restaurer

Les restaurants guindés avec menus complets, linge de table blanc en lin et service formel disparaissent peu à peu pour laisser place à des lieux plus décontractés, où l'on se sent bien et où l'on prend plaisir à manger. Quelques restaurants n'ouvrent que midi et soir, mais la plupart restent ouverts toute la journée. Il en est de même pour les cafés qui servent généralement café, alcool et repas légers (mais commander à manger n'est pas obligatoire).

Les Berlinois aiment prendre leur temps à table : si un restaurant affiche complet à 20h, il le restera pour plusieurs heures. Certains limitent le temps du repas (2 heures), mais cela reste rare.

Les menus en anglais sont très répandus, et certains établissements ne s'embêtent même plus à faire une carte en allemand. Au moment de l'addition, la personne qui a lancé l'invitation paie parfois, mais en général les Allemands la partagent, soit en réglant chacun de son côté (*getrennte Rechnung*), soit à parts égales.

Hot dog, *döner*, pizza : les boutiques de restauration rapide (*Imbiss*) proposent de la *street food* de tous horizons. En plus des pâtisseries, nombre de boulangeries vendent des sandwichs. Certaines boucheries vendent des repas simples sur place ou à emporter, mais c'est de plus en plus rare.

Les Berlinois adorent les marchés de produits frais, et presque chaque *Kiez* (quartier) de la ville en organise au moins un ou deux par semaine.

LE TOP DES BLOGS SAVOUREUX

Berlin est une ville qui change très vite, et son offre culinaire évolue tout aussi rapidement. Des gastronomes passionnés se font fort de la suivre et de la commenter. Outre les blogs ci-dessous (en anglais), d'autres sites (ne traitant pas que de cuisine) sont recommandés, notamment Slow Travel Berlin (www.slowtravelberlin.com). Si vous lisez l'allemand, consultez aussi Mit Vergnügen (www.mitvergnuegen.com), Satt und Froh (www.sattundfroh.de) et Berlin Ick Liebe Dir (www.berlin-ick-liebe-dir.de).

Berlin Food Stories (www.berlinfoodstories.com). Très bon site mis à jour régulièrement par un gourmet qui suit les ouvertures de nouveaux restaurants, et s'y rend plusieurs fois avant d'écrire des critiques honnêtes et appétissantes. Propose aussi des circuits gastronomiques – les dates sont sur le site.

Stil in Berlin (www.stilinberlin.de). L'un des plus anciens blogs sur Berlin, le "bébé" de Mary Sherpe (ouvert en 2006) suit l'actualité de la scène culinaire, de la mode et de l'art.

Eatler (www.eatler.de). Blog irrévérencieux, aux avis bien arrêtés sur les restaurants qui ouvrent ou ferment, et sur les nouvelles tendances.

CeeCee (www.ceecee.cc). Blog élégant qui garde l'œil sur ce qui est tendance – ou non – dans l'éventail culturel et culinaire berlinois.

Berlin Loves You (www.berlinlovesyou.com). Blog recensant les meilleurs chefs, restaurants et food trucks, et ce qu'il faut savoir sur la scène gastronomique berlinoise.

Où se restaurer par quartiers

En raison de la pandémie de Covid-19, les établissements ont developpé la livraison à domicile (commandes prises et livrées via Lieferando : www.lieferando.de/fr/).

Spécialités berlinoises

On trouve à Berlin des plats des quatre coins du monde. Mais quelles sont les spécialités locales ? En voici un aperçu.

Pfannkuchen Baptisés *Berliner* dans d'autres parties de l'Allemagne, ces beignets sont fourrés à la confiture et saupoudrés de sucre.

Currywurst Cet en-cas emblématique, qui aurait vu le jour à Berlin en 1949, est une petite saucisse frite ou grillée, coupée en tronçons et nappée de sauce tomate épicée avant d'être saupoudrée de curry. Elle est généralement disponible *mit* ou *ohne* ("avec" ou "sans") peau croustillante. Elle est servie dans une petite assiette en carton avec une fourchette en plastique.

Döner (kebab) L'idée de servir de la viande dans une poche de pain légèrement grillé avec de salade et de sauce au yaourt *Kräuter* (aux herbes), *scharf* (épicée) ou *Knoblauch* (à l'ail) serait celle d'un immigré turc à Berlin-Ouest dans les années 1970.

Bulette (boulette) Baptisé *Frikadelle* dans d'autres parties de l'Allemagne, cet en-cas à mi-chemin entre la boulette de viande et le hamburger se consomme avec un peu de moutarde et, parfois, un petit pain. Le nom français daterait de l'occupation de Berlin par les troupes de Napoléon au début du XIXe siècle.

Eisbein ou Grillhaxe Jarret de porc grillé ou bouilli, servi avec choucroute et pommes de terre.

Königsberger Klopse Ce plat classique qui trouve son origine à Königsberg, en Prusse-Orientale (aujourd'hui Kaliningrad, en Russie), fait un grand retour sur les cartes berlinoises. Ces boulettes de veau sont servies dans une sauce blanche aux câpres avec pommes de terre et betteraves.

La sélection de Lonely Planet

Restaurant Tim Raue (p. 100). La première toque de Berlin est célèbre pour sa cuisine fusion mêlant saveurs asiatiques et occidentales.

Coda (p. 199). Restaurant doublement étoilé ne servant que des desserts (haut de gamme) avec boissons s'accordant parfaitement.

Ora (p. 188). Cuisine régionale et de saison dans une ancienne boutique d'apothicaire du XIXe siècle.

Frea (p. 132). Adresse végane adepte du zéro déchet au décor scandinave chic : les gourmets branchés en sont fous !

Umami (p. 147). Lounge sensuel. Cuisine vietnamienne raffinée qui ravit les amateurs de plats traditionnels et innovants.

Meilleures adresses par prix

€

Sironi (p. 187). Divine *ciabatta* au levain.

Kantini Berlin (p. 223). Cuisine internationale dans le *food court* du Bikini, centre commercial conceptuel.

W-Der Imbiss (p. 147). Parfait équilibre entre cuisine indienne et italienne dans un décor tiki.

Burgermeister (p. 187). Délicieux hamburgers et frites arrosées de sauces maison. Dans d'anciennes latrines publiques.

Street Food Thursday (p. 186). Saveurs du monde entier pour ce festival de cuisine de rue, dans une halle du XIXe siècle.

€€

Bonvivant (p. 175). Inventeur du concept novateur de "cocktails aux légumes façon bistrot".

Barra (p. 198). Plats réconfortants sans chichis bien préparés. Vins issus d'une vinification peu interventionniste.

Ngon (p. 122). Délicieuses assiettes vietnamiennes authentiques, dressées avec goût. Salle à l'éclairage romantique.

Katz Orange (p. 132). Cuisine régionale et de saison dans un cadre chic et champêtre.

BRLO Brwhouse (p. 174). Hyper inventif, plat et bière artisanale d'exception.
À l'intérieur de conteneurs marins. *Biergarten*.

Orania.Berlin (p. 188). Cuisine magique avec 3 ingrédients par plat. Plat signature : *Xberg Duck* (canard).

€€€

Tulus Lotrek (p. 186). Restaurant étoilé au Michelin, où saveurs intenses et cuisine réconfortante vont de pair.

Mine Restaurant (p. 223). Tenu par un célèbre chef russe. Cuisine italienne haut de gamme.

Rutz (p. 132). Premier restaurant de la ville à obtenir 3 étoiles au Michelin ; on y mange comme des rois.

Mrs Robinson's (p. 147). Restaurant gastronomique décontracté, salle à l'élégance minimaliste.

Kin Dee (p. 175). Restaurant étoilé qui magnifie et modernise la cuisine thaïlandaise.

Meilleures adresses par type de cuisine

Moyen-orientale

Malakeh (p. 174). Savoureux plats syriens relevés. Salle aux airs de salon, inspirée des origines damascènes du propriétaire.

Layla (p. 166). Restaurant du chef étoilé israélien Meir Adoni. Plats du Moyen-Orient avec une touche internationale.

Mama Shabz (p. 187). Établissement de quartier, cuisine pakistanaise authentique, des *pakoras* aux currys.

Damaskus Konditorei (p. 198). Le roi du baklava.

Fes Turkish BBQ (p. 188). Faites vos grillades vous-même, dans cette version turque du barbecue coréen.

Café Mugrabi (p. 186). Café simple avec une carte israélienne de qualité, inspirée par la mère et la grand-mère du propriétaire.

Cuisine végane et végétarienne

Cookies Cream (p. 100). Restaurant végan étoilé au Michelin. La rencontre de la branchitude et de la gastronomie.

Kopps (p. 130). Pionnier gastronomique végan qui régale les clients de plats sains, inventifs et beaux depuis 2011.

Con Tho (p. 187). Restaurant vietnamien branché où les plats traditionnels sont revisités à la sauce moderne.

Lucky Leek (p. 147). Adresse gastronomique décontractée. Plats ambitieux mettant en valeur l'umami qui fera chanter vos papilles.

1990 Vegan Living (p. 207). Découvrez la cuisine vietnamienne végétarienne une assiette à la fois.

Cocktails au bord de la Spree

Où prendre un verre et faire la fête

Considérée comme l'une des meilleures capitales européennes pour faire la fête, Berlin offre mille et une façons de déguster des cocktails ou tout autre breuvage à votre goût. Des bars conceptuels aux brasseries artisanales et aux lounges *logés sur un toit-terrasse, le choix est vaste.*

Cassiopeia (p. 210)

Bars et Biergärten

Berlin est connue pour ses soirées tardives ; les bars sont fréquentés du coucher au lever du soleil et certains clubs n'ouvrent pas avant 4h du matin. L'absence de couvre-feu n'a jamais engendré de culture du *binge drinking* ("beuverie effrénée") : les fêtards préfèrent réguler leur consommation d'alcool pour tenir jusqu'au petit matin.

Des lieux plutôt pointus et underground sont installés à Kreuzberg, Friedrichshain, Neukölln et, dans une certaine mesure, à Lichtenberg (à l'est de Friedrichshain). Les adresses de Charlottenburg, Mitte et Prenzlauer ont tendance à être plus calmes et à fermer plus tôt ; ils conviennent plus aux sorties en amoureux. En général, le style et l'ambiance prévalent, si bien que certains propriétaires se donnent beaucoup de mal pour exploiter des concepts originaux.

Dès les premiers beaux jours, les tables apparaissent en extérieur. Les établissements les plus traditionnels pour s'asseoir à l'air libre sont, bien sûr, les *Biergärten*, avec de longs bancs en bois sous les marronniers et une carte proposant bière fraîche et *Bratwürste* (saucisses). La distinction entre café et bar est souvent floue, l'ambiance dépendant de l'heure. Toutefois, l'alcool y est servi presque toute la journée. Certains bars proposent des *happy hours* de 18h à 21h, mais cette pratique est rare à Berlin. Les prix des boissons, encore inférieurs à ceux d'autres grandes villes, ont tendance à augmenter proportionnellement à leur qualité : on consomme désormais plus volontiers un cocktail, une mousse artisanale ou un verre de vin. Des magasins de proximité (appelés *Spätkauf* ou *Späti*) répondent aux besoins des plus modestes en proposant des tables sur le trottoir pour consommer des boissons achetées à l'épicerie.

L'ESSENTIEL

Heures d'ouverture

- Bars : de 12h à 1h du matin, et plus tard le week-end.
- Lieux branchés et bars à cocktails : de 20h ou 21h au départ du dernier client.
- Discothèques : à partir de 23h-minuit mais elles ne font le plein qu'à 1h ou 2h.

Tarifs

L'entrée dans les grands clubs coûte au moins 15-20 €, mais la plupart demandent 5 à 12 €. Les endroits qui ouvrent un peu plus tôt sont gratuits jusqu'à 23h ou minuit. Les réductions pour étudiants sont quasi inexistantes, tout comme le sont les "Ladies Nights" (gratuites pour les femmes).

Tenue

Les clubs berlinois sont très informels. En général, avoir un style personnel prévaut sur les talons aiguilles et les costumes de marque. Les bars à cocktails et certaines discothèques privilégient un look plus glamour, mais, dans les pubs, tout passe.

Pas d'impairs !

Les consommations sont servies à table. Ne commandez au bar que si vous comptez vous y attarder ou si un panneau indique *Selbstbedienung*. Dans les bars, l'addition se règle en une seule fois, et non par tournées. Dans les bars avec DJ, le premier verre coûte fréquemment 1 à 2 € de plus. Les barmen reçoivent environ 5% de pourboire et les serveurs, 10%. Enfin, boire dans les lieux publics est légal et répandu, surtout dans les quartiers festifs.

BIÈRE

Naturellement, la bière est omniprésente à Berlin, servie partout, presque toute la journée. La plupart des établissements servent un choix de bières locales, nationales et importées, dont au moins une à la pression (*vom Fass*) dans des verres de 300 ou 500 ml. En été, les

Où prendre un verre et faire la fête par quartiers

blondes comme l'Alster, la Radler ou la Diesel (respectivement panachées de Fanta, de Sprite ou de Coca-Cola) font un rafraîchissement apprécié.

Parmi les bières allemandes et importées, on vous recommande la Jever Pilsener d'Allemagne du Nord, la Rothaus Tannenzäpfle de la Forêt-Noire, la Zywiec de Pologne, ou encore la Krušovice et la Budweiser de République tchèque pour découvrir davantage de saveurs.

BIÈRES ALLEMANDES CLASSIQUES

Quelques bières allemandes très répandues :

Pils (pilsner). Bière à fermentation basse, saveur de houblon prononcée et mousse compacte.

Weizenbier/Weissbier (à base de froment). Bière de froment à la fermentation haute, fruitée et rafraîchissante. Embouteillée sous le nom de *Hefeweizen*, avec un goût de levure assez puissant, ou comme la Kristallweizen, filtrée et pétillante.

Berliner Weisse Cette bière de froment épaisse et légèrement amère est typiquement adoucie avec un *Schluss* (shot) de sirop d'aspérule ou de framboise. C'est assez rafraîchissant les jours chauds, mais peu de Berlinois en boivent.

Schwarzbier (bière brune, comme la *porter*). Bière brune corsée fermentée avec du malt grillé.

Bockbier Bière forte à environ 7% d'alcool ; brassée de façon saisonnière. La Maibock est disponible en mai, la Weihnachtsbox vers Noël.

BIÈRES ARTISANALES

Grâce au fameux décret allemand sur la pureté de la bière, le Reinheitsgebot, qui a célébré son 500e anniversaire en 2016, la qualité de la bière a toujours été excellente. L'engouement pour les bières artisanales a donc atteint le pays tardivement. Elles sont cependant arrivées en force ces dernières années, provoquant une véritable explosion de brasseries spécialisées.

À Berlin, des pionniers comme Heidenpeters, Vagabund, Schoppe Bräu, Eschenbräu et Hops & Barley ont été rejoints par des dizaines de petites brasseries. Des marques internationales telles Stone Brewing, BrewDog et Mikkeler ont aussi ouvert leurs propres salles de dégustation dans la capitale.

Pour des visites thématiques, contactez des organismes tels que Craft Beer Experience (p. 213), Original Berlin Walks (p. 308) et Alternative Berlin Tours (p. 308).

VIN

Œnophiles, réjouissez-vous ! Il y a désormais un choix respectable de bars à vins à Berlin. Dirigés par des amateurs éclairés, ils ont une approche égalitaire plutôt qu'élitiste, et le service est marqué par un sens de l'humour et un esprit libre, loin de tout snobisme. La qualité du vin produit en Allemagne s'étant nettement améliorée ces dernières années, vous découvrirez de nombreux rieslings, des grauburgunders (pinots gris) ou des sauvignons.

Le vin naturel, à l'apparence souvent trouble et au goût un peu acide au départ, parfois appelé "vin à bas niveau d'intervention", fait un tabac dans les bars et les restaurants à l'écoute des dernières tendances. La qualité de ces vins, fabriqués à partir de vigne bio avec un minimum d'intervention chimique, s'est nettement améliorée depuis quelques années.

Dans les pubs et les bars ordinaires, la qualité du vin est très variable (de correcte à épouvantable). Le vin y est généralement servi dans des verres de 20 cl et coûte de 4 à 6 €. Dans les meilleurs établissements, les millésimes les plus raffinés sont servis dans des verres de 10 cl et coûtent au moins 5 €. L'été, de nombreux Allemands apprécient le *Weinschorle*, qui consiste à mélanger du vin blanc bon marché à de l'eau pétillante. Le vin pétillant se boit dans des flûtes de 10 cl. Selon son degré de branchitude, un établissement proposera du *Sekt* allemand, du *prosecco* italien ou du crémant français et du champagne. L'hiver, en particulier sur les marchés de Noël, un verre de *Glühwein* (vin chaud) réchauffe le corps et le cœur.

COCKTAILS

Les bars à cocktails fleurissent, et les nouveaux venus ne cessent d'élever le niveau de la mixologie locale. Les débits de boissons prennent globalement l'allure d'élégants cocons, à l'éclairage tamisé et au niveau sonore peu élevé, mais on trouve aussi toute une collection de bars à cocktails à l'ambiance moins aseptisée. Tous sont

BREUVAGES BERLINOIS

Ces dernières années, une série de fabricants d'alcool indépendants et tendance ont vu le jour à Berlin. Leur production est disponible dans les kiosques, les bars branchés, les pubs et même les supermarchés. Voici nos préférés :

Berliner Brandstifter Derrière le Brandstifter Korn, un schnaps de première qualité dont le moelleux provient d'un procédé de filtrage en 7 étapes, se cache le Berlinois Vincent Honrodt, qui propose aussi un excellent gin.

Original Berliner Cidre (www.obc-cidre.com). Entièrement élaboré avec des pommes allemandes, le cidre d'Urs Breitenstein et Thomas Godel se décline en 3 variétés : l'OBC Strong (brut), l'OBC Classic (doux) et l'OBC Rose (fruité).

Adler Berlin Dry Gin Fabriqué par la **Preussische Spirituosen Manufaktur** (☎030-8057 0307 ; www.psmberlin.de ; Seestrasse 13 ; visite 1 heure 10 €/pers, min 4 pers, visite 2 heures 15 €/pers, min 8 pers ; ⏲magasin 9h-19h lun-ven, visites sur rdv ; 🚊50, M13), autrefois au service de l'empereur Guillaume II, ce gin onctueux et équilibré est aromatisé avec du genièvre, de la lavande, de la coriandre, du gingembre et du zeste de citron.

Our/Berlin (www.ourvodka.com). Une vodka à base d'eau berlinoise et de blé allemand, distillée en série limitée au Flutgraben 2, à la limite de Kreuzberg et de Treptow. Les bouteilles au design stylé sont vendues sur place ou dans des boutiques sélectes.

Berliner Luft Malgré son goût pharmaceutique, ce schnaps à la menthe vert vif est devenu culte. Les gens le consomment en shots pour s'enivrer rapidement.

Wostok Cette limonade certifiée biologique, fabriquée à Kreuzberg, se décline en 6 saveurs. La plus célèbre d'entre elles est le Tannenwald, au parfum de pin, inspirée par une recette originale de boisson non alcoolisée soviétique datant de 1973.

tenus par des “maîtres” de la mixologie, qui se plaisent à servir des cocktails classiques et d’autres plus originaux.

Pour un bon cocktail, prévoyez 10-15 €. La plupart des bars et des pubs servent des classiques. Les prix sont plus bas (de 8 à 10 €), et la qualité est parfois aléatoire en raison de barmen peu talentueux et/ou de spiritueux de moindre qualité.

Autre nouvelle tendance à Berlin : les bars “sobres”, où l’on ne sert que du vin, de la bière et des cocktails sans alcool. Il y a les pionniers, comme le Zeroliq (p. 209) à Friedrichshain, et les petits nouveaux, tel le très chic Bar am Steinplatz (p. 225), dans l’hôtel éponyme de Charlottenbourg. Reste à savoir si ce concept peut fonctionner à Berlin, où l’hédonisme est roi.

Notez que pour des raisons environnementales, les pailles en plastique sont bannies. Elles sont désormais en matériaux réutilisables ou biodégradables.

Clubs et discothèques

Depuis les années 1990, Berlin s’est affirmée comme la Mecque du clubbing, ce qui a largement contribué à son magnétisme. Elle a incubé des sonorités et des tendances, lancé la carrière de DJ de renommée internationale comme Paul van Dyk, Ricardo Villalobos, Ellen Allien et Paul Kalkbrenner, et attiré les fans de musique du monde entier, qui fréquentent ses quelque 200 clubs.

Berlin se distingue par la prééminence de lieux alternatifs entre les mains de particuliers ou de collectifs, et non d’entreprises. Tous visent à promouvoir la diversité, l’inclusion et les idées progressistes plutôt que la recherche du profit maximal. Cet esprit se reflète également dans une politique d’entrée qui s’efforce de créer un équilibre harmonieux entre genre, âge et style.

Déclinée à l’infini, la musique électronique est devenue le symbole des nuits berlinoises, mais d’autres styles comme le hip-hop, le *dancehall*, le rock, le swing et le funk ont aussi gagné du terrain. Les discothèques les plus avant-gardistes se sont installées dans des centrales électriques, des postes de transformation, des immeubles résidentiels abandonnés et d’autres sites reconvertis. La plupart se trouvent à Kreuzberg, Neukölln, Friedrichshain et dans certaines zones de Treptow et Lichtenberg.

Velvet Bar (p. 199)

Le milieu des clubs se réinvente constamment, avec des propriétaires expérimentés qui se lancent de nouveaux défis et une génération montante d’organisateurs qui entre en scène. Toutefois, dans l’ensemble, la hausse des loyers, le développement urbain, les plaintes liées au bruit et la présence d’investisseurs plus intéressés par l’appât du gain ont forcé nombre de petites salles à fermer, mettant ainsi en péril la réputation de Berlin comme lieu de fête parmi les plus importants et les plus libres d’Europe.

QUAND Y ALLER ?

Où que vous alliez, inutile de vous présenter avant 1h du matin à moins de vouloir vous lancer dans une longue conversation en tête-à-tête avec le barman. Ne vous souciez pas des horaires de fermeture : les fameuses nuits sans fin berlinoises sont devenues encore plus longues. Grâce à un nombre croissant d’*afters* et de clubs ouverts en journée, vous pourrez même passer votre week-end à faire la fête jusqu’au lundi soir. Beaucoup investissent la piste de danse à l’heure où d’autres entament leur brunch du dimanche.

Ci-dessus : Club der Visionäre (p. 189)

Ci-contre : Monkey Bar (p. 225)

AJAN ALEN / SHUTTERSTOCK ©

À LA PORTE

Dans les meilleurs clubs, les portes sont difficiles à franchir. Le personnel écarte les gens qui risqueraient de ne pas se sentir à l'aise avec la musique, l'ambiance ou les comportements libertins du lieu. Hormis dans certains clubs, exhiber des vêtements griffés, des talons hauts ou des robes habillées pourra vous empêcher d'entrer. Optez plutôt pour une tenue noire sans chichis. L'âge n'est pas un critère de sélection, c'est l'attitude qui compte. Dans la file d'attente, mieux vaut se conduire correctement et ne pas parler trop fort. Inutile de préciser qu'il faut éviter de se présenter éméché. Comme ailleurs, les groupes nombreux (même mixtes) ont moins de chances d'entrer : si possible, divisez-vous. Les enterrements de vie de garçon/jeune fille sont rarement les bienvenus. Et si, malgré tout, l'entrée vous était refusée, rassurez-vous : il y a toujours une autre soirée quelque part...

Où faire la fête par quartiers

FRIEDRICHSHAIN

RAW Gelände et Revaler Strasse Une foule vêtue de jeans skinny envahit les clubs et les bars au style brut du "couloir de la techno" (Techno Strich), qui démarre d'anciens hangars de maintenance de trains. Pour enchaîner concerts, clubs de techno-electro et bars décalés.

UNE NOUVELLE FRONTIÈRE : LE RUMMELSBURG BUCHT

Repoussés par le développement urbain, les loyers à la hausse et les plaintes liées au bruit, un nombre croissant de clubs quittent les quartiers centraux pour des banlieues comme Lichtenberg, juste au sud-est de Friedrichshain. Le quartier appelé Rummelsburger Bucht, au bord de la Spree, est en plein essor, avec des clubs en plein air comme le **Sisyphos** (☎030-9836 6839 ; sisyphos-berlin.net ; Hauptstrasse 15 ; ⏲horaires variables, généralement à partir de minuit ven-dim mai-sept ; 🚊21, Ⓢ Ostkreuz), et, non loin, la **Funkhaus** (☎030-1208 5416 ; www.funkhaus-berlin.net ; Nalepastrasse 18 ; visite 15 € ; ⏲horaires variables ; 🚊21), qui accueille festivals et soirées club. Le quartier est desservi par le tram 21 depuis Ostkreuz.

Ostkreuz Ce quartier festif compte des clubs animés à deux pas de la gare ferroviaire d'Ostkreuz.

Simon-Dach-Strasse Artère bon marché, prisée des étudiants et pour les enterrements de vie de garçon.

KREUZBERG

Kottbusser Tor et Oranienstrasse Un quartier grunge à souhait, idéal pour une tournée des bars aux accents punk et funk.

Schlesische Strasse Bande-son freestyle, avec un mélange de lieux dédiés à la fête, depuis les *Biergärten* jusqu'aux salles de concerts, aux temples techno et aux zones de détente en plein air.

Skalitzer Strasse Une artère typiquement berlinoise, avec des bars à cocktails de qualité.

NEUKÖLLN

Weserstrasse et ses environs Cette artère festive de Neukölln offre un mélange éclectique de pubs et de bars allant du sordide au classieux.

HACKESCHER MARKT ET SCHEUNENVIERTEL

Torstrasse Artère qui attire une clientèle aisée et créative avec des bars aux styles et aux concepts travaillés servant des cocktails à base d'alcools de toute première qualité.

La sélection de Lonely Planet

Velvet Bar (p. 199). Élégant laboratoire de mixologie avec cocktails saisonniers.

Klunkerkranich (p. 199). Rendez-vous de hipsters au sommet du centre commercial de Neukölln, avec jardin urbain et vue sur le couchant.

Schleusenkrug (p. 225). Vaste *Biergarten* en libre-service au bord du canal et proche du zoo.

Zeroliq (p. 209). Bar "sobre" servant bière, vin et cocktails sans alcool.

Ankerklause (p. 200). Institution de quartier où l'on petit-déjeune en observant les cygnes barboter dans le Landwehrkanal.

Bars à bières artisanales

Hopfenreich (p. 191). Le premier bar à bières artisanales de Berlin sert aussi des dégustations.

BrewDog (p. 150). Enseigne emblématique de Mitte, avec ses 30 tireuses.

Vagabund Brauerei (p. 143). Pionniers de la bière artisanale avec salle de dégustation à Wedding.

Hops & Barley (p. 209). Fameuses *pils* non filtrées, bières brunes et de froment, fabriquées dans une ancienne boucherie.

Heidenpeters (p. 193). Petite brasserie nichée dans la cave du Markthalle Neun.

Bars à cocktails

Buck & Breck (p. 134). Cocktails classiques bien préparés dans un décor de *speakeasy* (bar clandestin).

Truffle Pig (p. 199). Suivez les traces des pas de cochon dans un bar de coin de rue jusqu'à ce bar caché de haute volée.

Würgeengel (p. 190). Clientèle joviale, cocktails et conversations animées dans un décor des années 1950.

Becketts Kopf (p. 151). Cocktails classiques divins et créations inspirées.

Limonadier (p. 189). Superbes cocktails classiques et inspirés de Berlin dans un cadre des années 1920.

Lamm Bar (p. 149). Bar de quartier sans prétention, déco industrielle et vaste terrasse.

Bars à vins

Briefmarken Weine (p. 209). Repaire d'œnophiles pour amateurs de crus italiens.

Otto Rink (p. 190). Aucun snobisme ici, mais un penchant pour les crus allemands.

Weinerei Forum (p. 149). Ambiance cosy, vins en libre-service et formule "payez ce que vous souhaitez".

Bars avec vue

Klunkerkranich (p. 199). Lieu branché avec jardin et vue panoramique, au sommet du centre commercial de Neukölln.

Monkey Bar (p. 225). Boissons exotiques près du zoo de Berlin.

Amano Bar (p. 132). Vue sur le Scheunenviertel, lors de l'édition d'été du bar en vogue de l'hôtel Amano.

Rooftop Terrace (p. 101). Bar élégant dans l'Hotel de Rome, avec vue sur le centre historique.

Terrasse panoramique du Park Inn (p. 117). Cocktails avec vue sur la tour de la Télévision au loin, au sommet du plus haut hôtel de Berlin.

Cafés

Kuchenladen (p. 224). Café allemand à l'ancienne et excellents gâteaux.

Silo Coffee (p. 207). Lieu branché et animé, avec café de troisième vague et toasts à l'avocat.

Albatross (p. 187). Café-boulangerie vendant pain au levain moelleux et délicieuses pâtisseries.

Father Carpenter (p. 134). Remarquable café dans une cour des Hackesche Höfe.

Tadshikische Teestube (p. 129). Thé et cuisine russe dans un salon de thé tadjik, offert aux autorités de Berlin-Est dans les années 1970.

Anna Blume (p. 151). Café convivial, décor Art nouveau et un choix immense de gâteaux.

Cafe-Restaurant Wintergarten im Literaturhaus (p. 223). Café-jardin sophistiqué, idéal pour une pause café-gâteaux entre deux visites.

Bars de nuit

Roses (p. 191). La diva Cher ne renierait pas ce petit nouveau parmi les rades excentriques de Kreuzberg.

August Fengler (p. 151). Quand tout ferme à Prenzlauer Berg, la fête commence chez Fengler.

Kumpelnest 3000 (p. 170). Bar kitsch aménagé dans une ancienne maison close ; petites natures s'abstenir.

Clubs

Sisyphos (p. 64). Village festif ouvert l'été dans une ancienne usine d'aliments pour chiens.

Ritter Butzke (p. 189). Club electro sans prétention mais de haut niveau, avec des DJ berlinois et un public acquis à leur cause.

Club der Visionäre (p. 189). Un club en plein air idyllique pour faire la fête jour et nuit, à l'ombre des saules pleureurs, au bord d'un canal.

Christopher Street Day (p. 68)

Berlin LGBTIQ+

L'ouverture d'esprit de Berlin a produit l'un des terrains de jeu gay, lesbien, bi et trans les plus fabuleux du monde. On trouve de tout à "Homopolis", du culturel au coquin, du bourgeois au bizarroïde, du conventionnel au flamboyant. Hormis les plus "hard", les adresses gays sont ouvertes aux représentants du sexe opposé et aux hétéros.

Être gay à Berlin

La ville offre tous les types de lieux : cafés relax, bars extravagants, cinémas, saunas, terrains de drague, clubs avec *backroom* et autres lieux de débauche. Tout semble permis dans cette ville que rien n'offusque. Comme ailleurs, les hommes ont plus d'options, mais femmes, trans et autres genres n'auront aucune raison de se sentir exclus.

Histoire

Berlin puise ses origines de capitale gay dans la fondation en 1897 par le sexologue Magnus Hirschfeld de la première organisation de défense des homosexuels au monde : le Comité scientifique humanitaire. La scène gay prospéra dans les folles années 1920, évoluant dans des sphères qui inspirèrent des auteurs comme Christopher Isherwood, jusqu'à l'arrivée des nazis en 1933. Après la guerre, la reconstruction fut lente, mais, dans les années 1970, le milieu homosexuel avait fait sa réapparition, au moins à l'Ouest. De 2001 à 2004, Berlin était dirigé par un maire ouvertement gay, Klaus Wowereit. Pour en savoir plus, visitez le musée de l'Homosexualité (p. 171).

Soirées en club

Les établissements et les dates peuvent changer en un clin d'œil : consultez les sites Internet ou les magazines (voir ci-contre) pour connaître les lieux tendance. Le Südblock (www.suedblock.org), à Kottbusser Tor, au cœur de Kreuzberg, est un lieu alternatif *queer* majeur, célèbre pour sa programmation variée et sa clientèle diverse.

Notez que la plupart des soirées citées ci-dessous sont en pause en raison de la pandémie de Covid-19. Certains organisateurs sont parvenus à déplacer les événements en extérieur afin de respecter la distanciation physique. Plus d'infos sur les sites Internet.

Il y a aussi de nombreuses soirées régulières, organisées dans des lieux divers. En voici une sélection. Sauf indication contraire, elles sont destinées aux hommes.

B:East Party (beastparty.berlin). Soirée mensuelle pour les gays et leurs amis avec une bande-son techno, house et disco. Dates et lieux sur le site Internet.

Cafe Fatal Des gens de tous horizons fréquentent le SO36 (p. 189) pour son thé dansant arc-en-ciel, qui passe en un éclair du bal convenable au *dirty dancing*. Si vous ne faites pas la différence entre valse et fox-trot, venez à 19h pour une leçon gratuite. Le dimanche.

Chantals House of Shame (facebook.com/ChantalsHouseofShame). Les soirées louches de la diva trash Chantal sont une institution depuis plus de 20 ans, moins pour le glamour que pour l'exubérance des spectacles de drag-queens et les beaux gosses composant le public. Le jeudi.

CockTail d'Amore (facebook.com/cocktaildamoreberlin). Soirées électro à l'ambiance alternative, avec pistes de danse intérieure et extérieure, à Griessmühle. Premier samedi du mois.

Gayhane Destinée à l'origine aux gays et lesbiennes musulmans. Tout le monde est en fait bienvenu à cette fête, avec danse orientale, organisée au SO36. Le dernier samedi du mois.

Gegen (www.gegenberlin.com). Soirée techno *queer* avec esprit politique bien à

L'ESSENTIEL

Sites Internet

Gay Berlin4u (www.gayberlin4u.com). Couvre tous les aspects de la scène gay de Berlin, en anglais.

GayCities Berlin (berlin.gaycities.com). Aperçu de la scène gay berlinoise, en anglais.

Patroc Gay Guide (www.patroc.de/berlin). Sur les événements et les lieux de sortie. En allemand.

Magazines

Blu (www.maenner.media/regional/blu). Magazine gratuit (papier et en ligne) avec articles et événements liés à la culture gay.

L-Mag (www.l-mag.de). Magazine bimensuel gratuit (papier et en ligne) pour les lesbiennes.

Siegessäule (www.siegessaeule.de). Hebdomadaire LGBTIQ+ gratuit incontournable (papier et en ligne).

Circuits organisés

Queer Berlin (p. 308). La société Original Berlin Walks (p. 308), solidement établie, retrace l'histoire LGBT de la ville, avec des circuits à Kreuzberg et Schöneberg.

Berlinagenten (p. 309). Circuits "art de vivre" gay sur mesure (vie nocturne, shopping, luxe, histoire, gastronomie).

Lügentour (www.luegentour.de). Balades interactives et humoristiques pour découvrir la scène lesbienne et gay des années 1920 à Schöneberg ; en allemand.

Schröder Reisen Comedy Bus (www.comedy-im-bus.de). Edith Schröder, reine des drag-queens, assure des circuits comiques en bus avec ses amies.

Assistance

Mann-O-Meter (☎030-216 8008 ; www.mann-o-meter.de ; Bülowstrasse 106 ; ⏲17h-22h lun-ven, 16h-20h sam). Centre d'information pour hommes gays.

Maneo (☎030-216 3336 ; www.maneo.de ; ⏲hotline agressions 17h-18h). Centre d'aide aux victimes d'agressions homophobes, avec assistance téléphonique.

Lesbenberatung (☎030-215 2000 ; www.lesbenberatung-berlin.de ; Kulmer Strasse 20a ; ⏲14h-17h lun et mer, 10h-16h mar, 15h-18h jeu). Centre d'information lesbien.

gauche et performances artistiques farfelues. Premier vendredi du mois, un mois sur deux.

Girls Town (www.girlstown-berlin.de). Les fêtes débridées entre filles de Suse et Zoe envahissent le **Gretchen** (plan p. 356 ; ☎030-2592 2702 ; www.gretchen-club.de ; Obentrautstrasse 19-21 ; UMehringdamm, Hallesches Tor), à Kreuzberg, sur fond de pop kitsch, d'électro, d'indie et de rock. Deuxième samedi du mois, un mois sur deux, De septembre à mai.

GMF (www.gmf-berlin.de). La plus importante soirée techno du dimanche à Berlin, actuellement installée au Ritter Butzke (p. 189), réputée pour ses poseurs stylés à l'excès. Il y a surtout des hommes, mais tout le monde est bienvenu.

Horse Meat Disco (www.horsemeatdiscoberlin.com). Ce show bimensuel classique importé du Royaume-Uni allume le feu auprès d'une foule *queer* de tout poil. Musique très éclectique, allant du disco à la house en passant par l'afro, le funk et le punk.

Irrenhouse Son nom signifie "asile d'aliénés", et pour cause. Nina Queer, la plus délurée des drag-queens de Berlin, organise ces soirées mensuelles d'une extravagance rare ; âmes sensibles, fuyez ! Attendez-vous au meilleur comme au pire – voir la page Facebook d'Irrenhouse Berlin.

L-Tunes (www.l-tunes.com). Les lesbiennes se donnent à fond une fois par mois sur les pistes de divers clubs à travers la ville.

Members (www.members-berlin.de). Soirées tech-house mensuelles depuis 2013, où officient régulièrement des DJ berlinois réputés comme Ellen Allien ou Monika Kruse.

Revolver (facebook.com/RevolverPartyGlobal). Des soirées torrides et sexy, importées de Londres, organisées par Oliver et Gary, sans *dress code* particulier. Le 2e vendredi du mois.

Fêtes et festivals

Easter Berlin (www.easterberlin.de ; divers lieux ; ⏲mars/avr). L'un des plus importants festivals fétichistes d'Europe, avec abondance de cuir, de caoutchouc, de peaux et de costumes militaires, investit les clubs au cours du week-end prolongé de Pâques. Point d'orgue : le couronnement du "Monsieur Cuir allemand".

Lesbisch-Schwules Stadtfest (www.stadtfest.berlin ; ⏲juil ; UNollendorfplatz). Ce festival de rue gay et lesbien prend d'assaut le village arc-en-ciel de Schöneberg en juillet.

Christopher Street Day (www.csd-berlin.de ; partout en ville ; ⏲juil). Fin juin ou en juillet, des centaines de milliers de gens d'orientations sexuelles différentes repeignent la ville en rose lors d'une gigantesque parade semi-politique qui compte plus de reines que lors d'un mariage princier.

Lesbischwules Parkfest (www.parkfest-friedrichshain.de ; Volkspark Friedrichshain ; ⏲août ; 🚌200). La communauté LGBTIQ+ investit le parc de Friedrichshain en août pour un festival en rien commercial.

Folsom Europe (www.folsomeurope.info ; ⏲sept ; UNollendorfplatz). Les adeptes du cuir sont de retour début septembre pour un nouveau week-end de fête.

Hustlaball (www.hustlaball.de ; ⏲oct). La saison se clôt en octobre sur un week-end de libertinage en compagnie de stars du porno, de *go-go dancers*, de reines du trash, de beaux effeuilleurs et de quelque 3 000 autres fêtards.

Berlin LGBTIQ+ par quartiers

➜ **Hackescher Markt et Scheunenviertel** Le quartier n'est pas spécifiquement gay, mais ses bars et cafés branchés (notamment autour du Hackescher Markt et de la Torstrasse) attirent un contingent notable de clients *queer* (p. 132).

➜ **Prenzlauer Berg** Le poumon rose de Berlin-Est avant la chute du Mur, qui en a conservé une poignée de bars gays historiques, de lieux de drague pour hommes comme le Greifbar et de hauts lieux du fétichisme comme le Stahlrohr (p. 149).

➜ **Schöneberg** Le secteur environnant la Nollendorfplatz (dont la Motzstrasse et la Fuggerstrasse) est un eldorado gay depuis les années 1920. Des institutions, comme le Heile Welt, le Tom's et le Hafen, attirent les assoiffés soir après soir. Les adeptes du cuir et du fétichisme trouveront leur bonheur (p. 175).

➜ **Kreuzberg** Quartiers hipsters. L'ambiance reste assez sage dans les bars et cafés longeant la grande artère de Mehringdamm. Autour de la Kottbusser Tor et dans Oranienstrasse, les fêtards se font plus jeunes, plus alternatifs et plus déchaînés, et les salles connues restent ouvertes jusqu'à l'aube et au-delà (p. 189).

➜ **Neukölln** Traversez le canal pour vous imprégner de l'atmosphère underground de Neukölln (p. 199).

➜ **Friedrichshain** Étonnamment pauvre en bars LGBTIQ+, ce quartier reste un incontournable de la vie nocturne gay lorsque ses grands clubs sont ouverts (p. 209).

La sélection de Lonely Planet

GMF (page ci-contre). Soirée du dimanche ultra-glamour dans un établissement rétro élégant, fréquentée par des *beautiful people*. Dans le centre.

Roses (p. 191). Avec sa fourrure rose au mur, ce lieu théâtral et délirant est un incontournable de la tournée des bars gays et lesbiens.

Möbel Olfe (p. 190). Cet ancien magasin de meubles reconverti en bar particulièrement animé fait salle comble lors des – officieux – jeudis gays.

Heile Welt (p. 176). *Lounge* élégant, idéal pour bavarder et socialiser autour de cocktails.

Pour sortir en semaine

Lundi

Monster Ronson's Ichiban Karaoke (p. 209). Pour chanter à tue-tête et lâcher prise.

Tom's Bar (p. 176). Deux verres pour le prix d'un.

Kino International (p. 211). Films *queer*, le lundi ("Mongay").

Mardi

Rauschgold (p. 189). Fête rétro, style "Voyage dans le temps".

Möbel Olfe (p. 190). Institution féminine décontractée.

Mercredi

Himmelreich (p. 210). Deux verres pour le prix d'un.

Jeudi

Möbel Olfe (p. 190). Rassemblement de garçons.

Dimanche

GMF (page ci-contre). Pour clore le week-end en faisant monter la température.

Cafe Fatal @ SO36 (p. 189). Thé dansant pour tous les âges.

Bars gays

Möbel Olfe (p. 190). Lieu tranquille de Kreuzberg, qui se transforme en adresse gay survoltée le jeudi. Les femmes y sont majoritaires le mardi.

Himmelreich (p. 210). Ce bar *lounge* rétro, style années 1950, est un pilier du Friedrichshain gay et lesbien.

Roses (p. 191). Bar outrancier aux accents *camp*, pour finir la soirée avec des alcools forts.

Coven (p. 134). Bar élégant de Mitte : décor industriel et spiritueux.

Sally Bowles (p. 175). Bar de quartier confortable et convivial ; atmosphère des années 1920.

Pour les lesbiennes

Himmelreich (p. 210). Les soirées "Women's Lounge" du mardi attirent de sympathiques jeunes filles dans ce bar chaleureux de Friedrichshain.

Möbel Olfe (p. 190). Pop, disco et rock plongent les lesbiennes et leurs amies dans une ambiance festive.

L-Tunes (p. 68). Drague, danse et flirts poussés dans divers lieux à travers la ville.

Le meilleur du *camp*

Rauschgold (p. 189). Petit bar glamour-et-paillettes, pour s'amuser toute la nuit : pop, karaoké et spectacles de travestis.

Roses (p. 191). Une institution kitsch et *camp*, aux murs couverts de fourrure rose, étape incontournable en fin de soirée.

Zum Schmutzigen Hobby (p. 210). Soirée délicieusement loufoque dans une ancienne caserne de pompiers.

MARTEN_HOUSE / SHUTTERSTOCK ©

La Konzerthaus (p. 102)

Où sortir

La scène culturelle berlinoise est l'une des plus riches et des plus variées du monde germanophone. Avec trois opéras subventionnés par l'État, cinq grands orchestres – y compris l'Orchestre philharmonique de Berlin, de réputation internationale –, des dizaines de théâtres, cinémas, cabarets et salles de concerts, Berlin regorge de possibilités de divertissement.

Musique classique

Les amateurs de classique sont gâtés à Berlin. Outre d'avoir accès à une variété phénoménale de concerts tout au long de l'année, ils ont la chance d'y assister dans des joyaux d'architecture et d'acoustique. Une soirée à la Philharmonie ou à la Konzerthaus (l'ancienne Schauspielhaus) relève d'une expérience mémorable, et des concerts sont régulièrement organisés dans de nombreux palais et églises, tels la cathédrale de Berlin ou le château de Charlottenbourg.

La vedette est naturellement l'Orchestre philharmonique de Berlin (p. 167), fondé en 1882, qui a vu passer à sa tête de grands noms tels que Wilhelm Furtwängler, Herbert von Karajan (le seul à s'être vu nommé directeur musical à vie, en 1955) et Simon Rattle. Depuis 2019, c'est le russe Kirill Petrenko qui le dirige.

Berlin compte de nombreux autres orchestres de qualité. Vous apprécierez les concerts du Berliner Symphoniker, du Deutsches Symphonie-Orchester, du Konzerthausochester et du Rundfunk-Sinfonieorchester Berlin. Le plus ancien "groupe" de la ville est la Staatskapelle de Berlin, fondée en 1570, puis hissée au rang d'orchestre de la cour royale par Frédéric le Grand. La plupart des orchestres font une pause en été, généralement en juillet-août.

Berlin dispose de deux conservatoires de musique : la prestigieuse École supérieure de musique Hanns Eisler (www.hfm-berlin.de) et la nouvelle Barenboim-Said Akademie (barenboimsaid.de), qui accueille principalement des musiciens d'Afrique du Nord et du Moyen-Orient. Les étudiants donnent régulièrement des concerts gratuits ou à tarifs doux dans différentes salles, comme la toute récente Pierre Boulez Saal (p. 102), à Mitte.

Opéra

Rares sont les villes à posséder 3 opéras financés par l'État. Si c'est à Berlin que les amateurs peuvent aujourd'hui assister aux plus grands spectacles du genre en Allemagne, c'est parce que l'opéra y a toujours tenu une place de premier plan. À l'avant-poste figure l'Opéra national Unter den Linden (p. 95), le doyen, fondé par Frédéric le Grand en 1743. Cette salle légendaire accueillit de nombreuses premières mondiales, notamment *Der Freischütz* de Carl Maria von Weber et *Wozzeck* d'Alban Berg. Giacomo Meyerbeer, Richard Strauss et Herbert von Karajan y dirigèrent des orchestres. Depuis le début des années 1990, c'est le chef d'orchestre Daniel Barenboim qui y officie.

L'Opéra-Comique (p. 101), inauguré en 1947 avec *Die Fledermaus* de Johann Strauss II, accueille toujours des opéras légers, des opérettes et du théâtre dansé. À Charlottenburg, de l'autre côté de la ville, le Deutsche Oper Berlin (p. 227) est entré en scène en 1912 avec *Fidelio* de Beethoven. Il fut fondé par des Berlinois désireux de créer un contrepoids au prestigieux Opéra national.

Rock, pop, jazz et blues

Sans qu'il soit vraiment question de musique berlinoise en tant que telle, on trouve dans la capitale une scène d'une grande variété, riche de nombreuses tendances, du punk rock au rap hardcore, hip-hop, reggae, pop sucrée et jazz. De nombreux clubs sont concentrés à Kreuzberg, notamment autour de la station d'U-Bahn Schlesisches Tor, et de l'autre côté du fleuve dans Friedrichshain, où l'Astra Kulturhaus fait figure de mastodonte. Des dizaines de pubs et bars accueillent des concerts. Les amateurs de jazz attendent de pied ferme l'ouverture du Centre for Jazz

L'ESSENTIEL

Billets

- Acheter ses billets à l'avance est recommandé, voire indispensable pour l'Orchestre philharmonique de Berlin, l'Opéra national et les grands concerts.
- Certains établissements acceptent les réservations en ligne par carte bancaire, sans frais ou moyennant une petite commission. Imprimez votre billet ou présentez-le sur votre téléphone.

Agences de réservation

Eventim (www.eventim.de). Agence généraliste en ligne.

Hekticket (www.hekticket.de). Billets à moitié prix pour des représentations le jour-même, par téléphone et sur Internet de 14h à 19h.

Koka 36 (www.koka36.de). Agence indépendante vendant des billets en ligne, par téléphone et sur place.

Theaterkasse Billetteries dans les centres commerciaux. Commission élevée.

Réductions

- Certains théâtres écoulent leurs invendus à prix réduit, 30 minutes à 1 heure avant le lever de rideau. D'autres salles les réservent aux étudiants.
- Si des particuliers vous proposent d'acheter leurs billets, vérifiez leur validité auprès de la billetterie avant de donner votre argent.
- La ClassicCard (www.classiccard.de) accorde des réductions sur la musique classique aux moins de 30 ans.

Sites Internet

Le Petit Journal (lepetitjournal.com/berlin). Actualités locales et agenda, en français.

Tip (www.tip-berlin.de ; en allemand). Listings bihebdomadaires.

Gratis in Berlin (www.gratis-in-berlin.de). Listings d'événements gratuits en ligne (en allemand).

Berlin Bühnen (www.berlin-buehnen.de/en/ ; en anglais). Répertorie les spectacles par genres.

and Improvised Music, dans l'Alte Münze de Mitte (un ancien hôtel des monnaies), projet initié par le trompettiste allemand Till Brönner.

Des artistes internationaux se produisent dans des salles de la ville, dont celles-ci :

Columbiahalle (plan p. 356 ; columbiahalle.berlin/en ; Columbiadamm 13-21 ; Ⓤ Platz der Luftbrücke). Cet ancien gymnase de l'armée de l'air américaine accueille jusqu'à 3 500 spectateurs pour des concerts de rock et de pop.

Parkbühne Wuhlheide (www.wuhlheide.de ; Strasse zum FEZ 4 / An der Wuhlheide ; ⏲mai-sept ; Ⓢ Wuhlheide). Un amphithéâtre en plein air de 17 000 places, construit au début des années 1950, qui a la faveur des fans de pop et de rock allemands.

Mercedes-Benz Arena (p. 211). Les équipes berlinoises de hockey sur glace et de basket jouent dans ce stade dernier cri de Friedrichshain, également privilégié par les stars de la musique.

Olympiastadion (p. 226). Plus grande salle de Berlin avec près de 75 000 places, le Stade olympique a accueilli de grands concerts, l'équipe de football Hertha BSC, et même le pape.

Tempodrom (p. 167). Dans un bâtiment en forme de tente, cet espace possède une excellente acoustique. Sa programmation éclectique va de la musique aux tournois de billard.

Waldbühne Berlin (☎billets 01806 570 070 ; www.waldbuehne-berlin.de ; Glockenturmstrasse 1 ; ⏲mai-sept ; Ⓢ Pichelsberg). Cet amphithéâtre de 22 000 places, bâti en 1936, offre un cadre magique dans les bois pour des concerts l'été.

Cinéma

Dans nombre de villes du monde, l'essor des plateformes de streaming fait mal aux petits cinémas indépendants ou d'art et d'essai, mais pas à Berlin. Certes, les multiplexes grands comme des stades et dotés de technologies dernier cri ne manquent pas, mais de nombreux Berlinois restent fidèles à leurs salles de quartier, n'hésitant pas à s'opposer aux promoteurs qui voudraient les raser. Nombre de ces cinémas font aussi café ou bar, ce qui leur permet d'augmenter les recettes, mais aussi de fournir aux cinéphiles un lieu où échanger leurs impressions sur ce qu'ils viennent de voir.

Les films hollywoodiens sont doublés en allemand, mais nombre de cinémas projettent des films en VO, annoncés OF (*Originalfassung*) ou OV (*Originalversion*) ; ceux sous-titrés en allemand sont indiqués OmU (*Original mit Untertiteln*).

Boire et manger est autorisé dans les salles, de préférence la bière et le pop-corn vendus à l'entrée du cinéma. Presque toutes les salles appliquent un *Überlängezuschlag* (supplément) de 0,50 à 1,50 € aux films dont la durée dépasse 1 heure 30. Les films en 3D sont aussi majorés, outre les lunettes 3D louées à 1 € si vous n'avez pas les vôtres. Voir votre film un *Kinotag* ("jour du cinéma", le lundi ou le mardi) permet d'économiser quelques euros.

Théâtre

Avec plus de 100 salles, le théâtre est un pilier de la vie culturelle berlinoise.

CINÉMA EN PLEIN AIR

De mai à septembre, des projections sont organisées en extérieur dans des *Freiluftkinos* (cinémas en plein air). Venez tôt pour trouver un endroit confortable et prévoyez coussins, couvertures et en-cas. Les films (classiques et contemporains) sont souvent diffusés en VO sous-titrée en allemand, ou en allemand sous-titrés en anglais. Voici certains de nos lieux favoris :

Freiluftkino Insel im Cassiopeia (p. 211). Films indépendants projetés près d'un *Biergarten* et d'un bunker transformé en mur d'escalade, le tout au sein de l'alternatif RAW Gelände à Friedrichshain.

Freiluftkino Friedrichshain (p. 211). Vaste lieu au style amphithéâtre dans le Volkspark de Friedrichshain, avec kiosque à boissons et snacks.

Freiluftkino Kreuzberg (p. 192). Pour des films en version originale dans la cour du centre culturel et atelier d'artistes Bethanien.

Kino Central & Open Air Kino Mitte (p. 135). Petit espace niché dans la dernière cour du centre culturel à but non lucratif Haus Schwarzenberg, dans le Scheuenviertel.

S'y produisent des compagnies et des groupes expérimentaux particulièrement dynamiques, permettant à chacun de trouver son bonheur. Kurfürstendamm, à Charlottenburg, et la zone autour de la Friedrichstrasse à Mitte sont les principaux quartiers des théâtres, mais des scènes off émaillent tous les quartiers de la ville.

La plupart des représentations sont en allemand, mais certains des plus grands théâtres, notamment la Schaubühne (p. 227), le Deutsches Theater (p. 102) et le Gorki (p. 102), proposent un surtitrage en anglais pour certaines productions. Sinon, l'English Theatre Berlin (p. 191), programme des productions novatrices en anglais s'intéressant souvent à des thèmes sociaux et politiques tels que le racisme, les questions d'identité et le quotidien des expatriés.

Beaucoup de théâtres font relâche le lundi et de mi-juillet à fin août.

Durant 3 semaines en mai, le festival Theatertreffen (Rencontres théâtrales de Berlin ; www.theatertreffen-berlin.de) se consacre aux nouvelles pièces et productions, rassemblant des acteurs allemands, autrichiens et suisses.

Humoristes

Le stand-up ne fait pas vraiment partie des traditions berlinoises, mais l'importante communauté d'expatriés permet à des humoristes anglophones du monde entier d'y trouver un public. On peut voir du stand-up, des sketches ou des comédies musicales dans toute la ville, mais plus encore à Neukölln, quartier d'adoption de nombre d'expatriés. Salles et programmes sur www.comedyinenglish.de.

Cabaret

Les spectacles légers, animés et débordants des folles années 1920 connaissent un grand retour à Berlin, où danse, chant, jonglage, acrobaties et autres disciplines sont à l'honneur. Une salle réputée est le Bar Jeder Vernunft (p. 225), avec son grand frère le Tipi am Kanzleramt (p. 102), dont les occasionnelles reprises de la comédie musicale *Cabaret* jouent à guichets fermés. Au cœur du quartier des théâtres, le Friedrichstadt-Palast (p. 136) est le plus grand music-hall d'Europe, et le royaume des danseuses tout en jambes et vêtues de plumes, avec des moyens techniques dignes de Las Vegas. Le Chamäleon Theatre (p. 136) est plus intime. Des spectacles itinérants s'installent au Wintergarten Varieté (p. 176) à Schöneberg.

Ne confondez pas ces "cabarets" et le *Kabarett*, des spectacles politiques et satiriques composés de sketchs et de monologues.

Danse

Avec ses chorégraphes indépendants et ses jeunes compagnies à la pointe de l'expérimentation, le monde berlinois de la danse connaît un essor sans précédent. Le plus grand nom de la chorégraphie actuelle est Sasha Waltz, dont la compagnie, Sasha Waltz & Guests (www.sashawaltz.de/en/), est en résidence au très moderne Radialsystem V (p. 210). Parmi les autres salles indépendantes, citons **Sophiensaele** (plan p. 346 ; ☎030-283 5266 ; www.sophiensaele.com ; Sophienstrasse 18 ; 10-15 € ; 🚊M1, Ⓢ Hackescher Markt, Ⓤ Weinmeisterstrasse), **Dock 11** (plan p. 350 ; ☎030-448 1222 ; www.dock11-berlin.de ; Kastanienallee 79 ; 🚊M1, Ⓤ Eberswalder Strasse) et Hebbel am Ufer (p. 191). Ce dernier propose, en association avec Tanzwerkstatt Berlin, **Tanz im August** (www.tanzimaugust.de), premier festival de danse contemporaine d'Allemagne, qui attire de grands talents et des chorégraphes expérimentaux du monde entier.

Plus classique, le Ballet d'État de Berlin (Staatsballett Berlin) se produit à l'Opéra national et au Deutsche Oper Berlin.

Où sortir par quartiers

- **Mitte – Centre historique** (p. 101). Le meilleur de la musique classique et de l'opéra.
- **Hackescher Markt et Scheunenviertel** (p. 136). Cabaret, humour, cinéma, théâtre.
- **Prenzlauer Berg** (p. 151). Concerts, humour.
- **Potsdamer Platz et Tiergarten** (p. 167). Cinémas d'art et d'essai, casino.
- **Schöneberg** (p. 177). Cabaret, cinémas indépendants.
- **Kreuzberg** (p. 191). Concerts, cinémas d'art et d'essai, humour.
- **Neukölln** (p. 200). Concerts, théâtre alternatif, cinémas d'art et d'essai.
- **Friedrichshain** (p. 210). Concerts, cinéma en plein air, humour.
- **Quartiers ouest et Charlottenburg** (p. 225). Théâtre, opéra, jazz et cinéma indépendant.

La sélection de Lonely Planet

Orchestre philharmonique de Berlin (p. 167). L'un des meilleurs orchestres du monde et une acoustique exceptionnelle.

Opéra national de Berlin (p. 101). Splendide salle et spectacles de haut vol.

Babylon (p. 136). Programmation de films variée et intelligente dans un cinéma des années 1920.

Radialsystem V (p. 210). Performances artistiques d'avant-garde.

Schaubühne (p. 227). Théâtre contemporain invitant à la réflexion, surtitré en anglais, dans un ancien cinéma de style "paquebot" des années 1920.

Salles de concert

Tempodrom (p. 167). Salle de taille moyenne dans un original chapiteau de béton offrant une acoustique fantastique, une ambiance intimiste et une programmation éclectique.

Waldbühne Berlin (p. 72). De l'Orchestre philharmonique de Berlin aux Rolling Stones : tous ont enflammé cet amphithéâtre enchanteur à ciel ouvert près du Stade olympique.

Musique classique

Philharmonie (p. 167). La seule et l'unique.

Konzerthaus (p. 102). Salle de concerts conçue par Schinkel et décorée de sculptures, écrin festif pour de belles symphonies.

Cathédrale de Berlin (p. 118). Concerts dans l'ancienne église de la cour royale, parfois joués sur le célèbre orgue Sauer.

Pierre Boulez Saal (p. 102). Salle intimiste conçue par Frank Gehry, qui accueille principalement des concerts de musique de chambre.

Performances expérimentales

Radialsystem V (p. 210). Productions d'avant-garde défiant toute catégorisation, notamment en danse.

Hebbel am Ufer (p. 191). Productions polygenres brouillant les frontières et dépassant les préjugés.

Sophiensaele (p. 73). Représentations mêlant danse, théâtre, performances et musique dans la salle de banquet d'un ancien atelier d'artisan datant de 1905.

Spectacles gratuits

Bearpit Karaoke (p. 144). Karaoké géant le dimanche au Mauerpark.

Philharmonie de Berlin (p. 167). Concerts dans le foyer le mardi à l'heure du déjeuner.

A-Trane (p. 227). Une institution du jazz, avec jam-session tous les mardis.

Église française (p. 89). Récitals d'orgue à 12h30 du mardi au vendredi.

Teehaus im Englischen Garten (p. 166). Concerts allant du jazz au hip-hop les dimanches d'été, dans ce *Biergarten* du parc de Tiergarten.

Cabarets

Chamäleon (p. 136). Dans les Hackesche Höfe, ce théâtre historique présente des versions contemporaines de spectacles d'acrobatie, de danse, de théâtre, de magie et de musique.

Bar Jeder Vernunft (p. 225). Ce chapiteau Art nouveau tapissé de miroirs fournit un cadre glamour à des spectacles de qualité.

Tipi am Kanzleramt (p. 102). À l'orée du parc de Tiergarten, ce dîner-spectacle festif se déroule sous un chapiteau.

Cinémas

Babylon (p. 136). Cinéma d'art et d'essai dans un immeuble classé du Bauhaus, datant des années 1920, avec un orgue restauré.

Arsenal (p. 167). Des films engagés du monde entier en VO, souvent sous-titrés en anglais.

Freiluftkino Friedrichshain (p. 211). Classiques, films indépendants, documentaires et blockbusters à la belle étoile, dans le parc public de Friedrichshain.

Kino International (p. 211). Cinéma mythique de l'ex-RDA avec intérieur glamour années 1960 et vue sur la Karl-Marx-Allee.

Théâtres

Berliner Ensemble (p. 136). Le théâtre où a eu lieu la première de *L'Opéra de quat'sous* de Brecht attire toujours les foules.

Gorki (p. 102). Théâtre à l'approche "post-migratoire", avec une distribution multiculturelle. Les spectacles traitent des bouleversements et transitions de la société. Avec surtitres anglais.

DANILOVI / GETTY IMAGES ©

Boutiques des Hackesche Höfe (p. 128)

Shopping

Berlin est idéale pour le shopping. Outre d'immenses galeries commerciales abritant les grandes enseignes, la ville regorge de boutiques témoignant d'un goût pour l'originalité qui la caractérise. À découvrir autant pour le plaisir des yeux que pour celui de dynamiser sa garde-robe.

Où faire son shopping

La principale avenue commerçante de Berlin est le Kurfürstendamm, dit "Ku'damm", des quartiers ouest et Charlottenburg, majoritairement flanquée des enseignes les plus connues (de H&M à Prada). Son extension, la Tauentzienstrasse, est dominée par KaDeWe, le plus vaste magasin de ce type en Europe. Parmi les dizaines d'autres galeries marchandes, on retiendra Bikini Berlin, et l'immense LP12 Mall of Berlin, sur la Leipziger Platz.

Pour un shopping plus authentique, il faut s'aventurer dans les *Kieze* (quartiers) parsemés de boutiques indépendantes.

Créateurs locaux

Si Michael Michalsky est sans doute le plus célèbre ambassadeur de la mode berlinoise, la styliste Claudia Skoda, pionnière de la maille version underground, est une telle icône que la Bibliothèque d'art (Kunstbibliothek) lui a consacré une exposition fin 2020.

Quantité de créateurs locaux à la pointe leur emboîtent le pas : C.neeon, Anna von Griesheim, Firma Berlin, Esther Perbandt, C'est Tout, Kostas Murkudis, Kaviar Gauche, Potipoti ou Leyla Piedayesh. Dans le plus pur style berlinois, ces créateurs oscillent entre originalité et tendances contemporaines.

L'ESSENTIEL

Heures d'ouverture

- Les centres commerciaux, grands magasins et supermarchés ouvrent de 10h à 20h ou 21h. Certains supermarchés sont ouverts 24h/24.
- Boutiques et autres petits commerces ont des horaires variables, généralement de 11h à 19h en semaine, et de 11h à 16h ou 17h le samedi.

Taxes et remboursements

Si vous résidez hors de l'UE, vous pourrez peut-être obtenir le remboursement partiel des 19% de TVA (*Mehrwertsteuer*). Ce remboursement ne s'applique qu'aux achats effectués dans des magasins affichant le panneau "Tax-Free for Tourists".

Achats nocturnes

- Très appréciables, les *Spätkäufe* (ou *Spätis*) sont des épiceries de quartier ouvrant en début de soirée jusqu'à 2h du matin, voire plus tard.
- Certains supermarchés ouvrent jusqu'à minuit, quelques-uns 24h/24.

Shopping dominical

- En dehors de quelques boulangeries, fleuristes et boutiques de souvenirs, le dimanche est jour de fermeture.
- Boutiques et supermarchés des grandes gares (Hauptbahnhof, Ostbahnhof, Friedrichstrasse) ouvrent tard et le dimanche.
- Les magasins ont, 8 dimanches par an, l'autorisation d'ouvrir de 13h à 20h. Il s'agit des 2 dimanches de décembre précédant Noël, plus 6 autres dans l'année (à l'occasion d'événements majeurs comme la Berlinale). Le Sénat de Berlin fixe chaque année ces dates.

Berlin a aussi su être dans l'air du temps en servant de vivier aux marques éthiques et écoresponsables, notamment HundHund, Folksdays, Slowmo, Car e., UVR Connected, Ken Panda!, Dzaino, Myrka Studios, The Tribe Berllin et jovoo.

Côté accessoires, nous vous conseillons les lunettes ic! berlin et Mykita, les sacs Liebeskind et Tausche, les chaussures Trippen, et les chapeaux de chez Fiona Bennett et Rike Feurstein.

Marchés aux puces

La visite d'un marché aux puces (*flowmarkt*) relève parfois de l'archéologie urbaine, mais quel bonheur de dénicher un trésor ! Berlin ne manque pas de terrains de chasse, le week-end (généralement le dimanche) et toute l'année – par tous les temps –, et vous y trouverez aussi de jeunes créateurs et des bijoutiers. Le plus célèbre, le Flohmarkt am Mauerpark (p. 151), a lieu chaque semaine à Prenzlauer Berg. On pourra combiner sa visite avec le Trödelmarkt Arkonaplatz (p. 152), voisin.

Shopping par quartiers

- **Mitte – Centre historique** (p. 102). Boutiques de souvenirs sur l'Unter den Linden ; boutiques haut de gamme, *concept stores* et galeries dans la Friedrichstrasse et alentour.
- **Île des Musées et Alexanderplatz** (p. 123). Carrefour des commerces classiques de l'est de Berlin (Alexanderplatz) et marché des collectionneurs le week-end. Souvenirs à Nikolaiviertel.
- **Hackescher Markt et Scheunenviertel** (p. 136). Marques étrangères tendance, et mode et accessoires du cru dans des boutiques chics et des *concept stores*.
- **Prenzlauer Berg** (p. 151). Mode et accessoires "hype" dans la Kastanienallee, boutiques pour enfants autour de la Helmholtzplatz et marché aux puces réputé de Mauerpark.
- **Potsdamer Platz et Tiergarten** (p. 168). Un grand centre commercial, et les petites boutiques qui vont avec.
- **Schöneberg** (p. 176). Boutiques indépendantes le long de la Goltzstrasse et de l'Akazienstrasse. Boutiques de créateur dans la Potsdamer Strasse.
- **Kreuzberg** (p. 192). Mode vintage et streetwear, musique et accessoires, le tout dans des boutiques indépendantes.
- **Neukölln** (p. 201). Petites boutiques éclectiques, créateurs locaux, musique et *concept stores* discrets.
- **Friedrichshain** (p. 211). Boutiques indépendantes autour de la Boxhagener Platz, où se tient un marché aux puces dominical. Marché d'antiquités autour d'Ostbahnhof.
- **Quartiers ouest et Charlottenburg** (p. 227). Enseignes internationales dans le Kurfürstendamm, boutiques indépendantes dans les rues adjacentes, *concept store* à Bikini Berlin, décoration dans la Kantstrasse.

La sélection de Lonely Planet

KaDeWe (p. 176). Le temple de la consommation.

Bikini Berlin (p. 227). Un bâtiment classé des années 1950 près du jardin zoologique, pour un shopping très avant-gardiste.

Dussmann – Das Kulturkaufhaus (p. 102). Une multitude de livres et de disques. Lectures et dédicaces.

Hallesches Haus (p. 193). Articles de maison modernes et fantaisie, dans une ancienne poste. Un coin restauration.

Folkdays (p. 192). Jeune marque de design et mode équitable. Productions artisanales authentiques provenant du monde entier.

Mode et accessoires

lala Berlin (p. 137). Une marque urbaine qui reflète l'esprit typiquement berlinois.

IC! Berlin (p. 123). Lunettes incassables et élégantes pour fashionistas.

Trippon (p. 137). Chaussures de créateur faites main, issues du développement durable.

Loveco (p. 211). Le plus grand *concept store* de mode éthique et végane à Berlin, chaussures et accessoires compris.

Zweimalschön (p. 152). Friperie bien fournie et bon rapport qualité/prix.

DearGoods (p. 151). Première boutique de mode 100% végane en Allemagne. Des vêtements qui font se sentir bien.

Librairies

Taschen Store Berlin (p. 228). La boutique phare de l'éditeur allemand de beaux livres, une petite merveille de décoration.

Another Country (p. 193). Un établissement peu banal, à la fois librairie anglophone, bibliothèque et espace à vivre pour les gens du quartier.

Do You Read Me?! (p. 137). Une sélection pointue de magazines d'exception et d'ouvrages de photo, design, art, architecture, mode et littérature.

Hundt Hammer Stein (p. 136). Librairie littéraire au personnel expert.

Curious Fox (p. 201). Librairie anglaise conviviale à Neukölln, vendant du neuf et de l'occasion.

Marchés aux puces

Flohmarkt im Mauerpark (p. 151). *Le* marché aux puces de Berlin, toujours fort couru. Fripes et objets design de créateurs berlinois.

Nowkoelln Flowmarkt (p. 201). Ce marché aux accents cosmopolites est aussi une vitrine de la créativité berlinoise.

Flohmarkt Boxhagener Platz (p. 213). Trouvailles assurées sur ce charmant marché situé sur une place arborée.

RAW Flohmarkt (p. 213). Les vraies bonnes affaires sont légion sur ce petit marché occupant le site d'une ancienne gare de maintenance.

Marchés fermiers

Marché de la Winterfeldtplatz (p. 176). Une institution locale. Produits alimentaires de première qualité, bel artisanat et stands de cuisine internationale.

Marché turc (p. 201). Ce marché en bord de canal a des airs de bazar. Produits à prix cassés et cuisine méditerranéenne.

Kollwitzplatzmarkt (p. 152). Un lieu où s'approvisionner en produits raffinés, pâtes et fromages artisanaux, pesto maison et autres mets exquis.

Wochenmarkt Boxhagener Platz (p. 213). Un marché de quartier vivant et coloré, aux produits peu communs, où l'on peut manger sur le pouce.

Markthalle Neun (p. 193). Un marché de produits régionaux se tient 3 fois par semaine sous la halle historique.

Grands magasins et centres commerciaux

Bikini Berlin (p. 227). Le premier *concept mall* de la ville, avec magasins branchés et vue sur les singes du zoo de Berlin.

Mall of Berlin (p. 168). Gigantesque et haut de gamme, une zone commerciale de 270 magasins, plus un hôtel, des bureaux et des appartements.

KaDeWe (p. 176). Le grand magasin le plus vaste d'Europe continentale.

Curiosités et cadeaux souvenirs

1. Absinth Depot Berlin (p. 137). Boutique authentique rappelant l'ancien Berlin, où faire connaissance avec la "fée verte".

Käthe Wohlfahrt (p. 228). Tout ce qui brille et scintille : ici, c'est Noël 365 jours par an ! Immense assortiment de décorations et d'ornements.

Other Nature (p. 193). Un sex-shop alternatif tenu par une femme : sex-toys, ateliers et conseils.

Sugafari (p. 152). Paradis des bonbons aux étalages pleins de confiseries des quatre coins du monde.

Frau Tonis Parfum (p. 102). Repartez avec un souvenir olfactif de Berlin créé sur mesure dans cette boutique chic.

Explorer Berlin

BERLIN
LES INCONTOURNABLES

Les quartiers en un clin d'œil

❶ Mitte – Centre historique p. 82

Concentré culturel, commercial et historique où sont situés Reichstag, porte de Brandebourg, Gendarmenmarkt, mémorial de l'Holocauste et Checkpoint Charlie, Mitte regorge de sites majeurs ! Le quartier est traversé par l'avenue Unter den Linden et la Friedrichstrasse, empire des grandes marques.

❷ Île des Musées et Alexanderplatz p. 104

L'Île des Musées (et l'immanquable musée de Pergame), la cathédrale de Berlin et le Forum Humboldt (nouveau centre culturel) ont fait du quartier un incontournable. Découvrez la vie sous le régime communiste au musée de la RDA et montez en haut de la tour de la Télévision pour une vue panoramique sur Berlin.

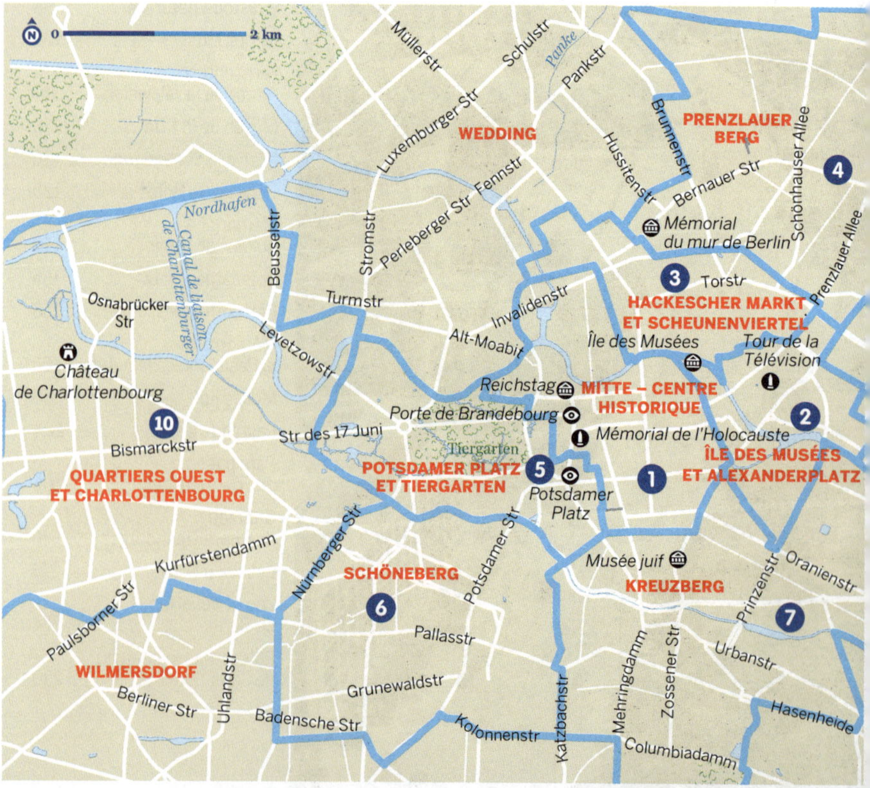

3 Hackescher Markt et Scheunenviertel p. 124

Tout le charme de Scheunenviertel se révèle dans ses ruelles labyrinthiques qui partent d'Oranienburger Strasse et de Rosenthaler Strasse. Découvrez ses *Höfe*, des cours reliées entre elles, dotées de cafés et boutiques.

4 Prenzlauer Berg p. 138

Dans ce quartier résidentiel de caractère, abondent cafés, boutiques indépendantes et bâtiments historiques ! Le dimanche, rendez-vous au Mauerpark pour chiner aux puces. Le principal site est le mémorial du Mur de Berlin, exposition de 1,4 km de long.

5 Potsdamer Platz et Tiergarten p. 153

Vitrine de l'architecture contemporaine autrefois coupée en deux par le Mur, la Potsdamer Platz est en pleine renaissance depuis les années 1990. Ne manquez pas les musées du Kulturforum, en particulier la Pinacothèque et la Philharmonie. Entre deux visites, profitez du parc Tiergarten.

6 Schöneberg p. 169

Premier quartier gay de Berlin, Schöneberg, en grande partie résidentiel, a vu naître restaurants concept, cafés et galeries, surtout le long de la Potsdamer Strasse. Les sites principaux sont l'Urban Nation, musée de *street art*, et le grand magasin KaDeWe.

7 Kreuzberg p. 178

Si le Musée juif et le musée allemand des Techniques sont des sites importants du quartier, Kreuzberg est surtout connu pour être le cœur underground de la capitale. La zone ouest, aux abords de la Bergmannstrasse, est plus chic.

8 Neukölln p. 194

Accueillant une forte population turque et du Moyen-Orient, Neukölln est aussi devenu le point de chute préféré des expatriés occidentaux, ce qui explique l'ébullition de sa scène artistique et festive. Ancien aérodrome devenu parc, le Tempelhofer Feld est idéal pour se reposer un lendemain de fête. Parmi les sites à voir : une brasserie reconvertie en espace d'exposition.

9 Friedrichshain p. 202

Célèbre pour ses vestiges de la RDA, tels que le plus grand tronçon du Mur encore debout (East Side Gallery), la Karl-Marx-Allee et l'ancien QG de la Stasi, ce quartier est aussi réputé pour sa vie nocturne débridée, ses boutiques indépendantes attrayantes et son marché aux puces le dimanche.

10 Quartiers ouest et Charlottenburg p. 214

Ce secteur attire les accros du shopping, les passionnés d'histoire royale et les amateurs d'art. Les principales curiosités sont le château de Charlottenbourg, son parc et les musées adjacents. Le quartier de City West, aux abords du Zoologischer Garten, est coupé par le célèbre Ku'damm.

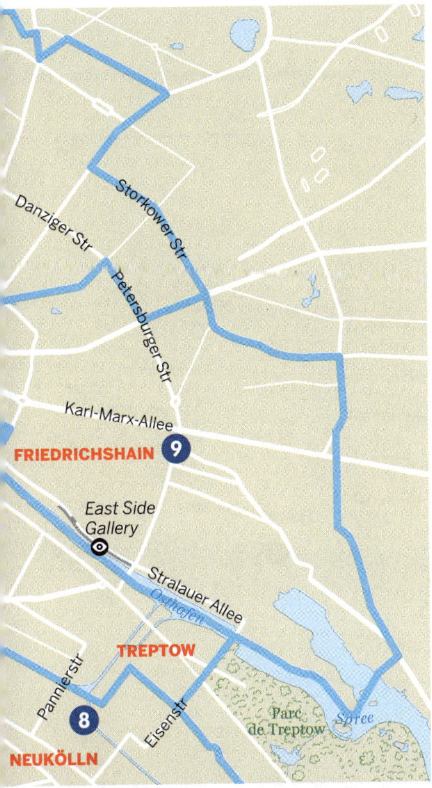

Mitte – Centre historique

QUARTIER DU GOUVERNEMENT ET TIERGARTEN NORD | PORTE DE BRANDEBOURD ET UNTER DEN LINDEN | FRIEDRICHSTRASSE ET CHECKPOINT CHARLIE | HAUPTBAHNHOF ET ALENTOUR | GENDARMENMARKT

Notre sélection

❶ L'imposante **porte de Brandebourg** (p. 88) est le symbole de la réunification de l'Allemagne.

❷ La **Gendarmenmarkt** (p. 89), réjouissante place dite du marché des "gens d'armes", aux proportions harmonieuses, attire d'excellents restaurants dans son voisinage.

❸ Le **mémorial de l'Holocauste** (p. 87) est composé d'un solennel labyrinthe de stèles, assorti d'une exposition en hommage aux victimes de la Shoah.

❹ Le **Reichstag** (p. 85), siège du Parlement allemand, et son étincelante coupole de verre.

❺ Le **Muséum d'histoire naturelle** (p. 98) est l'endroit où se mesurer aux vedettes du jurassique, des dinosaures XXL.

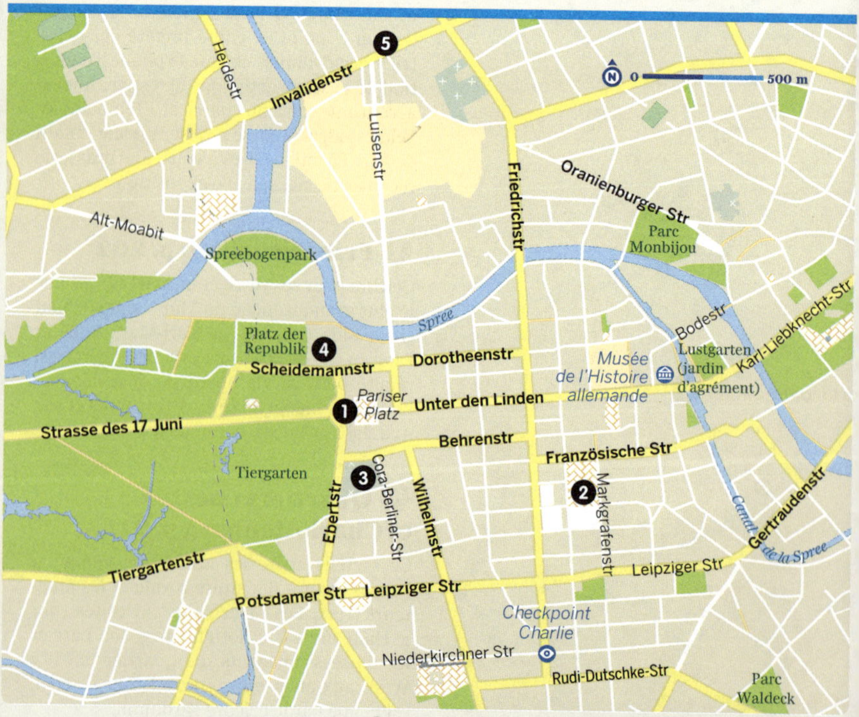

Pour plus de détails sur ce quartier, voir le plan p. 340

Découvrir Mitte – Centre historique

Avec ses nombreux sites accessibles à pied, le centre historique s'impose naturellement comme la première étape pour découvir Berlin. Réservez dès que possible votre visite de la coupole du Reichstag (p. 85), immortalisez la porte de Brandebourg (p. 86) et recueillez-vous au mémorial de l'Holocauste (p. 87), avant de remonter dans le passé prussien de la ville le long de l'avenue Unter den Linden.

Cette artère monumentale croise la Friedrichstrasse qui file au nord jusqu'au quartier des théâtres et au sud jusqu'à Checkpoint Charlie. Un bloc d'immeubles plus à l'est, le Gendarmenmarkt (p. 89), environné de restaurants sélects et de boutiques de luxe, est aujourd'hui la plus belle place de Berlin. La nuit venue, les mélomanes se tournent vers la Konzerthaus (p. 102) et ses concerts de haute volée. Plus trépidant encore, le secteur proche des théâtres au nord de la gare de Friedrichstrasse s'anime à la tombée du jour le long du Schiffbauerdamm, sur la rive nord de la Spree.

Les amateurs d'art contemporain fileront plus au nord jusqu'à la collection Boros (p. 97), dans un bunker de la Seconde Guerre mondiale, et l'ancienne Hamburger Bahnhof (p. 90), réhabilitée en musée d'art contemporain. Non loin, les dinosaures du Muséum d'histoire naturelle (p. 98) impressionnent les visiteurs.

Vivre comme un Berlinois

Culture classique Les mélomanes aiment le quartier pour ses concerts à l'Opéra national de Berlin (p. 101), à la Konzerthaus (p. 102) et à la Pierre Boulez Saal (p. 102) et pour ses opérettes et comédies musicales à l'Opéra comique (p. 101).

Pouvoir des mots Autoproclamé “grand magasin culturel”, Dussmann (p. 102) ravit lecteurs et mélomanes. Lectures publiques, concerts gratuits, entre autres rencontres occasionnelles.

Depuis/vers Mitte – Centre historique

Bus Les bus 100, 245 et 300 longent la majeure partie d'Unter den Linden en partant de l'Alexanderplatz.

S-Bahn Les lignes S1 et S2/25 desservent les stations Brandenburger Tor et Friedrichstrasse.

U-Bahn Pour le Gendarmenmarkt, descendez à Stadtmitte (U2, U6) ou Hausvogteiplatz (U2). La nouvelle section de l'U5 dessert Unter den Linden.

Tram Les M1 et M12 parcourent la Friedrichstrasse entre l'Île des Musées et Prenzlauer Berg.

Bon plan Lonely Planet

S'il ne faut pas manquer le célèbre Checkpoint Charlie, l'excellente exposition gratuite du Palais des larmes (p. 95), ancien poste-frontière au nord de Friedrichstrasse, permet de mieux comprendre ce qu'impliquait au quotidien la division de la ville (et de l'Allemagne) au temps de la guerre froide.

Le top des restaurants

- India Club (p. 99)
- Liu Nudelhaus (p. 100)
- Cookies Cream (p. 100)
- Restaurant Tim Raue (p. 100)

Voir détails p. 99

Le top des bars et des cafés

- Bar Tausend (p. 101)
- Rooftop Terrace (p. 101)
- Crackers (p. 100)
- Berliner Republik (p. 100)

Voir détails p. 101

Le top du shopping

- Dussmann – Das Kulturkaufhaus (p. 102)
- Rausch Schokoladenhaus (p. 103)
- Frau Tonis Parfum (p. 102)

Voir détails p. 102

PISAPHOTOGRAPHY / SHUTTERSTOCK ©

LES INCONTOURNABLES
REICHSTAG

Brûlé, bombardé, reconstruit, longé par le Mur, emballé dans un tissu argenté, et enfin transformé en siège moderne du Parlement allemand par Norman Foster, le Reichstag est l'un des grands symboles de Berlin. Il se distingue par son étincelante coupole de verre, qui attire plus de 3 millions de visiteurs par an.

La coupole

Sorte d'immense ruche de verre, ce dôme lumineux – ouvert en son sommet et à sa base et surplombant la salle plénière – est conçu comme une métaphore de la transparence et de l'ouverture en politique. Un ascenseur mène au toit-terrasse, d'où l'on distingue les courbes de la Maison des cultures du monde, la cathédrale de Berlin, ou l'immense étendue du parc de Tiergarten. Pour en savoir plus sur tous ces sites, sur le bâtiment du Reichstag et sur le fonctionnement du Parlement, procurez-vous un audioguide multilingue gratuit à la sortie de l'ascenseur. Le commentaire démarrera automatiquement lorsque vous emprunterez la rampe de 230 m qui s'élève en colimaçon dans la coupole, autour d'un cône inversé reflétant la lumière du jour dans la salle plénière.

La façade

La monumentale façade du bâtiment, tournée vers l'ouest, affiche un style fortement inspiré de la Renaissance italienne, hormis quelques éléments néobaroques. Un imposant escalier mène à un portique soutenu par 6 colonnes corinthiennes et orné de l'inscription *"Dem Deutschen Volke"* ("Au peuple allemand") ajoutée en 1916. Ces lettres de bronze dessinées par Peter Behrens, l'un des pères fondateurs de l'architecture moderne, ont

À NE PAS MANQUER

- Vue depuis le toit-terrasse
- Façade
- Visite de la coupole avec un audioguide
- Série *Birkenau*, 4 "photo-peintures" de Gerhard Richter

INFOS PRATIQUES

- Plan p. 340, C4
- ☎030-2273 2152
- www.bundestag.de
- Platz der Republik 1, accueil des visiteurs, Scheidemannstrasse
- Entrée libre
- ⏲ascenseur 8h-24h, dernière entrée 21h45, guichet 8h-20h avr-oct, 8h-18h nov-mars
- 🚌100, S Brandenburger Tor, Hauptbahnhof, U Brandenburger Tor, Bundestag

été coulées à partir de deux canons des guerres napoléoniennes de 1813-1815. La coupole d'origine, ouvrage d'acier et de verre considéré à l'époque comme un tour de force technique, disparut dans l'incendie du 27-28 février 1933 qui permit au tout nouveau pouvoir en place d'agiter la menace d'un complot communiste et d'entamer une chasse aux sorcières.

Le siège du Parlement

Le Reichstag est aujourd'hui le cœur historique du nouveau quartier accueillant, depuis la réunification, les instances de l'État fédéral allemand. Il abrite depuis 1999 le Bundestag (Parlement allemand), autrefois basé à Bonn. Préalablement, la rénovation intégrale de l'édifice, au cours de laquelle l'enveloppe du XIXe siècle a été préservée et la coupole de verre ajoutée, fut orchestrée par Norman Foster.

Les événements qui font date

Œuvre de Paul Wallot, l'édifice fut achevé en 1894, alors que l'Allemagne était encore une monarchie constitutionnelle, le Deutsches Reich (Empire allemand), d'où son nom. Siège du Parlement de 1894 à 1933, et de nouveau depuis 1999, l'imposant Reichstag a été le théâtre de plusieurs épisodes cruciaux de l'histoire allemande. Le 9 novembre 1918, à la fin de la Première Guerre mondiale et après l'abdication du Kaiser prussien, Philipp Scheidemann, membre du Parlement, proclama la république depuis l'une de ses fenêtres. En 1933, l'incendie qui éclata au Reichstag servit de prétexte aux nazis pour renforcer leur pouvoir. Douze ans plus tard, l'Armée rouge victorieuse hissait le drapeau soviétique sur un bâtiment réduit à l'état de ruine. Il demeura endommagé et vide du côté ouest du Mur durant toute la guerre froide. À la fin des années 1980, des stars comme David Bowie, les Pink Floyd et Michael Jackson donnèrent des concerts sur la pelouse qui s'étend devant l'édifice. Le Mur s'effondra peu après, ouvrant la voie à la réunification allemande, signée ici même en 1990. Le Reichstag fit à nouveau la une des journaux 5 ans plus tard, lorsque le couple d'artistes Christo et Jeanne-Claude enveloppa la structure de 100 000 m^2 de tissu argenté. Les parlementaires allemands durent voter une loi pour approuver ce projet censé marquer la fin de la guerre froide et le commencement d'une nouvelle ère. Durant deux semaines, à la fin du mois de juin 1995, une foule de visiteurs du monde entier se pressa à Berlin pour admirer ce spectacle unique. Peu de temps après le déshabillage du monument, Norman Foster en entreprit la rénovation.

En bas de la coupole, une **exposition photographique** retrace l'histoire foisonnante du Reichstag.

UNE PETITE FAIM ?

Réservez au moins 2 semaines à l'avance pour le Dachgarten-restaurant Käfer (p. 99), sur le toit du Reichstag. Sinon, rendez-vous au **Restaurant Populär** (plan p. 340 ; ☎030-2065 4737 ; www.berlin-pavillon.de ; Scheidemannstrasse 1 ; plats 4,50-9 € ; ⊙8h-21h ; 🚌100, Ⓢ Brandenburger Tor, Ⓤ Brandenburger Tor, Bundestag), en lisière du parc de Tiergarten.

VISITER LA COUPOLE

La visite est gratuite, mais il faut réserver sur le site du Parlement (www.bundestag.de) pour un jour du mois en cours ou des 2 mois suivants. On peut aussi réserver visites guidées ou conférences. Il faut présenter une pièce d'identité à l'entrée et se soumettre aux directives de sécurité. Faute de réservation, vous pourrez tenter d'obtenir une place à l'**accueil des visiteurs** (plan p. 340 ; ☎030-2273 2152 ; www.bundestag.de ; Scheidemannstrasse ; ⊙8h-20h avr-oct, 8h-18h nov-mars ; 🚌100, Ⓢ Brandenburger Tor, Ⓤ Bundestag) pour le jour même ou les suivants. Visites guidées ou thématiques organisées hors sessions parlementaires ou le week-end.

ANDREY_POPOV / SHUTTERSTOCK ©

LES INCONTOURNABLES
PORTE DE BRANDEBOURG

La porte de Brandebourg (1788-1791) est le monument phare de Berlin et, à ce titre, le plus photographié. Symbole de la division de l'Allemagne durant la guerre froide car situé juste derrière le Mur, cet édifice majestueux incarne depuis 1989 sa réunification et sert de cadre à des festivals, concerts, célébrations du Nouvel An et autres manifestations populaires.

À la demande de Frédéric-Guillaume II de Prusse, l'architecte Carl Gotthar Langhans imagina cet arc de triomphe inspiré de l'Acropole d'Athènes, pour donner accès à la majestueuse avenue Unter den Linden. C'est la seule des 18 portes du Berlin historique encore debout.

Mesurant 26 m de haut, 65,5 m de large et 11 m de profondeur, la porte en grès de style néoclassique domine la Pariser Platz. L'édifice présente une façade composée de 12 colonnes doriques et 5 entrées, dont la plus large, au centre, était réservée au roi et à sa suite. Le Quadrige de Johann Gottfried Schadow, une représentation de la déesse ailée de la Victoire conduisant un char tiré par quatre chevaux, trône au sommet. Après avoir écrasé la Prusse en 1806, Napoléon Bonaparte enleva la dame et la retint en otage à Paris jusqu'à ce qu'un vaillant général prussien la libère en 1815. La statue, qui incarnait à l'origine Eiréné (déesse de la Paix), fut ensuite dotée d'un nouvel emblème : une croix de fer surmontée de l'aigle prussien, œuvre de Karl Friedrich Schinkel.

Le monument domine la gracieuse Pariser Platz, complètement rasée pendant la Seconde Guerre mondiale, avant d'être isolée du côté Est du mur de Berlin pendant la guerre froide. Désormais, ambassades américaine, française et britannique, banques et hôtels de luxe ont retrouvé leur emplacement d'origine et bordent à nouveau la place animée, comme à son apogée au XIXe siècle.

À NE PAS MANQUER

- Quadrige
- Vue depuis la Pariser Platz au coucher du soleil

INFOS PRATIQUES

- Brandenburger Tor
- Plan p. 340, D4
- Pariser Platz
- S Brandenburger Tor, U Brandenburger Tor

LES INCONTOURNABLES

MÉMORIAL DE L'HOLOCAUSTE

Le mémorial aux Juifs d'Europe assassinés a été inauguré en 2005. Plus connu sous le nom de mémorial de l'Holocauste, il constitue l'hommage central de l'Allemagne aux victimes du génocide des Juifs par les nazis sous le IIIe Reich. L'architecte new-yorkais Peter Eisenman l'a conçu sous forme de labyrinthe. Ses 2 711 stèles, en forme de sarcophages, s'alignent à perte de vue sur le sol ondulé.

Il est possible d'y accéder par n'importe lequel de ses côtés et de le parcourir comme on l'entend. Si le dispositif peut paraître de prime abord étrange, son dédale de passages étroits, la froideur de sa pierre et ses jeux d'ombre et de lumière créent une sensation de désorientation, de confusion et d'enfermement à mesure qu'on le parcourt et que l'on s'imprègne du lieu.

Pour mieux appréhender le contexte historique, visitez au sous-sol le **centre d'information** (Ort der Information ; ☎030-2639 4336 ; www.stiftung-denkmal.de ; audioguide 3 € ; ⏲10h-18h mar-dim, dernière entrée 45 min avant fermeture) GRATUIT, qui tire de l'anonymat les 6 millions de victimes de la Shoah. Son exposition ne laissera personne indifférent. Après la frise chronologique présentant les persécutions subies par les Juifs sous le IIIe Reich, des salles d'exposition retracent le destin tragique d'individus et de familles entières. La plus poignante d'entre elles est la **salle des Noms**, plongée dans l'obscurité, où les patronymes des victimes ainsi que leurs dates de naissance et de mort sont projetés sur les quatre murs, tandis qu'une voix solennelle lit de courtes biographies. La salle peut fortement impressionner les enfants de moins de 14 ans.

Audioguides multilingues disponibles. Visites guidées gratuites et sans réservation : en allemand tous les jours à 15h et en anglais les vendredis, samedis et dimanches à 11h.

À NE PAS MANQUER

- Champ de stèles
- Centre d'information
- Salle des Noms

INFOS PRATIQUES

- Denkmal für die ermordeten Juden Europas
- Plan p. 340, D5
- ☎030-263 9430
- www.stiftung-denkmal.de
- Cora-Berliner-Strasse 1
- audioguide 3 €
- ⏲24h/24
- S Brandenburger Tor, U Brandenburger Tor

LES INCONTOURNABLES

MUSÉE DE L'HISTOIRE ALLEMANDE

L'ancien arsenal prussien de style baroque, la Zeughaus (1706), héberge ce séduisant musée où se déroule un millénaire et demi d'histoire. À l'étage, les collections couvrent la période allant du VIe siècle de notre ère à la fin de la Première Guerre mondiale, tandis que le rez-de-chaussée retrace le XXe siècle jusqu'à la chute du mur de Berlin.

À NE PAS MANQUER

- Sculptures de Schlüter dans la cour
- Annexe d'I. M. Pei
- Portrait de Martin Luther par Lucas Cranach l'Ancien
- Mappemonde nazie
- PC Robotron du temps de la RDA

INFOS PRATIQUES

- Deutsches Historisches Museum
- Plan p. 340, G4
- ☎030-203 040
- www.dhm.de
- Unter den Linden 2
- Exposition permanente gratuite, I. M. Pei Bau (annexe) tarif plein/réduit 8/4 €, gratuit - 18 ans
- ⏲10h-18h
- 🚌100, 245, 300, U Hausvogteiplatz, S Hackescher Markt

La collection permanente

Toutes les grandes étapes de l'histoire allemande sont replacées dans leur contexte européen et l'histoire politique étudiée à la lumière des choix opérés par les maîtres successifs des différents territoires qui constituent l'Allemagne d'aujourd'hui. Le parcours commence par le sacre de Charlemagne, la naissance du Saint-Empire romain et la vie quotidienne au Moyen Âge. Il saute ensuite quelques siècles pour en venir à Martin Luther et à la Réforme, puis à la guerre de Trente Ans et ses conséquences, avant d'évoquer Napoléon, l'effondrement du Saint-Empire romain en 1806, et la fondation du Reich allemand en 1871. La Première Guerre mondiale, qui provoqua la fin de la monarchie et l'avènement de la république de Weimar, est longuement abordée, tout comme la période nazie et la guerre froide. L'exposition s'arrête à la réunification et au retrait des troupes alliées d'Allemagne.

Les collections sont éclectiques et l'un des objets les plus anciens est une borne milliaire romaine du IIIe siècle. Vous croiserez un cavalier et son cheval du Moyen Âge – du moins leurs armures ! –, une tente ottomane datant du siège de Vienne (1683) et de nombreuses reliques des guerres napoléoniennes, dont un bicorne porté par l'Empereur à Waterloo. Entre autres pièces remarquables figure une mappemonde de la période nazie ayant appartenu au ministère des Affaires étrangères, sur laquelle l'Allemagne a disparu, détruite par un impact de balle. Parmi les objets les plus récents, se trouve un Robotron PC 1715 de 1985 : le premier PC fabriqué en Allemagne de l'Est.

Le bâtiment

L'édifice rose de la Zeughaus, qui servit d'arsenal jusqu'en 1876, est le résultat de la collaboration de 4 architectes : Johann Arnold Nering, Martin Grünberg, Andreas Schlüter et Jean de Bodt. Achevé en 1730, le plus ancien bâtiment d'Unter den Linden est un bel exemple d'architecture baroque civile. C'est en grande partie dû à la beauté des sculptures de Schlüter, en particulier les visages tordus de douleur de soldats à l'agonie, qui ornent les façades de la cour coiffée de verre. Censés représenter les ennemis prussiens vaincus, ils valent en fait tous les plaidoyers contre la guerre.

L'annexe d'I. M. Pei

De prestigieuses expositions temporaires se tiennent dans la spectaculaire annexe dessinée par l'architecte I. M. Pei. Derrière la spirale en verre qui lui sert de façade, cet étonnant édifice aux formes géométriques affirmées, combinaison de triangles, de rectangles et de cercles, dégage une impression de légèreté grâce à son hall aéré et à l'emploi du verre.

LES INCONTOURNABLES
GENDARMENMARKT

CANADASTOCK / SHUTTERSTOCK ©

Le Gendarmenmarkt incarne le Berlin sélect. Aménagée dans les années 1690, cette gracieuse place dite du marché des "gens d'armes" doit son nom à un régiment de huguenots qui, expulsés de France en 1685 après la révocation de l'édit de Nantes, s'installèrent ici et servirent la Prusse qui les avait accueillis.

Les protestants français établis à Berlin ont fait édifier l'**Église française** (Französischer Dom ; www.franzoesischerdom.de ; église 12h-17h mar-dim) GRATUIT. Le temple huguenot se compose en fait de deux bâtiments : le premier achevé en 1705 est la Französische Fredrichstadtkirche qui reprend le plan du temple français de Charenton (détruit en 1688) ; le second est un ajout de 1785, une coupole (*Dom* en allemand) dessinée par Carl von Gontard et qui accueille désormais le musée des Huguenots (en cours de restauration). De courts récitals d'orgue (gratuits) sont donnés du mardi au vendredi à 12h30, plus un autre d'une demi-heure le mardi à 15h.

Sans ce dôme à galeries (1785) signé aussi Gontard, l'**église allemande** (Deutscher Dom ; 030-2273 0431 ; www.bundestag.de/deutscherdom ; 10h-19h mar-dim mai-sept, 10h-18h oct-avr) GRATUIT avait peu d'allure. D'abord nommée Neue Kirche (Nouvelle Église), elle fut bâtie entre 1702 et 1708 pour accueillir les calvinistes berlinois. Ruine pendant 40 ans, elle devait devenir un centre artistique de la RDA. La chute du Mur lui a offert une autre destinée : une exposition historique interactive du Bundestag retraçant le parcours du pays vers la démocratie parlementaire. Visites, audioguide et livret en français.

Érigée en 1821 sur les cendres de la Schauspielhaus (Théâtre national) de Carl Gotthard Langhans, la Konzerthaus (p. 102) est un des plus beaux édifices créés par Karl Friedrich Schinkel. L'architecte ajouta aux murs et colonnes d'origine un majestueux escalier menant à un portique surélevé à colonnade. Devant le bâtiment se dresse une statue d'une grande figure de la littérature allemande du XVIIIe siècle, le poète et dramaturge Schiller. Rien ne vaut un concert, sinon une visite guidée gratuite (30 minutes, presque tous les jours) pour découvrir de l'intérieur ce monument de la culture berlinoise.

À NE PAS MANQUER

- Récital d'orgue gratuit à l'Église française
- Concert à la Konzerthaus

INFOS PRATIQUES

- Plan p. 340, F5
- U Unter den Linden, Stadtmitte

LES INCONTOURNABLES HAMBURGER BAHNHOF – MUSÉE D'ART CONTEMPORAIN

Grande vitrine de l'art contemporain à Berlin, le Museum für Gegenwart a donné une seconde vie à la Hamburger Bahnhof des années 1850. Bel exemple du néoclassicisme tardif, l'éphémère gare ferroviaire de Hambourg est devenue une sublime caverne d'Ali Baba du XXIe siècle, remplie de tableaux, sculptures et installations. La collection couvre l'ensemble des mouvements artistiques de la seconde moitié du XXe siècle, de l'art conceptuel et du pop art à l'art minimal, en passant par l'Arte povera et le Fluxus.

Des grands noms tels qu'Andy Warhol, Cy Twombly, Anselm Kiefer, Robert Rauschenberg et Bruce Nauman sont exposés dans des configurations changeantes. L'aile ouest accueille une exposition permanente des sculptures hors normes de Joseph Beuys, champion des limites artistiques sans cesse repoussées. Derrière l'initial édifice ferroviaire, les 300 m de long de l'ancien hangar Rieckhallen servent d'écrin au prêt à long terme (depuis 2004) de la collection d'art minimal de Friedrich Christian Flick (ce dépôt temporaire a pour terme septembre 2021 et la société d'investissement détenant l'annexe prévoit d'y installer des bureaux).

Construite à partir de 1846, la Hamburger Bahnhof ne fonctionna que 32 ans : vite trop petite, elle fut reconvertie en bureaux, puis en musée des Transports. Après la Seconde Guerre mondiale, le bâtiment resta vide jusqu'à la fin des années 1980 et sa transformation par Josef Paul Kleihues en espace d'exposition moderne. L'architecte a conservé la façade néoclassique, sublimée la nuit par une installation lumineuse de Dan Flavin. L'intérieur dépouillé est découpé en plusieurs salles minimalistes réparties autour d'un hall central à poutres métalliques apparentes.

À NE PAS MANQUER

- *Mao Zedong* (1975), Andy Warhol
- *Volkszählung* (Recensement, 1991), Anselm Kiefer
- *La Fin du XXe siècle* (1983), Joseph Beuys

INFOS PRATIQUES

- Museum für Gegenwart
- Plan p. 340, C1
- ☎030-266 424 242
- www.smb.museum
- Invalidenstrasse 50-51
- tarif plein/réduit/ - 18 ans 10/5 €/gratuit, entrée libre 16h-20h 1er jeu du mois
- 10h-18h mar, mer et ven, 10h-20h jeu, 11h-18h sam-dim
- M5, M6, M8, M10, S Hauptbahnhof, U Hauptbahnhof

À VOIR

Le centre historique de Berlin s'étend de part et d'autre d'Unter den Linden, l'"avenue sous les Tilleuls". Sa visite peut être combinée avec celle du Tiergarten à l'ouest, du quartier à l'architecture postmoderne de Potsdamer Platz au sud, des musées d'art au nord, ou de l'Île des Musées à l'est.

Quartier du gouvernement et Tiergarten nord

REICHSTAG — ÉDIFICE HISTORIQUE

Voir p. 84.

CHANCELLERIE — ARCHITECTURE

Plan p. 340 (Bundeskanzleramt ; Willy-Brandt-Strasse 1 ; fermé au public ; 100, S Bundestag). Étincelante et moderne, la chancellerie fédérale est l'œuvre d'Axel Schultes et de Charlotte Frank. Elle se compose d'un cube blanc central flanqué de deux longues ailes parallèles destinées aux bureaux. Une sculpture en acier rouillé d'Eduardo Chillida, *Berlin*, trône sur le parvis, côté est. On a une belle vue sur le bâtiment depuis le Moltkebrücke qui enjambe la Spree ou de la promenade sur sa berge nord.

PAUL-LÖBE-HAUS — ARCHITECTURE

Plan p. 340 (www.bundestag.de ; Konrad-Adenauer-Strasse ; visite guidée 14h sam-dim ; 100, S Hauptbahnhof, S Bundestag). GRATUIT Cet édifice de béton et de verre héberge les bureaux des commissions parlementaires du Bundestag. Vu d'en haut, il ressemble à un peigne à deux faces. À l'intérieur, son atrium a des airs de piste de bowling pour géants. Symbole de la réunification, une double passerelle enjambe la Spree et rejoint la Marie-Elisabeth-Lüders-Haus.

L'imposant bâtiment accueille aussi nombre de commandes officielles faites à des artistes contemporains (Kossuth,

EN MÉMOIRE DES VICTIMES DU MUR

Le mur de Berlin passait juste à côté de la porte de Brandebourg et traversait la Spree derrière le Reichstag. C'est pourquoi plusieurs mémoriaux rendent ici hommage aux malheureux qui ont péri en tentant de passer à l'Ouest.

Parlement des arbres (Parlament der Bäume ; plan p. 340 ; angle Schiffbauerdamm et Adele-Schreiber-Krieger-Strasse ; 24h/24 ; U Bundestag). Ce jardin où la végétation semble avoir libre cours en plein quartier du Gouvernement n'est autre qu'un mémorial contre les atrocités de la guerre. Pensé en 1990 par l'artiste environnemental Ben Wagin, ce "parlement" réunit 16 arbres, chacun représentant un État allemand. Tout autour, tronçons du Mur et dalles en granit portent les noms des 258 personnes décédées, alors qu'elles tentaient de fuir à l'Ouest. Toujours entretenu par son créateur, ce site poignant invite à la méditation.

Mémorial du Mur de la Marie-Elisabeth-Lüders-Haus (Mauer Mahnmal im Marie-Elisabeth-Lüders-Haus ; plan p. 340 ; 030-2273 2027 ; www.mauer-mahnmal.de ; Schiffbauerdamm ; 11h-17h mar-dim ; U Bundestag). Située au sous-sol de l'immeuble Marie-Elisabeth-Lüders-Haus (p. 92), cette autre installation de Ben Wagin suit le parcours du Mur qui a coupé Berlin en deux pendant 28 ans. D'authentiques tronçons du Mur affichent chacun une année inscrite à la peinture et le nombre de fugitifs tués cette même année. On y accède par la promenade le long de la Spree. Si les portes sont fermées, on peut voir le mémorial à travers les vitres.

Mémorial des Croix blanches (Gedenkort Weisse Kreuze ; plan p. 340 ; Reichstagufer ; 24h/24 ; 100, U Bundestag). Pendant la guerre froide, la rive sud de la Spree, derrière le Reichstag, faisait partie de Berlin-Ouest, tandis que le cours même de la rivière était à l'Est. En 1971, un groupe d'Allemands de l'Ouest a installé 7 croix blanches sur la rive sud, en mémoire de ceux qui ont perdu la vie en tentant de fuir à l'Ouest.

Mémorial à Peter Fechter (plan p. 340 ; Zimmerstrasse ; 24h/24 ; U Kochstrasse). Le 17 août 1962, le jeune Peter Fechter, 18 ans, tenta de fuir Berlin-Est sous les balles des gardes-frontières et fut mortellement touché. Les Vopos le laissèrent agoniser sous leurs yeux. Une colonne sur la Zimmerstrasse indique le lieu de sa mort.

100% LOCAL

L'ART AU REICHSTAG

Le Reichstag (p. 84) a constitué, année après année, sa propre collection d'art (www.bundestag.de/en/visittheBundestag/art) et continue. Depuis sa reconstruction, des commandes à des artistes allemands et internationaux sont venues se fondre dans ses murs. Porte ouest, la troublante série de photos-peintures de Gerhard Richter intitulée "Birkenau" tapisse un des murs du hall où se trouve l'ascenseur menant à la coupole. Parti de photographies du camp de la mort de Birkenau prises par des prisonniers juifs, Richter a produit 4 créations abstraites qui dialoguent avec la première œuvre commandée à l'artiste, "Noir, Rouge et Or" (les couleurs du drapeau allemand), des panneaux de verre peint s'étirant sur 21 m de haut à eux trois. Deux œuvres d'un même artiste qui se réfléchissent l'une l'autre pour retracer le fil de l'histoire.

Morellet, etc.), autant d'œuvres à découvrir lors des visites guidées gratuites (14h sam-dim, en allemand). Réservation en ligne obligatoire. Le billet donne aussi accès au dôme du Reichstag.

MARIE-ELISABETH-LÜDERS HAUS — ARCHITECTURE

Plan p. 340 (www.bundestag.de ; Schiffbauerdamm ; galeries 11h-17h mar-dim ; S Hauptbahnhof, U Bundestag, Hauptbahnhof). GRATUIT Récemment agrandi, cet extravagant édifice, qui loge la bibliothèque du Parlement, présente un escalier monumental, une ligne de toit plate s'avançant tel un plongeoir et de gigantesques baies rondes. Au sous-sol, l'installation artistique de Ben Wagin qu'on appelle *Mémorial du Mur* (p. 91) inclut quelques tronçons authentiques de la terrible frontière Est-Ouest.

STRASSE DES 17 JUNI — LIEU HISTORIQUE

Plan p. 340 (S Brandenburger Tor, Brandenburger Tor). Long de 3,5 km, ce boulevard qui traverse le Tiergarten a pris le nom de "rue du 17-Juin" en souvenir des victimes du soulèvement ouvrier du 17 juin 1953 à Berlin-Est, réprimé dans le sang. Tracé en 1697 pour relier deux places royales, le chemin d'origine fut pavé et agrandi pour devenir une majestueuse artère en 1799. Hitler l'a élargie un peu plus pour en faire une voie de parade.

À la Saint-Sylvestre, entre autres grandes occasions, la section comprise entre la porte de Brandebourg (p. 86) et la Siegessäule (colonne de la Victoire, 1 km à l'ouest) se transforme en gigantesque aire de fête.

MONUMENT AUX MORTS SOVIÉTIQUES — MÉMORIAL

Plan p. 340 (Sowjetisches Ehrenmal Tiergarten ; Strasse des 17 Juni ; 24h/24 ; 100, U Bundestag). GRATUIT Berlin est en ruine lorsque cet imposant mémorial est inauguré en novembre 1945. C'est l'un des 3 monuments édifiés à la mémoire des 80 000 soldats soviétiques tombés lors de la bataille de Berlin (2 000 d'entre eux reposent derrière ses colonnades). Les deux chars russes T-34 qui flaquent l'entrée auraient été les premiers à pénétrer dans la ville.

MAISON DES CULTURES DU MONDE — CENTRE D'ART

Plan p. 340 (Haus der Kulturen der Welt ; 030-397 870 ; www.hkw.de ; John-Foster-Dulles-Allee 10 ; prix variables ; expos 12h-20h mer-lun ; P ; 100, S Bundestag, Hauptbahnhof). Ce centre très réputé met à l'honneur les cultures contemporaines non-européennes à travers une large programmation (danse, musique, littérature, théâtre et cinéma) et organise des débats sur des problématiques actuelles. Au centre du bassin-miroir, le *Butterfly* ("Papillon") du sculpteur Henry Moore fait écho au toit parabolique défiant les lois de la pesanteur de l'extravagant bâtiment d'Hugh Stubbins, contribution américaine à une exposition d'architecture de 1957.

Réglé par ordinateur, le carillon de 68 cloches sonne chaque jour à 12h et 18h. Tous les dimanches de mai à septembre, à 15h (et aussi 14h en décembre), retentit un concert de carillon.

MÉMORIAL AUX SINTI ET AUX ROMS D'EUROPE VICTIMES DU NAZISME — MÉMORIAL

Plan p. 340 (Denkmal für die im Nationalsozialismus ermordeten Sinti und Roma Europas ; www.stiftung-denkmal.de ; Scheidemannstrasse ; 24h/24 ; 100, S Brandenburger Tor, U Brandenburger Tor). GRATUIT Ce monument à la mémoire des Sinti et des Roms déportés et tués par le régime hitlérien consiste en un bassin circulaire au centre duquel une pierre triangulaire reçoit chaque jour une fleur fraîche. Situé en bordure du Tiergarten, il a été dessiné par le sculpteur israélien Dani Karavan et inauguré en 2012.

MÉMORIAL AUX HOMOSEXUELS VICTIMES DU NAZISME MÉMORIAL

Plan p. 340 (Denkmal für die im Nationalsozialismus verfolgten Homosexuellen ; www.stiftung-denkmal.de ; Ebertstrasse ; 24h/24 ; S Brandenburger Tor, Potsdamer Platz, U Brandenburger Tor, Potsdamer Platz). GRATUIT Depuis 2008, cette œuvre du duo dano-norvégien Michael Elmgreen et Ingar Dragset évoque les souffrances endurées par les homosexuels d'Europe sous le régime nazi. La vidéo d'un couple homosexuel passe en boucle derrière une étroite fenêtre oblique.

Porte de Brandebourg et Unter den Linden

PORTE DE BRANDEBOURG MONUMENT

Voir p. 86.

MÉMORIAL DE L'HOLOCAUSTE MÉMORIAL

Voir p. 87.

MUSÉE DE L'HISTOIRE ALLEMANDE HISTOIRE

Voir p. 88.

PALAISPOPULAIRE GALERIE

Plan p. 340 (030-202 0930 ; www.db-palaispopulaire.de ; Unter den Linden 5 ; tarifs variables ; 11h-18h ven-lun et mer, 11h-21h jeu ; 100, 245, 300, U Hausvogteiplatz). Sponsorisée par la Deutsche Bank, cette galerie pluridisciplinaire mêle art contemporain, culture et activités sportives. Elle occupe les salons restaurés d'un palais rococo prussien (XVIIIe siècle). Outre les expositions temporaires, cette ancienne résidence princière accueille lectures, ateliers, rencontres et autres activités. Le café vend gâteaux, cocktails et repas chauds.

ACADÉMIE DES ARTS – PARISER PLATZ EXPOSITIONS

Plan p. 340 (Akademie der Künste ; 030-200 571 000 ; www.adk.de ; Pariser Platz 4 ; tarifs variables ; bâtiment 10h-20h, bistrot 11h-17h mar-ven et durant les expositions, expositions horaires variables ; 100, 245, 300, S Brandenburger Tor, U Brandenburger Tor). Seul bâtiment en verre de la Pariser Platz, la nouvelle Académie des arts signée Günter Behnisch succède à la plus ancienne institution culturelle de Berlin, l'Académie des arts de Prusse, fondée en 1696 par Frédéric III de Brandebourg (futur Frédéric Ier, roi de Prusse). Au programme : expositions, lectures, conférences et ateliers, souvent gratuits.

SCHINKEL PAVILLON GALERIE

Plan p. 340 (030-2088 6444 ; www.schinkelpavillon.de ; Oberwallstrasse 1 ; tarif plein/réduit 5/3 € ; 11h-19h sam-dim ; 100, 245, 300, U Hausvogteiplatz). L'artiste Nina Pohl est à la tête de cette galerie vouée à la sculpture contemporaine, aux installations et aux spectacles multimédias. Son pavillon octogonal presque entièrement vitré a été dessiné en 1969 par l'architecte de la Karl-Marx-Allee, Richard Paulick. La vue qu'il offre sur le jardin du Kronprinzenpalais (palais du Prince héritier) est délicieuse.

UNIVERSITÉ HUMBOLDT ÉDIFICE HISTORIQUE

Plan p. 340 (Humboldt Universität ; 030-2093 2951 ; www.hu-berlin.de/en ; Unter den Linden 6 ; 100, 245, 300, M1, 12, U Unter den Linden, Friedrichstrasse, S Friedrichstrasse). Marx et Engels y étudièrent, les frères Grimm et Albert Einstein y enseignèrent. Fondée en 1810, la plus vieille université berlinoise est logée dans un palais que Frédéric II fit construire pour son frère Henri de Prusse. Les statues du philosophe, linguiste, diplomate et pédagogue Wilhelm von Humboldt (1767-1835), fondateur de l'université, et de son frère Alexander (1769-1859), naturaliste et explorateur, flanquent l'entrée principale.

L'université peut s'enorgueillir d'avoir formé pas moins de 29 Prix Nobel, dont Max Planck (physique, 1918) et Albert Einstein (physique, 1921). Le dernier lauréat a été Werner Forssmann (médecine), récompensé en 1956. Quelque 32 500 étudiants y sont inscrits aujourd'hui.

ÉGLISE DE FRIEDRICHSWERDER MUSÉE

Plan p. 340 (030-266 424 242 ; www.smb.museum ; Werderscher Markt ; 10h-18h mar-mer et ven-dim, 10h-20h jeu ; U Hausvogteiplatz). GRATUIT Hérissée de pinacles, cette église néogothique (1830) aux deux solides tours carrées est le fruit de l'imagination de Karl Friedrich Schinkel. Après restauration, cet édifice atypique a rouvert en octobre 2020 avec sa collection de sculptures du XIXe siècle provenant de l'Ancienne Galerie nationale.

La lumière tamisée de la nef sied à merveille aux plus grands noms de l'époque : Johann Gottfried Schadow, Christian Daniel Rauch et Christian Friedrich Tieck.

STATUE ÉQUESTRE DE FRÉDÉRIC II

MONUMENT

Plan p. 340 (Reiterdenkmal Friedrich der Grosse ; Unter den Linden 6 ; 🚌100, 200, TXL, Ⓤ Unter den Linden, Hausvogteiplatz). Hiératique, la silhouette de Frédéric le Grand ressort avec autorité dans ce fameux monument en bronze de 1850, qui occupa son sculpteur Christian Daniel Rauch près d'une dizaine d'années. Tout autour du piédestal défilent militaires, artistes, scientifiques et intellectuels allemands comme autant de témoins des épisodes de la vie du roi.

BEBELPLATZ

MÉMORIAL

Plan p. 340 (🚌100, 245, 300, Ⓤ Hausvogteiplatz). Cœur du Forum Fridericianum – quartier culturel imaginé à l'origine par Frédéric le Grand –, l'actuelle Bebelplatz est restée tristement célèbre pour avoir "accueilli" le premier autodafé nazi. C'est ici que, le 10 mai 1933, les membres de la Ligue universitaire allemande nazie acclamèrent le spectacle des œuvres de Bertolt Brecht, Heinrich Mann, Karl Marx et autres écrivains "subversifs" réduits à l'état de cendres. Un événement évoqué aujourd'hui par la *Bibliothèque engloutie*, un rayonnage blanc sans livres, placé sous un verre posé au sol par la plasticienne Micha Ullman.

Initialement nommée Opernplatz (place de l'Opéra), l'esplanade prit en 1947 le nom d'August Bebel, cofondateur du Parti social-démocrate d'Allemagne (SPD).

ANCIENNE BIBLIOTHÈQUE ROYALE

ÉDIFICE HISTORIQUE

Plan p. 340 (Alte Königliche Bibliothek ; Bebelplatz ; ⏲9h-21h30 lun-ven, 9h-18h sam, 13h-18h dim ; 🚌100, 245, 300, Ⓤ Hausvogteiplatz). GRATUIT La première bibliothèque de Berlin est une splendeur baroque commandée par Frédéric le Grand pour abriter sa vaste collection de livres. Achevée en 1780,

LES INCONTOURNABLES
TOPOGRAPHIE DE LA TERREUR

Là même où se dressaient jadis les institutions les plus redoutées de l'Allemagne nazie (dont le quartier général de la Gestapo et le siège des SS, et, durant la guerre, l'Office central de la sécurité du Reich), cette passionnante exposition ouverte en 2010 dissèque les rouages de l'État nazi. La *Topographie des Terrors* retrace les étapes des persécutions, met un visage sur ses auteurs et expose en détail l'impact qu'eurent ces institutions brutales sur l'ensemble de l'Europe. C'est ici que des figures importantes du nazisme comme Himmler et Heydrich planifièrent la "solution finale" et organisèrent la traque systématique des opposants politiques – nombre d'entre eux furent torturés ou périrent dans la prison de la Gestapo.

Une autre exposition permanente, "Berlin 1933-1945 : entre propagande et terreur" (*Berlin 1933-1945. Zwischen Propaganda und Terror*) se déploie sur des panneaux de verre le long du mur de fondation des cellules de la prison de la Gestapo. Elle se focalise sur le rôle de Berlin sous le IIIe Reich, et sur le changement de vie des habitants après que la ville fut devenue le centre décisionnaire du pouvoir politique nazi.

Par ailleurs, la visite autoguidée du site vous invite à faire halte à 15 bornes d'information avec photos, documents et images en 3D, tout en suivant 200 m du Mur le long de la Niederkirchner Strasse. Audioguides multilingues gratuits à prendre à l'accueil.

À NE PAS MANQUER

- Maquette du site
- Exposition extérieure de la prison de la Gestapo

INFOS PRATIQUES

- Topographie des Terrors
- Plan p. 340, E7
- ☎030-2545 0950
- www.topographie.de
- Niederkirchner Strasse 8
- Entrée libre
- ⏲10h-20h
- 🚌M41, Ⓢ Potsdamer Platz, Ⓤ Potsdamer Platz

son architecture imite celle de l'aile Saint-Michel du palais impérial de Vienne. Elle est surnommée *Kommode* (commode) en raison de sa façade tout en courbes.

OPÉRA NATIONAL ÉDIFICE HISTORIQUE

Plan p. 340 (Staatsoper Unter den Linden ; ☎030-2035 4438 ; www.staatsoper-berlin.de ; Bebelplatz ; visite guidée adulte/enfant 15/10 € ; ⏲visites sam-dim ; 🚌100, 245, 300, Ⓤ Hausvogteiplatz). Joyau d'Unter den Linden, l'Opéra national fait le bonheur du public depuis plus de 250 ans. Fort mélomane, Frédéric le Grand en fit la commande à son ami le grand architecte Georg Wenzeslaus von Knobelsdorff qui dessina cet édifice à colonnes à l'allure de temple antique. Faute d'assister à un spectacle, on peut le découvrir en visite guidée (1 heure 30, en allemand ou en anglais, horaires en ligne).

NOUVELLE GARDE MÉMORIAL

Plan p. 340 (Neue Wache ; Unter den Linden 4 ; ⏲10h-18h ; 🚌100, 245, 300). GRATUIT Achevé en 1818, cet édifice néoclassique en forme de temple a été la première grande commande berlinoise faite à Schinkel. Ce bâtiment de la Garde royale et mémorial dédié aux victimes des guerres napoléoniennes est devenu du temps de la RDA un mémorial pour les victimes de la guerre et de la dictature. Son intérieur sombre et austère abrite la poignante sculpture de Käthe Kollwitz, une pietà moderne représentant une mère entourant de ses bras son fils mort au front.

SCHLOSSBRÜCKE PONT

Plan p. 340 (Unter den Linden ; 🚌100, 245, 300). Trait d'union entre Unter den Linden et l'Île des Musées, le "pont du Château" est considéré comme l'un des plus beaux de Berlin. Dessiné par Karl Friedrich Schinkel dans les années 1820, il est orné de 8 sculptures en marbre illustrant la vie et la mort d'un guerrier. Malheureusement, les caisses royales étant vides, le travail de sculpture a dû attendre la fin des années 1840, et le maître était déjà mort.

DZ BANK ARCHITECTURE

Plan p. 340 (www.dzbank.de ; Pariser Platz 3 ; Ⓢ Brandenburger Tor, Ⓤ Brandenburger Tor). GRATUIT Faute de pouvoir créer une enveloppe sculpturale à sa façon (en raison des règles de construction strictes), l'architecte Frank Gehry a marqué de son empreinte déconstructiviste l'atrium du siège de la DZ Bank sur la Pariser Platz. Sous un toit en verre incurvé aux allures de dirigeable, l'atrium est occupé par une immense sculpture amorphe où se niche la salle de conférence. Entrez pour jeter un coup d'œil.

BUNKER D'HITLER SITE HISTORIQUE

Plan p. 340 (Führerbunker ; angle In den Ministergärten et Gertrud-Kolmar-Strasse ; ⏲24h/24 ; Ⓢ Brandenburger Tor, Ⓤ Brandenburger Tor). Berlin était en feu et les chars soviétiques avançaient vers la ville quand Hitler s'est suicidé par balle le 30 avril 1945 dans son bunker, avec sa compagne épousée quelques heures plus tôt, Eva Braun. (Ces derniers jours du Führer sont campés de façon saisissante par Bruno Ganz dans le film *La Chute* (2004) d'Oliver Hirschbiegel.)

Aujourd'hui, l'emplacement est occupé par un parking. En 1947, les Soviétiques ont détruit le bunker, qui se trouvait dans l'enceinte de la chancellerie du Reich. Seule une plaque (en allemand et en anglais) rappelle qu'il y eut ici un vaste blockhaus, et fournit des détails sur son plan et sa construction. Il existe une maquette au 1/25 du bunker présentée à l'exposition "Hitler – Comment cela a pu arriver" (p. 162).

MADAME TUSSAUDS MUSÉE

Plan p. 340 (☎01806-545 800 ; www.madametussauds.com/berlin ; Unter den Linden 74 ; adulte/enfant 25/20,50 € ; ⏲10h-18h lun-ven, 10h-19h sam-dim, dernière entrée 1 heure avant la fermeture ; 🚌100, Ⓢ Brandenburger Tor, Ⓤ Brandenburger Tor). La version berlinoise du célèbre musée de cire accueille stars de la pop ou d'Hollywood, grands sportifs et personnalités, tous figés en attendant la photo ! L'entrée dans ce paradis du kitsch est chère, mais vous ne pourrez prendre un selfie avec Nicki Minaj, visiter la loge de Kendall Jenner ou faire du vélo avec E.T. nulle part ailleurs ! Gagnez du temps et de l'argent en achetant vos billets en ligne.

Friedrichstrasse et Checkpoint Charlie

PALAIS DES LARMES EXPOSITIONS

Plan p. 340 (Tränenpalast ; ☎030-467 777 911 ; www.hdg.de/berlin ; Reichstagufer 17 ; ⏲9h-19h mar-ven, 10h-18h sam-dim ; 🚊M1, 12, Ⓢ Friedrichstrasse, Ⓤ Friedrichstrasse). GRATUIT Pendant la guerre froide, les Berlinois de l'Est faisaient leurs adieux à leurs proches ouest-allemands venus en visite à ce poste-frontière sis dans un pavillon de verre et d'acier. Tant de larmes y ont coulé qu'il en a pris le nom. Une exposition y montre l'impact social de la division de la ville sur le quotidien des Allemands des deux côtés à travers objets, photos et films d'époque.

JULIA STOSCHEK COLLECTION GALERIE

Plan p. 340 (☎030-921 062 460 ; www.jsc.art ; Leipziger Strasse 60 ; adulte/- 18 ans 5 €/gratuit ; ⏲12h-18h sam-dim ; 🚌200, 265 , Ⓤ Hausvogteiplatz, Stadtmitte). L'architecture glaciale de l'ancien institut culturel tchèque de RDA contraste avec la collection avant-gardiste constituée par Julia Stoschek autour de l'image en mouvement depuis les années 1960. Cette collection privée de dimension internationale réunit vidéos, films, captations sonores, art informatique, œuvres en réalité virtuelle ou augmentée, présentées en expositions individuelles ou collectives.

On y rencontre les créations de sommités de l'art, telles la performeuse star Marina Abramović ou Isa Genzken, comme des installations de jeunes artistes montants tels Bunny Rogers ou Bjarne Melgaard.

MUSÉE DE LA COMMUNICATION TECHNIQUES

Plan p. 340 (Museum für Kommunikation ; ☎030-202940 ; www.mfk-berlin.de ; Leipziger Strasse 16 ; tarif plein/réduit/- 17 ans 6/3 €/gratuit ; ⏲11h-20h mar, 11h-17h mer-ven, 10h-18h sam-dim ; 🚌200, Ⓤ Mohrenstrasse, Stadtmitte). Trois robots effrontés vous accueillent dans ce bel édifice néobaroque où s'inscrit un parcours ludique dans l'univers de la communication. C'est tout un parcours historique et technique qui vous est proposé, des signaux de fumée aux smartphones, invitant à réfléchir sur l'impact de ces technologies sur notre vie quotidienne, mais aussi à admirer le rarissime timbre bleu de l'île Maurice.

FRIEDRICHSTADTPASSAGEN ARCHITECTURE

Plan p. 340 (Friedrichstrasse, entre Französische Strasse et Mohrenstrasse ; ⏲10h-20h lun-sam ; Ⓟ ; Ⓤ Stadtmitte). Construit pendant le boom immobilier qui a suivi la réunification, ce trio de centres commerciaux luxueux appelé *Quartiere* n'a jamais vraiment réussi à faire du sud de Friedrichstrasse un épicentre du luxe et il frôle la faillite depuis quelques temps. L'intérieur vaut toutefois le coup

LES INCONTOURNABLES CHECKPOINT CHARLIE

De 1961 à 1990, ce lieu fut la principale porte d'accès pour les étrangers et les diplomates qui circulaient entre Berlin-Ouest et Berlin-Est. Troisième point de contrôle ouvert par les Alliés, il fut dénommé "Charlie" en référence à la troisième lettre de l'alphabet phonétique de l'OTAN (alfa, bravo, charlie...). C'est ici qu'a eu lieu la seule confrontation directe entre les États-Unis et l'Union soviétique de toute la guerre froide : peu de temps après la construction du Mur, des chars se sont fait face à cet endroit, déclenchant presque une troisième guerre mondiale. Une **plaque** apposée sur une pile de sacs de sable, devant une réplique du corps de garde de l'armée, commémore ce moment crucial.

Rien d'autre n'indique hélas l'importance historique de Checkpoint Charlie, car on a laissé le site devenir un véritable piège à touristes. Des boutiques de souvenirs et des fast-foods bordent la Friedrichstrasse, et de jeunes hommes déguisés en gardes-frontières américains ou soviétiques y posent auprès des touristes moyennant finance. L'un des rares aspects intéressants du lieu est la **galerie en plein air**, où divers documents et photos illustrent les étapes cruciales de la guerre froide, à l'instar de la **BlackBox Kalter Krieg** (page ci-contre). Bien qu'un peu cher, le **Panorama d'Asisi sur Berlin** (page ci-contre) aide à visualiser le Mur et ce qu'il a impliqué au quotidien d'août 1961 à novembre 1989.

À NE PAS MANQUER

- Galerie en plein air
- Panorama d'Asisi sur Berlin (*Die Mauer*)

INFOS PRATIQUES

- Plan p. 340, F6
- angle Zimmerstrasse et Friedrichstrasse
- entrée gratuite
- ⏲24h/24
- Ⓤ Kochstrasse

LA COLLECTION BOROS, DE L'ART DANS LE BUNKER

À l'abri d'un bunker nazi, acquis en 2003 par le gourou allemand de la publicité Christian Boros, la **collection Boros** (Sammlung Boros ; plan p. 340 ; www.sammlung-boros.de ; Reinhardtstrasse 20 ; tarif plein/réduit 18/10 € ; ⌚10h-18h30 ven-dim ; M1, S Friedrichstrasse, U Oranienburger Tor, Friedrichstrasse) est une collection privée d'art contemporain exceptionnelle. Tous les 3 à 4 ans, les œuvres exposées changent. Actuellement, la troisième sélection choisie dans cette vaste collection réunit entre autres des installations de Katja Novitskova, des peintures numériques d'Avery Singer et des séries photographiques de Peter Piller. Réservez en ligne (plusieurs semaines, voire plusieurs mois à l'avance) pour suivre une visite guidée (allemand/anglais) et découvrir les usages surprenants du bâtiment après la guerre.

La visite commence par une présentation de l'exposition et de l'édifice devant *Mandi III*, de l'artiste belge Kris Martin, un afficheur à palette (type horaires de train ou d'avion) tout noir mais cliquetant sans cesse. Passé les tuyaux, portes d'acier et bouches d'aération de l'initial bunker, le guide présente les œuvres dans leur contexte, permettant aux non-connaisseurs de les apprécier.

Prévu pour 2 000 personnes, ce bunker froid et humide en accueillait deux fois plus durant les raids aériens sur Berlin à la fin de la Seconde Guerre mondiale. Les combats tout juste achevés, les Soviétiques y enfermèrent brièvement des prisonniers de guerre, avant qu'il ne devienne le "Banana Bunker", utilisé comme simple entrepôt de fruits et légumes à Berlin-Est. Après la chute du Mur, il a été le théâtre de raves et de soirées fétichistes particulièrement débridées.

d'œil, surtout les Galeries Lafayette (p. 103) signées Jean Nouvel dont le cône de verre lumineux central joue les anamorphoses. À côté, le Quartier 206 compose une symphonie de marbre coloré de style Art déco, tandis que le Quartier 205 est connu pour sa tour d'épaves de voitures – une sculpture signée John Chamberlain.

MUSÉE DU MUR — HISTOIRE

Plan p. 340 (Mauermuseum ; Haus am Checkpoint Charlie ; ☎030-253 7250 ; www.mauermuseum.de ; Friedrichstrasse 43-45 ; tarif plein/réduit 14,50/9,50 €, audioguide 5 € ; ⌚9h-22h ; U Kochstrasse). Ce musée privé prisé des touristes présente les années de la guerre froide et l'horreur du Mur de manière captivante, quoique désordonnée. Si elle a pris un coup de vieux depuis son ouverture en 1961, l'exposition décrit parfaitement les multiples tentatives de fuite à l'Ouest, en montgolfière, sous-marin individuel ou BMW Isetta., pour citer les plus célèbres.

PANORAMA D'ASISI SUR BERLIN — ART

Plan p. 340 (Die Mauer ; ☎030-695 808 601 ; www.die-mauer.de ; Friedrichstrasse 205 ; tarif plein/réduit/enfant 10/8/4 € ; ⌚11h-18h, dernière entrée 17h30 ; U Kochstrasse, Stadtmitte). L'artiste Yadegar Asisi est connu pour ses photos panoramiques monumentales d'une minutie saisissante. À deux pas de Checkpoint Charlie, sa photo *Die Mauer* (le Mur) catapulte le spectateur dans la capitale coupée en deux par une journée nuageuse des années 1980. Perché sur un échafaudage, on peut observer l'Est par-delà la "bande de la mort" et s'imaginer la vie à l'ombre des barbelés et des miradors. Les effets sonores et l'éclairage accentuent encore le sentiment de tristesse et d'oppression exprimé par cette œuvre.

L'installation fictive s'accompagne d'une exposition de 200 photos prises à l'époque du Mur.

BLACKBOX KALTER KRIEG — MUSÉE

Plan p. 340 (☎030-216 3571 ; www.bfgg.de ; Friedrichstrasse 47 ; tarif plein/réduit 5/3,50 € ; ⌚11h-16h ; U Kochstrasse). Proche de Checkpoint Charlie, cette petite exposition décrit sans détours la guerre froide à l'aide de photos, cartes, souvenirs et enregistrements d'origine. On y explique également comment le mur de Berlin s'est inscrit dans ce conflit, et comment les guerres, par pays interposés en Corée et au Vietnam, ont alimenté les tensions entre les États-Unis et l'Union soviétique.

MUSÉE DE LA TRABI — MUSÉE

Plan p. 340 (Trabi Museum ; ☎030-3020 1030 ; www.trabi-museum.com ; Zimmerstrasse 14-15 ; tarif plein 5 €, gratuit - 12 ans ; ⌚10h-17h ;

U Kochstrasse). Les rares chanceux possédant une voiture en RDA conduisaient souvent une Trabant. Appelé couramment "Trabi", ce petit véhicule à moteur deux-temps n'avait pourtant rien d'un "satellite" (*Trabant* en allemand) même si l'entreprise d'État est-allemande s'était inspirée du lancement du *Spoutnik* en 1957 pour la baptiser ! On n'en voit plus beaucoup, mais la Trabi reste une icône, si peu moderne fût-elle, les matériaux de qualité manquant en RDA. Vous verrez ici des modèles rares : en bois, de course, forme camping-car...

DETLEV-ROHWEDDER-HAUS — ÉDIFICE HISTORIQUE

Plan p. 340 (Bundesfinanzministerium ; Leipziger Strasse 5-7 ; fermé au public ; U Kochstrasse). Après avoir été le siège du ministère de l'Aviation du Reich sous la férule de Göring, puis vu naître la RDA en 1949, cet immense bâtiment héberge désormais le ministère fédéral des Finances, fermé au public.

Néanmoins, les 20 m de décor en céramique de Meissen qui habillent la façade dans la Leipziger Strasse offre la version idéalisée de l'avenir radieux promis aux Allemands de l'Est sous le régime socialiste. C'est Max Lingner qui l'a dessinée en 1950 pour la Maison des ministères de la RDA.

Hauptbahnhof et alentour

HAMBURGER BAHNHOF – MUSÉE D'ART CONTEMPORAIN — MUSÉE

Voir p. 90.

♥ FUTURIUM — MUSÉE

Plan p. 340 (Maison des futurs ; 030-408 189 777 ; www.futurium.de ; Alexanderufer 2 ; 10h-18h mer et ven-lun, 10h-20h jeu ; ; M5, M8, M10, S Hauptbahnhof, U Hauptbahnhof). GRATUIT L'avenir est à portée de main au Futurium ouvert fin 2019 au bord de la Spree. Cet édifice futuriste à l'allure de vaisseau spatial est divisé en 3 "espaces de réflexion" : Nature, Hommes et Technologie. Le visiteur est invité à réfléchir au monde de demain et à la manière de le façonner dans les prochaines décennies.

LES INCONTOURNABLES
MUSÉUM D'HISTOIRE NATURELLE

Fossiles et minéraux ne vous passionnent pas ? Mais qui dit que vous ne serez pas séduit par Oskar, un brachiosaure Giraffatitan de 13 m de haut, le plus grand squelette de dinosaure jamais remonté (selon le Guinness des records) ? Au Museum für Naturkunde, cette star végétarienne du jurassique côtoie des dizaines d'autres espèces éteintes, dont un féroce allosaure et un kentrosaure au dos hérissé d'épines, tous originaires de Tanzanie et âgés d'environ 150 millions d'années. Dans la même salle, on trouve un fossile très rare d'archéoptérix, un oiseau primitif. Prêté au Muséum de Copenhague, Tristan le *Tyrannosaurus rex* devrait revenir en 2021.

Plus loin, vous pouvez faire un voyage dans l'espace et répondre à des questions telles que : pourquoi les zèbres sont-ils zébrés ? ou pourquoi les paons ont-ils un si beau plumage ? Parmi les surprises, citons les reproductions d'insectes taille XXL, nous révélant en détail leur étonnante anatomie. Autre curiosité : une salle sombre qui fait froid dans le dos, où des animaux sont conservés dans des bocaux d'éthanol pour la science.

Parmi les animaux naturalisés, Knut, l'ours polaire dont la naissance au zoo de Berlin en 2006 provoqua un enthousiasme planétaire, est le chouchou des visiteurs. Hélas, ce doux géant mourut en 2011.

À NE PAS MANQUER

- Tristan le tyrannosaure
- Knut l'ours blanc empaillé

INFOS PRATIQUES

- Museum für Naturkunde
- Plan p. 340, D1
- 030-8891 408 591
- www.museumfuernaturkunde.berlin
- Invalidenstrasse 43
- Tarif plein/réduit 8/5 €, avec audioguide
- 9h30-18h mar-ven, 10h-18h sam-dim
- M5, M8, M10, 12, U Naturkundemuse

Les expositions interactives mettent en scène des scénarios possibles pour répondre aux problématiques d'actualité : mondialisation, surpopulation, surconsommation, durabilité, intelligence artificielle et big data. Un laboratoire interactif est installé au sous-sol, avec imprimante 3D et découpe laser. Votre cerveau bouillonne ? Offrez-vous une promenade sur le toit.

THÉÂTRE ANATOMIQUE MUSÉE

Plan p. 340 (Tieranatomisches Theater ; 030-209 312 870 ; www.tieranatomisches-theater.de ; campus nord de l'université Humboldt, Philippstrasse 13, Haus 3 ; 14h-18h mar-sam ; 147, 245, U Oranienburger Tor). GRATUIT Carl Gotthard Langhans, architecte de la porte de Brandebourg, a dessiné en 1790 ce splendide théâtre anatomique pour l'École vétérinaire. Après y avoir disséqué chevaux et vaches, les chercheurs présentent parfois le résultat de leurs travaux sous le dôme de l'amphithéâtre. On y donne aussi parfois des concerts et des expositions expérimentales à mi-chemin entre sciences et arts se tiennent dans les locaux.

OÙ SE RESTAURER

Mitte foisonne de restaurants huppés, au décor fabuleux, fréquentés par une clientèle cosmopolite qui en apprécie la carte recherchée. Certes, la forme prime parfois sur le fond, mais les clients venus pour voir et être vus ne semblent guère s'en soucier.

Quartier du Gouvernement

DACHGARTEN-RESTAURANT KÄFER ALLEMAND €€€

Plan p. 340 (030-226 2999 ; www.feinkost-kaefer.de/berlin ; Platz der Republik, entrée par West Portal/West C ; petit-déj à partir de 20,50 €, dîner 3 plats 69 €, plats supp 10 € ; 9h-13h et 19h-23h ; 100, U Bundestag, S Brandenburger Tor). Tandis que les députés débattent en séance plénière, profitez d'un petit-déjeuner ou d'un dîner dégustation de cuisine régionale sur le toit du Reichstag. Pour des raisons de sécurité, la réservation doit être faite au moins 2 jours à l'avance ; celle-ci donne aussi accès à la coupole du Reichstag. Pièce d'identité avec photo obligatoire.

Porte de Brandebourg et Unter den Linden

INDIA CLUB INDE DU NORD €€

Plan p. 340 (030-2062 8610 ; www.india-club-berlin.com ; Behrenstrasse 72 ; plats 18-27 € ; 18h-23h ; ; S Brandenburger Tor). Une authentique cuisine indienne est enfin proposée à Berlin. Sous la houlette du chef Manish Bahukhandi, les currys relèvent de la poésie gustative, le poulet tandoori mariné 24 heures est un délice et le chou-fleur farci fait voyager.

Le mobilier en acajou est égayé par les tenues des serveurs et les assiettes colorées.

EINSTEIN UNTER DEN LINDEN AUTRICHIEN €€

Plan p. 340 (030-204 3632 ; www.einsteinudl.grillroyal.com/en ; Unter den Linden 42 ; plats 18-29 € ; 8h-22h lun-ven, 9h-22h sam-dim ; 200, 300, S Brandenburger Tor, Friedrichstrasse, U Brandenburger Tor, Friedrichstrasse). Élégant et cosmopolite, ce café est un lieu idéal pour observer discrètement politiciens en vue et acteurs célèbres, tout en dégustant un *Wiener Schnitzel* (escalope viennoise), un strudel aux pommes maison et autres douceurs autrichiennes. Parfait aussi pour prendre un verre un soir d'été face à la porte de Brandebourg.

Gendarmenmarkt

GOODTIME THAÏLANDAIS €€

Plan p. 340 (030-2007 4870 ; www.goodtime-berlin.de ; Hausvogteiplatz 11 ; plats 12,50-25 € ; 12h-24h ; ; U Hausvogteiplatz). Dans la salle très animée comme dans la cour avec jardin, les saveurs thaïlandaises et indonésiennes sont à l'honneur. Currys onctueux, crevettes succulentes ou canards rôtis sont savoureux et frais. Si, contrairement à beaucoup de clients allemands, vous aimez les plats épicés, commandez un *Api Sapi* (qui signifie "bœuf en enfer").

AUGUSTINER AM GENDARMENMARKT ALLEMAND €€

Plan p. 340 (030-2045 4020 ; www.augustiner-braeu-berlin.de ; Charlottenstrasse 55 ; plats 7,50-30 €, plat du jour 6,40 € ; 10h-22h ; U Unter den Linden, Stadtmitte). Touristes, amateurs de concerts et de bonne chère jouent des coudes dans cette taverne bavaroise rustique. Saucisses, rôtis de porc et bretzels tiennent bien au corps, et la carte affiche une salade symbolique pour les végétariens. Service inégal. Plats du jour d'un bon rapport qualité/prix au déjeuner.

BORCHARDT INTERNATIONAL €€€
Plan p. 340 (030-8188 6262 ; www.borchardt-restaurant.de ; Französische Strasse 47 ; plats dîner 20-40 € ; 11h30-24h ; U Unter den Linden). Mick Jagger, George Clooney et Robert Redford figurent parmi les célébrités qui ont englouti des steaks vieillis à sec et des huîtres charnues dans la salle à manger ornée de piliers. Cependant, dans cette institution berlinoise ouverte en 1853 par un cuisinier du Kaiser, aucun plat n'égale la *Wiener Schnitzel* : une tranche de veau panée mince comme du papier à cigarette, et croustillante à souhait.

Friedrichstrasse et Checkpoint Charlie

LIU NUDELHAUS CHINOIS €
Plan p. 340 (0178 668 4572 ; www.chengduweidao.de ; Kronenstrasse 72 ; plats 9,50-11,50 € ; 11h30-15h dim-jeu, 11h30-15h et 17h-20h30 ven-sam ; U Stadtmitte, Mohrenstrasse). Ses spécialités du Sichuan, province du sud-ouest de la Chine connue pour ses pandas et sa cuisine relevée, font le succès de Liu. Goûtez au *Zhaajiang mian*, bol de nouilles avec sauce à base d'huile pimentée. Sauf résistance exceptionnelle aux épices, limitez-vous au niveau intermédiaire (le 1) sur l'échelle proposée. Venez avant 12h30 ou après 14h pour éviter l'affluence au déjeuner.

ISHIN JAPONAIS €
Plan p. 340 (030-2067 4829 ; www.ishin.de ; Mittelstrasse 24 ; plateau de sushis 8,50-21 €, bol 5,60-12,20 € ; 12h-20h lun-sam ; S Friedrichstrasse, U Friedrichstrasse). Oubliez le côté "cafétéria" de la salle car les sushis sont ici un délice et d'un excellent rapport qualité/prix, sans compter les tarifs *happy hours* (le mercredi et le samedi toute la journée, sinon jusqu'à 16h). Les assiettes composées sont généreuses. Vous ne voulez pas de poisson cru ? Prenez un *donburi* (bol de riz) chaud, avec viande, poisson et/ou légumes.

GANYMED FRANÇAIS €€
Plan p. 340 (030-2859 9046 ; www.ganymed-brasserie.de ; Schiffbauerdamm 5 ; plats 15-45 € ; 12h-14h30 et 17h-22h). Dotée de la plus grande terrasse au bord de la Spree, cette brasserie bien établie offre une carte de choix. Le chef y fait la part belle aux classiques français : bouillabaisse, chateaubriand ou coq au vin, à arroser d'un bon cru français. Plafonds en stuc, banquettes en cuir et fresques confèrent au lieu beaucoup de charme.

BERLINER REPUBLIK GASTROPUB €€
Plan p. 340 (030-3087 2293 ; www.die-berliner-republik.de ; Schiffbauerdamm 8 ; plats 10-23 € ; 10h-5h ; S Friedrichstrasse, U Friedrichstrasse). Comme à la Bourse, le tarif des bières (dont 18 à la pression !) fluctue selon la demande à partir de 17h, dans ce pub animé en bord de rivière et prisé des touristes. Le tintement de la cloche en cuivre déclenche l'effervescence : il signifie que les prix sont au plus bas ! L'été, on s'arrache les places en terrasse. Carte complète de cuisine familiale allemande.

COOKIES CREAM VÉGÉTARIEN €€€
Plan p. 340 (030-680 730 448 ; www.cookies-cream.com ; Behrenstrasse 55 ; menu 5 plats 79 €, plats supp 10 € ; 17h-23h mar-sam ; ; U Unter den Linden). En 2017, cette institution locale est devenue le premier restaurant sans viande de Berlin doté d'une étoile au Michelin, et cela pour son dixième anniversaire. Sa déco minimaliste et son emplacement quasi clandestin – on entre par l'allée de service menant à l'arrière du Westin Grand Hotel – sont aussi peu orthodoxes que les compositions du chef Stephan Hentschel.

RESTAURANT TIM RAUE ASIATIQUE €€€
Plan p. 340 (030-2593 7930 ; www.tim-raue.com ; Rudi-Dutschke-Strasse 26 ; déj 3 plats 88 €, plats supp 15 €, dîner 8 plats 218 € ; 12h-15h et 18h30-24h mer-sam ; S Kochstrasse). Doublement étoilée mais pas du tout guindée, cette table berlinoise classée parmi les 50 meilleurs restaurants du monde met à l'honneur dans chaque plat quelques ingrédients de choix. L'ambiance décontractée et le design sobre et élégant (chaises Vitra et bois de noyer) se marient parfaitement aux assiettes d'inspiration asiatique du chef berlinois Tim Raue. Son interprétation du canard laqué a toujours un succès fou.

Réservez au moins 2 semaines à l'avance pour un dîner.

CRACKERS INTERNATIONAL €€€
Plan p. 340 (030-680 730 488 ; www.crackers-berlin.com ; Friedrichstrasse 158 ; plats 20-70 € ; 18h30-1h ; U Unter den Linden). Roi de la vie nocturne berlinoise, Heinz "Cookie"

Gindullis a transformé son ancien night-club, le Cookies, en une "gastro-cathédrale" cosmopolite. Poussez la lourde porte : dans cette salle éclairée avec goût, vous dégusterez des plats élégants et audacieux préparés avec des produits écoresponsables.

Bon endroit pour prendre un cocktail en fin de soirée.

NOBELHART & SCHMUTZIG
INTERNATIONAL €€€

Plan p. 340 (030-2594 0610 ; www.nobelhartundschmutzig.com ; Friedrichstrasse 218 ; menu 10 plats mar-mer 105 €, jeu-sam 130 € ; 18h30-24h mar-sam ; U Kochstrasse). "Farouchement local", telle est la devise du restaurant étoilé au Michelin du sommelier d'exception et trublion culinaire Billy Wagner. S'asseoir au comptoir de la cuisine et voir son dîner de 10 plats être préparé sous ses yeux est le rêve des amateurs de bonne chère. Tous les ingrédients viennent de producteurs de Berlin et de sa région, ou de la mer Baltique. En conséquence, pas de poivre ni de citron.

OÙ PRENDRE UN VERRE ET FAIRE LA FÊTE

Le centre historique n'étant pas un quartier résidentiel, ses lieux de sortie nocturne, pour la plupart des bars d'hôtel, s'adressent essentiellement aux touristes. Quelques adresses au bord de l'eau le long du Schiffbauerdamm, prés de la Friedrichstrasse, font cependant exception à la règle et attirent la clientèle à la sortie des théâtres.

BÖSE BUBEN BAR
BAR

Plan p. 340 (030-2759 6909 ; www.boesebubenbar.de ; Marienstrasse 18 ; 10h-24h ; S Friedrichstrasse, U Friedrichstrasse, Oranienburger Tor). Café le jour (petit-déjeuner jusqu'à 14h, gâteaux maison), ce "bar des mauvais garçons" est cosy à souhait entre livres, vieux meubles et objets chinés. La nuit tombée, on vient y bavarder sans façon autour d'un verre de vin. Clientèle d'habitués un rien intellectuelle, à mille lieues de ce que pourrait laisser supposer l'enseigne ! Lectures et concerts occasionnels.

ROOFTOP TERRACE
BAR SUR LE TOIT

Plan p. 340 (030-460 6090 ; www.roccofortehotels.com ; Behrenstrasse 37, Hotel de Rome ; 14h-23h mai-sept ; ; 100, 200, TXL, U Hausvogteiplatz). Une ambiance feutrée et raffinée règne sur le toit-terrasse du sélect Hotel de Rome (p. 249), qui donne sur la tour de la Télévision, l'Opéra et le centre historique. La halte idéale pour un café l'après-midi, un cocktail au coucher du soleil ou une coupe de champagne sous les étoiles.

BAR TAUSEND
BAR

Plan p. 340 (030-2758 2070 ; www.tausend-berlin.com ; Schiffbauerdamm 11 ; 19h-tard jeu-sam ; M1, S Friedrichstrasse, U Friedrichstrasse). Ni enseigne, ni néon, ni sonnette ! C'est par une porte anonyme en acier cachée sous un pont de chemin de fer que l'on pénètre dans l'un des bars les plus chics de Berlin. Salle en forme de tunnel, plafond miroir, luminaire rappelant un œil de cyclope, le tout sur fond de soul et d'électro, ambiance glamour. Cocktails inspirés des quartiers chics des métropoles mondiales.

Les fondus de séries reconnaîtront le bar, transformé en Der Höllander, lieu de débauche dans la série télévisée allemande *Babylon Berlin*.

OÙ SORTIR

OPÉRA NATIONAL DE BERLIN
OPÉRA

Plan p. 340 (Staatsoper Unter den Linden ; 030-2035 4240 ; www.staatsoper-berlin.de ; Unter den Linden 7 ; billets 8-180 € ; ; 100, 245, 300, U Unter den Linden). La plus célèbre compagnie d'opéra de Berlin se produit sur la scène de ce noble édifice néoclassique. Outre les spectacles lyriques, sa programmation comprend des concerts et des ballets (danse classique ou moderne), sous la direction musicale de Daniel Barenboim. Certaines représentations à destination d'un public venu en famille, sont plus courtes.

OPÉRA COMIQUE
OPÉRA

Plan p. 340 (Komische Oper ; billets 030-4799 7400 ; www.komische-oper-berlin.de ; Behrenstrasse 55-57 ; billets 12-94 € ; 100, 147, 245, 300, U Unter den Linden). Le plus petit des 3 opéras de Berlin est aussi le moins sophistiqué, même si son auditorium néo-baroque un brin tape-à-l'œil pourrait suggérer le contraire. Les productions, d'excellente qualité, sont innovantes et réinterprètent souvent avec brio des œuvres classiques ou quasi oubliées. Les sièges disposent d'un ingénieux système de sous-titrage en anglais et en turc, entre autres langues.

KONZERTHAUS MUSIQUE CLASSIQUE

Plan p. 340 (billets 030-203 092 101 ; www.konzerthaus.de ; Gendarmenmarkt 2 ; billets 10-84 € ; UStadtmitte). Cette charmante salle dessinée par Schinkel en 1821 est le lieu de résidence permanente du Konzerthausorchester Berlin, à l'excellente réputation. Elle accueille aussi dans 3 salles des solistes et des orchestres de passage. À la mi-journée sont donnés des "Concerts Espresso" hebdomadaires (45 min, 8 €), où on vous offrira... un expresso !

PIERRE BOULEZ SAAL SALLE DE CONCERTS

Plan p. 340 (tickets 030-4799 7411 ; www.boulezsaal.de ; Französische Strasse 33d ; billets 10-65 € ; 100, 245, 300, UHausvogteiplatz). Ouverte en 2017, cette salle de concerts intimiste est due à l'architecte Frank Gehry. Elle a été voulue par Daniel Barenboim comme un lieu propice au dialogue entre les cultures à travers la musique. La programmation va du classique au jazz, en passant par la musique électronique et orientale.

Parmi les artistes qui s'y produisent, on trouve de grands noms internationaux, mais aussi les élèves de la Barenboim-Said Akademie ou l'Ensemble Boulez.

GORKI THÉÂTRE

Plan p. 340 (030-2022 1115 ; www.gorki.de ; Am Festungsgraben 2 ; billets 10-34 € ; 100, 200, TXL, M1, 12, SFriedrichstrasse, UFriedrichstrasse). Le plus petit des 4 théâtres de Berlin financés par l'État est un "théâtre post-migrant". Sa programmation multiculturelle s'attache à promouvoir la diversité. Ses productions classiques ou originales adoptent souvent une approche interdisciplinaire et traitent de questions d'intégration, d'identité, de transition ou de discrimination. Toutes les représentations sont surtitrées en anglais.

DEUTSCHES THEATER THÉÂTRE

Plan p. 340 (030-2844 1225 ; www.deutschestheater.de ; Schumannstrasse 13 ; billets 5-48 €, tarif étudiant 6-9 € ; M1, UOranienburger Tor). Dirigé par Max Reinhardt de 1905 à 1932, le "DT" reste l'une des meilleures scènes allemandes. Sous la direction artistique d'Ulrich Khuon, son répertoire mêle pièces classiques et contemporaines traitant de sujets actuels. Le Kammerspiele voisin et la Box (70 places) accueillent aussi des spectacles. Certaines représentations sont surtitrées en anglais.

TIPI AM KANZLERAMT CABARET

Plan p. 340 (billets 030-3906 6550 ; www.tipi-am-kanzleramt.de ; Grosse Querallee ; billets 30-53 € ; 100, Hauptbahnhof, UBundestag). Artistes allemands et internationaux offrent ici au public une programmation mêlant cabaret, danse, cirque, comédie musicale et magie. Tout cela est présenté sous un chapiteau de music-hall à la décoration festive, en bordure du parc Tiergarten. On peut y dîner avant le spectacle.

ADMIRALSPALAST ARTS DE LA SCÈNE

Plan p. 340 (billets 030-2250 7000 ; www.admiralspalast.theater ; Friedrichstrasse 101 ; M1, SFriedrichstrasse, UFriedrichstrasse). Dans la salle très glamour de ce "palais" des années 1920 magnifiquement restauré se jouent comédies musicales, spectacles et concerts. La plupart des représentations conviennent aux non-germanophones, mais renseignez-vous. Le prix des billets varie.

SHOPPING

Quelques boutiques de souvenirs jalonnent l'avenue Unter den Linden et les abords de Checkpoint Charlie. Pour les vêtements et accessoires, rendez-vous dans la Friedrichstrasse et aux Galeries Lafayette.

DUSSMANN – DAS KULTURKAUFHAUS CULTURE, LOISIRS

Plan p. 340 (030-2025 1111 ; www.kulturkaufhaus.de ; Friedrichstrasse 90 ; 9h-22h lun-ven, 9h-23h30 sam ; ; SFriedrichstrasse, UFriedrichstrasse). On perd la notion du temps en flânant parmi les innombrables rayonnages de livres, DVD et CD – une offre couvrant tous les genres. Parmi ses autres atouts : le café du rez-de-chaussée, le jardin vertical et l'espace dédié aux rencontres, où se déroulent concerts gratuits, discussions politiques, lectures publiques et dédicaces.

FRAU TONIS PARFUM COSMÉTIQUES

Plan p. 340 (030-2021 5310 ; www.frau-tonis-parfum.com ; Zimmerstrasse 13 ; 10h-18h lun-sam ; UKochstrasse). Votre odorat vous guidera vers cette incroyable boutique de parfums "made in Berlin", où un test olfactif détermine si vous êtes plutôt de type floral, fruité ou boisé. Parmi ses grands succès figurent le sensuel Oud Weiss et Aventure, fragrance aux notes marines. Sur réservation, vous pourrez composer votre propre élixir lors d'une séance de 1 heure (160 €, 50 ml d'eau de parfum compris).

DIE ESPRESSIONISTEN CAFÉ

Plan p. 340 (☎030-3640 9494 ; www.espressionisten.de ; Zimmerstrasse 90 ; ⏲9h-18h lun-ven, 10h-18h sam ; UKochstrasse). Une adresse raffinée où l'expresso est roi. Du sol au plafond, les étagères débordent du parfait attirail du petit barista : pots, balances, tasseurs et, bien sûr, grains torréfiés, dont on peut goûter les arômes au bar à cafés.

RAUSCH SCHOKOLADENHAUS CHOCOLATS

Plan p. 340 (☎030-757 880 ; www.rausch.de ; Charlottenstrasse 60 ; ⏲10h-19h lun-sam, 11h-20h dim ; UStadtmitte). Si l'on en croit les Aztèques, qui considéraient le chocolat comme l'élixir des dieux, cet empire de truffes et de pralines est un véritable paradis. La boutique propose des répliques chocolatées de monuments de Berlin telles que la porte de Brandebourg. À l'étage, on peut créer sa propre tablette de chocolat et déguster un délicieux chocolat chaud au café avec vue sur Gendarmenmarkt.

GALERIES LAFAYETTE GRAND MAGASIN

Plan p. 340 (☎030-209 480 ; www.galerieslafayette.de ; Friedrichstrasse 76-78 ; ⏲10h-20h lun-sam ; UUnter den Linde, Stadtmitte). La succursale berlinoise du grand magasin de la mode et du raffinement français a ouvert il y a un quart de siècle. Jean Nouvel en a agencé les rayons autour d'un immense cône de verre scintillant, dont l'intensité kaléidoscopique vaut à elle seule une halte. Les 3 étages circulaires sont remplis de luxueux vêtements, parfums et accessoires, et des délices culinaires vous attendent au rez-de-chaussée, dans l'aire de restauration. Librairie française au sous-sol.

RITTER SPORT BUNTE SCHOKOWELT CHOCOLATS

Plan p. 340 (☎030-2009 5080 ; www.ritter-sport.com ; Französische Strasse 24 ; ⏲10h-18h lun-sam ; 👪 ; UUnter den Linde, Stadtmitte). Les fans des fameuses tablettes de chocolat carrées et colorées auront l'embarras du choix : le magasin phare de la marque en vend aussi des variétés bio, véganes, allégées, ainsi que des éditions limitées. À l'étage, une exposition gratuite décrit le processus de fabrication, de la fève de cacao au produit fini. Les enfants seront enchantés par la "cuisine du chocolat", où le personnel crée vos barres personnalisées.

VIELFACH – DAS KREATIVKAUFHAUS CADEAUX ET SOUVENIRS

Plan p. 340 (☎030-9148 4678 ; www.geschenke-berlin.com ; Zimmerstrasse 11 ; ⏲12h-17h lun-sam ; UKochstrasse). Dans ce showroom, produits de beauté, sacs, bijoux, céramiques, photos et autres objets faits main sont ravissants. Artistes et designers y exposent leurs créations sur leurs stands respectifs. Des souvenirs qui sortent de l'ordinaire.

ANTIK UND BUCHMARKT AM BODEMUSEUM ART ET VIEUX PAPIERS

Plan p. 340 (www.antik-buchmarkt.de ; Am Kupfergraben ; ⏲10h-17h sam-dim ; 🚊M1, 12, SHackescher Markt, UHackescher Markt). Avec l'Île des Musées en arrière-plan, ce marché d'objets d'art et de pièces de collection réunit dans un cadre splendide plus de 60 marchands. Les collectionneurs de livres passeront au crible les nombreuses caisses, qui jouxtent meubles, jouets, bric-à-brac ou photos anciennes.

ACTIVITÉS

TRABI SAFARI CIRCUITS "NOSTALGIE"

Plan p. 340 (☎030-3020 1030 ; www.trabi-safari.de ; Zimmerstrasse 97 ; adulte/- 18 ans à partir de 49 €/gratuit ; ⏲billetterie 10h-17h ; UKochstrasse). Si vous n'avez pas vu (ou même si vous l'avez vu) le film *Good Bye, Lenin!* ces visites quotidiennes de Berlin en convois d'emblématiques Trabi (la Trabant fabriquée en RDA) vous replongeront à l'est du Mur. Au volant ou comme simple passager, vous écoutez dans votre véhicule la visite guidée (en version "compacte" : 1 heure 15 ou "XXL" : 2 heures 15). Inclus : un tour côté est et côté ouest du Mur.

WELTBALLON BERLIN BALLON CAPTIF

Plan p. 340 (☎030-5321 5321 ; www.air-service-berlin.de/weltballon ; Zimmerstrasse 95 ; tarif plein/réduit/3-10 ans 25/20/12 € ; ⏲10h-22h avr-sept ; SKochstrasse). Offrez-vous un quart d'heure dans les airs au-dessus de Berlin. Le ballon captif rempli d'hélium et sa nacelle métallique (30 pers max) s'élèvent sans bruit jusqu'à 150 m d'altitude. La vue sur le centre historique est superbe ; le pilote vous aidera à identifier les principaux sites. Pas de vol par mauvais temps.

Île des Musées et Alexanderplatz

ALEXANDERPLATZ | HUMBOLDT FORUM ET NIKOLAIVIERTEL

Notre sélection

❶ L'exceptionnel **Musée de Pergame** (p. 107), partiellement en travaux, invite à un voyage à travers la Grèce antique, Babylone et le Proche-Orient.

❷ Une rencontre avec Néfertiti et son entourage royal au musée égyptien du **Nouveau Musée** (p. 109), superbement reconstruit.

❸ Installé dans le château de Berlin reconstruit, le **Forum Humboldt** (p. 120), un nouveau centre culturel très attendu, devrait rouvrir progressivement.

❹ Partez en **balade sur la Spree** (p. 121) pour admirer les monuments depuis la rivière tout en prenant un rafraîchissement.

❺ La **tour de la Télévision** (p. 116), plus haut édifice d'Allemagne, réserve un panorama étourdissant. On peut y faire une visite virtuelle en Trabi (Trabant) et observer un appartement meublé de la RDA.

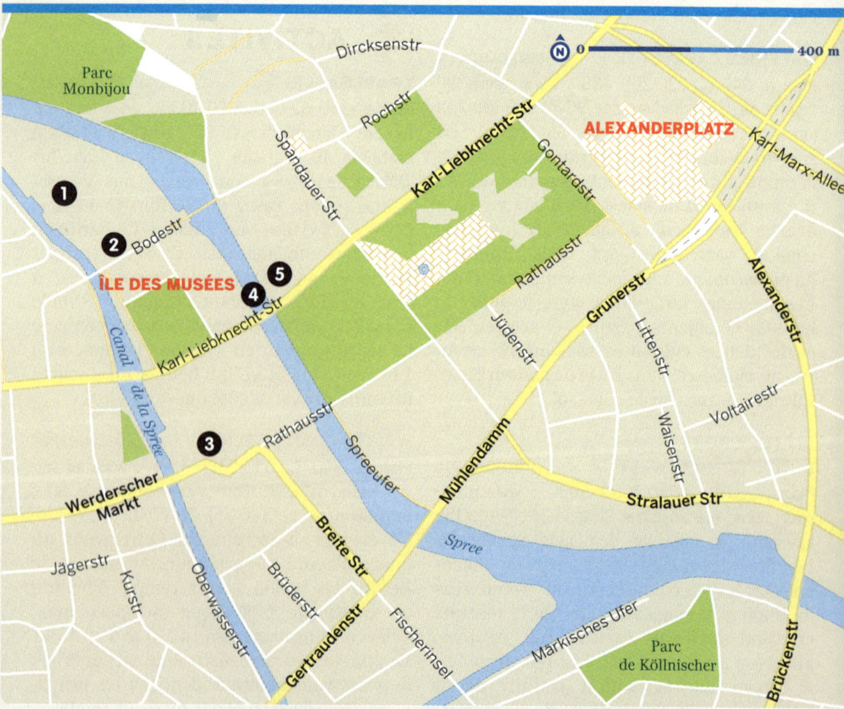

Pour un plan plus détaillé, reportez-vous p. 344

Découvrir l'Île des Musées et l'Alexanderplatz

Ce quartier historique réunit la plupart des sites remarquables de Berlin-Est ; visitez-le de jour, à pied, quand musées et boutiques sont ouverts. L'immense et informe Alexanderplatz, grand pôle de shopping où se dresse la tour de la Télévision (p. 116), est un bon point de départ.

L'espace ouvert, à l'ouest de la tour, mène au Nikolaiviertel (quartier Saint-Nicolas ; p. 118), berceau de la ville médiévale. D'abord presque entièrement rasé, puis reconstruit sur décision du gouvernement est-allemand, ce quartier au pittoresque factice peut se révéler agréable, mais vous croiserez peu de Berlinois dans les cafés trop chers et les boutiques de souvenirs.

Profitez des nombreux trésors de l'Île des Musées (Museumsinsel). Si vous manquez de temps, privilégiez le musée de Pergame (p. 107) et ses collections d'art antique et égyptien situées dans le Nouveau Musée (p. 109). Pour une plongée historique plus récente, direction le musée de la RDA (p. 118), qui met en scène avec brio le quotidien des Allemands de l'Est.

Profitez d'une balade en bateau (p. 121) dans le centre, flânez dans le Jardin d'agrément, face à la cathédrale de Berlin (p. 118), puis allez voir le Forum Humboldt (p. 120), centre culturel flambant neuf.

Vivre comme un Berlinois

Nocturnes Pour profiter tranquillement des collections de l'Île des Musées, venez le jeudi soir, quand tous les musées sont ouverts jusqu'à 20h.

Shopping Le centre de Berlin est pauvre en grands centres commerciaux, ce qui explique l'immense succès du vaste complexe Alexa (p. 123).

Wurst à emporter Pour se rassasier, rien de mieux qu'une *Bratwurst* (saucisse dans un petit pain) vendue aux stands de l'Alexanderplatz.

Depuis/vers l'Île des Musées et l'Alexanderplatz

Bus Les bus 100, 245 et 300 longent Unter den Linden depuis l'Alexanderplatz ; le 100 rejoint la gare Zoologischer Garten via le Tiergarten.

S-Bahn Les lignes S5, S7 et S75 et S9 desservent toutes l'Alexanderplatz.

Tram Les lignes M4, M5 et M6 relient l'Alexanderplatz à l'Hackescher Markt. Le M2 dessert Prenzlauer Berg.

U-Bahn Les lignes U2, U5 et U8 desservent l'Alexanderplatz. La nouvelle extension de l'U5 passe par Unter den Linden.

Bon plan Lonely Planet

Montez en haut de la tour de la Télévision pour vous tenir au sommet du plus haut bâtiment allemand. Si votre budget est serré, optez pour la terrasse panoramique du Park Inn Hotel (p. 117), pour profiter d'une belle vue sur la tour un cocktail à la main.

Le top des restaurants

- Ngon (p. 122)
- Good Bank (p. 121)
- Brauhaus Georgbraeu (p. 122)
- Zur Letzten Instanz (p. 122)
- Dolores (p. 121)

Voir détails p. 121

Les plus belles vues

- Tour de la Télévision (p. 116)
- Terrasse panoramique du Park Inn (p. 117)
- Cathédrale de Berlin (p. 118)

Voir détails p. 117

Le top des visites (hors musées)

- Cathédrale de Berlin (p. 118)
- Tour de la Télévision (p. 116)
- Église Sainte-Marie (p. 117)
- Nikolaiviertel (p. 118)

Voir détails p. 117

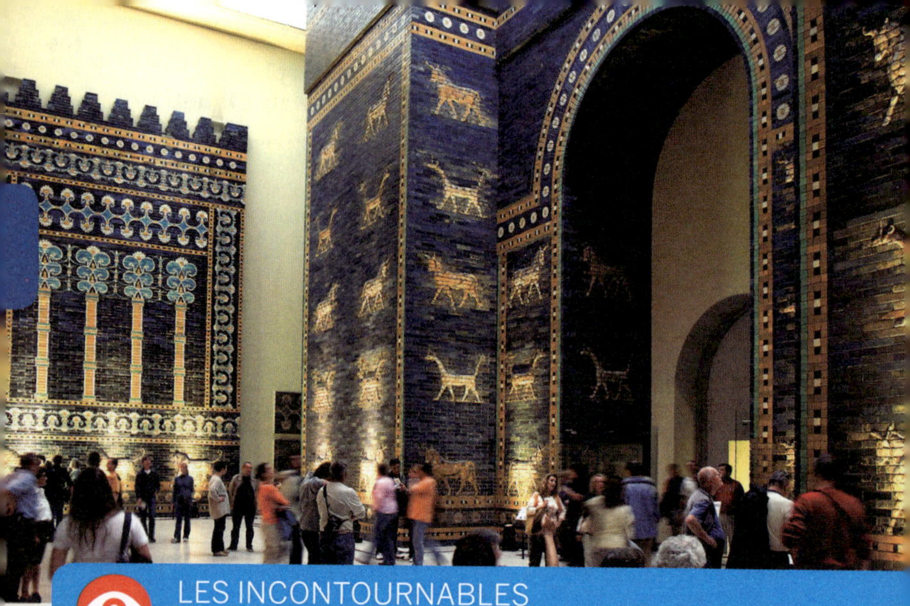

LES INCONTOURNABLES
ÎLE DES MUSÉES

Traverser la Babylone antique, rencontrer une reine d'Égypte et contempler les paysages éthérés de Monet : c'est possible sur l'Île des Musées (Museumsinsel), une incroyable malle aux trésors riche d'œuvres illustrant l'art, la sculpture et l'architecture des grandes civilisations humaines de la Méditerranée sur près de 6 000 ans d'histoire. Constitué de 5 musées construits entre 1830 et 1930, et lourdement bombardé en 1945, cet ensemble en pleine rénovation s'étend sur la partie nord d'une île de la Spree, où s'installèrent au XIIIe siècle les premiers habitants de Berlin.

Un Louvre berlinois

Achevé en 1830, l'Ancien Musée, situé près de la cathédrale de Berlin et du Jardin d'agrément (Lustgarten), fut le premier à ouvrir. Il est dédié aux antiquités grecques, étrusques et romaines. Derrière lui, le Nouveau Musée abrite le Musée égyptien, dont le fleuron est le buste de la reine Néfertiti, ainsi que le musée de la Préhistoire et de la Protohistoire. L'Ancienne Galerie nationale est consacrée à l'art européen du XIXe siècle. Le musée de Pergame, le plus fameux de tous, contient des trésors d'architecture monumentale antique, dont le célèbre autel de Pergame, actuellement en rénovation. À la pointe nord de l'île, le musée Bode est réputé pour sa collection de sculptures.

L'Île des Musées au XXIe siècle

En 1999, les établissements de l'Île des Musées ont été inscrits au patrimoine mondial de l'Unesco. Cette distinction est en partie due au projet de rénovation et de modernisation mené par l'architecte anglais David

À NE PAS MANQUER

- Porte d'Ishtar
- Buste de Néfertiti
- Cône d'or de Berlin
- *Garçon priant*
- Sculptures de Riemenschneider
- Tableaux de C. David Friedrich

INFOS PRATIQUES

- Museuminsel
- Plan p. 344, A3
- ☎030-266 424 242
- www.smb.museum/en/
- Billet combiné journalier 5 musées et panorama de Pergame tarif plein/réduit 19/9,50 €, gratuit - 18 ans
- ⏲ variables
- 🚌100, 245, 300, 🚋M1, 12, S Hackescher Markt, Friedrichstrasse, U Friedrichstrasse

Chipperfield, dont l'achèvement était prévu pour 2026. À l'exception du musée de Pergame, dont les expositions sont en cours de réorganisation, la restauration des musées eux-mêmes est déjà achevée. Plus d'infos sur : www.museumsinsel-berlin.de.

Galerie James-Simon

Situé dans la Bodestrasse, la galerie James-Simon est, depuis juillet 2019, le nouveau bâtiment d'entrée à l'Île des Musées. Elle doit son nom à un mécène et philanthrope juif allemand du début du XXe siècle. Conçu par David Chipperfield, l'édifice à colonnades comprend une billetterie, un café, une boutique et un espace d'expositions. Il sert de point d'accès direct au musée de Pergame, au Nouveau Musée et à la Promenade archéologique, une allée souterraine en construction qui devrait relier tous les musées de l'Île, à l'exception de l'Ancienne Galerie nationale.

Musée de Pergame

Achevé en 1930, le **Pergamonmuseum** (photo page ci-contre ; tarif plein/réduit 12/6 €, gratuit - 18 ans ; ⏲10h-18h mar-mer et ven-dim, 10h-20h jeu) offre une plongée dans le monde antique. Ses 3 ailes offrent des trésors de sculpture et d'architecture monumentale de Grèce, Rome, Babylone et du Moyen-Orient répartis en 3 collections : les Antiquités classiques, le musée des Antiquités du Proche-Orient et le musée d'Art islamique. La plupart des pièces furent exhumées et transportées à Berlin par des archéologues allemands de la fin du XIXe siècle au début du XXe siècle.

Le musée est actuellement en cours de restauration. L'aile nord et le hall contenant l'autel de Pergame seront inaccessibles au moins jusqu'en 2023, mais le public est invité à voir un panorama immersif de la cité antique (p. 109). Durant la seconde phase, l'aile sud sera fermée et on bâtira une quatrième aile, face à la Spree. À terme (vers 2026), toutes les parties du musée se visiteront en continu. Durant les travaux, l'entrée se fait près de la Bodestrasse, derrière le Nouveau Musée.

Musée des Antiquités du Proche-Orient

En entrant dans le musée de Pergame par la galerie James-Simon, vous arriverez d'abord au Vorderasiatisches Museum. Ses joyaux sont incontestablement la **porte d'Ishtar**, la **voie des Processions** de Babylone qui y mène et la façade de la **salle du trône** royal. Datant du règne de Nabuchodonosor II (604-562 av. J.-C.) sur Babylone, cet ensemble saisissant est couvert de briques émaillées bleues et orné de bas-reliefs ocre représentant les principales divinités babyloniennes (lions, taureaux et dragons).

UNE PETITE FAIM ?

Installé dans la galerie James-Simon avec une terrasse au bord de l'eau, le **Cu29** (plan p. 344 ; www.cu-berlin.de ; Eiserne Brücke ; plats 7-15 ; ⏲12h-18h mar-mer et ven-dim, 12h-20h jeu) propose une bonne cuisine de café. L'intérieur est très design, avec un plafond tapissé de cuivre. Le charmant café Petit Bijou (p. 123) sert boissons et en-cas, que vous pouvez déguster en été depuis la terrasse avec vue sur le musée Bode.

Le musée de Pergame fut construit entre 1910 et 1930 afin d'héberger les immenses collections d'art antique et les trésors archéologiques amassés par les scientifiques allemands lors des fouilles des sites de Babylone, d'Assour, d'Uruk et de Milet. Conçu par Alfred Messel, le bâtiment fut érigé après sa mort, par son ami Ludwig Hoffmann. Nombre d'objets furent emportés en Union soviétique comme butin de guerre, mais la plupart furent rendus en 1958.

MUSÉE DE PERGAME

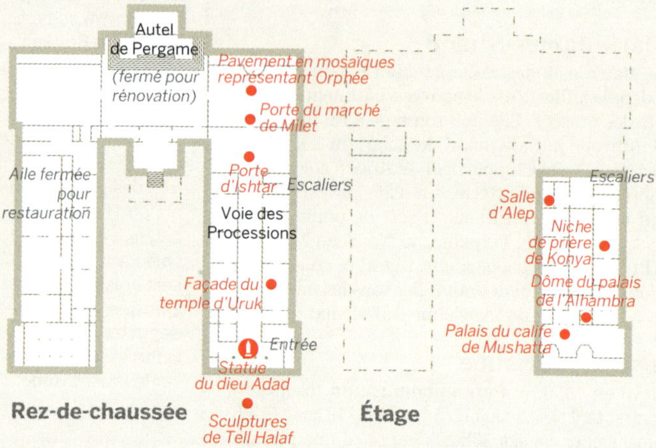

Avant la porte d'Ishtar, contemplez les sculptures grandioses du palais de **Tell Halaf** (Syrie, Ier millénaire av. J.-C.) dans la première salle ; sachez qu'elles ont été reconstituées à partir de 27 000 fragments ! Dans la même salle, vous verrez aussi la statue colossale du dieu de l'Orage **Adad** (775 av. J.-C.). Autre trésor de la collection (salle 5), les petites tablettes d'argile à **écriture cunéiforme** détaillant transactions et accords. Provenant d'Uruk (Irak), elles remontent au IVe millénaire av. J.-C. et comptent parmi les tout premiers documents écrits.

Collection des Antiquités classiques

L'**Antikensammlung** présente des œuvres d'art de la Grèce et de la Rome antiques dans ce musée-ci et dans l'Ancien Musée. Le grand autel de Pergame étant actuellement inaccessible au public, le clou de la collection est désormais la **porte du marché de Milet** (IIe siècle), en marbre, située juste derrière la porte d'Ishtar, au rez-de-chaussée. Décorée avec raffinement, elle allie les styles grec et romain. Commerçants et chalands franchissaient la porte originelle de 17 m de haut pour accéder au marché qui se tenait sur la place de cette riche cité romaine d'Asie mineure (sur la côte sud-ouest de la Turquie actuelle). Une grande partie de la ville fut rasée par un séisme au début du Moyen Âge, mais les archéologues allemands, qui fouillèrent le site entre 1903 et 1905, parvinrent à la reconstituer.

Superbement restauré, le **pavement en mosaïques** représentant Orphée, talentueux musicien de la mythologie grecque, provient également de Milet. Il ornait initialement la salle à manger d'une villa romaine du IIe siècle.

Musée d'Art islamique

À l'étage, le fleuron du Museum für Islamische Kunst est la façade du **palais du calife de Mushatta** (VIIIe siècle, salle 9), dans l'actuelle Jordanie, un cadeau du sultan ottoman Abdülhamid II à l'empereur Guillaume II. Ce chef-d'œuvre représente des animaux et des créatures mythiques qui batifolent paisiblement dans une orgie de motifs floraux, allusion au jardin d'Éden.

Dans les autres salles, on admirera de superbes céramiques, des sculptures, des miroirs et autres objets d'art, ainsi qu'un **mihrab** turquoise clair du XIe siècle provenant d'une mosquée de Konya (Turquie), et une **coupole** en cèdre et peuplier aux motifs raffinés issue du palais de l'Alhambra, à Grenade (Espagne).

La **salle d'Alep** (salle 16) clôt la visite. Décorée de panneaux de bois peints, elle ne laisse aucun doute quant au pouvoir et à la prospérité de son propriétaire, un marchand chrétien de la Syrie du XVIIe siècle. Illustrant aussi bien des thèmes chrétiens que des scènes de cour telles que l'on en trouve dans les enluminures persanes, les peintures suggèrent une grande tolérance religieuse.

Panorama de Pergame

Si l'autel de Pergame est fermé pour restauration, on peut se faire une idée de son impressionnante beauté avec l'exposition **Pergamonmuseum. Das Panorama** (Am Kupfergraben 2 ; tarif plein/réduit 12/6 €, gratuit - 18 ans, billet combiné avec le musée de Pergame 19/9,50 €, gratuit - 18 ans ; ⌚10h-18h mar-dim), installée dans un bâtiment en rotonde temporaire face au musée Bode. À l'intérieur, un grandiose panorama photonumérique à 360° conçu par l'artiste et architecte iranien Yadegar Asisi présente une vision réaliste de la cité antique de Pergame en l'an 129, sous le règne de l'empereur romain Hadrien. Quelque 80 sculptures originales de la collection antique du site y sont aussi exposées, dont une colossale tête d'Héraclès (Hercule) et un grand morceau de la fameuse frise de Téléphe.

Nouveau Musée

Bombardé durant la Seconde Guerre mondiale et reconstruit en 1997 par David Chipperfield, le **Neues Museum** (Bodestrasse 1-3 ; tarif plein/réduit 12/6 €, gratuit - 18 ans ; ⌚10h-18h mar-mer et ven-dim, 10h-20h jeu ; 🚌100, 245, 300, 🚋M1, 12, Ⓢ Hackescher Markt, Friedrichstrasse, Ⓤ Friedrichstrasse) abrite le **Musée égyptien** (Ägyptisches Museum), dont le joyau est le buste de la reine Néfertiti, et le captivant **musée de la Préhistoire et de la Protohistoire** (Museum für Vor und Frühgeschichte). L'architecte britannique a incorporé dans le nouvel édifice le moindre vestige d'origine retrouvé. Alliant histoire et modernité, il a su créer un espace dynamique où se côtoient harmonieusement immenses escaliers, petites salles voûtées, halls couverts de fresques et hauts plafonds.

On entre par la galerie James-Simon.

BONS PLANS

- ➡ Pour ne pas vous épuiser, ne visitez pas plus de 2 des 5 musées le même jour.
- ➡ Le billet combiné (tarif plein/réduit 19/9,50 €), valable une journée dans les 5 musées, est économique pour visiter plusieurs musées.
- ➡ Entrée gratuite pour les moins de 18 ans.
- ➡ L'audioguide, inclus dans le prix, est très bien fait.
- ➡ Par beau temps, vous pourrez vous détendre sur les pelouses du Jardin d'agrément (Lustgarten), près de l'Ancien Musée.

Le royaume de Pergame régna sur d'immenses territoires de la Méditerranée orientale (Asie Mineure) aux IIIe et IIe siècles av. J.-C. S'inspirant d'Athènes, ses souverains, les Attalides, firent de sa capitale un centre culturel et intellectuel majeur. Construite sur une crête de 330 m de haut, la ville comprenait des palais grandioses, une bibliothèque, un théâtre et les superbes temples de Trajan, de Dionysos et d'Athéna.

Musée égyptien

Le musée égyptien occupe 3 niveaux de l'aile nord du Nouveau Musée. Il renferme bien d'autres pièces que le buste de **Néfertiti**, créé vers 1340 av. J.-C. par le sculpteur de cour Thoutmôsis. Il fit partie du trésor découvert vers 1912 par une expédition berlinoise d'archéologues, alors qu'ils tamisaient les sables d'Amarna, la ville royale bâtie par Akhenaton (vers 1353-1336 av. J.-C.), époux de Néfertiti.

Autre pièce célèbre, la **Tête verte de Berlin** (Berliner Grüner Kopf), taillée dans une pierre verte, représente un prêtre au crâne dégarni. Datant de la fin de la période égyptienne, elle témoigne d'influences grecques, mais semble étonnamment moderne. Il ne s'agit pas du portrait d'une personne donnée, mais une figure idéalisée censée représenter la sagesse universelle et l'expérience. Le musée compte une collection de sarcophages, des papyrus, en particulier le très long *Livre de la mort de la maîtresse Neferini* et d'émouvants portraits du Fayoum.

Musée de la Préhistoire et de la Protohistoire

Les points forts de cette collection sont les **antiquités troyennes** découvertes par l'archéologue Heinrich Schliemann en 1870 près de Hisarlik, dans l'actuelle Turquie. Cependant, la plupart des bijoux élaborés, des armes richement ornées et des tasses en or exposées sont des copies : les originaux ont été confisqués par l'Union soviétique après la Seconde Guerre mondiale et sont toujours à Moscou. Seules exceptions, 3 modestes vases en argent vieux de 4 500 ans sont fièrement exhibés dans leur propre présentoir en verre.

Un étage plus haut par le grand escalier, un autre trésor vous attend dans la salle de Bacchus : la statue de bronze du **jeune serviteur de Xanten**, entourée par des objets du **trésor des Barbares de Neupotz** englouti par le Rhin au IIIe siècle. Outils de fer, chaînes, chaudrons et argenterie donnent un bel aperçu de la vie quotidienne en Rhénanie, occupée alors par les Romains.

L'exposition du dernier étage remonte aux âges de la pierre, du bronze et du fer. Parmi ses pièces phares, le **squelette fossilisé** d'un Néandertalien de 11 ans, datant de 45 000 ans et trouvé en 1909 au Moustier (Dordogne). Vieux de 3 000 ans, le **cône d'or de Berlin** (Berliner Goldhut ; salle 305), partie supérieure d'un couvre-chef, est l'un des 4 objets de ce genre découverts à travers le monde – celui de Berlin (vers 1000-800 av. notre ère) serait le mieux conservé. Lié au culte du soleil, il nimbait celui qui le portait de pouvoirs surnaturels aux yeux des peuples de l'âge du bronze.

Ancien Musée

L'architecte Karl Friedrich Schinkel donna libre cours à son goût pour le néoclassicisme en réalisant les plans de l'**Altes Museum** (tarif plein/réduit 10/5 €, gratuit - 18 ans ; ⌚10h-18h mar-mer et ven-dim, 10h-20h jeu), premier bâtiment édifié (1828-1830) sur l'Île des Musées pour accueillir des expositions. Une monumentale colonnade cannelée mène à une rotonde, inspirée du Panthéon de Rome, où est exposée la précieuse collection d'antiquités. Au rez-de-chaussée, sculptures, vases, sépultures et bijoux illustrent la vie sous l'Antiquité grecque et romaine, avec une partie dédiée aux Étrusques.

Collection grecque

Suivant un ordre chronologique, la collection est riche d'objets de toutes les périodes de l'art grec antique du Xe au Ier siècle av. J.-C. Parmi les plus anciens figure une collection de casques en bronze, mais les statues monumentales et les vases raffinés montrent une plus grande maîtrise.

On remarque tout d'abord un **kouros de Didyme** (salle 2), superbe nu masculin au sourire mystérieux et à l'impressionnante chevelure. Dans la salle suivante,

Musée égyptien

les yeux se tournent vers la **déesse de Berlin**, une statue funéraire magnifiquement conservée d'une jeune femme riche vêtue d'une élégante robe rouge. Finement ciselée, la **déesse assise de Tarente** (salle 9) séduit aussi.

Favori des visiteurs, le **Garçon priant** (salle 5), statue en bronze d'un jeune homme aux bras tendus, fut réalisé à Rhodes vers l'an 300 av. J.-C., et rapporté à Berlin par Frédéric le Grand en 1747. Subjugués, Napoléon comme Staline le gardèrent temporairement, l'un à Paris et l'autre à Moscou. Aujourd'hui, son sourire irradie à nouveau l'imposante **rotonde** recouverte d'un plafond à caissons orné de fresques. Une lucarne centrale éclaire 20 statues de divinités, dont Zeus, Nikè (déesse de la Victoire) ou Fortuna.

Collection étrusque et romaine

La collection étrusque est l'une des plus grandes hors d'Italie. Elle renferme des pièces sensationnelles. On peut y admirer un bouclier rond provenant de la tombe d'un guerrier, ainsi qu'une amphore, des bijoux, des pièces et divers autres objets du quotidien datant, pour les plus anciens, du VIIIe siècle av. J.-C. La **tuile de Capoue** permet de se familiariser avec la langue étrusque, tandis que des **urnes cinéraires** richement décorées et des **sarcophages** nous renseignent sur les rites funéraires anciens.

Les salles suivantes, consacrées à la Rome antique, donnent à voir de superbes sculptures et des bustes romains, dont ceux, remarquables, de César et de

L'ART AU PEUPLE

L'Île des Musées, classée au Patrimoine mondial en 1999, est le produit direct d'une tendance de la fin du XIXe siècle, quand les nobles d'Europe décidèrent d'ouvrir leurs collections privées au public. Le Louvre à Paris, le British Museum à Londres, le Prado à Madrid, la Glyptothèque de Munich : tous furent fondés à cette époque. À Berlin, Frédéric-Guillaume III et ses successeurs ne tardèrent pas à les imiter.

L'immense vasque de granit à l'extérieur de l'Ancien Musée, aux allures de fonts baptismaux pour géants, a été réalisée par Christian Gottlieb Cantian sur des plans de Karl Friedrich Schinkel dans les années 1820. Elle devait initialement être installée dans la rotonde du musée, mais ses dimensions étaient trop imposantes. Frisant les 7 m de diamètre, elle fut taillée dans une roche du Brandebourg, puis acheminée jusqu'à la Spree par une ligne de chemin de fer en bois construite sur mesure et, enfin, transportée jusqu'à Berlin sur une barge.

Cléopâtre, tout comme le fameux **trésor de Hildesheim** – un magnifique service de table en argent du Ier siècle constitué de 70 pièces.

Réservé aux adultes, le **cabinet érotique** contient des représentations suggestives de satyres, d'hermaphrodites et de phallus géants.

Musée Bode

Le **Bodemuseum** (angle Am Kupfergraben et Monbijoubrücke ; tarif plein/réduit 10/5 €, gratuit - 18 ans) occupe depuis 1904 la pointe nord de l'Île des Musées, et un bijou d'architecture néobaroque, bien restauré, lui sert d'écrin. Sculptures, peintures, pièces et objets byzantins y sont présentés dans des salles baignées de lumière.

Majestueux escaliers, cours intérieures, plafonds peints et sols de marbre confèrent à cet édifice aux proportions divines le prestige d'un palais. Installée dans le grand vestibule à coupole, la statue équestre du Grand Électeur Frédéric-Guillaume d'Andreas Schlüter donne le ton. Une basilique italienne de style Renaissance, où trône une sculpture en terre cuite émaillée de Luca della Robbia, mène ensuite à une salle à coupole plus petite, de style rococo, où trônent des statues en marbre de Frédéric le Grand et de ses généraux. Les galeries sont disposées de part et d'autre de cet axe, et se poursuivent à l'étage.

Collection de sculptures

Le clou du musée Bode est sa célèbre collection de sculptures européennes (Skulpturensammlung), allant du début du Moyen Âge à la fin du XVIIIe siècle ; beaucoup datent de la Renaissance italienne. Parmi les trésors de cette collection : la **Madonne de Pazzi** de Donatello, l'**Homme de douleur** de Giovanni Pisano et la **Danseuse** d'Antonio Canova. Toujours au rez-de-chaussée, on peut admirer la **galerie de Gröningen** (Gröninger Empore ; XIIe siècle), une tribune d'église provenant d'un ancien monastère, œuvre majeure de la période romane.

La plupart des sculptures allemandes sont à l'étage, notamment des pièces du maître du gothique tardif, Tilman Riemenschneider, telles **Sainte-Anne et ses Trois Maris** et les **Quatre Évangélistes**. Ses contemporains Hans Multscher et Nicolaus Gerhaert van Leyden sont également exposés ici.

Ouvert en 2019, le **cabinet James-Simon** donne à voir peintures, sculptures et mobilier issus de la collection privée de ce grand mécène. Vous y admirerez notamment la **Vierge à l'Enfant endormi** d'Andrea Mantegna.

Exposée parmi les sculptures, une partie de la collection de la Pinacothèque (Gemäldegalerie ; p. 158) rend l'endroit encore plus attrayant.

Musée d'Art byzantin

Avant de faire une pause à l'élégant café du musée, faites un détour par le Museum für Byzantische Kunst, qui n'occupe que quelques salles jouxtant le grand vestibule à coupole. On y trouve des œuvres d'art byzantines et de l'Antiquité tardive allant du IIIe au XVe siècle. Sarcophages romains, tablettes d'ivoire sculpté et icônes en mosaïque témoignent du remarquable accomplissement artistique des premiers temps du christianisme.

Collection numismatique

Au 2e étage, la Münzsammlung, avec plus d'un demi-million de pièces, est l'une des plus grandes collections numismatiques au monde : seule une infime partie est exposée. La pièce la plus ancienne, remontant au VIIe siècle av. J.-C., dispose de son propre présentoir ; elle est entourée d'autres pièces de toutes tailles.

Ancienne Galerie nationale

L'**Alte Nationalgalerie** (Bodestrasse 1-3 ; tarif plein/réduit 10/5 €, gratuit - 18 ans ; ⏲10h-18h mar-mer et ven-dim, 10h-20h jeu), installée dans un grandiose bâtiment aux allures

ncien Musée (p. 110) et jardin d'agrément

de temple grec, est ouverte depuis 1876. Y sont exposées sur 3 niveaux des œuvres d'art européen du XIXe siècle. Les révolutions et l'industrialisation caractéristiques de ce siècle tumultueux modifièrent la société en profondeur. Les artistes y réagirent de différentes manières. Si les romantiques allemands comme Caspar David Friedrich cherchèrent le réconfort dans la nature et si les nazaréens se tournèrent vers les thèmes religieux, les toiles épiques d'Adolf Menzel et de Franz Krüger glorifièrent l'histoire de la Prusse, et les impressionnistes se concentrèrent sur la lumière et l'esthétique.

Au 1er niveau, la **statue des princesses** Louise et Frédérique de Prusse par Johann Gottfried Schadow (1764-1850) est un chef-d'œuvre du néo-classicisme, tout comme son buste de Johann Wolfgang von Goethe. Le peintre Adolph Menzel (1815-1905) est aussi mis à l'honneur dans une salle – admirez notamment son **Concert de flûte de Frédéric le Grand à Sans-Souci** (1852), qui représente le roi jouant de la flûte dans son palais de Potsdam.

Le 2e étage est dévolu aux œuvres d'impressionnistes français tels que Monet, Degas, Cézanne, Renoir et Manet, dont le tableau **Au conservatoire** (1879) est considéré comme l'une des pièces maîtresses. Les Allemands sont également représentés avec **L'Île des Morts** (1883) d'Arnold Böcklin et plusieurs toiles de Max Liebermann.

Le 3e et dernier étage est le domaine des romantiques : les paysages mystiques de Caspar David Friedrich y côtoient les fantaisies gothiques de Karl Friedrich Schinkel. À ne pas manquer par ailleurs, des œuvres majeures de Karl Blechen et des portraits de Philipp Otto Runge et Carl Spitzweg.

AU JARDIN

À l'origine potager royal, l'espace vert face à l'Ancien Musée fut transformé en terrain d'exercice militaire avant d'être aménagé en jardin d'agrément (*Lustgarten*) par Schinkel. Utilisé comme lieu de rassemblement par les nazis et délaissé par les communistes, il a retrouvé l'apparence que lui avait donnée Schinkel et est très apprécié des touristes en quête de repos.

Avide collectionneur d'art et mécène généreux, le banquier Joachim Heinrich Wagener légua, en 1861, l'intégralité de sa collection de 262 tableaux à l'État prussien pour constituer une galerie nationale. Un an plus tard, Guillaume Ier commanda à Friedrich August Stüler les plans d'un musée. Le résultat est l'Ancienne Galerie nationale (Alte Nationalgalerie), un imposant édifice surélevé en forme de temple, au portique orné de colonnes corinthiennes. On y accède par un immense escalier au sommet duquel trône une statue équestre de Frédéric-Guillaume IV.

Île des Musées

VISITE D'UNE DEMI-JOURNÉE

Notre itinéraire vous aidera à dénicher les fleurons des 5 musées, tout en optimisant votre temps et votre énergie. Prévoyez au minimum 4 heures de visite et prenez un billet combiné couvrant tous les musées.

Dans l'Ancien Musée, admirez les figures des dieux antiques gardés par la statue en bronze du **1 Garçon priant**, représentatif d'une collection d'antiquités grecques et romaines de valeur.

Le Nouveau Musée vous invite à contempler la **2 reine Néfertiti**, vedette de la collection égyptienne, en haut du grand escalier central, puis, un étage plus haut, l'éblouissant **3 Cône d'or de Berlin** (salle 305), de l'âge du bronze.

En quittant ce musée, prenez à gauche vers le musée de Pergame. Le grand autel éponyme étant inaccessible jusqu'en 2023, c'est la **4 porte d'Ishtar** que l'on découvre d'abord. À l'étage, choisissez votre parcours à travers la collection d'art islamique jusqu'aux miniatures de la **5 salle d'Alep**.

Propulsé au XIXe siècle dans l'Ancienne Galerie nationale, attardez-vous devant les peintures de **6 Caspar David Friedrich**, au 3e étage, puis devant les sculptures, telle la **7 statue des Deux Princesses**, de Schadow, au 1er étage. Votre parcours s'achèvera à 5 minutes à pied de là, au musée Bode. Vous en admirerez le vestibule, avec la statue équestre du Grand Électeur Frédéric-Guillaume, puis les sculptures européennes, sans manquer les chefs-d'œuvre de **8 Tilman Riemenschneider** et de ses contemporains (salle 109).

EN BREF

» **Objet le plus ancien** Une hache du paléolithique, vieille de 700 000 ans, au Nouveau Musée

» **Objet le plus récent** Un bout de fil de fer barbelé du mur de Berlin, au Nouveau Musée

» **Musée originel** Ancien Musée, 1830

» **Musée le plus visité** Nouveau Musée, 777 000 visiteurs

» **Total de visiteurs (2017)** 2,33 millions

Sculptures de Tilman Riemenschneider (musée Bode)
Détails éblouissants et grande expressivité des émotions sont caractéristiques des sculptures sur bois du maître du gothique tardif, Tilman Riemenschneider, telle sa représentation de *Sainte Anne et ses trois maris* (vers 1510).

Buste de la reine Néfertiti (salle 210, Nouveau Musée)
Sous le dôme nord, vous tomberez amoureux de la plus belle femme de Berlin, la reine égyptienne Néfertiti au long cou gracieux, 3 330 ans mais éternellement jeune malgré quelques rides et un œil en moins.

RADIOKAFKA/SHUTTERSTOCK ©

Salle d'Alep (salle 16, musée de Pergame)

Joyau du musée d'Art islamique, cette salle de réception richement décorée provient de la maison d'un marchand chrétien d'Alep, en Syrie (XVIIe siècle). Les lambris portent les calligraphies et les motifs floraux chers aux cultures islamiques, mêlés à des scènes courtoises et à des thèmes chrétiens.

Porte d'Ishtar (salle 9, musée de Pergame)

On retient son souffle en franchissant la porte d'entrée de Babylone, dédiée à la déesse Ishtar et entièrement reconstituée avec ses hauts murs bleus. L'originale avait été commandée par le roi Nabuchodonosor il y a près de 2 600 ans

PIO3/SHUTTERSTOCK ©

Tableaux de Caspar David Friedrich (niveau supérieur, Ancienne Galerie nationale)

Artiste majeur de la période romantique, Caspar David Friedrich a marqué de son sceau la peinture paysagère avec ses méditations sombres, subtilement dramatiques sur les limites de la vie humaine face à la nature infinie.

Statue des Deux Princesses (1er étage, Ancienne Galerie nationale)

Johann Gottfried Schadow a capturé les princesses prussiennes Louise et Frédérique, deux sœurs, dans un moment d'intimité et de sérieux avec cette double statue de marbre datant de 1795, à l'apogée de la période néoclassique.

Cône d'or de Berlin (salle 305, Nouveau Musée)

Admirez l'art de l'âge du bronze avec ce cône en or (Berliner Goldhut) qui surmontait un couvre-chef. Il est gravé de soleils stylisés, évocateurs du culte rendu à l'astre qui créait, notamment, de bonnes moissons.

JAROSLAV MORAVCIK/SHUTTERSTOCK ©

Garçon priant (salle 5, Ancien Musée)

La plus belle pièce de l'Ancien Musée est ce *Garçon priant*, les bras levés comme en offrande. La statue de bronze grandeur nature de cet éphèbe nu, exemple même de la perfection physique, fut coulée autour de 300 av. J.-C. à Rhodes.

LES INCONTOURNABLES
FERNSEHTURM – TOUR DE LA TÉLÉVISION

Où que vous soyez en ville, il y a des chances qu'en levant la tête vous aperceviez la tour de la Télévision. Celle-ci – plus haut bâtiment d'Allemagne – est à Berlin ce que la tour Eiffel est à Paris. Achevée en 1969, elle s'élève à 368 m de haut (antenne comprise). Repérez les grands monuments de Berlin depuis sa plateforme panoramique (203 m), équipée d'un bar, ou depuis le restaurant Sphere (p. 122), un étage plus haut (207 m) – la vue est stupéfiante par temps clair.

Commandée par le dirigeant du gouvernement de la RDA Walter Ulbricht dans les années 1950, cette tour émettrice de radio et de télévision aux prouesses techniques avait pour but la démonstration de la puissance est-allemande. Cependant, elle finit par provoquer quelques railleries lorsqu'il se révéla qu'un reflet sur la sphère en acier sous l'antenne dessinait une croix géante : selon une blague populaire (peu appréciée des dirigeants de la RDA), ce phénomène serait la "vengeance du pape" sur l'État socialiste, qui avait ordonné le retrait des crucifix des églises.

Sa forme de fusée fut inspirée par la course à l'espace des années 1960, et en particulier par le lancement du premier satellite soviétique, *Spoutnik*. La tour se compose de la base, une colonne de 250 m de haut, d'une sphère de 4 800 tonnes et d'une antenne de 118 m de haut. À l'origine, elle aurait dû se situer sur les collines du Müggelberg, à l'extrémité sud-est de la ville. Les travaux étaient déjà entamés lorsque les autorités réalisèrent que la tour serait dans le couloir aérien vers l'aéroport prévu à Schönefeld, à proximité.

À NE PAS MANQUER

- Plateforme d'observation
- Cocktail au coucher du soleil au Bar 203

INFOS PRATIQUES

- Fernsehturm
- Plan p. 344, C3
- ☎030-247 575 875
- tv-turm.de/fr/
- Panoramastrasse 1a
- Adulte/enfant 18,50/9,50 €, billet coupe-file en ligne 22,50/13 €
- 9h-minuit mars-oct, 10h-minuit nov-fév, dernière montée 23h30
- 100, 200, 300, U Alexanderplatz, S Alexanderplatz

À VOIR

Une visite de Berlin passe nécessairement par ce quartier. Allez explorer le berceau de la ville médiévale, Nikolaiviertel, puis allez voir le Forum Humboldt, autour du château de Berlin en reconstruction, passez par les musées, tous remarquables, partez en croisière sur la Spree, puis admirez le tout du haut de la tour de la Télévision.

ÎLE DES MUSÉES — ART ET CULTURE

Voir p. 106.

Alexanderplatz

TOUR DE LA TÉLÉVISION — MONUMENT

Voir page ci-contre.

TERRASSE PANORAMIQUE DU PARK INN — POINT DE VUE

Plan p. 344 (☎030-238 90 ; www.parkinn-berlin.de/en/panorama-terrace ; Alexanderplatz 7 ; 4 € ; ⌚12h-22h avr-sept, 12h-18h oct-mars ; U Alexanderplatz, S Alexanderplatz). À 120 m au-dessus du sol, la terrasse du Park Inn Hotel de l'Alexanderplatz, surplombée par la tour de la Télévision, offre une vue panoramique sur la ville. Relaxez-vous sur une chaise longue avec une bière fraîche ou un verre de vin. Il y a un ascenseur, mais pour les 5 derniers étages, il faut prendre les escaliers.

Avec un peu de chance, vous verrez d'intrépides base-flyers s'élancer du bord du gratte-ciel, avec un équipement spécial utilisé habituellement par les cascadeurs.

ÉGLISE SAINTE-MARIE — ÉGLISE

Plan p. 344 (St.Marienkirche ; www.marienkirche-berlin.de ; Karl-Liebknecht-Strasse 8 ; ⌚10h-18h avr-déc, 10h-16h jan-mars ; 🚌100, 200, 245, 300, S Hackescher Markt, Alexanderplatz, U Alexanderplatz, Rotes Rathaus). Ce bijou gothique en brique accueille les fidèles depuis le début du XIVe siècle : c'est l'une des plus anciennes églises de Berlin encore debout. Dans le vestibule, une fresque de 22 m de long, inspirée par une épidémie de peste du XVe siècle, la *Danse de la mort*, mène à une nef relativement simple, rehaussée de nombreux trésors artistiques. Le plus ancien est un font baptismal en bronze de 1437, soutenu par 3 dragons. La chaire baroque en albâtre (1703), œuvre du sculpteur (et architecte) Andreas Schlüter (1664-1714), est tout aussi saisissante.

HÔTEL DE VILLE — BÂTIMENT HISTORIQUE

Plan p. 344 (Rotes Rathaus ; ☎030-9026 2032 ; www.berlin.de/fr, mot-clé de recherche : Rotes Rathaus ; Rathausstrasse 15 ; ⌚9h-18h lun-ven ; S Alexanderplatz, U Alexanderplatz, Klosterstrasse). GRATUIT L'hôtel de ville, siège de la mairie de Berlin, est un édifice néo-Renaissance en brique, achevé en 1869. À l'extérieur, une frise de céramique illustre les événements marquants de Berlin jusqu'à 1871. Sauf lors d'événements particuliers, une large part du bâtiment est ouverte au public : prenez une brochure dans le hall pour une visite autoguidée, ou profitez des expositions temporaires, gratuites.

Le "rouge" (Rotes) de son nom viendrait de la couleur de ses briques, et non d'éventuelles tendances politiques. Il est néanmoins surnommé le "Château rouge" et grimé en quartier général de la police berlinoise dans la série TV néo-noire *Babylon Berlin*.

FONTAINE DE NEPTUNE — FONTAINE

Plan p. 344 (Neptunbrunnen ; Rathausplatz ; 🚌100, 200, 245, U Rotes Rathaus, Alexanderplatz, S Alexanderplatz). Cette fontaine, conçue par Reinhold Begas en 1891, représente Neptune se laissant courtiser par quatre beautés plantureuses symbolisant les principaux fleuves allemands : le Rhin, l'Elbe, l'Oder et la Vistule.

SEALIFE BERLIN — AQUARIUM

Plan p. 344 (☎0180-666 690 101 ; www.visitsealife.com/berlin/en/ ; Spandauer Strasse 3 ; adulte/enfant 19/15 € ; ⌚10h-18h, dernière entrée à 17h ; 🚌100, 200, 245, S Hackescher Markt, Alexanderplatz). Parmi les 5 000 pensionnaires de ce vaste aquarium, hippocampes guillerets, méduses délicates, raies lisses et un squelette de dinosaure marin qu'on peut "réanimer" sont les grands chouchous des visiteurs. Voyage de la source de la Spree jusqu'aux eaux tropicales, en passant par la mer du Nord. Billets moins chers si réservés en ligne.

BLOC DES FEMMES — MÉMORIAL

Plan p. 344 (Block der Frauen ; Rosenstrasse ; S Hackescher Markt, Alexanderplatz, U Alexanderplatz). Ce mémorial de grès rouge, dans un petit parc de la Rosenstrasse, baptisé *Block der Frauen* par l'artiste juive allemande Inge Hunzinger (1915-2009), rend hommage aux femmes allemandes non juives qui ont manifesté pacifiquement mais résolument contre la déportation programmée de leurs maris juifs, détenus à proximité du lieu en 1943. Ce fut un acte de résistance courageux, et qui porta ses fruits, contre le régime nazi.

Forum Humboldt et Nikolaiviertel

CATHÉDRALE DE BERLIN — MONUMENT

Plan p. 344 (Berliner Dom ; billetterie 030-2026 9136 ; www.berlinerdom.de ; Am Lustgarten ; tarif plein/réduit 7/5 €, gratuit - 18 ans ; variables, généralement 9h-20h avr-sept, 9h-19h oct-mars ; 100, 247, 300, S Hackescher Markt, U Rotes Rathaus). À la fois pompeuse et majestueuse, l'ancienne église de la cour des rois de Prusse, de style Renaissance italienne, fut achevée en 1905. Elle remplit désormais trois fonctions, celles de lieu de culte, de musée et de salle de concerts. L'intérieur est extravagant à souhait, avec un autel en marbre et en onyx richement décoré, des sarcophages royaux raffinés – d'autres tombes royales, beaucoup plus sobres, se trouvent dans la crypte – et un orgue Sauer à 7 269 tuyaux. Si vous gravissez les 267 marches du dôme, vous aurez une vue superbe sur la ville. La visite du musée de la cathédrale n'est pas indispensable, sauf si l'on s'intéresse à l'histoire de la construction de l'édifice. L'acoustique y est excellente, et on y donne souvent des concerts classiques, où le célèbre orgue Sauer sert parfois. Audioguides multilingues : 3 €.

NIKOLAIVIERTEL — QUARTIER

Plan p. 344 (entre Rathausstrasse, Breite Strasse, Spandauer Strasse et Mühlendamm ; 24h/24 ; U Klosterstrasse). GRATUIT Autrefois cœur du Berlin médiéval, le quartier Saint-Nicolas fut en grande partie détruit en 1944. Ses bâtiments historiques ont été reconstruits à l'identique, autour du plus ancien édifice du quartier encore debout, l'église Saint-Nicolas (Nikolaikirche), dans les années 1980, sous la houlette du gouvernement est-allemand pour célébrer le 750e anniversaire de la ville. Cette recréation du noyau médiéval de la ville manque un peu d'authenticité, mais son dédale de rues pavées vaut une promenade, et quelques restaurants à l'ancienne permettent de se sustenter.

LES INCONTOURNABLES
MUSÉE DE LA RDA

Dans ce petit musée interactif (DDR Museum) qui évoque la vie quotidienne derrière le rideau de fer, on découvre que, en Allemagne de l'Est, les bébés étaient mis sur le pot à heures fixes, qu'un ingénieur gagnait à peine plus qu'un cultivateur et que tout le monde semblait apprécier les vacances naturistes... Vous pourrez fouiller dans des cartables d'écolier, ouvrir tiroirs et placards, ou regarder la télévision dans un salon des années 1970. Et il n'y a pas que les enfants qui aiment se glisser au volant d'une Trabant (Trabi) pour la traversée virtuelle d'un quartier de *Plattenbauten* (immeubles d'habitation en béton préfabriqués) est-berlinois. Vous pourrez aussi visiter une reconstitution d'un appartement des années 1980 qui se trouvait dans l'un de ces grands immeubles.

Si vous avez aimé le film *Good Bye, Lenin!* de Wolfgang Becker (2003), vous apprécierez aussi ce musée qui, par ailleurs, n'élude pas les aspects sinistres de la vie en RDA : les pénuries régulières, la surveillance de la Stasi (police secrète) et le monopole du parti SED (Parti socialiste unifié d'Allemagne) sont abordés. On peut pénétrer dans une cellule de prison ou faire face à un officier de la Stasi assis dans une minuscule salle d'interrogatoire sans fenêtre.

À NE PAS MANQUER

- Tour en Trabant
- Reconstitution d'un appartement des années 1980
- Salle d'interrogatoire de la Stasi

INFOS PRATIQUES

- DDR Museum
- Plan p. 344, B4
- 030-847 123 731
- www.ddr-museum.de/en
- Karl-Liebknecht-Strasse 1
- Tarif plein/réduit 9,80/6 €
- 9h-21h
- 100, 247, 300, S Hackescher Markt

Promenade à pied
Retour aux sources

DÉPART U-BAHN KLOSTERSTRASSE
ARRIVÉE NIKOLAIVIERTEL
DISTANCE 1,3 KM ; **DURÉE** 1 HEURE

Cette balade offre un voyage dans le temps, du Moyen Âge au début du XXe siècle. Depuis la station d'U-Bahn Klosterstrasse, allez vers l'est dans la Parochialstrasse. Remarquez le restaurant 1 **Zur Letzten Instanz** (p. 122), installé à Berlin depuis près de 400 ans. Tournez à gauche dans la Littenstrasse jusqu'à un empilement de briques de 8 m de long, vestiges de 2 l'**enceinte** (Stadtmauer) érigée vers 1250 afin de protéger les habitants. Elle est dominée par le 3 **palais de justice de la Littenstrasse** (Justizgebäude Littenstrasse), de 1912, au hall Art nouveau – jetez un coup d'œil à l'intérieur.

À votre gauche, 4 l'**église gothique de l'abbaye des Franciscains** (Franziskaner Klosterkirche) fut une prestigieuse école fréquentée par Schinkel et Bismarck. Elle accueille expositions et concerts en plein air. Suivez la Littenstrasse vers le nord, tournez à gauche dans la Grunerstrasse et la Klosterstrasse. Le grand bâtiment à droite est 5 l'**ancien hôtel de ville** (Altes Stadthaus). Sa tour de 87 m est coiffée d'un petit dôme surmonté d'une sculpture de la déesse romaine Fortuna. Continuez jusqu'à 6 l'**église paroissiale** (Parochialkirche) du XVIIe siècle, conçue par l'architecte du château de Charlottenbourg. Elle fut détruite pendant la Seconde Guerre mondiale, puis reconstruite.

Tournez à droite dans la Stralauer Strasse, qui mène au 7 **Molkenmarkt**, la plus ancienne place de Berlin, où se tenait un marché florissant. Au n°2 se trouve 8 l'**Alte Münze**, l'ancienne Monnaie (aujourd'hui espace événementiel). Reichsmarks, marks de la RDA, deutsche marks et euros y furent frappés jusqu'en 2006. De l'autre côté de la rue, le quartier de 9 **Nikolaiviertel** (p. 118), cœur du Berlin médiéval, a été reconstruit dans les années 1980, sous la houlette du gouvernement de la RDA, pour célébrer les 750 ans de la ville. L'église Saint-Nicolas (1230) et d'autres musées méritent une visite.

FORUM HUMBOLDT : NOUVEAU QUARTIER DE LA CULTURE À BERLIN

Après 7 ans de travaux, le **Forum Humboldt** (plan p. 344 ; ☎030-265 9500 ; www.humboldtforum.org/en ; Schlossplatz ; 🚌100, 247, 300, Ⓤ Rotes Rathaus) GRATUIT, nouveau centre culturel installé dans une copie du château de Berlin, a été partiellement inauguré en décembre 2020. Conçu pour faire se rencontrer arts et sciences, il accueillera musées, expositions, un laboratoire interactif et d'autres espaces. Il s'accompagnera d'une riche programmation de performances, projections et conférences autour de problématiques d'actualité dans les sphères scientifique, artistique, religieuse, politique et économique. L'entrée est gratuite, mais il faut réserver un créneau horaire en ligne.

Bien que peu endommagé lors de la Seconde Guerre mondiale, l'imposant château où logeaient les dirigeants prussiens depuis 1443 fut rasé par le gouvernement est-allemand en 1950 pour tourner la page sur les régimes prussien et nazi. Pour souligner son intention, le gouvernement communiste fit construire sur ses ruines 26 ans plus tard son propre Parlement de style moderniste – appelé Palast der Repubilk (palais de la République). Truffé d'amiante, cet édifice fut à son tour démoli en 2006. La construction du Forum Humboldt commença en 2013.

Les 800 ans d'histoire du site sont présentés dans une **exposition permanente,** dont les pièces phares comptent notamment un panorama vidéo de 28 m de long, les vestiges du monastère médiéval et du palais d'origine, et de sculptures qui ornaient la façade du palais.

Une petite exposition présente **Alexander et Wilhelm Humboldt**, les deux frères et philosophes des Lumières qui ont donné leur nom au Forum. Avec leur curiosité et leur propension à observer le monde d'un œil nouveau, ils ont grandement contribué au progrès de la pensée culturelle et scientifique du début du XIXe siècle.

"Après la nature", la première exposition du laboratoire Humboldt, géré par l'université, est un espace où les visiteurs peuvent se frotter à la science et appréhender le monde actuel dans toute sa complexité. Extinctions d'espèces, dérèglements climatiques : l'exposition s'attarde sur les conséquences désastreuses du comportement de l'homme sur la Terre.

Berlin Global, exposition audacieuse et immersive, s'intéresse à Berlin et à ses liens avec le reste du monde dans 7 salles thématiques : Révolution, Espace libre, Frontières, Divertissement, Guerre, Mode et Interconnexion.

Ont aussi été transférés dans le Forum le **musée d'Ethnologie** et le **musée d'Art asiatique**, qui étaient installés dans la banlieue de Dahlem depuis la guerre froide. Leurs collections de quelque 20 000 objets d'Afrique, d'Asie, d'Amérique et d'Océanie témoignent des changements culturels et artistiques du monde à travers les âges.

Financée en grande partie par le gouvernement fédéral, la construction de ce château 2.0 a coûté 663 millions d'euros. À l'exception de la façade côté Spree, l'extérieur du bâtiment est une réplique exacte du château de Berlin d'origine créé par Andreas Schlüter, au XVIIe siècle. L'intérieur de style moderniste a été imaginé par l'architecte italien Franco Stella.

La place centrale, appelée **Schlüterhof**, et le **Passage**, allée bordée de colonnes qui traverse tout l'édifice, sont ouverts 24h/24, 7 jours/7. L'entrée principale est surmontée d'une coupole, où se dresse une croix (qui divise).

MUSÉE DE LA MARCHE DE BRANDEBOURG

HISTOIRE RÉGIONALE

Plan p. 344 (Märkisches Museum ; ☎030-2400 2162 ; www.stadtmuseum.de ; Am Köllnischen Park 5 ; tarif plein/réduit 7/4 €, gratuit - 18 ans ; ⏲12h-18h mar-ven, 10h-18h sam-dim ; Ⓤ Märkisches Museum). Pour ceux qui découvrent la capitale, BerlinZEIT, l'exposition permanente de ce musée d'histoire régionale, fait une introduction complète et passionnante. Prévoir environ 1 heure pour découvrir les moments historiques et les personnages qui ont façonné la ville, du village médiéval commerçant à la métropole actuelle. Les galeries à thème comme la salle gothique, la salle des guildes et la salle des armes sont très évocatrices. Audioguide conseillé.

BERLIN EN BATEAU

D'avril à octobre, le pont ouvert d'un bateau est un bon moyen de découvrir Berlin – et fait une jolie escapade entre deux musée. Plusieurs compagnies organisent des sorties sur la Spree en centre-ville, au départ de l'embarcadère côté est de l'Île des Musées, devant le **musée de la RDA** (plan p. 344 ; S Alexanderplatz, Hackescher Markt, U Alexanderplatz) ou depuis le **Nikolaiviertel** (plan p. 344 ; 🚌100, 200, TXL, U Alexanderplatz, S Alexanderplatz). Sirotez un rafraîchissement pendant que le guide vous raconte des anecdotes (en anglais et en allemand) en passant près des bâtiments et des musées grandioses du quartier du gouvernement. La sortie de 1 heure coûte environ 17 €.

Pour approfondir vos connaissances et découvrir davantage d'anecdotes et d'objets, direction l'étage supérieur. Le musée lui-même est un bâtiment imposant, composé d'éléments de divers bâtiments historiques des environs, dont la tour du palais d'un évêque et les pignons gothiques d'une église. Une copie de la statue de Roland, symbole médiéval des libertés civiles, monte la garde à l'entrée.

MUSÉE SAINT-NICOLAS — HISTOIRE

Plan p. 344 (Museum Nikolaïkirche ; ☎030-2400 2162 ; www.stadtmuseum.de ; Nikolaikirchplatz ; tarif plein/réduit 5/3 €, gratuit - 18 ans ; ⏲10h-18h ven-dim ; 🚌M48, U Klosterstrasse, Rotes Rathaus). Reconstruite pierre par pierre en 1987, cette église de style gothique tardif (1230) fut le premier lieu de culte à Berlin. À présent, elle fait office de musée dédié à l'architecture et à l'histoire de l'église et du quartier qui l'entoure, le Nikolaiviertel. Prenez un des audioguides à disposition pour tout savoir sur le font baptismal octogonal et le Christ triomphant, ou pour découvrir pourquoi on surnomme le bâtiment le “panthéon berlinois”.

Il y a des récitals d'orgue de 30 minutes gratuits le vendredi à 17h. Le reste du temps, vous pouvez accéder à la galerie pour voir l'orgue de près, avoir une vue plongeante sur la nef, et peut-être la chance d'entendre des chants liturgiques enregistrés.

MUSÉE DU CHANVRE — CULTURE

Plan p. 344 (Hanf Museum ; ☎030-242 4827 ; www.hanfmuseum.de ; Mühlendamm 5 ; tarif plein/réduit 4,50/3 € ; ⏲10h-20h mar-ven, 12h-20h sam-dim ; U Klosterstrasse, Rotes Rathaus). Unique en son genre en Allemagne, cette exposition en 8 salles s'intéresse aux différents usages du chanvre, à l'évolution de son importance culturelle, pratique, médicinale et religieuse dans différentes sociétés et à son statut légal.

CONSEIL D'ÉTAT — ÉDIFICE HISTORIQUE

Plan p. 344 (Staatsratsgebäude ; Schlossplatz 1 ; 🚌100, 200, TXL, U Hausvogteiplatz). Ce bâtiment imposant a servi de siège au Conseil d'État de la RDA de 1964 à 1990. Sa façade est remarquable, car elle intègre le portail voûté du château de Berlin d'origine, démoli, d'où Karl Liebknecht proclama la République socialiste libre le 9 novembre 1918.

OÙ SE RESTAURER

Avec ses fast-foods, l'Alexanderplatz n'attire pas les gourmets, même si la cafétéria de la Galeria Kaufhof (p. 123) est très correcte. Vous pouvez vous rabattre sur l'espace de restauration du centre commercial Alexa (p. 123), les restaurants traditionnels du Nikolaiviertel, ou filer vers les bonnes adresses de Scheunenviertel (p. 129).

Alexanderplatz

GOOD BANK — CUISINE SAINE €

Plan p. 344 (☎030-3302 1410 ; www.good-bank.de ; Rosa-Luxemburg-Strasse 5 ; plats 6-10 € ; ⏲11h30-22h ; ✎ ; U Alexanderplatz, S Alexanderplatz). 🍃 Le premier restaurant allemand allant au-delà du concept “de la ferme à la table”, avec sa ferme verticale, a fait parler de lui. Les salades poussent sur place, dans un espace en forme de tunnel. Aussitôt récoltées, aussitôt dans l'assiette. Salades variées, bols de riz coloré ou de quinoa bio. Idéal pour le déjeuner.

DOLORES — CALIFORNIEN €

Plan p. 344 (☎030-2809 9597 ; www.dolores-online.de ; Rosa-Luxemburg-Strasse 7 ; burrito à partir de 5,50 € ; ⏲11h30-21h ; 📶✎ ; U Alexanderplatz, S Alexanderplatz). Depuis qu'elle a importé le *burrito* californien à Berlin, Dolores fait un sans-faute. Choisissez viandes marinées (ou du tofu), riz, haricots, légumes, fromages et *salsas* maison, et le personnel enjoué vous le préparera à la minute. Le tout accompagné d'une *agua fresca* (limonade à la mexicaine).

HOFBRÄUHAUS BERLIN ALLEMAND €€

Plan p. 344 (☎030-679 665 520 ; www.hofbraeu-wirtshaus.de/berlin ; Karl-Liebknecht-Strasse 30 ; saucisses 7-13 €, plats 10-24 € ; ⊙12h-24h lun-jeu, 12h-1h ven, 10h-24h dim ; 🚸 ; Ⓢ Alexanderplatz, Ⓤ Alexanderplatz). Appréciée des groupes de touristes et des adolescents en classe découverte, cette brasserie géante, qui peut accueillir jusqu'à 3 000 personnes, n'a pas le cachet de l'originale, à Munich, mais on y sert les mêmes chopes de bière de 1 l et des assiettes débordant de cuisine allemande.

Rôtis de porc, salades de saucisses et *Weisswürste* (saucisses de veau) ont un succès fou. Authenticité kitsch, avec fanfare et personnel en costume traditionnel (*Dirndl* pour les femmes, *Lederhosen* pour les hommes).

SPHERE INTERNATIONAL €€€

Plan p. 344 (☎030-247 575 875 ; www.tv-turm.de/fr/bar-restaurant ; Panoramastrasse 1 ; plats 10-33 € ; ⊙10h-22h ; 📶 ; 🚌100, 200, 300, Ⓤ Alexanderplatz, Ⓢ Alexanderplatz). Le restaurant tournant, à 207 m de haut, de la tour de la Télévision (Fernsehturm ; p. 116). Au programme : une cuisine berlinoise et internationale sans surprise, avec vue panoramique sur la ville – tour complet en 1 heure.

✕ Nikolaiviertel

NGON VIETNAMIEN €€

Plan p. 344 (☎0174-192 3359 ; www.ngonberlin.de ; Rathausstrasse 23 ; plats 12-22 € ; ⊙17h-24h lun-jeu, 12h-24h ven-dim ; Ⓤ Alexanderplatz, Rotes Rathaus). Premier restaurant berlinois à faire valoir toute l'étendue de la tradition culinaire vietnamienne, des saveurs douces du Nord, aux plats relevés du Centre, jusqu'aux arômes fruités-sucrés du Sud. Rouleaux farcis inventifs, copieuse soupe pho au bœuf ou l'incontournable "Tofu is on Fire" (légumes, fruits de mer, tofu). Dressage impeccable. Cadre intimiste aux airs de villa privée.

ZUR LETZTEN INSTANZ ALLEMAND €€

Plan p. 344 (☎030-242 5528 ; www.zurletzteninstanz.de ; Waisenstrasse 14-16 ; plats 14-26 € ; ⊙12h-minuit mar-dim ; Ⓤ Klosterstrasse). L'un des plus anciens restaurants de la ville, ouvert en 1621, au charme suranné et au succès jamais démenti – Napoléon, Charlie Chaplin et Angela Merkel y auraient mangé. L'adresse vise maintenant les touristes, mais la qualité de sa cuisine régionale (jarret de porc grillé, boulettes de viande à la sauce aux câpres, etc.) est intacte. *Biergarten* appréciable en été.

En hiver, les sièges proches du poêle émaillé vert sont les plus confortables.

BRAUHAUS GEORGBRAEU ALLEMAND €€

Plan p. 344 (☎030-242 4244 ; www.brauhaus-georgbraeu.de/en/ ; Spreeufer 4 ; plats 7-16 € ; ⊙12h-24h ; Ⓤ Alexanderplatz, Rotes Rathaus). Bien connu des touristes, ce gastropub à l'ancienne brasse sa propre bière, brune ou blonde, la GeorgBräu, qu'on peut même commander au mètre (12 verres de 20 cl). En hiver, la salle aux boiseries sombres est très agréable pour déguster un copieux plat à la berlinoise. Le *Biergarten* en bord de rivière est agréable l'été.

En vedette et toujours au menu : le jarret de porc bouilli (*Eisbein*), servi avec chou, purée de pois, pommes de terre, plus une petite bière et un schnaps pour 14,20 €.

ZUM NUSSBAUM ALLEMAND €€

Plan p. 344 (☎030-242 3095 ; Am Nussbaum 3 ; plats 8-16 € ; ⊙12h-minuit ; Ⓤ Klosterstrasse). Cette charmante petite auberge historique ("Sous le Noyer"), copie fidèle de l'originale datant de 1507, était appréciée des écrivains et des artistes, notamment du caricaturiste Heinrich Zille (1858-1929), jusqu'à sa destruction lors de la Seconde Guerre mondiale. À présent, sa carte fait honneur à la cuisine locale traditionnelle. Très appréciée des touristes en quête du vieux Berlin.

SAUCISSE MOBILE

Les *Grillwalkers* sont partout sur l'Alexanderplatz. Imaginez un vendeur ambulant, harnaché d'un barbecue à gaz mobile sur le ventre, bouteille de gaz sur le dos, faisant griller des saucisses qui n'attendent que le client... À 1,90 € l'une, fourrée dans un petit pain dégoulinant de moutarde ou de ketchup, les saucisses partent vite.

EXTENSION DE LA LIGNE U5

En décembre 2020, soit 10 ans après la cérémonie inaugurale, la nouvelle section du métro berlinois est entrée en service. Cette extension de 2,2 km a doté l'U5 de 3 stations supplémentaires entre l'Alexanderplatz et la porte de Brandebourg. On peut donc rejoindre directement Friedrichshain et les banlieues de l'est de Berlin depuis la Hauptbahnhof (gare principale).

Le design de chaque station reflète son environnement extérieur. La station Rotes Rathaus s'inspire des plafonds voûtés de l'hôtel de ville médiéval, dont des vestiges ont été mis au jour lors de la construction du tunnel. La station Unter den Linden, située non loin de l'université Humboldt, affiche une thématique scientifique. Museumsinsel (qui devrait ouvrir en 2021), la plus spectaculaire, est dotée d'un plafond bleu outremer illuminé d'étoiles.

OÙ PRENDRE UN VERRE ET FAIRE LA FÊTE

Vous devrez vous contenter des terrasses des bars pour touristes sur l'Alexanderplatz ou des quelques bars d'hôtels pour prendre un verre. Sinon, privilégiez les restaurants de Nikolaiviertel, quartier au charme médiéval ou continuez jusqu'à Scheunenviertel, à deux pas.

PETIT BIJOU — CAFÉ €

Plan p. 346 (☎030-3088 2073 ; www.petitbijou.de ; Monbijoustrasse 1 ; plats 7-18 € ; ⌚10h-20h ; 🚋M1, M5, ⓢOranienburger Strasse). Situation idéale au bord de la Spree, avec une belle vue sur le musée Bode. À l'ombre d'un parasol jaune citron, prenez un délicieux petit-déjeuner, buvez un jus de fruits ou un *latte*, ou détendez-vous après une journée de visite autour d'un apéritif.

BRAUFACTUM BERLIN — BIÈRE ARTISANALE

Plan p. 344 (☎030-8471 2959 ; www.braufactum-alexanderplatz.de ; Memhardstrasse 1 ; ⌚12h-tard ; ⓤAlexanderplatz, ⓢAlexanderplatz). Allure citadine contemporaine et grande terrasse : cette brasserie artisanale secoue le désert qu'est l'Alexanderplatz le soir venu, avec une douzaine de bières brassées sur place. Cuisine de pub de bon aloi (7-10 €).

ALLEGRETTO GRAN CAFE — CAFÉ

Plan p. 344 (☎030-308 777 517 ; www.allegretto-grancaffe.de ; Anna-Louisa-Karsch-Strasse 2 ; plats 10-20 € ; ⌚12h-21h lun-ven, 10h-21h sam-dim ; 📶 ; 🚌100, 200, 245, ⓢHackescher Markt). Faites une pause bien méritée en terrasse en savourant café, gâteaux, repas léger ou spécialités allemandes dans ce café moderne, avec une belle vue sur la Spree et la cathédrale de Berlin.

SHOPPING

Alexanderplatz est le pôle commercial du centre-est de la ville, un quartier dense et compact où l'on trouve de tout. Les grandes surfaces comme Prmark, TK Maxx et Decathlon, le grand magasin Galeria Kaufhof et l'immense centre commercial Alexa attirent les foules. Les amateurs de babioles écumeront plutôt les petites boutiques de Nikolaiviertel.

ALEXA — CENTRE COMMERCIAL

Plan p. 344 (www.alexacentre.com ; Grunerstrasse 20 ; ⌚10h-21h lun-sam ; ⓢAlexanderplatz, ⓤAlexanderplatz). Près de l'Alexanderplatz, ce centre commercial XXL à la façade rose abrite les grandes enseignes habituelles. Aire de restauration correcte.

GALERIA KAUFHOF — GRAND MAGASIN

Plan p. 344 (☎030-247 430 ; www.galeria.de ; Alexanderplatz 9 ; ⌚10h-20h lun-mer, 9h30-21h jeu-sam ; ⓢAlexanderplatz, ⓤAlexanderplatz). Cet ancien grand magasin de la RDA, rénové par Josef Paul Kleihues, a été transformé en bâtiment cubique, doté d'une verrière et d'un habillage de travertin illuminé la nuit. On trouve à peu près tout sur ces 5 niveaux, et un supermarché gastronomique au rez-de-chaussée.

IC! BERLIN — LUNETTES

Plan p. 344 (☎030-220 666 055 ; www.ic-berlin.de ; Münzstrasse 5 ; ⌚12h-18h lun-sam ; 📶 ; ⓤWeinmeisterstrasse). C'est le magasin phare de ce fabricant de lunettes berlinois connu dans le monde entier. On y trouve plus de 500 montures légères, avec les branches sans vis robustes qui font leur réputation. Un opticien pourra vous établir votre ordonnance. Café sur place. Visites (gratuites) de la manufacture.

Hackescher Markt et Scheunenviertel

HACKESCHER MARKT ET ALENTOUR | AUTOUR DE LA TORSTRASSE

Notre sélection

❶ Mode, boutiques, galeries et cafés dans les **Hackesche Höfe** (p. 128), un labyrinthe de cours pleines de charme, au cœur d'immeubles résidentiels.

❷ L'occasion de découvrir le passé juif du quartier à la **Nouvelle Synagogue** (p. 126), à la fois lieu de culte et de mémoire.

❸ Superbe espace d'exposition, le **KW Institute for Contemporary Art** (p. 127) permet de se tenir au courant des dernières tendances artistiques.

❹ *Street art* à gogo et expositions vous attendent à la **Maison Schwarzenberg** (p. 135), un beau vestige du Berlin d'avant la réunification.

❺ Pour une séance de **shopping** (p. 136), aventurez-vous dans un dédale de ruelles, où boutiques indépendantes et grands magasins abondent.

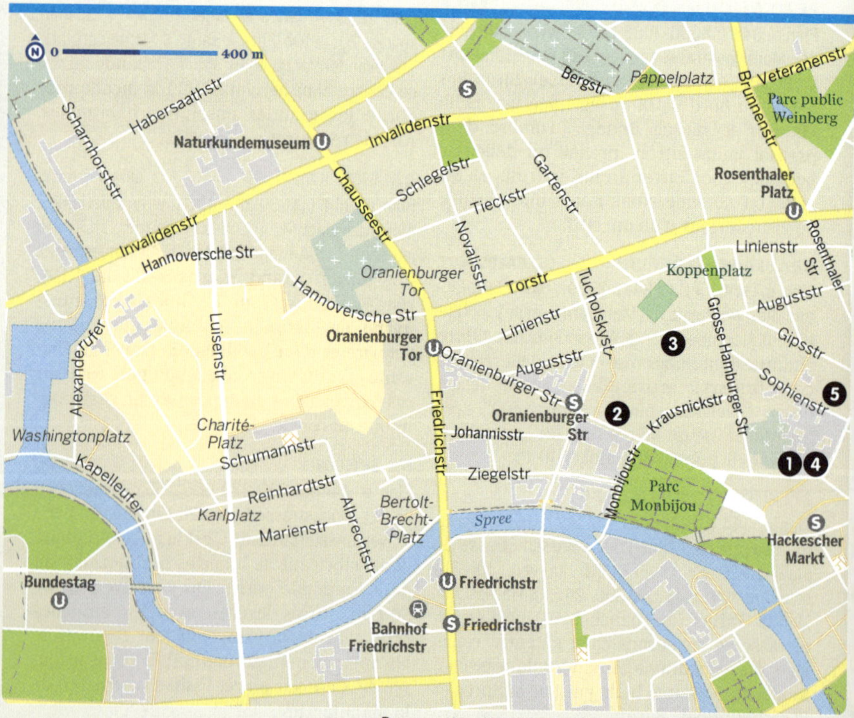

Pour un plan détaillé, reportez-vous p. 346 et p. 348

Découvrir le Scheunenviertel

L'un des plus anciens quartiers de Berlin, le Scheunenviertel, devenu cosmopolite, a vu se multiplier boutiques de créateurs locaux et étrangers respectés, cafés d'un nouveau genre et restaurants inventifs. Les Hackesche Höfe (p. 128), ensemble historique d'immeubles et de cours, constituent un bon point de départ pour s'aventurer dans ce labyrinthe de ruelles. Ne partez pas trop tôt : avant 10h, le quartier dort encore.

Le Scheunenviertel comblera les amateurs d'art : galeries et espaces d'exposition s'alignent dans l'Auguststrasse et les rues adjacentes.

Dans l'Oranienburger Strasse, ne manquez pas la Nouvelle Synagogue (p. 126) reconstruite et son dôme scintillant. Le Scheunenviertel reste d'ailleurs l'un des grands quartiers de la communauté juive de Berlin, qui connaît un renouveau.

L'Oranienburger Strasse n'est pas en reste côté changement : le quartier urbain baptisé Am Tacheles y est en pleine construction. Il intégrera l'ancien Centre culturel Tacheles (Kunsthaus Tacheles), célèbre squat d'artistes actif de 1990 à 2012, installé dans un bâtiment commercial délabré datant d'avant la Seconde Guerre mondiale. Près d'ici, dans un ensemble de bâtiments historiques autrefois rattachés à la poste et à l'hôpital de la Charité, un autre projet d'envergure s'est concrétisé : le Forum Humboldt, sur l'Île des Musées.

Vivre comme un Berlinois

Shopping Dans les petites rues, découvrez les boutiques des stylistes et leurs dernières créations.

Tournée des bars Jouez la carte de la discrétion pour entrer dans les bars très prisés de la Torstrasse, gardés par des videurs.

Parc Monbijou (Monbijoupark) Installez-vous sur les pelouses de ce petit parc avec un rafraîchissement et profitez de la vue sur la cathédrale de Berlin.

Depuis/vers Scheunenviertel

U-Bahn Weinmeisterstrasse (U8) est la station la plus centrale. Pour rejoindre Torstrasse, descendre à Rosenthaler Platz (U8), Rosa-Luxemburg-Platz (U2) ou Oranienburger Tor (U6).

S-Bahn Les stations Hackescher Markt (S5, S7, S75) et Oranienburger Strasse (S1, S2, S25) sont pratiques pour la visite.

Tram Le M1, reliant l'Île des Musées à Prenzlauer Berg, dessert des points clés de Scheunenviertel.

Bus Le bus 142 relie la Hauptbahnhof et la Ostbahnhof via la Torstrasse.

Bon plan Lonely Planet

Par une belle journée d'été, détendez-vous au parc public de Weinbergs (Weinbergspark), petit coin de verdure au nord de la Rosenthaler Platz. Ancien vignoble, c'est désormais un endroit charmant où l'on peut se poser près d'un étang, humer le parfum de la roseraie, commander une bière dans son *Biergarten* (p. 134) ou goûter à la cuisine autrichienne dans un pavillon des années 1950.

Le top des restaurants

- Rutz (p. 132)
- Katz Orange (p. 132)
- Frea (p. 132)
- KWA (p. 129)
- Kopps (p. 130)

Voir détails p. 129

Le top des bars et des cafés

- Buck & Breck (p. 134)
- Torbar (p. 135)
- Rosengarten (p. 134)
- Melody Nelson (p. 134)

Voir détails p. 132

Le top du shopping

- Bonbonmacherei (p. 136)
- Paper & Tea (p. 137)
- Kauf Dich Glücklich (p. 137)
- Do You Read Me?! (p. 137)

Voir détails p. 136

BORIS STROUJKO / SHUTTERSTOCK ©

LES INCONTOURNABLES
NOUVELLE SYNAGOGUE

Le dôme étincelant de la Neue Synagoge est le symbole le plus prégnant de la renaissance de la communauté juive de Berlin. Le bâtiment d'origine, construit en 1866, était la plus grande synagogue d'Allemagne avant d'être gravement endommagé par les bombardements de la Seconde Guerre mondiale. L'édifice qui l'a remplacé est moins un lieu de culte (même si on y célèbre des offices) qu'un musée et un lieu de mémoire.

Pour dessiner la première synagogue, l'architecte Eduard Knoblauch s'est inspiré de l'Alhambra de Grenade, ce qui explique ses éléments mauresques. La version actuelle reproduit la façade et le dôme d'origine, mais l'intérieur est tout à fait moderne. Consacrée en 1866 pour Roch Hachana (le Nouvel An juif), la synagogue pouvait accueillir 3 200 fidèles, ce qui en fit la plus grande du pays.

Lors des pogroms de la nuit de Cristal (Kristallnacht) en 1938, un chef de la police locale, Wilhelm Krützfeld, empêcha un groupe de la SA (*Sturmabteilung*, une milice du parti nazi) d'y mettre le feu ; une plaque commémore cet acte de bravoure. La Wehrmacht déconsacra cette synagogue en l'utilisant comme entrepôt, et elle fut détruite par les bombes en 1943. Sa reconstruction débuta en 1988 pour le 50e anniversaire de la nuit de Cristal.

À nouveau consacrée en 1995, la Nouvelle Synagogue abrite le **Centre judaïque** (Centrum Judaicum), mémorial et lieu d'exposition qui est aussi un foyer de la communauté juive berlinoise. Outre des expositions temporaires, l'exposition permanente "Open ye the Gates" présente des éléments architecturaux et des objets découverts dans les ruines du bâtiment avant sa reconstruction, tels un rouleau de la Torah et une lampe éternelle, illustrant l'histoire de l'édifice et de ses fidèles.

À NE PAS MANQUER

- Façade
- Dôme
- Rouleau de la Torah

INFOS PRATIQUES

- Neue Synagoge
- Plan p. 346, B4
- ☎030-8802 8300
- www.centrumjudaicum.de
- Oranienburger Strasse 28-30
- Tarif plein/réduit 7/4,50 €, audioguide 3 €
- ⏲10h-18h lun-ven, 10h-19h dim avr-sept, 10h-18h dim-jeu et 10h-15h ven oct-mars
- 🚋M1, U Oranienburger Tor, S Oranienburger Strasse

À VOIR

Art, architecture, histoire juive et nouveau développement urbain caractérisent le quartier du Scheunenviertel. Débutez la visite par le dédale de cours des Hackesche Höfe, puis parcourez les rues étroites, en particulier la Grosse Hamburger Strasse, l'Auguststrasse et l'Alte Schönhauser Strasse.

NOUVELLE SYNAGOGUE — SYNAGOGUE

Voir page ci-contre.

ANCIENNE ÉCOLE JUIVE DE FILLES — ÉDIFICE HISTORIQUE

Plan p. 346 (Jüdische Mädchenschule ; www.maedchenschule.org/en/ ; Auguststrasse 11-13 ; ⌚variables ; 🚊M1, S Oranienburger Strasse, U Oranienburger Tor). GRATUIT Avec sa façade en briques rouges dominée par les lignes horizontales de blocs de fenêtres, l'ancienne école juive de filles est un bel exemple de Nouvelle Objectivité, style architectural des années 1920. Fermée par les nazis en 1942, elle a rouvert jusqu'en 1996, puis a été transformée en lieu culturel et gastronomique en 2012. Des éléments d'origine ont été conservés, notamment les luminaires des salles de classe et les couloirs carrelés, qui mènent à 2 restaurants et 3 espaces d'exposition. Juif, le concepteur Alexander Beer est mort au camp de concentration de Theresienstadt.

MUSÉE FRIEDER BURDA – SALON BERLIN — MUSÉE

Plan p. 346 (☎030-2404 7404 ; www.museum-frieder-burda.de/en/salon-berlin ; Auguststrasse 11-13 ; ⌚12h-18h jeu-sam ; 🚊M1, U Oranienburger Tor, S Oranienburger Strasse). GRATUIT Dans l'ancienne école juive de filles, ce petit espace d'exposition présente les pièces maîtresses du musée éponyme principal situé à Baden-Baden, souvent en les mettant en regard d'œuvres d'art contemporain internationales.

KW INSTITUTE FOR CONTEMPORARY ART — ART

Plan p. 346 (☎030-243 4590 ; www.kw-berlin.de/en/ ; Auguststrasse 69 ; tarif plein/réduit 8/6 €, gratuit jeu 18h-21h ; ⌚11h-19h lun, mer et ven-dim, 11h-21h jeu ; 🚊M1, S Oranienburger Strasse, U Oranienburger Tor). Fondé au début des années 1990 dans une ancienne fabrique de margarine, cet institut à but non lucratif a contribué à faire du Scheunenviertel le premier grand quartier d'art de Berlin depuis la chute du Mur. Il présente des expositions d'avant-garde reflétant les dernières tendances, souvent radicales, de l'art contemporain.

Le directeur-fondateur du KW, Klaus Biesenbach, a aussi lancé en 1998 la **Biennale de Berlin** (www.berlinbiennale.de ; ⌚juin-sept, années paires). Dans le pavillon de verre de la cour pensé par l'artiste américain Dan Graham, le Café Bravo (p. 134) offre l'occasion d'une pause branchée.

HECKMANN-HÖFE — SITE HISTORIQUE

Plan p. 346 (www.heckmannhoefe.de ; Oranienburger Strasse 32 ; ⌚24h/24 ; 🚊M1, S Oranienburger Strasse). GRATUIT Pour fuir la frénésie de la ville, promenez-vous dans ces cours d'immeubles du XIXe siècle reliant l'Oranienburger Strasse à l'Auguststrasse. Outre des boutiques, des restaurants et un théâtre, on y voit une fabrique de bonbons à l'ancienne (p. 136).

La construction du complexe débuta en 1799. Au XIXe siècle, le propriétaire, un négociant en bois, y ajouta une écurie et une remise à calèches. En 1905, l'endroit devint le siège de Heckmann, entreprise spécialisée dans la construction de distilleries.

En entrant par la Auguststrasse, on a une vue superbe sur la coupole de la Nouvelle Synagogue.

COLLECTION HOFFMANN — GALERIE

Plan p. 346 (☎030-2849 9120 ; www.sammlung-hoffmann.de ; Sophienstrasse 21, Sophie-Gips-Höfe, 2e cour, entrée C ; visites tarif plein/réduit 10/8 € ; ⌚11h-16h sam ; U Weinmeisterstrasse). Prenez garde, car l'entrée des Sophie-Gips-Höfe, un ensemble de 3 cours réhabilitées reliant la Sophienstrasse et la Gipsstrasse, passe facilement inaperçue. L'endroit accueillait jadis une usine de machines à coudre. Dans la deuxième cour réside aujourd'hui Erika Hoffmann, entourée d'œuvres d'art contemporain de premier ordre qu'elle et son défunt mari Rolf ont collectionnées pendant des décennies. Visites guidées de 1 heure 30 les samedis (réservation en ligne ou par téléphone). Interdit aux moins de 10 ans.

FRIEDHOF GROSSE HAMBURGER STRASSE — CIMETIÈRE JUIF, MÉMORIAL

Plan p. 346 (☎030-880 280 ; www.jg-berlin.org ; Grosse Hamburger Strasse 26 ; ⌚7h30-17h lun-jeu, 7h30-14h30 ven, 8h-17h dim avr-sept, 7h30-16h lun-jeu, 7h30-14h30 ven, 8h-16h dim oct-mars ; 🚊M1, S Hackescher Markt,

Ⓤ Weinmeisterstrasse). Ce cimetière a des airs de petit parc, mais c'est en fait le plus ancien cimetière juif de Berlin (il est d'ailleurs aussi appelé Alter Jüdischer Friedhof, "Vieux cimetière juif") et fut détruit par les nazis en 1943. Près de 2 700 personnes y furent enterrées entre 1672 et 1827, dont le philosophe Moïse Mendelssohn (il y a une stèle à son nom). Un sarcophage empli de fragments de pierres tombales détruites rend hommage à tous ceux qui y reposent.

TIMES ART CENTER BERLIN — GALERIE

Plan p. 346 (☎030-2478 1038 ; www.timesartcenter.org ; Brunnenstrasse 9 ; ⏲12h-19h mar-sam). GRATUIT L'art contemporain chinois étant trop méconnu dans les pays occidentaux, le Guangdong Times Museum, musée à but non lucratif situé dans la ville de Gangzhou (Canton) en Chine, a voulu y remédier en ouvrant sa première antenne européenne à Berlin en 2018. Sur 3 niveaux relativement austères sont chaque année organisées plusieurs expositions repoussant les limites de l'art, avec un focus sur les nouveaux médias et la vidéo.

MUSÉE BRECHT-WEIGEL — MUSÉE

Plan p. 348 (☎030-200 571 844 ; www.adk.de/archiv/museen/brecht-weigel-museum ; Chausseestrasse 125 ; visites tarif plein/réduit 5/2,50 € ; ⏲visites ttes les 30 min 10h-11h30 et 14h-15h30 mar, 10h-11h30 et 17h-18h30 jeu, 10h-11h30 mer et ven, 10h-15h30 sam et ttes les heures 11h-18h dim ; Ⓤ Oranienburger Tor, Naturkundemuseum). L'auteur Bertolt Brecht a vécu dans cet appartement de 1953 à sa mort en 1956. Les visites guidées (en allemand) vous font voir son bureau, une grande bibliothèque et la petite chambre où il mourut. Ornées d'art chinois, les pièces sont restées en l'état, comme s'il venait de sortir faire un tour. En bas, se trouve l'appartement de son épouse, l'actrice Helene Weigel, qui y vécut jusqu'en 1971. Le couple est enterré au cimetière voisin, le Dorotheenstädtischer Friedhof. Le musée propose des visites guidées du cimetière le mercredi à 14h30.

DOROTHEENSTÄDTISCHER FRIEDHOF — CIMETIÈRE

Plan p. 348 (☎ 030-461 7279 ; evfbs.de/tickets ; Chausseestrasse 126 ; entrée libre, visite de la chapelle tarif plein/réduit 10/5 € ; ⏲8h-16h jan et déc, 8h-17h fév et nov, 8h-18h mars et

LES INCONTOURNABLES
HACKESCHE HÖFE

Reliant la Rosenthaler Strasse à la Sophienstrasse, cet ensemble d'immeubles résidentiels rayonnant autour de 8 cours communicantes est le plus grand et le plus célèbre du genre au Scheunenviertel. Construit en 1907, il végéta à l'époque du Mur, avant d'être rénové dans les années 1990. Inaugurées en fanfare en 1996, les cours accueillent désormais cafés, galeries, boutiques et lieux de divertissement.

L'entrée principale, dans la Rosenthaler Strasse, mène à la **cour 1**, décorée de carreaux de céramique Art nouveau par l'architecte August Endell. L'un des meilleurs cabarets de Berlin, le **Chamäleon** (p. 136), est installé là, dans une salle de bal historique. Il programme un spectacle plaisant et original de danse, de musique, d'acrobaties et de numéros comiques – on apprécie même sans parler allemand ! Les cinéphiles monteront à l'étage du bâtiment vers le cinéma d'art et d'essai **Hackesche Höfe Kino** (p. 136). Les amateurs de mode écumeront les boutiques de stylistes berlinois réputés et les fans du petit personnage des feux de circulation feront le plein de souvenirs à l'**Ampelmann Berlin** (p. 137 ; cour 5). La cour 7 mène à la **Rosenhöfe**, une charmante cour aux touches Art nouveau ornée de rosiers et de balustrades ouvragées.

À NE PAS MANQUER

- Façade Art nouveau d'Endell dans la cour 1
- Boutiques de créateurs
- Rosenhöfe

INFOS PRATIQUES

- Hackesche Höfe
- Plan p. 346, D4
- ☎030-2809 8010
- www.hackesche-hoefe.com
- 🚋M1, Ⓢ Hackescher Markt, Ⓤ Weinmeisterstrasse

oct, 8h-20h mai-août ; U Oranienburger Tor, Naturkundemuseum). Nombre d'Allemands célèbres reposent dans ce petit cimetière du XVIIIe siècle, parmi lesquels les philosophes Hegel et Fichte, l'architecte Karl Friedrich Schinkel, le sculpteur Christian Daniel Rauch, et les auteurs Bertolt Brecht et Heinrich Mann. À l'entrée, un plan indique l'emplacement des tombes. Visites guidées (1 heure) de la chapelle funéraire, sublimée par une installation lumineuse de l'artiste américain James Turrell. Horaires et réservation sur le site Internet.

Les belles pierres tombales sont légion ; Schinkel a lui-même créé la sienne. Les admirateurs du dramaturge Heiner Müller, inhumé en 1995, déposent encore des cigares sur sa tombe. Un mémorial dédié aux résistants tués par les nazis après la tentative d'assassinat ratée d'Hitler le 20 juillet 1944 y est aussi érigé.

OÙ SE RESTAURER

Le Scheunenviertel propose une telle diversité culinaire que l'on pourrait y faire le tour du monde en une journée. Optez pour une table de quartier, un temple de la cuisine actuelle ou végane ou un restaurant étoilé au Michelin.

Secteur de Hackescher Markt

KWA — MOYEN-ORIENTAL €

Plan p. 346 (030-3552 9966 ; www.eatkwa.de ; Gipsstrasse 2 ; plats 8-17 € ; 12h-22h dim-jeu, 12h-23h ven-sam ; U Rosenthaler Platz, Weinmeisterstrasse). Kebab with Attitude a révolutionné le *döner* berlinois en choisissant uniquement de la viande de bœuf et de poulet issue d'élevages en plein air et durables. Préférez le grand classique (chou croquant et salade) aux versions fantaisistes à la mangue ou à la truffe. Sauces et *ayran* (boisson au yaourt) maison sont délicieux. Un peu cher, mais ça en vaut la peine !

BEETS & ROOTS — INTERNATIONAL €

Plan p. 346 (www.beetsandroots.de ; Grosse Hamburger Strasse 38 ; plats 6-13 € ; 11h-21h lun-ven, 12h-20h sam-dim ; M1, M5, S Oranienburger Strasse, U Rosenthaler Platz). Envie d'un repas sain et rapide ? Cette petite chaîne berlinoise en plein essor vous ravira. Salades, wraps et bols colorés sont faits à la commande. Options véganes, sans produits laitiers et sans gluten. Parmi les incontournables, citons le bol de saumon japonais (effiloché de saumon, edamame et vinaigrette au yuzu) et le wrap *chipotle* et boulettes de viande. Toutes les adresses de la chaîne sont sur le site Internet.

PETIT BIJOU — CAFÉ €

Plan p. 346 (030-3088 2073 ; www.petitbijou.de ; Monbijoustrasse 1 ; plats 7-18 € ; 10h-20h ; M1, M5, S Oranienburger Strasse). Ce café merveilleux jouit d'un emplacement rêvé sur la rive de la Spree, avec une vue grandiose sur le musée Bode. Petit-déjeuner délicieux, jus de fruits vitaminé, *latte* ou apéritif sont à déguster sous un parasol jaune citron.

TADSHIKISCHE TEESTUBE — RUSSE €

Plan p. 346 (030-204 1112 ; www.tadshikische-teestube.de ; Oranienburger Strasse 27, KunstHof ; plats 7-12 € ; 16h-23h lun-ven, 12h-23h sam-dim ; M1, S Oranienburger Strasse). Offrez-vous une cérémonie du thé à la russe avec samovar argenté, biscuits et vodka, ou goûtez de roboratifs blinis ou des *vareniki* (raviolis) bien calé sur des coussins douillets, entre les colonnes en bois de santal sculptées à la main et les fresques épiques décorant les murs de ce salon de thé tadjik. Cet endroit authentique fut offert à l'Allemagne de l'Est par les Soviétiques en 1974.

DISTRICT MÔT — VIETNAMIEN €

Plan p. 346 (030-2008 9284 ; www.district-mot.com ; Rosenthaler Strasse 62 ; plats 6,50-21,50 € ; 12h-24h ; ; M1, U Rosenthaler Platz). Dans cet antre de *street food* à l'ambiance saïgonnaise, les clients s'assoient sur de minuscules tabourets en plastique autour de tables en bois. Impossible de se tromper en choisissant l'une des salades chaudes à base de vermicelles de soja, mais c'est le burger bao "De La Sauce" qui récolte toutes les louanges.

HOUSE OF SMALL WONDER — FUSION €

Plan p. 348 (030-2758 2877 ; www.houseofsmallwonder.de ; Johannisstrasse 20 ; plats 8-21 € ; 9h-22h ; ; U Oranienburger Tor, S Oranienburger Strasse, Friedrichstrasse). Un escalier en fer forgé mène à cette oasis ouverte du matin au soir, où plantes en pot et décoration fantaisiste créent une atmosphère de jardin paisible. Côté cuisine, des saveurs

CETTE HISTOIRE SUR LAQUELLE ON TRÉBUCHE...

Si vous baissez les yeux, vous les verrez partout, mais plus particulièrement dans Scheunenviertel. Ces petits pavés de cuivre sur lesquels sont gravés des noms sont placés devant l'entrée de certaines maisons. Appelés **Stolpersteine** (pierres d'achoppement), ils font partie d'un projet mis en œuvre dans tout le pays à l'initiative de l'artiste berlinois Gunter Demnig. Il s'agit de mémoriaux destinés à rendre hommage aux Berlinois, majoritairement de confession juive, qui vécurent dans ces maisons avant d'être tués par les nazis. Outre les noms des habitants, ces plaques indiquent leur année de naissance, celle de leur déportation, le nom du camp de concentration où ils ont été emmenés et l'année de leur mort.

japonaises côtoient des plats réconfortants internationaux. Spaghettis aux *mentaiko* (œufs de cabillaud), mille-feuille *katsu* (viande pannée), tacos au riz d'Okinawa. Lieu populaire pour bruncher ou boire un café accompagné de pâtisseries comme le roulé au thé matcha.

MURET LA BARBA — ITALIEN €€

Plan p. 346 (☎030-2809 7212 ; www.muret-labarba.de ; Rosenthaler Strasse 61 ; plats 15-31 € ; ⏲11h-24h lun-ven, 12h-24h sam-dim ; 🚋M1, Ⓤ Rosenthaler Platz). Œnothèque et bar-restaurant, cette adresse à l'authenticité rustique transportera les connaisseurs en Italie. Dégustez de savoureux antipasti, fromages et jambons, ou optez pour de copieuses assiettes de pâtes ou de viande préparées avec des produits de qualité supérieure importés d'Italie. Vins servis au verre ou en bouteille.

♥ KOPPS — VEGAN €€

Plan p. 346 (☎030-4320 9775 ; www.kopps-berlin.de ; Linienstrasse 94 ; déj 3 plats 15 €, menu dîner 3 plats 48 €, plats supp 8 €, brunch 4 plats 25 € ; ⏲12h-14h et 17h30-21h30 dim-jeu, 17h30-22h30 ven-sam ; 🌱 ; 🚋M1, Ⓤ Rosenthaler Platz). Pour une cuisine végane haut de gamme, rendez-vous chez Kopps ! Du navet à la carotte, cette adresse confortable et cosmopolite du Scheunenviertel exploitait déjà toutes les saveurs des légumes bien avant l'heure de gloire du véganisme. La bonne chère s'accompagne d'une belle carte de vins naturels et bio. Le week-end, les habitués y affluent pour bruncher.

REMI — EUROPÉEN €€

Plan p. 346 (☎030-2759 3090 ; www.remi-berlin.de ; Torstrasse 48 ; plats 15-24 € ; ⏲12h-15h et 18h-22h mar-sam ; Ⓤ Rosa-Luxemburg-Platz). Comptoir en granit bordeaux, chaises bicolores et surprenants luminaires : la décoration de cette brasserie moderne et spacieuse mélange et associe les matériaux. Côté nourriture, les plats européens écoresponsables préparés dans la cuisine ouverte sont tout aussi modernes et éclectiques. Plats légers et énergétiques le midi ; le soir, c'est plus élaboré, avec des menus de 4 plats.

NIGHT KITCHEN — MÉDITERRANÉEN €€

Plan p. 346 (☎030-2357 5075 ; www.nightkitchen-berlin.com ; Oranienburger Strasse 32 ; petites assiettes 5-23 €, "Dinner with Friends" 42-56 €/pers ; ⏲17h-23h ; 📶🌱 ; 🚋M1, M5, Ⓢ Oranienburger Strasse, Ⓤ Oranienburger Tor). Chic et charmant, ce bistrot attire une foule friande d'une cuisine méditerranéenne revisitée, inspirée de celle de sa maison-mère à Tel Aviv. Commande à la carte ou "Dinner with Friends" (dîner à partager élaboré par le chef). Installez-vous au comptoir ou dans la cour éclairée aux chandelles.

CLÄRCHENS BALLHAUS — ALLEMAND €€

Plan p. 346 (☎030-555 785 440 ; claerchens-ball.haus ; Auguststrasse 24 ; plats 11-22 € ; ⏲17h-23h lun-jeu et dim, 17h-1h ven, 12h-1h sam ; 🚋M1, Ⓢ Oranienburger Strasse). Finies les paillettes et les soirées dansantes en tout genre ! Depuis le changement de propriétaire en 2019, cette majestueuse salle de bal du début du XXe siècle s'est transformée en restaurant de spécialités berlinoises remises au goût du jour. Le dimanche, on brunche dans la Spiegelsaal (salle des miroirs) au charme austère, à l'étage. En été, le *Biergarten* n'attend que vous.

SCHWARZWALDSTUBEN — ALLEMAND €€

Plan p. 346 (☎030-2809 8084 ; www.schwarzwaldstuben-berlin.com ; Tucholskystrasse 48 ; plats 7,50-19,50 € ; ⏲12h-24h lun-ven, 9h-23h sam-dim ; 🚋M1, Ⓢ Oranienburger Strasse, Ⓤ Oranienburger Tor). Envie d'un moment à la *Hansel et Gretel* ? Joignez-vous aux autres "enfants perdus" pour goûter à la Slow Food typique des régions de Bade et de Souabe (sud-ouest de l'Allemagne). Au menu : *Kässpätzle* (pâtes au fromage), *Maultaschen* (semblables aux raviolis), flammekueche croustillante ou copieuse *Schnitzel* (escalope) avec frites. Décoration forestière rustique, tables en terrasse. Espèces uniquement.

MOGG TRAITEUR €€

Plan p. 346 (☎0176 6496 1344 ; www.moggmogg.com ; Auguststrasse 11-13 ; plats 10-16 € ; ⌚12h-21h ; 📶 ; 🚋M1, M5, S Oranienburger Strasse). Chez le premier traiteur casher de style new-yorkais installé à Berlin, le sandwich de pain de seigle au pastrami maison se déguste dans un cadre bohème inspiré des années 1930, avec bancs aux coussins violets et chaises de créateurs finnois. À la carte figurent des plats moins traditionnels tels que le foie de volaille en cocotte ou le saumon saisi avec sa salade de fenouil. Le cheesecake à la new-yorkaise est un must.

GRILL ROYAL GRILL €€€

Plan p. 348 (☎030-2887 9288 ; www.grillroyal.com ; Friedrichstrasse 105b ; plats de viande 34-155 € ; ⌚17h-23h ; 📶 ; S Friedrichstrasse, U Friedrichstrasse). Avec sa salle spacieuse, ses œuvres d'art tape-à-l'œil, son personnel polyglotte et sa cuisine ouverte, le Grill Royal est un vrai restaurant citadin. Cassez votre tirelire pour y déguster huîtres ou steak de premier choix, au milieu d'une clientèle de stars, politiciens et mannequins.

S'il fait beau, attablez-vous au bord de l'eau.

ZENKICHI JAPONAIS €€€

Plan p. 348 (☎030-2463 0810 ; www.zenkichi.de ; Johannisstrasse 20 ; menu dégustation 7 plats 75-105 € ; ⌚17h30-23h ; 🖉 ; U Oranienburger Tor, Friedrichstrasse, S Friedrichstrasse). Cet *izakaya* (restaurant) souterrain romantique éclairé à la lanterne sert une cuisine japonaise gastronomique. Alcôves cosy avec tables noires laquées et rideaux en bambou pour plus d'intimité. Menus fixes uniquement ; idéal pour goûter à toute la complexité des saveurs et textures, se mariant à merveille avec des sakés premium importés de brasseries artisanales japonaises.

PAULY SAAL FRANÇAIS €€€

Plan p. 346 (☎030-3300 6070 ; www.paulysaal.com ; Auguststrasse 11-13 ; menu 3/4/5 plats 85/105/125 € ; ⌚19h-22h mer-sam ; 🚋M1, S Oranienburger Strasse, U Oranienburger Tor). Depuis qu'il a pris les rênes de ce restaurant étoilé au Michelin, Dirk Gieselmann lui a donné une touche française, tout en restant fidèle au crédo "bio, local et de saison". On y sert des menus de plusieurs plats, même au déjeuner. Superbement décoré, le restaurant est installé dans le gymnase d'une ancienne école de jeunes filles juives (p. 127) à l'architecture Bauhaus. Si le temps est beau, attablez-vous à l'ombre des arbres dans la cour.

Autour de la Torstrasse

DALUMA SAIN €

Plan p. 346 (☎030-2095 0255 ; www.daluma.de ; Weinbergsweg 3 ; plats 6-10 € ; ⌚8h-20h lun-ven, 9h-19h sam, 10h-19h dim ; 🚋M1, M8, M10, U Rosenthaler Platz). Pionnier berlinois de la tendance "détox", Daluma sert des smoothies énergétiques, des bols à composer soi-même et des céréales dans un cadre minimaliste avec parquet en chevrons et plantes en pot. En été, on s'attarde volontiers sur les bancs extérieurs. Le magasin a sa propre petite ligne de compléments alimentaires et de soins pour la peau.

DADA FALAFEL MOYEN-ORIENTAL €

Plan p. 348 (☎030-2759 6927 ; facebook.com/dadafalafel ; Linienstrasse 132 ; plats 3,50-8,50 € ; ⌚12h-20h lun-ven, 12h-18h sam ; 📶 🖉 ; 🚋M1, U Oranienburger Tor). Une seule bouchée de falafels frais ou de *shawarma* à la sauce piquante maison et vous comprendrez pourquoi il y a toujours une file d'habitués devant cette boutique minuscule, adjacente à la salle à manger-galerie et la terrasse d'été.

ROSENTHALER GRILL UND SCHLEMMERBUFFET MOYEN-ORIENTAL €

Plan p. 346 (☎030-283 2153 ; www.rosenthaler-grill.de ; Torstrasse 125 ; plats 3-8 € ; ⌚24h/24 ; 🚋M1, 12, U Rosenthaler Platz). Dans cette échoppe familiale de *döner* bien installée, sauces et pains sont faits maison. Tables à l'intérieur et en terrasse, service non-stop pour les lève-tôt, les couche-tard et les autres. Très bons poulets grillés et pizzas.

STORE KITCHEN INTERNATIONAL €

Plan p. 346 (☎030-405 044 550 ; www.thestorex.com/berlin ; Torstrasse 1 ; plats 6-14 € ; ⌚10h-19h lun-sam ; 📶 ; U Rosa-Luxemburg-Platz). Installée dans la boutique The Store (temple de l'art de vivre et de la mode "hype" situé au rez-de-chaussée de Soho House), cette adresse était déjà ultrabranchée avant même d'ouvrir. Choix parfait si vous aimez les petits-déjeuners, salades, sandwichs et repas légers à base de produits locaux qui suivent les dernières tendances.

FREA VÉGAN €€

Plan p. 346 (030-9839 6198 ; www.frea.de ; Torstrasse 180 ; plats 17-18 € ; 17h30-24h ; ; 142, U Rosenthaler Platz). Entièrement végan et zéro déchet, Frea repousse les limites de la restauration éthique et durable. Du pain au levain au chocolat, tout est fait maison à partir de produits locaux. Les restes sont compostés et retournés aux fournisseurs pour servir d'engrais. Les plats, tels que les *agnolotti* farcis à la courge et pomme de terre, ne sont pas très copieux, mais quelle explosion de saveurs ! Abat-jours faits à partir de champignons.

KATZ ORANGE INTERNATIONAL €€

Plan p. 346 (030-983 208 430 ; www.katzorange.com ; Bergstrasse 22 ; plats 18-25 € ; 18h-23h ; M8, S Rosenthaler Platz). Carte gastronomique de produits bio en provenance directe de la ferme, décor rustique agréable et excellents cocktails, le "Chat orange" gagne sur tous les plans. Rôti pendant 12 longues heures, son porc Duroc, savoureux, vous fera ronronner. Le bâtiment, une ancienne brasserie aux allures de château, est superbe, surtout la cour intérieure aménagée en terrasse l'été.

CECCONI'S ITALIEN €€

Plan p. 346 (030-405 044 680 ; www.cecconis-berlin.com ; Torstrasse 1 ; plats 14-35 € ; 12h-15h et 18h-23h lun-ven, 11h-15h et 18h-23h sam-dim ; ; U Rosa-Luxemburg-Platz). Ouvert à tous bien qu'installé dans le Soho House (réservé à ses membres), le Cecconi a un charme citadin : boxes en cuir rouge, sol de marbre, cuisine ouverte et clientèle sophistiquée. Outre les pâtes, pizzas et risottos – certains agrémentés de homard ou de truffe –, la carte lorgne du côté des superaliments avec des salades aux quinoa et graines de chia.

RUTZ ALLEMAND €€€

Plan p. 348 (030-2462 8760 ; www.rutz-restaurant.de ; Chausseestrasse 8 ; menu 6/8 plats 180/220 € ; 18h-23h mar-sam ; U Oranienburger Tor). Au sommet d'un escalier en onyx illuminé trône le Rutz, premier restaurant berlinois triplement étoilé au Michelin. Le chef Marco Müller propose des menus "Inspiration" illustrant son attachement à l'inventivité et à la qualité. Les accords mets et vins/boissons sans alcool sont divins ; vous n'oublierez pas ce dîner (ni l'addition).

EINSUNTERNULL INTERNATIONAL €€€

Plan p. 348 (030-2757 7810 ; www.einsunternull.com/en/ ; Hannoversche Strasse 1 ; menu dîner 6 plats 139 € ; 18h-23h jeu-lun ; ; M1, U Oranienburger Tor). La cuisine de ce restaurant étoilé au Michelin – dont le nom signifie pourtant "un au-dessous de zéro" – est chaudement recommandée. Les palais y embarquent pour un audacieux voyage privilégiant les produits régionaux et des techniques anciennes de conservation comme la lacto-fermentation. Menu végétarien et accords sans alcool sont disponibles.

TO THE BONE STEAKHOUSE €€€

Plan p. 346 (030-4073 3440 ; tothebone.bonita.berlin ; Torstrasse 96 ; entrées 11-16 €, steaks à partir de 9 €/100 g ; 18h-23h lun-sam, bar 18h-1h lun-jeu, 18h-3h ven-sam ; ; U Rosenthaler Platz). Amateurs de viande et de cuisine italienne, ce restaurant branché est fait pour vous ! En attendant de goûter à de délicieux morceaux de viande de bœuf bio venus tout droit d'Italie, sirotez un Negroni parfumé devant les œuvres de Gerhard Richter et Frank Thiel. La créativité se voit aussi dans les entrées, comme l'os à moelle avec confit de queue de bœuf – un régal !

OÙ PRENDRE UN VERRE ET FAIRE LA FÊTE

Ce quartier cosmopolite regroupe de nombreux bars répondant aux exigences de ses habitants et des visiteurs nantis qui l'arpentent. Si la Torstrasse est particulièrement bien pourvue, des bars à vins, des adresses gays et des lieux décalés se cachent aussi dans les paisibles rues secondaires.

Secteur de Hackescher Markt

AMANO BAR BAR

Plan p. 346 (030-809 4150 ; www.amanogroup.de/de/eat-and-drink/amano-bar ; Auguststrasse 43 ; 17h-tard ; ; M1, M8, 12, U Rosenthaler Platz). Le bar branché de l'hôtel Amano

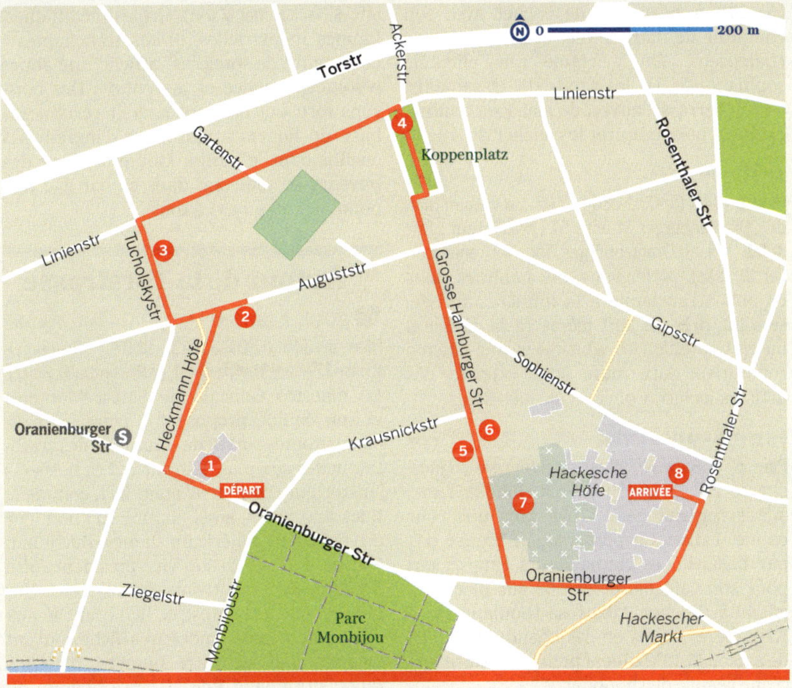

Promenade à pied
Mémoire juive du Scheunenviertel

DÉPART NOUVELLE SYNAGOGUE
ARRIVÉE MAISON SCHWARZENBERG
DISTANCE 1,5KM ; **DURÉE** 1 À 3 HEURES

Ce circuit débute à la **1 Nouvelle Synagogue** (1866 ; p. 126), le plus grand lieu de culte israélite d'Allemagne en son temps. Reconstruite à l'identique, elle abrite un musée et un centre judaïque. Prenez les Heckmann Höfe pour rejoindre l'Auguststrasse, et tournez à droite pour gagner **2 l'ancienne école juive de filles** (p. 127), de style Bauhaus, qui accueille désormais des galeries et un restaurant.

Revenez dans l'Auguststrasse et tournez à droite dans la Tucholskystrasse, en vous arrêtant au n°40 pour manger un morceau au **3 Beth Café**, joli café casher. Tournez à droite dans la Linienstrasse et allez jusqu'à la Koppenplatz voir l'installation de Karl Biedermann intitulée **4 Der Verlassene Raum** (*La Pièce déserte*). Elle consiste en une table et deux chaises, dont l'une, renversée, symbolise le départ soudain et forcé des habitants juifs.

Prenez la Grosse Hamburger Strasse et remarquez les façades marquées d'impacts de balles dans l'allée menant à l'église baroque Sainte-Sophie (Sophienkirche). Un peu plus loin à droite, la **5 Maison manquante** est une installation réalisée en 1990 par Christian Boltanski sur le site d'un immeuble détruit par les bombes. Des panneaux affichant les noms de ses anciens habitants sont fixés sur les bâtiments voisins. En face, au n°27, se tenait une **6 école juive de garçons**, fondée en 1788, dont les nazis firent un lieu d'emprisonnement, avant déportation, en 1942, de même que la maison de retraite adjacente. L'école devint un lycée technique à l'époque de la RDA. Juste au sud, le **7 cimetière de Grosse Hamburger Strasse** (p. 127) fut le premier cimetière juif à Berlin. À l'extérieur se dressent la stèle aux Juifs déportés et une sculpture poignante de Will Lammert représentant 13 femmes épuisées.

Le parcours s'achève à la **8 maison Schwarzenberg** (p. 135), où deux musées traitent du sort des Juifs sous le nazisme.

(p. 251) a beaucoup de cachet avec son comptoir de marbre vert et ses éclairages chaleureux. On y côtoie une clientèle sophistiquée. DJ les vendredis et samedis. Le toit-terrasse, ouvert de mai à septembre, est idéal pour admirer le coucher du soleil.

AUFSTURZ PUB

Plan p. 346 (030-2804 7407 ; www.aufsturz.de ; Oranienburger Strasse 67 ; 12h-tard ; ; M1, M5, U Oranienburger Tor, S Oranienburger Strasse). Mêlez-vous aux habitués dans ce pub à l'ancienne à la lumière tamisée, servant près de 100 bières (à la pression ou en bouteille), 40 whiskys et une cuisine roborative. Aux murs sont exposés des artistes locaux. Concerts au sous-sol.

FATHER CARPENTER CAFÉ

Plan p. 346 (www.fathercarpenter.com ; Münzstrasse 21 ; 9h-18h lun-ven, 10h-18h sam ; U Weinmeisterstrasse). Situé dans une cour calme, Father Carpenter ne se trouve pas par hasard. Les connaisseurs l'apprécient pour son café Fjord torréfié sur place, les gâteaux de chez Albatross (boulangerie à Kreuzberg) et ses en-cas chauds ou froids de saison (5-13 €). Idéal pour une pause lors d'une séance de shopping.

CAFE CINEMA CAFÉ

Plan p. 346 (030-280 6415 ; Rosenthaler Strasse 39 ; 10h-3h ; ; M1, S Hackescher Markt). Ce café à l'éclairage tamisé, avec des tables en bois et des objets inspirés du cinéma, attire une clientèle bohème depuis 1990, ce qui en fait l'un des rares lieux à avoir survécu à l'embourgeoisement du quartier autour de Hackescher Markt.

CAFÉ BRAVO CAFÉ

Plan p. 346 (www.cafe-bravo.de ; Auguststrasse 69 ; 9h-tard lun-ven, 11h-tard sam-dim ; ; M1, S Oranienburger Strasse, U Oranienburger Tor). Est-ce de l'art ? Un café ? Un bar à cocktails ? Tout en verre et chrome, ce pavillon créé par l'artiste américain Dan Graham et installé dans la jolie cour paisible du KW Institute for Contemporary Art (p. 127) est idéal pour faire une halte artistique lors d'une balade dans le Scheunenviertel. On y sert petit-déjeuner, gâteaux et repas légers, ainsi que des cocktails le soir.

COVEN BAR

Plan p. 346 (01511 498 2524 ; www.thecovenberlin.com ; Kleine Präsidentenstrasse 3 ; 20h-2h dim-jeu, 21h-3h ven-sam ; ; M1, M4, M5, S Hackescher Markt). Grilles métalliques, lampes industrielles, arêtes tranchantes : ce "repaire de sorcières" affiche une allure résolument stylée et masculine. Des boissons fortes et originales, dont certaines à base de liqueurs maison et d'ingrédients cueillis dans le jardin, font le bonheur des buveurs de tout poil dans ce bar gay très populaire (et ouvert à tous).

Autour de la Torstrasse

BUCK & BRECK BAR À COCKTAILS

Plan p. 346 (0176 3231 5507 ; Brunnenstrasse 177 ; 19h-4h ; M1, U Rosenthaler Platz). Le maestro Gonçalo de Sousa Monteiro et son équipe proposent à leurs heureux clients toutes sortes de mixtures, des traditionnelles aux plus délirantes. Les boissons "historiques" sont leur point fort, comme le Buck and Breck, ainsi nommé en l'honneur du président américain James Buchanan (élu en 1857) et de son vice-président John Breckinridge. Cultivant le mystère (les photos sont interdites), ce lieu branché aux allures de tripot clandestin affiche souvent complet. Laissez votre numéro, on vous rappellera quand une place se libérera au comptoir (14 places) ou dans la partie salon.

ROSENGARTEN BIERGARTEN

Plan p. 346 (www.rosengarten-berlin.de ; 15h-22h ou plus tard lun-ven, 12h-22h ou plus tard sam-dim avr-sept ; M1, M13, U Rosenthaler Platz). Bordé de roses, ce petit bar/*Biergarten* en plein air installé à la lisière du Weinbergspark, en face du Weinbergsweg 13, propose cocktails et culture à une foule décontractée et éclectique pendant les mois les plus chauds. Géré par une association à but non lucratif, il s'inscrit dans une tradition remontant au XIXe siècle.

MELODY NELSON BAR À COCKTAILS

Plan p. 348 (0177 744 6751 ; www.melody-nelson.de ; Novalisstrasse 2 ; 19h-2h lun-jeu, 19h-4h ven-sam ; M1, M5, 12, U Oranienburger Tor). Tout est raffinement dans ce bar, mais sans une once de raideur : éclairage tamisé, fauteuils moelleux en velours, moquette et cocktails luxueux, sans oublier le portrait de Jane Birkin derrière le bar (son personnage de Melody Nelson fut créé par Serge Gainsbourg en 1971). Les breuvages inventifs abondent, mais les grands classiques exécutés à la perfection, tels le Whisky sour ou le Mint Julep, sont des valeurs sûres.

TORBAR

BAR

Plan p. 346 (☎030-5520 2582 ; www.torbar.berlin ; Torstrasse 183 ; ⏲19h-2h mer-jeu, 19h-3h30 ven-sam ; Ⓤ Oranienburger Tor). Ce bar-restaurant tenu par Dieter Meier, moitié du duo suisse des années 1980 Yello, est toujours plein de beau monde appréciant le bon temps et les bons cocktails, comme le Firefly (cocktail signature à base de mezcal, Campari, ananas et citron vert).

Observez les passants par les baies vitrées ou installez-vous au bar, à l'éclairage particulièrement flatteur.

MIKKELER

BIÈRE ARTISANALE

Plan p. 346 (☎0176 8314 1103 ; Torstrasse 102 ; ⏲17h-24h ; Ⓤ Rosenthaler Platz). On sert au Mikkeler – contraction de Mikkel Borg Bjergsø et Kristian Klarup Keller – une excellente bière artisanale brassée par ces deux Danois depuis 2006. Dans leur premier bar à bières ouvert en Allemagne, ils proposent plus d'une vingtaine de bières soigneusement sélectionnées, provenant également d'autres brasseries. À savourer tranquillement au bar, dans un décor minimaliste typiquement scandinave.

LA MAISON SCHWARZENBERG

Un passage peu engageant proche des superbes Hackesche Höfe mène à la **Haus Schwarzenberg** (plan p. 346 ; www.haus-schwarzenberg.org ; Rosenthaler Strasse 39 ; ⏲cour 24h/24 ; 🚋M1, Ⓢ Hackescher Markt) GRATUIT, foyer de la contre-culture situé dans l'un des derniers immeubles non rénovés de ce quartier fortement embourgeoisé. Ses murs, qui forment la toile d'un *street art* toujours renouvelé, abritent aussi des lieux de spectacle alternatifs, et deux expositions liées à l'histoire des Juifs sous le nazisme.

Eschschloraque Rümschrümp (www.eschschloraque.de ; 2e cour ; ⏲18h-1h dim-mar, 15h-1h mer-sam). Projet du collectif artistique Dead Chickens, ce lieu orné de monstres de métal est un survivant de la contre-culture des années 1970-1980. Il accueille concerts, fêtes et performances artistiques loin des sentiers battus – du burlesque dada aux concerts de post-punk balkanique. Doté d'un petit *Biergarten*, il se cache dans la dernière cour de la maison Schwarzenberg.

Monsterkabinett (www.monsterkabinett.de ; 2e cour ; visites tarif plein/réduit 8/5 € ; ⏲visites 18h30-21h30 mer-jeu, 16h30-21h30 ven-sam). Pour rencontrer Püppi, le go-go dancer fan de techno, ou Orangina, poupée qui tourne sur ses 6 jambes, empruntez l'escalier en colimaçon menant à l'univers souterrain et surréaliste de Hannes Heiner. L'artiste s'est inspiré de ses rêves pour créer toute une ménagerie de créatures-robots, une installation visuelle et sonore contrôlée par ordinateur. Le résultat surprend, amuse – et effraie un peu aussi.

Kino Central (plan p. 346 ; ☎030-2859 9973 ; www.kino-central.de ; 2e cour ; tarif plein/réduit 9,50/8,50 €). Ce minuscule cinéma alternatif est niché dans la dernière cour de la maison Schwarzenberg. On y projette des films d'art et d'essai internationaux, souvent en VO sous-titrée en allemand. L'été, les projections ont lieu dans la cour.

Musée et atelier pour non-voyants Otto Weidt (Museum Blindenwerkstatt Otto Weidt ; ☎030-2576 2629 ; www.museum-blindenwerkstatt.de ; 1re cour à gauche ; ⏲10h-20h). Résister à la terreur nazie demandait un courage inimaginable – un courage qu'a eu Otto Weidt. Ce fabricant de brosses sauva nombre de ses employés juifs, aveugles et sourds, de la déportation et de la mort en leur obtenant de faux papiers, en corrompant les officiels de la Gestapo, et même en cachant des gens au fond de son atelier. Cette petite exposition installée dans ledit atelier raconte l'histoire de Weidt et de ceux qu'il a sauvés.

Centre Anne Frank (Anne Frank Zentrum ; ☎030-288 865 600 ; www.annefrank.de ; 1re cour ; tarif plein/réduit/famille 6/3,50/14 € ; ⏲10h-18h jeu-dim). Rédigé alors qu'Anne Frank se cachait des nazis à Amsterdam, son journal est l'un des livres les plus emblématiques du XXe siècle. Au cœur de l'exposition, "Alles über Anne" (Tout savoir sur Anne) retrace la courte vie de la jeune fille, depuis ses jeunes années en Allemagne jusqu'à 1945, année où elle meurt du typhus dans le camp de concentration de Bergen-Belsen. Des postes interactifs font des rapprochements entre le destin d'Anne Frank et le monde actuel.

OÙ SORTIR

BABYLON — CINÉMA

Plan p. 346 (030-242 5969 ; www.babylonberlin.de ; Rosa-Luxemburg-Strasse 30 ; billets 7-10 € ; U Rosa-Luxemburg-Platz). Films allemands expérimentaux, films d'art et d'essai étrangers, rétrospectives à thèmes et raretés : ce cinéma indépendant de premier ordre a une programmation éclectique et de qualité. Lors des projections de films muets, notamment la séance gratuite du samedi minuit, le vieil orgue reprend du service. Festivals, lectures et concerts sont parfois organisés.

CHAMÄLEON — CABARET

Plan p. 346 (030-400 0590 ; www.chamaeleonberlin.com ; Rosenthaler Strasse 40/41 ; billets 37-59 € ; M1, M4, M5, M6, S Hackescher Markt, U Weinmeisterstrasse). Alliant Art nouveau et équipements de théâtre high-tech, cette salle intimiste au charme des dancings des années 1920 est une adresse incontournable pour des spectacles de “cirque contemporain” sophistiqués, mêlant comédie, acrobaties, musique, jonglage et danse – souvent de manière impertinente et sexy.

BERLINER ENSEMBLE — THÉÂTRE

Plan p. 348 (030-2840 8155 ; www.berliner-ensemble.de ; Bertolt-Brecht-Platz 1 ; billets 8-53 € ; U Friedrichstrasse, Oranienburger Tor, S Friedrichstrasse). La compagnie fondée par Bertolt Brecht en 1949 est basée au Theater am Schiffbauerdamm, théâtre néobaroque où on donna la première de *L'Opéra de quat'sous* en 1928. Sous la direction artistique d'Oliver Reese, la troupe entretient l'héritage du maître tout en explorant de nouveaux horizons.

FRIEDRICHSTADT-PALAST BERLIN — CABARET

Plan p. 348 (030-2326 2326 ; www.palast.berlin ; Friedrichstrasse 107 ; billets 20-190 € ; M1, U Oranienburger Tor, S Friedrichstrasse, Oranienburger Strasse). Voilà maintenant plus d'un siècle que le plus grand music-hall d'Europe éblouit son public. Nuit après nuit, cette troupe d'envergure enchante avec ses shows maîtrisés d'envergure. Visuellement époustouflants, ils allient danse, chanson, costumes sublimes, scénographie high-tech et fabuleux effets spéciaux. Productions inventives et divertissantes. Nul besoin de maîtriser l'allemand pour apprécier.

B-FLAT — CONCERTS

Plan p. 346 (030-283 3123 ; www.b-flat-berlin.de ; Dircksenstrasse 40 ; billets 12-15 € ; 20h-1h dim-jeu, 20h30-2h ven-sam ; M1, M4, M5, M6, U Weinmeisterstrasse, S Hackescher Markt). Cette salle intimiste qui privilégie les concerts jazz et acoustiques attire un public décontracté de tous âges. Vous serez assis à deux pas de la scène, où plusieurs grands noms internationaux sont déjà passés. Programmation éclectique : blues, soul, funk, folk, flamenco ou musiques modernes et expérimentales. Les jam-sessions (gratuites) du mercredi font souvent un tabac.

HACKESCHE HÖFE KINO — CINÉMA

Plan p. 346 (030-283 4603 ; www.hoefekino.de ; Rosenthaler Strasse 39 ; billets 7,50-10,50 € ; M1, S Hackescher Markt). Ce cinéma indépendant de 5 salles, dans la Cour I des Hackesche Höfe, présente un bon choix de films d'art et d'essai européens, de documentaires et de films américains indépendants, le plus souvent en VO sous-titrée en allemand, et parfois aussi en anglais.

SHOPPING

Pour dénicher les derniers vêtements et accessoires à la mode, cap sur les boutiques des Rosenthaler Strasse, Alte Schönhauser Strasse, Neue Schönhauser Strasse, Münzstrasse et Mulackstrasse – sans oublier les Hackesche Höfe. Des galeries d'art contemporain jalonnent aussi Linienstrasse, Auguststrasse et les rues perpendiculaires.

BONBONMACHEREI — CONFISERIES

Plan p. 346 (030-4405 5243 ; www.bonbonmacherei.de ; Oranienburger Strasse 32, Heckmann Höfe ; 12h-19h mer-sam sept-juin ; M1, S Oranienburger Strasse). Effluves de menthe et de réglisse flottent dans cette fabrique de bonbons à l'ancienne en sous-sol. Le matériel et les recettes d'antan servent encore aux maîtres des lieux pour concocter leurs bonbons mémorables, qu'ils soient sucrés, acidulés ou épicés. Goûtez à leur spécialité, le *Berliner Maiblätter* en forme de feuille, à base d'aspérule.

Pour assister à la fabrication des confiseries, appelez pour prendre rendez-vous.

HUNDT HAMMER STEIN — LIVRES

Plan p. 346 (030-2345 7669 ; www.hundthammerstein.de ; Alte Schönhauser Strasse 23/24 ;

⏲11h-19h lun-sam ; U Weinmeisterstrasse). Kurt von Hammerstein a le flair pour dénicher des perles rares en dehors des best-sellers. N'hésitez pas à feuilleter les livres du monde entier soigneusement rangés, ou à demander de précieux conseils au très aimable libraire. Bon choix de livres en anglais, d'ouvrages de qualité pour les tout-petits et même quelques guides de voyage.

KAUF DICH GLÜCKLICH — MODE ET ACCESSOIRES

Plan p. 346 (☎030-2887 8817 ; www.kaufdichgluecklich-shop.de ; Rosenthaler Strasse 17 ; ⏲11h-20h lun-sam ; S Weinmeisterstrasse). Ce qui était au départ un bar à gaufres et une boutique vintage est devenu un grand magasin d'enseignes de mode indépendantes. Dans cette boutique hétéroclite, vous trouverez un mélange tendance de vêtements, articles maison, livres et produits cosmétiques, de la marque KDG ou autres (surtout scandinaves) triées sur le volet. Le tout à prix raisonnables.

PAPER & TEA — THÉ

Plan p. 346 (www.paperandtea.com ; Alte Schönhauser Strasse 50 ; ⏲11h-19h30 lun-sam ; U Rosa-Luxemburg-Platz). Prenez le thé dans l'ambiance zen de ce concept-store à la déco ultra-sobre, où vous attendent des dizaines de variétés de thé – feuilles entières cueillies à la main – d'Asie et d'Afrique (bio pour la plupart), ainsi que théières, accessoires, et même... de la belle papeterie. Si vous hésitez, les experts maison seront heureux de vous conseiller.

DO YOU READ ME?! — LIVRES

Plan p. 346 (☎030-6954 9695 ; www.doyoureadme.de ; Auguststrasse 28 ; ⏲10h-19h30 lun-sam ; 🚊M1, M5, S Oranienburger Strasse, U Rosenthaler Platz). Les chasseurs de tendance passeront des heures à farfouiller dans cet assortiment de magazines branchés et confidentiels, provenant du monde entier et consacrés à la mode, au design, à l'art et à l'architecture. Le personnel bien informé vous aidera au besoin à vous y retrouver.

TRIPPEN FLAGSHIP STORE — CHAUSSURES

Plan p. 346 (☎030-2839 1337 ; www.trippen.com ; Hackesche Höfe, cours 4 et 6, Rosenthaler Strasse 40/41 ; ⏲11h-19h lun-sam ; 🚊M1, S Hackescher Markt). Aux oubliettes, les talons de 10 cm ! Les chaussures berlinoises Trippen sont pensées selon l'anatomie humaine, sans ressembler aux chaussures orthopédiques. Leur design d'avant-garde couplé à des matériaux de premier choix ont valu à la marque une floppée de prix internationaux.

LALA BERLIN — MODE ET ACCESSOIRES

Plan p. 346 (☎030-2009 5363 ; www.lalaberlin.com ; Alte Schönhauser Strasse 3 ; ⏲11h-19h lun-sam ; U Rosa-Luxemburg-Platz). Leyla Piedayesh, ancienne rédactrice en chef pour MTV Berlin, signe désormais une mode urbaine reflétant parfaitement l'esprit effronté de la ville. Au départ connue surtout pour ses tricots, la boutique présente désormais des collections colorées conçues pour toutes les silhouettes.

AMPELMANN BERLIN — CADEAUX ET SOUVENIRS

Plan p. 346 (☎030-4472 6438 ; www.ampelmann.de ; Hackesche Höfe, cour 5, Rosenthaler Strasse 40/41 ; ⏲10h-20h lun-sam, 13h-18h dim ; 🚊M1, S Hackescher Markt, U Weinmeisterstrasse). Il a fallu un mouvement populaire pour sauver le petit Ampelmann, l'attachant personnage des feux tricolores est-allemands. Désormais, il est l'objet d'un véritable culte, et la boutique est remplie de T-shirts, aimants, pâtes, bodies, parapluies, etc., à son effigie.

La boutique d'origine se situe dans les Hackesche Höfe, mais la ville compte plusieurs magasins Ampelmann (le site Web donne leur adresse).

SCHWARZER REITER — SEX-SHOP

Plan p. 346 (☎030-4503 4438 ; www.schwarzer-reiter.de ; Torstrasse 3 ; ⏲12h-20h lun-sam ; 🚊M2, M8, U Rosa-Luxemburg-Platz). Si l'hédonisme est votre religion, vous aimerez sans doute la vaste gamme d'objets érotiques de luxe et de vêtements sexy proposée par cette boutique élégante aux tons pourpre et noir. On y trouve de quoi satisfaire tous les plaisirs, des plus simples (canards en caoutchouc vibrants) aux plus sophistiqués (harnais et jouets hard-core).

1. ABSINTH DEPOT BERLIN — ALIMENTATION, BOISSONS

Plan p. 346 (☎030-281 6789 ; www.erstesabsinthdepotberlin.de ; Weinmeisterstrasse 4 ; ⏲14h-24h lun-ven, 13h-24h sam ; U Weinmeisterstrasse). Surnommée “fée verte”, l'absinthe fut la muse de maints artistes et poètes à la fin du XIXe et début du XXe siècle. Le patron de cette petite boutique originale vous aidera à choisir parmi les 60 variétés de ce rude breuvage.

Prenzlauer Berg

MAUERPARK ET PRENZLAUER BERG NORD | KOLLWITZPLATZ ET PRENZLAUER BERG SUD

Notre sélection

❶ Le **mémorial du Mur de Berlin** (p. 140), un parcours de 1,4 km, pour comprendre toute l'absurdité de la division de la ville.

❷ Un dimanche ensoleillé au **Mauerpark** (p. 142), pour chiner sur le marché aux puces et applaudir les chanteurs de karaoké.

❸ Un concert, un film ou de la cuisine de rue à la **Kulturbrauerei** (p. 142), une ancienne brasserie convertie en centre culturel.

❹ Une promenade dans le quartier arboré, ponctué de belles maisons, entourant la **Kollwitzplatz** (p. 142), connue aussi pour ses cafés conviviaux et ses boutiques indépendantes.

❺ Une visite du **château de Schönhausen** (p. 150) qui accueillit tour à tour l'épouse de Frédéric le Grand et, plus récemment, Fidel Castro. On pourra faire ensuite une promenade dans le parc.

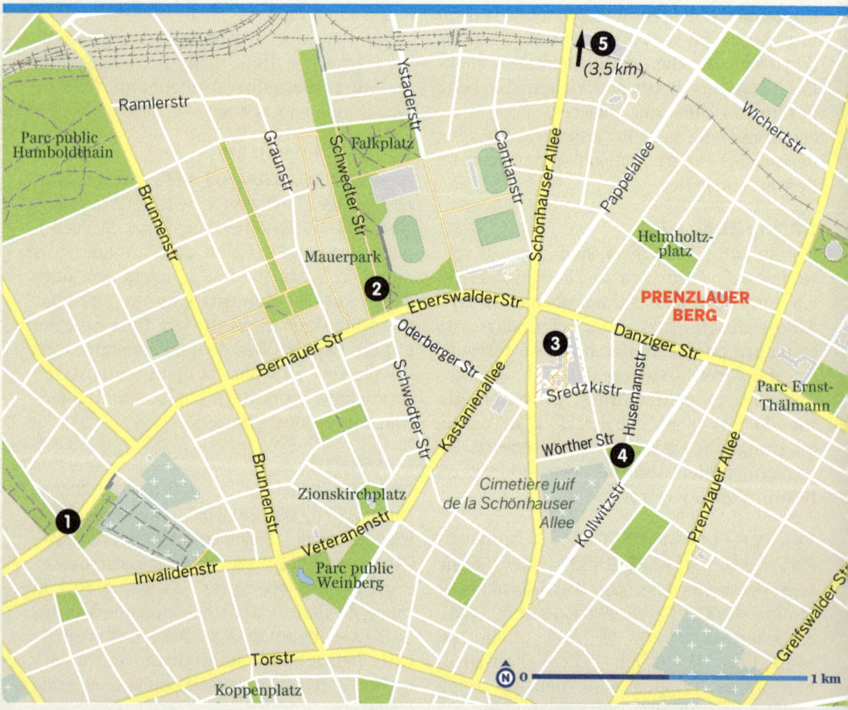

Pour un plan plus détaillé, reportez-vous p. 350

Découvrir Prenzlauer Berg

Jadis négligé, Prenzlauer Berg a subi un bain de jouvence après la réunification et compte désormais parmi les quartiers les plus attrayants et les plus chers de Berlin.

Incontournable, le mémorial du Mur de Berlin (p. 140) est le site qui met le mieux en lumière la configuration physique et l'impact de la partition. Son exposition partiellement en plein air s'étire sur 1,4 km entre Wedding, le quartier voisin, et les abords du Mauerpark. Aménagé sur un tronçon du "couloir de la mort" du mur de Berlin, le parc accueille le dimanche un marché aux puces très couru, ainsi qu'un karaoké en plein air.

De manière générale, le charme de Prenzlauer Berg se révèle dans des détails subtils et inattendus. Commencez par les alentours de la Kollwitzplatz (p. 142), le plus bel endroit du parc, ponctué d'agréables cafés et boutiques indépendantes vendant bijoux faits main, prêt-à-porter berlinois ou vêtements bio pour bébés.

Découvrez également la Kulturbrauerei (p. 142), une brasserie devenue centre culturel. Il est particulièrement agréable de venir ici le dimanche, pendant le marché dédié à la *street food*.

Vivre comme un Berlinois

Un verre en plein air Fêtez l'arrivée de l'été en achetant à boire dans une *Späti* (épicerie) avant d'admirer le soleil couchant depuis les collines du Mauerpark.

Shopping Joignez-vous aux Berlinois branchés pour une séance de shopping dans les boutiques indé du *Kiez* (quartier). C'est dans Kastanienallee, Stargarder Strasse et sur la Kollwitzplatz que vous ferez les plus belles trouvailles.

Cuisine sur le pouce Parmi les adresses préférées des gourmets pressés, citons le Habba Habba (p. 146), et le Konnopke's Imbiss (p. 146).

Depuis/vers Prenzlauer Berg

U-Bahn La ligne U2 s'arrête à Schönhauser Allee, Eberswalder Strasse et Senefelderplatz, en chemin vers Alexanderplatz, Potsdamer Platz et l'ouest de Berlin.

Tramway Le M1 relie l'Île des Musées et Prenzlauer Berg via le Scheunenviertel, la Kastanienallee et la Schönhauser Allee. Le M10 relie la Hauptbahnhof au Friedrichshain via la Danziger Strasse.

S-Bahn Les trains S41 et S42 de la Ringbahn (ligne circulaire) s'arrêtent à Schönhauser Allee, Prenzlauer Allee, Greifs-walder Strasse, Landsberger Allee et Storkower Strasse.

Bon plan Lonely Planet

Le samedi, achetez des produits frais de la ferme et des produits artisanaux, avant de vous joindre aux habitants du quartier pour déguster des amuse-bouches gastronomiques et boire un verre de mousseux au grand marché des producteurs de la Kollwitzplatz (p. 152).

Le top des restaurants

- Lucky Leek (p. 147)
- Umami (p. 147)
- Mrs Robinson's (p. 147)
- W-Der Imbiss (p. 147)
- Holy Everest (p. 146)

Voir détails p. 145

Le top des bars et des cafés

- Prater Garten (p. 149)
- Bryk Bar (p. 150)
- Weinerei Forum (p. 149)
- BrewDog (p. 150)
- Lamm Bar (p. 149)

Voir détails p. 149

Le top du shopping

- Flohmarkt im Mauerpark (p. 151)
- Sugafari (p. 152)
- Zweimalschön (p. 152)
- DearGoods (p. 151)
- Goldhahn und Sampson (p. 152)

Voir détails p. 151

LES INCONTOURNABLES
MÉMORIAL DU MUR DE BERLIN

Ce mémorial s'efforce de montrer comment fonctionnaient tous les dispositifs du Mur et le "couloir de la mort", comment ces fortifications furent étendues et perfectionnées au fil du temps et quel fut leur impact sur la vie quotidienne des habitants de part et d'autre.

L'exposition s'étire sur 1,4 km le long de la Bernauer Strasse, qui joua un rôle central dans l'histoire de la guerre froide, un côté de la rue se trouvant à Berlin-Ouest, l'autre à Berlin-Est. Elle comporte 4 sections axées sur des thèmes majeurs et intègre une partie du Mur originel, des vestiges des installations frontalières, des tunnels d'évasion, une chapelle et un monument. Des stations multimédias, des "fenêtres archéologiques" et des bornes fournissent des données contextuelles et des détails sur des événements qui s'y sont produits.

Pour en savoir plus sur le Mur, voir aussi p. 35.

De la Gartenstrasse à l'Ackerstrasse

Cette section clé permet de comprendre comment le mur de Berlin entravait la liberté de circulation des citoyens et a permis au gouvernement est-allemand de renforcer son pouvoir. L'un des sites les plus poignants est la **fenêtre du Souvenir** sur laquelle sont accrochés des portraits photographiques de personnes ayant perdu la vie en tentant de franchir le Mur ; l'un deux n'avait que 6 ans. Certaines parties ont été délibérément laissées vides au cas où de nouvelles victimes seraient identifiées. Les alentours verdoyants faisaient jadis partie du cimetière adjacent.

À NE PAS MANQUER

- Exposition du Centre de documentation et plateforme d'observation
- Office à la chapelle de la Réconciliation
- Monument en souvenir de la division de l'Allemagne

INFOS PRATIQUES

- Gedenkstätte Berliner Mauer
- Plan p. 350, A6
- 030-213 085 166
- www.berliner-mauer-gedenkstaette.de
- Bernauer Strasse, entre Schwedter et Gartenstrasse
- Entrée libre
- Centre de documentation et d'accueil des visiteurs 10h-18h jeu-dim, expo en plein air 8h-22h
- S Nordbahnhof, Bernauer Strasse, Eberswalder Strasse

Près de l'Ackerstrasse, le **monument en souvenir de la division de l'Allemagne** consiste en un tronçon originel du Mur de 70 m de long, flanqué à ses extrémités de deux parois en acier rouillées, qui s'insère dans une représentation artistique de ce système frontalier. Descendez l'Ackerstrasse pour entrer dans le monument par l'arrière. Des fissures apparues dans le mur intérieur permettent d'apercevoir l'ancien couloir de la mort, avec son mirador, son chemin de ronde et les projecteurs qui l'inondaient la nuit d'une lumière aveuglante.

Centre de documentation

En face du monument en souvenir de la division de l'Allemagne se dresse une ancienne salle paroissiale abritant aujourd'hui un centre de documentation à deux niveaux. L'**exposition**, appelée "1961/1989 – Le mur de Berlin" offre une vue d'ensemble concise et bien faite du Mur et répond aux questions portant sur son origine et sur ses causes, s'appuyant sur des objets, documents et films d'époque pour dépeindre le quotidien dans ce Berlin coupé en deux. Vous êtes désormais prêt à imaginer le Mur tel qu'il était à l'époque depuis la **plateforme d'observation** (12h-17h jeu-dim), perchée juste au-dessus du monument.

De l'Ackerstrasse à la Brunnenstrasse

Ici, le mémorial se concentre sur les victimes de la division, et tout particulièrement sur ceux qui étaient prêts à tout pour passer de l'autre côté de la Bernauer Strasse et trouvèrent la mort. Juste après l'Ackerstrasse, la moderne **chapelle de la Réconciliation** s'élève sur l'emplacement d'une église en brique de 1894, détruite en 1985 pour élargir le Mur. Un office de 15 minutes en mémoire des victimes du Mur est célébré à 12h du mardi au vendredi. D'autres panneaux informatifs évoquent la construction même du Mur et l'expansion continuelle du dispositif militaire frontalier.

De la Brunnenstrasse à la Schwedter Strasse

Dans la dernière section, les panneaux d'information et les expositions, obligés de longer des propriétés privées et de nouveaux bâtiments d'habitation, se résument pour l'essentiel à une étroite bande le long de l'ancien chemin de ronde. Les panneaux traitent notamment du Mur côté Ouest, du quotidien des gardes-frontières est-allemands et de la chute du Mur en 1989. L'un des plus intéressants relate l'histoire du **Tunnel 29**, connu dans le monde entier, qui s'étirait sur 135 m sous la Bernauer Strasse et permit à 29 personnes de fuir Berlin-Est en septembre 1962.

UNE PETITE FAIM ?

Cap sur le **Ost-West-Cafe** (plan p. 350 ; ☎030-4677 6016 ; ost-west-cafe.business.site ; Brunnenstrasse 53 ; plats 4,50-9 € ; ⏲8h-20h ; 📶 ; Ⓤ Bernauer Strasse) pour une cuisine internationale basique dans un décor de guerre froide.Castle (p. 150) vaut aussi le détour pour une pizza et une bière artisanale. Wi-Fi gratuit et *Biergarten*.

Les gardes postés sur le Mur et le long de la frontière intérieure étaient encouragés par le gouvernement est-allemand (primes à l'appui) à ouvrir le feu sur quiconque tentait de fuir la RDA. Rien qu'à Berlin, on estime les victimes à 90 personnes entre 1961 et 1989.

BON À SAVOIR

- ➜ Démarrez votre visite au centre d'accueil des visiteurs, de l'autre côté de la gare de S-Bahn Nordbahnhof et dirigez-vous vers l'est.
- ➜ Munissez-vous d'une carte (gratuite) et regardez le film d'introduction au centre d'accueil.
- ➜ Visite sans guide sur : www.berliner-mauer.mobi.
- ➜ Si votre temps est limité, optez pour le premier tronçon, entre la Gartenstrasse et l'Ackerstrasse.

À VOIR

Prenzlauer Berg n'a pas de sites majeurs, mais de nombreux trésors émaillent tout de même le quartier. Les alentours de la Kollwitzplatz sont particulièrement attrayants. Plus au nord se trouve l'extrémité est du Gedenkstätte Berliner Mauer, la principale exposition de la ville sur le Mur, qui s'étend sur 1,4 km entre la Nordbahnhof et le Mauerpark.

MÉMORIAL DU MUR DE BERLIN — HISTOIRE

Voir p. 140.

MAUERPARK — PARC

Plan p. 350 (www.mauerpark.info ; entre Bernauer Strasse, Schwedter Strasse et Gleimstrasse ; M1, M10, 12, U Eberswalder Strasse). Très apprécié des Berlinois, ce parc est aménagé sur une portion du "couloir de la mort" du mur de Berlin, aujourd'hui envahie de milliers de promeneurs venus profiter du marché aux puces du dimanche, du karaoké en plein air et de l'atmosphère de liberté. Le parc a été récemment réaménagé et a vu sa superficie doubler.

Au sommet d'une colline vous attendent de beaux couchers de soleil et un tronçon de 300 m du mur de Berlin, désormais le terrain de jeu officiel des graffeurs, avec en contrebas les projecteurs du **Friedrich-Ludwig-Jahn-Sportpark** (Jahnsportpark@seninnDS.berlin.de ; Cantianstrasse 24), stade décati où le chef de la Stasi, Erich Mielke, venait encourager le BFC Dynamo, son équipe de football préférée. Immédiatement au nord se trouve le **Max-Schmeling-Halle** (030-4430 4430 ; www.max-schmeling-halle.de ; Falkplatz 1), qui accueille concerts, tournois et événements sportifs.

ZEISS GROSSPLANETARIUM — PLANÉTARIUM

Plan p. 350 (030-4218 4510 ; www.planetarium.berlin ; Prenzlauer Allee 80 ; tarif plein/réduit 9-10,50/7-8,50 € ; M2, S Prenzlauer Allee). À son ouverture en 1987, il s'agissait du planétarium le plus sophistiqué d'Allemagne de l'Est. Une rénovation en 2016 en a fait l'un des plus modernes et des plus beaux d'Europe. On y fait une plongée dans le cosmos et la science en général. De nombreuses manifestations se déroulent en anglais, certaines sont mises en musique, d'autres destinées aux enfants. Les billets sont disponibles en ligne.

KOLLWITZPLATZ — PLACE

Plan p. 350 (; U Senefelderplatz). Cette place triangulaire, la plus jolie de Prenzlauer Berg, s'étend autour d'un parc central apprécié des plus petits pour ses 3 aires de jeux. On y voit une sculpture en bronze signée de l'artiste allemande Käthe Kollwitz (1867-1945), qui vivait jadis près de là. Il fait bon s'attarder dans les cafés et restaurants de la place, et profiter de l'ambiance couleur locale des marchés de producteurs (p. 152) du jeudi et du samedi.

FONDATION TCHOBAN – MUSÉE DU DESSIN D'ARCHITECTURE — ARCHITECTURE

Plan p. 350 (Museum für Architekturzeichnung ; 030-4373 9090 ; www.tchoban-foundation.de ; Christinenstrasse 18a ; tarif plein/réduit 5/3 € ; 14h-19h lun-ven, 13h-17h sam-dim ; M1, 12, U Senefelderplatz). Si vous aimez l'architecture contemporaine, ne manquez pas ce musée privé installé dans une saisissante tour de cubes de bétwon sculptés et couronnés d'un niveau supérieur tout en verre. Les expositions changeantes font honneur à l'art du dessin d'architecture, avec des pièces tirées de la collection privée de Sergei Tchoban, fondateur du musée originaire de Saint-Pétersbourg et lui-même dessinateur, ou provenant de célèbres musées tels que l'Albertina de Vienne ou le Sir John Soane's Museum de Londres.

L'atelier de l'artiste contemporain islando-danois Olafur Eliasson est adjacent au musée.

KULTURBRAUEREI — CENTRE CULTUREL

Plan p. 350 (030-4435 2170 ; www.kulturbrauerei.de ; entre Schönhauser Allee, Knaackstrasse, Eberswalder Strasse et Sredzski-strasse ; P ; M1, U Eberswalder Strasse). Cet étonnant ensemble de bâtiments en briques rouges et jaunes, qui abritait une brasserie du XIXe siècle, a été transformé en un vaste centre culturel avec salles de concerts, théâtres, restaurants, clubs, studios de danse, multiplexe et un musée gratuit de l'histoire de l'Allemagne de l'Est. Les entrées principales sont situées sur la Knaackstrasse et sur la Sredzkistrasse.

Le dimanche, les gourmands font le plein de friandises de tous les pays sur le marché de Street Food Auf Achse (p. 147), tandis qu'en décembre, les vieux bâtiments forment une belle toile de fond pour un marché de Noël rappelant celui de la Sainte-Lucie en Suède.

VAUT LE DÉTOUR

PLEINS FEUX SUR WEDDING

Mouvant, multiethnique et un peu brut de décoffrage, Wedding attire les explorateurs urbains en quête de zones authentiques encore épargnées par la gentrification. Il n'y a guère de sites à visiter, mais ce quartier ouvrier du nord de Berlin abrite des cafés décalés et sans chichis, des bars improvisés et des lieux créatifs. En voici un avant-goût :

À voir

Le Mythe Germania – Vision et Crimes (plan p. 350 ; 030-4991 0517 ; www.berliner-unterwelten.de ; angle Badstrasse et Behmstrasse ; tarif plein/réduit 6/3 € ; 11h-17h, dernière entrée 16h). À quoi ressemblerait Berlin si les nazis avaient gagné la guerre ? Cette exposition multimédia présente la vision mégalomane de Hitler pour sa "capitale mondiale de Germanie" et s'intéresse aux crimes contre l'Humanité que la réalisation de ce délire aurait nécessités. Ne manquez pas l'incroyable maquette en 3 D du centre-ville, conçue pour le tournage du film *La Chute* (2004). L'entrée est à l'intérieur de la station de métro Gesundbrunnen. Billets disponibles sur Internet.

Où se restaurer

Pförtner Café (030-5036 9854 ; www.pfoertner.co ; Uferstrasse 8-11 ; plats principaux déj 5,50-10 €, dîner 12-18 € ; 9h-23h lun-ven, 11h-23h sam ; U Pankstrasse). Ce café arty occupe la guérite aménagée d'un ancien atelier de réparation d'autobus converti en ateliers d'artistes. Les plats rustiques à base de produits du marché, gribouillés sur une ardoise, font le bonheur des créatifs berlinois et d'ailleurs, du petit-déjeuner jusqu'au soir. En été, profitez de la terrasse en savourant gâteaux maison et cafés italiens.

Où prendre un verre

Vagabund Brauerei Taproom (030-5266 7668 ; www.vagabundbrauerei.com ; Antwerpener Strasse 3 ; 17h-tard lun-ven, 13h-tard sam-dim ; wifi ; U Seestrasse). Trois amis américains, Tom, Matt et David, ont inauguré la vogue de la bière artisanale à Berlin en ouvrant en 2011 cette microbrasserie à la fois chic et rustique. Le bar sert une sélection évolutive de bières pressions, allant d'IPA doubles ou triples à des bières de blé ou salées (Gose).

Où sortir

Silent Green Kulturquartier (030-1208 2210 ; www.silent-green.net ; Gerichtstrasse 35 ; S Wedding, U Wedding, Leopoldplatz). Cet ancien crématorium a été reconverti en un espace culturel original, profitant de l'acoustique saisissante du lieu pour proposer musique et danse expérimentales, entre autres réjouissances. Peut-être un peu sordide, mais typique de Berlin... En journée, le café Mars sert déjeuners et boissons.

MUSÉE DE LA KULTURBRAUEREI HISTOIRE

Plan p. 350 (030-467 777 911 ; www.hdg.de/berlin/ ; Knaackstrasse 97 ; 9h-18h mar-ven, 10h-18h sam-dim ; P ; M1, M10, 12, U Eberswalder Strasse). GRATUIT À travers les salles thématiques de ce musée d'État, documents historiques, films d'époque et autres objets (dont une Trabant-camping-car) évoquent le quotidien en Allemagne de l'Est. En parcourant les couloirs, vous vous rendrez compte du contraste patent entre les nobles aspirations de l'État socialiste et la réalité de la vie quotidienne : pénurie de biens, surveillance et oppression endurées par le peuple.

L'exposition aborde également les différentes voies empruntées par les individus pour affronter cette situation.

CIMETIÈRE JUIF DE LA SCHÖNHAUSER ALLEE CIMETIÈRE

Plan p. 350 (Jüdischer Friedhof Schönhauser Allee ; 030-441 9824 ; www.jg-berlin.org/en/judaism/cemeteries/schoenhauser-allee.html ; Schönhauser Allee 22 ; 8h-16h lun-jeu, 7h30-13h ven ; U Senefelderplatz). Dans le second cimetière juif de Berlin, inauguré en 1827, reposent 25 000 personnes, tels le peintre et graveur Max Liebermann (1847-1935) et le compositeur Giacomo Meyerbeer (1791-1864). C'est un bel endroit, où la lumière

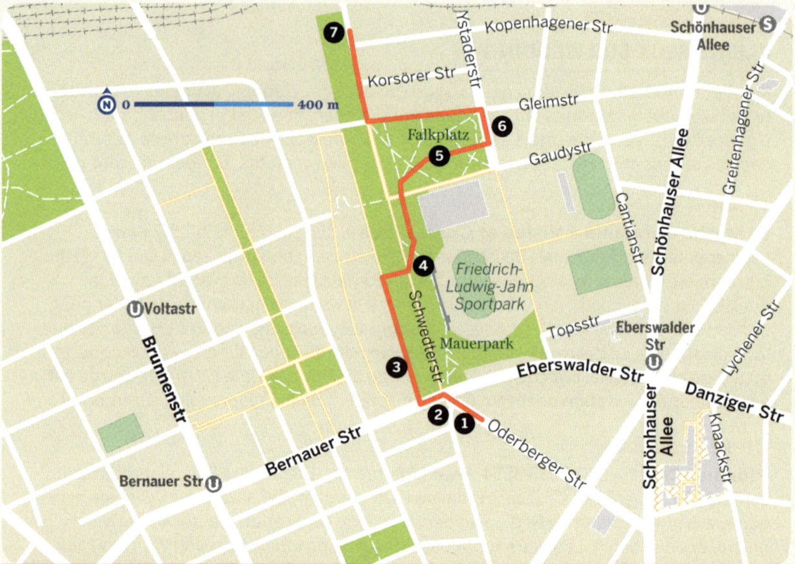

Comme un Berlinois
Un dimanche au Mauerpark

Berlinois, expatriés, touristes... tout le monde se rue au Mauerpark le dimanche. Ce patchwork urbain grouillant de vie a vu sa taille doubler en 2020, et son marché aux puces, ses concerts et son karaoké assurent l'ambiance. Les habitants s'y retrouvent pour un barbecue, un match de basket ou une partie de pétanque. Un tronçon du Mur couvert de graffitis rappelle l'époque où le parc faisait partie de la "bande de la mort" séparant Berlin en deux.

❶ Départ en beauté

Commencez la journée en arpentant l'Oderberger Strasse, jalonnée de restaurants et de cafés, dont le **Bonanza Coffee Heroes** (www.bonanzacoffee.de ; Oderberger Strasse 35 ; ⌚8h30-19h lun-ven, 10h-19h sam-dim ; 📶). En sirotant une tasse de thé, admirez les façades des maisons de ville restaurées du XIXe siècle, sauvées de la démolition à la fin des années 1970, alors que la rue débouchait sur le Mur.

❷ Histoire de la guerre froide

Durant la guerre froide, l'Est rencontrait l'Ouest dans la Bernauer Strasse, aujourd'hui longée par un mémorial (p. 140) long de 1,4 km évoquant la vie à l'époque de la partition. À l'est, la rue finit sur Schwedter Strasse ; l'arpenter un peu vers l'ouest offre un parcours évocateur de cette époque.

❸ Marché aux puces

Après cette dose d'histoire, allez chiner au marché aux puces Flohmarkt im Mauerpark (p. 151). Des stands de cuisine de rue permettent aussi de se sustenter et des *Biergärten* de se détendre au soleil.

❹ Bearpit Karaoke

La plupart des dimanches d'été, la meilleure attraction gratuite de la ville débute vers 15h, lorsque Joe Hatchiban installe son **karaoké** (www.bearpitkaraoke.com ; ⌚environ 15h-18h printemps-automne) GRATUIT dans l'amphithéâtre du Mauerpark. Joignez-vous à la foule qui encourage bruyamment les participants, de gamins ricanants aux crooners amateurs dignes de Broadway.

❺ Falkplatz

Planté de châtaigniers, chênes, bouleaux, frênes et peupliers, ce parc fut un terrain de parade de l'armée prussienne

Festival au Mauerpark

au XIXe siècle, avant de servir de potager après la Seconde Guerre mondiale. Aujourd'hui, on y vient se détendre. Les enfants profitent d'une fontaine figurant des lions de mer ou s'amusent à chercher d'autres animaux sculptés nichées entre deux arbustes.

6 Burgermania

Berlin prend des airs new-yorkais au **Bird** (www.thebirdinberlin.com ; Am Falkplatz 5 ; burgers 10-14,50 €, steaks à partir de 22,50 € ; ⏲18h-22h lun-jeu, 16h-23h ven, 12h-23h sam, 12h-22h dim ; 📶), un repaire d'expatriés, où la viande maturée à sec, les burgers et les frites maison valent leur réputation.

7 Nord du Mauerpark

Même certains Berlinois ignorent que le Mauerpark s'étend au nord du tunnel de la Gleimstrasse. Ce secteur, bien plus calme, recèle un enchanteur bois de bouleaux, la **Jugendfarm Moritzhof** (www.jugendfarm-moritzhof.de ; Schwedter Strasse 90 ; ⏲13h-18h mar-sam oct-mars, 13h-18h30 avr-sept, 12h-18h30 vacances scolaires), une ferme éducative et ludique, et le **Schwedter Nordwand** (www.alpinclub-berlin.de ; Schwedter Strasse), un mur d'escalade.

filtre à travers de grands châtaigniers et des tilleuls anciens. Un sentiment de mélancolie émane des tombes recouvertes de lierre et des pierres tombales renversées.

Les tombes les plus belles et les plus anciennes sont exposées dans le *lapidarium* (du latin *lapis*, pierre), une salle située près de l'entrée principale. Les hommes doivent se couvrir la tête avant d'entrer ; des kippas sont mises à disposition.

ÉGLISE GETHSÉMANÉ ÉGLISE

Plan p. 350 (Gethsemanekirche ; ☎030-445 7745 ; ekpn.de/vier-kirchen/gethsemane ; Stargarder Strasse 77 ; ⏲10h-18h lun-ven mai-sept, horaires variables oct-avr ; 🚊M1, Ⓤ Schönhauser Allee, Ⓢ Schönhauser Allee). Cette église néogothique de 1893 était un foyer de dissidence dans les derniers jours de la RDA et donc une épine dans le pied de la Stasi, qui, jusqu'en octobre 1989, avait brutalement annulé un rassemblement pacifique à l'extérieur de ses portails. On y admire une copie de la sculpture d'Ernst Barlach intitulée *Geistkämpfer* (le combattant de l'ombre, 1928) à l'extérieur de l'église, qui accueille des concerts et d'autres événements culturels en plus du service du dimanche à 11h.

Une courte prière pour les personnes emprisonnées à tort à travers le monde a lieu à 18h tous les soirs.

OÙ SE RESTAURER

Prenzlauer Berg possède une densité exceptionnelle de restaurants de quartier répondant aux palais exigeants et aventureux de ses expatriés. Même en l'absence de restaurants étoilés au Michelin, il y beaucoup d'adresses intéressantes où s'attabler.

Mauerpark et Prenzlauer Berg nord

EISPATISSERIE HOKEY POKEY GLACIER €

Plan p. 350 (☎0176-8010 3080 ; www.hokey-pokey.de ; Stargarder Strasse 72 ; ⏲12h-22h mai-sept, horaires selon saisons ; 🚊M1, Ⓤ Schönhauser Allee, Ⓢ Schönhauser Allee). Le meilleur glacier en ville ? Le débat fait rage parmi les Berlinois, mais Hokey Pokey est sans nul doute un candidat sérieux. Il faut souvent s'armer de patience pour savourer les glaces crémeuses de ce maître pâtissier qui ose les combinaisons de saveurs audacieuses.

ATAYA CAFFE VÉGAN €

Plan p. 350 (030-3302 1041 ; www.atayacaffe.de ; Zelter Strasse 6 ; plats principaux 9-11 €, dim brunch 14 € ; 12h-16h mar-jeu, 12h-16h et 18h-22h ven-sam, 11h-16h dim ; ; M2, S Prenzlauer Berg). Loin des sentiers battus et joliment décoré, ce café zéro déchet est le bébé d'Elisabetta et de Bachir Niang, qui y mettent toute leur énergie. Les amateurs de cuisine végane seront servis, avec des mets délicieux provenant de leurs pays d'origine, la Sardaigne et le Sénégal. Parmi les spécialités : le mafé (ragoût à base de pâte d'arachide) et les raviolis faits maison. Le brunch du dimanche à volonté est en passe de devenir une tradition locale.

HABBA HABBA MOYEN-ORIENTAL €

Plan p. 350 (030-3674 5726 ; www.habba-habba.de ; Kastanienallee 15 ; plats 5,50-11 € ; 11h-23h ; ; M1, 12, U Eberswalder Strasse). Ce minuscule *Imbiss* (snack-bar) vend des wraps originaux et savoureux, comme celui au poulet mariné à la grenade avec *farik* (blé vert) et sauce au yaourt à la menthe. À emporter ou à déguster sur place en observant les passants. Versions végétariennes et végétaliennes également disponibles.

KONNOPKE'S IMBISS ALLEMAND €

Plan p. 350 (030-442 7765 ; www.konnopke-imbiss.de ; Schönhauser Allee 44a ; saucisses 1,80-3,50 € ; 11h-18h lun-ven, 12h-18h sam ; ; M1, M10, M13, U Eberswalder Strasse). On fait toujours la queue pour savourer les célèbres saucisses de cet établissement niché depuis 1930 sous les rails de l'U-Bahn. Il dispose depuis peu d'un pavillon chauffé. Cartes en anglais et saucisses véganes disponibles. Choisissez entre 5 niveaux d'épices pour la sauce tomate "secrète" garnissant les goûteuses *Currywurst*.

DER BLAUE FUCHS GÉORGIEN €€

Plan p. 350 (030-2607 4244 ; derblauefuchs.metro.bar ; Knaackstrasse 43 ; plats 11-19,50 € ; 16h-23h mar-jeu, 12h-23h ven-dim ; ; U Senefelder Platz). Dans un cadre aux tonalités douces relevées d'un papier peint fait main des années 1920 et de luminaires de l'ex-RDA, on savoure des spécialités géorgiennes comme les *gebjalia* (rouleaux de mozzarella au *pesto*) ou le *chakapuli* (ragoût de veau). Attention à ne pas grignoter trop de *khachapuri* (petits pains au fromage) entre les plats. Petite aire de jeux pour les enfants.

KANAAN MOYEN-ORIENTAL €€

Plan p. 350 (01590 134 8077 ; www.kanaan-berlin.de ; Schliemannstrasse 15 ; plats déj et brunch 4-15 €, dîner 20 € ; 18h-22h mer-jeu, 12h-22h ven-dim ; ; M1, U Schönhauser Allee, S Schönhauser Allee). Dans un esprit de tolérance, un as de l'industrie israélienne et un chef palestinien se sont associés pour proposer un intéressant mélange de plats végétaliens et végétariens du Moyen-Orient. Le houmous est divin, surtout nappé de sauce ail-citron, avec des légumes marinés.

HOLY EVEREST NÉPALAIS €€

Plan p. 350 (030-2630 0423 ; facebook.com/holyeverest ; Gleimstrasse 54 ; momo 6-7 €, plats 11-20 € ; 12h-16h lun, 12h-16h et 17h-23h dim et mar-jeu, 12h-16h et 17h-24h ven-sam ; ; M1, U Schönhauser Allee, S Schönhauser Allee). Tenu par un authentique sherpa himalayen, Holy Everest conjugue cuisine de rue népalaise et techniques professionnelles pour un résultat splendide. Ne manquez pas les *momo*, raviolis frits aux garnitures inventives, servis en sauce pimentée ou avec un chutney de tomates acidulé, ou encore le *dal bhat* (plat national du Népal), un riz aux lentilles. Saveurs authentiques, produits frais et une explosion d'épices ayurvédiques. Nombreux plats végans.

ODERQUELLE ALLEMAND €€

Plan p. 350 (030-4400 8080 ; www.oderquelle.de ; Oderberger Strasse 27 ; plats 13-20 € ; 17h-23h lun-sam, 12h-23h dim ; M1, 12, U Eberswalder Strasse). Il est toujours plaisant d'entrer dans ce restaurant de l'Oderberger Strasse pour voir ce qui a inspiré le chef aujourd'hui. Ce sera probablement un plat allemand bien préparé, comme le *schnitzel* accompagné de pommes de terre ou le canard au chou rouge. Le meilleur emplacement reste la terrasse sur le trottoir, pour observer le défilé des passants.

ZUM SCHUSTERJUNGEN ALLEMAND €€

Plan p. 350 (030-442 7654 ; www.zumschusterjungen.com ; Danziger Strasse 9 ; plats 10-19 € ; 11h-minuit ; U Eberswalder Strasse). Touristes, expatriés et habitants du quartier se partagent ce gastropub *old-school*, où le charme rustique de Berlin se décline dans l'assiette en toute liberté. Les copieuses assiettes de goulasch, de porc rôti et de *Sauerbraten* (bœuf sauce aigre-douce)

VAUT LE DÉTOUR

À LA DÉCOUVERTE DU BERLIN SOUTERRAIN

Après avoir vu la porte de Brandebourg et la tour de la Télévision, pourquoi ne pas explorer le ventre sombre de Berlin ? **Berliner Unterwelten** (030-4991 0517 ; www.berliner-unterwelten.de ; Brunnenstrasse 105 ; tarif plein/réduit 12/10 € ; horaires variables ; S Gesundbrunnen, U Gesundbrunnen) propose une visite de 1 heure 30 intitulée "Dark Worlds". Vous partirez à la découverte d'un bunker souterrain de la Seconde Guerre mondiale et parcourrez un dédale de salles étouffantes, de lourdes portes en acier, de lits d'hôpital, avec la présence de casques, de fusils, de bottes et de nombreux autres objets liés à la guerre. Les guides vous raconteront la vie de milliers de Berlinois enfermés ici, dans la promiscuité et la peur, alors que les bombes pleuvaient sur Berlin. D'autres circuits permettent de découvrir un abri anti-bombes de la guerre froide, des tunnels d'évacuation du mur de Berlin et d'autres sites fascinants tout autour de la ville.

Les billets sont vendus uniquement en ligne. Enfants de moins de 7 ans non admis.

Berliner Unterwelten gère aussi l'exposition "Le Mythe Germania – Vision et Crimes" (p. 143), sur les projets de Hitler pour la "capitale mondiale de Germanie".

rassasient autant qu'elles réconfortent, de même que la Berliner Schusterjunge Pilsner et la bière noire Märkischer Landmann brassées dans la région.

MRS ROBINSON'S INTERNATIONAL €€€

Plan p. 350 (030-5462 2839 ; www.mrsrobinsons.de ; Pappelallee 29 ; menu 4/5/6 plats 62/65/75 € ; 18h-23h jeu-lun ; ; 12, U Eberswalder Strasse). Les plus fins gourmets de Berlin n'ont pas tardé à repérer ce restaurant minimaliste et décontracté (brique blanche, tables en bois poli), ouvert en 2016 par Ben Zviel et Samina Raza. Ils cuisinent, dans le respect des traditions, des produits locaux et de saison issus d'exploitations durables pour créer des plats aux saveurs intenses qui illustrent à merveille l'esprit expérimental berlinois. Il n'y a que des vins naturels à la carte.

Kollwitzplatz et Prenzlauer Berg sud

UMAMI VIETNAMIEN €

Plan p. 350 (030-2886 0626 ; www.umami-restaurant.de ; Knaackstrasse 16 ; majorité de plats 7,80 € ; 12h-23h ; ; M2, U Senefelderplatz). Une ambiance de paisible salon des années 1950 et un menu inspiré de la cuisine familiale indochinoise qui distingue les choix "traditionnels" et "végétariens", voilà les principaux atouts de ce restaurant doté d'une grande terrasse sur le trottoir. Laissez de la place pour leur petit cupcake (appelé *popcake*). Le repas familial à 6 plats coûte 23 € pour deux (10 € pers supp). Autre adresse à Kreuzberg.

W-DER IMBISS FUSION €

Plan p. 350 (030-4435 2206 ; www.w-derimbiss.de ; Kastanienallee 49 ; plats 5-20 € ; 12h-minuit dim-jeu, 12h-23h ven-sam ; ; M1, U Rosenthaler Platz). Restaurant fusion "indo-mexi-cal-ital" auto-proclamé, le W est toujours bien rempli d'amateurs de pizza *naan* fraîchement cuite au four *tandoor* (sa spécialité) et agrémentée de multiples ingrédients, de l'avocat au saumon fumé. On apprécie aussi les tacos de poisson, les *thali* de currys et le saumon tandoori.

Savourez le tout accompagné de jus de pomme à la spiruline, dans un jovial décor à l'hawaïenne. Une seconde adresse à Schöneberg, au n°10 de la Nollendorfstrasse.

STREET FOOD AUF ACHSE CUISINE DE RUE €

Plan p. 350 (www.streetfoodaufachse.de ; Kulturbrauerei, entre Schönhauser Allee, Knaackstrasse, Eberswalder Strasse et Sredzkistrasse ; 12h-18h dim fin jan à mi-nov). Le dimanche, la Kulturbrauerei (p. 142) est remplie de foules affamées qui viennent pour une expérience culinaire de toute première qualité à un prix défiant toute concurrence. La cour de cette brasserie en brique rouge du XIXe siècle transformée en centre culturel accueille alors des dizaines de cuisines mobiles et un *Biergarten*, ainsi que des concerts et autres manifestations occasionnelles. Elle est aussi ouverte en hiver, avec un bon feu qui réchauffe les mains et les cœurs.

LUCKY LEEK VÉGAN €€

Plan p. 350 (030-6640 8710 ; www.lucky-leek.com ; Kollwitzstrasse 54 ; plats 21 €, menu dégustation 3/4/5 plats 39/50/63 € ; 18h-22h mer-dim ;

Promenade à pied
À la découverte de Prenzlauer Berg

DÉPART SENEFELDER PLATZ
ARRIVÉE KONNOPKE'S – IMBISS
DISTANCE 1,2 KM ; **DURÉE** 1 HEURE 30

Partez de la 1 **Senefelder Platz**, qui tient son nom d'Aloys Senefelder, inventeur de la lithographie. Sur sa statue en marbre, son nom est gravé en miroir, comme l'exige ce procédé d'imprimerie. Poursuivez vers le nord dans la 2 **Kollwitzstrasse**, où le supermarché bio LPG et le palais KolleBelle reflètent l'aisance du quartier.

Vous arriverez bientôt sur la 3 **Kollwitzplatz** (p. 142), du nom de l'artiste Käthe Kollwitz, qui y vécut plus de 40 ans et aida les plus démunis. Une statue de bronze au centre de la place et une plaque apposée sur le bâtiment bleu du 58 de la Kollwitzstrasse lui rendent hommage.

Empruntez la Knaackstrasse, puis la Rykestrasse, et remarquez le 4 **château d'eau** (*Wasserturm*) le plus ancien de Berlin (1877), divisé aujourd'hui en appartements circulaires. Durant l'époque nazie, la salle des machines servit de prison et de centre de torture. Suivez la Rykestrasse, en admirant les façades de ses maisons de ville restaurées. Au n°53, la 5 **synagogue de la Rykestrasse**, qui a survécu à la Seconde Guerre mondiale, accueille à nouveau des services de shabbat.

Continuez dans la Rykestrasse jusqu'à la Sredzkistrasse, faites une pause thé et gâteaux maison chez 6 **Anna Blume** (p. 151) et explorez 7 **Bücher Tauschbaum**, un ensemble de boîtes à livres façonnées dans des troncs d'arbres.

Plus loin sur la droite, une ancienne brasserie transformée en complexe culturel, la 8 **Kulturbrauerei** (p. 142), présente une architecture toute en tours et tourelles évoquant un château fort de conte de fées. Dans l'aile nord, découvrez le quotidien des anciens Est-Allemands au 9 **Museum in der Kulturbrauerei** (p. 142), gratuit.

Sortez de la Kulturbrauerei et prenez la Knaackstrasse, puis tournez à gauche dans la Danziger Strasse pour terminer votre promenade avec une *Currywurst* au cultissime 10 **Konnopke's Imbiss** (p. 146).

; Senefelderplatz). Josita Hartanto n'a pas sa pareille pour exploiter au mieux les saveurs végétales grâce à des associations audacieuses et inattendues. Sa cuisine végane, l'une des meilleures de la ville, s'apprécie encore mieux l'été, sur la terrasse verdoyante installée dans la rue.

CHUTNIFY — INDIEN €€

Plan p. 350 (030-4401 0795 ; www.chutnify.com ; Sredzkistrasse 43 ; plats 10-17 € ; 12h-15h et 18h-22h mar-ven, 12h-22h sam-dim ; ; M2, M10, Eberswalder Strasse). Le paysage gastronomique indien de Berlin, souvent fade, avait bien besoin de la cuisine de rue épicée du sud de l'Inde proposée par Aparna Aurora. Elle se spécialise dans les dosas, des crêpes de farine de riz et de lentilles garnies de savoureux currys et ragoûts, mais ses recettes moins connues, commes les *vada* et les *idli*, valent aussi le détour.

Choisissez entre la terrasse sur rue et une salle toute en brique joliment décorée.

DER HAHN IST TOT! — FRANCO-ALLEMAND €€

Plan p. 350 (030-6570 6756 ; www.der-hahn-ist-tot.de ; Zionskirchstrasse 40 ; dîner 4 plats 25 € ; 18h30-23h mar-dim ; ; M1, 12, Senefelderplatz, Rosenthaler Platz). Ce restaurant, qui doit son curieux nom ("Le Coq est mort") à une comptine française, sert en effet du coq au vin. Vous le trouverez en plat principal dans certaines formules du soir (dont une sans viande) composées de 4 plats et renouvelées chaque semaine. Le meilleur des cuisines rurales française et allemande, dans un cadre cosy.

STANDARD – SERIOUS PIZZA — PIZZAS €€

Plan p. 350 (030-4862 5614 ; www.standard-berlin.de ; Templiner Strasse 7 ; pizzas 8,50-15 € ; 17h-23h mar-ven, 13h-23h sam-dim ; ; Senefelderplatz). Tout est dans le nom : ici, on ne plaisante pas avec la préparation d'authentiques pizzas à la napolitaine servies dans un décor contemporain. La pâte est pétrie quotidiennement, et la sauce tomate qui la garnit s'agrémente de tomates fraîches de San Marzano, sur les contreforts du Vésuve, et de fromage *fior di latte* crémeux à souhait. Le tout est cuit à la perfection dans un four à coupole.

AUSSPANNE — ALLEMAND €€

Plan p. 350 (030-4430 5199 ; www.deutsches-restaurant.berlin ; Kastanienallee 65 ; plats principaux 16-22 € ; 16h-23h mar-sam ; ; M1, 12, Senefelderplatz, Rosenthaler Platz). Rustique, cosy et orné de bois, de miroirs et d'enseignes émaillée vintage, Ausspanne conjugue traditions culinaires du vieux Berlin et nouvelle cuisine allemande. Le menu évolue au fil des saisons, mais les incontournables comme les Königsberger Klopse (boulettes de veau à la sauce aux câpres) ne passent jamais de mode.

OÙ PRENDRE UN VERRE ET FAIRE LA FÊTE

Les soirées de Prenzlauer Berg se passent dans des bars et cafés de quartier sans prétention, notamment dans la Lychener Strasse, la Schliemannstrasse et la Dunckerstrasse (que l'on surnomme "LSD"), au sud de la Helmholtzplatz. On en trouve aussi dans la Kastanienallee, notamment Prater, le plus ancien *Biergarten* de Berlin.

♥ PRATER GARTEN — BIERGÄRTEN

Plan p. 350 (030-448 5688 ; www.pratergarten.de ; Kastanienallee 7-9 ; en-cas 2,50-7,50 € ; 12h-tard avr-sept ; ; M1, 12, Eberswalder Strasse). Le plus ancien *Biergarten* de Berlin (ouvert en 1837) reste un endroit prisé pour boire une pilsner Prater brassée localement (en self-service), sous les vieux châtaigniers. L'établissement est fermé pour rénovation au moins jusqu'en juillet 2021.

Par mauvais temps, en hiver ou pour goûter des plats allemands et régionaux modernes, rendez-vous à la brasserie Prater Gaststätte qui jouxte l'établissement.

WEINEREI FORUM — BAR À VINS

Plan p. 350 (www.weinerei.com ; Veteranenstrasse 14 ; 10h-24h ; ; M1, 12, Rosenthaler Platz). En journée, ce café aux allures de salon sert gâteaux maison et en-cas avant de se muer en bar à vins à partir de 20h. Le principe : vous "louez" un verre à vin 2 €, puis vous buvez autant de vin que vous le désirez. À la fin, vous décidez de la somme que vous souhaitez payer. Jouez le jeu sans en profiter, pour que le système perdure.

L'établissement dépend du caviste voisin, et toutes les bouteilles sont en vente.

♥ LAMM BAR — BAR À COCKTAILS

Plan p. 350 (030-4467 5366 ; www.lammbar.de ; Wisbyer Strasse 1 ; 18h-2h lun-sam ; M1, 50,

VAUT LE DÉTOUR

CHÂTEAU DE SCHÖNHAUSEN

Entouré d'un joli parc, le **château de Schönhausen** (Schloss Schönhausen ; ☎030-3949 2625 ; www.spsg.de ; Tschaikowskistrasse 1 ; tarif plein/réduit 6/5 € ; ⏲10h-17h30 mar-dim avr-oct, 10h-16h sam-dim nov-mars ; P ; 🚊M1) est un haut lieu historique. Au départ domaine de la noblesse prussienne, ce petit château devint la résidence d'été de l'épouse de Frédéric II, Élisabeth-Christine de Brunswick-Wölfenbüttel (1715-1797). Le château tomba ensuite dans l'oubli. Les nazis l'utilisèrent pour conserver de l'art "dégénéré", avant qu'il ne devienne en 1949 la résidence du premier président d'Allemagne de l'Est, Wilhelm Pieck. Il deviendra par la suite une maison d'hôtes gérée par l'État.

Après une nouvelle grande métamorphose, le palais resplendit à nouveau. Les visites démarrent dans les pièces du bas, dont le mobilier et le papier peint reflètent le style du XVIIIe siècle, lorsque la reine y avait installé ses appartements privés. Les pièces du haut sont plus intéressantes car uniques : on y découvre le style empesé est-allemand, avec son lourd mobilier. Le bureau de Pieck est resté dans son jus des années 1950 et le couvre-lit bleu nuit de la chambre réservée aux hommes a vu passer Fidel Castro, Nicolae Ceauşescu et Mouammar Kadhafi, et d'autres hommes politiques de l'époque soviétique. Après la visite, promenez-vous dans les magnifiques jardins qui entourent l'édifice.

Pour vous rendre au palais, qui se trouve à Pankow juste au nord de Prenzlauer Berg, empruntez le tram M1 jusqu'à l'arrêt Tschaikowskistrasse. Il vous faudra ensuite parcourir à pied environ 300 m dans la Tschaikowskistrasse, en direction de l'est.

U Schönhauser Allee, S Schönhauser Allee). Un pélerinage dans le nord de Prenzlauer Berg vous permettra de lézarder sur la grande terrasse ou dans le décor industriel minimaliste de ce fantastique bar à cocktails. Les cocktails sont servis en deux tailles : grand (*Lamm*), ou petit (*Lämmchen*, "petit agneau"), pour les indécis.

BRYK BAR — BAR À COCKTAILS

Plan p. 350 (☎030-2246 8055 ; www.bryk-bar.com ; Rykestrasse 18 ; ⏲16h-tard ; 🚊M2, M10, S Prenzlauer Allee). Ce "laboratoire à cocktails" aux lumières tamisées est décoré d'éléments industriels et vintage. L'ambiance est décontractée. Le barman en chef Frank Grosser ne craint pas de laisser parler sa créativité. Cocktails à accompagner de délicieux en-cas.

À ne pas manquer : le gin-tonic à base de BRYK, un gin corsé fabriqué par les patrons et embouteillé dans d'élégantes bouteilles de céramique anthracite.

CAFÉ CHAGALL — BAR

Plan p. 350 (☎030-441 5881 ; www.cafe-chagall.com ; Kollwitzstrasse 2 ; ⏲10h-1h ou plus tard ; U Senefelderplatz). L'ambiance bohème de Prenzlauer Berg règne encore dans ce bar mêlant Berlinois, expatriés et touristes, séduits par les boissons fraîches et le personnel souriant. Salle fumeurs à l'arrière, grande terrasse en été. Le restaurant voisin affilié au café sert de la cuisine russe.

STONE BREWING TAP ROOM — BIÈRES ARTISANALES

Plan p. 350 (☎030-4401 2090 ; www.stonebrewing.com/visit/outposts/j-street ; Oderberger Strasse 15 ; ⏲15h-24h lun-jeu, 15h-1h ven, 12h30-1h sam, 12h30-22h dim ; U Eberswalder Strasse). Le bar de la brasserie californienne Stone Brewing sert les bières de sa maison-mère, celles de leurs camarades écossais de BrewDog et une sélection changeante de bières "invitées". Une petite faim ? Profitez des classiques de cuisine de rue du monde entier. Vous pourrez même remplir une bouteille de votre bière préférée pour continuer la fête à la maison.

BREWDOG — BIÈRES ARTISANALES

Plan p. 350 (☎030-4847 7770 ; www.brewdog.com ; Ackerstrasse 29 ; ⏲12h-24h dim-jeu, 12h-2h ven-sam ; 🚊12, M5, M8, U Bernauer Strasse). La mythique brasserie écossaise BrewDog s'attaque à Berlin avec ce bastion industriel moderne tout en brique apparente et bois sombre, où l'on sert une trentaine de bières à la pression. Des Brewdog (goûtez la Punk IPA) mais aussi une sélection changeante de bières d'Allemagne et d'ailleurs. En cas de fringale, commandez une pizza (10-12 €).

CASTLE — PUB

Plan p. 348 (☎0151 6767 6757 ; www.thecastle-berlin.de ; Invalidenstrasse 129 ; ⏲14h-1h lun-jeu, 14h-2h ven, 13h-1h dim ; 📶 ; 🚊M5, M8, M10, 12, S Nordbahnhof). Le "château" de Ben et Gekko est un lieu confortable et plutôt décontracté, sans tomber dans l'excès hipster. On y sert 20 bières à la pression et une sélection de 20 gins pour vos cocktails – de quoi passer un bon moment ! Les pizzas maison ne lésinent pas sur le fromage.

BECKETTS KOPF BAR À COCKTAILS

Plan p. 350 (030-4403 5880 ; www.becketts-kopf.de ; Pappelallee 64 ; 19h-2h ; 12, S Schönhauser Allee, U Schönhauser Allee). Sous le portrait de Samuel Beckett, l'art du cocktail est pris très au sérieux. Depuis 2004, le couple qui tient les lieux ne cesse d'améliorer ses talents de mixologues, agrémentant des classiques de touches personnelles et concoctant des mixtures originales qui font appel à tous vos sens. La plupart des alcools proviennent de petits producteurs.

ANNA BLUME CAFÉ €

Plan p. 350 (030-4404 8749 ; www.cafe-anna-blume.de ; Kollwitzstrasse 83 ; petit-déj 4-13 €, plats 8-15 € ; 9h-24h ; M2, M10, U Eberswalder Strasse). Café corsé, gâteaux appétissants, de nouveaux plats chauds chaque semaine, et des fleurs de la boutique adjacente parfument la salle Art nouveau de ce café en coin de rue. Il tient son nom d'un poème dadaïste de 1919 signé Kurt Schwitters. Par beau temps, la terrasse est un excellent spot d'observation. Parfait pour le petit-déjeuner (servi à toute heure), surtout si vous commandez le plateau pour deux.

AUGUST FENGLER BAR

Plan p. 350 (www.augustfengler.de ; Lychener Strasse 11 ; à partir de 19h lun-sam ; M1, U Eberswalder Strasse). Ouvert en 1936, ce bar à l'ancienne attire des bons vivants de tous âges venus draguer ou simplement passer du bon temps, sans se ruiner. Des DJ font chauffer leurs platines après 22h, du mardi au samedi, avec un mix éclectique des années 1980 au funk, du rock indépendant au rock classique.

On danse et on joue au ping-pong ou au baby-foot jusqu'à l'aube.

GREIFBAR BAR GAY

Plan p. 350 (030-8975 1498 ; www.greifbar.com ; Wichertstrasse 10 ; 22h-6h ; S Schönhauser Allee, U Schönhauser Allee). "Hommes-Alcools-Drague", la devise du Greifbar annonce d'emblée la couleur. Cette institution gay de Prenzlauer Berg draine une faune mélangée en jeans, baskets et cuir qui fait connaissance sous le grand écran vidéo avant de s'éclipser dans la *backroom*.

☆ OÙ SORTIR

LICHTBLICK KINO CINÉMA

Plan p. 350 (030-4405 8179 ; www.lichtblick-kino.org ; Kastanienallee 77 ; billets 7-7,50 € ; M1, U Eberswalder Strasse). Il n'y a que des bonnes places parmi les 32 sièges d'un des plus petits cinémas de Berlin, géré par un collectif et réputé pour sa programmation éclectique (rétrospectives, documentaires engagés, films berlinois et d'avant-garde du monde entier). Réalisateurs et acteurs assistent parfois aux projections.

SHOPPING

La Kastanienallee est la principale rue commerçante, prisée pour les boutiques de créateurs berlinois et le streetwear. Des boutiques indé jalonnent aussi la Stargarder Strasse et les alentours de la Helmholtzplatz, notamment vers le bas de la Dunckerstrasse. La plupart n'ouvrent qu'à 11h ou 12h. Le dimanche, cap sur les marchés aux puces du Mauerpark et de l'Arkonaplatz. Le centre commercial Schönhauser Allee Arcaden est situé juste à côté de la station d'U/S-Bahn du même nom.

♥ **FLOHMARKT IM MAUERPARK** MARCHÉ AUX PUCES

Plan p. 350 (www.flohmarktimmauerpark.de ; Bernauer Strasse 63-64 ; 9h-18h dim ; M1, M10, 12, U Eberswalder Strasse). Joignez-vous à la foule des experts en bonnes affaires, des clubbeurs et des touristes, tous en quête de trésors sur ce marché aux puces très animé, situé à l'endroit où s'élevait le Mur. On y trouve vêtements vintage, T-shirts de créateurs, vieux vinyles et toutes sortes d'objets excentriques. Stands de *street food* et *Biergärten*, notamment le **Mauersegler** (030-9788 0904 ; www.mauersegler-berlin.de ; 10h-tard mai-oct ;) et le Schönwetter.

♥ **DEARGOODS** MODE ET ACCESSOIRES

Plan p. 350 (030-9838 9926 ; www.deargoods.com ; Schivelbeiner Strasse 35 ; 11h-20h lun-ven, 11h-18h sam ; U Schönhauser Allee). Ouverte en 2012, Deargoods est la première boutique de mode végane d'Allemagne.

Désormais présente dans d'autres villes allemandes, la chaîne reste fidèle à son concept d'origine : des vêtements et accessoires fabriqués à partir de matériaux écologiques pour afficher un style élégant sans mauvaise conscience aucune.

♥ SUGAFARI — ALIMENTATION

Plan p. 350 (☎030-9560 9713 ; www.sugafari.com ; Kopenhagener Strasse 69 ; ⌚14h-19h30 mar-ven, 11h-18h sam ; 🚊M1, Ⓤ Schönhauser Allee, Ⓢ Schönhauser Allee). Un véritable tour du monde du bonbon vous attend dans ce paradis de douceurs sucrées. Expatrié victime du mal du pays ? À la recherche des bonbons de votre enfance ? Curieux d'essayer les Ma Hwa Cookies chinois ou une sucette colombienne Bon Bon Bum ? Vous trouverez votre bonheur dans cette jolie petite boutique (ou sur le site Internet).

ZWEIMALSCHÖN — VINTAGE

Plan p. 350 (☎030-4431 95290 ; www.zweimalschoen.de ; Danziger Strasse 22 ; ⌚11h-20h lun-sam ; Ⓤ Eberswalder Strasse). Tournez le dos à la *fast fashion* en chinant des vêtements de marques locales et d'ailleurs (pour homme et femme) dans cette sympathique boutique caritative de l'association Deutsche Kleiderstiftung. Également des sacs, articles de maison, livres et bijoux. Prix raisonnables et qualité au rendez-vous. Les bénéfices financent des projets sociaux à travers le monde.

GOLDHAHN UND SAMPSON — ALIMENTATION

Plan p. 350 (☎030-4119 8366 ; www.goldhahnundsampson.de ; Dunckerstrasse 9 ; ⌚8h-20h lun-ven, 9h-20h sam ; 🚊12, Ⓤ Eberswalder Strasse). Harissa, miso rouge sans additifs et pains allemands croustillants ne sont que quelques-uns des délices du monde entier proposés dans cette élégante boutique gastronomique. Les propriétaires, Sascha et Andreas, trouvent eux-mêmes les produits : la plupart sont rares, issus de l'agriculture biologique et proviennent de petits fournisseurs artisanaux. Pour vous détendre, parcourez la bibliothèque de livres de cuisine ou participez à un cours à l'école de cuisine située sur place.

KOLLWITZPLATZMARKT — MARCHÉ

Plan p. 350 (angle Kollwitzstrasse et Wöhrter Strasse ; ⌚12h-19h jeu avr-déc, 12h-18h jeu jan-mars, 9h-16h sam ; Ⓤ Senefelderplatz). En lisière de la jolie et arborée Kollwitzplatz, ce marché de producteurs très sélect propose tout ce qu'il faut pour un pique-nique ou un repas gastronomique : gorgonzola fondant, jambon fumé aux baies de genièvre, pain au levain croustillant, pesto maison...

Le jeudi, c'est 100% bio, et, le dimanche, l'artisanat s'invite au marché. Après leurs emplettes, les Berlinois aiment s'attarder autour d'un verre de vin sur le marché ou dans l'un des cafés qui l'entourent.

SAINT GEORGES ENGLISH BOOKSHOP — LIBRAIRIE

Plan p. 350 (☎030-8179 8333 ; www.saintgeorgesbookshop.com ; Wörther Strasse 27 ; ⌚11h-20h lun-ven, 11h-19h sam ; 📶 ; 🚊M2, Ⓢ Senefelderplatz). Cette librairie à l'ambiance très détendue est idéale pour dénicher des livres en anglais, neufs ou d'occasion. Il y a de nombreux ouvrages rares ou plus édités, ainsi qu'un vaste rayon de littératures allemande et du monde, traduites en anglais.

TA(U)SCHE — MODE ET ACCESSOIRES

Plan p. 350 (☎030-4030 1770 ; www.tausche.de ; Raumerstrasse 8 ; ⌚11h-19h lun-ven, 11h-18h sam ; 🚊12, Ⓤ Eberswalder Strasse). Heike Braun et Antje Strubels vendent leurs sacoches et sacs à dos à rabat échangeables dans le monde entier, mais c'est ici que tout a débuté. Entièrement fabriqués en Allemagne, ils se déclinent en 12 tailles. On peut choisir parmi plus de 200 rabats colorés et stylés, qui se zippent et se dézippent en un clin d'œil, ou même créer le sien.

TRÖDELMARKT ARKONAPLATZ — MARCHÉ

Plan p. 340 (www.troedelmarkt-arkonaplatz.de ; Arkonaplatz ; ⌚10h-16h dim ; 🚊M1, M10, Ⓤ Bernauer Strasse). Entouré de cafés, ce petit marché aux puces installé sur une place arborée réjouira les nostalgiques des années 1960 et 1970 avec des meubles originaux, accessoires, vêtements, vinyles et livres, certains articles provenant de l'ex-RDA. Balade à coupler avec une visite aux puces du Mauerpark voisin (p. 151).

RATZEKATZ — JOUETS

Plan p. 350 (☎030-681 9564 ; www.ratzekatz.de ; Raumerstrasse 7 ; ⌚10h-18h lun-sam ; 🚊12, Ⓤ Eberswalder Strasse). Cette adorable boutique a fait la une des journaux lorsqu'Angelina Jolie et son fils Maddox y achetèrent assez de dinosaures pour recréer Jurassic Park. On y trouve des jouets adaptés à tous les âges.

Potsdamer Platz et Tiergarten

POTSDAMER PLATZ | KULTURFORUM | TIERGARTEN ET QUARTIER DES AMBASSADES (DIPLOMATENVIERTEL)

Notre sélection

❶ La **Pinacothèque** (p. 158) et ses trésors des maîtres européens, de Rembrandt à Vermeer.

❷ Le chapiteau de verre et d'acier du **Sony Center** (p. 155), conçu par Helmut Jahn, est un refuge idéal pour se détendre devant un verre en regardant les passants.

❸ Vous contemplerez Berlin du haut du **Panoramapunkt** (p. 156) et pourrez prendre un verre en plein ciel.

❹ À vous les pelouses et les sentiers du grand **parc de Tiergarten** (p. 154), arboré, véritable poumon vert de la ville, ponctué d'étangs, de monuments et de *Biergarten*.

❺ Un hommage aux opposants au régime nazi au **mémorial de la Résistance allemande** (p. 162), dans les locaux mêmes où fut fomentée la tentative d'assassinat contre Hitler, le 20 juillet 1944.

Pour un plan plus détaillé, reportez-vous p. 352

Bon plan Lonely Planet

De septembre à juin, des centaines d'amateurs de musique classique, étudiants, touristes et employés de bureaux confondus, assistent chaque mardi à 13h à des concerts gratuits d'une heure dans le foyer de la Philharmonie de Berlin.

Le top des restaurants

- Layla (p. 166)
- Beba (p. 166)
- Ki-Nova (p. 166)
- Mabuhay (p. 166)

Voir détails p. 164

Le top des bars et des cafés

- Café am Neuen See (p. 167)
- Solar Lounge (p. 167)
- The Barn (p. 167)

Voir détails p. 167

Le top de l'architecture

- Sony Center (p. 155)
- Berliner Philharmonie (p. 163)
- Gropius Bau (p. 161)

Voir détails p. 155

Découvrir Potsdamer Platz et Tiergarten

Potsdamer Platz est en réalité le quartier le plus récent de Berlin. La place et ses alentours, auparavant coupés par le Mur et entièrement reconstruits à partir de 1990, sont un modèle de rénovation urbaine, fruit des efforts conjugués de grands architectes. Le quartier est assez petit et se visite rapidement, à moins de prendre le temps d'aller voir Berlin depuis le Panoramapunkt (p. 156) ou de découvrir le musée du Cinéma et de la Télévision (Museum für Film und Fernsehen ; p. 156).

Les amateurs d'art apprécieront le Kulturforum, ensemble de musées d'exception consacrés à l'art, à la musique et au design. Si vous manquez de temps, tenez-vous en aux maîtres anciens de la Pinacothèque (Gemäldegalerie ; p. 158). Faites ensuite une promenade dans l'immense Tiergarten (p. 164), sorte de Central Park berlinois, et allez vous rafraîchir au Café am Neuen See (p. 167). Au sud du parc, le quartier des ambassades (Diplomatenviertel ; p. 164) éblouira les férus d'architecture contemporaine. À l'est de la Potsdamer Platz, la curiosité principale est le gigantesque Mall of Berlin (p. 168), sur la Leipziger Platz, de forme octogonale.

Vivre comme un Berlinois

Se mettre au vert Lorsque le soleil est de la partie, les Berlinois gagnent les sentiers arborés du parc de Tiergarten (p. 164), avant de prendre un verre au Café am Neuen See (p. 167), au bord du lac.

Fête au jardin Les dimanches en juillet-août, la Teehaus im Englischen Garten (p. 166) accueille une grande garden-party avec des concerts gratuits de rock, pop ou jazz (www.konzertsommer-berlin.de).

Au feu À l'angle de la Potsdamer Platz et de la Stresemannstrasse, la réplique du premier feu de signalisation d'Europe (1924), en forme de tour de l'horloge, est un point de rendez-vous populaire.

Depuis/vers Potsdamer Platz et Tiergarten

Bus Le bus 200 dessert le Zoologischer Garten et l'Alexanderplatz, le 300 l'East Side Gallery, le M41 la gare centrale de Berlin (Berlin Hauptbahnhof), Kreuzberg et Neukölln, et enfin le M29 Kreuzberg et Charlottenburg via Checkpoint Charlie.

S-Bahn Les lignes S1 et S2 relient Potsdamer Platz à Unter den Linden et à Scheunenviertel.

U-Bahn La ligne U2 s'arrête à Potsdamer Platz et à Mendelssohn-Bartholdy-Platz.

LES INCONTOURNABLES
POTSDAMER PLATZ

La renaissance de la Potsdamer Platz a été le plus gros chantier d'Europe durant les années 1990. Vitrine d'un renouveau urbain piloté par des architectes de renom comme Renzo Piano et Helmut Jahn, c'est un quartier entier, avec des immeubles de bureaux et d'habitation, des théâtres et des cinémas, des hôtels et des musées, qui a surgi du no man's land auparavant coupé en deux par le Mur.

Jusqu'à ce que la Seconde Guerre mondiale détruise tout le secteur, la Potsdamer Platz était le cœur du commerce, du divertissement et de l'animation de Berlin. Sa réinterprétation moderne comporte 3 sections. Le **Sony Center** en est la facette la plus éclatante et la plus accueillante, avec une place centrale coiffée d'un chapiteau de verre qui s'illumine de couleurs changeantes à la nuit tombée. Des portions du **mur de Berlin** trônent à l'angle de la Potsdamer Strasse et de l'Ebertstrasse. De l'autre côté, **Daimler City** abrite de grands hôtels, un centre commercial, des œuvres d'art çà et là (voir p. 157), et des espaces accueillant films et galas lors de la Berlinale (février). Le **Beisheim Center**, avec l'hôtel Ritz-Carlton, arbore la physionomie d'un gratte-ciel new-yorkais.

À NE PAS MANQUER

- Panoramapunkt
- Musée du Cinéma et de la Télévision
- Vestiges du mur de Berlin

INFOS PRATIQUES

- Plan p. 352, G5
- Alte Potsdamer Strasse
- 200, 300, M41, S Potsdamer Platz, U Potsdamer Platz

Sony Center

Conçu par Helmut Jahn, le **Sony Center** (www.potsdamer-platz.net) contre lequel se dresse une tour de verre et d'acier de 26 étages, est le bâtiment le plus spectaculaire de la Potsdamer Platz. Il comprend des vestiges de l'**Hotel Esplanade**, grand hôtel d'avant-guerre – notamment un fragment de sa façade (visible depuis la Bellevuestrasse), ainsi que la somptueuse **Kaisersaal** (salle de l'Empereur), joyau rococo de la fin du XIXe siècle déplacé tel quel sur 75 m grâce à des prodiges de technologie. Au cœur du Sony Center se trouve une place couverte d'un chapiteau de verre maintenu par des poutres disposées en rayons. La place et ses nombreux cafés invitent à se prélasser en regardant les passants.

UNE PETITE FAIM ?

Cap sur The Barn (p. 167), dans l'historique Haus Huth (Weinhaus Huth), pour un café d'origine unique ou un cocktail caféiné. Ou reprenez des forces avec un déjeuner diététique et coloré chez Ki-Nova (p. 166), un joyeux café avec terrasse sur rue.

La Potsdamer Platz fut détruite à 80% pendant la Seconde Guerre mondiale, puis coupée en deux par le Mur en 1961. Aujourd'hui, une double rangée de pavés symbolise le tracé du Mur. Face à l'entrée nord de la gare de Potsdamer Platz, quelques portions du Mur (p. 155) arborent des textes explicatifs sur d'autres sites mémoriels.

BON À SAVOIR

➡ Ne manquez pas les tronçons du Mur à la sortie de la gare de S-Bahn Potsdamer Platz.

➡ L'accès au musée du Cinéma et de la Télévision (ci-contre) est gratuit le jeudi de 16h à 20h.

➡ Un mirador du mur de Berlin (p. 161) se trouve à une courte marche dans l'Erna-Berger-Strasse, donnant dans la Stresemannstrasse).

Musée du Cinéma et de la Télévision

Du muet à la science-fiction, l'illustre histoire du cinéma à Berlin est la vedette du **Museum für Film und Fernsehen** (musée du Cinéma et de la Télévision ; ☎030-300 9030 ; www.deutsche-kinemathek.de/en ; Potsdamer Strasse 2 ; tarif plein/réduit 8/5 €, gratuit 16h-20h jeu ; ⏲10h-18h mer et ven-lun, 10h-20h jeu). Vous commencerez la visite en étant propulsé dans une salle aux miroirs évoquant le *Cabinet du docteur Caligari*, avant de parcourir les salles consacrées aux pionniers et aux stars d'antan, aux classiques du muet, comme *Metropolis* de Fritz Lang, au film documentaire *Les Dieux du stade* (*Olympia*, en allemand) de Leni Riefenstahl, datant de l'époque nazie (1936), aux films des Allemands exilés à Hollywood et aux productions postérieures à la Seconde Guerre mondiale. Marlene Dietrich est évoquée à travers une série de costumes originaux, de parures personnelles, de photos et de documents. À l'étage, l'**exposition sur la télé** s'adresse à un public plus restreint, mais reste amusante si vous voulez entendre *Star Trek* en allemand. N'oubliez pas l'excellent audioguide (2 €) pour les galeries à thème.

Le musée fait partie de la Filmhaus (Deutsche Kinemathek), qui abrite une école de cinéma, les cinémas Arsenal (p. 167), une bibliothèque et la boutique du musée.

Legoland Discovery Centre

Conçu à partir des fameuses petites briques de plastique colorées, le **Legoland Discovery Centre** (☎01806 6669 0110 ; www.legolanddiscoverycentre.de/berlin ; Potsdamer Strasse 4 ; 19,50 € ; ⏲10h-19h mer-dim, dernière entrée 17h) est un parc à thème en intérieur qui convient aux enfants de 3 à 8 ans. Passez le film de présentation pour rejoindre des attractions telles que Ninjago, où vous vous entraînerez comme un ninja avant de vous attaquer au labyrinthe laser, ou le manège magique de Merlin pour devenir apprenti sorcier. Parmi les autres "sensations" : le cinéma 4D (avec effets spéciaux tactiles), le château du Dragon, et la construction de voitures de course en Lego. Les adultes s'émerveilleront devant le Miniland, un Berlin miniature créé avec plus de 2 millions de briques de Lego.

Remises et billets combinés sur le site Internet.

Panoramapunkt

Modèle le plus rapide d'Europe à l'heure actuelle, l'ascenseur du **Panoramapunkt** (☎030-2593 7080 ; www.panoramapunkt.de ; Potsdamer Platz 1 ; tarif plein/réduit 7,50/6 €, coupe-file 11,50/9 € ; ⏲11h-19h avr-oct, 11h-17h nov-mars) propulse les visiteurs au sommet

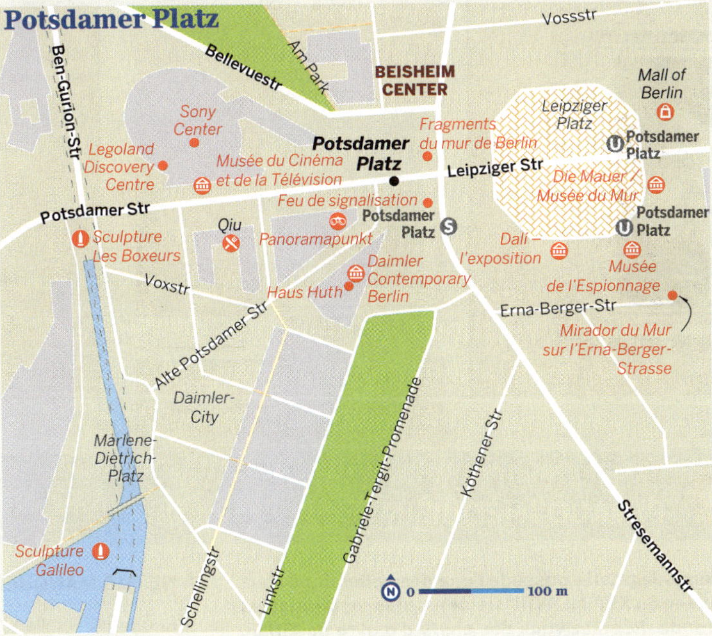

de la Kollhoff-Tower (une tour postmoderne en brique rouge) en seulement 20 secondes. Admirez la vue depuis la plateforme d'observation à deux niveaux perchée à 100 m de hauteur, faites une pause au café panoramique style années 1930, puis admirez le soleil couchant et découvrez une exposition retraçant l'histoire de la place et du quartier.

Daimler City

Daimler City est un ensemble urbain postmoderne ponctué d'immenses sculptures abstraites explorant la relation entre l'art et l'espace urbain. Commencez par admirer **Les Boxeurs**, sculpture de Keith Haring montrant deux silhouettes découpées dans l'acier – l'une bleue, l'autre rouge – qui semblent se battre. S'embrassent-ils plutôt ? À vous de décider. De là, cap sur le sud et le "lac piano" (un bassin), où trône **Galileo**, sculpture abstraite de Mark di Suvero faite d'un enchevêtrement de poutres métalliques rouillées semblant défier la gravité.

Ces sculptures font partie de la Daimler Art Collection, qui gère non loin la Daimler Contemporary Berlin (p. 161), une galerie d'art paisible aux airs de loft. Les conservateurs organisent plusieurs expositions par an à partir de la vaste collection de Daimler, composée d'œuvres abstraites, conceptuelles et minimalistes du monde entier. La galerie se trouve au dernier étage de la Haus Huth, édifice historique parmi la poignée à avoir survécu à la Seconde Guerre mondiale sur la Potsdamer Platz. Sonnez pour qu'on vous ouvre.

LES INCONTOURNABLES
PINACOTHÈQUE

La Gemäldegalerie possède l'une des collections d'art européen du XIIIe au XVIIIe siècle les plus remarquables au monde. Régalez-vous des chefs-d'œuvre de Titien, Goya, Botticelli, Holbein, Gainsborough, Canaletto, Hals, Rubens, Vermeer et autres grands maîtres. Le musée accueille également d'excellentes expositions temporaires présentant des artistes reconnus de cette période.

La collection

L'ouverture de la Pinacothèque en 1998, dans un espace conçu sur mesure, a marqué l'heureuse réunification d'une collection exceptionnelle que la guerre froide avait divisée pendant un demi-siècle. Certains tableaux étaient restés au musée Bode, à Berlin-Est, tandis que d'autres étaient exposés à Dahlem, une banlieue de Berlin-Ouest. Aujourd'hui, ce sont quelque 1 500 œuvres qui sont réunies à la Pinacothèque, s'échelonnant sur 5 siècles. Les peintres hollandais et flamands, dont Rembrandt, sont particulièrement bien représentés, de même que ceux de la Renaissance italienne et les artistes allemands du Moyen Âge tardif. On y trouve aussi des maîtres britanniques, français et espagnols.

Pavillon est : maîtres allemands, hollandais et flamands

L'exposition débute par des peintures religieuses du Moyen Âge, avant de se poursuivre par la Renaissance et deux de ses plus fameux représentants : Albrecht Dürer et Lucas Cranach l'Ancien. Dans la salle II, notez le remarquable **Portrait de Hieronymus Holzschuher** (1526), de Dürer,

À NE PAS MANQUER

- Rembrandt (salle X)
- *L'Amour vainqueur* (salle XIV)
- *Les Proverbes flamands* (salle VII)
- *La Fontaine de Jouvence* (salle III)

INFOS PRATIQUES

- Gemäldegalerie
- Plan p. 352, E5
- ☎030-266 424 242
- www.smb.museum/en/museums-institutions/gemaeldegalerie/home
- Matthäikirchplatz
- Tarif plein/réduit 10/5 €, gratuit - 18 ans
- 10h-18h mar-mer et ven, 10h-20h jeu, 11h-18h sam-dim
- 200, 300, M41, M48, M85, S Potsdamer Platz, U Potsdamer Platz

qui figure un aristocrate de Nuremberg, politicien et fervent défenseur de la Réforme. Remarquez la précision chirurgicale avec laquelle l'artiste dépeint les traits de son ami, jusqu'aux rides et à la chevelure clairsemée.

Dans la salle III se trouve la **Fontaine de Jouvence** (1546), l'une des plus belles œuvres de Cranach, qui illustre le désir ardent de jeunesse. De vieilles femmes plongent dans un bassin et en ressortent changées en sublimes créatures. La métamorphose se reflète aussi dans le paysage, nu et escarpé à gauche, luxuriant et fertile à droite.

La salle IV recèle une autre œuvre remarquable, **Portrait d'une jeune fille** (1470) de Petrus Christus. Le tableau représente une intrigante demoiselle au teint de porcelaine, dont les yeux en amande semblent mêler tristesse et circonspection. C'est la seule œuvre de Christus représentant une femme.

De Pieter Bruegel l'Ancien, artiste majeur de la Renaissance hollandaise, on admirera l'impressionnant **Proverbes flamands** (1559), dans la salle 7. Ce tableau moraliste et non dénué d'humour concentre plus de 100 proverbes et idiomes en une unique scène villageoise de bord de mer. Si certains pointent l'absurdité de la nature humaine, d'autres révèlent son imprudence et sa malignité. Quelques-uns de ces adages sont encore usités, comme "nager à contre-courant" et "armés jusqu'aux dents".

Pavillon nord : peintures hollandaises du XVIIe siècle

Les premières galeries du pavillon nord comptent quelques portraits exceptionnels, notamment le **Malle Babbe** de Frans Hals (1633), dans la salle 13. Notez avec quelle virtuosité l'artiste saisit le caractère et la vitalité de "Barbara la Folle", son sujet. Hals rencontra cette femme au rire démoniaque dans l'atelier pour déficients mentaux que fréquentait son fils Pieter. La chope en étain et la chouette symbolisent le penchant de Babbe pour la boisson.

La salle 18 recèle une autre merveille : la **Dame au collier de perles** (vers 1662-1665), l'un des tableaux les plus célèbres du peintre réaliste Jan Vermeer. On y voit une jeune femme élégamment vêtue en train d'attacher autour de son cou un collier de perles devant une petite fenêtre – un moment d'intimité superbement croqué par les coups de pinceaux subtils caractéristiques de l'artiste.

L'œuvre phare du pavillon nord est dans la salle X, une pièce octogonale consacrée à Rembrandt : il s'agit de l'imposant **Ministre mennonite Cornelis Claesz Anslo** (1641), qui figure le prédicateur discutant avec son épouse. L'énorme bible ouverte et la main qui semble presque sortir du centre du

UNE PETITE FAIM ?

Chez Ahmet, kiosque sympathique dans la Potsdamer Strasse, vend boissons fraîches, *Currywurst* et en-cas turcs (10h-20h). Pour un cadre plus chic, déjeunez au Qiu (p. 168), près de la Potsdamer Platz.

Cette immense collection est installée dans le dernier musée en date du Kulturforum, ouvert en 1998. Œuvre du cabinet munichois Hilmer & Sattler, c'est une interprétation postmoderne des lignes épurées et des symétries rigoureuses de l'époque de Karl Friedrich Schinkel. L'entrée est en haut d'une place pentue. La collection permanente est installée autour d'une vaste salle consacrée aux expositions temporaires.

BON À SAVOIR

- Profitez de l'excellent audioguide, gratuit.
- Le système de numérotation des salles, assez déroutant, alterne chiffres romains (I, II, III) et arabes (1, 2, 3).
- Le parcours des 72 salles couvre plus de 2 km ; prévoyez au moins 2 heures pour les voir toutes.

PINACOTHÈQUE

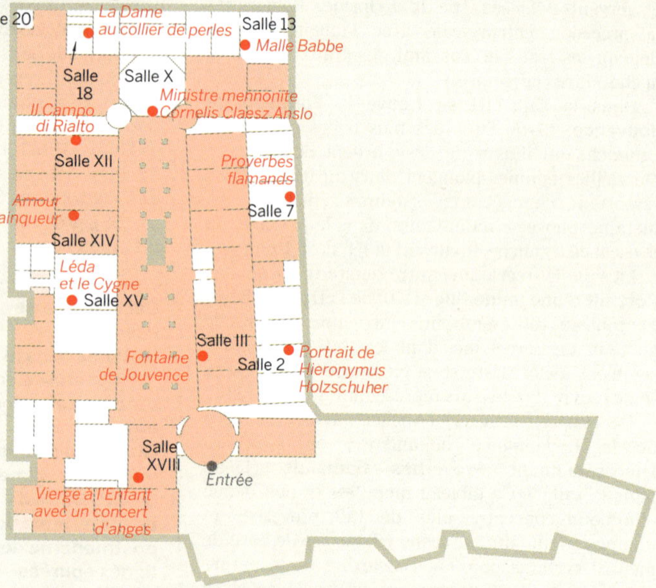

tableau visent à souligner la force de ses convictions religieuses. À côté, notez le petit autoportrait de Rembrandt.

Pavillon ouest : chefs-d'œuvre italiens

Les premières galeries du pavillon ouest sont également consacrées aux XVIIe et XVIIIe siècles. Tout le monde vient admirer **Il Campo di Rialto** (1758-1763) de Canaletto, dans la salle XII, qui dépeint la grande place du marché de sa Venise natale, avec un sens de la précision et de la perspective étonnant. Remarquez les orfèvreries sur la gauche, les marchands emperruqués au centre et les échoppes de peintures et de meubles sur la droite.

La salle XIV abrite l'exquis **Amour vainqueur** (1602-1603) du Caravage. Un facétieux Cupidon porte pour seuls vêtements un sourire malicieux et une paire d'ailes. Remarquez le réalisme quasi photographique produit par l'utilisation théâtrale de l'ombre et de la lumière.

Les galeries suivantes ramènent le visiteur à la Renaissance, avec Raphaël, Titien et Corrège. Le **Léda et le Cygne** (1532) de ce dernier, dans la salle XVI, mérite que l'on s'y attarde. À en juger par son expression béate, Léda passe un moment agréable avec ce cygne qui, selon la mythologie grecque, serait Zeus en personne. Scandalisé par la nature érotique de l'œuvre, Louis d'Orléans, qui en était le propriétaire, aurait découpé le visage de Léda, avant que le tableau ne soit restauré.

Si vous pensez que toutes les œuvres du pavillon ouest sont d'inspiration licencieuse, penchez-vous sur la **Vierge à l'Enfant avec un concert d'anges** (1477) de Sandro Botticelli, dans la salle XVIII. Ce tableau circulaire (*tondo*) présente Marie flanquée de deux rangées de quatre anges sans ailes. Ce moment intime montre la Vierge tenant tendrement son enfant, s'apprêtant peut-être à lui donner le sein. Les lys blancs symbolisent sa pureté. Notez que la mère et l'enfant ont les mêmes yeux noisette.

À VOIR

Les sites de ce quartier peu étendu sont regroupés autour de la Potsdamer Platz et du Kulturforum, voisin. Le quartier des Ambassades se trouve juste à l'ouest, le parc Tiergarten au nord. Le tout se parcourt aisément à pied.

Potsdamer Platz

POTSDAMER PLATZ — QUARTIER

Voir p. 155.

GROPIUS BAU — MUSÉE D'ART

Plan p. 352 (030-254 860 ; www.gropiusbau.de ; Niederkirchner Strasse 7 ; tarif plein/réduit 15/10 €, gratuit - 16 ans ; 10h-19h ven-mer, 10h-21h jeu ; P ; M41, S Potsdamer Platz, U Potsdamer Platz). Avec ses mosaïques, ses bas-reliefs en terre cuite et son vaste hall, cet espace d'exposition de style Renaissance italienne (1881), baptisé du nom de son architecte Martin Gropius (le grand-oncle de Walter Gropius, fondateur du Bauhaus), est connu pour la qualité de ses expositions artistiques et culturelles (rétrospective David Bowie, dernières œuvres d'Ai Weiwei ou exposition ethnologique sur les mystères d'Angkor Vat), toujours remarquables. De l'autre côté de la rue se dresse l'imposant édifice néo-Renaissance où se réunit la Chambre des députés de Berlin (l'Abgeordnetenhaus).

MUSÉE DE L'ESPIONNAGE — TECHNIQUE, HISTOIRE

Plan p. 352 (Deutsches Spionage Museum ; 030-398 200 451 ; www.deutsches-spionagemuseum.de ; Leipziger Platz 9 ; tarif plein/réduit 12/8 € ; 10h-20h, dernière entrée 19h ; 200, M41, M48, M85, S Potsdamer Platz, U Potsdamer Platz). Ce musée privé interactif et high-tech détaille l'évolution de l'espionnage de l'Égypte antique au XXe siècle, et expose des centaines d'objets ingénieux, dont un rouge à lèvres-pistolet, des micros intégrés dans des chaussures et une rarissime machine à coder Enigma. On peut y découvrir la vie d'espions célèbres, coder un message secret, dénicher des micros cachés et passer au détecteur de mensonges. Le labyrinthe laser fait le bonheur des enfants de tous âges.

Les expositions abordent aussi les enjeux du XXIe siècle : le big data, la sécurité des données en ligne, les droits et libertés dans un monde sous surveillance et les questions soulevées par les réseaux sociaux.

DALÍ – L'EXPOSITION — GALERIE D'ART

Plan p. 352 (Dalí – Die Ausstellung ; www.daliberlin.de ; Leipziger Platz 7 ; tarif plein/réduit 12,50/9,50 €, avec visite 19,50/14 € ; 12h-18h, dernière entrée 17h ; 200, M41, M48, M85, S Potsdamer Platz, U Potsdamer Platz). Pour vous, Salvador Dalí est uniquement le peintre des montres molles, des girafes en feu et autres images surréalistes ? Cette collection privée est susceptible de vous ouvrir de nouvelles perspectives sur l'artiste. L'accent est mis ici sur ses graphismes, ses illustrations, ses sculptures, ses dessins et ses films, avec notamment des esquisses sur le thème de Tristan et Iseut, des sculptures épiques comme l'Ange surréaliste et des lithographies de *Don Quichotte*.

DIE MAUER / THE WALL MUSEUM AM LEIPZIGER PLATZ — MUSÉE

Plan p. 352 (030-6296 8599 ; diemauerthewall.de ; Leipziger Platz 11 ; tarif plein/réduit 10/8 € ; 11h-18h ; U Potsdamer Platz, S Potsdamer Platz). Dans le dernier en date des musées berlinois sur l'histoire du Mur, on peut voir des barricades antichars fabriquées à partir de rails ferroviaires, des uniformes, du matériel de communications ou un drapeau de la RDA en forme de disque provenant d'un poste-frontière.

MIRADOR DE LA RDA – ERNA-BERGER-STRASSE — MÉMORIAL

Plan p. 352 (Erna-Berger-Strasse ; M41, U Potsdamer Platz, S Potsdamer Platz). Mettez-vous à la place d'un garde-frontière du mur de Berlin en grimpant l'échelle métallique de ce mirador de type BT6, l'un des derniers encore debout. La plateforme d'observation octogonale, datant de 1971, est particulièrement exiguë, et ce modèle fut ultérieurement remplacé par des miradors carrés et plus grands.

DAIMLER CONTEMPORARY BERLIN — GALERIE D'ART

Plan p. 352 (030-2594 1421 ; www.art.daimler.com ; Alte Potsdamer Strasse 5, Haus Huth, 4e ét. ; 11h-18h ; 200, 300, M41, S Potsdamer Platz, U Potsdamer Platz). GRATUIT Échappez à l'agitation urbaine dans cette galerie d'art aux airs de loft où l'entreprise Daimler expose une partie de son immense collection d'art abstrait, conceptuel et minimaliste. Elle est située au dernier étage de la Haus Huth (connue aussi sous le nom de Weinhaus Hut), immeuble historique (1912) parmi les rares de Potsdamer Platz à avoir survécu à la Seconde Guerre mondiale. Il faut sonner pour entrer (accès gratuit).

BUNKER DE L'HISTOIRE DE BERLIN MUSÉE

Plan p. 356 (☎030-2655 5546 ; www.berlinstory.de ; Schöneberger Strasse 23a ; exposition Hitler tarif plein/réduit 12/9 €, musée de l'Histoire de Berlin 6/4,50 € ; ⏲10h-19h, dernière entrée 17h30 ; 🚌M29, M41, Ⓢ Anhalter Bahnhof). Intitulée "Hitler – comment cela a-t-il pu se produire", cette exposition multimédia, aménagée sur 3 niveaux dans un ancien abri antiaérien de la Seconde Guerre mondiale, retrace avec moult détails l'ascension de Hitler et son impact sur l'Allemagne et le monde. Ne manquez pas la maquette au 1/25 du bunker où Hitler se suicida en avril 1945. Dans le même bâtiment se trouve le musée de l'Histoire de Berlin (Berlin Story Museum), qui renferme une remarquable exposition permanente retraçant l'histoire de la ville, à suivre avec un audioguide de 1 heure.

Kulturforum

PINACOTHÈQUE MUSÉE D'ART

Voir p. 158.

MUSÉE DES ARTS DÉCORATIFS DÉCORATION

Plan p. 352 (Kunstgewerbemuseum ; ☎030-266 424 242 ; www.smb.museum/en ; Matthäikirchplatz ; tarif plein/réduit 8/4 €, gratuit - 18 ans ; ⏲10h-18h mar-ven, 11h-18h sam-dim ; 🚌200, M41, M48, M85, Ⓢ Potsdamer Platz, Ⓤ Potsdamer Platz). Ce musée prestigieux, dédié au design, à la mode et aux arts décoratifs européens du Moyen Âge à nos jours, fait partie du Kulturforum. Vous y admirerez des reliquaires finement ornés et des autels portatifs du Moyen-Âge, ainsi que des classiques du Bauhaus et du design contemporain signés Philippe Starck ou Ettore Sottsass. La galerie de la Mode est la perle du musée, avec ses vêtements et accessoires de grands créateurs de ces 150 dernières années.

LES INCONTOURNABLES MÉMORIAL DE LA RÉSISTANCE ALLEMANDE

L'histoire de Claus von Stauffenberg, colonel de la Wehrmacht qui ourdit un coup d'État militaire contre Hitler, est un modèle de la résistance allemande contre le dirigeant du IIIe Reich. Les pièces où les officiers menés par Stauffenberg préparèrent leur courageuse mais malheureuse tentative d'assassinat du Führer le 20 juillet 1944, baptisée opération Walkyrie, font partie du **mémorial de la Résistance allemande** (Gedenkstätte Deutscher Widerstand). Appelé Bendlerblock, le bâtiment en lui-même abrita le quartier général de la Wehrmacht de 1935 à 1945. Aujourd'hui, l'édifice sert de siège secondaire au ministère allemand de la Défense.

En parallèle des explications sur le complot mené par Stauffenberg, les expositions du centre parlent des nombreux autres Allemands qui s'opposèrent activement au régime nazi, pour des raisons idéologiques, éthiques, religieuses ou militaires. La plupart étaient des citoyens ordinaires, comme Hans et Sophie Scholl, du groupe étudiant la Rose blanche, ou encore l'ébéniste Georg Elser ; d'autres étaient des personnalités publiques, comme l'artiste Käthe Kollwitz ou le théologien Dietrich Bonhoeffer.

Dans la cour, la statue en bronze d'un homme aux mains liées, signée Richard Scheibe, marque l'endroit où Stauffenberg et trois autres conspirateurs furent exécutés juste après leur tentative avortée.

À NE PAS MANQUER

- Stauffenberg (salles 8 à 11)
- La Rose blanche (salle 15)

INFOS PRATIQUES

- Gedenkstätte Deutscher Widerstand
- Plan p. 352, D5
- ☎030-2699 5000
- www.gdw-berlin.de
- Stauffenbergstrasse 13-14
- Entrée libre
- ⏲9h-18h lun-ven, 10h-18h sam-dim
- 🚌200, M29, M48, M85, Ⓢ Potsdamer Platz, Ⓤ Potsdamer Platz, Kurfürstenstrasse

En raison de la pandémie de Covid-19, les visites ne peuvent se faire qu'avec un guide jusqu'à nouvel ordre.

CABINET DES ESTAMPES — MUSÉE D'ART

Plan p. 352 (Kupferstichkabinett ; ☎030-266 424 242 ; www.smb.museum/kk ; Matthäikirchplatz ; tarif plein/réduit 6/3 € ; ⏲10h-18h mar-mer et ven, 10h-20h jeu, 11h-18h sam-dim ; 🚌200, 300, M29, M41, M48, M85, S Potsdamer Platz, U Potsdamer Platz). Ce Cabinet, qui fait aussi partie de l'ensemble muséal du Kulturforum, renferme quantité de livres illustrés à la main, de manuscrits enluminés et incunables, de dessins et d'estampes, réalisés pour la plupart en Europe à partir du XIVe siècle. Une des plus grandes et des plus belles collections d'art sur papier au monde, avec des œuvres d'Albrecht Dürer, Rembrandt, Karl Friedrich Schinkel, Pablo Picasso, Alberto Giacometti en passant par Gerhard Richter. Parmi les pièces maîtresses du musée se trouvent des illustrations par Sandro Botticelli de *La Divine Comédie* de Dante, qui ne sont malheureusement visibles que par petites sélections présentées à tour de rôle en raison de leur sensibilité à la lumière.

MUSÉE DES INSTRUMENTS DE MUSIQUE — MUSIQUE

Plan p. 352 (Musikinstrumenten-Museum ; ☎030-2548 1178 ; www.simpk.de ; Tiergartenstrasse 1 ; tarif plein/réduit 6/3 €, gratuit - 18 ans ; ⏲9h-17h mar-mer et ven, 9h-20h jeu, 10h-17h sam-dim ; 🚌200, 300, M41, S Potsdamer Platz, U Potsdamer Platz). Ce musée est plein d'instruments amusants, précieux et rares, dont l'harmonica en verre inventé par Benjamin Franklin, une flûte utilisée par Frédéric le Grand, et le clavecin de Jean-Sébastien Bach. Des stations d'écoute permettent de découvrir le son d'instruments anciens ou mystérieux.

On peut aussi voir des trompettes anciennes, des cornemuses et même une canne parlante. Mais le chouchou du public est l'imposant orgue Wurlitzer de 1929, qui compte plus de boutons et de touches qu'un régiment de hallebardiers. L'orgue entre en action le samedi à 12h et le dimanche à 15h (3 €), ainsi que pendant les projections de films muets. Des concerts de musique classique sont donnés toute l'année, dont beaucoup gratuitement. L'entrée du musée se fait par la Ben-Gurion-Strasse.

> **BILLET COMBINÉ POUR LE KULTURFORUM**
>
> Valable pour tout le Kulturforum (p. 162), la Bereichskarte coûte 16 € (tarif réduit 8 €) et permet d'entrer le même jour à la Pinacothèque (p. 158), au musée des Arts décoratifs (p. 162), au cabinet des Estampes (p. 163) et au musée des Instruments de musique (p. 163). L'entrée à tous ces musées est gratuite pour les moins de 18 ans.

NOUVELLE GALERIE NATIONALE — ART

Plan p. 352 (Neue Nationalgalerie ; www.smb.museum/en ; Potsdamer Strasse 50 ; ⏲fermée pour rénovation jusqu'à juil 2021 ; 🚌200, M49, M48, M85, U Potsdamer Platz, S Potsdamer Platz). Après une rénovation de 5 ans menée par l'architecte David Chipperfield, la Neue Nationalgalerie, avec sa fabuleuse collection d'art du début du XXe siècle, devrait réouvrir en août 2021. Le bâtiment en lui-même (inauguré en 1968), considéré comme l'une des icônes de l'architecture du XXe siècle, est un chef-d'œuvre tardif de Ludwig Mies van der Rohe (1886-1969), qui fut le dernier directeur du Bauhaus, avant sa fermeture par les nazis en 1933. Tout de verre et d'acier, posé sur une plateforme surélevée, il évoque un temple bouddhique postmoderne. Plus d'infos sur le site Internet.

PHILHARMONIE DE BERLIN — ARCHITECTURE, SALLE DE CONCERTS

Plan p. 352 (☎030-2548 8156 ; www.berliner-philharmoniker.de/en/ ; Herbert-von-Karajan-Strasse 1 ; visite tarif plein/réduit 5/3 € ; ⏲visite 13h30 sept-juin ; 🚌200, 300, M29, M41, M48, M85, S Potsdamer Platz, U Potsdamer Platz). Chef-d'œuvre de l'architecture organique signé Hans Scharoun, cette salle de concerts couleur miel, ouverte en 1963, est le quartier général de l'Orchestre philharmonique de Berlin (p. 167). La salle s'organise en "grappes" de sièges en terrasses inclinées autour d'une scène centrale ; rien ne vient gêner la vue des spectateurs.

ÉGLISE SAINT-MATTHIEU — ÉDIFICE RELIGIEUX

Plan p. 352 (Matthäuskirche ; ☎030-262 1202 ; www.stiftung-stmatthaeus.de ; Matthäikirchplatz ; ⏲11h-18h mar-dim ; 🚌200, 300, M29, M41, M48, M85, S Potsdamer Platz, U Potsdamer Platz). GRATUIT Réalisation néoromane (1846) de Friedrich August Stüler, l'église Saint-Matthieu se dresse dans l'enceinte même du Kulturforum. Sa façade présente des bandes alternées de briques rouges et ocre. L'intérieur du sanctuaire, moderne et inondé de lumière, sert aussi de galerie à des expositions temporaires. Essayez de venir lors des récitals d'orgue gratuits (20 minutes), donnés à 12h30 du mardi au samedi. Le panorama depuis la tour est en accès libre mais n'a rien d'extraordinaire.

Tiergarten et quartier des Ambassades

PARC DE TIERGARTEN — PARC

(Strasse des 17 Juni ; 100, 200, S Potsdamer Platz, Brandenburger Tor, S Brandenburger Tor). Les dirigeants de Berlin avaient pour habitude de chasser le sanglier et le faisan dans le tentaculaire Tiergarten jusqu'à ce que l'architecte Peter Lenné aménage les jardins au XIXe siècle. C'est aujourd'hui l'un des parcs urbains les plus vastes du monde, propice au jogging, à la promenade et aux pique-niques. Il est aussi connu pour être un lieu de bronzage intégral et de drague homosexuelle (autour du Löwenbrücke). Il est traversé par un axe majeur, la Strasse des 17 Juni. Il faut près de 1 heure pour traverser tout le parc, mais même une courte promenade est intéressante.

COLONNE DE LA VICTOIRE — MONUMENT

Plan p. 352 (Siegessäule ; Grosser Stern, Strasse des 17 Juni ; tarif plein/réduit 3,50/3 € ; 9h30-18h30 lun-ven et 9h30-19h sam-dim avr-oct, 9h30-17h lun-ven et 10h-17h30 sam-dim nov-mars ; 100, U Hansaplatz, S Bellevue). Tels les bras d'une étoile de mer, 5 rues convergent au rond-point de la Grosser Stern ("Grande Étoile"), au cœur du Tiergarten (ci-dessus). La colonne en son centre est couronnée d'une statue dorée qui symbolise la Victoire, pour célébrer les triomphes militaires prussiens du XIXe siècle. C'est aujourd'hui un symbole de la communauté gay berlinoise. Il y a 285 marches à monter pour profiter de la vue panoramique sur le parc.

À l'origine devant le Reichstag, la colonne fut déplacée dans le parc en 1938 par les nazis afin de faire place nette pour leur monumental projet d'urbanisme, Germania. C'est à ce moment que fut ajouté le piédestal, qui porte la hauteur de la colonne à 67 m. Les cinéphiles reconnaîtront la déesse de la Victoire la couronnant, qui apparaît dans *Les Ailes du désir* (*Der Himmel über Berlin* ; 1987) de Wim Wenders.

MÉMORIAL DES HÉROS SILENCIEUX — MUSÉE

Plan p. 352 (Gedenkstätte Stille Helden ; 030-263 923 822 ; www.gedenkstaette-stille-helden.de ; Stauffenbergstrasse 13-14 ; 9h-18h lun-ven, 10h-18h sam-dim ; 200, M29, M48, M85, U Potsdamer Platz, Kurfürstenstrasse, S Potsdamer Platz). GRATUIT Le mémorial des Héros silencieux honore la mémoire d'Allemands ordinaires qui eurent le courage de porter secours à leurs concitoyens juifs sous le nazisme, en leur apportant de la nourriture, en les cachant ou en leur obtenant des faux papiers. À l'aide de documents, de photographies et d'objets divers, l'exposition raconte diverses tentatives de sauvetage, réussies ou non.

QUARTIER DES AMBASSADES — QUARTIER

Plan p. 352 (Diplomatenviertel ; M29, 200, S Potsdamer Platz, U Potsdamer Platz). Dans les années 1920, ce paisible secteur résidentiel, au sud du Tiergarten, devint le quartier des Ambassades à Berlin. Après la Seconde Guerre mondiale, il fut laissé à l'abandon, les ambassades migrant vers Bonn, la capitale ouest-allemande. Avec la réunification, beaucoup de pays ont reconstruit leur ambassade ici, ce qui explique la présence dans ces rues tranquilles de quelques édifices à l'architecture contemporaine des plus audacieuses, à explorer lors d'une agréable promenade.

ACADÉMIE DES ARTS — CENTRE CULTUREL

Plan p. 352 (Akademie der Künste ; 030-200 572 000 ; www.adk.de ; Hanseatenweg 10 ; prix variables, gratuit 4 dernières heures mar ; bâtiment 10h-20h, horaires expos variables ; S Bellevue, U Hansaplatz). L'Académie des arts existe depuis 1696, mais sa programmation culturelle est solidement ancrée dans le monde d'aujourd'hui et de demain – expositions, concerts, conférences, discussions et lectures, ainsi que des projections de films, des représentations théâtrales et des spectacles de danse.

OÙ SE RESTAURER

Les meilleurs restaurants de la Potsdamer Platz sont ceux des hôtels. Pour manger sur le pouce, cap sur l'aire de restauration au 2e niveau du Mall of Berlin (p. 168). Les agréables *Biergärten*

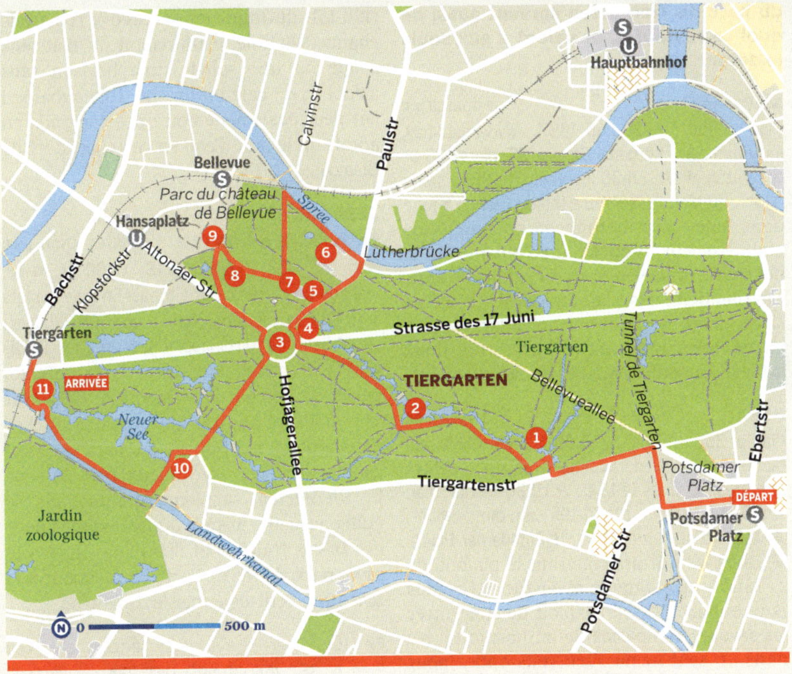

Promenade à pied
Flânerie dans le parc de Tiergarten

DÉPART POTSDAMER PLATZ
ARRIVÉE S-BAHN TIERGARTEN
DISTANCE 5 KM ; **DURÉE** 2 HEURES

Depuis la Potsdamer Platz, mettez le cap sur la 1 **Luiseninsel** (île Louise), au jardin paysager orné de statues et de parterres de fleurs en saison. Non loin, la minuscule 2 **île Rousseau** (Rousseauinsel) est un mémorial du XVIIIe siècle dédié à Jean-Jacques Rousseau. Elle fut conçue comme l'île des Peupliers du parc d'Ermenonville près de Paris, où le philosophe fut inhumé.

Au cœur du parc, l'imposante 3 **colonne de la Victoire** (Siegessäule, p. 164), cernée par la circulation, est surmontée d'une statue dorée de la Victoire, pour célébrer les triomphes prussiens du "chancelier de fer", Otto von Bismarck. À proximité, le colossal 4 **Bismarck Denkmal**, mémorial présentant l'homme d'État, est flanqué de statues d'Atlas (portant le monde sur ses épaules), de Siegfried (une épée à la main) et de Germania (piétinant une panthère). Suivez le Spreeweg vers le nord et dépassez le bâtiment ovale du 5 **Bundespräsidialamt**, bureaux du président allemand, jusqu'à sa résidence du 6 **château de Bellevue** (fermé au public), palais royal néoclassique blanc bâti pour le cadet de Frédéric le Grand en 1785.

Longez la Spree et tournez à gauche dans le 7 **Jardin anglais** (Englischer Garten), créé dans les années 1950 pour commémorer le pont aérien qui approvisionna la ville lors du blocus de 1948. Dans le parc, au bord d'un étang, la jolie 8 **Teehaus im Englischen Garten** (p. 166) accueille des concerts l'été. Proche, l' 9 **Akademie der Künste** (Académie des arts ; p. 164) borde le Hansaviertel, quartier moderniste né lors d'une exposition internationale d'architecture en 1957.

Revenez vers le sud, traversez l'Altonaer Strasse et la Strasse des 17 Juni, et atteignez le lac Neuer See avec le 10 **Café am Neuen See** (p. 167) au sud. Au nord, longez le canal Landwehr, via le 11 **musée des Becs de gaz** (Gaslaternen-Freilichtmuseum), collection de 90 réverbères à gaz à ciel ouvert, avant de rejoindre la station de S-Bahn Tiergarten.

du parc de Tiergarten servent aussi de quoi se restaurer, et valent à eux seuls le détour.

MABUHAY INDONÉSIEN €

Plan p. 352 (030-265 1867 ; www.mabuhay.juisyfood.com ; Köthener Strasse 28 ; plats 6-13 € ; 12h-15h et 17h-21h30 lun-ven, 17h-21h30 sam ; ; UMendelssohn-Bartholdy-Park). Niché dans une cour bétonnée, ce minuscule établissement propose une cuisine aussi délicieuse que son cadre est quelconque. L'authenticité des plats indonésiens (même si les doses d'épices ont été adaptées aux palais allemands) et les prix très doux attirent les foules, surtout au déjeuner.

BEBA ISRAÉLIEN €€

Plan p. 352 (0157 3190 7076 ; www.bebarestaurant.com ; Niederkirchnerstrasse 7 ; petites assiettes 7 €, plats 12-15 € ; 11h30-18h lun-mar, 11h30-20h jeu-ven, 10h30-19h sam-dim ; ; M41, UPotsdamer Platz, SPotsdamer Platz). Sous les miroirs couvrant le plafond de sa salle située dans le majestueux Gropius Bau, le Beba réussit l'exploit de concentrer les saveurs complexes de la diaspora juive dans un seul menu. Que vous optiez pour un *sabich* végan irakien, un *fish and chips* à la tunisienne ou une soupe polonaise aux champignons et à l'orge, vous serez séduits par des saveurs agrémentées d'herbes fraîches récoltées dans le jardin vertical de l'établissement. Les gâteaux sont l'œuvre de Cynthia Barcomi, une légende locale.

KI-NOVA INTERNATIONAL €€

Plan p. 352 (030-2546 4860 ; www.ki-nova.de ; Potsdamer Strasse 2 ; plats 9-17 € ; 11h30-22h lun-ven, 12h-22h sam ; ; 200, 300, M41, UPotsdamer Platz, SPotsdamer Platz). Tout est dans le nom de ce restaurant attirant les foules au déjeuner : "*ki*" signifie énergie en japonais, et "*nova*" nouveau en latin. Une énergie nouvelle qui se traduit par des plats diététiques mais consistants à base d'ingrédients d'ici et d'ailleurs. Le tout dans un décor contemporain chic et urbain : tables en bois brut et baies vitrées.

QIU INTERNATIONAL €€

Plan p. 352 (030-590 051 230 ; www.qiu.de ; Mandala Hotel, Potsdamer Strasse 3 ; déj 2 plats 17-25 €, plats dîner 16-34 € ; 12h-15h et 18h-22h lun-jeu, 12h-15h et 18h-23h ven, 18h-23h sam ; P ; 200, 300, M41, SPotsdamer Platz, UPotsdamer Platz). L'élégant bar-*lounge* du Mandala Hotel est très prisé pour son menu déjeuner (12h-15h du lundi au vendredi), renouvelé chaque semaine, comprenant un plat, une soupe ou une salade, une boisson sans alcool et un café ou un thé. Une aubaine ! On peut également boire des cocktails en admirant le mur d'eau en carrelage doré de Bisazza.

TEEHAUS IM ENGLISCHEN GARTEN INTERNATIONAL €€

Plan p. 352 (030-3948 0400 ; www.teehaus-tiergarten.com ; Altonaer Strasse 2 ; plats 8,50-28,50 € ; 12h-23h mar-sam, 10h-23h dim ; ; Bellevue, UHansaplatz). Même les Berlinois sont peu nombreux à avoir entendu parler de ce charmant salon de thé, dans une maison au toit de roseaux, nichée dans l'angle nord-ouest du parc de Tiergarten. On l'apprécie mieux l'été, lorsque le *Biergarten* surplombant un paisible étang accueille jusqu'à 500 personnes pour des bières fraîches et des plats simples et savoureux, allant de l'artichaut vapeur à la *schnitzel*. Petit-déjeuner le dimanche.

FACIL INTERNATIONAL €€€

Plan p. 352 (030-590 051 234 ; www.facil.de ; Potsdamer Strasse 3, Mandala Hotel, 5e ét. ; déj 1/2/3 plats 23/44/62 €, dîner 4-8 plats 132-208 € ; 12h-14h et 19h-22h lun-ven ; P ; 200, SPotsdamer Platz, UPotsdamer Platz). Récompensée par deux étoiles au Michelin, la cuisine de Michael Kempf est créative sans en faire trop pour autant. À savourer dans le jardin de bambous, lové dans d'élégantes chaises Donghia. Lorsqu'il fait beau, le toit en verre s'ouvre pour permettre aux convives de festoyer en plein air. Si votre budget est serré, profitez du menu déjeuner. Menu végétarien disponible.

LAYLA MOYEN-ORIENTAL €€€

Plan p. 356 (0151 2256 3654 ; www.layla-restaurant.com ; Möckernstrasse, angle Hallesche Strasse ; 6 assiettes à partager 55 €/pers ; 18h-22h ven-sam ; SAnhalter Bahnhof). Le restaurant berlinois du chef vedette israélien Meir Adoni, gastronomique mais décontracté, émerveillera vos papilles avec un subtil mélange postmoderne de saveurs d'Europe et du Moyen-Orient. Le mieux est de partager les délices préparées dans la cuisine ouverte, telles que la brioche yéménite, le carpaccio d'aubergine fumée ou les crêpes épicées libanaises.

OÙ PRENDRE UN VERRE ET FAIRE LA FÊTE

La vie nocturne sur la Potsdamer Platz-même est très calme, même si les hôtels abritent de bons bars. Pour plus d'animation, promenez-vous autour de la place centrale du Sony Center. L'été, les *Biergärten* du Tiergarten sont très prisés.

CAFÉ AM NEUEN SEE — BIERGARTEN

(CaNS ; ☎030-254 4930 ; www.cafeamneuensee.de ; Lichtensteinallee 2 ; ⏲restaurant 9h-23h, Biergarten 11h-24h ; 🚻 ; 🚌200, Ⓤ Zoologischer Garten, Ⓢ Zoologischer Garten, Tiergarten). Ce café aux allures campagnardes est niché sous de vieux arbres et domine un joli lac (le Neuer See) du Tiergarten. On s'y presse toute l'année pour profiter de ses somptueux petits-déjeuners et de sa cuisine de saison (10-26 €), mais il vaut surtout durant la période d'ouverture de son *Biergarten*. Oubliez tout le temps d'une bière fraîche avec un bretzel ou une pizza, puis emmenez votre âme sœur faire un tour en barque. Aire de jeux pour enfants.

SOLAR LOUNGE — BAR

Plan p. 352 (☎0163 765 2700 ; www.solarberlin.com ; Stresemannstrasse 76 ; ⏲18h-2h jeu-sam ; 🚆Anhalter Bahnhof). Dans ce bar-*lounge* perché au 17e étage, juste au-dessus d'un restaurant chic, on regarde la ville s'illuminer à travers les baies vitrées, confortablement installé dans un canapé en cuir. Avec son éclairage tamisé et son panorama ébouriffant, c'est un lieu idéal pour boire un verre au coucher du soleil ou pour un rendez-vous. L'ascenseur extérieur en verre, qui fait le yoyo entre le bar et le restaurant, ajoute du sel à l'expérience. L'accès se fait derrière l'atelier auto Pit Stop.

THE BARN — CAFÉ

Plan p. 352 (www.thebarn.de ; Alte Potsdamer Strasse 5 ; ⏲10h-17h ; 🚌200, 300, M41, Ⓤ Potsdamer Platz, Ⓢ Potsdamer Platz). Fleuron de la scène berlinoise du café de troisième vague, The Barn, réputé pour ses cafés d'origine unique et ses cocktails à base de café, est situé dans l'auguste enceinte de l'historique Haus Huth, sur la Potsdamer Platz. Remarquez le bar en granit, le banc en chêne suspendu et les fauteuils Eames.

STUE BAR — BAR

Plan p. 352 (☎030-311 7220 ; www.so-berlin-das-stue.com ; Stue Hotel, Drakestrasse 1 ; ⏲12h-1h dim-jeu, 12h-2h ven-sam ; 🚌100, 106, 200). Dans le Stue Hotel (p. 252), des installations lumineuses et des sculptures d'animaux mènent à ce bar où des mixologues réputés revisitent des cocktails des années 1920 et 1930. La sélection de whiskys et de vermouths est impressionnante.

OÙ SORTIR

Sachez-le : si tout va bien, les artistes mondialement célèbres du Cirque du Soleil s'installeront au Theater am Potsdamer Platz à partir du 16 septembre 2021.

BERLINER PHILHARMONIKER — ORCHESTRE PHILHARMONIQUE

Plan p. 352 (☎billetterie 030-2548 8999 ; www.berliner-philharmoniker.de ; Herbert-von-Karajan-Strasse 1 ; billets 25-138 € ; 🚌200, 300, M41, M29, M48, M85, Ⓢ Potsdamer Platz, Ⓤ Potsdamer Platz). Comptant parmi les orchestres les plus réputés au monde, le Berliner Philharmoniker est installé à la Philharmonie, édifice emblématique des années 1960 signé Hans Scharoun, dont la forme originale contribue à une acoustique d'exception. Le chef d'orchestre Kirill Petrenko est à la baguette depuis 2019.

ARSENAL — CINÉMA

Plan p. 352 (☎030-2695 5100 ; www.arsenal-berlin.de/en/ ; Sony Center, Potsdamer Strasse 2 ; billets 8,50 € ; 🚌200, 300, M48, Ⓢ Potsdamer Platz, Ⓤ Potsdamer Platz). Ce cinéma de deux salles propose une programmation audacieuse qui va de la satire japonaise à la comédie brésilienne, en passant par le *road movie* allemand. De nombreux films sont sous-titrés en anglais, et certains en français.

TEMPODROM — MUSIQUE LIVE

Plan p. 356 (☎billetterie 01806 554 111 ; www.tempodrom.de ; Möckernstrasse 10 ; Ⓢ Anhalter Bahnhof). Une salle de taille moyenne, en forme de chapiteau d'un blanc immaculé, à la programmation ultra-éclectique, qui pourra afficher le même mois un congrès de salsa, un concert d'Iggy Pop, un spectacle de magie et un spectacle musical pour enfants.

100% LOCAL

CONCERTS DANS LE PARC

En juillet-août ont lieu dans le *Biergarten* de l'agréable Teehaus im Englischen Garten des concerts gratuits (jazz, pop, funk, soul, hip-hop) tous les dimanches à 16h et 19h. Plus d'infos sur www.konzertsommer-berlin.de.

SPIELBANK BERLIN CASINO

Plan p. 352 (☎030-255 990 ; www.spielbank-berlin.de ; Marlene-Dietrich-Platz 1 ; 2 € ; ⏲machines à sous 11h-5h, tables 15h-3h, poker à partir de 17h45 lun-ven, 15h45 sam-dim ; 🚌200, S Potsdamer Platz, U Potsdamer Platz). Ce n'est pas Las Vegas, mais ce casino permet quand même de tenter sa chance au poker, à la roulette ou au blackjack. L'espace poker est le plus grand d'Allemagne. Venez avec une pièce d'identité ; entrée interdite aux moins de 18 ans. Pas de shorts ni de sandales pour les hommes.

SHOPPING

MALL OF BERLIN CENTRE COMMERCIAL

Plan p. 352 (www.mallofberlin.de/en ; Leipziger Platz 12 ; ⏲10h-20h lun-sam ; 📶 👪 ; 🚌200, 300, M48, U Potsdamer Platz, S Potsdamer Platz). Plus de 270 boutiques, parmi lesquelles les grandes enseignes Karl Lagerfeld, Hugo Boss, Liebeskind, Marc Cain, Muji et d'autres marques internationales. Le toboggan géant du 2e niveau ravira les enfants. Stations de recharge de téléphones gratuites au sous-sol et au 2e étage.

SPORTS ET ACTIVITÉS

LIQUIDROM SPA

Plan p. 356 (☎030-258 007 820 ; www.liquidrom-berlin.de ; Möckernstrasse 10 ; 2 heures/4 heures/journée lun-ven 17,50/22,50/27,50 €, sam-dim 20/25/30 €, sauna supp 2,50 € ; ⏲9h-24h dim-jeu, 9h-1h ven-sam ; U Möckernbrücke, S Anhalter Bahnhof). Pour un moment de détente un brin surréaliste, cap sur ce spa organisé autour d'une piscine d'eau de mer surmontée d'un dôme où barboter en écoutant les “sons liquides” – du classique à l'électro – diffusés sous l'eau. L'établissement compte aussi 4 saunas et une piscine extérieure à la japonaise, et propose des massages. Pas de maillots de bain dans les saunas.

Schöneberg

Notre sélection

❶ Profitez des boutiques haut de gamme du **KaDeWe** (p. 176) et d'une incroyable aire de restauration dans ce grand magasin historique, le plus vaste d'Europe.

❷ La découverte des grands noms du *street art* dans le magnifique **Musée Urban Nation** (p. 171), le premier dédié au genre.

❸ Le **marché de la Winterfeldtplatz** (Markt am Winterfeldtplatz ; p. 176), un marché fermier bihebdomadaire chamarré attirant gourmets et professionnels.

❹ Le **marché aux puces de la mairie de Schöneberg** (Flohmarkt am Rathaus Schönberg ; p. 177) s'étend au pied du balcon où JFK prononça son discours *"Ich bin ein Berliner"*.

❺ L'histoire du Berlin gay au **musée de l'Homosexualité** (Schwules Museum ; p. 171) à travers des expositions, des événements et de riches archives, au Chwules Museum.

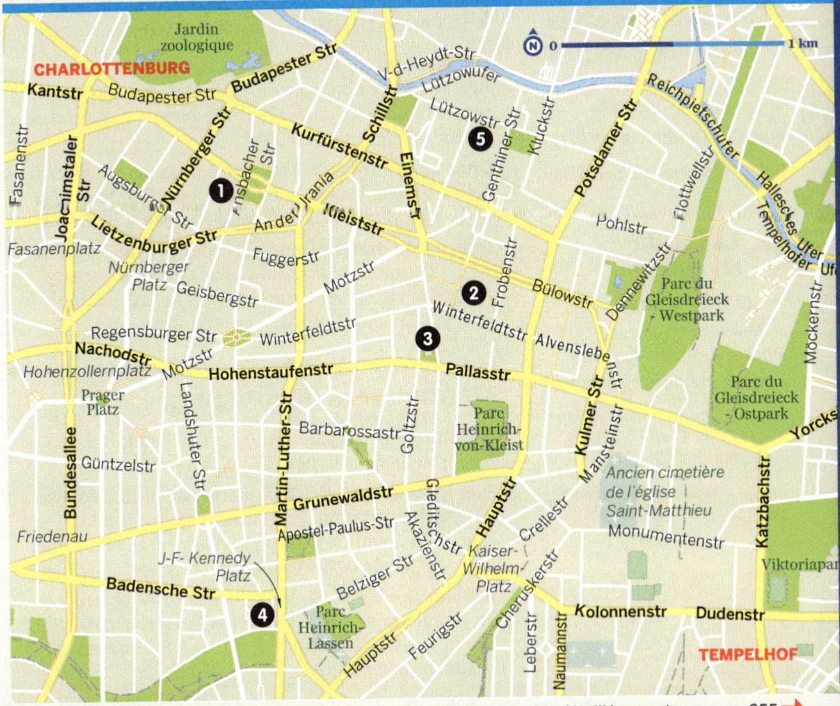

Pour un plan plus détaillé, reportez-vous p. 355

Bon plan Lonely Planet

Si le marché fermier de la Winterfeldtplatz (p. 176), le plus ancien de Berlin, est fantastique, vous trouverez des saveurs plus exotiques à des prix imbattables au marché de la Crellestrasse, moins connu mais très animé, le mercredi et le samedi de 10h à 15h.

Le top des restaurants

- Bonvivant Cocktail Bistro (p. 175)
- Kin Dee (p. 175)
- Rocket + Basil (p. 174)
- Malakeh (p. 174)
- Taverna Ousia (p. 174)

Voir détails p. 173.

Le top des bars et des cafés

- Stagger Lee (p. 175)
- Sally Bowles (p. 175)
- Green Door (p. 176)
- BRLO Brwhouse (p. 174)

Voir détails p. 175.

Le top du shopping

- KaDeWe (p. 176)
- Markt am Winterfeldtplatz (p. 176)
- Winterfeldt Schokoladen (p. 172)
- Flohmarkt am Rathaus Schöneberg (p. 177)

Voir détails p. 176.

Découvrir Schöneberg

On s'imprègne de l'atmosphère bigarée de Schöneberg comme on déguste un grand cru : en prenant son temps… à pied. Le mieux est de commencer par KaDeWe (p. 176), le plus beau des grands magasins de Berlin. De là, une courte marche (ou une station en U-Bahn) vous mènera à la Nollendorfplatz, point de départ idéal pour une balade dans le quartier via la Winterfeldtplatz et les boutiques et cafés de la Goltzstrasse et l'Akazienstrasse. Continuez jusqu'à l'animation de la Hauptstrasse, où s'était installé David Bowie dans les années 1970.

La Nollendorfplatz est un haut lieu du Berlin gay depuis les années 1920. C'est ici que vivait le romancier britannique Christopher Isherwood sous la république de Weimar, et que Marlene Dietrich aimait à s'encanailler avec les "garçons". Elle est d'ailleurs enterrée au sud de Schöneberg, non loin de la mairie (Rathaus ; p. 173) où John F. Kennedy prononça son fameux "*Ich bin ein Berliner*" en 1963.

Mais le vent du changement souffle sur Schöneberg, comme vous le constaterez au musée de *street art* Urban Nation (p. 171) et dans la Potsdamer Strasse, où galeries d'art d'avant-garde, boutiques haut de gamme et restaurants gastronomiques côtoient désormais les épiceries turques, les petits bazars et les sex-shops.

Vivre comme un Berlinois

Un déjeuner de luxe Savourez des huîtres en sirotant du champagne ou grignotez des donuts végans gourmets dans l'élégante aire de restauration du KaDeWe, refaite en 2019.

Chasse aux trésors Arrivez tôt pour dénicher les plus belles trouvailles au marché aux puces de la mairie de Schöneberg, où JFK se proclama jadis Berlinois.

Délices du marché Jouez des coudes avec les chefs professionnels ou amateurs pour dégoter délices de saison et merveilles artisanales au très animé marché du samedi de la Winterfeldtplatz.

Depuis/vers Schöneberg

U-Bahn La principale station est Nollendorfplatz, desservie par les lignes U1, U2, U3 et U4.

Bus Le M19 part vers le Kurfürstendamm à l'ouest et le Mehringdamm, à Kreuzberg, à l'est. Le M29 relie le Ku'damm à l'Hermannplatz via la Potsdamer Platz et Checkpoint Charlie.

S-Bahn Les lignes S1 et S2 desservent le centre de Berlin via la Yorckstrasse ; la ligne circulaire S41/ S42 et la S45 s'arrêtent aux stations Schöneberg et Innsbrucker Platz.

À VOIR

En l'absence de sites majeurs, Schöneberg compte tout de même quelques musées spécialisés (*street art*, histoire de la communauté gay) qui valent le détour. Le quartier intéressera aussi les fans de JFK, des frères Grimm ou de Marlene Dietrich (p. 294).

MUSÉE URBAN NATION — MUSÉE

Plan p. 355 (Urban Nation Musem ; www.urban-nation.com ; Bülowstrasse 7 ; 10h-18h mar-mer, 12h-20h jeu-dim ; M19, U Nollendorfplatz). GRATUIT Présenter du *street art* dans un musée pourrait s'apparenter à mettre un animal sauvage en cage. Mais cela permet de découvrir des œuvres des meilleurs *street artists* sans avoir à errer sous des ponts ou dans des bâtiments abandonnés. À travers les expositions changeantes exposées dans ce superbe espace sur deux niveaux conçu par les architectes de Graft, ce musée initie le visiteur aux grands noms et aux styles variés de cet art (pochoir, collage, sculpture...). La façade est également ornée d'œuvres sans cesse renouvelées.

MUSÉE DE L'HOMOSEXUALITÉ — MUSÉE

Plan p. 355 (Schwules Museum ; 030-6959 9050 ; www.schwulesmuseum.de ; Lützowstrasse 73 ; tarif plein/réduit 9/3 € ; 14h-18h lun, mer, ven et dim, 14h-20h jeu, 14h-19h sam ; M29, 100, U Nollendorfplatz, Kurfürstenstrasse). Occupant une ancienne imprimerie, ce musée (Schwules Museum) associatif est l'une des institutions culturelles les plus vastes et les plus importantes dédiées à la culture LGBTIQ à travers le monde, mettant tout de même l'accent sur Berlin et l'Allemagne. Ses expositions changeantes sont consacrées aux icônes et artistes de la culture gay, aux questions de genre et à des thématiques historiques. Également des projections de films et des débats. Des visites guidées sont proposées en anglais.

MUSÉE DES CHOSES INOUÏES — MUSÉE

Plan p. 355 (Museum der Unerhörtent Dinge ; 01 75 410 9120, 030-781 4932 ; www.museumderunerhoertendinge.de ; Crellestrasse 5-6 ; 15h-19h mer-ven ; U Kleistpark, S Julius-Leber-Brücke). GRATUIT "Tous les objets ont une histoire" pourrait être le leitmotiv de l'excentrique collection de Roland Albrecht. Dans ce musée de poche, l'artiste et écrivain expose des objets du quotidien à la manière d'œuvres d'art : ici le bras d'un chat porte-bonheur chinois, là une rose couleur rouille. Chaque pièce s'accompagne d'un texte d'Albrecht racontant son histoire en mêlant fiction et réalité. Parodie hallucinatoire ? Réflexion sur l'ironie ? Dans tous les cas, l'endroit remettra en question votre perception de l'ordinaire. Le nom du musée est un jeu de mot, "*unerhört*" signifiant à la fois "jamais vu" et "incroyable".

APPARTEMENT DE DAVID BOWIE — SITE HISTORIQUE

Plan p. 355 (Hauptstrasse 155 ; fermé au public ; U Kleistpark). Une plaque signale l'immeuble où David Bowie et Iggy Pop vécurent à la fin des années 1970. L'appartement comptait 7 pièces et se trouvait au premier ; Iggy Pop finit par déménager de l'autre côté de la cour intérieure.

VIEUX CIMETIÈRE SAINT-MATTHIEU — CIMETIÈRE

Plan p. 355 (Alter Matthaüs Kirchhof ; 030-781 1850 ; www.zwoelf-apostel-berlin.de ; Grossgörschenstrasse 12-14 ; 8h-crépuscule ; S Yorckstrasse, U Yorckstrasse). Ce cimetière (*Kirchhof*), prisé de la bourgeoisie berlinoise au XIXe siècle, est l'un des plus beaux de Berlin, ponctué des tombes et de mausolées richement ornés de banquiers, d'artistes, de scientifiques et de capitaines d'industrie. Les frères Grimm y reposent.

KLEISTPARK — PARC

Plan p. 355 (Potsdamer Strasse ; U Kleistpark). Ce petit parc romantique est dominé par les Königs-kolonnaden (Colonnades royales), arcades de grès rococo richement décorées, érigées en 1780 par Carl von Gontard, également architecte de la porte de Brandebourg. À l'origine, les colonnades ornaient le quartier de Mitte, mais elles dûrent être déplacées dans le parc en 1910 pour des travaux de voirie.

KAMMERGERICHT — SITE HISTORIQUE

Plan p. 355 (Cour d'appel ; 030-901 50 ; Elssholzstrasse 30-31 ; 7h25-16h20 lun-mer, 7h25-18h jeu, 7h25-14h35 ven ; U Kleistpark). Aujourd'hui la plus haute cour de justice de l'État de Berlin, le Kammergericht (littéralement "tribunal de la chambre") fut également le siège du tristement célèbre Volksgerichthof (Tribunal du peuple) nazi, qui jugea les participants – réels ou imaginaires – à la tentative d'assassinat de Hitler en juillet 1944. Au cours de ce procès

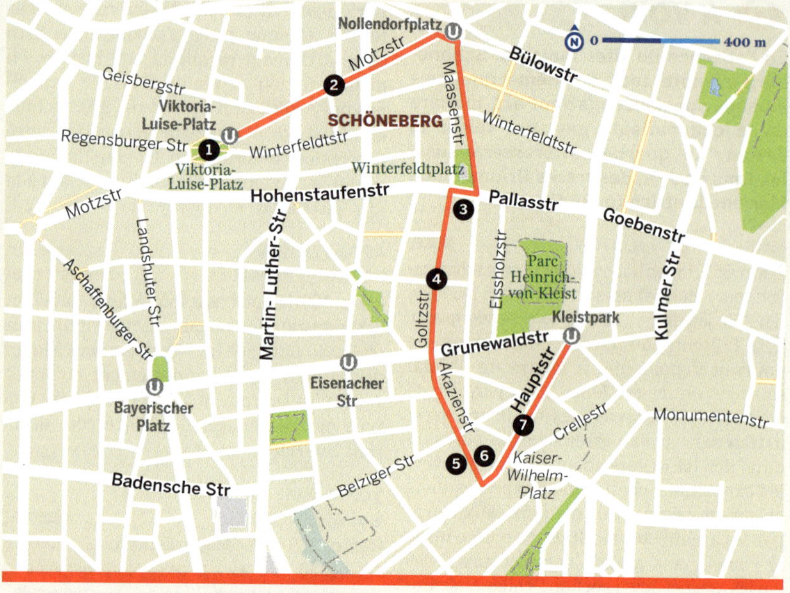

Comme un Berlinois
Une balade à Schöneberg

Schöneberg a des airs de quartier paisible de classe moyenne, mais n'oublie pas son héritage radical des squats des années 1980. Partez de la Viktoria-Luise-Platz, à l'ambiance bourgeoise, et traversez le quartier gay historique de Berlin et les rues jalonnées de cafés et boutiques jusqu'à la Hauptstrasse. Faire la balade un mercredi ou un samedi permet de profiter du marché fermier installé sur la Winterfeldtplatz.

❶ Viktoria-Luise-Platz

La plus belle **place** de Schöneberg est un endroit tranquille, avec ses parterres de fleurs, ses arbres majestueux, sa superbe fontaine et ses bancs appréciés des gens du quartier. De forme hexagonale, elle est entourée de cafés et de maisons de ville anciennes aux façades richement décorées, comme aux n°7, 12 et 12a.

❷ Nollendorfplatz et "Village gay"

Au début du XXe siècle, la Nollendorfplatz brillait déjà par son animation, avec ses cafés, ses théâtres et ses promeneurs endimanchés. C'était aussi un portail vers le **quartier gay historique**, où l'écrivain britannique Christopher Isherwood, qui résidait au n°17 de la Nollendorfstrasse, rédigea *Adieu Berlin* (dont est inspiré le film *Cabaret*). Le drapeau arc-en-ciel flotte encore fièrement un peu partout, notamment dans la Motzstrasse et la Fuggerstrasse.

❸ Chocolats à gogo

Winterfeldt Schokoladen (☎030-2362 3256 ; www.winterfeldt-schokoladen.de ; Goltzstrasse 23 ; ⏲10h-19h lun-ven, 10h-18h sam, 12h-18h dim) propose un choix immense de chocolats du monde entier, exposés dans les vitrines en chêne d'origine d'une ancienne pharmacie du XIXe siècle qui fait également café. Il y a de tout, y compris des chocolats casher, crus ou sans gluten.

❹ Lèche-vitrines

Goltzstrasse, qui devient Akazienstrasse, regorge de boutiques indé vendant de tout, des vêtements vintage à la lingerie sexy, huile d'olive, bijoux artisanaux, thés exotiques, ustensiles de cuisine… Il y a aussi des restaurants et cafés, souvent avec terrasse.

❺ Double Eye

Les fins connaisseurs du quartier sont fous de l'expresso primé du **Double Eye** (☎0179

456 6960 ; Akazienstrasse 22 ; ⏲8h30-18h30 lun-ven, 9h-18h30 sam), comme en témoigne la file d'attente. La salle est petite ; préférez un café à emporter.

❻ Möve im Felsenkeller

C'est dans la salle en boiseries du **Möve im Felsenkeller** (☎030-781 3447 ; Akazienstrasse 2 ; ⏲16h-1h lun-sam), rendez-vous d'artistes depuis les années 1920, que Jeffrey Eugenides a rédigé son roman à succès *Middlesex*, paru en 2002. Une mouette empaillée pendue au plafond observe les clients qui hésitent entre les 6 bières à la pression.

❼ Hauptstrasse

Les boutiques chics cèdent peu à peu la place aux épiceries et aux échoppes de kebabs à mesure qu'on avance dans la Hauptstrasse. Le supermarché turc **Öz-Gida** (☎030-7871 5291 ; www.ozgida.de ; Hauptstrasse 16 ; ⏲8h-20h lun-sam) est réputé dans tout Berlin pour ses produits de la mer, olives, viandes halal et pâtisseries. Dans les années 1970, David Bowie et Iggy Pop partageaient un appartement au n°155 de la rue.

simulacre, 110 personnes furent condamnées à mort par le juge fanatique Roland Freisler.

MAIRIE DE SCHÖNEBERG SITE HISTORIQUE

Plan p. 355 (Rathaus Schöneberg ; John-F-Kennedy-Platz ; Ⓤ Rathaus Schöneberg). La mairie (*Rathaus*) de Schöneberg fit également office d'hôtel de ville de Berlin-Ouest de 1948 à 1990. Mais l'édifice est surtout connu car c'est sur son balcon que le président américain John F. Kennedy délivra en 1963 le fameux discours de solidarité avec le peuple allemand se terminant par la formule légendaire : "*Ich bin ein Berliner*" ("Je suis un Berlinois.").

OÙ SE RESTAURER

Les paisibles rues résidentielles de Schöneberg recèlent une diversité de cuisines du monde impressionnante, ses restaurants de quartier offrant des voyages gustatifs de la Turquie à l'Inde, en passant par le Népal et le Pérou. Vous en trouverez d'excellents dans la Potsdamer Strasse, la Winterfeldtstrasse, la Motzstrasse, la Goltzstrasse et l'Akazienstrasse. Envie d'un festin ? Cap sur l'aire de restauration au 6e étage du grand magasin KaDeWe (p. 176). Et, pour un bon marché fermier, rendez-vous le mercredi et le samedi sur la Winterfeldtplatz (p. 176).

♥ **JONES ICE CREAM** GLACIER €

Plan p. 355 (☎0171 833 5780 ; www.jonesicecream.com ; Goltzstrasse 3 ; 2,50 €/boule ; ⏲12h-19h ; Ⓤ Elsenacher Strasse). Lauréate du Championnat de France des desserts en 2006, Gabrielle Jones régale désormais Berlin de ses glaces artisanales à base d'ingrédients d'exception, servies dans des cônes cuits sur place. Quels parfums vous feraient plaisir ? Caramel au beurre salé ? Whisky-noix de pécan ? Sinon, rabattez-vous sur un cookie aux 3 chocolats.

WITTY'S BIOLAND IMBISS ALLEMAND €

Plan p. 355 (www.wittys-berlin.de ; Wittenbergplatz 5 ; saucisses 3,70 € ; ⏲10h-24h lun-sam, 11h-minuit dim ; Ⓤ Wittenbergplatz). Ici, en face du grand magasin KaDeWe, on vend des saucisses bio depuis 2003. Bio, mais pas forcément diététiques, surtout si vous ajoutez une portion de frites croustillantes

100% LOCAL

BAINS TURCS

Une atmosphère exotique vous enveloppe dès l'arrivée au **Sultan Hamam** (plan p. 355 ; ☎030-2175 3375 ; www.sultanhamamberlin.de ; Bülowstrasse 57 ; sessions 3/5 heures 19/25 € ; ⏲femmes 11h-22h mer, jeu, ven et dim, 10h-22h sam, hommes 14h-22h lun, mixte 11h-22h mer ; Ⓢ Yorckstrasse, Ⓤ Bülowstrasse), hammam turc traditionnel le plus souvent réservé aux femmes, avec sauna à carreaux colorés, hammam et salle de relaxation. Pour un supplément détente, il y a des forfaits de soins comme le très populaire "Sabun", qui comprend gommage corporel intégral, savonnage et un massage de 30 minutes (72 €). Plus d'infos sur le site Internet (également en anglais).

nappées de mayonnaise maison, de sauce à la cacahuète ou de sauce à l'ail. Quel régal cependant !

JOSEPH-ROTH-DIELE ALLEMAND €

Plan p. 355 (☎030-2636 9884 ; www.joseph-roth-diele.de ; Potsdamer Strasse 75 ; plats 8-14 € ; ⏲10h-23h lun-jeu, 10h-minuit ven ; Ⓤ Kurfürstenstrasse). Ce bistrot tout en lambris vous transportera tout droit dans les années 1920, époque où l'écrivain juif autrichien Joseph Roth (1894-1939) qui lui a donné son nom vivait la porte à côté (les murs sont ornés de ses œuvres et citations). On s'y retrouve pour discuter littérature autour d'un déjeuner, avec deux menus du jour à 5,95 € (dont un végétarien), en plus de la carte de classiques allemands revigorants. Règlement au bar.

ROCKET + BASIL MOYEN-ORIENTAL €

Plan p. 355 (☎0176-6176 7845 ; www.rocketandbasil.com ; Lützowstrasse 22 ; plats 6-15 € ; ⏲11h-21h mar-ven, 9h-21h sam, 9h-16h dim). Rocket et Basil sont les animaux de compagnie de Sophia et Xenia, deux sœurs germano-iraniennes qui ont grandi en Australie avant de gratifier Berlin d'une succulente cuisine qui réinvente la gastronomie perse. Préparés avec amour, les salades, sandwichs, *khoresht* (ragoûts) et autres classiques tels le *fesenjan* (poulet à la grenade) offrent un feu d'artifice de couleurs et de saveurs.

FRÜHSTÜCK 3000 PETIT-DÉJEUNER €€

Plan p. 355 (☎030-4366 6659 ; fruehstueck3000.com ; Bülowstrasse 101 ; petit-déj 10-16 € ; ⏲8h-17h lun-ven, 9h-17h sam-dim ; Ⓤ Nollendorfplatz). Après quelques temps à se contenter de visites éphémères dans certains des restaurants les plus branchés de Berlin, les petits-déjeuners du bien-nommé Frühstück 3000 ont trouvé un chez-eux permanent près de la Nollendorfplatz. Commencez la journée (quelle que soit l'heure) avec du salé ou du sucré, le choix ne manque pas : pancakes, pain perdu, soupe de riz vietnamienne, *chakchouka*, planches mixtes fromage-charcuterie…

MALAKEH SYRIEN €€

Plan p. 355 (☎0176-2216 0998 ; Potsdamer Strasse 153 ; plats 12-22 € ; ⏲15h-23h mar-ven, 12h-23h sam-dim ; 🖉 ; Ⓤ Bülowstrasse). Le restaurant de Malakeh Jazmati est chaleureux comme la demeure d'un vieil ami. Cheffe autodidacte originaire de Damas qui avait une émission à la télévision jordanienne, elle a mis les voiles pour Berlin en 2015 et les Berlinois, les Syriens nostalgiques du pays et les touristes les plus avisés se délectent désormais de sa cuisine aux saveurs orientales. Ne manquez pas le *shakrieh* (ragoût d'agneau au yaourt). Pas d'alcool.

♥ **BRLO BRWHOUSE** INTERNATIONAL €€

Plan p. 355 (☎030-5557 7606 ; www.brlo-brwhouse.de ; Schöneberger Strasse 16 ; plats à partir de 18 € ; ⏲restaurant 17h-23h mar-ven, 12h-23h sam-dim, *Biergarten* 12h-24h avr-sept ; 📶👪 ; Ⓤ Gleisdreieck). Les bières brassées sur place coulent à flots dans cet établissement comptant parmi les étoiles montantes de la scène des microbrasseries berlinoises. Brasserie, bar et restaurant sont aménagés dans 38 containers devant un *Biergarten* avec bac à sable et vue sur le Gleisdreieckpark. La plupart des assiettes à partager sont végétariennes, mais il serait dommage de passer à côté des succulentes viandes cuites au fumoir.

TAVERNA OUSIA GREC €€

Plan p. 355 (☎030-216 7957 ; www.taverna-ousies.de ; Grunewaldstrasse 54 ; petites assiettes 3,50-16,50 €, plats 11-24 € ; ⏲17h-23h mer-lun ; Ⓤ Bayerischer Platz). Vous serez joyeux comme Zorba en découvrant ce restaurant grec sans prétention mais très réputé. Faites-vous un festin d'entrées froides ou chaudes ou optez pour des plats plus consistants comme le *spalla* (épaule d'agneau mijotée au vin rouge) fondant, ou les *loukaniko* (saucisse rustique maison aux épices). Le tout dans un décor champêtre (sol en pierre, bric-à-brac d'objets de ferme) fleurant bon la Grèce.

BONVIVANT COCKTAIL BISTRO

VÉGÉTARIEN **€€**

Plan p. 355 (0176-6172 2602 ; bonvivant.berlin ; Goltzstrasse 32 ; plats 9-16 € ; 18h-1h mar-dim ; ; Nollendorfplatz). Ce Bonvivant s'est rapidement fait un nom à Berlin avec son concept original de "bistrot à cocktails végétarien". Dans une ambiance décontractée *slow food*, on savoure une cuisine végétarienne respectant la nature et les saisons, ainsi que des cocktails exceptionnels concoctés par Yvonne Rahm, élue meilleure mixologue d'Allemagne en 2018.

STICKS'N'SUSHI

JAPONAIS **€€**

Plan p. 355 (030-2610 3656 ; www.sticksnsushi.berlin ; Potsdamer Strasse 85 ; amuse-bouches 4-30 € ; 12h-24h mar-dim ; ; Kurfürstenstrasse). Première adresse allemande de la légendaire chaîne danoise Sticks'n'Sushi, ce restaurant revisite sushis et yakitoris dans des petites assiettes appétissantes comme le Shake Tataki (saumon flambé) ou le Kushi Katzu (magret de canard pané au panko). Le tout dans un décor aux airs de cathédrale, avec hauts plafonds, lustres géants et escalier en colimaçon.

KIN DEE

THAÏLANDAIS **€€€**

Plan p. 355 (030-215 5294 ; www.kindeeberlin.com ; Lützowstrasse 81 ; menu dégustation 65 € ; 18h-22h mar-sam ; ; Kurfürstenstrasse). Dès son ouverture en 2017, le Kin Dee a fait parler toute la ville, et, deux ans plus tard, le restaurant se voyait accorder une étoile au Michelin. Le chef et propriétaire Dalad Kambhu catapulte avec audace les classiques de la cuisine thaïlandaise dans le XXIe siècle, se servant souvent d'ingrédients de la région. Le menu consiste en 8 à 10 assiettes à partager, permettant de découvrir l'étendue du talent de Kambhu. Ne manquez pas le poulpe au *krapao*.

IRMA LA DOUCE

FRANÇAIS **€€€**

Plan p. 355 (030-2300 0555 ; www.irmaladouce.de ; Potsdamer Strasse 102 ; plats 28-43 € ; 18h-22h ; M48, M85, Kurfürstenstrasse). Bien que baptisé du nom de la "prostituée au cœur d'or" de la comédie de Billy Wilder (1963), ce restaurant n'a rien de graveleux. Commencez par une coupe de champagne, avant un festin de cuisine française d'avant-garde servi dans un décor érotique style années 1920. Associations de saveurs audacieuses, service impeccable et vins d'exception.

OÙ PRENDRE UN VERRE ET FAIRE LA FÊTE

À Schöneberg, on aime bien s'habiller pour aller prendre un verre dans les élégants bars à cocktails émaillant le quartier. Les environs de la Nollendorfplatz sont le terrain de jeu de la communauté LGBTIQ (notamment la Motzstrasse et la Fuggerstrasse), tandis que les bars de la Maassenstrasse, toute proche, attirent les noctambules les plus bruyants. Pour plus de calme, optez pour les rues secondaires, plus paisibles, ou pour la Potsdamer Strasse, qui se gentrifie peu à peu.

STAGGER LEE

BAR À COCKTAILS

Plan p. 355 (030-2903 6158 ; www.staggerlee.de ; Nollendorfstrasse 27 ; 19h-2h ; Nollendorfplatz). Installez-vous au bar en bois poli ou optez pour un fauteuil Chesterfield aux tons chocolat, et imprégnez-vous de l'ambiance saloon haut de gamme. Côté cocktails, on sert des classiques bien préparés et des concoctions plus expérimentales, la plupart à base de whisky ou de tequila.

Le nom du bar fait référence à un meurtrier ayant sévi à Saint-Louis au XIXe siècle, immortalisé par des chansons de Nick Cave et The Clash.

SALLY BOWLES

BAR

Plan p. 355 (030-2083 8269 ; www.sally-bowles.de ; Eisenacher Strasse 2 ; 18h-1h mar-dim ; M19, M29, Nollendorfplatz). Baptisé du nom de l'actrice vedette de *Cabaret*, ce bar convivial attire une clientèle décontractée. Nadine et Sebastian, les propriétaires, ont épluché les petites annonces et farfouillé dans les marchés aux puces afin de créer un décor années 1920 qui invite à la conversation autour de quelques cocktails.

VICTORIA BAR

BAR À COCKTAILS

Plan p. 355 (030-2575 9977 ; www.victoriabar.de ; Potsdamer Strasse 102 ; 18h-tard ; Kurfürstenstrasse). Des œuvres d'art originales ornent ce bar à cocktails dont la devise est "boire est un plaisir sérieux" et qui attire une clientèle adulte et bohème. Faites-vous passer pour un habitué en commandant un "Hilde" (vodka-champagne), créé en mémoire de l'actrice et chanteuse Hildegard Knef et ne figurant pas sur la carte. Happy hour de 18h à 21h, et jusqu'à la fermeture le dimanche.

GREEN DOOR — BAR À COCKTAILS

Plan p. 355 (030-215 2515 ; www.greendoor.de ; Winterfeldtstrasse 50 ; 18h-2h dim-jeu, 18h-3h ven-sam ; U Nollendorfplatz). Les mixologues de renom se succèdent aux commandes de ce bar à l'ambiance tamisée, caché tel un *speakeasy* de la Prohibition derrière une porte verte. Dans un décor tout en vichy et tourbillons psychédéliques, on sert pas moins de 500 cocktails, dont des créations maison bien corsées.

KUMPELNEST 3000 — BAR

Plan p. 355 (030-261 6918 ; www.kumpelnest3000.com ; Lützowstrasse 23 ; 19h-5h ou plus tard ; U Kurfürstenstrasse). Dans une ancienne maison close aux airs de grotte, ce bar né d'un projet artistique est d'un kitsch qui fait penser aux films noirs des années 1940 à Shanghai. L'endroit est connu pour ses soirées mouvementées et attire une clientèle très diverse, incluant parfois des célébrités.

HEILE WELT — GAY ET LESBIEN

Plan p. 355 (030-2191 7507 ; facebook.com/heileweltbar ; Motzstrasse 5 ; 19h-3h ; U Nollendorfplatz). À la fois chic et décontracté, le "Monde parfait" est apprécié pour son atmosphère invitant à la conversation (et à la drague) et pour les beaux gosses qui le fréquentent. Un bon endroit pour débuter une nuit de fête. Le bar se remplit à mesure que la soirée avance.

TOM'S BAR — GAY

Plan p. 355 (030-213 4570 ; www.tomsbar.de ; Motzstrasse 19 ; 22h-6h ; U Nollendorfplatz). Véritable institution gay (réservée aux hommes) du quartier, ce bar tient son nom du dessinateur homoérotique culte Tom of Finland (de son vrai nom Touko Laaksonen ; 1920-1991) – mais rassurez-vous, nul besoin d'un physique de *chippendale* pour s'y sentir à l'aise. L'ambiance est détendue et beaucoup se laisseront tenter par la *darkroom* labyrinthique. Une conso offerte pour une achetée le lundi.

HAFEN — GAY

Plan p. 355 (030-211 4118 ; www.hafen-berlin.de ; Motzstrasse 19 ; à partir de 19h ; U Nollendorfplatz). Ce "Port" offre l'occasion d'escales sympathiques depuis près de 30 ans. Danse, soirées à thème, alcool, drague... que demander de plus ? Ne manquez pas les hilarantes soirées quiz du lundi, animées par Hendryk Ekdahl.

OÙ SORTIR

WINTERGARTEN VARIÉTÉ — CABARET

Plan p. 355 (030-588 433 ; wintergarten-variete.de ; Potsdamer Strasse 96 ; tarifs variables ; U Kurfürstenstrasse). Ce somptueux cabaret au plafond scintillant d'étoiles propose des divertissements variés allant des spectacles de variété à des concerts et des performances d'acrobates ou de magiciens. Comprendre l'allemand n'est pas indispensable.

SHOPPING

L'attraction shopping n°1 de Schöneberg est le KaDeWe, l'un des plus impressionnants grands magasins d'Europe. Sinon, en vous baladant de la Nollendorfplatz à la Hauptstrasse via la Maassenstrasse, la Goltzstrasse et l'Akazienstrasse, vous découvrirez une ribambelle de boutiques indépendantes vendant vêtements, livres et cadeaux. Le samedi, on vient de tout Berlin sur la Winterfeldtplatz pour le marché fermier.

KADEWE — GRAND MAGASIN

Plan p. 355 (www.kadewe.de ; Tauentzienstrasse 21-24 ; 10h-20h lun-jeu et sam, 10h-21h ven ; U Wittenbergplatz). Plus vaste grand magasin d'Europe continentale depuis 1907, le KaDeWe (contraction de "Kaufhaus des Westens", ou Grand Magasin de l'Ouest) offre un choix si étourdissant qu'une organisation militaire n'est pas inutile pour en tirer le meilleur parti. Si vous manquez de temps, donnez la priorité à l'aire de restauration gastronomique au 6e étage, refaite à neuf.

MARKT AM WINTERFELDTPLATZ — MARCHÉ FERMIER

Plan p. 355 (marché de la Winterfeldtplatz ; Winterfeldtplatz ; 8h-14h mer, 8h-16h sam ;

Ⓤ Nollendorfplatz). Gourmets et professionnels de la restauration convergent vers la Winterfeldtplatz, d'ordinaire bien calme, chaque mercredi et samedi pour un marché fermier débordant de délices gastronomiques et d'étals de fleurs – fruits et légumes de saison (la plupart locaux et bio), fromages, charcuteries et bacs remplis d'olives, de miel de la région ou de saucisses turques épicées. Le marché du samedi, plus vaste, accueille aussi des vendeurs d'art et d'artisanat.

ACNE STUDIOS — MODE ET ACCESSOIRES

Plan p. 355 (☎030-2636 6909 ; www.acnestudios.com ; Potsdamer Strasse 87 ; ⌚11h-18h ; Ⓤ Kurfürstenstrasse). L'ouverture de ce magasin de la marque suédoise de mode d'avant-garde ne fait que confirmer la gentrification en cours de la Potsdamer Strasse.

FLOHMARKT AM RATHAUS SCHÖNEBERG — MARCHÉ AUX PUCES

Plan p. 355 (marché aux puces de la mairie de Schöneberg ; John-F-Kennedy-Platz ; ⌚8h-16h sam-dim ; Ⓤ Rathaus Schöneberg). Vendeurs professionnels et particuliers se côtoient dans ce marché de quartier à prix doux, où vous pourrez perfectionner vos techniques de marchandage. S'il est moins branché que d'autres, ce marché aux puces (Flohmarkt) est l'occasion de dénicher de jolis bibelots, des vinyles vintage et une multitude d'articles d'occasion, le tout au pied du balcon de l'hôtel de ville (Rathaus), d'où JFK prononça sa célèbre formule : "*Ich bin ein Berliner*".

Kreuzberg

BERGMANNKIEZ ET OUEST DE KREUZBERG | KOTTBUSSER TOR ET EST DE KREUZBERG

Notre sélection

❶ Dans un édifice signé Libeskind, le **Musée juif** (p. 180) est le lieu incontournable pour découvrir l'histoire de la communauté juive allemande.

❷ Le **musée allemand des Techniques** (p. 182), temple de la technologie, s'intéresse aussi bien au train qu'à l'avion ou à l'automobile.

❸ Le **Park am Gleisdreieck** (p. 182), un immense espace naturel aménagé dans une gare de triage du XIXe siècle, se prête à la détente comme à l'exercice.

❹ La **tournée des bars de Kotti** (p. 190) offre tout le charme punk et funky du Kreuzberg d'antan.

❺ La fête gastronomique hebdomadaire de **Street-Food Thursday** (p. 186) est un véritable tour du monde gustatif.

Pour un plan détaillé, reportez-vous p. 356 et p. 358

Découvrir Kreuzberg

Épicentre du Berlin insouciant, multiculturel et alternatif, Kreuzberg offre un stimulant mélange de quartier populaire et de havre branché. Il se compose de deux parties bien distinctes. La partie ouest est plutôt chic et distinguée, avec des demeures du XIXe siècle bien restaurées et une flopée de boutique indépendantes, de restaurants, de cafés et de bars, surtout dans la Bergmannstrasse. Les deux grands musées de Kreuzberg, le Musée juif et le musée allemand des Techniques, ne sont pas loin.

L'est de Kreuzberg (entre la Moritzplatz et la Kottbusser Tor) a longtemps été *le* quartier turc de Berlin. "Redécouvert" d'abord par les étudiants, les artistes et les expatriés, attirés par les faibles loyers et l'esprit libertaire, ce secteur intéresse aujourd'hui les investisseurs immobiliers. On peut encore y admirer du *street art* formidable, fouiller des boutiques rétro, et découvrir le soir venu pourquoi Kreuzberg a la réputation d'être le paradis des noctambules.

Vivre comme un Berlinois

Tournée des bars La vie nocturne est particulièrement riche à Kreuzberg, surtout du côté de la Kottbusser Tor et dans la Skalitzer Strasse et la Schlesische Strasse.

Mode Dans ce quartier merveilleusement dépourvu de magasins de grandes chaînes, les boutiques invitent à se créer son propre style. Dénichez des pépites dans les boutiques vintage ou de *streetwear*, les enseignes de créateurs, les magasins éphémères et les marchés aux puces.

Détente Comme les Berlinois, prenez le temps de vous détendre dans ces oasis de verdure que sont le Park am Gleisdreieck (p. 182), le Viktoriapark (p. 183) et le Görlitzer Park, ou de regarder les cygnes passer sur le canal de Landwehr.

Depuis/vers Kreuzberg

Bus Le 140 relie Bergmannkiez au Tempelhofer Feld ; le M29 rejoint Tiergarten, Schöneberg et Charlottenbourg ; le 165 passe par Kreuzberg pour relier Mitte au Treptower Park.

U-Bahn L'U1 relie Kreuzberg à Charlottenburg et à Friedrichshain, l'U8 le relie à Neukölln et à Mitte et l'U7 à Schöneberg.

Bon plan Lonely Planet

Une grande partie du canal de Landwehr, qui traverse Kreuzberg, est bordée par des arbres et un sentier idéal pour la balade, le jogging ou le vélo. En été, les pelouses de l'Urbanhafen invitent à la détente, tandis que les gastronomes se tournent vers les restaurants regroupés dans Paul-Lincke-Ufer.

Le top des restaurants

- Tulus Lotrek (p. 186)
- Con Tho (p. 187)
- Ora (p. 188)
- Fes – Turkish BBQ (p. 188)
- Orania.Restaurant (p. 188)

Voir détails p. 185

Le top des bars et des cafés

- Birgit & Bier (p. 189)
- Limonadier (p. 189)
- Würgeengel (p. 190)
- Möbel Olfe (p. 190)
- Otto Rink (p. 190)

Voir détails p. 189

Le top des boutiques

- Folkdays (p. 192)
- VooStore (p. 193)
- Hallesches Haus (p. 193)
- Other Nature (p. 193)

Voir détails p. 192

MARC31 / SHUTTERSTOCK ©

LES INCONTOURNABLES
MUSÉE JUIF

Dans un bâtiment remarquable dessiné par Daniel Libeskind, le musée présente l'histoire des Juifs d'Allemagne, du Moyen Âge jusqu'à nos jours.

Le bâtiment

Le chef-d'œuvre architectural de Libeskind, dont les lignes en zigzags symbolisent une étoile de David brisée, est une véritable métaphore de l'histoire douloureuse du peuple juif. Ses murs en zinc argentés affichent des angles prononcés, et de petites entailles percent la façade étincelante en guise de fenêtres. Baptisé *Entre les lignes* par son créateur, le bâtiment a été inauguré en 2001.

Les trois axes

Le musée se compose de deux structures. On y accède par le bâtiment baroque qui abritait jadis la Cour suprême de la Prusse. Un escalier sombre et sinueux descend en pente raide jusqu'au bâtiment de Libeskind, où trois passages – les "axes" – s'entrecroisent, symbolisant la destinée des Israélites au XXe siècle. L'**axe de l'Exil** mène au jardin éponyme, 49 colonnes inclinées en béton, d'où surgissent des oliviers de Bohême, symbole d'espoir. L'**axe de l'Holocauste** conduit à un "vide" sépulcral qui symbolise la perte d'humanité, de culture et de vie en Europe. Seul l'**axe de la Continuité**, qui symbolise le présent et l'avenir, conduit aux expositions, mais le trajet est malaisé, empruntant une passerelle ascendante et plusieurs volées de marches escarpées.

Exposition permanente

Dans sa nouvelle mouture inaugurée en août 2020, l'exposition centrale sur deux niveaux retrace 1 700 ans d'histoire, de traditions, de procès et de victoires juives en Allemagne. Divisée en 5 chapitres, elle débute au haut Moyen Âge, époque où les communautés juives

À NE PAS MANQUER

- Axe de l'Holocauste
- Installation *Shalekhe – Gefallenes Laub*
- Salle "Katastrophe"

INFOS PRATIQUES

- Jüdisches Museum
- Plan p. 356, D2
- ☎ 030-2599 3300
- www.jmberlin.de
- Lindenstrasse 9-14
- Tarif plein/réduit 8/3 €, gratuit - 18 ans, audioguide 3 €
- 10h-19h
- Ⓤ Hallesches Tor, Kochstrasse

sont apparues dans le nord-ouest de l'Europe. Elle passe ensuite aux Lumières, puis à l'époque nazie et se termine par l'actuel renouveau juif en Allemagne.

Des espaces thématiques présentent des aspects de la culture et de la religion – musique, prière, Torah, Shabbat – à l'aide d'objets originaux, d'installations, de jeux interactifs, de points d'écoute et autres dispositifs muséographiques modernes.

L'exposition souligne les relations entre les communautés juive et chrétienne au fil du temps. "Katastrophe", la partie consacrée au IIIe Reich, dissèque l'anatomie de l'État nazi. Elle s'appuie sur une installation murale composée de près de 1 000 lois et décisions à l'encontre des Juifs adoptées entre 1933 et 1945.

Installations artistiques

Le poignant **Shalekhet – Gefallenes Laub** (*Feuilles mortes*, ci-contre), de Menashe Kadishman (1932-2015), est une des œuvres majeures du musée. Plus de 10 000 visages découpés dans des plaques d'acier rouillé jonchent le sol, et leurs bouches ouvertes, muettes, "crient" sous les pas des visiteurs. L'effet de l'œuvre est exacerbé par l'espace même dans lequel elle s'inscrit : le "Memory Void", le vide de la mémoire, situé au rez-de-chaussée (première porte en montant l'escalier).

Pour rejoindre Shalekhet, on passe par la **Galerie des disparus**, de Via Lewandowsky (né en 1963), natif de Dresde. L'œuvre se compose de sculptures en verre noir aux contours irréguliers. Chacune renferme la description audio d'un objet disparu ou détruit lié à la culture juive allemande, telle l'*Encyclopaedia Judaica*, dont la publication s'est brusquement arrêtée à la lettre *L* en 1934.

L'exposition inclut **Shevirat ha-Kelim** (*Le Bris des vases*), une installation de l'artiste contemporain allemand Anselm Kiefer qui interprète un concept cosmique de la Kabbale.

ANOHA, l'univers des enfants

Situé dans un ancien marché aux fleurs en face du bâtiment principal, ANOHA est un nouvel espace interactif pour les 3-10 ans. Il est axé sur une immense arche de Noé en bois : les enfants peuvent monter à bord et contribuer à la piloter du passé vers l'avenir en compagnie de 150 animaux en matériaux recyclés. Ailleurs, les enfants peuvent explorer des sujets comme les ressources naturelles et le développement durable.

UNE PETITE PAUSE

Le **café du musée**, installé sous la verrière, sert des repas légers, des pâtisseries et des boissons chaudes et froides.

Dans la Berlinische Galerie, toute proche, le **Cafe Dix** (plan p. 356 ; ☎030-2392 4109 ; www.cafe-dix.berlin ; Alte Jakobstrasse 124-128 ; plats 6-10 € ; ⏲10h-18h mer-lun ; Ⓤ Kochstrasse, Moritzplatz) propose salades, plats traditionnels allemands et pâtisseries.

Le billet du Musée juif donne accès à un tarif réduit pendant 3 jours à la Berlinische Galerie (p. 182).

BONS PLANS

- Pour une visite plus riche encore, louez un audioguide (3 €).
- Des visites guidées (en allemand, 3 €) ont lieu à 15h le samedi et à 11h le dimanche.
- Prévoyez au moins 2 heures pour visiter le musée ; chaussez-vous confortablement.
- Le jardin situé derrière le musée est équipé de chaises longues où l'on peut se détendre en admirant le bâtiment.

À VOIR

Le Musée juif et le musée allemand des Techniques sont les curiosités majeures de Kreuzberg, mais le quartier abrite d'autres musées, plus petits et très spécialisés, notamment dans le domaine de l'art. On y trouve des œuvres de *street art* particulièrement percutantes, dues à des artistes locaux ou étrangers. Le Tempelhofer Feld est traité dans le chapitre Neukölln (p. 194).

Bergmannkiez et ouest de Kreuzberg

MUSÉE JUIF — HISTOIRE, MÉMORIAL

Voir p. 180.

♥ BERLINISCHE GALERIE — ART, PHOTOGRAPHIE, ARCHITECTURE

Plan p. 356 (musée d'Art moderne, de Photographie et d'Architecture de Berlin ; ☎030-7890 2600 ; www.berlinischegalerie.de/en/ ; Alte Jakobstrasse 124-128 ; tarif plein/réduit 12/9 €, gratuit - 18 ans ; ⏲10h-18h mer-lun ; Ⓤ Hallesches Tor, Kochstrasse). Installée dans un ancien entrepôt de vitres, la Berlinische Galerie est un excellent musée où l'on peut découvrir l'évolution de l'art berlinois depuis 1870. Au rez-de-chaussée, des expositions temporaires mettent à l'honneur des artistes et mouvements contemporains d'avant-garde. Au centre du bâtiment, deux escaliers aériens s'entrecroisent et mènent aux expositions permanentes. Elles comprennent de magnifiques toiles de grands noms comme Otto Dix, Jeanne Mammen et Georg Baselitz.

Un billet d'entrée pour le Musée juif (p. 180) permet de visiter la Berlinische Galerie à prix réduit le jour même et les 2 jours suivants – et vice versa.

♥ MUSÉE ALLEMAND DES TECHNIQUES — TECHNOLOGIE

Plan p. 356 (Deutsches Technikmuseum ; ☎030-902 540 ; technikmuseum.berlin ; Trebbiner Strasse 9 ; tarif plein/réduit 8/4 €, gratuit - 18 ans après 15h ; ⏲9h-17h30 mar-ven, 10h-18h sam-dim, dernière entrée 16h ; Ⓟ 🚻 ; Ⓤ Gleisdreieck, Möckernbrücke). Juché sur le toit, le "bombardier de bonbons" (qui larguait des friandises durant le pont aérien de 1949) n'est que le prélude de cet immense et séduisant sanctuaire de la technologie. Génial pour les enfants, ce musée géant présente le premier ordinateur au monde, une salle entière de locomotives d'époque, ainsi que des expositions sur l'aérospatiale et la navigation, dans une annexe moderne. Attenant, le centre Spectrum (ci-dessous) est accessible avec le même billet.

On peut facilement passer une journée dans ce musée, surtout si on explore aussi le grand parc avec ses moulins à eau et à vent, sa brasserie et sa forge. Pensez à vérifier les horaires des démonstrations et des ateliers. Trois cafés permettent de se sustenter ; on peut aussi apporter son pique-nique (tables à disposition). L'application Deutsches Technikmuseum propose une visite audio intitulée "Révolutions techniques" (en anglais et en allemand) et une visite pour les enfants.

CENTRE SCIENTIFIQUE SPECTRUM — CENTRE SCIENTIFIQUE

Plan p. 356 (☎030-9025 4284 ; technikmuseum.berlin/spectrum ; Möckernstrasse 26 ; tarif plein/réduit 8/4 €, gratuit - 19 ans après 15h, gratuit - 6 ans ; ⏲9h-17h30 mar-ven, 10h-18h sam-dim, dernière entrée 16h ; Ⓟ ; Ⓤ Möckernbrücke, Gleisdreieck). Pourquoi le ciel est-il bleu ? Peut-on voir la chaleur ? Comment les avions tiennent-ils en l'air ? Enfants et adultes trouveront les réponses à nombre de questions dans cette annexe du musée allemand des Techniques. Sur 4 niveaux, on y observe 150 expériences scientifiques interactives divisées en 8 thèmes comme Électricité et Magnétisme, Musique et Son ou Lumière et Vision. Accès uniquement sur inscription préalable pendant la pandémie de Covid-19.

PARK AM GLEISDREIECK — PARC

Plan p. 356 (www.gruen-berlin.de/gleisdreieck ; plusieurs entrées notamment à l'angle d'Obentrautstrasse et Möckernstrasse ; ⏲24h/24 ; Ⓤ Möckernbrücke, Gleisdreieck, Yorckstrasse, Ⓢ Yorckstrasse). GRATUIT Les Berlinois raffolent des grands espaces verts et cet immense parc aménagé entre 2011 et 2014 sur une ancienne gare de triage est le dernier né d'une série d'oasis urbaines. Une ligne de chemin de fer divise le parc en 2 parties : **Westpark**, composée d'une vaste étendue de pelouse et d'aires de jeux pour les enfants, et **Ostpark**, qui réunit une aire de découverte de la nature, un skatepark, un bosquet et une piste de danse en plein air.

Les vestiges de la voie ferrée sont bien intégrés dans le paysage. Il y a beaucoup d'entrées au parc. La sortie de la station

À NE PAS MANQUER

LE PARC DE TREPTOW ET LE MÉMORIAL SOVIÉTIQUE

Au sud-est de Kreuzberg, Treptow, ancien district de Berlin-Est, doit son caractère à la Spree qui le traverse et à ses deux parcs, le Treptower Park et le Plänterwald. Leurs vastes pelouses, leurs bois ombragés et leurs berges paisibles les rendent propices au farniente, au jogging et à la promenade, et ce, depuis plus d'un siècle. L'été, les bateaux de Stern + Kreis (p. 309) partent de l'embarcadère, juste au sud de la station de S-Bahn Treptower Park. Un peu plus au sud, vous trouverez la minuscule **île de la Jeunesse** (Insel der Jugend ; 030-8096 1850 ; www.inselberlin.de ; Alt-Treptow 6 ; P ; S Plänterwald, Treptower Park), accessible par un pont en acier datant de 1915, le premier du genre en Allemagne. L'été, on y trouve un café et des bateaux à louer ; projections de films, concerts et autres soirées y sont alors organisés. Le restaurant est ouvert toute l'année.

À proximité se dresse la principale curiosité touristique du parc, l'écrasant **monument aux Morts soviétiques** (Sowjetisches Ehrenmal Treptow ; 24h/24 ; Treptower Park) qui domine les tombes de 5 000 soldats russes tués pendant la bataille de Berlin. Inauguré en 1949, le monument constitue un rappel poignant de l'étendue des pertes soviétiques pendant la guerre. En venant de la station S-Bahn, vous serez d'abord accueilli par une **statue de la Mère Russie** pleurant ses enfants morts. Plus loin, deux murs énormes, devant lesquels des soldats se recueillent à genoux, flanquent l'entrée principale – le marbre rouge utilisé ici proviendrait des ruines de la chancellerie d'Hitler. Au-delà s'étendent de vastes pelouses bordées de **sarcophages**, symboles des 16 Républiques soviétiques d'alors. Chacun est orné de scènes de guerre, accompagnées de citations de Staline. Ce décor dramatique atteint son apogée au **mausolée**, surmonté d'une statue de 13 m de haut, qui représente un soldat russe portant un enfant, son épée reposant sur un *svastika* brisé. Sur le socle, un bas-relief de style réaliste-socialiste figure des soldats soviétiques reconnaissants rendant hommage à leurs morts.

Au sud, près du *Karpfenteich* (étang aux carpes), se dresse l'**observatoire Archenhold** (Archenhold Sternwarte ; 030-4218 4510 ; www.planetarium.berlin ; Alt-Treptow 1 ; visites et démonstrations 7/5 € adulte/enfant, exposition gratuite ; 17h30-20h ven, 13h30-20h sam, 11h30-17h30 dim ; P ; 165, 166, 265, S Plänterwald), le plus ancien d'Allemagne. En 1915, Albert Einstein y exposa pour la première fois sa théorie de la relativité, mais l'endroit est surtout célèbre pour son télescope réfracteur de 21 m, le plus long du monde, construit en 1896 par l'astronome Friedrich Simon Archenhold. Si l'exposition au rez-de-chaussée est un peu ennuyeuse, elle fournit des détails fascinants sur le système planétaire, l'astronomie en général et l'histoire de l'observatoire. Les enfants se feront photographiés près du gros fragment de météorite.

Toujours concernant les enfants... des générations d'Allemands de l'Est se rappellent avec nostalgie le Kulturpark Plänterwald : seul parc d'attractions du pays, créé en 1969, puis privatisé et rebaptisé en 1990 **Spreepark** (030-700 906 710 ; www.spreepark.berlin ; Kiehnwerderallee 1-3 ; visites adulte/enfant 5/3 € ; visites week-ends et vacances avr-oct, visite en anglais 13h sam ; ; S Plänterwald). Avec la baisse du nombre de visiteurs, il a fait faillite en 2001. L'enceinte est depuis interdite au public – ce qui n'empêche pas les aventuriers urbains d'y entrer et de folâtrer parmi les dinosaures et les dragons abandonnés. Grande roue et autres manèges sont depuis longtemps à l'arrêt, mais, en janvier 2016, Grün Berlin (www.gruenberlin.de), association bénévole affiliée au Land de Berlin, a entrepris de faire revivre le parc. L'association, qui a déjà rénové d'autres espaces publics, comme le Tempelhofer Feld, prévoit de ranimer la grande roue, le restaurant Eierhäuschen et d'autres vestiges, et d'y ajouter de nouvelles attractions culturelles et artistiques. Un kiosque d'information permet de s'informer sur ces projets. Visites guidées d'avril à octobre.

d'U-Bahn Gleisdreieck mène au cœur de Westpark. Pour l'Ostpark la station la plus proche est celle du S-Bahn Yorckstrasse.

VIKTORIAPARK

PARC

Plan p. 356 (entre Kreuzbergstrasse, Methfesselstrasse, Dudenstrasse et Katzbachstrasse ;

LES FRESQUES EMBLÉMATIQUES DE KREUZBERG

Astronaut/Cosmonaut (plan p. 358 ; Mariannenstrasse ; Ⓤ Kottbusser Tor). Parmi les œuvres de *street art* les plus connues de Berlin, cette fresque monumentale réalisée à la peinture s'inspire de la course à l'espace entre les États-Unis et l'URSS. Réalisée en 2007 par le Français Victor Ash dans le cadre du festival d'art urbain Backjumps, elle se trouve près de la Skalitzer Strasse.

Pink Man (plan p. 358 ; Falckensteinstrasse 48 ; Ⓤ Schlesisches Tor). La plus célèbre œuvre berlinoise de l'Italien Blu, également connue sous le nom de *Leviathan*, représente une créature monstrueuse faite d'une multitude de corps nus, roses et enchevêtrés, qui s'apprête à dévorer un individu blanc agrippé à son doigt.

Rounded Heads (plan p. 358 ; Oppelner Strasse 46-47 ; Ⓤ Schlesisches Tor). Nomad, artiste berlinois mondialement reconnu, a couvert tout le pignon d'un immeuble de cette peinture montrant deux personnages en train de s'embrasser, l'un sans visage, l'autre encapuchonné.

Yellow Man (plan p. 358 ; Oppelner Strasse 3 ; Ⓤ Schlesisches Tor). Cette peinture immense montre un personnage au visage jaune, un peu inquiétant. On la doit aux artistes graffeurs Os Gêmeos, les jumeaux Otavio et Gustavo Pandolfo, de São Paulo.

24h/24 ; Ⓤ Platz der Luftbrücke). Faites une pause dans ce grand parc qui s'étire sur la Kreuzberg, la colline la plus élevée de Berlin (66 m). Un monument aux allures de clocher le couronne, surmonté d'une croix en fer qui donna son nom à Kreuzberg (*Kreuz* signifie "croix"). Il fut conçu par Karl Friedrich Schinkel pour commémorer la défaite de Napoléon à Waterloo en 1815. Le parc renferme un vignoble, des pelouses pour la détente, le *Biergarten* Golgatha (p. 189) et une cascade artificielle, qui se jette dans un bassin flanqué d'une fontaine où un Neptune folâtre avec une néréide.

MÉMORIAL DU PONT AÉRIEN HISTOIRE

Plan p. 356 (Luftbrückendenkmal ; Platz der Luftbrücke ; Ⓟ ; Ⓤ Platz der Luftbrücke). Ce mémorial, surnommé la *Hungerharke* ("fourche de la faim") et situé juste à la sortie de l'ancien aéroport de Templehof, rend hommage à ceux qui permirent de ravitailler la ville durant le blocus de 1948. Les 3 pointes symbolisent les 3 couloirs aériens empruntés par les Alliés, tandis que le socle porte le nom des 79 personnes qui périrent dans l'opération.

Kottbusser Tor et l'est de Kreuzberg

MUSÉE FHXB DE FRIEDRICHSHAIN-KREUZBERG HISTOIRE DU QUARTIER

Plan p. 358 (030-5058 5258 ; www.fhxb-museum.de ; Adalbertstrasse 95a ; 12h-18h mar-jeu, 10h-20h ven-dim ; Ⓤ Kottbusser Tor). GRATUIT Les heures sombres et glorieuses de Kreuzberg et Friedrichshain, qui comptent parmi les quartiers les plus pittoresques de Berlin, sont détaillées dans cette ancienne usine en brique rouge. Axées sur l'héritage de Kreuzberg, les collections côtoient des expositions temporaires qui ne craignent pas d'aborder des sujets pointus comme l'immigration et la gentrification galopante de la zone.

MUSÉE DES CHOSES DESIGN ALLEMAND

Plan p. 358 (Werkbund Archive – Museum der Dinge ; 030-9210 6311 ; www.museumderdinge.de ; Oranienstrasse 25, 3e niv ; tarif plein/réduit 6/4 €, gratuit - 17 ans ; 12h-19h jeu-lun ; Ⓤ Kottbusser Tor). Aux yeux du profane, cet obscur musée aménagé dans une ancienne usine peut ressembler à un cabinet de curiosités se résumant à des objets hétéroclites – plats, casseroles, étuis à cigarettes, porte-clés, boîtes de détergent, etc. – amoncelés dans des vitrines. Mais les plus avisés savent que la mission de ce musée est de montrer l'évolution du design des produits depuis l'avènement de la fabrication industrielle et de la production de masse.

Les collections s'appuient sur les archives de la Deutscher Werkbund, association influente d'artistes, d'architectes et de designers, fondée en 1907 dans le but d'intégrer l'art et l'artisanat traditionnel aux techniques de production de masse. Précurseur majeur du Bauhaus des années 1920, la Deutscher Werkbund comptait Walter Gropius et Peter Behrens parmi ses principaux partisans.

CITÉ D'ARTISTES DE BÉTHANIE ART

Plan p. 358 (Künstlerhaus Bethanien ; ☎030-616 9030 ; www.bethanien.de/en/ ; Kottbusser Strasse 10 ; ⏲14h-19h mar-dim ; Ⓤ Kottbusser Tor). GRATUIT Cette ancienne fabrique de luminaires située dans l'effervescente Kottbusser Strasse est devenue un sanctuaire artistique et un creuset de création pour des artistes des quatre coins du monde. Fondée en 1975, cette association à but non lucratif propose des résidences d'artistes, lesquelles furent à l'origine du lancement de centaines de carrières. Des expositions retracent le travail des actuels et ex-pensionnaires, et présentent les œuvres d'autres artistes.

KUNSTQUARTIER BETHANIEN ART

Plan p. 358 (www.kunstquartier-bethanien.de ; Mariannenplatz 2 ; ⏲10h-20h dim-mer, 10h-22h jeu-sam ; Ⓤ Kottbusser Tor). GRATUIT Activistes squatteurs et défenseurs de l'environnement se sont alliés pour sauver de la démolition, au début des années 1970, ce majestueux hôpital et ses deux tours construits vers 1840. Devenu un carrefour d'art et de culture, il abrite aujourd'hui plus d'une vingtaine d'institutions revendiquant leur indépendance et couvrant tout le spectre créatif, du théâtre à la danse, de la musique aux arts plastiques. Les expositions de la galerie **Kunstraum Kreuzberg/Bethanien** reflètent l'activisme et la conscience sociale caractérisant l'état d'esprit général du lieu.

À voir également : la pharmacie d'origine, où travailla le poète Theodor Fontane entre 1848 et 1849. Elle n'est ouverte que de 14h à 17h le mardi, mais on peut aussi la découvrir à travers une porte vitrée (au rez-de-chaussée, à droite).

RAMONES MUSEUM MUSIQUE

Plan p. 358 (☎030-6128 5399 ; www.ramonesmuseum.com ; Oberbaumstrasse 5 ; café-bar entrée libre, musée 5 €, avec boisson 7 € ; ⏲10h-22h ; Ⓤ Schlesisches Tor). Si les Ramones, pionnier de la musique punk, ont chanté "Born to Die in Berlin" (Né pour mourir à Berlin), leur héritage est bien vivant dans cet excentrique café-bar-sanctuaire. On peut siroter une bière en se baladant dans cette caverne d'Ali Baba remplie de souvenirs : pochettes d'albums dédicacées, posters, photos et objets dérivés allant des T-shirts aux chaussettes.

MOLECULE MAN MONUMENT

Plan p. 358 (An den Treptowers 1 ; Ⓢ Treptower Park). Malgré ses dimensions monumentales (30 m de hauteur), cette sculpture en aluminium de l'artiste américain Jonathan Borofsky semble flotter sur la Spree. Très photogéniques au coucher du soleil, les 3 silhouettes sur le point de s'étreindre symbolisent la réunion de Friedrichshain, Kreuzberg et Treptow après la chute du Mur.

OÙ SE RESTAURER

Kreuzberg et le nord de Neukölln sont parmi les endroits les plus intéressants de Berlin sur le plan culinaire. Outre de bonnes adresses de quartier sans prétention, des tables exotiques et des cafés au bord du canal, on y trouve un nombre croissant de restaurants haut de gamme, dont 3 sont étoilés au Michelin. Markthalle Neun (p. 193), point de départ de l'engouement pour la cuisine de rue, attire toujours les foules, et les adresses végétaliennes poussent comme des champignons.

UNE ÉGLISE-GALERIE

Si l'art est votre religion, un pèlerinage à la **König Galerie @ St Agnes Kirche** (plan p. 356 ; ☎030-2610 3080 ; www.koeniggalerie.com ; Alexandrinenstrasse 118-121 ; ⏲10h-18h mar-sam, 12h-18h dim ; Ⓤ Prinzenstrasse), une église devenue galerie d'art, s'impose. Dans un secteur plutôt quelconque de Kreuzberg, cette église catholique désacralisée, conçue dans les années 1960 par l'architecte-urbaniste Werner Düttmann, est un bon exemple de l'architecture brutaliste. C'est en 2012 que le galeriste Johann König l'a transformée en lieu d'exposition présentant des œuvres interdisciplinaires et conceptuelles, basées sur la notion d'espace. L'intérieur est austère mais superbe, avec un vaste hall éclairé seulement par des "meurtrières" et des lucarnes. Un clocher carré en béton brut s'élève juste à côté de cette structure sobre et presque aveugle.

100% LOCAL

LA RUE FÊTE LA CUISINE

Street-Food Thursday (markthalleneun.de ; Eisenbahnstrasse 42-43 ; 17h-22h jeu ; U Görlitzer Bahnhof). Chaque jeudi depuis 2013, une bonne vingtaine d'aspirants chefs montent leurs stands dans le Markthalle Neun (p. 193), un marché couvert historique de Kreuzberg, pour y servir des spécialités de rue du monde entier. Commandez votre plat préféré, emportez-le à une table commune et accompagnez-le d'un verre de Heidenpeters, bière artisanale brassée sur place.

Bite Club (www.biteclub.de ; 17h-tard ven mai-sept ou oct ; S Treptower Park, U Schlesisches Tor). Cette fête de la cuisine de rue en plein-air qui marche fort depuis 2013 est un endroit plein de saveurs où découvrir les tendances culinaires de demain. Des nouveaux venus ainsi que des vendeurs de bière artisanale, de vin et de whisky se joignent aux stands et food-trucks réguliers. Pour connaître son emplacement actuel, consultez son site Internet ou sa page Facebook.

Bergmannkiez et ouest de Kreuzberg

CURRY 36 — ALLEMAND €

Plan p. 356 (030-2580 088 336 ; www.curry36.de ; Mehringdamm 36 ; en-cas 2-6 € ; 9h-23h ; U Mehringdamm). Jour après jour, nuit après nuit, une foule hétéroclite fait la queue devant l'un des meilleurs fast-foods de *Currywurst*, ouvert depuis 1981. Que vous choisissiez la version classique, bio ou végétalienne, vous êtes sûrs de déguster une des meilleures saucisses de Berlin.

HINTERLAND — ALLEMAND €

Plan p. 356 (030-9843 8447 ; www.hinterlandprovisions.com ; Gneisenaustrasse 67 ; plats 6-11 € ; 12h-15h mar-ven, 11h-15h sam, 18h-23h mar-sam ; U Südstern). Une fraîcheur campagnarde imprègne cet adorable bistrot tenu par Madeline McLean. Grâce à ses liens avec des producteurs régionaux, les assiettes ne contiennent que des produits frais, bio et issus de pratiques durables. Le second pilier de la maison est le vin naturel, proposé au verre ou à la bouteille, ainsi que des bières locales et des cocktails originaux.

VAN LOON — INTERNATIONAL €€

Plan p. 358 (030-692 6293 ; www.vanloon.de ; Carl-Herz-Ufer 5 ; petit-déj 5-16,50 €, plats 13-22 € ; 10h-22h mer-sam, 10h-18h dim ; U Prinzenstrasse). Ce joli bateau hollandais amarré sur le canal de Landwehr est un bel endroit pour démarrer la journée devant un somptueux petit-déjeuner (servi sur le pont jusqu'à 15h). Le soir, bougies et feu dans la cheminée invitent à des dîners romantiques tout en se délectant de soupe de poisson (réputée), de saumon gravlax accompagné de croquettes de pomme de terre, ou d'une grillade de côtelettes fumées.

TULUS LOTREK — INTERNATIONAL €€€

Plan p. 358 (030-4195 6687 ; www.tuluslotrek.de ; Fichtestrasse 24 ; menu dégustation 6/8 plats 130/160 € ; 18h-23h jeu-lun ; U Südstern). Ce restaurant nouvelle génération étoilé au Michelin propose à la fois une excellente cuisine, des vins étonnants et une décoration propre à alimenter la conversation, le tout dans une ambiance d'une irrévérence aussi désarmante que charmante. Le chef Max Strohe ose marier des ingrédients du monde entier pour créer une cuisine habitée et ambitieuse, aux arômes intenses. Mais la botte secrète du restaurant reste l'éternel sourire d'Ilona Scholl, la charmante hôtesse des lieux.

Kottbusser Tor et est de Kreuzberg

CAFÉ MUGRABI — ISRAÉLIEN €

Plan p. 358 (030-2658 5400 ; www.cafemugrabi.com ; Görlitzer Strasse 58 ; plats 6,50-13 € ; 11h-21h mer-lun ; U Görlitzer Bahnhof). Cet agréable café décline toutes les spécialités orientales sans viande, tels un succulent houmous, une *chakchouka* acidulée et du chou-fleur rôti. Même si c'est souvent plein à craquer, le personnel reste remarquablement calme. En été, prenez une table donnant sur le Görlitzer Park. La plupart des plats sont disponibles en version végétalienne.

♥ CON THO — VIETNAMIEN €

Plan p. 358 (☎030-2245 6122 ; www.con-tho-restaurant.de ; Hasenheide 16 ; plats 3,50-9 € ; ⌚12h-24h ; ; U Hermannplatz). Orné de bambous et de lanternes en papier, le “Lapin” est un restaurant végétarien et végétalien revisitant des recettes traditionnelles vietnamiennes. Piochez dans les délices comme des petites assiettes à partager ou commandez votre plat de riz préféré, des crêpes de riz fourrées ou une soupe à la citronnelle et graines de roucou.

MAMA SHABZ — PAKISTANAIS €

Plan p. 358 (www.mamashabz.com ; Reichenberger Strasse 61a ; plats 7,50-10 € ; ⌚12h-21h mar-sam). Venue de Londres avec ses racines pakistanaises, Shabz Syed a vite conquis les Berlinois grâces aux délicieuses recettes de sa mère. De sa minuscule mais pimpante cuisine sortent de délicieux dhals, massalas, *pakora*, *samossa* et autres spécialités de rue, qui apparaissent et disparaissent subrepticement de la carte pour maintenir les habitués en haleine.

SIRONI — BOULANGERIE €

Plan p. 358 (facebook.com/sironi.de ; Eisenbahnstrasse 42, Markthalle Neun ; en-cas à partir de 2,50 € ; ⌚8h-20h lun-mer et ven-sam, 8h-22h jeu ; U Görlitzer Bahnhof). On ne trouvera pas meilleure focaccia ou ciabatta hors d’Italie : Alfredo Sironi est venu de la Botte pour offrir aux amateurs de pain ses créations addictives. Admirez ces artistes de la farine préparer la fournée suivante dans la boulangerie vitrée du Markthalle Neun (p. 193), avant d’emporter vos trésors.

ALBATROSS BAKERY — BOULANGERIE, CAFÉ €

Plan p. 358 (☎0176 8009 7982 ; info@albatrossberlin.com ; Graefestrasse 66-67 ; pâtisserie 1,50-3 € ; ⌚8h-19h ; U Schönleinstrasse). Ce café-boulangerie prisé propose des pâtisseries addictives (les roulés à la cannelle !), du pain au levain et des croissants parmi les meilleurs de Berlin. Des Allemands de tout poil se pressent dans cet avant-poste branché pour prendre un *flat-white*, un croissant à la cardamome ou d’autres produits à la carte.

ANNELIES — PETIT-DÉJEUNER €

Plan p. 358 (www.anneliesberlin.com ; Görlitzer Strasse 68 ; plats 7,50-10 € ; ⌚10h-17h lun, mer-ven, 10h-18h sam-dim ; ; U Görlitzer Bahnhof). Ce merveilleux bistrot revisite des classiques du petit-déjeuner pour le plus grand plaisir des papilles. Les œufs brouillés couronnés de jaune d’œuf fumé et de *kohlrabi kimchi* (chou rave en saumure), ou les betteraves et mûres accompagnées de granola à l’amarante, de yaourt et de fines herbes vous permettront de tenir jusqu’en début d’après-midi.

COCOLO RAMEN X-BERG — JAPONAIS €

Plan p. 358 (☎030-9833 9073 ; www.kuchi.de ; Graefestrasse 11 ; ramen 10-12 € ; ⌚12h-22h lun-sam ; ; U Kottbusser Tor). Fiez-vous aux Allemands attirés par ces excellentes soupes japonaises. Ce restaurant bien établi sert des nouilles maison, des légumes frais et des garnitures allant des œufs au wakamé, dans un bouillon de porc très parfumé.

HENNE — ALLEMAND €

Plan p. 358 (☎030-614 7730 ; www.henne-berlin.de ; Leuschnerdamm 25 ; demi-poulet 9,80 € ; ⌚17h-23h mar-dim ; Bus M29, 140, 147, U Moritzplatz, Kottbusser Tor). Cette institution berlinoise a une obsession : son poulet, élevé au grain et rôti à la perfection, tendre et croustillant. Hormis des salades de pommes de terre et de chou blanc acidulées, on n’y sert rien d’autre depuis plus d’un siècle. Dînez dans le jardin ou dans la chaleureuse salle de 1907. Réservation indispensable.

MASANIELLO — ITALIEN €

Plan p. 358 (☎030-692 6657 ; www.masaniello.de ; Hasenheide 20 ; pizzas 8-11,50 € ; ⌚12h-23h mer-lun ; U Hermannplatz). Les tables sont presque trop petites pour les énormes pizzas napolitaines cuites au feu de bois. La pizzeria à l’ancienne de Luigi et Pascale est une véritable institution. Les vendredis et samedis, des plats de poisson frais grillé, parfaits à partager en groupe, concurrencent les pizzas. Par les douces soirées d’été, sur la grande terrasse fleurie, on se croirait presque en Italie.

BURGERMEISTER — BURGERS €

Plan p. 358 (☎030-403 645 320 ; www.burgermeister.de ; Oberbaumstrasse 8 ; burgers 3,50-7 € ; ⌚11h-1h lun-mer, 11h-2h jeu-sam, 12h-24h dim ; U Schlesisches Tor). C’est vert, richement décoré, centenaire, et ce sont d’anciennes toilettes. C’est en 2006 que le premier établissement de cette chaîne berlinoise a investi cet endroit improbable sous les voies aériennes de l’U-Bahn. Il y a de l’attente, mais ces pains briochés garnis de burgers pur bœuf en valent la peine.

Consultez le site Internet pour avoir des renseignements sur les succursales de Kottbusser Tor, Potsdamer Platz, Zoologischer Garten et Prenzlauer Berg.

GOLDIES

FAST FOOD €

Plan p. 358 (030-7478 0320 ; www.goldies-berlin.de ; Oranienstrasse 6 ; plats 5-11 € ; 12h30-22h ; U Görlitzer Bahnhof). Après avoir travaillé dans de célèbres restaurants allemands étoilés au Michelin, Vladislav Gachyn et son ami Kajo Hiesl ont fondé Goldies pour y perfectionner la frite. Les Allemands affluent dans ce pimpant restaurant chercher des frites relevées de sauces maisons ou couvertes de garnitures variées – effilochée de canard, rosbif ou aubergines au four.

TA'CABRÓN TAQUERÍA

MEXICAIN €

Plan p. 358 (030-3266 2439 ; Skalitzer Strasse 60 ; plats 7-9 € ; 13h-23h dim-jeu, 13h-24h ven-sam ; ; U Schlesisches Tor). Dans son restaurant minuscule mais pimpant, Joaquín Robredo sert à ses fans les plats que sa mère préparait à Culiacán. Tacos, *burritos* et *quesadillas* débordent de garnitures alléchantes comme le *cochinita pibil* (effilochée de porc épicée) ou le poulet sauce *mole* (chocolatée), et la sauce est suffisamment relevée. Il y a des plats à base de soja. Côté rafraîchissements, goûtez la *michelada* (bière aux épices et citron vert).

♥ ORA

EUROPÉEN €€

Plan p. 358 (030-5486 1070 ; ora.berlin ; Oranienplatz 14 ; dîner 2/3/4 plats 35/42/49 €, déj avec verre de vin 19 € ; 17h30-24h mer, 12h30-24h jeu-sam, 16h-23h dim ; U Kottbusser Tor). Une boutique d'apothicaire datant du XIXe siècle, superbement transformée en bar à vins-restaurant. Les anciennes vitrines en bois entourent la salle à manger, tandis que le comptoir est devenu un bar où l'on sert bières artisanales et cocktails à une clientèle décontractée. La carte du jour de la brasserie dépend des produits livrés chaque matin par ses fournisseurs régionaux.

♥ FES – TURKISH BBQ

TURC €€

Plan p. 358 (030-2391 7778 ; www.fes-turkishbbq.de ; Hasenheide 58 ; mezze 4-11 €, viande à partir de 16 € ; 17h-23h mar-dim ; U Südstern). Si vous aimez faire les choses vous-même dans une ambiance collective, invitez vos amis à un festin de grillades dans ce restaurant turc contemporain. On y cuit du poulet mariné, du filet de bœuf et de l'agneau sur des grils électriques encastrés dans des tables rustiques tout en étalant des mezze maison sur du pain frais. Réservez plusieurs jours à l'avance pour le week-end.

♥ ORANIA.BERLIN

INTERNATIONAL €€

Plan p. 358 (030-6953 9680 ; www.orania.berlin/restaurant ; Oranienstrasse 40 ; plats 16-20 € ; déj 12h-15h, dîner 18h-22h ; U Moritzplatz). Une brigade de chefs s'affaire autour de Philipp Vogel dans la rutilante cuisine ouverte de ce restaurant chic, mélange d'artisanat pointilleux et de créativité débridée. Chaque plat ne comprend que 3 ingrédients, inspirés de saveurs du monde entier. À goûter absolument : l'extraordinaire menu Xberg Duck, qui décompose le canard en 4 plats succulents (54 €, minimum 2 pers). Le bar est parfait pour prendre un verre avant ou après le dîner. Des musiciens de jazz ou un pianiste viennent souvent y jouer, sans couvrir la conversation.

FREISCHWIMMER

INTERNATIONAL €€

Plan p. 358 (030-6107 4309 ; facebook.com/Freischwimmer ; Vor dem Schlesischen Tor 2a ; plats brunch et déj 8-12 €, dîner 10-22 € ; 12h-tard lun-ven, 10h-tard sam-dim ; ; S Treptover Park, U Schlesisches Tor). Par beau temps, peu d'établissements sont plus idylliques que cet ancien hangar à bateaux des années 1930 transformé en lieu de détente en bord de canal. On y propose désormais des plats de viande et de poisson cuits à la perfection sur un gril en pierre de lave, en plus des salades fraîches, flammekueche et plats de saison. C'est aussi un lieu prisé pour le brunch (12,90 €) du dimanche. Location de kayaks et de pédalos.

MAX UND MORITZ

ALLEMAND €€

Plan p. 358 (030-6951 5911 ; www.maxundmoritzberlin.de ; Oranienstrasse 162 ; plats 9-20 € ; 17h-23h mer-lun ; ; U Moritzplatz). Ce pub à l'ancienne porte le nom de deux héros imaginés par Wilhelm Busch (1832-1908), dessinateur et humoriste très connu en son temps. Depuis 1902, les clients se pressent dans ces salles rustiques décorées de tomettes et de stuc pour goûter les bières maison et une cuisine berlinoise de grand-mère, notamment les *Königsberger Klopse* (boulettes de veau sauce aux câpres).

OÙ PRENDRE UN VERRE ET FAIRE LA FÊTE

Bergmannkiez et ouest de Kreuzberg

GOLGATHA BIERGARTEN

Plan p. 356 (☎030-785 2453 ; www.golgatha-berlin.de ; Dudenstrasse 48-64 ; ⏲9h-tard avr-sept ; ; SYorckstrasse, UPlatz der Luftbrücke). Véritable institution, ce *Biergarten* installé dans le cadre idyllique du Viktoriapark (p. 183) attire une clientèle qui change au fil de la journée : familles dont les enfants profitent de l'aire de jeux adjacente, nomades digitaux attirés par le Wi-Fi gratuit, actifs venant après le travail savourer les derniers rayons du soleil sur le toit-terrasse, buveurs de bière et mangeurs de *Bratwurst* le soir, fêtards dansant jusqu'au matin. Après 22h, l'accès au parc se fait par la Katzbachstrasse.

LIMONADIER BAR À COCKTAILS

Plan p. 356 (☎0170 601 2020 ; www.limonadier-barkultur.de ; Nostitzstrasse 12 ; ⏲à partir de 18h mar-sam ; UMehringdamm). Spiritueux de qualité, bitters maison, liqueurs, citronnades et une bonne dose de savoir-faire et d'imagination, sont les ingrédients d'une soirée raffinée dans ce bar à cocktail culte et sensuel imprégné des années 1920. Comme les Berlinois, commandez une création comme le Berlin at Night (fuité-épicé) ou le Kreuzberg Spritz (à base de gin).

Un portrait stylisé de Harry Johnson, dont le *Manuel du barman* (1882) est toujours la bible de la profession, veille sur les buveurs. *Happy hour* de 19h à 20h.

MELITTA SUNDSTRÖM CAFÉ

Plan p. 356 (☎030-5484 4121 ; www.melitta-sundstroem.de ; Mehringdamm 61 ; ⏲à partir de 16h ; UMehringdamm). Melitta Sundström é tait un chanteur excentrique de soul berlinois qui succomba au sida en 1993. Si ce café accueillant, estampillé années 1980 et décoré d'œuvres tape-à-l'œil, puise une bonne partie de sa clientèle dans la communauté gay, c'est un refuge confortable pour tous où l'on sert du bon café et des pâtisseries maison.

RAUSCHGOLD GAY ET LESBIEN

Plan p. 356 (☎030-9227 4178 ; www.rauschgold.berlin ; Mehringdamm 62 ; ⏲à partir de 20h ; ; UMehringdamm). Dans ce repaire excentrique et scintillant baptisé "Guirlande", on trouve généralement des soirées à thème bizarres, des spectacles de drag-queens, des concours de karaoké, des cocktails musclés et des tubes des années 1960 à nos jours mixés par des DJ allemands. Tout le monde est le bienvenu.

Kottbusser Tor et est de Kreuzberg

CLUB DER VISIONÄRE BAR, CLUB

Plan p. 358 (☎030-6951 8942 ; www.clubdervisionaere.com ; Am Flutgraben 1 ; ⏲à partir de 15h lun-ven, à partir de 14h sam-dim ; STreptower Park, USchlesisches Tor). Un ancien hangar à bateaux en bord de canal s'est mué en lieu festif estival, où bières fraîches, pizzas croustillantes et électro de qualité permettent de s'amuser jusqu'au bout de la nuit. En hiver, le CDV s'installe dans le *Hoppetosse*, une péniche ancienne amarrée non loin.

SO36 CLUB

Plan p. 358 (so36.de ; Oranienstrasse 190 ; SKottbusser Tor). Ce club était au début des années 1970 un squat d'artistes avant de devenir une scène punk qui a gagné sa réputation avec des concerts déchaînés, accueillant par exemple les Dead Kennedys, Die Ärzte et Einstürzende Neubauten. Immensément apprécié, il s'est adapté à la pandémie en proposant notamment un *Biergarten* et de la lecture.

RITTER BUTZKE CLUB

Plan p. 358 (club.ritterbutzke.com ; Ritterstrasse 24 ; UMoritzplatz). Cet ancien club clandestin est aujourd'hui un passage obligé pour les fêtards. Pendant la pandémie de Covid-19, il s'est réinventé pour continuer à vivre. Consultez son site Internet ou sa page Facebook.

BIRGIT & BIER BIERGARTEN

Plan p. 358 (☎0162 694 1825 ; www.birgit.berlin ; Schleusenufer 3 ; ⏲horaires variables ; 165, 265, N65, STreptower Park, USchlesisches Tor). Franchir le portail de fer de ce *Biergarten* excentrique, c'est embarquer pour un voyage empreint de magie et de mystère entre balançoire hollywoodienne où se prendre en photo, vieux manège où se poser et boule à facettes sous laquelle danser.

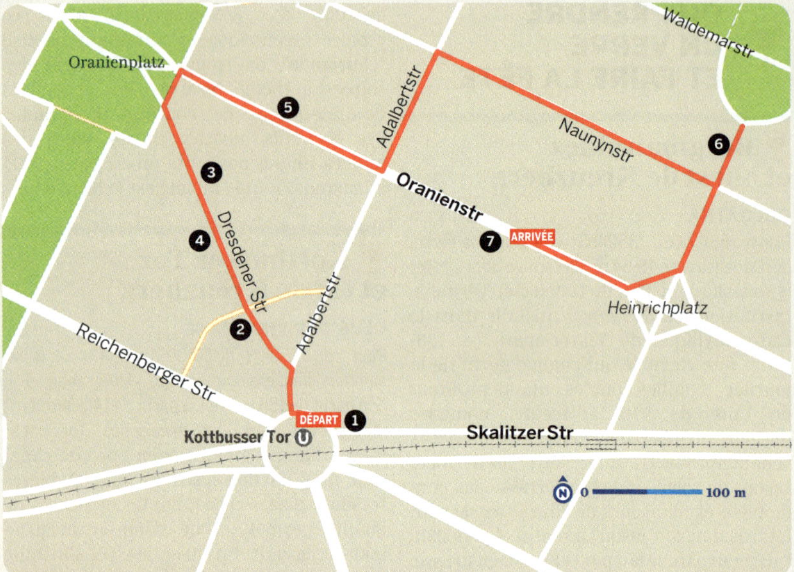

Comme un Berlinois
Tournée des bars de Kotti

Bruyants et pleins de vie tout au long de la nuit, les environs de la station d'U-Bahn Kottbusser Tor, surnommée ici Kotti, ont su conserver l'ambiance underground qui caractérise le quartier depuis les années 1970. Bien qu'un peu austères, ces rues se prêtent à une tournée des bars la nuit venue. Notez qu'on peut fumer presque partout.

❶ Bar clandestin

Soulevez la porte métallique, grimpez l'escalier miteux. Vous arrivez au **Fahimi Bar** (☎030-6165 6003 ; www.fahimibar.de ; Skalitzer Strasse 133 ; ⏲à partir de 18h), un bar clandestin au glamour discret. Un grand bar rétroéclairé en U, flanqué de tabourets étincelants, occupe l'angle d'un espace à l'éclairage tamisé, souligné de bois sombre, d'acier et de béton. Les barmen préparent des cocktails démentiels et des DJ mettent de l'animation certains soirs.

❷ QG LGBT

Derrière des snacks, des épiceries et des bars à narguilé, le bar *queer* **Möbel Olfe** (☎030-2327 4690 ; www.moebel-olfe.de ; Reichenberger Strasse 177 ; ⏲18h-23h mar-dim) séduit, lui, avec un décor tendance, des bières polonaises fortes et une atmosphère volubile. L'endroit est prisé pour ses soirées lesbiennes (mardi) et gays (jeudi).

❸ Vins fins

Décoré de bois et d'un bar couvert d'ardoise, **Otto Rink** (☎0163 706 8369 ; www.ottorink.de ; Dresdener Strasse 124 ; ⏲18h-2h) est une adresse décontractée où l'on découvre l'excellents vins allemands. Le sympathique personnel vous conseille. Le dimanche, à partir de 17h, les œnophiles au budget serré viennent pour le *Restetrinken*, qui consiste à finir les bouteilles entamées (4 €/verre).

❹ Bar à cocktails vintage

Pour une soirée chic, cap sur le **Würgeengel** (☎030-615 5560 ; www.wuergeengel.de ; Dresdener Strasse 122 ; ⏲à partir de 19h), un bar Art déco avec des lustres scintillants et des tables au noir élégant. Son nom est un hommage au film surréaliste de Luis Buñuel, *L'Ange exterminateur* (1962).

Le Möbel Olfe

5 Repaire sophistiqué

Luzia (facebook.com/luziabar ; Oranienstrasse 34 ; ⌚à partir de 12h mar-dim) est idéal pour lancer la soirée, avec quelques bières ou des *long drinks*. La déco vintage côtoie l'insolence contemporaine d'une fresque de l'artiste Chin Chin. Les tables le long de la baie vitrée permettent d'observer les passants.

6 Médicaments à boire

L'**Apotheken Bar** (☎030-6951 8108 ; facebook.com/apothekenbar ; Mariannenplatz 6 ; ⌚17h-23h mar-sam) occupe une ancienne pharmacie vieille de 150 ans. On y boit des cocktails Penicillin. Un bar bien fourni a remplacé pilules et potions dans les rayons et tiroirs. La carte des boissons réunit le meilleur d'hier et d'aujourd'hui.

7 Folle nuit

Palais du kitsch, du *camp* et de la fête, **Roses** (☎030-615 6570 ; Oranienstrasse 187 ; ⌚22h-6h) fait partie des chouchous des nuits de Kreuzberg, surtout parmi les gays et les lesbiennes. La débauche de rose et les murs en moumoute ne sont qu'un leurre : ici on prend la boisson très au sérieux, jusqu'aux petites heures du jour.

Vu la programmation éclectique – cinéma en plein air, yoga en musique et fêtes nocturnes, on est quasi certain de passer un bon moment.

HOPFENREICH PUB

Plan p. 358 (☎030-8806 1080 ; www.hopfenreich.de ; Sorauer Strasse 31 ; ⌚à partir de 16h ; U Schlesisches Tor). Depuis 2014, le tout premier bar à bières artisanales berlinois attire les buveurs avec une vingtaine de mousses du monde entier à la pression, régulièrement renouvelées, connues ou inconnues. On les sert avec crânerie dans ce pub de quartier proche du secteur festif de la Schlesische Strasse.

Le lieu accueille des dégustations et des soirées dédiées à la découverte d'autres brasseries.

MADAME CLAUDE PUB

Plan p. 358 (☎030-8411 0859 ; www.madameclaude.de ; Lübbener Strasse 19 ; ⌚à partir de 18h ven-sam ; U Schlesisches Tor). C'est le monde à l'envers dans ce bar digne de David Lynch, où le mobilier est pendu au plafond et où les moulures sont collées au sol. Le nom du bar rend hommage à la fameuse proxénète française – logique quand on sait qu'il est installé dans une ancienne maison close.

☆ OÙ SORTIR

☆ Bergmannkiez et ouest de Kreuzberg

ENGLISH THEATRE BERLIN THÉÂTRE

Plan p. 356 (☎030-691 1211 ; www.etberlin.de ; Fidicinstrasse 40 ; M19, U Platz der Luftbrücke). Le plus vieux théâtre en langue anglaise de Berlin propose un alléchant éventail de productions maisons, de spectacles étrangers en tournée, ainsi que des concerts et des spectacles d'humour, de danse et de cabaret donnés par des artistes locaux. La qualité est souvent excellente et la distribution internationale. La plupart des places coûtent 16,50 €.

HEBBEL AM UFER THÉÂTRE

Plan p. 356 (HAU1 ; ☎030-259 0040 ; www.hebbel-am-ufer.de ; Stresemannstrasse 29 ; 8-30 € ; U Hallesches Tor). Un théâtre indépendant parmi les plus avant-gardistes du pays. Il a pour mission d'explorer les changements

SEX & THE CITY

L'**Insomnia** (www.insomnia-berlin.de ; Alt-Tempelhof 17-19 ; U Alt-Tempelhof), un temple du libertinage, a été aménagé dans une ancienne salle de bal du XIXe siècle. Les soirées érotiques sont suspendues, mais il y a encore des soirées en streaming le week-end, des soirées bar et lounge avec DJ, des spectacles, des soirées BDSM et fétichistes et tout ce qui germe dans la tête de Dominique, la patronne. Consultez le site Internet.

À environ 2,5 km au sud du Mehringdamm et de Bergmannkiez.

sociaux et politiques de la société, souvent en brouillant les frontières entre théâtre, danse, musique et arts visuels. Les représentations ont lieu dans ce théâtre Art nouveau (1907) appelé Hau 1 (salle principale), et deux autres salles plus petites (HAU 2 et HAU 3), toutes proches.

YORCKSCHLÖSSCHEN CONCERTS

Plan p. 356 (030-215 8070 ; www.yorckschloesschen.de ; Yorckstrasse 15 ; 4-8 € ; à partir de 18h ; U Mehringdamm). Chaleureuse et débordant de babioles, cette institution de Kreuzberg attire les amateurs de jazz et de blues depuis plus de 30 ans. Des groupes montent sur scène plusieurs fois par semaine. Billard, *Biergarten*, bière locale à la pression et cuisine traditionnelle européenne servie jusque tard dans la nuit.

☆ Kottbusser Tor et est de Kreuzberg

FREILUFTKINO KREUZBERG CINÉMA EN PLEIN AIR

Plan p. 358 (030-2936 1628 ; www.freiluftkino-kreuzberg.de ; Mariannenplatz ; billets 7,50 € ; tlj mai à déb sept ; U Kottbusser Tor). Très populaire, ce cinéma en plein air présente films internationaux récents, classiques ou culte, en qualité numérique, dans la cour du centre d'art Kunstquartier Bethanien (p. 185). Tous les films sont projetés en VO sous-titrée en allemand, et les films allemands sont sous-titrés en anglais.

Les projections ont lieu, qu'il pleuve ou qu'il vente.

FSK-KINO CINÉMA

Plan p. 358 (030-614 2464 ; www.fsk-kino.de ; Segitzdamm 2 ; tarif plein/réduit 8/7 € ; M29, 140, U Kottbusser Tor). Cette charmante salle d'art et d'essai tenue par un collectif depuis 1988 programme des films de qualité en VO, souvent politiques ou féministes.

BALLHAUS NAUNYNSTRASSE THÉÂTRE

Plan p. 358 (030-7545 3725 ; www.ballhausnaunynstrasse.de ; Naunynstrasse 27 ; tarif plein/réduit 14/8 € ; U Kottbusser Tor). Ce théâtre alternatif occupant une ancienne salle de bal du XIXe siècle présente des pièces d'avant-garde, multiculturelles et souvent engagées, mettant l'accent sur la diversité : origines, orientation sexuelle... Beaucoup d'acteurs sont issus de l'immigration. Certaines représentations sont surtitrées en anglais.

MUSIK & FRIEDEN CONCERTS

Plan p. 358 (030-2391 9994 ; www.musikundfrieden.de ; Falckensteinstrasse 48 ; U Schlesisches Tor). Malgré une programmation compromise par la pandémie de Covid-19, ce club propose de temps en temps, dans le respect de la distanciation physique, des concerts allant du rock indé-alternatif au punk.

SHOPPING

Pas de centre commercial ni magasins de grandes chaînes internationales ici, mais des boutiques délicieusement éclectiques. Bergmannstrasse, dans la partie la plus chic du quartier, et l'excentrique Oranienstrasse, près de la Kotbusser Tor, sont les principales artères où trouver des boutiques indépendantes et ne manquent pas de personnalité. Le Kottbusser Damm est pour sa part au cœur d'un quartier turc ; vous y trouverez à la fois des robes de mariée vaporeuses, des baklavas et des noisettes ou pistaches grillées.

♥ **FOLKDAYS** MODE ET ACCESSOIRES

Plan p. 358 (030-9362 6094 ; www.folkdays.com ; Manteuffelstrasse 19 ; 12h-19h lun-ven, 12h-18h sam ; U Görlitzer Bahnhof). Les gérants de cette boutique sillonnent le monde pour tisser des liens avec des artisans fabriquant des articles contemporains – mode, accessoires, décoration – selon des techniques éprouvées, transmises de génération en génération. Pulls en alpaga du Pérou, paniers marocains tressés ou boucles d'oreille kenyanes en cuivre recyclé, tout est issu du commerce équitable.

HALLESCHES HAUS POUR LA MAISON

Plan p. 356 (www.hallescheshaus.com ; Tempelhofer Ufer 1 ; 10h-19h mer-dim ; ; U Hallesches Tor). Les amateurs de design seront aux anges dans cette ancienne poste au plafond voûté remplie d'articles pour la maison. Des théières aux terrariums, tout a un côté loufoque. Un coin restauration sert du café torréfié sur place, des viennoiseries et des déjeuners légers, essentiellement à base de produits bio du cru.

VOOSTORE MODE, ACCESSOIRES

Plan p. 358 (030-6165 1112 ; www.vooberlin.com ; Oranienstrasse 24 ; 10h-20h lun-sam ; U Kottbusser Tor). Le premier *concept store* de Kreuzberg occupe un ancien atelier de serrurerie au fond d'une cour de l'Oranienstrasse. Dans un cadre austère mais chic, on y trouve des vêtements et accessoires de créateurs d'avant-garde, ainsi que des livres, gadgets, magazines et spiritueux. Sur place, le Companion Cafe propose des cafés et des thés d'exception issus de microfermes.

OTHER NATURE SEX-SHOP

Plan p. 356 (030-2062 0538 ; www.other-nature.de ; Mehringdamm 79 ; 12h-18h lun-sam ; U Mehringdamm, Platz der Luftbrücke). Dans ce sex-shop tendance féministe, *queer* et *sex-positive*, vous pourrez vous procurer des préservatifs végans, des boules de geisha, des coupes menstruelles et des godemichés en tout genre, entre autres gadgets rigolos. La patronne, Sara, conseille volontiers les clients.

MARKTHALLE NEUN MARCHÉ

Plan p. 358 (030-6107 3473 ; www.markthalleneun.de ; Eisenbahnstrasse 42-43 ; 12h-18h lun-mer et ven, 12h-22h jeu, 10h-18h sam ; U Görlitzer Bahnhof). Cette charmante halle à charpente métallique de 1891 a été sauvée par des habitants en 2009. Des producteurs locaux et régionaux y proposent leurs produits, rejoints lors des Street-Food Thursdays (p. 186) par des chefs amateurs ou semi-professionnels qui servent sur des stands de délicieux en-cas du monde entier. Il y a même une brasserie artisanale : Heidenpeters.

HARD WAX MUSIQUE

Plan p. 358 (030-6113 0111 ; www.hardwax.com ; 3e niv, porte A, 2e cour, Paul-Lincke-Ufer 44a ; 12h-20h lun-sam ; U Kottbusser Tor). Ce disquaire bien caché, en activité depuis 1989, est une adresse capitale pour les fans de musique électronique sous toutes ses formes.

ANOTHER COUNTRY LIVRES

Plan p. 356 (030-6940 1160 ; www.anothercountry.de ; Riemannstrasse 7 ; 12h-18h30 mer-sam ; ; U Gneisenaustrasse). Tenue par l'excentrique Sophie Raphaeline, cette boutique à but non lucratif est plus une bibliothèque et un repaire bohème qu'une librairie. Choisissez parmi les quelque 20 000 livres d'occasion (en anglais) allant du classique au roman de science-fiction ; vous pourrez ensuite le revendre moyennant une décote de 1,50 €. Des événements y ont lieu, axés sur la communauté LGBTIQ+ et les gens de couleur.

MARHEINEKE MARKTHALLE ALIMENTATION

Plan p. 356 (www.meine-markthalle.de ; Marheinekeplatz ; 8h-20h lun-ven, 8h-18h sam ; S Gneisenaustrasse). Superbement rénové, ce marché historique ressemble à une épicerie géante, dans laquelle les vendeurs proposent quantité de produits régionaux et étrangers, des saucisses bio aux fromages et miels artisanaux. Des stands de restauration pourvoient aux petits creux.

SPORTS ET ACTIVITÉS

BADESCHIFF BAIGNADE

Plan p. 358 (0162 545 1374 ; www.arena-berlin.de/en/ ; Eichenstrasse 4 ; tarif plein/réduit 6,50/3,50 € ; à partir de 8h mai-sept ; 265, Treptower Park, U Schlesisches Tor). Prenez une ancienne barge fluviale, remplissez-la d'eau, amarrez-la sur la Spree et vous obtenez une piscine urbaine décorée par des artistes, prisée pour la baignade et la détente. La musique à plein volume, la plage de sable fréquentée par des corps de rêve, les pontons en bois et le bar lui donnent des airs d'Ibiza.

Mieux vaut arriver tôt les jours de grosse chaleur, car l'endroit affiche souvent complet dès midi. Sinon, venez le soir, pour les fêtes et concerts. Yoga, stand-up paddle (SUP) et massages sont aussi proposés.

Neukölln

Notre sélection

❶ Cerf-volant, vélo, pique-nique ou simple farniente vous attendent au **Tempelhofer Feld** (p. 196), un ancien aérodrome transformé en terrain de jeu pour petits et grands.

❷ Une balade au **marché turc** (p. 201), le long du canal, est une véritable plongée multiculturelle.

❸ Le centre privé **KINDL – Centre d'Art contemporain** (p. 196), aménagé dans une ancienne brasserie, vous ouvrira à de nouveaux concepts artistiques.

❹ Dans le quartier de **Rixdorf** (p. 196), un des plus anciens de Berlin, levez le pied le temps d'une balade dans le passé.

❺ Allongé sur la pelouse du **Körnerpark** (p. 196), un jardin néobaroque occupant une ancienne gravière, on peut profiter du soleil comme d'un concert.

Pour un plan détaillé, reportez-vous p. 360

Découvrir Neukölln

Jadis, Neukölln ne faisait parler de lui que pour sa forte criminalité et le mauvais niveau de ses écoles. Mais il est passé de ghetto sordide à quartier branché au cours de la dernière décennie. Sous l'afflux de jeunes néo-Berlinois créatifs (venus surtout d'Espagne, du Royaume-Uni, des États-Unis, d'Australie et d'Italie), des bars, des espaces de spectacle et des galeries ouvrent presque chaque jour et des restaurants intéressants émergent, dont l'un est deux fois étoilé au Michelin.

L'animation se concentre dans les *Kieze* (micro-quartiers) nord, entre le canal de Landwehr et les voies de la ligne circulaire du S-Bahn. À l'ouest s'étend l'incomparable Tempelhofer Feld (p. 196), immense parc urbain occupant le site de l'ancien aéroport de Tempelhof, lequel joua un rôle clé lors du blocus de Berlin en 1948-1949. Adaptées à une envie de kebab ou de *chawarma*, les deux principales artères commerçantes, Karl-Marx-Strasse et Sonnenallee, abritent la communauté moyen-orientale et turque de Neukölln.

Loin du brouhaha, le plus vaste quartier de Berlin réserve aussi quelques surprises : des parcs et jardins secrets, un palais et même un site inscrit au Patrimoine mondial, la cité du Fer-à-Cheval (Hufeisensiedlung ; p. 286), construite dans les années 1920.

Vivre comme un Berlinois

Faire son marché Préparez un pique-nique gourmand à base d'olives, de feta, de pain croustillant, de fruits et de légumes achetés au marché turc (p. 201), le long du canal.

Coucher du soleil Détendez-vous en fin de journée devant une boisson fraîche sous les pare-soleil du toit-terrasse du Klunkerkranich (p. 199).

Parcs Rafraîchissez-vous les idées le temps d'une grande promenade au Tempelhofer Feld (p. 196) ou au Volkspark Hasenheide (p. 197).

Depuis/vers Neukölln

Bus Le M41 relie Hauptbahnhof à Neukölln via Potsdamer Platz ; le M29 dessert Neukölln depuis Charlottenburg, Schöneberg et Kreuzberg ; le 171 rejoint Treptow.

S-Bahn La Ringbahn (ligne circulaire) S41/S42 dessert Sonnenallee, Neukölln et Hermannstrasse.

U-Bahn Schönleinstrasse, Hermannplatz et Boddinstrasse (sur l'U8), ainsi que Rathaus Neukölln et Karl-Marx-Strasse (U7) sont les principales stations.

Bon plan Lonely Planet

Oubliez le minigolf de papa : le Nuture Mini Art Golf du Tempelhofer Feld (p. 196) est une installation artistique interactive délicieusement loufoque. Faite à partir de matériaux recyclés par un groupe de 18 artistes de toutes nationalités, elle garantit de passer un excellent moment quand il fait beau. Entrez par Columbiadamm.

Le top des restaurants

- Barra (p. 198)
- Coda (p. 199)
- Café Jacques (p. 198)
- Berlin Burger International (p. 197)
- eins44 (p. 199)

Voir détails p. 197

Le top des bars et des cafés

- Velvet Bar (p. 199)
- Truffle Pig (p. 199)
- Geist im Glas (p. 199)
- Klunkerkranich (p. 199)

Voir détails p. 199

Le top des boutiques

- Marché turc (p. 201)
- Shio Store (p. 201)
- Curious Fox (p. 201)
- Nowkoelln Flowmarkt (p. 201)

Voir détails p. 201

À VOIR

La plupart des gens ne viennent pas à Neukölln pour ses sites. Dommage, car il y en a de surprenants et d'intéressants : un jardin néobaroque dans une ancienne gravière et un village médiéval, notamment. Ce chapitre couvre l'ancien aéroport de Tempelhof transformé en aire de jeux, mais la majeure partie du site se situe dans le quartier de Kreuzberg.

KINDL – CENTRE D'ART CONTEMPORAIN

CENTRE ARTISTIQUE

Plan p. 360 (030-832159120 ; www.kindl-berlin.com ; Am Sudhaus 3 ; adulte 5 €, gratuit - 18 ans ; 12h-20h mer, 12h-18h jeu-dim ; U Boddinstrasse, Rathaus Neukölln). Installé dans les bâtiments industriels de style expressionniste (années 1920) de l'ancienne brasserie Kindl, ce centre à but non lucratif propose des expositions d'art contemporain enrichies de conférences, rencontres avec les artistes, lectures et autres programmes à vocation pédagogique. La salle la plus captivante est le Kesselhaus (chaufferie), dont les proportions gigantesques se prêtent aux installations d'envergure ou spécifiques au site. Le café sert en-cas et boissons, dans le *Biergarten* en été.

KÖRNERPARK

JARDIN

Plan p. 360 (030-5682 3939 ; www.körnerpark.de ; Schierker Strasse 8 ; parc 24h/24, galerie 10h-20h mar-dim ; S Neukölln, U Neukölln). GRATUIT Ce jardin néobaroque vieux d'un siècle cache un secret : balustrades, sculptures, parterres fleuris, cascade, tout occupe une ancienne gravière. Songez-y en sirotant un café au café, ou en visitant la dernière exposition dans la galerie. L'été, joignez-vous aux habitants lors des soirées ciné et concerts gratuits en plein air de musique classique, jazz et musiques du monde.

RIXDORF

QUARTIER

Plan p. 360 (Richardplatz ; S Berlin-Neukölln, U Karl-Marx-Strasse, Neukölln). Au début du XVIIIe siècle, des tisserands venus de

TEMPELHOFER FELD : L'AÉROPORT DEVENU TERRAIN DE JEU

Dans l'histoire de Berlin, l'aéroport de Tempelhof est un site chargé d'histoire. C'est là qu'en 1909 le pionnier de l'aviation Orville Wright mena ses premiers vols expérimentaux, parvenant à garder en l'air sa machine volante pendant une minute entière. Le premier Zeppelin y atterrit la même année, et, en 1926, la Lufthansa y affréta son premier vol régulier pour Zurich. Les nazis tinrent d'importants rassemblements sur ce terrain d'aviation et agrandirent le petit terminal pour en faire un immense complexe semi-circulaire de 1,23 km de long. Conçu par Ernst Sagebiel, il fut construit en seulement deux ans ; il demeure l'un des plus grands édifices au monde. En dépit de sa monumentalité, Sagebiel parvint à y ajouter de beaux éléments décoratifs, notamment dans le somptueux hall des départs de style Art déco.

Après la guerre, les forces armées américaines s'emparèrent de l'aéroport et améliorèrent ses infrastructures en y installant une centrale électrique, une salle de bowling et un terrain de basket. En 1948-1949, il connut son heure de gloire pendant le pont aérien de Berlin. Après l'ouverture de l'aéroport de Tegel (aujourd'hui désaffecté) en 1975, le nombre de passagers chuta, et les vols cessèrent en 2008 après bien des polémiques, et contre la volonté de nombreux Berlinois. Ce sentiment changea radicalement lorsque l'aérodrome rouvrit sous la forme d'un **parc** (plan p. 356 ; www.gruen-berlin.de/tempelhofer-feld ; lever-coucher du soleil ; ; U Paradestrasse, Boddinstrasse, Leinestrasse, Tempelhof, S Tempelhof) GRATUIT. Dans cet espace non commercial et populaire, cyclistes et rolleurs filent sur le tarmac, entre de vastes pelouses où se mêlent amateurs de cerfs-volants et de farniente. On y trouve aussi un *Biergarten* (p. 200) près de Columbiadamm, des aires de barbecue, un minigolf original, des installations artistiques, des avions abandonnés et un potager collectif.

Le bâtiment, quant à lui, se transforme peu à peu en espace de culture et de création. Il est prévu d'y transférer le musée des Alliés (p. 239) actuellement basé à Dahlem, d'ouvrir la tour au public et de créer une Geschichtsgalerie (Galerie de l'Histoire) de 1,2 km sur le toit. Des **visites** (plan p. 356 ; 030-200 037 441 ; www.thf-berlin.de ; Platz der Luftbrücke 5 ; tarif plein/réduit 16,50/11 € ; visite en anglais 13h30 jeu-dim ; U Platz der Luftbrücke) de l'aéroport et des pistes sont possibles en anglais.

Bohême s'installèrent dans le paisible village de Rixdorf, dont le cœur était l'actuelle Richardplatz. Certains bâtiments d'époque ont survécu, telles la **forge** (Richardplatz 28), une ferme et la **Bethlehemskirche** (Richardplatz 22), une église du XVe siècle. Mais ce quartier de plus en plus branché s'est embourgeoisé ces dernières années et compte aujourd'hui à son actif de nombreux cafés, bars et espaces de création.

MUSÉE DU THÉÂTRE DE MARIONNETTES — ART DU SPECTACLE

Plan p. 360 (Puppentheater-Museum Berlin ; ☎030-9837 8131 ; www.puppentheater-museum.de ; bâtiment du fond, Karl-Marx-Strasse 135 ; adulte/enfant 5/4 €, spectacles à partir de 5,50 € ; ⌚13h-17h mar-dim ; U Karl-Marx-Strasse). Ce petit musée transporte ses visiteurs dans un monde féerique peuplé d'adorables marionnettes – à fil, à gaine, pour théâtre d'ombres ou à tiges –, de poupées, de dragons et de diables originaires du monde entier. Nombre de ces personnages se produisent sur scène, et l'on peut les voir chanter et danser lors de spectacles, pour le plus grand plaisir des petits et des grands.

VOLKSPARK HASENHEIDE — PARC

Plan p. 360 (www.volkspark-hasenheide.de ; ⌚24h/24 ; U Hermannplatz). Ce vaste parc reliant Neukölln à Kreuzberg était jadis la réserve de lapins de la famille royale (d'où son nom de "bruyère à lapins"). Devenu un parc public après la Seconde Guerre mondiale, c'est un lieu prisé des gens du quartier regroupant des aires de jeux, un cinéma en plein air, un refuge pour animaux et le charmant café-*Biergarten* Hasenschänke. Le Rixdorfer Höhe, haut de 68 m, est une des collines de Berlin construites à l'aide des décombres de la Seconde Guerre mondiale.

CHÂTEAU DE BRITZ — PALAIS

(Schloss Britz ; ☎030-6097 9230 ; www.schlossbritz.de ; Alt-Britz 73 ; musée tarif plein/réduit 3/2 € ; ⌚12h-18h mar-dim ; U Parchimer Allee, puis bus M46). Ancienne résidence de ministres prussiens et de fonctionnaires de haut rang, ce château campagnard du XVIIIe siècle, doté d'une façade néo-Renaissance et entouré d'un parc, est aujourd'hui un lieu de promenade, de pique-nique et de concerts d'été donnés en plein air. Les 5 salles historiques du musée donnent un aperçu de l'art de vivre des Berlinois nantis à la fin du XIXe siècle.

OÙ SE RESTAURER

Des expatriés venus des quatre coins du monde et une importante population turque et moyen-orientale installée de longue date ont fait de Neukölln le lieu culinaire le plus dynamique et diversifié de Berlin. L'offre y est de plus en plus raffinée et on y trouve même un restaurant doublement étoilé au Michelin.

♥ BERLIN BURGER INTERNATIONAL — BURGERS €

Plan p. 360 (☎0160 482 6505 ; www.berlinburgerinternational.com ; Pannierstrasse 5 ; burgers 8-10,70 € ; ⌚12h-22h lun-mer, 12h-23h jeu-dim ; 🌶 ; U Hermannplatz). Ici, on ne plaisante pas avec la taille des burgers. Il faut les prendre à deux mains et leur accorder toute son attention. Tout est frais, y compris le chili con carne aux frites et au fromage et la *coleslaw*. Nous recommandons El Gordonita, accompagné de guacamole, chips de patates douces et cheddar irlandais. Les serviettes en papier – indispensables – sont fournies.

AZZAM — LIBANAIS €

Plan p. 360 (☎030-6097 7541 ; Sonnenallee 54 ; plats 4-6 € ; ⌚8h-1h ; 🚌M41, U Hermann-platz, Rathaus Neukölln). Dans une rue de Neukölln, ce restaurant sans prétention a réussi à rapporter toute l'énergie et la convivialité de Beyrouth. On y sert une cuisine authentique, d'où l'affluence permanente : un houmous divin, des falafels croustillants et du *fatteh* – une friture addictive de morceaux de pita, noix de cajou et pois chiches arrosée de yaourt. Les pickles et la pita sont offerts.

TWO PLANETS — VÉGÉTALIEN €

Plan p. 360 (facebook.com/twoplanetsberlin ; Hermannstrasse 230 ; plats 6,50 € ; ⌚9h-18h ; 🌶 ; U Boddinstrasse). Fier de ses "*dope ass toasts*" ("super toasts"), le Two Planets sert des plats végétaliens simples mais délicieux dans un cadre branché et accueillant, située dans une rue animée. Le café, agrémenté de lait de vache ou de substituts végétaux, est aromatique et bien préparé, et le cake à la banane est irrésistible.

Les Instagrammeurs raffoleront des *latte* à la betterave ou au matcha.

LA STELLA NERA — VÉGÉTALIEN €

Plan p. 360 (☎030-2394 9708 ; www.lastellanera.de ; Leykestrasse 18 ; pizza 5,50-12 € ; ⌚17h-23h mar-ven, 13h-23h sam-dim ; 🌱 ; Ⓤ Leinestrasse). Cet établissement sert des pizzas napolitaines cuites au feu de bois, garnies de légumes frais, d'aromatiques et de fromage végan. L'ambiance animée et confortable est typique de Neukölln et la clientèle est variée. En entrée, goûtez les *panelle* (beignets de pois chiches siciliens).

DAMASKUS KONDITOREI MOYEN-ORIENTAL €

Plan p. 360 (☎030-7037 0711 ; www.damaskus-konditorei-emissa.com ; Sonnenallee 93 ; en-cas à partir de 2 € ; ⏲9h-22h lun-sam, 12h-20h dim ; 🚌M41, Ⓤ Rathaus Neukölln). Damaskus se distingue par ses pâtisseries admirables, véritables œuvres d'art. La boulangerie est tenue par une famille syrienne qui a dû abandonner son établissement et se réfugier en Allemagne. Goûtez les baklavas aux noix ou aux pistaches, ou les *halawa* (roulés au fromage crémeux parfumés à l'eau de rose), spécialité de la maison.

KNÖDELWIRTSCHAFT ALLEMAND €

Plan p. 360 (☎030-9660 0459 ; www.knoedelwirtschaft.de ; Fuldastrasse 33 ; plats 9-15 € ; ⏲17h-22h lun-ven, 16h-22h sam-dim ; 🚌M41, Ⓤ Rathaus Neukölln). Il suffit de mordre dans les *Knödel* servis dans ce restaurant cosy pour être conquis. Outre les boulettes traditionnelles, fourrées de fromage ou de jambon cru, il y en a aux noix et au fromage de chèvre. Deux boulettes accompagnées de parmesan, de beurre et d'une petite salade sont offertes pour chaque commande.

BRAMMIBAL'S DONUTS BOULANGERIE €

Plan p. 360 (☎030-2394 8455 ; www.brammibalsdonuts.com ; Maybachufer 8 ; donuts à partir de 2,50 € ; ⏲10h-20h lun-sam, 11h-19h dim ; Ⓤ Schönleinstrasse). Il y a souvent la queue devant cette boulangerie où l'on vend des donuts végétaliens aux parfums alléchants – cookie, cranberry-noix de pécan, crumble pommes-caramel. Il s'agit du magasin mère ; voir le site Internet pour les adresses des succursales berlinoises.

FRÄULEIN FROST GLACES €

Plan p. 360 (☎030-9559 5521 ; www.fräulein-frost.de ; Friedelstrasse 38 ; 1,40-1,70 € la boule ; ⏲12h-18h ou plus tard ; 🌱 Ⓤ Schönlein-strasse). Bien sûr, on peut choisir vanille, fraise ou chocolat, mais ce serait manquer tout l'intérêt de ce glacier très populaire. Car Fräulein Frost aime expérimenter, comme en témoigne une création aussi audacieuse et délectable que la GuZiMi – pour *Gurke-Zitrone-Minze* (concombre-citron-menthe). Et, quand vient l'hiver, on y déguste des gaufres chaudes en forme de cœur.

CITY CHICKEN MOYEN-ORIENTAL €

Plan p. 360 (☎030-624 8600 ; facebook.com/citychickenberlin ; Sonnenallee 59 ; demi-poulet 7,50 € ; ⏲11h-2h ; Ⓤ Rathaus Neukölln). Une destination culte en matière de volaille rôtie et dorée. Les poulets sont servis avec un houmous crémeux, une sauce à l'ail à faire fuir les vampires et de la salade. Prenez place dehors pour plonger dans la vie urbaine de Neukölln. Nombreux plats moyen-orientaux à la carte : taboulé, halloumi, falafels, etc.

♥ **BARRA** EUROPÉEN €€

Plan p. 360 (☎030-8186 0757 ; www.barraberlin.com ; Okerstrasse 2 ; plats 4-27 € ; ⏲18h30-22h30 ven-lun, 12h-2h dim ; Ⓤ Leinestrasse). Ce restaurant (au nom d'une île écossaise) est apprécié des gastronomes et des chefs pour la qualité de ses plats réconfortants. Installé près du bar ou à la longue table commune située au fond, on choisit à la carte des petites assiettes aux mariages de saveurs audacieux, composées de produits de saison. La mousse au chocolat-cardamome-huile d'olive est divine.

♥ **CAFÉ JACQUES** MÉDITERRANÉEN €€

Plan p. 360 (☎030-694 1048 ; cafejacques.de ; Maybachufer 14 ; plats 12,50-19,50 € ; ⏲12h-22h ; Ⓤ Schönleinstrasse). Tels les bons vins, ce café franco-méditerranéen se bonifie avec le temps. Les tables en bois éclairées aux chandelles et les murs de brique décorés d'œuvres d'art sont accueillants, comme si on arrivait chez un vieil ami. Ahmad est un hôte charmant ; il vous conseillera le vin qui sublimera les plats à la carte, inscrits sur un tableau noir. Alléchants et sans cesse renouvelés, ils affichent souvent des saveurs inattendues. Paiement en espèces.

CHICHA PÉRUVIEN €€

Plan p. 360 (☎030-6273 1010 ; www.chicha-berlin.de ; Friedelstrasse 34 ; plats 10-14,50 € ; ⏲18h-24h mer-dim ; Ⓤ Schönleinstrasse). Après des apparitions régulières dans les fêtes de cuisine de rue berlinoises, c'est devenu un petit restaurant pimpant où l'on sert des classiques péruviens, surtout connu pour ses ceviches originaux. Les plats se marient parfaitement avec le *pisco sour* acidulé et le décor couleur locale.

LA BOLOGNINA
ITALIEN €€

Plan p. 360 (030-5563 4454 ; facebook.com/LaBologninaNeukoelln ; Donaustrasse 107 ; plats 8-14 € ; 17h-23h mar-sam ; Rathaus Neukölln). Ce petit restaurant propose de délicieuses pâtes. Des tagliatelles aux raviolis, toutes sont faites maison et accompagnées de sauces qui fleurent bon l'Italie. Goûtez aussi les *piadine* (galettes-sandwich).

CODA
DESSERTS €€€

Plan p. 360 (030-9149 6396 ; coda-berlin.com ; Friedelstrasse 47 ; sem/week-end menu dégustation 7 plats 138/148 €, menu nocturne 4 plats 83/93 € ; 19h30-23h jeu, 18h30-tard ven-sam ; ; Hermannplatz). Dans ce petit restaurant douillet, le dessert n'est pas accessoire : il s'agit même du plat phare. Il n'est cependant pas nécessaire d'être accro au sucre pour apprécier la gastronomie sensuelle de Coda. Le chef René Frank met en valeur l'*umami* (l'une des 5 saveurs de base avec le sucré, l'acide, l'amer et le salé), les produits naturels et des techniques éprouvées pour obtenir des goûts qui plaisent à tous. Les experts du Michelin ont tant aimé qu'ils lui ont décerné deux étoiles.

Réservez le menu dégustation de 7 plats servi à 19h et celui de 4 plats servi à 22h, tous deux assortis de boissons.

EINS44
EUROPÉEN €€€

Plan p. 360 (030-6298 1212 ; www.eins44.com ; 3e cour, Elbestrasse 28/29 ; plats 22-28 € ; 17h-22h ; ; M41, 104, 166, Rathaus Neukölln). Ce grand restaurant décontracté aménagé dans une distillerie du XIXe siècle propose des plats aux saveurs robustes et à l'identité marquée, composés de produits de saison issus de la chasse et de la cueillette. La salle de style industriel, décorée de carreaux de faïence, de lampes métalliques et de tables en bois brut, est à la hauteur de la cuisine.

OÙ PRENDRE UN VERRE ET FAIRE LA FÊTE

Neukölln aurait-il détrôné Kreuzberg et Friedrichshain en matière de fête ? Si les clubs sont encore rares, il y a ici presque autant de cafés, de pubs et de bars que de jours dans l'année.

VELVET BAR
BAR À COCKTAILS

Plan p. 360 (www.velvet-bar-berlin.de ; Ganghoferstrasse 1 ; 19h-tard mer-lun ; Rathaus Neukölln). Ce bar de qualité est idéal pour une soirée de dégustation. Spiritueux d'exception, ingrédients de saison et techniques peu courantes (force centrifuge et ultrasons) concourent à la création de cocktails aux dimensions alchimiques.

Pas étonnant que le Velvet ait été élu Bar de l'année en Allemagne en 2019, seulement un an et demi après son ouverture.

TRUFFLE PIG
BAR À COCKTAILS

Plan p. 360 (0176 3433 8558 ; www.trufflepigberlin.de ; Reuterstrasse 47 ; 8h-tard mer-sam ; M41, Hermannplatz, Schönleinstrasse). Inutile de fouiller la terre pour trouver ce bar clandestin nommé "Cochon truffier", un peu d'intuition devrait suffire. Enfoncez le bouton d'alarme incendie situé derrière le pub Kauz & Kiebitz pour accéder à ce bar d'élite à l'éclairage flatteur, décoré par la même équipe que la célèbre discothèque Berghain.

KLUNKERKRANICH
BAR

Plan p. 360 (www.klunkerkranich.org ; Karl-Marx-Strasse 66 ; 3-6 €, gratuit avant 16h ; 16h-2h, ouvre plus tôt en été ; ; Rathaus Neukölln). La vue superbe n'est qu'une entrée en matière dans ce café-bar-club-jardin-espace culturel sur les toits, toujours bondé et en constante évolution. Grâce aux deux cabanes confortables où se tiennent des concerts, des séances de déclamation poétique et de cinéma et même un marché de Noël, on peut s'y rendre même par mauvais temps. Au dernier étage du parking du centre commercial Neukölln Arcaden.

Entrez par la petite entrée "Bibliothek/Post" dans Karl-Marx-Strasse et prenez l'ascenseur. Il y a souvent la queue, mais les familles et les seniors n'attendent pas.

GEIST IM GLASS
BAR

Plan p. 360 (0152 5135 3816 ; facebook.com/geistimglas ; Lenaustrasse 27 ; 18h-23h lun-ven, 10h-15h et 18h-23h sam-dim ; Hermannplatz). Les week-ends ne seraient pas les mêmes sans les brunchs réconfortants d'Aishah Bennett (pancakes au lait ribot, Bloody Mary, café à volonté). Mais il fait aussi bon se rendre en soirée dans ce bar-chalet à l'éclairage séduisant, s'installer devant un cocktail, une bière artisanale ou un vin sélectionné. Qualité et prix raisonnables.

ZOSSE
BAR

Plan p. 360 (facebook.com/ZosseBar ; Richardstrasse 37 ; 18h-24h mar-jeu, 18h-3h ven, 16h-3h sam, 16h-11h45 dim ; U Karl-Marx-Strasse). Un repaire aménagé dans une ancienne forge d'une ruelle pavée du quartier historique de Rixdorf. Que l'on prenne un cocktail près du poêle à bois en hiver ou une bière fraîche dans le jardin en été, cet endroit tranquille est un sas entre la frénésie touristique et la détente du soir. Popcorn offert.

Zosse signifie "cheval" en vieil allemand.

HERR LINDEMANN
BAR À COCKTAILS

Plan p. 360 (facebook.com/BarHerrLindemann ; Richardplatz 16 ; 18h-tard ; U Karl-Marx-Strasse). De délicieux cocktails aux propriétés curatives sont servis dans ce bar élégant au style à la fois industriel et naturel, doté d'une terrasse pour les douces soirées d'été. Les aromatiques qui envahissent la carte proviennent du jardin de Peter Edinger, le propriétaire, et entrent dans la composition de boissons inspirées et bien équilibrées.

S'il fait frisquet, goûtez le Ziegenpeter, spécialité à base de rhum infusé d'épimède.

ANKERKLAUSE
PUB

Plan p. 360 (030-693 5649 ; www.ankerklause.de ; Kottbusser Damm 104 ; 16h-tard lun, 10h-tard mar-dim ; U Schönleinstrasse). Jetez l'ancre dans cette taverne au kitsch nautique aménagée dans une vieille capitainerie. Vous pourrez actionner un jukebox, boire de la bière fraîche et déguster une cuisine allemande de pub étonnamment bonne. Les meilleures places sont sur la terrasse, face au canal de Landwehr, où passent les cygnes et les bateaux. Une adresse culte pour les petits-déjeuners au petit matin.

LUFTGARTEN
BIERGARTEN

Plan p. 360 (0152 2255 9174 ; www.luftgarten-berlin.de ; Tempelhofer Feld ; à partir de 11h avr-oct ; U Boddinstrasse). Dans ce *Biergarten* aéré au nord du Tempelhofer Feld (p. 196), un aérodrome transformé en parc public, on se détend devant une bière fraîche et une saucisse grillée, en regardant ce qui se passe sur le tarmac. Entrez par Columbiadamm.

THELONIOUS
BAR À COCKTAILS

Plan p. 360 (030-5561 8232 ; facebook.com/theloniousbarberlin ; Weserstrasse 202 ; 18h-1h ou plus tard ; U Hermannplatz). Une clientèle policée peuple cette tanière étroite à la musique douce et à l'éclairage flatteur, baptisée en hommage au pianiste de jazz Thelonious Monk. Laura Maria, la patronne baroudeuse originaire du quartier, sait recevoir avec une carte qui mêle cocktails classiques et créations audacieuses.

TIER
BAR

Plan p. 360 (www.tier.bar ; Weserstrasse 42 ; à partir de 18h ; M41, U Rathaus Neukölln). Le premier véritable bar à cocktails de Weserstrasse attire toujours des hipsters du monde entier par sa déco vintage et ses boissons préparées par des barmen d'élite. La direction n'hésite pas à refuser les groupes de plus de 6 personnes ni à faire appliquer la consigne "photos interdites". Âge minimum : 21 ans.

☆ OÙ SORTIR

♥ COMEDY CAFÉ BERLIN
HUMOUR

Plan p. 360 (CCB ; www.comedycafeberlin.com ; Roseggerstrasse 17 ; 19h-23h mer-dim ; Geygerstrasse, U Karl-Marx-Strasse). Ce bar propose 5 soirs par semaine des spectacles de stand-up et d'improvisation en anglais souvent gratuits. Un vivier d'humoristes berlinois anglophones assure des spectacles variés. En plus des rires, il y a des tartines au fromage bien garnies, de bons alcools et de la bière artisanale à la pression.

NEUKÖLLNER OPER
THÉÂTRE

Plan p. 360 (billets 030-6889 0777 ; www.neukoellneroper.de ; Karl-Marx-Strasse 131-133 ; U Karl-Marx-Strasse). Cette ancienne salle de bal des années 1930 offre tout un répertoire de productions originales, comédies musicales intelligentes et interprétations expérimentales d'œuvres classiques. De nombreux spectacles abordent des thèmes contemporains ou se rapportant à Berlin (immigration, gentrification...). Certains peuvent être vus sans parler allemand.

WOLF KINO
CINÉMA

Plan p. 360 (030-921 039 333 ; www.wolfberlin.org ; Weserstrasse 59 ; tarif plein/réduit 9/8 € ; M41, 104, 166, U Rathaus Neukölln). Antidote aux séries télévisées, ce cinéma de 2 salles financé par le *crowdfunding* et installé dans une ancienne maison close est un bastion du cinéma indépendant international. Après le film, installez-vous dans le café-bar pour boire et débattre avec d'autres cinéphiles. Avec un peu de chance, vous rencontrerez peut-être le réalisateur.

IL KINO
CINÉMA

Plan p. 360 (030-6290 3878 ; www.ilkino.de ; Nansenstrasse 22 ; billets tarif plein/réduit 7/5 € ; café-bar 9h30-1h lun-jeu, 9h30-3h ven, 13h-3h sam, 11h-1h dim ; ; Schönleinstrasse). Géré par la documentariste italienne Carla Molino et ses amis, ce cinéma indépendant de 52 places, où le son et l'image sont de qualité et les sièges confortables, offre une programmation intelligente de films internationaux peu connus et en VO. Le café-bar permet de discuter après la projection.

SHOPPING

Pour trouver des articles sympas et typiquement berlinois, visez les petites rues (surtout du côté de la Weserstrasse et de la station d'U-Bahn Schönleinstrasse), pleines de galeries indépendantes, de boutiques de créateurs, d'articles vintage, de vinyles et de mode écologique. On trouve de bons produits au marché turc bihebdomadaire et des narguilés, des épices et des baklavas dans les boutiques moyen-orientales de Sonnenallee. Le centre commercial Neukölln Arcaden, près de la station d'U-Bahn Rathaus Neukölln, convient pour les achats du quotidien.

MARCHÉ TURC
MARCHÉ

Plan p. 360 (Türkischer Markt ; www.tuerkenmarkt.de ; Maybachufer ; 11h-18h30 mar et ven ; Schönleinstrasse). Ce marché aux airs de bazar oriental le long du Landwehrkanal fait la joie des gastronomes. Hipsters du monde entier, parents avec poussette et touristes curieux y trouvent des montagnes de fruits et légumes de saison, des spécialités moyen-orientales, des tissus jusqu'au thé bio. Sa popularité a fait croître le choix, la qualité et les prix, mais on y fait encore des affaires en fin de journée.

SHIO STORE
MODE ET ACCESSOIRES

Plan p. 360 (www.shiostore.com ; Weichselstrasse 59 ; 12h-19h ; Schönleinstrasse). Kate Pinkstone fabrique des pièces chics, intemporelles et conformes au développement durable en lin, jersey de coton bio et coton recyclé dans son atelier situé juste derrière sa boutique à l'élégance minimaliste. La collection Shio Upcycled se compose de vêtements taillés dans des articles dénichés aux puces ou en friperie.

NEUZWEI
VINTAGE

Plan p. 360 (www.neuzwei.com ; Weserstrasse 53 ; 9h-19h mar, 13h-19h mer-sam ; M41, 104, 166, Rathaus Neukölln). Cette boutique de *slow fashion* est une des meilleures adresses vintage de Berlin. Barbara Molnar déniche des articles de luxe d'hier qui donnent aussitôt une allure folle. Laura Lombardi, Prada, Issey Miyake sont parmi les marques qu'elle vend. Elle a aussi conçu le mobilier.

CURIOUS FOX
LIVRES

Plan p. 360 (030-5266 4791 ; www.curiousfox.de ; Flughafenstrasse 22 ; 14h-19h lun, 12h-19h mar-ven, 12h-18h sam ; Rathaus Neukölln). Cette adorable librairie vend de bons livres en anglais neufs et d'occasion mais accueille aussi divers événements (soirées quiz, lectures poétiques) et un club du livre.

KOLLATERALSCHADEN
MODE ET ACCESSOIRES

Plan p. 360 (030-5308 1062 ; www.kollateralschaden.com ; Bürknerstrasse 11 ; 11h-19h lun-ven, 11h-18h sam ; Schönleinstrasse). Philippe Werhahn, le propriétaire, a étudié la mode à Milan et fabrique des vêtements classiques et intemporels à partir de tissus sans produits chimiques. Tous les T-shirts, pulls et robes sont dotés de la très confortable manche Kolla.

NOWKOELLN FLOWMARKT
MARCHÉ AUX PUCES

Plan p. 360 (www.nowkoelln.de ; Maybachufer ; 10h-17h 2e et 4e dim du mois mars-déc ; Kottbusser Tor, Schönleinstrasse). Très prisés des jeunes branchés, ce marché aux puces s'installe le long d'une avenue pittoresque, proposant quantité de bonnes affaires, ainsi que des vêtements et des bijoux faits main.

SPORTS ET ACTIVITÉS

STADTBAD NEUKÖLLN
PISCINE

Plan p. 360 (030-2219 0011 ; www.berlinerbaeder.de ; Ganghoferstrasse 3 ; tarif plein/réduit 3,50-5,50/2-3,50 € ; horaires variables ; 104, Rathaus Neukölln, Karl-Marx-Strasse). Ce splendide temple de la baignade de 1914 éblouit par ses mosaïques, fresques, marbres et cuivres. Il comprend 2 bassins (19 m et 25 m) et un bain russo-romain avec sauna (16 €). Consultez les horaires d'ouverture. Le lundi est réservé aux femmes, le dimanche soir est "sans maillot".

Friedrichshain

Notre sélection

❶ L'**East Side Gallery** (p. 204), vestige du mur de Berlin couvert de peintures et de tags, évoque sur 1,3 km de long les fantômes de la guerre froide.

❷ La fête jusqu'au matin et plus encore, dans les bars, clubs et salles de concerts bruts de décoffra du **RAW Gelände** (p. 206), un ancien atelier de réparation ferroviaire.

❸ Une course aux trésors cachés au **marché aux puces** (p. 213), le dimanche sur la Boxhagener Platz, suivie d'un brunch dans un café voisin.

❹ La **Karl-Marx-Allee** (p. 205), monumentale artère de Berlin-Est et sa colossale architecture stalinienne, était le lieu de tous les grands événements du régime communiste de RDA.

❺ Se détendre avec un barbecue ou une projection de film en plein air dans le **parc de Friedrichshain** (p. 206), le plus ancien parc public de Berlin.

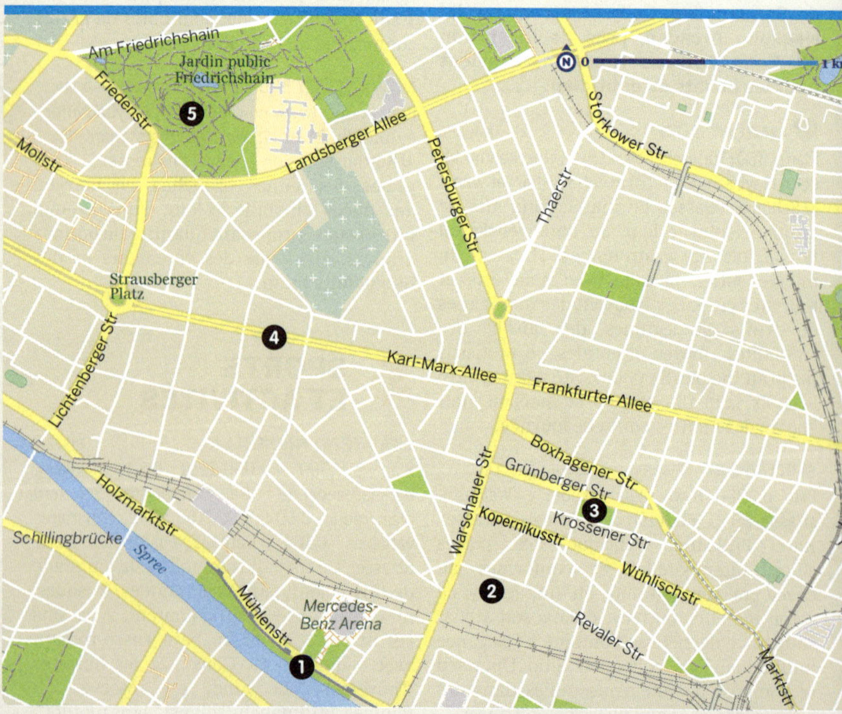

Pour un plan plus détaillé, reportez-vous p. 362

Découvrir Friedrichshain

Dans ce quartier subsistent d'importants vestiges de l'ex-Allemagne de l'Est, telles l'East Side Gallery (p. 204), la plus grande partie du Mur encore debout, et la Karl-Marx-Allee (p. 205), qui évoque encore la pompe architecturale du stalinisme. La sinistre RDA se révèle au siège de la Stasi ou à la prison d'État (p. 212).

Ces dernières années, Friedrichshain connaît un embourgeoisement accéléré, surtout dans le secteur bordant l'East Side Gallery, où ont fleuri des immeubles de bureaux, un centre commercial, un quartier de loisirs et le Mercedes-Benz-Arena.

C'est le soir que ce quartier se révèle vraiment. Dès la fin d'après-midi, des fêtards de toutes nationalités arrivent par vagues pour la *happy hour* du côté de la Simon-Dach-Strasse et de ses bars. Plus tard, ils rejoignent le RAW Gelände (p. 206) et les clubs électro d'Ostkreuz ou des lieux alternatifs comme le Berghain/ Panorama Bar (p. 209).

Vivre comme un Berlinois

Marchés aux puces Flânez le dimanche devant les étals de la Boxhagener Platz (p. 213), du RAW Flohmarkt (p. 213) et d'Ostbahnhof (p. 213) – un grand moment d'archéologie urbaine.

Pique-nique dans le parc Les longues soirées d'été incitent à profiter pleinement du vaste Volkspark Friedrichshain (p. 206), le temps d'un barbecue ou d'une bière au couchant…

Au bord de l'eau Terminez la journée avec une pizza et une bière au Holzmarkt (p. 207), sorte de village alternatif au bord de la Spree ou sur la pelouse située derrière l'East Side Gallery.

Depuis/vers Friedrichshain

S-Bahn Les stations Ostbahnhof et Warschauer Strasse sont pratiques pour rallier l'East Side Gallery, la seconde et Ostkreuz donnent accès à la Boxhagener Platz et à la Revaler Strasse. Sur les lignes circulaires S41 et S42 de la Ringbahn, 2 stations desservent le quartier : Frankfurter Allee et Ostkreuz.

U-Bahn L'U1 file à l'ouest jusqu'à Charlottenburg. L'U5 rejoint Hauptbahnhof.

Tram Le M10 et le M13 relient Warschauer Strasse à Prenzlauer Berg.

Bus Les lignes utiles sont : la 300 vers Alexanderplatz et Potsdamer Platz ; la 200 pour le Volkspark Friedrichshain à Mitte ; et la 240 reliant Ostbahnhof à Boxhagener Platz.

Bon plan Lonely Planet

L'été, mais aussi à d'autres moments, musiciens de rue et autres artistes invitent à commencer la soirée entre les arches de l'Oberbaumbrücke, un très beau pont à tourelles enjambant la Spree entre Kreuzberg et Friedrichshain. Il en va de même sur son élégant voisin qui surplombe les voies ferrées, le Warschauer Brücke.

Le top des restaurants

- 1990 Vegan Living (p. 207)
- Khwan (p. 208)
- Michelberger (p. 208)
- Hako Ramen am Boxi (p. 207)
- Futura (p. 208)

Voir détails p. 207

Le top des bars et des cafés

- Hops & Barley (p. 209)
- Tentación (p. 209)
- Kraus Böser Wolf (p. 209)
- Zeroliq (p. 209)

Voir détails p. 209

Le top du shopping

- Marché aux puces de la Boxhagener Platz (p. 213)
- Loveco (p. 211)
- Prachtmädchen (p. 213)
- UVR Connected (p. 213)

Voir détails p. 211

LES INCONTOURNABLES
EAST SIDE GALLERY

En 1989, après 28 ans d'existence, le mur de Berlin, diviseur sinistre et gris de l'humanité, tombait enfin. La plus grande partie a été vite détruite, mais le long de la Mühlenstrasse, au bord de la Spree, une section de 1,3 km est devenue l'East Side Gallery, la plus grande collection de peintures murales en plein air du monde. C'est désormais un mémorial de la chute du Mur et de la réunification paisible qui suivit.

Après la chute du Mur, 118 artistes de 21 pays ont traduit l'euphorie et l'optimisme ambiants en une large gamme de slogans politiques, de fantaisies psychédéliques et autres satires. Les plus frappantes ou plus connues sont : *Test the Rest* de Birgit Kinder dont la Trabant transperce le Mur ; *Hommage à la jeune génération* de Thierry Lenoir, autant de profils naïfs et expressifs aux tons vifs ; et surtout le baiser langoureux entre Erich Honecker et Leonid Brejnev, symbole de la fraternité socialiste, sur la fresque *Mon Dieu, aide-moi à survivre à cet amour mortel*, de Dmitri Vrubel.

Injures du temps, tagueurs et touristes laissant une trace gravée de leur passage n'ont cessé de dégrader ces fresques historiques, restaurées en 2009 et 2015. L'espace de l'East Side Gallery attire aussi la convoitise des promoteurs. Des tronçons ont été déplacés pour laisser place aux chantiers le long de la rivière, malgré nombre de protestations soutenues notamment par David Hasselhoff et Roger Waters.

Des visites guidées sur l'histoire du Mur et ses fresques ont lieu le samedi. Il faut s'inscrire la veille au plus tard sur infomobil@stiftung-berliner-mauer.de. Le week-end, de 14h à 17h, des conférenciers polyglottes de la Fondation du mur de Berlin (www.stiftung-berliner-mauer.de) – qui entretient l'East Side Gallery – sont présents pour répondre à vos questions sur le Mur. Cette fondation gère aussi le mémorial du Mur de Berlin (p. 140) à la limite entre Prenzlauer Berg et Wedding.

À NE PAS MANQUER

- Prendre la pose devant la peinture qui vous émeut le plus.
- Siroter un verre au coucher du soleil sur la pelouse qui borde la Spree derrière l'East Side Gallery.

INFOS PRATIQUES

- Plan p. 362, C7
- www.eastsidegalleryberlin.de
- Mühlenstrasse, entre Oberbaumbrücke et Ostbahnhof
- Visites guidées tarif plein/réduit 3,50/2,50 €
- 24h/24
- U Warschauer Strasse, S Ostbahnhof, Warschauer Strasse

À VOIR

Ce quartier réputé festif a aussi un côté plus grave, avec tous ses vestiges de la RDA que sont l'East Side Gallery, la Karl-Marx-Allee et le siège de la Stasi. Les sites importants étant dispersés, mieux vaut circuler par les transports en commun ou à vélo.

EAST SIDE GALLERY — SITE HISTORIQUE

Voir page ci-contre.

BOXHAGENER PLATZ — PLACE

Plan p. 362 (Boxhagener Platz ; 24h/24 ; P ; 240, S Warschauer Strasse, U Samariterstrasse, Warschauer Strasse). GRATUIT Cœur de Friedrichshain, "Boxi" est une jolie place arborée avec des bancs et une aire de jeux. Tout autour, les immeubles du XIXe siècle restaurés abritent cafés branchés, boutiques d'artisanat, boulangeries et boutiques de mode éthique. Le quartier est très animé le samedi à l'occasion du marché de producteurs (p. 213) et le dimanche, jour du marché aux puces.

KARL-MARX-ALLEE — ARCHITECTURE

Plan p. 362 (U Strausberger Platz, Weberwiese, Frankfurter Tor). GRATUIT Ce boulevard monumental est l'un des vestiges les plus impressionnants de l'ancienne RDA. Réalisé entre 1952 et 1960, le boulevard large de 90 m s'étend sur 2,3 km entre l'Alexanderplatz et la Frankfurter Tor. Source de fierté nationale à l'époque, cette vitrine de l'architecture est-allemande s'enorgueillissait d'appartements ultramodernes destinés aux dignitaires du parti et servait de décor grandiose aux défilés militaires.

Certains des plus grands architectes est-allemands de l'époque (Hartmann, Henselmann, Hopp, Leucht, Paulick et Souradny) ont contribué à la construction de la Karl-Marx-Allee, s'inspirant de Moscou où Staline avait favorisé un style qui était pour l'essentiel une réinterprétation socialiste du néoclassicisme. À Berlin-Est, le maître prussien Karl Friedrich Schinkel était le modèle à suivre pour l'architecture, tandis que Walter Gropius et son esthétique moderne fonctionnelle étaient adoptés à l'Ouest.

Habiter la Karl-Marx-Allee était un privilège. Et, de fait, c'est ici qu'on vécut longtemps le mieux en Allemagne de l'Est. Les appartements disposaient d'équipements rares, voire luxueux pour la RDA : chauffage central, ascenseurs, salles de

LE TOP 5 DES FRESQUES DE L'EAST SIDE GALLERY

Vous aurez sans doute vos propres coups de cœur parmi la centaine de fresques de l'East Side Gallery, mais voici nos préférées :

Ça s'est passé en novembre (Kani Alavi, 1991). Une vague humaine s'engouffre dans une brèche du Mur, comme une métaphore de la renaissance. Sur les visages, les expressions vont de l'espoir à l'euphorie, en passant par l'incrédulité et l'appréhension

Test the Rest (Birgit Kinder, 1991). La fresque de Kinder représente une Trabant immatriculée "November 9, 1989" transperçant le Mur. Clin d'œil à la pub des cigarettes allemandes West ("Test the West"), le titre original de l'œuvre était *Test the Best*. Après sa restauration en 2009, l'artiste a remplacé "le meilleur" (best) par "le repos" (rest).

Hommage à la jeune génération (Thierry Noir, 1990). Artiste français installé à Berlin, Thierry Noir a travaillé pour Wim Wenders et U2, mais il est surtout connu pour cette fresque représentant des têtes de profil stylisées, d'expression naïve et de couleurs vives, symboles de la liberté retrouvée après la chute du Mur. Thierry Noir est l'un des rares artistes à avoir aussi peint le côté ouest du Mur avant sa chute.

Detour to the Japanese Sector (Thomas Klingenstein, 1990). Né à Berlin-Est, Thomas Klingenstein a été incarcéré dans une prison de la Stasi pour dissidence avant d'être extradé en RFA en 1980. Les racines de sa peinture plongent dans le monde nippon où il a vécu de 1984 jusqu'au milieu des années 1990.

Mon Dieu, aide-moi à survivre à cet amour mortel (Dmitri Vrubel). La peinture la plus célèbre de l'East Side Gallery représente le dirigeant de l'URSS Leonid Brejnev et son homologue est-allemand Erich Honecker s'embrassant sur la bouche. Elle s'inspire d'une photo prise par le reporter français Régis Bossu lors de la visite de Brejnev à Berlin pour le 30e anniversaire de la RDA en 1979.

bains carrelées, cuisines intégrées. Outre balustrades et colonnes, les immeubles sont ornés de carreaux de céramique de Meissen.

MUSÉE DES JEUX VIDÉO — LOISIRS

Plan p. 362 (Computerspielemuseum ; ☎030-6098 8577 ; www.computerspielemuseum.de ; Karl-Marx-Allee 93a ; tarif plein/réduit 9/6 € ; ⏲10h-20h mer-lun ; Ⓤ Weberwiese). Ce musée bien agencé vous guide à travers le monde des jeux vidéo, dont il retrace l'évolution. Coloré et engageant avec ses postes interactifs, il expose quelque 300 pièces originales, dont une borne d'arcade Pong de 1972 et sa version moderne sadique, la PainStation (interdite aux moins de 18 ans).

Le Wall of Hardware expose plus de 50 machines historiques tels que l'Apple II ou l'Atari, ou encore une PlayStation de 1996. L'installation Milestones fournit le contexte technologique de dizaines de jeux importants tels Pac-Man, SimCity et Tomb Raider.

RAW GELÄNDE — CENTRE CULTUREL

Plan p. 362 (raw-gelaende.de ; Revaler Strasse 99 ; Ⓢ Warschauer Strasse, Ostkreuz, Ⓤ Warschauer Strasse). GRATUIT Le fouillis postindustriel de bâtiments décrépits le long de la Revaler Strasse abrite l'un des derniers espaces alternatifs du centre de Berlin. C'était en 1867 une station de maintenance ferroviaire, la Reichsbahnausbesserungswerk (RAW), dont l'activité cessa en 1994. La friche accueille depuis 1999 un centre socioculturel pour les créatifs de tout poil, qui compte désormais des clubs (p. 210), des bars, un skatepark couvert, un "club de plage" avec piscine (p. 210), un mur d'escalade, un cinéma en plein air (plus un marché aux puces dominical (p. 213).

Des changements se profilent cependant : un promoteur a acheté le terrain en 2015 et les autorités locales y ont autorisé la construction en 2019, à condition que 10% de la surface reste réservée aux activités socioculturelles.

LES INCONTOURNABLES
PARC PUBLIC DE FRIEDRICHSHAIN

Véritable havre de verdure au milieu des constructions, le plus vieux parc public de Berlin fut créé en 1840, mais il doit son relief actuel à un remaniement d'après-guerre, lorsque les décombres de 1945 y furent entassés pour constituer deux buttes artificielles, la plus haute, le **mont Klamott**, culminant à 78 m. Ses vastes pelouses, ses courts de tennis, sa piste de skateboard et son cinéma en plein air **Freiluftkino Friedrichshain** (p. 211) s'agrémentent de 2 à 3 *Biergärten* dont le **Schoenbrunn** (p. 208) au bord d'un petit bassin. Outre les aires de jeux, les enfants adorent la ravissante **fontaine des Contes de fées** (Märchenbrunnen, 1913), où grenouilles et tortues côtoient les statues de Cendrillon et de Blanche-Neige entre autres personnages des contes des frères Grimm.

Du côté de la Friedenstrasse, le **mémorial aux Combattants espagnols** (Denkmal der Spanienkämpfer) rend hommage aux communistes allemands des Brigades internationales tués durant la guerre d'Espagne (1936-1939). Le **cimetière des Morts de mars** (Friedhof der Märzgefallenen) accueille les victimes des émeutes révolutionnaires de mars 1848 et de la révolution de novembre 1918. Enfin, le **mémorial des Soldats polonais et des Antifascistes allemands** honore les membres de l'armée communiste clandestine polonaise et les résistants communistes allemands qui ont combattu ensemble les nazis.

À NE PAS MANQUER

- Fontaine des Contes de fées
- Schoenbrunn
- Freiluftkino Friedrichshain (cinéma en plein air)

INFOS PRATIQUES

- Volkspark Friedrichshain
- Plan p. 362, B1
- Délimité par Am Friedrichshain, Friedenstrasse, Danziger Strasse et Landsberger Allee
- ⏲24h/24
- 🚌142, 200, 🚋M5, M6, M8, M10

URBAN SPREE CENTRE ARTISTIQUE

Plan p. 362 (030-7407 8597 ; www.urbanspree.com ; RAW Gelände, Revaler Strasse 99 ; galerie et librairie 14h-19h mer-ven, 12h-19h sam-dim nov-mars, 12h-18h avr-oct ; M10, U Warschauer Strasse, S Warschauer Strasse). Les dernières tendances de la culture urbaine sont présentes dans cet espace artistique populaire du RAW Gelände qui réunit une galerie, une librairie, des ateliers d'artistes et une salle de concerts. C'est un endroit très plaisant l'été dès l'ouverture du *Biergarten* et des stands de cuisine de rue. Les fêtes les plus diverses attirent alors la foule. En façade sur rue, le "mur des artistes" constitue à lui seul une immense galerie à ciel ouvert où s'affichent presque chaque mois de nouvelles œuvres de *street art*.

HOLZMARKT QUARTIER

Plan p. 362 (www.holzmarkt.com ; Holzmarktstrasse 25 ; U Jannowitzbrücke). Campus créatif en perpétuelle évolution, ce village urbain au bord de la Spree incarne joliment l'esprit visionnaire de Berlin. Venez voir les édifices en bois et matériaux recyclés, danser dans la plus petite discothèque du monde et regarder défiler les bateaux devant une bière fraîche brassée sur place ou l'un des plats gourmets du Katerschmaus (p. 208) au cadre artistico-récup'.

OBERBAUMBRÜCKE PONT

Plan p. 362 (Oberbaumstrasse ; S Warschauer Strasse, U Schlesisches Tor, Warschauer Strasse). Avec ses charmantes tourelles, ses murs crénelés et ses arches, l'Oberbaumbrücke (1896) est pour nous le plus joli pont de Berlin. Jetée sur la Spree entre Kreuzberg et Friedrichshain, la partie métallique centrale (1996) est due à l'architecte espagnol Santiago Calatrava. Sous le pont supérieur réservé aux trains, l'installation en néons *Rock, Paper, Scissors* (1997) de Thomas Goldberg joue avec une signalétique changeante de mains ouvertes, fermées ou pointées pour symboliser l'ancienne frontière que fut ce pont vedette.

La vue y est réjouissante, tant sur le centre-ville et la tour de la Télévision au coucher du soleil que vers l'amont, avec, au loin, le gigantesque *Molecule Man* (p. 185) de l'Américain Jonathan Borofsky. Les soirs d'été, place à l'improvisation musicale et artistique, et à une belle ambiance festive.

OÙ SE RESTAURER

Si Friedrichshain vaut surtout pour ses bars, les temps changent. Outre l'abondance récurrente de fast-foods, des restaurants s'adressent désormais à une clientèle plus exigeante et aisée. Les adresses véganes, toujours plus nombreuses, font aussi du quartier le paradis des végétariens.

1990 VEGAN LIVING VÉGÉTALIEN €

Plan p. 362 (030-8561 4761 ; www.restaurant-1990.de ; Krossener Strasse 19 ; petites assiettes 4,20 €, plats 9,90 € ; 12h-22h30 lun-sam, 13h-22h30 dim ; M10, M13, U Samariterstrasse, Warschauer Strasse). Le choix éclatant de petits et grands bols proposés dans ce restaurant vietnamien tenu en famille restitue l'animation sans prétention des rues de Hanoi. À l'intérieur, on est entouré d'une foule de bibelots importés. À l'extérieur, les tables offrent une vue imprenable sur la Boxhagener Platz et son animation.

SILO COFFEE CAFÉ €

Plan p. 362 (www.silo-coffee.com ; Gabriel-Max-Strasse 4 ; plats 6-12 € ; 9h30-15h30 lun-ven, 9h30-17h sam-dim ; M10, M13, U Warschauer Strasse, S Warschauer Strasse). Si vous avez le réveil difficile, un petit-déjeuner dans ce café australien vous donnera un coup de fouet. Une foule de branchés du quartier et d'étrangers plébiscitent son *flat white* réalisé avec des grains de chez Fjord Coffee Roasters, torréfacteur berlinois. C'est probablement l'un des meilleurs cafés servis à Berlin et le pain au levain de chez Sironi (Markthalle Neun) sublime les toasts à l'avocat et à l'œuf poché.

HAKO RAMEN AM BOXI JAPONAIS €

Plan p. 362 (030-8442 6700 ; hakoramen.com ; Boxhagener Strasse 26 ; plats 9-12 € ; 12h-22h ; M10, 21, U Samariter Strasse). De douces effluves de bouillon embaument ce confortable restaurant de ramen à l'élégance japonaise authentique. Installé au bar ou à table, réchauffez-vous devant de savoureuses nouilles dans un bouillon de porc, de poulet ou de légumes.

VÖNER VÉGÉTALIEN €

Plan p. 362 (www.voener.de ; Boxhagener Strasse 56 ; plats 3,50-6,50 € ; 14h-19h dim-ven, 12h-22h sam ; S Ostkreuz). Vöner étant la contraction de *vegan doner*, c'est un mélange de protéines de blé, de légumes, de soja, d'herbes et d'épices qui rôtit sur la broche. Ce kebab a été imaginé il y a plus de 20 ans par Holger Frerichs, ancien résident d'une communauté alternative baptisée *Wagenburg*. Cet esprit survit dans sa boutique Vöner des débuts.

KHWAN THAÏLANDAIS, BARBECUE €€

Plan p. 362 (0152 5902 1331 ; khwanberlin.com ; RAW Gelände, Revaler Strasse 99 ; plats 6-23 € ; 18h-23h30 mer-sam, 11h-15h et 17h-22h30 dim ; ; M10, M13, U Warschauer Strasse, S Warschauer Strasse). Les grillades nord-thaïlandaises servies dans cet entrepôt rustique coincé à ce jour entre les discothèques et les bars du RAW Gelände (p. 206) sont remarquables. Suivez le fumet (*khwan* en thaï) qui monte du gril à bois, où les flammes lèchent poulet, poisson, agneau et légumes jusqu'à les sublimer.

FUTURA PIZZAS €€

Plan p. 362 (030-9839 4408 ; www.futurapizza.com ; Bänschstrasse 91 ; pizzas 8,50-14 € ; 18h-23h mar-ven, 17h-23h sam-dim ; U Frankfurter Allee). Les Berlinois ont une passion dévorante pour la pizza napolitaine, que l'on comprend en goûtant à celles d'Allesandro Leonardi. Né à Naples, ce pizzaiolo certifié, et tatoué, garnit d'ingrédients de qualité premium ses pizzas, que l'on dévore jusqu'à la dernière miette. Gardez une petite place pour le tiramisu à la pistache !

FISCHSCHUPPEN POISSON, FRUITS DE MER €€

Plan p. 362 (030-9147 6207 ; facebook.com/Fischschuppen ; Boxhagener Strasse 68 ; plats 6-24 € ; 12h-22h30 ; S Ostkreuz). Boutique et restaurant à la fois, cet établissement fleure bon l'air marin, du choix des poissons frais issus de la pêche durable, au vaste aquarium et à la déco façon cabine de bateau. Pour goûter à toutes les saveurs marines et lacustres, commandez l'assiette de divers poissons grillés et, pour vous restaurer à peu de frais, prenez le solide *fish'n'chips*.

SPÄTZLE & KNÖDEL ALLEMAND €€

Plan p. 362 (030-2757 1151 ; www.spaetzleknoedel.de ; Wühlischstrasse 20 ; plats 9-16 € ; 16h-22h lun-ven, 15h-22h sam-dim ; U Samariterstrasse). Ce pub gastronomique décontracté vous régale de spécialités allemandes du Sud : rôti de porc à la bière brune, goulash au chou rouge et bien sûr *Spaetzle* (pâtes) et *Knödel* (boulettes). Les bières bavaroises à la pression (Riegele, Maisel et Weihenstephan) ne gâchent rien.

SCHOENBRUNN AUTRICHIEN €€

Plan p. 362 (030-453 056 525 ; www.schoenbrunn.net ; Am Schwanenteich, parc public de Friedrichshain ; plats 16-23 €, pizzas 9-12 € ; restaurant 12h-22h lun-ven, 10h-22h sam-dim mars-nov, Biergarten 16h-24h lun-ven, 12h-24h sam-dim avr-sept ; ; 200, 240, M4, M5, M6, M8). Une adresse, au cœur du parc de Friedrichshain, pour savourer des plats autrichiens aux accents méditerranéens, face au ballet des cygnes sur l'étang. Plus décontracté, le *Biergarten* propose pizzas, saucisses et bières. Petit-déjeuner (6-12 €) jusqu'à 14h le week-end.

MICHELBERGER INTERNATIONAL €€€

Plan p. 362 (030-2977 8590 ; www.michelbergerhotel.com ; Warschauer Strasse 39 ; dîner menu dégustation 32 € ; 8h-13h et 18h-22h ; ; S Warschauer Strasse, U Warschauer Strasse). Cette bonne table nichée dans l'un des hôtels les plus branchés de Berlin (p. 253) est renommée pour sa cuisine imaginative qui met en valeur les produits locaux, cultivés, cueillis, chassés ou pêchés par ses fournisseurs. Les végétaliens comme les omnivores y trouveront leur bonheur. Prenez place dans la salle spacieuse, carrelée de blanc, ou dans l'agréable cour.

SKYKITCHEN & SKYBAR INTERNATIONAL €€€

Plan p. 362 (030-4530 532 620 ; www.skykitchen.berlin ; Landsberger Allee 106 ; dîner 6 plats 119 € ; 18h-23h mar-sam ; ; 21, M4, M5, M6, M8, M10, S Landsberger Allee). Au 12e niveau de l'hôtel Andel, mieux vaut réserver tôt pour dîner avec vue face à la tour de la Télévision. Authentique Berlinois à la tête de cette table étoilée au Michelin, Alexander Koppe mitonne sans prétention une cuisine allemande classique à base d'excellents produits, en l'ouvrant à quelques influences venues d'ailleurs. Le bar est à la hauteur de la cuisine, fabuleuse. Également un menu végétarien.

KATERSCHMAUS EUROPÉEN €€€

Plan p. 362 (0152 2941 3262 ; www.katerschmaus.de ; Holzmarktstrasse 25 ; plats 21-45 € ; 13h-23h mar-sam ; ; U Jannowitzbrücke, S Jannowitzbrücke). Ce chaton (*Kater* signifie "chat" en allemand) se cache en bord de rivière à Holzmarkt (p. 207), dans un espace mi-rustique mi-élégant où le décor joue la décontraction. Priorité est donnée aux produits de la région et vous ronronnerez d'aise devant l'irrésistible crème brûlée.

OÙ PRENDRE UN VERRE ET FAIRE LA FÊTE

Avec Kreuzberg, Friedrichshain est le quartier festif de Berlin. C'est autour du centre culturel RAW Gelände (p. 206), dans la Simon-Dach-Strasse et près de la gare d'Ostkreuz que l'on s'agite le plus. Le secteur compte aussi les meilleurs clubs techno-électro.

HOPS & BARLEY — MICROBRASSERIE

Plan p. 362 (☎030-2936 7534 ; hopsandbarley.eu ; Wühlischstrasse 40 ; ⏲17h-tard lun-ven, 15h-tard sam-dim ; Ⓢ Warschauer Strasse, Ⓣ Warschauer Strasse). Voici l'une des premières microbrasseries créées à Berlin. La conversation y coule aussi librement que la Pilsner non filtrée, la *Dunkel* (noire) maltée, la *Weizen* (bière de froment) fruitée, toutes brassées ici depuis 2008. Les carreaux de céramique aux murs sont ceux de l'ancienne boucherie qui a précédé le pub. Pour varier les plaisirs, les brasseurs préparent aussi des bières spéciales chaque semaine ainsi qu'un solide cidre non filtré. Projection des matchs de football.

TENTACIÓN — BAR

Plan p. 362 (☎030-2393 0401 ; www.tentacion-mezcalothek.de ; Scharnweberstrasse 32 ; ⏲5h-23h mer-sam, 12h-20h dim ; Ⓤ Samariterstrasse). N'essayez même pas de résister à la *tentación* dans ce petit bar dont l'atout principal est le mezcal, aux supposées vertus psychédéliques. Outre ce spiritueux en diverses versions, on y sert de la Mala Vida, la bière artisanale fabriquée par le propriétaire et, pour les petits creux, quelques en-cas d'Oaxacan.

KRASS BÖSER WOLF — BAR

(☎0157 3966 2585 ; www.krassboeserwolf.de ; Markgrafendamm 36 ; ⏲18h-3h lun-sam ; Ⓢ Ostkreuz). En dépit de son enseigne annonçant un "très méchant loup", cette tanière à l'éclairage tamisé est très accueillante. Détendez-vous en fin de journée devant une bière pression ou faites monter la température d'un cran avec un cocktail, classique ou plus original.

BRIEFMARKEN WEINE — BAR À VINS

Plan p. 362 (☎030-4202 5292 ; www.briefarkenweine.de ; Karl-Marx-Allee 99 ; ⏲19h-24h lun et mer-sam, 17h-24h mar ; Ⓤ Weberwiese). Dans ce charmant petit bar, un peu de dolce vita vient atténuer la raideur architecturale de la Karl-Marx-Allee socialiste. Les vitrines en bois de l'ex-enseigne de philatélie recèlent des crus soigneusement sélectionnés, à accompagner de fromages, de prosciutto ou des pâtes du jour. Réservation conseillée.

ZEROLIQ — BAR

Plan p. 362 (☎0157 9237 4581 ; zeroliq.berlin ; Boxhagener Strasse 104 ; ⏲14h-24h jeu-sam ; Ⓤ Samariterstrasse). Nul risque de perdre la raison en affûtant vos papilles avec les cocktails de ce bar dont l'enseigne annonce la couleur : pas d'alcool ! Outre une trentaine de bières artisanales sans alcool, on y sert des vins désalcoolisés et des mocktails végétaliens qui vous gardent les pieds sur terre. Goûtez le Summer in Berlin ou le Zeroligroni.

MONSTER RONSON'S ICHIBAN KARAOKE — KARAOKÉ

Plan p. 362 (☎030-8975 1327 ; www.karaoke-monster.de ; Warschauer Strasse 34 ; ⏲19h-23h mar, jeu-ven, 14h-23h sam-dim ; Ⓢ Warschauer Strasse, Ⓤ Warschauer Strasse). Buvez quelques bières si vous avez besoin de vous détendre un peu avant d'imiter de votre mieux Adele ou Lady Gaga dans ce karaoké génial. Les timides peuvent réserver une cabine pour se lâcher en privé.

Par temps de pandémie, seules les cabines privées (jusqu'à 12 personnes) sont accessibles et uniquement aux personnes vivant sous le même toit, aux couples ou aux familles.

BERGHAIN, ESPACE ARTISTIQUE

Seuls les meilleurs DJ du monde viennent mixer au **Berghain** (plan p. 362 ; www.berghain.berlin/de ; Am Wriezener Bahnhof ; ⏲ven-lun ; Ⓢ Ostbahnhof), la discothèque hédoniste nichée dans une ancienne centrale. Durant la période de fermeture liée à la pandémie de Covid-19, Berghain est devenu un espace d'exposition. On y voit des œuvres incisives des meilleurs artistes contemporains tels Elmgreen & Dragset, Olafur Eliasson ou Katharina Grosse. Tickets et renseignements sur www.studio.berlin.

CASSIOPEIA CLUB

Plan p. 362 (cassiopeia-berlin.de ; porte 2, RAW Gelände, Revaler Strasse 99 ; ⏲à partir de 19h ou plus mar-dim ; M10, M13, U Warschauer Strasse, S Warschauer Strasse). Faute de pouvoir vous laisser vous déchaîner sur les pistes durant la pandémie, ce lieu au délicieux look déglingué essaie de maintenir un peu d'animation : soirées quiz et séances de slam, soirées DJ et concerts en *livestream*.

HAUBENTAUCHER CLUB

Plan p. 362 (haubentaucher.berlin ; RAW Gelände, Revaler Strasse 99, porte 1 ; entrée variable, généralement 6 € ; ⏲12h-tard lun-ven, 11h-tard sam-dim mai-sept ; wifi ; M10, M13, U Warschauer Strasse, S Warschauer Strasse). Derrière les murs en brique et les graffitis du RAW Gelände (p. 206), se cache cet astucieux "club de plage" urbain. On y fait la fête toute la journée dans un cadre industriel relooké façon Méditerranée. Au centre : une large piscine découverte chauffée. Autour : un solarium de pierre blanche et caillebotis de bois, une foule de transats et un coin plus ombragé au milieu des plantes grimpantes.

De temps à autre, la fête se prolonge jusque tard dans la nuit grâce aux événements programmés par le bar-discothèque adjacent.

CRACK BELLMER BAR

Plan p. 362 (☎030-3198 7929 ; RAW Gelände, Revaler Strasse 99 ; ⏲17h-tard jeu-sam ; M10, M13, U Warschauer Strasse, S Warschauer Strasse). Dans l'enceinte du RAW Gelände (p. 206), derrière la grande façade expo de *street art*, se dissimule cette adresse idéale pour lancer la soirée, souffler après ou entre deux. Canapés vintage, lustres et hauts plafonds dessinent le cadre de ce bar-discothèque apprécié.

SÜSS WAR GESTERN BAR

Plan p. 362 (Wühlischstrasse 43 ; ⏲20h-tard lun-sam ; M13, U Warschauer Strasse, Samariterstrasse, S Warschauer Strasse, Ostkreuz). Un lapin avec une mitraillette sert de mascotte à cette adresse connue pour ses bons cocktails (testez l'éponyme Süss War Gestern avec gingembre, bière de gingembre et whisky), ses DJ et sa programmation house sonore. Habitués, nouveaux Berlinois et voyageurs s'y pressent.

GROSSE FREIHEIT 114 GAY

Plan p. 362 (☎0163 683 1601 ; www.grosse-freiheit-114.de ; Boxhagener Strasse 114 ; ⏲19h-tard mer et sam ; U Frankfurter Tor). Baptisé du nom d'une ruelle du quartier rouge de Hambourg où les Beatles ont fait leurs débuts, ce lieu populaire attire les hommes, exclusivement, pour un verre ou une rencontre. Fléchettes, jukebox et *darkrooms*.

La décoration marine rappelle les bars gays des films des années 1980. Le mercredi, deux boissons pour le prix d'une.

HIMMELREICH GAY ET LESBIEN

Plan p. 362 (☎030-2936 9292 ; www.himmelreich-berlin.de ; Simon-Dach-Strasse 36 ; ⏲17h-2h ou plus lun-sam, 16h-1h ou plus dim ; M13, M10, S Warschauer Strasse, U Warschauer Strasse). Éclairé à la bougie mais sans prétention, voici le point de chute idéal pour débuter ou terminer une nuit de bringue, voire entre les deux. Outre sa Prosit Beer brassée spécialement pour la maison, le Himmelreich affiche un grand choix de *long drinks* à base de gin et un bon cidre bio. Le mercredi, de nombreuses consommations sont facturées au prix d'une pour deux.

ZUM SCHMUTZIGEN HOBBY GAY

Plan p. 362 (☎030-3646 8446 ; zumschmutzigenhobby.de ; RAW Gelände, Revaler Strasse 99, porte 2 ; ⏲18h-tard ; M10, M13, S Warschauer Strasse, U Warschauer Strasse). Si sa fondatrice, la divine Nina Queer, est partie vers d'autres cieux, ce lieu de fête minuscule et loufoque reste bondé tous les soirs. Essentiellement gay, mais chacun est le bienvenu dans cette ancienne caserne de pompiers.

☆ OÙ SORTIR

THE WALL COMEDY CLUB HUMOUR

Plan p. 362 (www.thewallcomedy.com ; Grünberger Strasse 84 ; ⏲19h-1h lun-mer, 19h-3h jeu-sam ; M13, U Samariterstrasse). Des humoristes, étrangers en tournée et allemands, y donnent tous les soirs des spectacles de stand-up en anglais. Si vous en avez le cran, inscrivez-vous aux scènes ouvertes du mardi soir.

RADIALSYSTEM V ARTS DE LA SCÈNE

Plan p. 362 (☎billets 030-288 788 588 ; www.radialsystem.de ; Holzmarktstrasse 33 ; wifi ; S Ostbahnhof). "Espace d'arts et d'idées", voici la devise de ce lieu de performances progressives aménagé en bord de rivière dans une station de pompage du XIXe siècle.

La programmation brouille les frontières entre les arts pour favoriser de nouvelles formes d'expression. La danse contemporaine rencontre ici la musique médiévale, la poésie, la musique pop, la peinture et le numérique.

L'agréable café-bar et sa terrasse au bord de l'eau ouvrent à 10h les jours de manifestation.

KINO INTERNATIONAL CINÉMA

Plan p. 362 (030-2475 6011 ; yorck.de ; Karl-Marx-Allee 33 ; billets 7,50-10 € ; S Schillingstrasse). L'élite du film est-allemand organisait autrefois ses premières dans cette salle des années 1960, dont le ciel lumineux et les rideaux scintillants sont un spectacle à eux seuls. On y projette aujourd'hui en VO (sous-titrée en allemand) des films indépendants étrangers à succès.

Le bar panoramique est idéal pour prendre un verre avant ou après le film. Le lundi, la séance de 22h est réservée aux films à thématiques gays.

FREILUFTKINO FRIEDRICHSHAIN CINÉMA

Plan p. 362 (030-2936 1629 ; www.freiluftkino-berlin.de ; Volkspark Friedrichshain ; billets 8,50 € ; mi-mai à mi-sept ; M5, M6, M8, M10). Ce cinéma en plein air du Volkspark Friedrichshain (p. 206) accueille 1 500 spectateurs sur ses confortables bancs à dossier, plus environ 300 amateurs de plus. Un kiosque vend boissons et en-cas ; vous pouvez aussi apporter votre pique-nique. Sauf mention contraire, les films projetés sont doublés en allemand.

KINO INTIMES CINÉMA

Plan p. 362 (www.kino-intimes.de ; Boxhagener Strasse 107 ; tarif plein/réduit 6,90/4,90 € ; 21, U Frankfurter Tor). En activité depuis l'époque du muet, cette salle d'art et d'essai a été sauvée de la destruction en 2019 grâce à une initiative locale. Une rénovation respectueuse a su lui conserver son aspect rétro, tandis que sa façade est une toile de *street art* en constante évolution.

FREILUFTKINO INSEL IM CASSIOPEIA CINÉMA

Plan p. 362 (030-3512 2449 ; www.freiluftkino-insel.de ; RAW Gelände, Revaler Strasse 99 ; billets 8,50 € ; vers 21h30 lun, mar, jeu et dim mai-sept ; M10, M13, S Warschauer Strasse, U Warschauer Strasse). Partie intégrante du *Biergarten* Cassiopeia et des clubs du RAW Gelände, ce cinéma en plein air de 350 sièges a une programmation éclectique de films indépendants en VO sous-titrée en anglais ou en allemand.

VAUT LE DÉTOUR

DONG XUAN CENTER, LE PETIT HANOÏ

Les 6 bâtiments industriels où l'on fabriquait des objets en carbone à l'époque de la RDA sont devenus un petit Vietnam berlinois. Plus vaste centre commercial asiatique, le **Dong Xuan Center** (030-5515 2038 ; www.dongxuan-berlin.de ; Herzbergstrasse 128-139, Lichtenberg ; 10h-20h mer-lun ; M8) reflète l'importance de la communauté vietnamienne berlinoise. Chaque bâtiment et ses longues allées accueillent des produits importés du Vietnam : vêtements, fleurs artificielles, produits frais et sacs de riz. Même sans acheter, l'endroit vaut une balade, à conclure par un bol d'authentique phô.

MERCEDES-BENZ ARENA CONCERTS

Plan p. 362 (tickets 030-206 070 8899 ; www.mercedes-benz-arena-berlin.de ; Mühlenstrasse 12-30 ; S Ostbahnhof, Warschauer Strasse, U Warschauer Strasse). Bijou des salles polyvalentes de Berlin, cette salle de 17 000 places reçoit les stars du spectacle de Dua Lipa à Andrea Bocelli. C'est aussi la résidence des équipes professionnelles de hockey sur glace (Eisbären Berlin) et de basket (Alba Berlin) de la ville.

SHOPPING

Friedrichshain n'a pas échappé à l'invasion du shopping. Boutiques de vêtements stylés, concept stores, magasins de mode éthique, articles pour la maison... La Boxhagener Platz et les rues alentour (surtout Wühlischstrasse), la Sonntagstrasse et les petites rues près de la gare d'Ostkreuz ne cessent d'élargir l'offre.

LOVECO MODE ET ACCESSOIRES

Plan p. 362 (loveco-shop.de ; Sonntagstrasse 29 ; 12h-22h lun-ven, 11h-19h sam ; S Ostkreuz). Pratiques durables et commerce équitable expliquent le succès de ce magasin de

VAUT LE DÉTOUR

LES SITES DE LA STASI À BERLIN-EST

En RDA, le Mur avait des oreilles. Fondé en 1950 sur le modèle du KGB soviétique, le Ministerium für Staatssicherheit (ministère de la Sécurité d'État), dit "Stasi" en abrégé, faisait office tout à la fois de police secrète, d'agence centrale du renseignement et de bureau des enquêtes criminelles. Ce "glaive et bouclier" du SED, le parti unique est-allemand, a mis sous surveillance des millions de citoyens est-allemands en sorte d'anéantir toute velléité d'opposition et de maintenir la toute-puissance du parti. Renforçant sans cesse ses effectifs, la Stasi comptait aux derniers jours du régime 91 000 employés officiels à plein temps et 189 000 IM (*inoffizielle Mitarbeiter* ou informateurs officieux) chargés de surveiller famille, amis, voisins, collègues de travail... Sans compter les 3 000 IM recrutés côté Ouest.

Lorsque le Mur tomba, il entraîna la Stasi dans sa chute. Au mois de janvier 1990, des milliers de citoyens prirent littéralement d'assaut le quartier général, stoppant ainsi la destruction de documents qui révélaient l'étendue de la surveillance et de la répression institutionnalisées, à travers écoutes, enregistrements vidéo et correspondances privées. Les dispositifs d'espionnage, sournoisement peu sophistiqués (cachés dans des arrosoirs, des pierres ou des cravates), font partie des objets exposés au **musée de la Stasi** (Stasimuseum ; ☎030-553 6854 ; www.stasimuseum.de/fr/frindex.htm ; Haus 1, Normannenstrasse 20 ; tarif plein/réduit 8/6 €, visite guidée 2 € supp ; ⏲10h-18h lun-ven, 11h-18h sam-dim ; Ⓤ Magdalenenstrasse), aménagé dans ce QG forteresse. L'antre de l'indéboulonnable chef de la Stasi Erich Mielke – resté 32 ans chef de la Sûreté d'État, de 1957 à la fin – a conservé son mobilier et son atmosphère étouffante, bureaux comme appartements privés. Diverses salles du sinistre bâtiment évoquent l'idéologie, les rituels et les institutions de la société est-allemande. Des explications bilingues allemand-anglais éclairent la visite, tout comme l'audioguide (2 €).

Les suspects atterrissaient le plus souvent dans la **prison de la Stasi** (Gedenkstätte Berlin-Hohenschönhausen ; ☎030-9860 8230 ; www.stiftung-hsh.de/fr ; Genslerstrasse 66 ; visite guidée tarif plein/réduit 6/3 €, expo gratuite ; ⏲visites guidées 1 heure 30 9h-16h, exposition 9h-18h ; Ⓟ ; 🚊M5) à Lichtenberg, à quelques kilomètres du QG. Transformée elle aussi en mémorial, elle est encore plus sinistre que le musée. Des **visites de la prison**, dont les guides sont parfois d'anciens détenus, révèlent toutes les cruautés perpétrées sur des milliers de personnes soupçonnées d'être des opposants politiques et souvent innocentes. Le film *La Vie des autres* (2007), oscar du meilleur film étranger, donne une idée du décor ! Une **exposition** (entrée libre) retrace la vie des prisonniers et de leurs geôliers à travers photos, objets et points multimédias.

Sur les vieilles cartes de Berlin-Est, un vide se trouve à l'endroit de la prison : officiellement, elle n'existait pas. En fait, cette enceinte a eu 3 existences. Juste après la Seconde Guerre mondiale, les Soviétiques y ont trié les prisonniers (la plupart nazis, ou soupçonnés de l'être) destinés au goulag. Plus de 3 000 détenus dans des conditions totalement atroces y ont trouvé la mort, le plus souvent de froid dans leurs cellules glaciales, jusqu'à l'intervention des Alliés en octobre 1946. Les Soviétiques en ont ensuite fait une prison redoutée pour son "U-Boot" (sous-marin), tout un dédale de cellules souterraines humides et sans fenêtre ayant pour tout mobilier un bat-flanc et un seau. Soumis à des interrogatoires sans fin, battus, privés de sommeil, torturés, les prisonniers finissaient par reconnaître quelque chose, tôt ou tard. En 1951, les Soviétiques remirent la prison à la Stasi, qui finit par adopter les méthodes de ses "mentors". Des prisonniers furent enfermés dans l'"U-Boot" jusqu'à la construction d'un nouveau bloc, plus grand mais où le travail était obligatoire, à la fin des années 1950. La terreur psychologique remplaça alors la torture physique : isolement total, ignorance du lieu et privation des sens. L'horreur ne prit fin qu'avec la chute de la RDA en 1989.

mode au choix éclectique mais toujours écologique de marques allemandes ou étrangères comme Armed Angels, People Tree et LovJoi. La balançoire dans la boutique illustre bien l'esprit de Christina, l'acheteuse et propriétaire des lieux.

Mêmes boutiques à Kreuzberg et à Schöneberg (adresses en ligne).

FLOHMARKT BOXHAGENER PLATZ
MARCHÉ AUX PUCES

Plan p. 362 (Boxhagener Platz ; 10h-18h dim ; M13, S Warschauer Strasse, U Warschauer Strasse, Samariterstrasse). Situé sur la place verdoyante dont il a adopté le nom, ce plaisant marché aux puces est à deux pas de nombreux cafés accueillants. Malgré la présence croissante de vendeurs professionnels, des particuliers vident ici leur grenier à des prix imbattables.

WOCHENMARKT BOXHAGENER PLATZ
MARCHÉ FERMIER

Plan p. 362 (Boxhagener Platz ; 9h-15h30 sam ; M10, M13, U Samariterstrasse, Frankfurter Tor). Tout le quartier se ravitaille sur ce marché fermier de produits frais, liqueurs artisanales, fromages étrangers, épices exotiques, poisson fumé, muesli au chanvre, vitelottes (pommes de terre violettes) et autres délices. Beaucoup de stands d'en-cas, ainsi que de l'artisanat et des cadeaux, souvent faits main.

PRACHTMÄDCHEN
MODE ET ACCESSOIRES

Plan p. 362 (030-9700 2780 ; www.prachtmaedchen.de ; Wühlischstrasse 28 ; 12h-19h lun-ven, 11h-18h sam ; M13, S Warschauer Strasse, U Warschauer Strasse). Discrète et chaleureuse, cette boutique pionnière de la Wühlischstrasse (la rue de la mode de Friedrichshain) est idéale pour s'habiller de pied en cap à prix doux, accessoires compris. Marques de *streetwear* bien établies ou petites nouvelles encore méconnues.

UVR CONNECTED
MODE ET ACCESSOIRES

Plan p. 362 (uvr-connected.de ; Gärtnerstrasse 5 ; 12h-19h lun-ven, 11h-19h sam ; M10, M13, U Samariterstrasse, Warschauer Strasse, S Warschauer Strasse). Cette marque berlinoise crée une mode urbaine pour adultes caractérisée par des coupes classiques et une gamme de tons sourds. La boutique diffuse aussi des marques incontournables comme Bench, Ben Sherman, Minimum et Selected, ainsi qu'une panoplie d'accessoires.

STRAWBETTY
MODE VINTAGE

Plan p. 362 (030-8999 3663 ; strawbetty.com ; Wühlischstrasse 25 ; 12h-19h lun-ven, 11h-18h sam ; M13, U Warschauer Strasse, S Warschauer Strasse, Ostkreuz). Que vous soyez fan de rockabilly ou cherchiez un bon look pour votre prochaine soirée à thème, cette boutique vous fournira jupons, jupes plissées, pantalons corsaires, boléros et autres pièces vintage pour femme. Sans oublier les sacs, chapeaux et bijoux.

SOMETIMES COLOURED
MODE ET ACCESSOIRES

Plan p. 362 (030-2935 2075 ; www.saltberlin.de ; Grünberger Strasse 90 ; 12h-19h mar-sam ; U Samariterstrasse). De teintes sombres ("parfois colorées" dit l'enseigne), telles que noir de jais, anthracite ou bleu nuit, voici toute une garde-robe de seconde main aux étiquettes connues (Adidas, Cos, The Kooples). De belles trouvailles rétro vous attendent chez King Kong Vintage, la succursale située dans la même rue.

RAW FLOHMARKT
MARCHÉ AUX PUCES

Plan p. 362 (RAW Gelände, Revaler Strasse 99 ; 8h-17h dim ; M10, M13, S Warschauer Strasse, U Warschauer Strasse). Les bonnes affaires sont nombreuses sur ce modeste marché aux puces qu'abrite le RAW Gelände (p. 206). Peu de brocanteurs ; on vend et achète plutôt entre particuliers et l'on peut essayer les vêtements dans les toilettes. Et, entre deux, se requinquer aux stands de cuisine de rue ou au *Biergarten*.

GROSSER ANTIKMARKT OSTBAHNHOF
ANTIQUITÉS

Plan p. 362 (Erich-Steinfurth-Strasse ; 9h-17h dim ; S Ostbahnhof). C'est le lieu où les collectionneurs et autres amateurs d'antiquités viennent chiner, tout près de la sortie nord de la gare d'Ostbahnhof. Les quelque 150 marchands y exposent des reliques de l'époque du rideau de fer : monnaies anciennes, galettes pour gramophone, livres, timbres, bijoux et tout un bric à brac. Pas de vêtements, ni d'objets récents.

ACTIVITÉS

BERLIN CRAFT BEER EXPERIENCE
CIRCUITS À PIED

Plan p. 362 (01577 921 6971 ; www.berlincraftbeerexperience.com ; circuits 46 € ; 14h lun et mer-sam ; U Warschauer Strasse, S Warschauer Strasse). Amateur de bière, Cliff Kinchen organise depuis 2014 des circuits de 3 ou 4 heures sur ce thème au fil des pubs et brasseries de Friedrichshain et/ou Kreuzberg. Outre la balade, comptez sur 3 haltes appropriées et pas moins de 5 dégustations, assorties d'un en-cas chaud en tout. Réservations en ligne. Départ de la station d'U-Bahn Warschauer Strasse.

Quartiers ouest et Charlottenburg

KURFÜRSTENDAMM | SAVIGNYPLATZ ET KANTSTRASSE

Notre sélection

❶ Une immersion dans le style de vie des rois de Prusse au **château de Charlottenbourg** (p. 216). Et, pour le déjeuner, prenez un pique-nique à savourer dans le parc, près du bassin des carpes.

❷ Du *street art* de première qualité à **Teufelsberg** (p. 222), dans une station d'espionnage en ruine de la guerre froide posée au sommet d'une colline de débris de la Seconde Guerre mondiale.

❸ Vestige majestueux de l'**église du Souvenir** (p. 221) du XIXe siècle, devenue le symbole de la tragédie de la guerre.

❹ Des aras aux zèbres, le **zoo de Berlin** (p. 224), fondé au milieu du XIXe siècle figure parmi les plus riches au monde.

❺ Les boutiques de mode et d'accessoires typiquement berlinoises du **Bikini Berlin** (p. 227) à la superbe architecture – restaurants de qualité en prime.

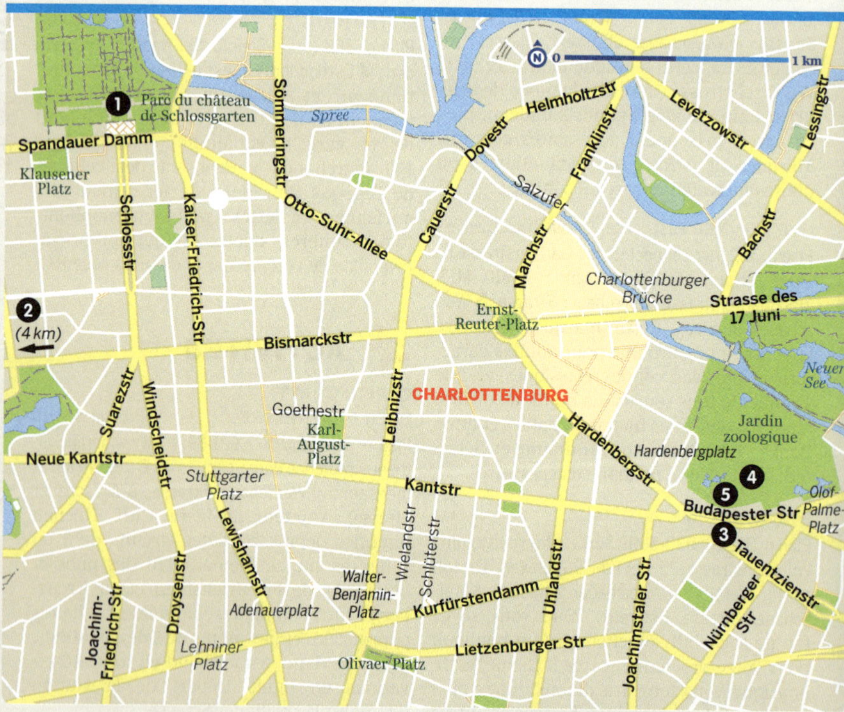

Pour un plan plus détaillé, reportez-vous p. 366

Découvrir les quartiers ouest et Charlottenburg

Haut lieu du commerce de Berlin-Ouest à l'époque où la ville était divisée par le Mur, Charlottenburg a toujours pour atout son célèbre Kurfürstendamm (Ku'damm ; p. 221). Les boutiques à la mode côtoient les grandes enseignes le long de ce boulevard et des rues verdoyantes qui l'entourent. Il se prolonge à l'est par la Tauentzienstrasse, dominée par l'immense KaDeWe (p. 175).

Revitalisations et nouvelles constructions caractérisent les quartiers ouest de Berlin, qui s'étendent autour de l'église du Souvenir de l'empereur Guillaume (p. 221), dont les ruines ont été transformées en mémorial contre la guerre. Non loin, le zoo de Berlin (p. 224) ravira petits et grands enfants, avec ses éléphants et ses pandas.

Vos envies de shopping comblées, rejoignez l'incontournable château de Charlottenbourg. Visitez les magnifiques appartements royaux, puis promenez-vous dans le parc paysager. Si le temps est au beau fixe, un pique-nique s'impose. La visite du château peut compléter celle des 3 excellents musées d'art, voisins.

Vivre comme un Berlinois

Fièvre acheteuse Faites-vous plaisir dans les magasins de chaînes et les boutiques de mode qui jalonnent le Ku'damm (p. 221) et ses environs, ou au Bikini Berlin (p. 227).

La petite Asie Un grand choix de restaurants extrême-orientaux authentiques vous attend dans la petite Asie berlinoise (p. 223), le long de la Kantstrasse.

Pause café Détente devant un cappuccino et des gâteaux au classique Kuchenladen (p. 224) ou dans le jardin du café de la Literaturhaus (p. 223).

Depuis/vers les quartiers ouest et Charlottenburg

Bus Les lignes 100 et 200 partent de la gare Zoologischer Garten. Le M19 et le M29 parcourent le Kurfürstendamm. Les lignes 109 et M45 desservent le château de Charlottenbourg.

S-Bahn Les lignes S5 et S7 relient la gare centrale de Berlin (Berlin Hauptbahnhof) à l'Alexanderplatz via le zoo (Zoologischer Garten) et rejoignent la ligne circulaire S41/S42 à Westkreuz.

U-Bahn Les stations Uhlandstrasse, Kurfürstendamm et Wittenbergplatz (U1) sont au cœur de la zone des commerces. Le U2 traverse le Zoologischer Garten.

Bon plan Lonely Planet

Les bus 100 et 200, qui partent de la gare Zoologischer Garten, passent devant de nombreux sites touristiques (dont la Potsdamer Platz et le Reichstag), leur itinéraire traversant le centre-ville jusqu'à l'Alexanderplatz. Voir aussi l'encadré p. 306.

Le top des restaurants

- Mine Restaurant (p. 223)
- Madame Ngo (p. 223)
- Kantini Berlin (p. 223)
- Christopher's (p. 225)
- Kuchenladen (p. 224)

Voir détails p. 222

Le top des bars et des cafés

- Schleusenkrug (p. 225)
- Diener Tattersall (p. 225)
- Monkey Bar (p. 225)
- Bar Zentral (p. 225)
- Bar am Steinplatz (p. 225)

Voir détails p. 225

Le top du shopping

- Bikini Berlin (p. 227)
- Manufactum (p. 227)
- Stilwerk (p. 228)
- Taschen Store Berlin (p. 228)

Voir détails p. 227

ALEXANDR MEDVEDKOV / SHUTTERSTOCK ©

LES INCONTOURNABLES
CHÂTEAU DE CHARLOTTENBOURG

Ce superbe palais baroque est le meilleur endroit à Berlin pour appréhender la puissance du clan Hohenzollern, qui régna sur le Brandebourg puis la Prusse de 1415 à 1918. La visite est particulièrement agréable en été quand on peut se promener dans le parc, après la découverte des somptueux appartements témoignant des goûts et de l'art de vivre royaux.

Au départ, ce fut une modeste résidence d'été construite pour Sophie-Charlotte de Hanovre, l'épouse très cultivée de Frédéric III, Électeur de Brandebourg. Le palais fut agrandi sur le modèle de Versailles après que ce dernier fut devenu roi *en* Prusse en 1701 sous le nom de Frédéric Ier. Le roi le baptisa Charlottenbourg en hommage à sa femme, décédée en 1705. Ses successeurs embellirent la demeure, en particulier Frédéric II le Grand (1712-1746), l'ami de Voltaire, qui y fit ajouter la spectaculaire Nouvelle Aile (Neuer Flügel). Le château, délaissé à la fin du XIXe siècle, devint propriété de l'État. Bombardé pendant la Seconde Guerre mondiale, il fut reconstruit à l'identique dans l'après-guerre (les travaux ne s'achevèrent qu'en 1966).

L'ensemble se compose du palais principal et de 3 édifices plus petits, dispersés dans le **parc du château de Charlottenbourg** (Schlossgarten Charlottenburg ; don suggéré 2 € ; ⌚8h-crépuscule) GRATUIT, lui-même partagé entre un jardin à la française et un jardin à l'anglaise. Au milieu des allées ombragées, des parterres de fleurs, des pelouses, de grands arbres et près d'un bel étang à carpes se cachent le Mausolée, le Belvédère et le Nouveau Pavillon.

Ancien Château

Également connu sous le nom de bâtiment Nering-Eosander – d'après le nom de ses deux architectes –, l'**Altes**

À NE PAS MANQUER

- Appartements de Frédéric le Grand dans la Nouvelle Aile
- Parc du château
- Tableaux des maîtres français du XVIIIe siècle dans la Nouvelle Aile

INFOS PRATIQUES

- Schloss Charlottenburg
- Hors plan p. 366
- ☎030-320 910
- www.spsg.de
- Spandauer Damm 10-22
- Tarifs variables selon les bâtiments, forfait 1 jour pour les 4 bâtiments tarif plein/réduit 17/13 €
- ⌚variables selon les bâtiments
- 🚌M45, 109, 309, U Richard-Wagner-Platz, Sophie-Charlotte-Platz

Schloss (tarif plein/réduit 12/8 € ; ⏲10h-17h30 mar-dim avr-oct, 10h-16h30 mar-dim nov-mars) forme la partie centrale (et la plus ancienne) du palais. Une statue équestre d'Andreas Schlüter, *Le Grand Électeur* (1699), lui fait face. L'étage inférieur abrite les appartements de Frédéric Ier et de Sophie-Charlotte, une débauche de stuc et de brocart. Depuis une restauration minutieuse, on peut à nouveau admirer la **galerie de chêne** (Eichengalerie), salle de réception lambrissée ornée de portraits de famille, le charmant **salon ovale** qui donne sur le parc, la chambre de Frédéric Ier, avec son grand lit et sa salle de bains, ainsi que la **chapelle du palais** (Schlosskapelle ; 1706) avec ses arches en trompe-l'œil. La passion du roi pour les céramiques précieuses se reflète dans le **cabinet des Porcelaines**, qui renferme près de 3 000 pièces (vaisselle, statuettes ou vases) venues de Chine et du Japon. À l'étage, une exposition retrace l'essor de la dynastie Hohenzollern, ces électeurs de Brandebourg devenus empereurs d'Allemagne. Il y a aussi la **chambre d'argent**, qui renferme un ensemble de vaisselle royale en or et en argent qui ferait saliver plus d'un pirate.

Nouvelle Aile

Voulue par Frédéric le Grand et réalisée en 1746 par Georg Wenzeslaus von Knobelsdorff, l'architecte vedette de l'époque, la **Neuer Flügel** (Nouvelle Aile ; tarif plein/réduit avec guide ou audioguide 12/8 € ; ⏲10h-17h30 mar-dim avr-oct, 10h-16h30 nov-mars) renferme les appartements privés du roi et de ses successeurs, ainsi que deux splendides salles de réception de l'époque rococo : la **salle blanche** (Weisse Saal) aux airs de gâteau de mariage, et la **galerie dorée** (Goldene Galerie) toute en miroirs et dorures. On peut aussi admirer une belle collection de peintures de Watteau, Pesne et autres maîtres français du XVIIIe siècle. Le roi Frédéric-Guillaume II, neveu et successeur de Frédéric le Grand, fit également construire une résidence d'été ornée d'éléments chinois et étrusques, ainsi que les **appartements d'hiver** (Winterkammer) de style néoclassique, où emménagea plus tard sa belle-fille, la populaire reine Louise, dont on peut voir la magnifique chambre ornée de mobilier signé Karl Friedrich Schinkel.

Nouveau Pavillon

De retour d'Italie, Frédéric-Guillaume III (r. 1797-1848) chargea Schinkel de concevoir ce **Neuer Pavillon** (tarif plein/réduit 4/3 € ; ⏲10h-17h30 mar-dim avr-oct, 12h-16h mar-dim nov-mars), inspiré d'une villa napolitaine néoclassique, pour en faire une résidence d'été. Aujourd'hui, ce palais illustre les talents d'architecte, de peintre et de décorateur de Schinkel et abrite des sculptures de Christian Daniel Rauch et des toiles de Caspar David Friedrich et d'Eduard Gaertner.

UNE PETITE FAIM ?

Pour un bon repas accompagné d'une bière fraîche, essayez la **Brauhaus Lemke am Schloss** (☎030-3087 8979 ; www.lemke.berlin ; Luisenplatz 1 ; plats 7-15 € ; ⏲17h-21h30 lun-mar, 13h-21h30 mer-ven, 12h-21h30 sam-dim ; 🚌M45, 109, 309, ⓤRichard-Wagner-Platz), non loin du palais. Pour une cuisine allemande raffinée, dont d'excellents plats de gibier, poussez jusqu'au **Restaurant Schlossgarten** (☎030-3670 2299 ; www.restaurant-schlossgarten-berlin.de ; Schlossstrasse 64 ; plats 12,50-25 € ; ⏲11h30-22h mar-dim ; ⓤSophie-Charlotte-Platz).

D'avril à octobre, gagnez le palais en bateau avec les croisières sur la Spree de Reederei Bruno Winkler (p. 309). Les bateaux partent généralement 2 fois par jour des pontons de Bahnhof Friedrichstrasse/Reichstagsufer (plan p. 340) pour le débarcadère du palais, situé dans le coin est du parc. Le trajet dans l'autre sens ou l'aller-retour sont également possibles.

Château de Charlottenbourg

Belvédère

Le Belvédère, de style baroque tardif (1788), est un minuscule palais où Frédéric-Guillaume II venait prendre le thé. L'endroit est devenu un musée consacré à la Manufacture royale de porcelaine de Berlin (KPM ; établie en 1763). L'exposition est fermée jusqu'à fin 2021, mais prenez tout de même le temps d'admirer l'édifice.

Mausolée

Ce **mausolée** (tarif plein/réduit 3/2 € ; ⏲10h-17h30 mar-dim avr-oct) de style néoclassique est la dernière demeure de la reine Louise (1786-1810). Il a été agrandi à deux reprises pour accueillir d'autres personnalités tels l'empereur Guillaume Ier et son épouse Augusta. Leurs sarcophages en marbre sont de véritables œuvres d'art. D'autres têtes couronnées reposent dans la crypte, fermée au public.

Collection Scharf-Gerstenberg

La **Sammlung Scharf-Gerstenberg** (☎030-266 424 242 ; Schlossstrasse 70 ; tarif plein/réduit 12/6 €, musée Berggruen inclus ; ⏲10h-18h mar-ven, 11h-18h sam-dim), rassemblée par Otto Gerstenberg, magnat des assurances décédé dans les années 1930, retrace superbement 250 ans d'art surréaliste. Parmi les pièces maîtresses se trouvent des gravures effrayantes de Goya et des estampes du graveur italien Giovanni Battista Piranesi de la série des *Prisons imaginaires*. Encore plus troublant peut-être est *La Poupée* (1936), tableau aux connotations érotiques de Hans Bellmer. L'étage met en valeur le travail de René Magritte et de Max Ernst, avec par exemple *Gaspard de la nuit* (1965) pour Magritte et *Le Triomphe de l'amour* (1937) pour Ernst.

Musée Berggruen

L'intimiste **Museum Berggruen** (☎030-266 424 242 ; www.smb.museum/mb ; Schlossstrasse 1 ; tarif plein/réduit 12/6 €, collection Scharf-Gerstenberg incluse ; ⏲10h-18h mar-ven, 11h-18h sam-dim) ravira les amateurs d'art du XXe siècle avec des œuvres de Pablo Picasso, Paul Klee, Henri Matisse ou Alberto Giacometti, tirées de l'exceptionnelle collection privée du collectionneur et marchand d'art Heinz Berggruen. La coupole du bâtiment principal – un imposant casino pour officiers prussiens – abrite surtout des œuvres de Picasso de toutes les périodes clés de l'artiste, dont *Arlequin accoudé*, du début de la période rose, à des toiles cubistes comme *Nu couché*. Gagnez ensuite l'annexe par la passerelle de verre pour plonger dans le monde poétique de Klee et admirer les papiers découpés de Matisse et les sculptures de Giacometti. Dans le jardin, ne manquez pas la monumentale double sculpture *United Enemies*, de l'artiste contemporain allemand Thomas Schütte.

BON À SAVOIR

- Achetez en ligne votre billet "Charlottenbourg+" (tarif plein/réduit 17/13 €), un pass journée valable pour les palais et édifices du quartier (excepté les expositions spéciales).
- Le week-end, surtout l'été, il faut être patient.
- Les amateurs d'art pourront visiter les 3 musées de la Schlossstrasse situés juste en face de l'Ancien château (Altes Schloss).
- Bagages et sacs encombrants peuvent être laissés gratuitement au vestiaire de l'Altes Schloss.

Les Berliner Residenz Konzerte (www.residenzkonzerte.berlin) sont des concerts donnés dans la Grande Orangerie. Les musiciens avec perruque et costume d'époque jouent des airs baroques à la lueur des bougies. Plusieurs forfaits sont proposés, dont un avec dîner avant le concert.

Frédéric Ier fit réaliser la fameuse Chambre d'ambre (Bernsteinzimmer), une pièce recouverte d'une marqueterie d'ambre. Achevée tardivement, elle fut sans doute installée dans le palais après sa mort et donné par Frédéric le Grand au tsar de Russie, Pierre le Grand, en 1716 (ce trésor fut alors transporté à Saint-Pétersbourg). Elle fut perdue durant la Seconde Guerre mondiale. Après presque 30 années de travaux, une reconstitution a été inaugurée en 2003.

Musée Bröhan

Le **Bröhan Museum** (☎030-3269 0600 ; www.broehan-museum.de ; Schlossstrasse 1a ; tarif plein/réduit 8/5 €, gratuit - 18 ans ; ⌚10h-18h mar-dim) est consacré au mobilier et au design Art nouveau, Art déco et fonctionnaliste en vogue entre la fin du XIXe siècle et les années 1930. La collection permanente comprend du mobilier et des objets de créateurs majeurs comme Hector Guimard, Peter Behrens, Josef Hoffmann et Wilhelm Wagenfeld, tandis que des œuvres d'artistes de la Sécession berlinoise complètent les expositions. Les deux étages supérieurs sont dédiés aux expositions temporaires, qui délogent parfois également la collection permanente du rez-de-chaussée.

Atelier de moulage de sculptures antiques de Berlin

Si vous aimez les sculptures antiques, faites un saut à l'**Abguss-Sammlung Antiker Plastik** (Abguss-Sammlung Antiker Plastik Berlin ; ☎030-342 4054 ; www.abguss-sammlung-berlin.de ; Schlossstrasse 69b ; ⌚14h-17h jeu-dim) GRATUIT pour voir les copies en plâtre de statues provenant de différentes civilisations dont les Minoens, les Romains et les Byzantins, et mieux appréhender l'évolution de la sculpture à travers 3 500 ans d'histoire.

À VOIR

Dans les quartiers ouest, explorez les alentours du zoo de Berlin (Zoologischer Garten) et du célèbre Kurfürstendamm, la principale artère commerçante de Berlin. Ensuite, filez 3,5 km au nord-ouest pour découvrir le site phare de l'ouest de la capitale : le château de Charlottenbourg (Schloss Charlottenburg), un majestueux palais prussien du XVIIIe siècle, entouré d'un parc et d'un bel étang.

CHÂTEAU DE CHARLOTTENBOURG — PALAIS

Voir p. 216.

KURFÜRSTENDAMM — QUARTIER

Plan p. 366 (Kurfürstendamm ; UKurfürstendamm, Uhlandstrasse). Le Kurfürstendamm (surnommé le "Ku'damm"), long boulevard de 3,5 km bordé de commerces, était à l'origine un sentier équestre qui menait au pavillon de chasse royal dans la forêt de Grunewald. Au début des années 1870, la décision du "Chancelier de fer" Otto Von Bismarck de doter la nouvelle capitale du Reich d'un boulevard emblématique, plus grand et plus beau encore que l'avenue des Champs-Élysées à Paris, allait donner son aspect actuel au "Ku'damm". C'est aujourd'hui l'artère commerçante la plus animée de Berlin, surtout à son extrémité est. Elle attire de nombreux touristes.

C/O BERLIN — PHOTOGRAPHIE, ART

Plan p. 366 (030-284 441 662 ; www.co-berlin.org ; Amerika Haus, Hardenbergstrasse 22-24 ; tarif plein/réduit 10/6 €, gratuit - 18 ans ; 11h-20h ; P ; SZoologischer Garten, UZoologischer Garten). Fondé en 2000 et très réputé, C/O Berlin est un centre d'exposition privé de la photographie internationale, à vocation non commerciale. Il est situé dans l'iconique Amerika Haus, qui a servi de centre culturel et d'information américain de 1957 à 2006. Les expositions haut de gamme comprennent régulièrement des œuvres de grands noms de la photographie comme Annie Leibovitz, Stephen Shore, Nan Goldin ou Anton Corbijn.

LES INCONTOURNABLES
ÉGLISE DU SOUVENIR

L'un des monuments les plus photographiés de Berlin est une ruine, mais quelle ruine ! Le bombardement allié du 23 novembre 1943 n'a laissé debout que l'enveloppe de la tour ouest de cette magnifique église néoromane construite en l'honneur de l'empereur Guillaume Ier (Kaiser-Wilhelm-Gedächtniskirche). Conçue par Franz Schwechten et achevée en 1895, c'est aujourd'hui un mémorial. Dans la **salle du Souvenir** (Gedenkhalle), les photos d'époque devraient vous aider à visualiser sa grandeur passée. La salle renferme aussi des vestiges des minutieuses mosaïques qui tapissaient jadis toute l'église, illustrant, entre autres scènes, les moments héroïques de la vie de l'empereur Guillaume Ier. Vous remarquerez également les reliefs en marbre, les objets liturgiques et les deux symboles de réconciliation : un crucifix avec icône offert par l'Église orthodoxe russe et une copie de la croix de clous provenant de la cathédrale Saint-Michel de Coventry, bombardée par la Luftwaffe en 1940.

En 1961, un clocher et une **église octogonale** dessinés par Egon Eiermann furent édifiés à côté du clocher en ruine ; l'église octogonale, avec ses murs de verre bleu sombre et son christ doré "flottant" au-dessus de l'autel, est saisissante. Ne manquez pas la *Madone de Stalingrad* (dessin au fusain) sur le mur nord.

À NE PAS MANQUER

- Mosaïques de la salle du Souvenir
- Vitraux bleus

INFOS PRATIQUES

- Kaiser-Wilhelm-Gedächtniskirche
- Plan p. 366, G5
- 030-218 5023
- www.gedaechtniskirche.com
- Breitscheidplatz
- Entrée libre
- église 10h-18h, salle du Souvenir 12h-17h30
- UZoologischer Garten, Kurfürstendamm, SZoologischer Garten

VAUT LE DÉTOUR

TEUFELSBERG : DE NID D'ESPIONS À CENTRE DE STREET ART

Le Teufelsberg, qui se dresse à 121,10 m de haut au cœur de la forêt de Grunewald, possède un nom inquiétant (Montagne du diable) et une histoire fascinante. Le projet des nazis de construire sur le site une école militaire s'est vu littéralement enterré par la montagne de débris de la Seconde Guerre mondiale qui y fut entreposée jusqu'en 1972. Pendant la guerre froide, l'armée américaine installa la **station d'espionnage de Teufelsberg** (www.teufelsberg-berlin.de ; Teufelschaussee ; 5 €, avec permis photo 10 €, visite guidée 15 € ; ⏲11h-crépuscule mer-dim, dernière entrée 1 heure avant le crépuscule ; SHeerstrasse) au sommet de la colline, afin de garder un œil sur l'Allemagne de l'Est et l'URSS. Le bâtiment en ruine a été reconverti en un excellent musée de *street art* offrant une vue imprenable sur Berlin.

MUSÉE DE LA PHOTOGRAPHIE — ART

Plan p. 366 (Museum für Fotografie ; ☎030-266 424 242 ; www.smb.museum/mf ; Jebensstrasse 2 ; tarif plein/réduit 10/5 € ; ⏲11h-19h mar, mer et ven-dim, 11h-20h jeu ; SZoologischer Garten, UZoologischer Garten). Cet ancien casino (1909) pour officiers prussiens est aujourd'hui dédié à l'héritage artistique de Helmut Newton (1920-2004), né à Berlin et enfant terrible de la photographie de mode. Les deux étages inférieurs sont consacrés à sa vie et à son œuvre, ainsi qu'à la production de quelques compatriotes, notamment son épouse Alice Springs. Le dernier étage, occupé par la **Kaisersaal** (salle impériale), voûtée, constitue le cadre grandiose d'expositions temporaires internationales de photographie.

MUSÉE KÄTHE KOLLWITZ — ARTS

Plan p. 366 (Käthe Kollwitz Museum ; ☎030-882 5210 ; www.kaethe-kollwitz.de/en/ ; Fasanenstrasse 24 ; tarif plein/réduit 7/4 €, gratuit - 18 ans, audioguide 3 € ; ⏲11h-16h ; UUhlandstrasse). Käthe Kollwitz (1867-1945) était une artiste célèbre du début du XXe siècle, avec une conscience sociale et politique qui donnait une force douloureuse à ses lithographies, graphismes, gravures, sculptures et dessins. Cette exposition sur 4 niveaux, dans une charmante villa du XIXe siècle, commence par une présentation de cette femme extraordinaire qui vécut 52 ans à Berlin. Elle présente ensuite un choix d'œuvres couvrant toute sa vie, et notamment la puissante lithographie *Brot!* (Du pain ! ; 1924) et la série de gravures *Krieg* (Guerre ; 1922-1923).

Notez que le musée doit déménager fin 2022 dans le théâtre du château de Charlottenbourg.

MÉMORIAL DE LA BREITSCHEIDPLATZ — MONUMENT

Plan p. 366 (Mahnmal am Breitscheidplatz ; Breitscheidplatz ; 🚌100, 200, UZoologischer Garten, SZoologischer Garten). Ce simple mémorial commémore les victimes de l'attaque du 19 décembre 2016, lorsqu'un homme fonça avec son camion dans la foule du marché de Noël qui se tient chaque année sur la Breitscheidplatz, faisant 12 morts et de nombreux blessés. Inauguré lors du premier anniversaire de l'attentat, le mémorial (Mahnmal) consiste en une fissure dorée traversant l'escalier qui mène à l'église du Souvenir de l'empereur Guillaume, dont les marches sont gravées des noms des victimes de l'attaque.

OÙ SE RESTAURER

Les restaurants de Charlottenburg sont généralement de qualité, et les tables novatrices chaque jour plus nombreuses. La Savignyplatz évoque une piazza d'Italie animée par une belle soirée d'été, tandis que la Kantstrasse est jalonnée de nombreux bons restaurants asiatiques. Depuis peu, plusieurs restaurants à succès de Mitte et Prenzlauer Berg ont ouvert des adresses dans le quartier, notamment W-Der Imbiss et Burgermeister.

Kurfürstendamm et alentour

CURRY WOLF — ALLEMAND €

Plan p. 366 (☎030-3214 0262 ; curry-wolf.de ; Rankestrasse 36 ; saucisses 3-4 € ; ⏲9h-22h lun-sam, 10h-22h dim ; UKurfürstendamm). Une faim de loup (*der Wolf* en allemand) après une virée shopping dans le Kurfürstendamm ? Cap sur ce restaurant niché dans une petite rue arborée, dont le secret est sa sauce "Opium", effectivement addictive. Pour un sevrage en douceur, achetez des saucisses en conserve à rapporter chez vous.

KANTINI BERLIN — INTERNATIONAL €

Plan p. 366 (www.bikiniberlin.de/de/kantini_und_restaurant ; Bikini Berlin, Budapester Strasse ; plats 4-26 € ; ⌚10h-20h lun-sam ; 🖉 👪 ; U Zoologischer Garten, S Zoologischer Garten). Installée dans l'élégant centre commercial Bikini Berlin, cette aire de restauration d'avant-garde est très photogénique avec son décor industriel futuriste agrémenté de touches design, plantes en pot, mobilier coloré et vue sur le zoo de Berlin. Quatorze comptoirs y proposent des cuisines du monde entier (ramen, bibimbap, poké), souvent de haute volée.

♥ MADAME NGO — VIETNAMIEN €€

Plan p. 366 (☎030-6027 4585 ; madame-ngo.de ; Kantstrasse 30 ; plats 9-17 € ; ⌚12h-22h). Cap sur cette ancienne pharmacie pour déguster les soupes phô-noménales de Madame Ngo, où baignent dans un riche bouillon à l'os de tendres morceaux de poulet, différentes coupes de bœuf ou un mélange de légumes. L'endroit évoque une brasserie du Hanoï d'antan, et l'influence de la France coloniale d'Indochine se retrouve dans le pâté, les "*crevettes de Paris*" et la caille frite.

NENI — INTERNATIONAL €€

Plan p. 366 (☎030-120 221 200 ; www.neniberlin.de ; Budapester Strasse 40 ; plats 6-30 € ; ⌚12h-23h ; 📶 🖉 ; 🚌100, 200, S Zoologischer Garten, U Zoologischer Garten). Ce restaurant animé, sous la véranda du 25hours Hotel Bikini Berlin (p. 254), propose une carte bien inspirée de plats à partager aux influences méditerranéennes, iraniennes et autrichiennes. En vedette, les falafels maison, l'assiette Jérusalem, le sandwich au bœuf effiloché et le *knafeh* (dessert imbibé d'alcool). En prime, une vue depuis le 10e étage sur le zoo et les toits de la ville.

MR HAI SHABUKI — JAPONAIS €€

Plan p. 366 (☎030-8862 8136 ; www.mrhai.de ; Olivaer Platz 9 ; nigiri/maki à partir de 3,30 €, plateaux de sushis 15,50-29 € ; ⌚12h-22h ; 🚌M19, 109, U Adenauerplatz, Uhlandstrasse). Les puristes pourront s'en tenir aux *nigiris* et *makis* traditionnels, mais, si l'on vient dans cette institution de quartier, c'est avant tout pour étendre ses horizons avec des créations originales composées comme de vraies œuvres d'art. Certaines contiennent kimchi, porc, mozzarella ou *cream cheese*, d'autres sont flambées ou panées et frites.

WINTERGARTEN – CAFÉ IM LITERATURHAUS — INTERNATIONAL €€

Plan p. 366 (☎030-882 5414 ; cafe-im-literaturhaus.de ; Fasanenstrasse 23 ; plats 8-16 € ; ⌚9h-24h ; 🖉 ; U Uhlandstrasse). L'agitation du Ku'damm n'est qu'à quelques pas de cette villa néo-Renaissance du XIXe siècle, qui abrite la Maison de la littérature (Literaturhaus Berlin) et son Wintergarten (jardin d'hiver), café-salon littéraire et librairie. Dégustez les délicieux gâteaux ou la cuisine bistrot de saison dans un cadre élégant, typique du vieux Berlin : salles joliment ornées de stuc ou, si le temps le permet, troquez la verrière pour le jardin idyllique. Petit-déjeuner servi jusqu'à 14h.

♥ MINE RESTAURANT — ITALIEN €€€

Plan p. 366 (☎030-8892 6363 ; www.minerestaurant.de ; Meinekestrasse 10 ; plats 21-29 € ; ⌚17h30-22h ; U Uhlandstrasse). Les restaurants italiens sont nombreux mais le cadre, la carte et le service du Mine offrent un mélange aussi goûteux qu'un ragoût sicilien. Mikhail Mnatsakanov, fils d'un chef vedette de la télévision russe, y mitonne une cuisine nouvelle génération revisitant des classiques de toute l'Italie. La carte des vins impressionnera les connaisseurs les plus avertis.

100% LOCAL

LA PETITE ASIE BERLINOISE

Si vous avez envie de manger chinois, rendez-vous dans la Kantstrasse, entre la Savignyplatz et la Wilmersdorfer Strasse. Vous y trouverez la plus forte concentration d'authentiques restaurants chinois, vietnamiens et thaïlandais de la ville, notamment le Good Friends (p. 224), dont le succès ne se dément pas. À l'heure du déjeuner, la plupart proposent des plats du jour à petits prix.

Savignyplatz et Kantstrasse

DER KUCHENLADEN — CAFÉ €

Plan p. 366 (030-3101 8424 ; www.derkuchenladen.de ; Kantstrasse 138 ; gâteaux 2,50-4,50 € ; 10h-20h mar-dim, 12h-20h lun ; S Savignyplatz). Des gâteaux maison irrésistibles, véritables œuvres d'art composées de farine, de sucre et de crème. Du cheesecake au gâteau aux carottes et à la très riche *Sacher Torte*, tout est délicieux jusqu'à la dernière miette.

ALI BABA — ITALIEN €

Plan p. 366 (030-881 1350 ; www.alibaba-berlin.de ; Bleibtreustrasse 45 ; plats 4,50-15,50 € ; 12h-24h ; ; S Savignyplatz). Ouvert il y a plus d'années qu'il y a de voleurs dans le conte éponyme, Ali Baba doit son immense succès local à sa cuisine délicieuse et à petits prix : pizzas à pâte fine, montagnes de pâtes et pain croustillant maison pour saucer, ainsi qu'une carte végane séparée.

LON MEN'S NOODLE HOUSE — TAÏWANAIS €

Plan p. 366 (030-3151 9678 ; lon-mens-noodle-house.business.site ; Kantstrasse 33 ; plats 6-10 € ; 12h-22h mer-lun ; ; S Savignyplatz, U Wilmersdorfer Strasse). Réchauffez-vous avec les bonnes soupes de Lon Men, fournisseur de bols de nouilles taïwanaises du quartier depuis des années. Le décor est quelconque, mais c'est une institution de la Kantstrasse réputée pour ses wontons épicés et ses plats du jour, avec de nombreux choix végétariens.

GOOD FRIENDS — CHINOIS €€

Plan p. 366 (030-313 2659 ; www.goodfriends-berlin.de ; Kantstrasse 30 ; déj 2 plats 7-7,70 €, dîner plats 11-20 € ; 12h-23h ; S Savignyplatz). Le Good Friends est pour beaucoup le meilleur restaurant cantonais de Berlin. Les canards suspendus à la devanture ne sont que le prélude à une carte assez longue pour désarçonner Confucius, avec beaucoup de plats familiaux authentiques (sur une carte séparée). Si les pattes de poulet à la vapeur vous font

LES INCONTOURNABLES
ZOO ET AQUARIUM DE BERLIN

Le Zoologischer Garten détient un triple record : c'est le zoo le plus ancien, le plus riche en espèces et le plus fréquenté d'Allemagne. Tout a débuté en 1844, lorsque Frédéric-Guillaume IV céda à la ville terres et animaux de la réserve privée familiale. Plus récemment, on a reparlé du zoo lorsque l'ourson polaire Knut, né en 2006, fut élevé par un soigneur après avoir été délaissé par sa mère. Knut est malheureusement décédé en 2011 des suites d'une inflammation cérébrale. Les chouchous actuels du zoo s'appellent Meng Meng et Jiao Qing, un couple de pandas prêtés par la Chine. Les séances de nourrissage attirent beaucoup de visiteurs – procurez-vous les horaires à la billetterie. Les otaries de Californie ont également beaucoup de succès.

L'**aquarium** (www.aquarium-berlin.de ; 9h-18h) adjacent, renferme d'innombrables poissons exotiques, amphibiens et reptiles, le tout présenté dans une atmosphère désuète. Il compte aussi la fameuse salle des crocodiles.

Son architecture mérite une mention spéciale, en particulier sa porte des Éléphants. L'entrée principale est la porte du Lion, sur la Hardenbergplatz.

À NE PAS MANQUER

- Enclos des pandas
- Grands singes
- Salle des crocodiles

INFOS PRATIQUES

- Plan p. 366, G3
- 030-254 010
- www.zoo-berlin.de
- Hardenbergplatz 8
- Adulte/enfant 16/8 €, avec aquarium 22/11 €
- 9h-18h30 avr-sept, 9h-18h mars-oct, 9h-16h30 nov-fév, dernière entrée 1 heure avant la fermeture
- 100, 200, S Zoologischer Garten, U Zoologischer Garten, Kurfürstendamm

peur, vous pouvez toujours vous rabattre sur le porc à la sauce aigre-douce ou le riz frit aux crevettes.

CHRISTOPHER'S INTERNATIONAL €€€

Plan p. 366 (☎030-2435 6282 ; www.christophers.online ; Mommsenstrasse 63 ; plats 20-27 €, menu 4/5 plats 65/75 € ; ⏰18h-24h lun-sam ; 📶🍴 ; S Savignyplatz). Ce restaurant gastronomique décontracté offre le parfait tiercé : cuisine, vins et *long drinks* sont fabuleux. Le menu de plusieurs plats exprime vraiment le génie de Christopher Kümper, qui crée à partir de produits régionaux des symphonies de goûts et de saveurs d'inspiration internationale. Sinon, contentez-vous d'un simple plat et d'un gin tonic.

OÙ PRENDRE UN VERRE ET FAIRE LA FÊTE

Si Charlottenburg n'est plus le lieu de fête qu'il était dans les années 1920, on peut encore y prendre du bon temps dans d'élégants bars à cocktails (souvent des bars d'hôtel), de jolis pubs évoquant le Berlin d'autrefois ou dans la poignée de clubs de jazz et de discothèques que compte le quartier.

BAR AM STEINPLATZ BAR À COCKTAILS

Plan p. 366 (☎030-554 4440 ; barsteinplatz.com ; Steinplatz 4 ; ⏰16h-tard ; U Ernst-Reuter-Platz). Installé dans le cadre Art déco de l'Hotel am Steinplatz (p. 254), ce temple de la mixologie a souvent marqué l'histoire, notamment en devenant le premier bar à cocktails d'hôtel sans alcool d'Allemagne. Willi Bittorf y combine ses distillats sans alcool avec du kombucha, de l'eau de rose, des sirops, des herbes et des jus pour créer des concoctions à déguster sans culpabilité ni mal de crâne. La carte est imprimée sur les tables (pratique et hygiénique). Bières artisanales et vins (avec alcool) également.

SCHLEUSENKRUG BIERGARTEN

Plan p. 366 (☎030-313 9909 ; www.schleusenkrug.de ; Müller-Breslau-Strasse ; ⏰12h-24h lun-sam, 11h-24h dim ; S Zoologischer Garten, Tiergarten, U Zoologischer Garten). Posé dans un cadre enchanteur en lisière du parc de Tiergarten, au bord d'une écluse de canal, le Schleusenkrug possède une belle salle de style années 1950, mais vaut surtout le détour à la saison des *Biergärten*. Une foule diverse se rassemble alors autour de grandes chopes et de plats revigorants – saucisses grillées, flammekueches et plats de la semaine (plats 9-17 €). Petit-déjeuner jusqu'à 14h.

BAR ZENTRAL BAR À COCKTAILS

Plan p. 366 (☎030-3743 3079 ; www.barzentral.de ; Lotte-Lenya-Bogen 551 ; ⏰17h-tard ; S Zoologischer Garten, U Zoologischer Garten, Kurfürstendamm). "Disparaissez ici", suggère une enseigne en néon bleu dans ce bar à cocktails géré par deux connaisseurs du quartier. Installez-vous sur le long comptoir en bois et profitez de la belle gamme de cocktails classiques et de créations maison expertement préparés. L'intérieur arbore une élégance discrète, et une terrasse vous attend les belles soirées d'été.

MONKEY BAR BAR

Plan p. 366 (☎030-120 221 210 ; www.monkeybarberlin.de ; Budapester Strasse 40 ; ⏰12h-2h ; 📶 ; S Zoologischer Garten, U Zoologischer Garten). Perchée au 10e étage du 25hours Hotel Bikini Berlin (p. 254), cette "jungle urbaine" branchée offre un panorama superbe sur la ville et le zoo de Berlin. Les cocktails avec ou sans alcool font la part belle au rhum (excellents Mai Tai !). Arrivez tôt pour un apéritif en terrasse au couchant. Des DJ jouent du vendredi au dimanche dès 16h.

DIENER TATTERSALL PUB

Plan p. 366 (☎030-881 5329 ; www.diener-berlin.de ; Grolmanstrasse 47 ; ⏰18h-2h lun-sam ; S Savignyplatz). En activité depuis plus d'un siècle, ce pub fut repris dans les années 1950 par Franz Diener, champion allemand de boxe poids lourd, avant de devenir l'un des repaires d'artistes de Berlin-Ouest. De Billy Wilder à Harry Belafonte, tous sont passés y prendre une bière et des *Bulette* (fricadelles). Leurs photos en noir et blanc ornent encore les murs de l'établissement.

OÙ SORTIR

BAR JEDER VERNUNFT CABARET

Plan p. 366 (☎030-883 1582 ; www.bar-jeder-vernunft.de ; Schaperstrasse 24 ; prix variables ; U Spichernstrasse). Dans ce théâtre Art nouveau de 1912, sous un chapiteau, la vie reste un cabaret. Ce lieu intime est l'un

VAUT LE DÉTOUR

LE STADE OLYMPIQUE ET SES ENVIRONS

À l'ouest de Berlin, la principale curiosité est l'**Olympiastadion** (stade olympique ; ☎030-2500 2322 ; olympiastadion.berlin ; Olympischer Platz 3 ; visite autoguidée tarif plein/réduit 8/5,50 €, visite guidée générale 11/9,50 € ; ⏲9h-19h avr-juil et sept-oct, 9h-20h août, 10h-16h nov-mars ; P ; S Olympiastadion, U Olympiastadion). Malgré d'importants travaux de modernisation pour la Coupe du monde de football de 2006, on ne peut ignorer que cet imposant stade aux allures de Colisée fut construit par les nazis pour les Jeux olympiques de 1936. Encore très massive, la structure a été adoucie par un toit ovale, une piste en tartan bleu, de luxueuses tribunes VIP et un système de son, de lumière et de projection ultraperformant. D'une contenance de 75 000 places, il fait le plein lors des matchs de l'équipe Hertha BSC, de concerts gigantesques ou lors de la venue du pape.

Lorsque rien ne s'y passe, l'accès est libre. L'audioguide coûte 2 €, et il y a plusieurs visites guidées par jour (certaines en anglais) permettant d'explorer des endroits autrement inaccessibles comme les vestiaires, les zones d'échauffement et les sections VIP. L'accès se fait par le centre des visiteurs situé à la porte est (Osttor).

Pour saisir l'ampleur du stade, dirigez-vous vers l'ouest après le terrain de parade du Maifeld (Champ de mai), vers la plateforme d'observation extérieure de la **tour du Carillon** (Glockenturm ; ☎030-305 8123 ; www.glockenturm.de ; Am Glockenturm ; tarif plein/réduit 4,50/3 € ; ⏲10h-18h avr-oct ; P ; S Pichelsberg), de 77 m de haut, construit pour les Jeux olympiques de 1936. Vous passerez devant une réplique de la cloche olympique (celle d'origine, endommagée, est exposée au sud du stade). Dans le hall, une exposition retrace l'histoire du stade avec des panneaux en anglais et en allemand. Un documentaire présente des séquences d'archives rares de l'époque nazie.

Le monolithe de béton dressé vers le ciel au sud du stade est la contribution de l'architecte Le Corbusier à l'Exposition internationale d'architecture de 1957 (Interbau ou IBA'57). La maison Le Corbusier, ou **Corbusierhaus Berlin** (☎galerie 030-8974 2310 ; www.corbusierhaus.org ; Flatowallee 16 ; P ; U Olympiastadion), légendaire dans le monde de l'architecture, est la troisième de la série des 5 immenses ensembles résidentiels appelés Unités d'habitation. C'est aussi la seule Cité radieuse (Strahlender Stadt) de Le Corbusier construite hors de l'Hexagone. Une galerie installée à l'escalier B propose une exposition sur l'architecture berlinoise d'après-guerre.

À 1 km à l'est, le **musée Georg Kolbe** (Georg Kolbe Museum ; ☎030-304 2144 ; www.georg-kolbe-museum.de ; Sensburger Allee 25 ; tarif plein/réduit 7/5 €, gratuit - 18 ans ; ⏲10h-18h ; P ; Heerstrasse) est consacré à l'un des sculpteurs les plus influents d'Allemagne au début du XXe siècle. Représentant de la Sécession berlinoise, Georg Kolbe (1877-1947) prit ses distances avec la sculpture traditionnelle pour devenir un ardent défenseur du nu idéalisé, qui rencontra plus tard les faveurs des nazis. Le musée, hébergé dans son atelier, construit à la fin des années 1920, et son ancienne demeure, organise chaque année plusieurs expositions consacrées à ses sculptures et à celles de ses contemporains, souvent confrontées à des œuvres d'artistes d'aujourd'hui. Le musée se compose de deux édifices rectangulaires en brique, de style contemporain, bordant un jardin de sculptures planté de pins. Le charmant **Cafe Benjamine**, baptisé du nom de l'épouse de Kolbe, permet de reprendre des forces.

À 2 km au sud-est du stade, dominant le champ de foire du parc des Expositions de Berlin (Messegelände), se dresse la **tour de la Radio** (Funkturm ; ☎030-3038 1905 ; www.funkturm-messeberlin.de ; Messedamm 22 ; tarif plein/réduit plateforme 6/3 €, restaurant 3/2 € ; ⏲plateforme 14h-22h mar-ven, 11h-22h sam-dim, variables selon saison ; P ; U Kaiserdamm, S Messe Nord/ICC), haute de 147 m. Très belle lorsqu'elle est illuminée la nuit, sa dentelle d'acier présente une ressemblance troublante avec la tour Eiffel. Elle a commencé à émettre en 1926, et le premier programme de télévision standard du monde y fut transmis en 1935. Depuis la plateforme d'observation (à 126 m) ou le restaurant (à 55 m), on jouit d'une vue à 360° sur la forêt de Grunewald et l'ouest de la ville, ainsi que sur l'**AVUS**, le premier circuit de course automobile d'Allemagne, inauguré en 1921. Le IIIe Reich l'intégra au système autoroutier, dont le circuit fait toujours partie aujourd'hui.

des préférés des Berlinois pour assister à des spectacles sophistiqués de chansons, de danse et de comédie musicale. Sirotez un *sekt* pétillant à une table ou dans un box de velours rouge à la lueur des chandelles se reflétant dans les miroirs. De nombreux spectacles ne nécessitent pas de maîtriser l'allemand.

SCHAUBÜHNE THÉÂTRE

Plan p. 366 (☎030-890 023 ; www.schaubuehne.de ; Kurfürstendamm 153 ; billets 7-49 € ; UAdenauerplatz). Aménagé dans un bâtiment expressionniste des années 1920 signé Erich Mendelsohn, ce théâtre est l'un des meilleurs d'Allemagne pour voir des pièces contemporaines qui portent souvent un regard critique sur les problématiques sociales et politiques de l'époque. Il est dirigé par Thomas Ostermeier, metteur en scène reconnu dans le monde entier, souvent invité au Festival d'Avignon. Certaines représentations sont surtitrées en anglais ou même en français.

ZOO PALAST CINÉMA

Plan p. 366 (☎01805-222 966 ; www.zoopalast.premiumkino.de ; Hardenbergstrasse 29a ; billets 11-19 € ; 100, 200, SZoologischer Garten, UZoologischer Garten). Glamour à l'ancienne, technologie et confort modernes se retrouvent dans ce grandiose cinéma rajeuni, qui programme avant tout de grosses productions en 2D et en 3D (doublées en allemand), projetées dans 7 salles luxueusement aménagées. Admirez aussi l'élégant foyer des années 1950, et guettez l'arrivée des stars sur le tapis rouge lors de la **Berlinale** (www.berlinale.de ; fév).

DEUTSCHE OPER BERLIN OPÉRA

Plan p. 366 (☎030-3438 4343 ; www.deutscheoperberlin.de ; Bismarckstrasse 35 ; billets 20-180 € ; UDeutsche Oper). Fondé par des Berlinois en 1912 en contrepoint à l'Opéra royal d'Unter den Linden, le Deutsche Oper propose un répertoire classique d'opéras du XIXe siècle, de Verdi et Puccini à Wagner et Strauss, chantés dans leur langue d'origine. Pour des productions contemporaines, expérimentales et interculturelles, consultez la programmation de la Tischlerei, espace artistique aménagé dans l'ancien atelier de menuiserie de l'opéra.

A-TRANE CLUB DE JAZZ

Plan p. 366 (☎030-313 2550 ; www.a-trane.de ; Bleibtreustrasse 1 ; billets 10-20 € ; 20h-23h ou plus tard ; SSavignyplatz). Herbie Hancock et Diana Krall font partie des musiciens de classe mondiale ayant foulé les planches de ce club de jazz intimiste, qui se concentre néanmoins sur les talents émergents du monde entier. L'entrée est gratuite le lundi pour voir l'excellent groupe du pianiste berlinois Andreas Schmidt. Un café sert des en-cas avant les concerts, qui commencent à 20h pile.

SHOPPING

Le Kurfürstendamm et la Tauentzienstrasse sont jalonnés de magasins de chaînes internationales proposant des articles de mode et des accessoires. Plus à l'ouest sur le Ku'damm, on trouve des enseignes prestigieuses comme Hermès, Cartier et Bulgari. La Kantstrasse est plutôt dévolue à la décoration. Les rues adjacentes, comme la Bleibtreustrasse et la Schlüterstrasse, sont bordées de boutiques indépendantes haut de gamme et de créateurs, de librairies et de galeries d'art, tandis que le grand Bikini Berlin s'enorgueillit de boutiques au concept de pointe et d'enseignes phares.

♥ **BIKINI BERLIN** CENTRE COMMERCIAL

Plan p. 366 (☎030-5549 6455 ; www.bikiniberlin.de ; Budapester Strasse 38-50 ; boutiques 10h-20h lun-sam, bâtiment 9h-20h lun-sam ; ; 100, 200, UZoologischer Garten, SZoologischer Garten). Ouvert en 2014 dans un bâtiment emblématique des années 1950 magnifiquement réaménagé, le premier “centre commercial conceptuel” allemand doit son surnom de “Bikini” à son architecture : une partie supérieure et une partie inférieure de 200 m de long séparées par un étage à l'air libre, qui a été depuis pudiquement habillé d'une façade en verre. À l'intérieur, 3 niveaux de boutiques indépendantes, de magasins éphémères pour les créateurs en devenir, et une série de stands de cuisine du monde entier.

♥ **MANUFACTUM** MOBILIER, ARTICLES DE MAISON

Plan p. 366 (☎030-2403 3844 ; www.manufactum.de ; Hardenbergstrasse 4-5 ; 10h-20h lun-ven, 10h-18h sam ; UErnst-Reuter-Platz).

Ce magasin, créé par un membre du parti Alliance 90/Les Verts, n'a pas attendu que l'écologie soit à la mode pour proposer des articles traditionnels du monde entier. Vous craquerez peut-être pour des poêles en fer Turk forgées à la main, du savon à la lavande confectionné dans un monastère français, ou encore des stylos à plume Lamy.

TASCHEN STORE BERLIN — LIBRAIRIE

Plan p. 366 (030-8872 0929 ; www.taschen.de ; Schlüterstrasse 39 ; 11h-18h ; 109, M19, M29, Uhlandstrasse). Taschen est réputé dans le monde entier pour ses superbes livres sur l'art, l'architecture ou encore le design. Les 5 salles de la librairie de la marque ont des airs de galeries d'art, et même si vous n'achetez rien vous pourrez admirer le superbe design italien de l'endroit, notamment les bibliothèques en bois et le carrelage géométrique.

STILWERK — ARTICLES DE MAISON

Plan p. 366 (030-315 150 ; www.stilwerk.de/berlin ; Kantstrasse 17 ; 10h-19h lun-sam ; S Savignyplatz). Ce temple de la décoration et du design sur 4 niveaux, dédié au bon goût, attire de fidèles esthètes pris de soudaines envies de redécorer. Rien ne manque, du porte-clé au piano à queue en passant par des lampes vintage. Le magasin occupe un superbe édifice moderne centré sur un atrium ouvert tout en pierres naturelles, érable et verre.

KÄTHE WOHLFAHRT — ARTISANAT

Plan p. 366 (0800 409 0150 ; www.kaethe-wohlfahrt.com ; Kurfürstendamm 225-226 ; 11h-17h lun-sam ; Kurfürstendamm). Magasin de décorations de Noël emblématique avec une extraordinaire palette d'objets décoratifs et de cadeaux de tradition allemande. On accède à l'étage par une rampe qui s'enroule autour d'un sapin de Noël décoré, haut de 8 m.

Excursions

Potsdam et le château de Sans-Souci p. 230

L'ensemble enchanteur du château et du parc de Sans-Souci, commandé par Frédéric le Grand, ne manquera pas de ravir les visiteurs.

Camp de concentration de Sachsenhausen p. 235

Toute l'horreur nazie prend corps à la vue des vestiges de ce camp, l'un des premiers construits en Allemagne sous le IIIe Reich.

Spandau p. 236

L'agréable Altstadt (vieille ville) et sa forteresse médiévale témoignent d'une histoire qui fait la fierté de cette ville du nord-ouest de Berlin.

Grunewald et Dahlem p. 238

Rues arborées, riches demeures, pelouses soignées…
Ces quartiers cossus de Berlin sont également bordés d'une vaste forêt où se cachent palais et musées.

Wannsee p. 241

Baigné par la Havel, ce bourg à l'extrême sud-ouest de la capitale renferme des sites historiques mais aussi des plages au bord du lac de Wannsee.

Köpenick p. 242

Fondée au XIIIe siècle au sud-est de Berlin, Köpenick est connue pour son élégant château baroque et son immense lac.

LES INCONTOURNABLES
POTSDAM ET LE CHÂTEAU DE SANS-SOUCI

Sur la rivière Havel, à 25 km au sud-ouest du centre de Berlin, Potsdam est la capitale et le joyau de l'État du Brandebourg. Bien desservi par le S-Bahn, l'ancien siège du pouvoir royal prussien se prête à une excursion d'une journée depuis Berlin. Ses palais et ses jardins splendides, classés au patrimoine mondial de l'Unesco en 1990, attirent de nombreux visiteurs.

Le Schloss Sanssouci fut la villégiature estivale du roi Frédéric II (Frédéric le Grand), également maître-d'œuvre de bien d'autres palais et parcs de Potsdam. Sans-Souci a miraculeusement survécu à la Seconde Guerre mondiale, sans le moindre dégât causé lors des bombardements. Lorsque les armes se turent, les Alliés choisirent le château de Cecilienhof (p. 233) pour accueillir la conférence de Potsdam en août 1945, qui allait décider du destin de l'Allemagne dans l'après-guerre.

À NE PAS MANQUER

- Schloss Sanssouci
- Pavillon chinois
- Vue sur le palais depuis la fontaine dressée au pied des terrasses de vignes
- Salle de la Grotte et salle de Marbre du Nouveau Palais

INFOS PRATIQUES

- ☎0331-969 4200
- www.spsg.de
- Maulbeerallee
- Pass journée tous palais tarif plein/réduit 19/14 €
- ⏲selon le palais
- 🚌614, 650, 692, 695, 697

Château et parc de Sans-Souci

Ce joyau inscrit au Patrimoine mondial incarne à lui seul le goût, la richesse et l'esprit de Frédéric le Grand (1712-1786), qui convoqua pour sa réalisation les plus grands architectes et artistes de son temps. Francophile, le souverain y reçut aussi les grands esprits de l'époque, en particulier Voltaire qui y vécut plusieurs années à partir de 1750.

Château de Sans-Souci

L'édifice le plus spectaculaire est ce bijou d'architecture rococo conçu par Georg Wenzeslaus von Knobelsdorff en 1747, qui surplombe plusieurs terrasses plantées de vignes, non loin de la tombe de Frédéric le Grand.

Parmi les points forts des circuits (avec ou sans guide), la **salle de concerts** (Konzertsaal), curieusement ornée de lianes, de raisins et d'une toile où s'ébattent des araignées sculptées. Le roi en personne y donnait des récitals de flûte. Notez aussi la **bibliothèque** (Bibliothek), intime, coiffée d'un plafond plein de dorures, où le roi venait se réfugier parmi 2 000 volumes reliés de cuir, allant de la poésie grecque aux dernières parutions de Voltaire. Autre point fort, la **salle de Marbre** (Marmorsaal), élégante symphonie de marbre de Carrare, sur le modèle du panthéon de Rome. En sortant du château, vous apercevrez au loin la **montagne des Ruines** (Ruinenberg), une folie imitant des vestiges antiques.

Galerie de peintures

La **Bildergalerie** (Im Park Sanssouci 4 ; tarif plein/réduit 6/5 € ; ⏲10h-17h30 mar-dim mai-oct) abrite la magnifique collection de maîtres anciens que possédait Frédéric le Grand, comportant des trésors comme *L'Incrédulité de saint Thomas* du Caravage, une *Pentecôte* d'Antoine van Dyck et plusieurs tableaux de Pierre Paul Rubens. Derrière la façade assez ordinaire se cache une symphonie de dorures, de marbre jaune et blanc, et un sol en damier, peut-être aussi impressionnants que les grands tableaux qui couvrent presque entièrement les murs.

Nouvelles Chambres

Les **Neue Kammern** (parc de Sans-Souci ; tarif plein/réduit avec visite guidée ou audioguide 6/5 € ; ⏲10h-17h30 mar-dim avr-oct), bâties par Knobelsdorff en 1748 pour être une orangerie, furent converties en résidence pour les hôtes du monarque. L'intérieur respire l'opulence rococo, en particulier la **salle de Jaspe**, dont les pierres fines et semi-précieuses offrent un écrin à la fresque de Vénus, et la **salle d'Ovide** (Ovidsaal), salle de bal dont les bas-reliefs dorés représentent des scènes des *Métamorphoses* d'Ovide.

Pavillon chinois

(Am Grünen Gitter ; tarif plein/réduit 4/3 € ; ⏲10h-17h30 mar-dim mai-oct). L'Extrême-Orient était très en vogue au XVIIIe siècle. En témoigne ce **Chinesisches Haus** en forme de feuille de trèfle, orné à l'extérieur de personnages en costume exotique buvant du thé, dansant ou jouant de la musique. Il renferme une collection de porcelaines de Chine et de Meissen (du nom de la ville de Saxe où elles sont produites).

Château de l'Orangerie

Dessiné comme une villa italienne de la Renaissance, l'**Orangerieschloss** (An der Orangerie 3-5 ; tarif plein/réduit 6/5 €, tour 3/2 € ; ⏲10h-17h30 sam-dim avr, 10h-17h30 mar-dim mai-oct), pavillon de 300 m de long construit en 1864, était le projet architectural favori de Frédéric-Guillaume IV, italophile convaincu. La **salle Raphaël** (Raffaelsaal) est la pièce la plus connue, avec des copies du XIXe siècle des chefs-d'œuvre du maître. Les serres protègent encore des plantes en hiver. On peut monter en haut de la tour (mais la vue est un peu décevante).

UNE PETITE FAIM ?

Au cœur du parc, la **Drachenhaus** (☎0331-505 3808 ; www.drachenhaus.de ; Maulbeerallee 4 ; plats 10-23 € ; ⏲11h-19h tlj avr-oct, 12h-18h mar-dim nov, déc et mars, 12h-18h sam-dim jan-fév ; 👪 ; 🚌695), mini-palais aux airs de pagode, sert du café, des gâteaux et une cuisine de saison.

Pour des plats du monde entier, cap sur le **Mövenpick – Potsdam Zur Historischen Mühle** (☎0331-281 493 ; www.moevenpick-restaurants.com ; Zur Historischen Mühle 2 ; plats 14-25 € ; ⏲11h-20h ; P 👪 ; 🚌614, 650, 695), avec *Biergarten* et aire de jeux pour enfants.

Prenez le S-Bahn S7 ou un train régional au départ de la Hauptbahnhof (gare centrale de Berlin), lesquels rejoignent la Potsdam Hauptbahnhof (gare centrale de Postdam). Certains trains poursuivent vers les gares de Potsdam Charlottenhof et de Potsdam Park Sanssouci. Les bus 614, 650, 692, 695 et 697 relient la gare centrale de Potsdam au château de Sans-souci.

Moulin historique

Ce **Historische Mühle** (☎0331-550 6851 ; Maulbeerallee 5 ; tarif plein/réduit 4/3 € ; ⌚10h-18h avr-oct) de style hollandais du XVIIIe siècle, reconstruit, abrite une exposition sur l'histoire de la meunerie et de ses techniques, et permet d'observer les mécanismes des meules, avec une plateforme panoramique au dernier étage. Selon la légende, Frédéric le Grand avait ordonné à son propriétaire de le démolir à cause du bruit. Mais, lorsque le meunier refusa et menaça d'un procès, le roi céda.

Nouveau Palais

Dernier palais commandé par Frédéric le Grand, le **Neues Palais** (Am Neuen Palais ; tarif plein/réduit avec visite guidée ou audioguide 6/5 € ; ⌚10h-17h30 mar-dim avr-oct, 10h-16h30 mer-lun nov-mars), aux dimensions impressionnantes, est surmonté d'un dôme central, et sa somptueuse façade est ornée de statues en grès. L'intérieur est orné de fresques, de stucs dorés, de boiseries finement sculptées, de revêtements muraux, de tableaux (du peintre français Antoine Pesne, notamment) et de meubles richement ouvragés. Le palais fut construit en moins de 6 ans, essentiellement pour démontrer la puissance intacte de l'État prussien après la sanglante guerre de Sept Ans (1756-1763). Le monarque y séjournait rarement, préférant l'intimité de Sans-Souci, et n'en usait que pour les représentations officielles. Seul le dernier empereur allemand, Guillaume II, y élut résidence jusqu'en 1918.

Après d'importantes rénovations, la plupart des plus belles salles se visitent à nouveau, comme la **salle de la Grotte** (Grottensaal), salle de bal ornée de coquillages, et la **salle de Marbre** (Marmorsaal), illuminée par 8 lustres en cristal, qui s'admire depuis une passerelle surélevée afin de préserver le sol en marbre précieux. Tout aussi splendides, les **appartements princiers inférieurs** (Unteres Fürstenquartier) se composent d'une salle de concerts, d'une chambre ovale, d'une antichambre et, plus remarquable, d'une salle à manger aux murs recouverts de soie rouge damasquinée d'or. Derrière le palais, les bâtiments des **Communs**, qui hébergeaient les serviteurs et les cuisines, font partie de l'université de Potsdam.

Des travaux de restauration sont en cours au **Schlosstheater** (théâtre du château), qui restera donc fermé un moment.

Château de Charlottenhof

Joyau du parc de Charlottenhof, ce petit **palais** (Geschwister-Scholl-Strasse 34a ; visite guidée tarif plein/réduit 6/5 € ; ⌚visites 10h-17h30 mar-dim mai-oct) était à l'origine un manoir de campagne baroque, avant d'être agrandi à la fin des années 1820 par Karl Friedrich Schinkel pour le compte de Frédéric-Guillaume IV. Le bâtiment, qui s'inspire des villas romaines classiques, comprend un portique dorique et une fontaine de bronze. Le parc alentour a été conçu par le paysagiste Peter Joseph Lenné, qui est parvenu à y mêler harmonieusement nature et architecture.

Thermes romains

Conçus par Karl Friedrich Schinkel, assisté de son élève Ludwig Persius, les **thermes romains** (tarif plein/réduit 5/4 € ; ⌚10h-17h30 mar-dim mai-oct) du parc de Charlottenhof, sont en fait un ensemble romantique achevé en 1835 et inspiré des villas italiennes du XVe siècle, agrémenté d'une pergola couverte de plantes grimpantes. Le site, en très mauvais état, sera bientôt fermé pour restauration.

Musée Barberini

À l'origine palais baroque, voulu par Frédéric le Grand, le palais Barberini fut détruit lors des bombardements de la Seconde Guerre mondiale. Depuis janvier 2017, une réplique grandiose abrite le **musée Barberini** (☎0331-236 014 499 ; www.museum-barberini.com ; Alter Markt, Humboldtstrasse 5-6 ; tarif plein sem/week-end 16/18 €, réduit tlj 10 €, gratuit - 18 ans ; ⌚10h-19h mer-lun, 1er jeu du mois 10h-21h, dernière entrée 1 heure avant fermeture), ajoutant ainsi un autre joyau au riche paysage culturel de Potsdam. Ce

hâteau de Cecilienhof

musée d'art privé, fondé par le géant de l'informatique Hasso Plattner, propose 3 expositions majeures par an – concernant les grands maîtres anciens, les impressionnistes français ou les artistes de l'ex-RDA.

Château de Cecilienhof

Le **Schloss Cecilienhof** (Im Neuen Garten 11 ; expo spéciale jusqu'à oct 2021 tarif plein/réduit 14/10 € ; ⏲10h-17h30 mar-dim avr-oct, 10h-16h30 nov-mars), achevé en 1917, était destiné au prince héritier Guillaume et son épouse, Cecilie. Il fut la dernière résidence érigée par la dynastie des Hohenzollern, mais il est surtout connu pour avoir accueilli en 1945 la conférence de Potsdam, durant laquelle Staline, Truman et Churchill (puis son successeur Clement Attlee) décidèrent de l'avenir de l'Allemagne, posant ainsi les bases de la guerre froide à venir. Une exposition multimédia revient sur ce moment historique.

Prison du KGB

Aujourd'hui le mémorial de Leistikowstrasse, la maison d'arrêt centrale du contre-espionnage soviétique à Potsdam, plus connue sous le nom de **prison du KGB** (☎0331-201 1540 ; www.gedenkstaette-leistikowstrasse.de ; Leistikowstrasse 1 ; ⏲10h-18h mar-dim), GRATUIT est une relique particulièrement sinistre de la guerre froide. Toutes sortes de crimes, réels ou imaginaires, pouvaient y conduire – espionnage, désertion, insubordination, collaboration avec les nazis. L'exposition évoque le sort de plusieurs prisonniers à travers des lettres, documents, photographies, objets personnels et enregistrements d'interrogatoires.

BON À SAVOIR

- Réservez en ligne votre billet pour le château de Sans-Souci pour éviter files d'attente et déception.
- Le lundi, la plupart des palais sont fermés.
- Le forfait sanssouci+ (une journée, tous les palais de Potsdam) coûte 19 € (tarif réduit 14 €). À acheter en ligne ou à l'entrée de chaque palais.
- Les pique-niques sont autorisés dans tout le parc, mais le vélo n'est permis que dans l'Ökonomieweg et la Maulbeerallee.
- Il y a près de 2 km entre le Nouveau Palais et Sans-Souci.

Découvrez Potsdam confortablement installé sur le pont d'un des bateaux de croisière de Schifffahrt in Potsdam (www.schifffahrt-in-potsdam.de) L'excursion la plus prisée, la Schlösserrundfahrt, fait le tour des palais en 1 heure 30 (18 €). Une balade de 2 heures mène au lac de Wannsee (19 €) et une de 3 heures sur plusieurs lacs de la Havel (20 €). Les bateaux partent du quai Lange Brücke situé devant l'hôtel Mercure. Commentaires en anglais disponibles.

Potsdam

0
1 km
Belvédère du Pfingstberg (1 km), Mémorial de Leistikowstrasse (prison du KGB ; 1 km)
Chateau de Cecilienhof (1,2 km), Meierei Brauhaus (1,3 km)
Neuer Garten
Heiliger See
Villa Kellermann
Seestr
Alleestr
Hebbelstr
Friedrich-Ebert-Str
Am Schragen
Voltaireweg
Ribbeckstr
273
Bornstedter See
Bornstedter Str
Drachenhaus
Maulbeerallee
Centre des visiteurs du Moulin historique
Potsdam Zur Historischen Mühle
Château de l'Orangerie
Moulin historique
Gregor-Mendel-Str
Weinbergstr
Jägerallee
Kurfürstenstr
Benkertstr
Leiblstr
Mittelstr
Gutenbergstr
Maison Charlotte
Château de Sans-Souci
Galerie de peintures
Nouvelles Chambres
Nouveau Palais
Hauptallee
Parc de Sans-Souci
Friedensteich
Schopenhauerstr
Hegelallee
Altstadt (vieille ville)
Jägerstr
Centre des visiteurs du Nouveau Palais
Pavillon chinois
Ökonomieweg
Brandenburger Str
Luisenplatz
Charlottenstr
Zimmerstr
Office du tourisme de Potsdam – porte de Brandebourg
Platz der Einheit
Am Kanal
Lennéstr
Feuerbachstr
Lindenstr
Dortusstr
Yorckstr
Thermes romains
Breite Str
Musée Barberini
Brandenburger Landtag
Am Neuen Palais
Château de Charlottenhof
Zeppelinstr
Neustädter Havelbucht
Lange Brücke
Havel
Potsdam, Park Sanssouci Bahnhof
Geschwister-Scholl-Str
Potsdam Charlottenhof Bahnhof
Auf dem Kiewitt
Schifffahrt in Potsdam
Office du tourisme de Potsdam – Hauptbahnhof
Babelsberger Str
Potsdam per Pedales
Potsdam Hauptbahnhof

OÙ SE RESTAURER ET PRENDRE UN VERRE

Meierei Brauhaus (☎0331-704 3211 ; www.meierei-potsdam.de ; Im Neuen Garten 10 ; plats 7-15 € ; ⏰12h-20h mar-dim ; 🚌603 jusqu'à Höhenstrasse). Le mur de Berlin passait autrefois au ras de ce pub, où le *Biergarten* vous invite en été à regarder naviguer les voiliers sur le Jungfernsee. Les plats consistants s'accompagnent parfaitement des délicieuses bières artisanales, dont la classique Helles (une *lager* blonde) et des bières de saison, brassées sur place.

Maison Charlotte (☎0331-280 5450 ; www.maison-charlotte.de ; Mittelstrasse 20 ; Flamm-kuchen 9,50-15,50 €, menus 3/4 plats 49/59 € ; ⏰12h-22h mer-lun ; 🚌604, 609, 638, 🚋92, 96). La cuisine provinciale française de ce joli bistrot du quartier hollandais a des accents lyriques, que votre choix vous porte vers une simple flammekueche (tarte flambée alsacienne), une soupe de poisson bretonne ou un menu à plusieurs plats. Les gourmands à petit budget y viennent pour le plat du jour au déjeuner (7,50 €, verre de vin compris), à savourer si possible sur la terrasse en été.

Villa Kellermann (☎0331-2004 6540 ; villakellermann.de ; Mangerstrasse 34 ; plats 23-32 €, dîner 3 plats 62 € ; ⏰18h-22h mer-dim, 12h-14h sam-dim ; 🚋92, 93, 96). Cette superbe villa de 1914, à l'histoire mouvementée et dotée d'un décor éclectique, a des airs de maison de campagne bourgeoise. On y savoure dans une élégance formelle les recettes créatives de l'enfant prodige Tim Raue, qui revisite avec talent les spécialités de la région. Les boulettes de veau accompagnées de betteraves et de purée de pomme de terres rencontrent un franc succès. La carte des vins est impressionnante.

Camp de concentration de Sachsen-hausen

Découvrir

Construit par des prisonniers, Sachsenhausen, prototype des camps de concentration qui allaient suivre, ouvrit en 1936. En 1945, quelque 220 000 personnes y avaient été internées, surtout des prisonniers politiques à l'origine, rejoints ensuite par des Tsiganes, des homosexuels, des Juifs et, après 1939, des prisonniers de guerre du front de l'Est, principalement soviétiques. Des dizaines de milliers d'êtres humains furent exterminés ici ou moururent de faim, d'épuisement, de maladie ou des suites d'expérimentations médicales. Des milliers d'autres succombèrent durant la marche de la mort, en avril 1945, après que les nazis eurent évacué le camp à l'approche de l'Armée rouge. Aux abords du camp, à l'angle de la Strasse der Einheit et de la Strasse der Nationen, une plaque a été apposée en leur mémoire.

Notre conseil

➡ Entre mi-octobre et mi-mars, évitez de venir un lundi, les expositions intérieures étant fermées ce jour-là.

Depuis/vers Sachsenhausen

S-Bahn et trains régionaux Le S1 relie le centre de Berlin (gare de Friedrichstrasse) à Oranienburg 3 fois par heure (tarif zones ABC 3,60 €, 45 min). Les trains régionaux RE5 partent toutes les heures de la Hauptbahnhof (gare centrale de Berlin), mais les trains RB12 au départ d'Ostkreuz sont plus rapides (tarif zones ABC 3,60 €, 25 min). Reste ensuite à parcourir 2 km depuis la gare d'Oranienburg jusqu'au camp : suivez à droite Stralsunder Strasse, tournez à droite dans Bernauer Strasse, à gauche dans Strasse der Einheit, puis à droite dans Strasse der Nationen. Sinon, toutes les heures, le bus 804 relie directement la gare au camp (même billet que pour le train ; 7 min).

Renseignements

➡ **Indicatif téléphonique** ☎03301

➡ **Situation** À 35 km au nord du centre de Berlin

À VOIR

L'exposition permanente du **musée-mémorial de Sachsenhausen** (Gedenkstätte und Museum Sachsenhausen ; 03301-200 200 ; www.sachsenhausen-sbg.de ; Strasse der Nationen 22, Oranienburg ; 8h30-18h mi-mars à mi-oct, 8h30-16h30 mi-oct à mi-mars, musées fermés lun mi-oct à mi-mars ; P ; S Oranienburg) GRATUIT est répartie dans 13 bâtiments et explique l'histoire, la fonction et les événements qui s'y sont déroulés. Si vous ne suivez pas de visite guidée, optez pour l'audioguide (3 €) au centre d'accueil des visiteurs, afin de pouvoir mieux appréhender ce site immense. Une vidéo de 30 minutes retrace aussi l'histoire du camp dans l'ancienne cuisine des prisonniers.

En lisière du site, le **Neues Museum** (Nouveau Musée) présente le camp de concentration d'Oranienburg, lequel précéda de quelques années celui de Sachsenhausen – il fut aménagé non loin, en 1933, dans une ancienne brasserie. La **tour A** marque véritablement l'entrée du camp. Comme à Auschwitz figure la devise *Arbeit Macht Frei* ("Le travail rend libre") au-dessus de la porte. À l'intérieur, une exposition bouleversante décrit la brutalité arbitraire et sadique des officiers SS envers les détenus à travers 8 études de cas.

Au-delà se situe la zone d'appel, les baraquements et autres bâtiments se déployant à l'arrière. Sur la droite, les **baraques 38 et 39** restituent les conditions de détention, la première consacrée aux prisonniers juifs, la seconde à la vie quotidienne du camp. La prison voisine a hébergé des détenus célèbres, dont Georg Elser, qui tenta d'assassiner Hitler, et le pasteur Martin Niemöller, auteur du poème en anaphore débutant par "Quand ils sont venus chercher...".

La plus vaste exposition du site, installée dans l'**infirmerie**, de l'autre côté de la cour d'appel, décrit la pauvreté des soins médicaux du camp, la mauvaise gestion des maladies infectieuses et les expériences médicales criminelles terrifiantes menées sur les prisonniers, notamment la castration des homosexuels.

Vers le centre du site, l'ancienne **cuisine des prisonniers** rappelle les moments clés de l'histoire du camp, instruments de torture et potences d'origine de la cour d'appel à l'appui. Les graffitis des détenus restent visibles dans la cave.

Mais l'exposition la plus poignante est celle consacrée à la **Station Z**, à l'écart du reste du site, qui consistait en une zone dédiée aux exécutions par balles et abritant 4 fours crématoires et une chambre à gaz. L'exécution de masse la plus connue s'est déroulée à l'automne 1941 : plus de 13 000 prisonniers de guerre soviétiques furent abattus en un mois.

Au fond à droite, dans un nouveau bâtiment et deux baraquements d'origine, une exposition décrit la période où Sachsenhausen devint le Speciallager n°7, un **camp soviétique de prisonniers de guerre allemands**, de 1945 à 1950. Sur les 60 000 détenus qui y séjournèrent, environ 12 000 succombèrent à la malnutrition et à la maladie. Après 1950, les armées soviétique et est-allemande continuèrent à utiliser le camp jusqu'à sa transformation en site commémoratif, en 1961.

OÙ SE RESTAURER ET PRENDRE UN VERRE

Le café du Neues Museum propose sandwichs, gâteaux et boissons chaudes ou froides. Il y a aussi un bistrot sur le parking du centre d'accueil des visiteurs. Il est permis d'apporter en-cas et boissons. Il y a des cafés, des boulangeries et de petits marchés aux abords de la gare d'Oranienburg.

Spandau

Découvrir

Espaces verts, rivières, industries et zones résidentielles quasi rurales, tels sont les paysages qui composent le cadre de Spandau. La ville s'enroule autour d'un centre médiéval, célèbre pour sa forteresse du XVIe siècle. Fondée quelques années avant Berlin, Spandau, située au confluent de la Havel et de la Spree, a été une cité indépendante et prospère pendant près de 8 siècles, et n'a été absorbée par Berlin qu'en 1920. La plupart des sites d'intérêt sont regroupés dans la vieille ville. Le musée d'Histoire militaire de Gatow est à une dizaine de kilomètres au sud.

VAUT LE DÉTOUR

MUSÉE DE L'HISTOIRE MILITAIRE – AÉRODROME DE BERLIN-GATOW

Géré par la Bundeswehr (l'armée allemande), le **Militärhistorisches Museum – Flugplatz Berlin-Gatow** (030-3687 2601 ; www.mhm-gatow.de ; Am Flugplatz Gatow 33 ; 10h-18h mar-dim ; P ; 135) s'étend sur un aérodrome militaire jadis utilisé par les nazis puis par la British Royal Air Force. Installée dans le Hangar 3, l'exposition permanente retrace l'évolution de l'aviation militaire allemande de 1884 à nos jours. Sur le tarmac, on découvre des dizaines d'avions de chasse, bombardiers, avions de reconnaissance, hélicoptères et systèmes de défense antiaérienne, la plupart datant de la guerre froide, notamment un MiG-21 russe et un Antonov An-14 est-allemand.

Le musée est à 9 km au sud du centre de Spandau. Prenez le bus 135 au départ de la station de S-/U-Bahn Rathaus Spandau jusqu'à "Kurpromenade", puis marchez 1 km.

Le meilleur...

- **Site** Citadelle de Spandau
- **Restaurant** Satt und Selig (p. 238)

Notre conseil

L'été, de grands interprètes tels Billy Idol et Lana del Rey viennent se produire en plein air à l'occasion du Citadel Music Festival (www.citadel-music-festival.de). Des concerts se tiennent toute l'année dans la Maison gothique.

Depuis/vers Spandau

U-Bahn Le plus simple est de prendre l'U7, qui relie le centre de Berlin à Spandau en 30 minutes environ (tarif zones AB 2,90 €) et s'arrête à la citadelle (Zitadelle), à la vieille ville (Altstadt) et à l'hôtel de ville (Rathaus).

S-Bahn Comptez 30-40 minutes pour rallier le centre de Spandau par le S3.

Renseignements

- **Indicatif téléphonique** 030
- **Situation** 13 km au nord-ouest du centre de Berlin
- **Office du tourisme** (030-333 9388 ; www.visitspandau.de ; Breite Strasse 32 ; 12h-17h mar-sam ; S Spandau, U Altstadt Spandau)

À VOIR

CITADELLE DE SPANDAU — FORTERESSE

(Zitadelle Spandau ; 030-354 9440 ; www.zitadelle-berlin.de/en/ ; Am Juliusturm 64 ; tarif plein/réduit 4,50/2,50 €, audioguide 2 € ; 10h-17h ven-mer, 13h-20h jeu, dernière entrée 30 min avant la fermeture ; U Zitadelle). Bâtie au XVIe siècle sur une petite île de la Havel, la citadelle de Spandau est l'une des forteresses de style Renaissance les mieux préservées du monde, avec ses douves, son pont-levis et ses bastions d'angle en pointe de lance. De nos jours, cet ensemble impressionnant est à la fois un musée, un espace d'exposition, une salle de spectacles... et la résidence d'hiver de milliers de chauves-souris. Grimpez au sommet de la tour Julius (Juliusturm, 30 m), édifiée au XIIe siècle, pour contempler la vue panoramique.

Des expositions permanentes retracent l'histoire de la forteresse, de Spandau en général, et des monuments politiques qui faisaient jadis partie du paysage urbain de Berlin. Ne manquez pas la tête de la statue de Lénine qui se dressait autrefois sur la Platz der Vereinten Nationen, à Friedrichshain.

ÉGLISE SAINT-NICOLAS — ÉGLISE

(Nikolaikirche ; 030-322 944 555 ; www.nikolai-spandau.de ; Reformationsplatz 6 ; clocher 2 € ; 12h-16h lun-ven, 11h-15h sam, 11h30-16h dim, visites clocher 12h30 sam et 12h30 1er et 3e dim avr-oct ; U Altstadt Spandau). Cette église gothique est célèbre pour avoir accueilli la première messe luthérienne publique du Brandebourg en 1539, sous le prince électeur Joachim II, dont la statue en bronze se dresse à l'extérieur. L'intérieur recèle des trésors : des fonts baptismaux de 1398, une chaire baroque (1714) et un autel de 8 m de hauteur datant de la fin de la Renaissance (1582).

Remarquez le boulet de canon logé dans le mur nord : il fait écho au siège dont la citadelle de Spandau fut le théâtre en 1813.

MAISON GOTHIQUE BÂTIMENT HISTORIQUE

(☎030-354 9440 ; www.gotischeshaus.de ; Breite Strasse 32 ; ⏲10h-18h lun-sam, 12h-18h dim, fermé lun oct-mars ; Ⓤ Altstadt Spandau). GRATUIT Les bâtisseurs de cette maison gothique du XVe siècle ne devaient pas manquer d'argent, puisqu'elle est en pierre et non en bois, comme c'était l'usage à l'époque. Bien préservé, ce joyau de la vieille ville est l'un des plus anciens édifices résidentiels de Berlin. On y trouve une galerie d'art, une exposition sur l'histoire de Spandau et l'office du tourisme (remarquez aussi la belle voûte nervurée au plafond).

OÙ SE RESTAURER ET PRENDRE UN VERRE

SATT UND SELIG INTERNATIONAL €€

(☎030-3675 3877 ; www.sattundselig.de ; Carl-Schurz-Strasse 47 ; plats 9-20 € ; ⏲9h-23h ; 👪 ; Ⓤ Altstadt Spandau). Dans une maison baroque à colombages du centre historique, cet établissement populaire sert de bons produits du matin au soir. Les petits-déjeuners sont fameux, les gâteaux faits maison, et les plats inventifs, frais et copieux. En été, les tables à l'extérieur s'étendent jusque dans la rue piétonne. Menu enfant proposé.

BRAUHAUS SPANDAU ALLEMAND €€

(☎030-353 9070 ; www.brauhaus-spandau.de ; Neuendorfer Strasse 1 ; plats 10-19 € ; ⏲10h-24h dim-jeu, 10h-1h ven-sam ; Ⓤ Altstadt Spandau). Par beau temps, peu d'endroits du centre de Spandau sont aussi agréables que le jardin arboré de ce *brewpub* rustique, installé dans un vieux bâtiment industriel en brique rouge. Il y a toujours de la Spandauer Havelbräu à la pression, qui accompagne à merveille les plats de pub allemands classiques. Petit-déjeuner jusqu'à 14h.

Grunewald et Dahlem

Découvrir

Dans ces quartiers huppés, jardins, parcs, palais et musées alternent le long d'avenues arborées bordées de villas (notamment autour de la station de S-Bahn Grunewald). Le quartier a fait partie après la guerre du secteur américain, dont il est resté des institutions comme le musée des Alliés et l'imposant consulat américain. La forêt de Grunewald, poumon vert de Berlin, est sillonnée de sentiers. Des lacs s'étendent vers l'ouest jusqu'à la Havel. Sangliers, cerfs et chevreuils y ont élu domicile.

Le meilleur...

- **Site** Musée Die Brücke
- **Restaurant** Luise (p. 240)

Notre conseil

Le vaste **jardin botanique** (Botanischer Garten ; ☎030-8385 0100 ; www.bgbm.org ; Königin-Luise-Strasse 6-8 ; tarif plein/réduit 6/3 € ; ⏲jardin 9h-20h, serres 9h-19h ; Ⓟ ; Ⓢ Botanischer Garten), avec ses quelque 22 000 espèces végétales, est un lieu bienfaisant où l'on renoue avec la nature.

Depuis/vers Grunewald et Dahlem

U-Bahn L'U3 serpente dans ce secteur. Descendez à Dahlem-Dorf pour visiter les musées ou à Krumme Lanke pour rejoindre les lacs et la partie sud de la forêt de Grunewald.

S-Bahn Le S1 longe le sud de Dahlem, et le S7 traverse la forêt de Grunewald.

Renseignements

- **Indicatif téléphonique** ☎030
- **Situation** À 11 km environ au sud-ouest du centre de Berlin

À VOIR

MUSÉE DIE BRÜCKE ART

(Brücke Museum ; ☎030-831 2029 ; www.bruecke-museum.de ; Bussardsteig 9, Dahlem ; tarif plein/réduit 6/4 €, gratuit - 18 ans, avec Kunsthaus Dahlem 8/5 €, gratuit - 18 ans ; ⏲11h-17h mer-lun ; Ⓟ ; Ⓤ Oskar-Helene-Heim, puis bus 115 ou X10 jusqu'à Pücklerstrasse). Précurseur du mouvement expressionniste allemand, le groupe fondé à Dresde en 1905 par les artistes Karl Schmidt-Rottluff, Erich Heckel et Ernst Ludwig Kirchner prit le nom de Die Brücke ("le Pont"). Rejetant les

LE QUAI DE LA MORT

À partir de 1941, plus de 50 000 Juifs berlinois ont été déportés à partir du Gleis 17 (quai 17), qui jouxte la station de S-Bahn Grunewald. Quelque 186 trains partirent d'ici pour Theresienstadt, Riga, Łódź et Auschwitz, emportant hommes, femmes et enfants vers la mort. Désormais, le **mémorial du Quai 17** (Mahnmal Gleis 17 ; www.memorialmuseums.org ; Am Bahnhof Grunewald ; 24h/24 ; S Grunewald) consiste en un quai jalonné de plaques commémorant les dates de départ, le nombre de personnes à bord et la destination de chaque train. Le silence des lieux, seulement ponctué par le bruissement des arbres, est éloquent.

techniques traditionnelles enseignées dans les écoles de peinture, il expérimentait avec des couleurs vives, chargées d'émotion, et distordait les perspectives, préfigurant l'expressionnisme allemand et l'art moderne en général. La collection personnelle de Schmidt-Rottluff constitue le cœur de ce splendide musée d'art expressionniste.

David Bowie était un visiteur assidu lors de son séjour à Berlin dans les années 1970 ; la pochette de son album *Heroes* est inspirée du tableau *Roquairol* de Heckel.

La visite peut aisément être poursuivie par celle du Kunsthaus Dahlem voisin.

KUNSTHAUS DAHLEM — ART

(030-8322 7258 ; www.kunsthaus-dahlem.de ; Käuzchensteig 8 ; tarif plein/réduit 6/4 €, gratuit - 19 ans, avec musée Die Brücke 8/5 €, gratuit - 19 ans ; 11h-17h mer-lun ; P ; U Oskar-Helene-Heim, puis bus 115 ou X10). Ce petit musée expose des œuvres modernistes créées en RFA et en RDA entre la fin de la Seconde Guerre mondiale et la construction du mur de Berlin en 1961. Pendant cette période, l'art abstrait dominait à l'Ouest, tandis qu'à l'Est le réalisme socialiste s'imposait comme le principe directeur de la scène artistique. Installées dans l'immense atelier du sculpteur du IIIe Reich Arno Breker, les expositions de durées variables, essentiellement de sculptures, s'intéressent à cette période méconnue de l'histoire de l'art.

Le joli café jouit d'une terrasse où il fait bon lézarder devant un café ou un repas léger.

Des billets combinés avec le musée Die Brücke voisin, consacré à l'expressionnisme allemand, sont disponibles.

MUSÉE DES ALLIÉS — HISTOIRE

(Alliierten Museum ; 030-818 1990 ; www.alliiertenmuseum.de ; Clayallee 135 ; 10h-18h mar-dim ; P ; 115, X83, U Oskar-Helene-Heim). GRATUIT Le poste de garde original de Checkpoint Charlie, un avion ayant servi au pont aérien de Berlin et la réplique d'un tunnel d'espions figurent parmi les objets présentés au musée des Alliés. L'exposition permanente retrace les événements historiques et les défis auxquels furent confrontés les Alliés au cours de la guerre froide : la victoire de 1945, le début de l'occupation et le blocus de Berlin, puis la guerre froide et le nid d'espions que constituait Berlin à l'époque, et enfin la réunification et le départ des forces alliées en 1994.

La première partie de l'exposition est aménagé dans l'"Outpost", l'ancien cinéma des troupes américaines. Une portion d'origine du mur de Berlin est posée dans la cour. Explications disponibles en français.

"BERLIN BRAIN" — ARCHITECTURE

(030-8385 8888 ; www.fu-berlin.de/sites/philbib ; Habelschwerdter Allee 45 ; 9h-22h lun-ven, 10h-20h sam-dim ; U Thielplatz). GRATUIT L'architecte britannique Norman Foster a conçu ce "Cerveau de Berlin" (2005), chef-d'œuvre de modernité. L'étonnant bâtiment, bien nommé, abrite la très sérieuse bibliothèque de philologie de l'**Université libre** (Freie Universität) de Berlin. À l'intérieur, se déploient 4 niveaux sous une bulle naturellement ventilée faite de panneaux d'aluminium et de verre. Une membrane de fibre de verre translucide filtre la lumière du jour, et des ouvertures transparentes permettent de voir le ciel par endroits.

TOUR DE GRUNEWALD — TOUR

(Grunewaldturm ; Havelchaussee 61 ; tarif plein/réduit 5/2,50 € ; 10h-22h ; P ; 218). Avec ses briques rouges et ses délicates tourelles, la tour gothique de Grunewald semble sortie du conte *Rapunzel* (*Raiponce*), recueilli par les frères Grimm, même si elle fut érigée en l'honneur du 100e anniversaire de Guillaume Ier (1797-1888), personnage loin d'être romantique, dont une statue de marbre grandeur nature trône sous la coupole du vestibule. Un escalier de 204 marches mène à une plateforme d'observation offrant un vaste panorama sur la rivière et les forêts. Sur place, un restaurant vous permettra de reprendre des forces.

La tour, qui date de 1899, est l'œuvre de Franz Schwechten, également architecte de l'église du Souvenir (Gedächtniskirche) de Charlottenburg et de la Kulturbrauerei à Prenzlauer Berg.

OÙ SE RESTAURER ET PRENDRE UN VERRE

LINDWERDER ALLEMAND €€

(030-2007 6949 ; www.lindwerder.de ; Havelchaussee 43 ; plats 13-35 € ; 12h-22h mer-dim ; P ; 218). Pour s'évader de la ville, rien de mieux que ce restaurant posé sur une île minuscule, où l'on compte les nénuphars, installé sur la terrasse devant une bière bien fraîche. Une petite faim ? Goûtez un gâteau maison. Une grosse fringale ? Optez pour un classique de la région comme du sandre local ou un bon goulasch. On rejoint l'île par un petit bateau (2 € l'aller-retour).

LUISE INTERNATIONAL €€

(030-841 8880 ; www.luise-dahlem.de ; Königin-Luise-Strasse 40-42 ; pizzas 8-13 €, plats 10-25 € ; 11h-23h lun-jeu, 11h-24h ven, 10h-24h sam, 10h-23h dim ; ; U Dahlem-Dorf). Ce café-restaurant-*Biergarten* est une institution à Dahlem, avec une longue carte où chacun s'y retrouvera, des amateurs de salades aux fans de *Schnitzel* (escalopes panées) ou de pizzas. On sert de délicieux petits-déjeuners jusqu'à 12h, et 7 bières à la pression à savourer sous les marronniers. Les enfants se défouleront sur l'aire de jeux et choisiront leur plat sur une carte dédiée.

100% LOCAL

PLOUF ! LES PLUS BEAUX LACS POUR SE BAIGNER

Les étés berlinois sont de plus en plus chauds, mais heureusement, la capitale et ses environs sont émaillés de centaines de lacs où les Berlinois viennent se rafraîchir et lézarder au bord de l'eau. Sachez seulement que nombre d'entre eux s'y prélassent dans le plus simple appareil…

Les plus beaux lacs :

Schlachtensee Ce lac du quartier de Zehlendorf est si prisé qu'il a sa station de S-Bahn éponyme (S1), ce qui le rend facile d'accès et donc souvent très peuplé. Trouvez une place sur la pelouse ou longez la rive en quête d'un coin tranquille sous les arbres. Une courte marche permet de rejoindre un restaurant avec *Biergarten*.

Strandbad Plötzensee (030-8597 6425 ; www.strandbad.ploetzensee.de ; Nordufer 26 ; tarif plein/réduit 6/3 € ; 9h-20h lun-ven, 9h-22h sam-dim mai-août, 10h-22h sept ; M13, 50). Cet espace de loisir privé du quartier de Wedding dispose d'une plage de sable et de vastes pelouses où il fait bon paresser, manger une pizza, siroter un cocktail et profiter d'occasionnels concerts. À une courte marche de la station de tram Virchow-Klinikum, terminus des lignes M13 et 50.

Strandbad Wannsee (030-2219 0011 ; www.berlinerbaeder.de/baeder/strandbad-wannsee ; Wannseebadweg 25 ; 3,80 € ; 10h-19h mai et sept, 9h-20h juin-août, dernière entrée 1h avant fermeture ; S Nikolassee). Plage lacustre la plus célèbre de Berlin, cette bande de sable doré de 1,2 km ravit baigneurs et nageurs depuis plus d'un siècle. Louez un *Strandkorb* (fauteuil de plage traditionnel avec toit), ou défoulez-vous grâce à un vaste choix de sports nautiques.

Liepnitzsee Situé à Wandlitz, dans le Land de Brandebourg, ce lac est un peu à l'écart, mais vaut le détour pour ses eaux limpides, son île que l'on rejoint à la nage et ses arbres offrant une ombre bienvenue. Le lac est à 50 km du centre de Berlin ; louez une voiture ou embarquez un vélo sur le S2, descendez à Bernau, puis pédalez 10 km jusqu'au lac.

Wannsee

Découvrir

Ce quartier verdoyant, à l'extrême sud-ouest de Berlin, doit son nom au grand lac de Wannsee. Quand il fait beau, c'est un superbe décor où l'on oublie l'agitation urbaine. Faites une croisière sur le lac, une balade en forêt, visitez une île enchanteresse, un palais prussien – ou affinez votre bronzage sur la Strandbad Wannsee, une plage de sable au bord du lac. D'autres endroits permettent aussi de piquer une tête. Sur la rive ouest du lac, des sites importants, liés à la guerre ou au peintre Max Liebermann, sont accessibles en bus.

Le meilleur...

- **Site** Villa Liebermann au bord du lac Wannsee
- **Biergarten** Loretta am Wannsee (p. 242)

Notre conseil

Faites une croisière à peu de frais en prenant le ferry public F10, qui relie en 20 minutes Wannsee au quartier d'Alt-Kladow, à Spandau (tarif zones AB, 2,90 €).

Depuis/vers Wannsee

S-Bahn Prenez le S1 ou le S7 du centre de Berlin jusqu'à Wannsee, puis, selon l'endroit où vous vous rendez, marchez ou montez dans un bus.

Renseignements

- **Indicatif téléphonique** 030
- **Situation** À 25 km au sud-ouest du centre de Berlin

À VOIR

VILLA LIEBERMANN AU BORD DU LAC WANNSEE — ART

(Liebermann-Villa am Wannsee ; 030-8058 5900 ; www.liebermann-villa.de ; Colomierstrasse 3 ; tarif plein/réduit 10/6 €, gratuit - 18 ans, guide multimédia 3 € ; 10h-18h mer-lun avr-sept, 11h-17h mer-lun oct-mars ; S Wannsee, puis bus 114). Cette superbe villa fut la résidence d'été du peintre impressionniste Max Liebermann, de 1909 à sa mort en 1935. Fondateur de la Sécession berlinoise, l'artiste admirait la nature, et peignait souvent le jardin depuis la fenêtre de son atelier situé à l'étage. Une sélection de ces œuvres est exposée dans ce dernier, tandis qu'en bas une frise chronologique détaille les moments clés de l'histoire de la famille Liebermann et de la villa.

Après la visite, profitez du panorama offert par les magnifiques jardins bordant le lac Wannsee, puis savourez café et gâteaux au **Cafe Max**, dans l'ancienne salle à manger des Liebermann ou sur la terrasse cernée de fleurs.

ÎLE AUX PAONS (PFAUENINSEL) — PARC

(0331-969 4200 ; www.spsg.de ; Nikolskoer Weg ; aller-retour ferry adulte/enfant 4/3 € ; ferry 10h-18h avr-oct, 10h-16h nov-mars ; Wannsee, puis bus 218). Influencé par la mode du retour à la nature, en vogue au XVIIIe siècle, Frédéric-Guillaume II fit modeler cette île en un terrain de jeu idyllique où il venait échapper au poids de ses responsabilités, et folâtrer avec sa maîtresse dans un **palais** de conte de fées (fermé pour rénovation). Il fit également venir des paons, qui n'ont pas quitté les lieux depuis et ont donné son nom à l'île.

Le palais est fermé, mais l'île aux Paons n'en constitue pas moins une jolie excursion. Parmi les autres bâtiments, ne manquez pas la **Meierei**, une étonnante ferme laitière en forme de monastère gothique en ruine – comme le voulait la mode romantique naissante – à la pointe nord de l'île.

L'île a été déclarée réserve naturelle. Il est donc interdit d'y fumer, d'y faire du vélo et de s'y baigner. Il n'y a ni café, ni restaurant, mais le pique-nique est autorisé. L'île est à 4 km au nord-ouest de la station de S-Bahn Wannsee : de là, le bus 218 dessert le ponton des ferrys plusieurs fois par heure.

MAISON DE LA CONFÉRENCE DE WANNSEE — MÉMORIAL

(Haus der Wannsee-Konferenz ; 030-805 0010 ; www.ghwk.de ; Am Grossen Wannsee 56-58 ; 10h-18h ; S Wannsee, puis bus 114). GRATUIT Cadre en janvier 1942 d'une rencontre qui a marqué l'histoire, cette somptueuse villa proche du lac Wannsee accueillit 15 hauts dignitaires nazis chargés de mettre au point la "solution finale". Les 13 salles d'exposition (explications en allemand et en anglais), sur les lieux mêmes où se tinrent les discussions, décrivent cette réunion sinistre et présentent les politiques raciales et les persécutions qu'elle a engendrées, posant au passage la question de la connaissance qu'avaient les Allemands ordinaires de ces programmes génocidaires. On peut y lire le procès-verbal de la réunion (rédigé par Adolf Eichmann) et voir des photographies de ses participants. La maison est à 2,5 km au nord-ouest de la station de S-Bahn Wannsee, où l'on peut prendre le bus 114 (plusieurs départs par heure).

CHÂTEAU DE GLIENICKE PALAIS

(☎0331-969 4200 ; www.spsg.de ; Königstrasse 36 ; tarif plein/réduit 6/5 € ; ⌚10h-17h30 mar-dim avr-oct, 10h-16h sam-dim nov-mars ; P ; S Wannsee, puis bus 316). De son voyage en Italie, le prince Charles de Prusse (1801-1883), troisième fils de Frédéric-Guillaume III, revint à Berlin à l'âge de 21 ans avec une idée en tête : construire la villa italienne de ses rêves, projet qu'il confia à Karl Friedrich Schinkel. On peut aujourd'hui en visiter l'intérieur, richement décoré : cheminées en marbre, lustres étincelants, tableaux sertis d'or et mobilier haut de gamme. La chambre turquoise de la princesse et la bibliothèque bleu nuit sont remarquables. Ne se contentant pas d'agrandir le manoir, Schinkel érigea sur la propriété une dépendance, plus petite, appelée le "Casino", et deux charmants pavillons, le **Kleine Neugierde** ("Petite Curiosité") et le **Grosse Neugierde** ("Grande Curiosité"). Ce dernier est installé dans un décor enchanteur d'où l'on peut admirer la Havel, le château de Babelsberg au loin et l'orée de la ville de Potsdam. Le palais est à 6 km à l'ouest de la station de S-Bahn Wannsee, d'où part plusieurs fois par heure le bus 316.

CROISIÈRE À WANNSEE

D'avril à mi-octobre, **Stern + Kreisschiffahrt** (☎030-536 3600 ; www.sternundkreis.de ; Ronneby-promenade ; croisière 2 heures adulte/enfant 14,50/7,25 € ; ⌚avr-oct ; S Wannsee) propose des croisières de 2 heures explorant 7 lacs au départ des pontons jouxtant la station de S-Bahn Wannsee, d'où part également le ferry public pour Kladow. Billets et horaires sur le site Internet.

OÙ SE RESTAURER ET PRENDRE UN VERRE

LORETTA AM WANNSEE ALLEMAND €€

(☎030-8010 5333 ; loretta-berlin.de ; Kronprinzessinnenweg 260 ; en-cas Biergärten 2,50-11 €, restaurant plats 14-26 € ; ⌚12h-22h ou plus tard ; P ; S Wannsee). La carte de ce restaurant, traditionnel sans être vieillot, propose une solide cuisine bavaroise, et son *Biergarten* sur le lac de Wannsee est un lieu enchanteur. Commandez une saucisse grillée, une salade ou, si vous mourez de faim, un *Grillhaxe* (jarret de porc entier) braisé à la bière brune. À la pression : König Pilsner, Augustiner Helles et Erdinger Urweisse.

À 300 m au sud de la gare de S-Bahn Wannsee.

RESTAURANT SEEHAASE INTERNATIONAL €€

(☎030-80496474 ; www.restaurant-seehaase.de ; Am Grossen Wannsee 58/60 ; plats 10-22 € ; ⌚12h-20h lun-jeu, 12h-21h ven, 11h-21h sam, 11h-20h dim ; P 👪 ; S Wannsee, puis bus 114). La majeure partie des rives du lac appartient à des propriétaires privés, d'où la popularité de cette table. La carte est variée : petits-déjeuners, pâtes, flammekueche, grillades de viande et de poisson et quelques plats pour les enfants.

Proche de la maison de la conférence de Wannsee (p. 241).

Köpenick

Découvrir

Au sud-est de la capitale, la cité de Köpenick fut fondée vers 1240, soit 3 ans seulement après Berlin. Ce faubourg est désormais réputé pour son château, sa vieille ville, et pour abriter à la fois le plus grand lac de la capitale (Müggelsee), sa forêt la plus étendue (Köpenicker Stadtforst), et son point culminant (Müggelberge, 115 m). Une promenade, une croisière tranquille ou un plongeon rafraîchissant remettront vite d'aplomb ici un esprit étourdi par la frénésie citadine, ou par un excès de visites.

Les rues pavées de la vieille ville (Altstadt) ont, pour beaucoup, gardé leur tracé médiéval. La grand-rue, Alt-Köpenick, est

VAUT LE DÉTOUR

MUSÉE GERMANO-RUSSE DE BERLIN-KARLSHORST

Le 8 mai 1945, c'est dans ce bâtiment que prirent fin 6 années de folie guerrière en Europe, lorsque le maréchal Wilhelm Keitel signa la capitulation sans conditions de l'Allemagne nazie. Ancien quartier général de l'armée soviétique, l'édifice abrite désormais le **musée germano-russe de Berlin-Karlshorst** (Deutsch-Russiches Museum Berlin-Karlshorst ; ☎030-5015 0810 ; www.museum-karlshorst.de ; Zwieseler Strasse 4 ; ⏲10h-18h mar-dim ; Ⓢ Karlshorst), qui renferme un mémorial retraçant les événements qui ont mené au 8 mai 1945 à travers les points de vue allemand et russe.

Documents, photographies, uniformes et objets illustrent des sujets tels que le Pacte germano-soviétique, le sort difficile des soldats russes, ou encore le rude quotidien des civils pendant la Seconde Guerre mondiale. On peut visiter la salle où la reddition fut signée et voir le bureau du maréchal Joukov, commandant suprême des forces armées de l'URSS après la guerre, lorsque fut installé ici le siège de l'administration militaire soviétique. À l'extérieur, on découvre une batterie d'armes soviétiques, dont un canon Howitzer et le dévastateur lance-roquettes multiple *Katioucha*, surnommé "orgue de Staline" par les soldats allemands.

Le musée est à 10-15 minutes à pied de la station de S-Bahn ; prenez la sortie Treskowallee, puis à droite dans Rheinsteinstrasse.

bordée de belles demeures baroques et d'un hôtel de ville (p. 244).

Ceux qui sont à l'affût des dernières tendances urbaines jetteront aussi un coup d'œil sur le développement d'Oberschöneweide, une ancienne zone industrielle au nord-ouest du centre de Köpenick, qu'artistes, graphistes et créateurs commencent à investir.

Le meilleur...

- **Site** Château de Köpenick
- **Restaurant** Ratskeller Köpenick (p. 244)

Notre conseil

Procurez-vous un audioguide multimédia (5 €) à l'office du tourisme et plongez-vous dans l'histoire de Köpenick.

Depuis/vers Köpenick

S-Bahn Pour la vieille ville, empruntez le S3 jusqu'à la station Köpenick, puis suivez la Bahnhofstrasse vers le sud sur 1,5 km ou prenez le tram 62 jusqu'au château de Köpenick. Pour le Müggelsee, restez sur le S3 jusqu'à Friedrichshagen, puis prenez le tram 60 ou suivez la Bölschestrasse vers le sud sur 1,5 km.

Renseignements

- **Indicatif téléphonique** ☎030
- **Situation** À 16 km environ au sud-est du centre de Berlin
- **Office du tourisme** (☎030-6548 4348 ; www.tkt-berlin.de ; Alt-Köpenick 31-33 ; ⏲9h-18h lun-ven, 10h-13h sam ; 🚊62, Ⓢ Köpenick)

À VOIR

CHÂTEAU DE KÖPENICK PALAIS, MUSÉE

(Schloss Köpenick ; musée des Arts décoratifs ; ☎030-266 424 242 ; www.smb.museum ; Schlossinsel 1 ; tarif plein/réduit 6/3 €, gratuit - 18 ans ; ⏲11h-18h mar-dim avr-sept, 11h-17h jeu-dim oct-mars ; 🚊62, Ⓢ Köpenick). Seul palais baroque de Berlin encore debout, cet élégant château situé sur une petite île de l'Altstadt accueille une annexe du **musée des Arts décoratifs** (Kunstgewerbemuseum) du Kulturforum (p. 162). Les salles présentent une collection riche et éclectique de pièces Renaissance, baroques et rococo. Notez les plafonds richement peints et les ornements de stuc, les 4 belles salles lambrissées, ainsi que la **salle du Blason** (Wappensaal), reconstituée.

C'est dans cette salle qu'en 1730, une cour militaire condamna à mort pour désertion – il avait tenté de fuir vers l'Angleterre – le prince héritier Frédéric, futur Frédéric le Grand, et son proche ami Hans Katte. Frédéric fut finalement épargné, mais son père, le terrible "Roi-Sergent", le força à assister à la décapitation de son ami.

HÔTEL DE VILLE ÉDIFICE HISTORIQUE

(Rathaus Köpenick ; Alt-Köpenick 21 ; 8h-18h ; 62, S Köpenick). GRATUIT Avec ses tourelles ouvragées, son beffroi et son pignon à gradins, l'hôtel de ville de Köpenick a des airs de château de conte de fées. Sa célébrité remonte à un incident datant de 1906. Déguisé en capitaine, Wilhelm Voigt, cordonnier sans emploi, pénétra dans l'édifice, arrêta le bourgmestre et s'empara des caisses de la municipalité avant de filer avec son butin. S'il fut rapidement rattrapé, l'audace de Voigt en fit un héros, comme en témoignent sa statue en bronze et une exposition détaillant l'incident – lequel fait l'objet chaque été d'une reconstitution.

GROSSER MÜGGELSEE LAC

(60, S Friedrichshagen). Avec 4 km de long sur 2,5 km de large, le Müggelsee est le plus grand lac de Berlin. Bordé sur deux côtés par des forêts, il est très populaire, et facilement accessible en transport en commun, à moins d'une heure du centre de Berlin. On vient y nager ou y faire du bateau.

La rive nord du Müggelpark abrite des restaurants, des *Biergärten*, et l'embarcadère de **Reederei Kutzker** (03362-6251 ; www.reederei-kutzker.de ; Müggelseedamm, Müggelpark ; circuits 1 heure 8 € ; circuits avr-déb oct ; 60, S Friedrichshagen), qui propose des balades en bateau d'une heure sur le lac, plusieurs fois par jour, de mars à début octobre.

Allez vous promener dans les bois de l'autre côté de la Spree, en passant par le Spreetunnel. La plage la plus proche, le **Seebad Friedrichshagen** (030-645 5756 ; www.seebad-friedrichshagen.de ; Müggelseedamm 216 ; tarif plein/réduit 5,50/3 € ; 10h-19h mai-août ; 60, S Friedrichshagen), où l'on peut louer des bateaux, est à environ 300 m à l'ouest du Müggelpark.

OÙ SE RESTAURER ET PRENDRE UN VERRE

RATSKELLER KÖPENICK ALLEMAND €€

(030-655 5178 ; www.ratskeller-koepenick.de ; Rathaus, Alt-Köpenick 21 ; plats 9-19 € ; 11h-23h mar-sam, 11h-22h dim ; 62, 68, S Köpenick). L'ambiance rétro de cette cave labyrinthique située dans l'hôtel de ville de Köpenick (ci-contre) est sympathique, et la carte affiche des spécialités copieuses (essayez le jarret de porc fumé) et des plats végétariens de saison. Les ingrédients sont le plus souvent locaux. Réservation conseillée pour les soirées jazz live du vendredi et du samedi.

KROKODIL MÉDITERRANÉEN €€

(030-6588 0094 ; www.der-coepenicker.de ; Gartenstrasse 46-48 ; plats 11-18 € ; 16h-23h lun-ven, 15h-24h sam, 12h-23h dim ; P ; 62, 68, S Köpenick). Si la cuisine de saison de ce refuge éloigné de la ville est délicieuse, son décor, au bord de la rivière Dahme, à 700 m au sud de la vieille ville, est encore plus mémorable. Joignez-vous aux habitants du coin, lesquels ont l'habitude de poursuivre leur journée détente et baignade chez Krokodil, pour des cocktails ou un dîner au coucher du soleil au bord de la plage de sable. La **pension** (030-6588 0094 ; www.hotel-pension-berlin.eu ; Gartenstrasse 46-48 ; lits jum à partir de 99 € ; ; 62, 62 Schlossplatz Köpenick) de l'établissement loue 15 jolies chambres.

De la station de S-Bahn Köpenick, prenez le tram 62 ou 68 jusqu'à Schlossplatz, suivez la Müggelheimer Strasse vers l'est sur 300 m, puis Kietz vers le sud sur 400 m.

Où se loger

En matière d'offre hôtelière, Berlin a de quoi contenter toutes les envies. Si les chaînes internationales y ont pignon sur rue, l'esprit de la ville se reflète mieux dans des formes d'hébergement plus inattendues. Pourquoi ne pas poser vos valises dans une ancienne usine, rêver dans la maison d'une vedette du cinéma muet ou vous glisser dans un "lit volant" ?

Hôtels

Berlin compte plus de lits que New York – près de 143 000, répartis dans près de 800 établissements –, et leur nombre devrait augmenter dans les années à venir. Les hôtels sont de tous types, des chaînes sans prétention et sans charme aux retraites de grand luxe suréquipées avec un service de tous les instants.

Les meilleures places ayant tendance à partir vite, mieux vaut réserver très tôt, notamment au moment des fêtes nationales et des grandes manifestations. La plupart des établissements proposent la réservation en ligne, généralement à meilleur prix garanti.

BOUTIQUES-HÔTELS ET HÔTELS DE DESIGNERS

Généralement, ce type d'établissement possède une belle architecture et met l'accent sur les dernières tendances technologiques, le tout afin de séduire les esprits créatifs et les voyageurs en quête d'expériences authentiques. Ces hôtels indépendants s'adressent aux nomades urbains disposant d'un budget confortable. Ces adresses de charme et design sont nombreuses dans le quartier de Mitte. Beaucoup ont réussi à gagner les faveurs des habitants de leur quartier grâce à leurs équipements de choix : spas, *lounges*, bars à cocktails, restaurants... – autant de lieux tendance, parfois sur un toit-terrasse, où se déroulent souvent des soirées animées.

HÔTELS DE CHAÎNES

Presque toutes les chaînes hôtelières internationales ont ouvert au moins une adresse à Berlin. Respectant des normes en matière de décor, de service et d'équipements, ces hôtels conviennent bien aux personnes souhaitant quelque chose de sûr et d'anonyme. La plupart proposent plusieurs catégories de confort, avec des prix en fonction de la taille et des équipements disponibles. En règle générale, les tarifs varient énormément, et d'importantes réductions sont possibles pour les réservations de dernière minute, les week-ends, lorsque le taux d'occupation est faible. Outre les chaînes internationales, il existe aussi certaines chaînes spécifiques à Berlin, comme Amano (www.amanogroup.de/en/) et Meininger (www.meininger-hotels.com/fr/hotels/berlin/) et des chaînes allemandes comme Motel One (www.motel-one.com/fr/) et Leonardo (www.leonardo-hotels.fr/berlin-hotels).

Auberges de jeunesse

Très dynamique à Berlin, la catégorie des auberges de jeunesse rassemble aussi bien de classiques auberges avec grands dortoirs et ambiance communautaire que des infrastructures plus modernes s'adressant aux voyageurs qui surveillent leur budget. Les hybrides hôtel/auberge de jeunesse, d'un standard équivalent aux hôtels bon marché, sont désormais courants. Beaucoup disposent aussi de chambres particulières avec salle de bains (sdb), voire d'appartements avec cuisine. Vous trouverez des auberges de jeunesse dans tous les quartiers, mais plus particulièrement à Mitte, à Kreuzberg et Friedrichshain, tout près des bars et des clubs.

AVIS AUX FUMEURS

Les chambres fumeurs sont en voie de disparition. Les établissements importants et les hôtels de chaînes sont les plus susceptibles d'en mettre à disposition. Les petits hôtels indépendants et les auberges de jeunesse ne permettent généralement pas à leurs clients de fumer dans les chambres, et ceux qui souhaiteraient tout de même en griller une en douce s'exposent à une amende. La loi allemande interdit de fumer à l'intérieur d'un espace public.

On peut encore dénicher un lit en dortoir pour 10 €, mais comptez le double dans les meilleurs établissements, avec moins de lits par dortoir et des sdb attenantes. Les dortoirs sont généralement mixtes, mais certaines auberges proposent également des unités pour femmes. Les auberges indépendantes n'imposent pas de couvre-feu, et leur aimable personnel polyglotte n'hésite pas à donner des conseils.

Locations à court terme

La location meublée est un type d'hébergement prisé – et économique. L'espace, l'intimité et l'indépendance qu'offrent ces appartements séduit particulièrement les familles et les petits groupes. En 2016, une loi a interdit aux habitants de louer leur logement pour des séjours de courte durée via des plateformes comme Airbnb. Toutefois, après un assouplissement en 2018, l'offre légale pour ce type de logement a considérablement augmenté. Ces logements sont particulièrement nombreux au nord de Neukölln, à Kreuzberg, Mitte et du côté de Prenzlauer Berg.

Si vous pensez rester un mois ou plus, louer une chambre ou un appartement est peut-être le meilleur choix. Essayez la plateforme en ligne www.housinganywhere.com.

B&B

Les nostalgiques du vieux Berlin feront escale dans un B&B à la berlinoise, qu'on appelle Hotel-Pension ou Pension. Mais dépêchez-vous : ces établissements sont en voie de disparition ! Ils occupent en général un ou plusieurs étages d'un bâtiment résidentiel ancien. Pour les chambres les moins chères, les équipements sont souvent en commun. Vous trouverez ces pensions hors du temps dans le quartier ouest de Charlottenburg, vers le Kurfürstendamm.

Tarifs

La concurrence maintient des tarifs inférieurs à ceux des autres capitales européennes. Les prix grimpent lors des grands événements et les jours fériés ; pour ces périodes, réservez le plus tôt possible. Le week-end, les hôtels d'affaires offrent des remises, et c'est partout le cas en hiver, hors période de vacances – une nuit en cinq-étoiles peut alors n'être facturée que 120 €. La nuit du dimanche est, toute l'année, celle où les tarifs sont les plus bas de la semaine. Voir aussi *Fourchette de prix* page ci-contre.

Confort

Les hôtels de catégorie moyenne présentent en général le meilleur rapport qualité/prix. Attendez-vous à des chambres propres, confortables et de taille décente, avec un peu de style, une sdb privative, la TV et le Wi-Fi au minimum. Les hôtels haut de gamme offrent tous les équipements habituels et, parfois, un emplacement somptueux, une décoration design et/ou une ambiance historique. Les adresses bon marché sont surtout des auberges de jeunesse ou autres établissements simples avec sdb souvent communes.

Dans l'ensemble, les chambres sont de plus en plus exiguës, et peu d'entre elles sont climatisées. Quand les températures sont caniculaires, ventilateurs ou climatiseurs sont néanmoins parfois mis à disposition.

Le Wi-Fi est courant et presque toujours gratuit ; dans de rares cas, il peut être limité aux parties communes. Peu d'hôtels disposent d'un parking ou d'un garage ; quand c'est le cas, les places sont limitées et peuvent coûter jusqu'à 30 € par jour. Les parkings publics sont courants, mais onéreux.

La sélection de Lonely Planet

Orania.Berlin (p. 253). Belle adresse à l'élégance urbaine, idéale pour les amateurs de style. Excellents restaurant et concerts.

Michelberger Hotel (p. 253). Adresse sympathique conjuguant design excentrique et sens de la fête – ambiance typiquement berlinoise.

S/O Berlin Das Stue (p. 252). Refuge discret et de caractère, loin de l'agitation urbaine, près du Tiergarten.

Hotel am Steinplatz (p. 254). Retrouvez tout le glamour des années 1920 dans ce joyau Art déco rénové.

Adresses par prix

€

Grand Hostel Classic (p. 252). Hôtel de caractère conjuguant magie du passé et modernité.

EastSeven Berlin Hostel (p. 251). Auberge de jeunesse accueillante et discrète à l'ambiance communautaire, idéale pour faire des rencontres.

One80° Hostel (p. 249) Grande auberge de jeunesse nouvelle génération, avec confort et équipements d'un hôtel.

€€

Orania.Berlin (p. 253). Adresse culturelle, avec restaurant et concerts d'exception.

Arte Luise Kunsthotel (p. 249). Chambres décorées par des artistes. Bâtiment historique.

Almodóvar Hotel (p. 253). Hôtel certifié bio. Tout confort ; sauna sur le toit.

Adina Apartment Hotel Berlin Checkpoint Charlie (p. 249). Un bon choix pour avoir de l'espace, faire ses courses et ménager son budget.

€€€

S/O Berlin Das Stue (p. 252). Chic et calme, près du Tiergarten, avec pour atouts un spa et un restaurant étoilé au Michelin.

Hotel am Steinplatz (p. 254). Bijou Art déco avec bar et restaurants délicieux.

Hotel de Rome (p. 249). Adresse chic dans une ancienne banque. Bar sur le toit, piscine et spa dans une ex-chambre forte.

Adresses décontractées

Michelberger Hotel (p. 253). Hôtel qui a su saisir l'air du temps : esthétique originale, industrielle et bricolée. Restaurant très apprécié.

25hours Hotel Bikini Berlin (p. 254). Séjour ludique en pleine ville. Chambres avec vue sur le zoo. Proche des boutiques.

nhow Berlin (p. 253) Un hôtel au bord de l'eau, conçu par Karim Rashid, avec location de guitares et studio d'enregistrement.

Hüttenpalast (p. 252). Curieuse adresse où vous pouvez dormir dans une chambre classique ou une caravane à l'ancienne.

Auberges de jeunesse

Circus Hostel (p. 250). Superbe auberge pour ceux qui veulent s'amuser ou se cultiver.

Grand Hostel Classic (p. 252). Nostalgie et confort moderne sont au rendez-vous.

EastSeven Berlin Hostel (p. 251). Petite adresse avenante, impeccable et conviviale.

BON À SAVOIR

Fourchette de prix

Les tarifs mentionnés correspondent à une nuitée en haute saison pour une chambre double standard avec sdb privée, mais, en dehors des événements spéciaux, des jours fériés ou des foires commerciales. Les tarifs incluent la TVA (7%) mais pas la taxe de séjour (5%). Le petit-déjeuner donne lieu, la plupart du temps, à un supplément – le prix est alors indiqué.

€	moins de 90 €
€€	90-180 €
€€€	plus de 180 €

Taxe de séjour

La TVA (7%) est incluse depuis longtemps dans le prix des chambres, mais, depuis le 1er janvier 2014, s'y ajoute une taxe supplémentaire de séjour de 5% sur le prix net de la chambre. Les voyageurs d'affaires en sont exemptés.

Dans quel quartier ?

QUARTIERS	AVANTAGES	INCONVÉNIENTS
Mitte – Centre historique	Sites phares (Reichstag, porte de Brandebourg). Bien desservi par les transports. Une majorité d'hôtels haut de gamme. Très bons restaurants. Proche des meilleures adresses pour le théâtre, l'Opéra et la musique classique.	Touristique, onéreux et plutôt calme le soir.
Île des Musées et Alexanderplatz	Très central et très touristique. Bien desservi par les transports. Proche des sites majeurs et des commerces. Grands hôtels récents.	Bruyant, agité et poussiéreux en raison des nombreux chantiers de construction. Aucune vie nocturne.
Scheunenviertel	Quartier branché, historique et central. Boutique-hôtels, hôtels de designers et nombreux cafés. Boutiques indépendantes et grandes chaînes. Cuisine internationale. Galeries d'art d'exception et *street art*.	Onéreux et bondé en journée. Pas de parking. Très touristique.
Prenzlauer Berg	Un quartier résidentiel huppé, propre et plein de charme. Très bons restaurants et cafés, boutiques indépendantes et marché aux puces du Mauerpark.	Manque d'animation le soir. Peu de sites majeurs.
Potsdamer Platz et Tiergarten	Ambiance urbaine dans le seul quartier de gratte-ciel de Berlin. Architecture d'avant-garde. Hôtels internationaux luxueux. Superbes musées. Philharmonie et cinémas multiplexes. Près du Tiergarten.	Peu d'options de restauration. Onéreux. Quasi-absence de vie nocturne.
Kreuzberg	Quartier festif multiculturel, underground et artistique. Idéal pour faire la tournée des bars et des clubs ; ambiance survoltée. Scène gastronomique. *Street art*.	Agité, bruyant et bondé. Desservi par des lignes d'U-Bahn éloignées des principaux sites.
Neukölln	Vie nocturne animée. Ambiance et restaurants internationaux. Nombreux cafés. Quartier jeune. Près du Tempelhofer Feld.	Sale et bruyant. Circulation infernale, pas de parking
Friedrichshain	Quartier étudiant et familial. Vie nocturne animée. Sites passionnants sur la guerre froide.	Peu d'hébergements. Pas assez central. Certains endroits sont mal desservis.
Quartiers ouest et Charlottenburg	Ancien Berlin-Ouest. Le Kurfürstendamm est un haut lieu du shopping. *Lounges* élégants. Bars du "vieux Berlin" et excellents restaurants. Logements au meilleur rapport qualité/prix. B&B historiques.	Très calme et éloigné des sites clés et de la vie nocturne.

Mitte – Centre historique

ADINA APARTMENT HOTEL BERLIN CHECKPOINT CHARLIE — APPARTEMENTS €€

Plan p. 340 (☎030-200 7670 ; www.adinahotels.com ; Krausenstrasse 35-36 ; studio/app 1 ch à partir de 109/139 €, petit-déj 15 € ; ; U Hausvogteiplatz, Spittelmarkt). Les studios et appartements contemporains (1 à 2 chambres) de l'Adina, dotés de vraies cuisines, sont faits pour les familles économes, ceux qui ont besoin d'espace ou aiment leur indépendance. Studios spacieux avec kitchenettes également. La partie spa compte une piscine couverte de 17 m et un sauna. Les hôtels de la chaîne présents en ville sont listés sur le site Internet.

MINILOFT MITTE — APPARTEMENTS €€

Plan p. 340 (☎030-847 1090 ; www.miniloft.com ; Hessische Strasse 5 ; app 135-185 € ; ; U Naturkundemuseum). À proximité de la gare principale, ces superbes lofts sont répartis entre un bâtiment historique et une annexe moderne. Les propriétaires, architectes, ont conçu des habitats peu énergivores et très lumineux. Mobilier design minimaliste ; kitchenette petite mais bien équipée. Les lofts du bâtiment ancien sont plus calmes, mais n'ont pas d'ascenseur. Minimum 2 nuits.

ARTE LUISE KUNSTHOTEL — BOUTIQUE-HÔTEL €€

Plan p. 340 (☎030-284 480 ; www.luise-berlin.com ; Luisenstrasse 19 ; d à partir de 109 €, avec sdb commune à partir de 55 € ; ; S Friedrichstrasse, U Friedrichstrasse). Cette "galerie d'art équipée de chambres" propose 50 chambres décorées par des artistes qui perçoivent un pourcentage sur la location. Toutes sont dotées d'un haut plafond, de parquet en chêne et d'une décoration atypique – nous aimons particulièrement la 107 et son lit géant. Les amateurs d'art au budget serré trouveront des chambres plus petites avec sdb commune. Évitez celles donnant sur la voie ferrée.

COSMO HOTEL BERLIN MITTE — HÔTEL €€

Plan p. 340 (☎030-5858 2222 ; www.cosmo-hotel.de ; Spittelmarkt 13 ; d 99-244 € ; ; U Spittelmarkt). Si son emplacement, dans une rue bruyante, n'est pas génial, cet hôtel indépendant, design et branché, est très confortable. La réception, avec des luminaires et des sièges extravagants, donne le ton. Les chambres géométriques, dotées de baies vitrées, sont rehaussées de touches argentées. Très bon buffet bio au petit-déjeuner (20 €). Suites avec balcon.

HOTEL DE ROME — HÔTEL DE LUXE €€€

Plan p. 340 (☎030-460 6090 ; www.roccofortehotels.com ; Behrenstrasse 37 ; d à partir de 265 €, petit-déj 39 € ; ; 100, 245, 300, U Hausvogteiplatz). Parfaite alchimie entre splendeur passée et style contemporain, cet établissement de luxe installé dans une banque du XIXe siècle loue des chambres hautes de plafond et richement meublées, avec sdb en marbre et chauffage au sol. La salle des coffres abrite désormais l'espace piscine et spa, et on sert au bar de fabuleux cocktails. L'été, le toit-terrasse permet de prendre un verre avec vue sur le vieux Berlin.

HOTEL ADLON KEMPINSKI — HÔTEL DE LUXE €€€

Plan p. 340 (☎030-226 10 ; www.kempinski.com ; Unter den Linden 77, Pariser Platz ; ch à partir de 320 €, petit-déj 48 € ; ; S Brandenburger Tor, U Brandenburger Tor). L'Adlon est le symbole de la tradition et du luxe à Berlin depuis 1907. La réception et sa fameuse fontaine aux éléphants ne sont qu'un prélude au cadre qui vous attend dans les chambres suréquipées et dans les suites au décor princier. Les plus belles donnent sur la porte de Brandebourg. Touche moderne bienvenue : le spa luxueux avec piscine intérieure et le restaurant aux deux étoiles au Michelin. Pour profiter de l'ambiance en dépit d'un budget serré, accordez-vous un verre ou un café près de la fontaine.

Île des Musées et Alexanderplatz

ONE80° HOSTEL — AUBERGE DE JEUNESSE €

Plan p. 344 (☎030-2804 4620 ; www.one80hostels.com ; Otto-Braun-Strasse 65 ; dort 10-30 €, petit-déj 7,20 € ; ; S Alexanderplatz, U Alexanderplatz). Avec ses beaux canapés design, sa musique relaxante et une salle commune de style industriel, le One80° est une auberge de jeunesse nouvelle génération. Elle peut accueillir plus de 700 visiteurs dans des dortoirs (certains avec sdb privée) équipés de 4 à 8 lits superposés très confortables. Lampes de chevet et 2 prises électriques par personne. Âge minimal : 18 ans.

MOTEL ONE BERLIN-HACKESCHER MARKT HÔTEL €€

Plan p. 344 (030-2005 4080 ; www.motel-one.com/fr/ ; Dircksenstrasse 36 ; d à partir de 90 €, petit-déj 11,50 € ; P ❄ @ ; S Alexanderplatz, U Alexanderplatz). Si vous privilégiez l'emplacement, cet hôtel de chaîne design économique a d'excellentes références. Les chambres, plutôt petites, offrent quelques raffinements (douche de pluie, produits de toilette bio, clim) réservés d'ordinaire aux hôtels plus chics. Sites majeurs, bons restaurants et boutiques branchées à proximité. Plusieurs hôtels du même groupe à Berlin.

RADISSON BLU HOTEL HÔTEL €€

Plan p. 344 (030-238 280 ; www.radissonblu.com/en/hotel-berlin ; Karl-Liebknecht-Strasse 3 ; d à partir de 180 € ; petit-déj 30 € ; P ❄ @ ; 100, 200, 245 S Hackescher Markt, U Rotes Rathaus). Proche de l'île des Musées, ce luxueux hôtel au cœur de la ville offre dès l'entrée un décor exotique, avec son immense aquarium tropical de 25 m de haut. Le design soigné des 427 chambres lui confère une rare élégance, tout comme ses 2 restaurants et ses salons. Spa avec piscine ouvert 24h/24 et 7j/7.

CAPRI BY FRASER APPARTEMENTS €€

Plan p. 344 (030-20 07 70 1888 ; berlin.capribyfraser.com ; Scharrenstrasse 22 ; ch à partir de 146 €, petit-déj 15 € ; P ❄ ; 200 248, 265, U Spittelmarkt). Ces 143 studios et T2 indépendants à proximité de Nikolaiviertel allient fond et forme avec brio. Pièces bien agencées disposant de grands placards, d'une station d'accueil pour smartphone et d'une kitchenette. Laverie, bar et restaurant sur place. Dans le hall d'entrée coloré, un sol de verre dévoile les fondations médiévales mises au jour pendant la construction.

PARK INN BY RADISSON BERLIN ALEXANDERPLATZ HÔTEL €€

Plan p. 344 (030-238 90 ; www.parkinn-berlin.de ; Alexanderplatz 7 ; d à partir de 130 €, petit-déj 19 € ; P ❄ @ ; S Alexanderplatz, U Alexanderplatz). La vue ! Le plus haut hôtel de Berlin n'en manque pas. Cette tour élégante de l'Alexanderplatz possède 1 012 chambres modernes (certaines assez petites) dans les tons anthracite et blanc, avec fenêtres panoramiques, parquets et climatiseurs silencieux. Demandez une chambre face à la tour de la Télévision.

Belle terrasse panoramique sur le toit (p. 117). Bar et chaises longues.

HOTEL INDIGO ALEXANDERPLATZ HÔTEL €€

Plan p. 344 (030-505 0860 ; www.hotelindigoberlin.com/alex ; Bernhard-Weiss-Strasse 5 ; d à partir de 120 €, petit-déj 19 € ; ❄ ; S Alexanderplatz, U Alexanderplatz). Sophistiqué, pratique et très central, cet hôtel design offre de petits luxes que l'on trouve d'ordinaire dans des établissements plus chers (peignoirs moelleux, stations d'accueil pour smartphones, bouilloires). Chambres contemporaines avec mobilier design, baies vitrées, parquet, touches jaune citron. Chambres standards plutôt petites.

ART'OTEL BERLIN MITTE HÔTEL €€

Plan p. 344 (030-240 620 ; www.artotels.de ; Wallstrasse 70-73 ; d à partir de 122 €, petit-déj 14 € ; P ❄ ; U Märkisches Museum). Affichant fièrement le mot "art" dans son nom, ce boutique-hôtel annonce la couleur : des œuvres originales de Georg Baselitz, artiste contemporain allemand, ornent chambres et parties communes. Les sdb des suites sont superbes et les chambres du 6e étage ont même de petits balcons. L'hôtel est attenant à l'Ermelerhaus, immeuble rococo abritant un restaurant de choix.

Scheunenviertel

CIRCUS HOSTEL AUBERGE DE JEUNESSE €

Plan p. 346 (030-2000 3939 ; www.circus-berlin.de ; Weinbergsweg 1a ; dort à partir de 19 €, d sans/avec sdb 58/75 € ; @ ; U Rosenthaler Platz). Des simples, des doubles et des dortoirs (4-10 pers) propres et colorées, de nombreux équipements communs, un personnel serviable et un excellent emplacement : autant de raisons qui font de cette auberge de jeunesse une adresse d'exception depuis plus de 20 ans. Sympathique café sur place (petit-déjeuner à 5 € jusqu'à 13h), bar en sous-sol avec sa propre micro brasserie. Événements fréquents.

HONIGMOND BOUTIQUE HOTEL BOUTIQUE-HÔTEL €€

Plan p. 348 (030-284 4550 ; www.honigmond.de ; Tieckstrasse 11 ; d 160 € ; P @ ; U Oranienburger Tor). Installé dans un bâtiment vieux d'un siècle, ce ravissant hôtel fait mouche grâce à son ambiance familière et raffinée. Avec du papier peint à motifs, du parquet et des cadres aux murs, les chambres respirent la gloire d'antan. Les plus belles, dans la nouvelle aile, mettent parfaitement en valeur leurs traits historiques – plafonds en stuc, et fresques. Honigmond Garden, charmant établissement géré par la même famille, à proximité.

HOTEL AMANO HÔTEL €€

Plan p. 346 (030-809 4150 ; www.amanogroup.de/en/ ; Auguststrasse 43 ; d à partir de 120 €, petit-déj 15 € ; ; Rosenthaler Platz). Hôtel design raffiné avec des chambres modernes tout confort, où le mobilier blanc se marie au parquet en chêne et aux teintes grises pour créer un confort plein de fraîcheur. Appartements plus spacieux, de 3 tailles différentes, avec cuisine.

Sur le toit, l'Amano Bar (p. 132) est très fréquenté (terrasse ouverte l'été).

FLOWER'S BERLIN APPARTEMENTS €€

Plan p. 346 (030-2804 5306 ; www.limehome.com ; Mulackstrasse 1 ; studio/app 1 ch à partir de 85/115 €, avec petit déj ; réception 9h-14h ; ; Weinmeisterstrasse, Rosa-Luxemburg-Platz). Ceux qui aiment leur indépendance seront séduits par ces 21 appartements, disponibles en 3 tailles (L, XL et XXL), les derniers sur 2 niveaux, avec une belle vue sur les toits. Tous sont équipés d'une cuisine ouverte. Petit-déjeuner inclus (petits pains, café, thé) à récupérer à l'accueil.

BOUTIQUE HOTEL I31 BOUTIQUE-HÔTEL €€

Plan p. 348 (030-338 4000 ; www.hotel-i31.de/en/ ; Invalidenstrasse 31 ; d à partir de 88 €, petit-déj 17 € ; ; M5, M6, M8, M10, Naturkundemuseum). Cet hôtel contemporain dispose de chambres modernes plutôt petites, aux couleurs douces, et de zones de détente dont un sauna, une terrasse ensoleillée et un petit jardin avec transats. Le minibar, rempli de boissons *soft*, est mis gracieusement à disposition. Pour une expérience hors du commun, réservez une chambre aménagée dans un conteneur avec terrasse verdoyante attenante.

CASA CAMPER BOUTIQUE-HÔTEL €€€

Plan p. 346 (030-2000 3410 ; www.casacamper.com ; Weinmeisterstrasse 1 ; d 150-190 €, avec petit déj ; ; Weinmeisterstrasse). Camper, fabricant catalan de chaussures chics et confortables, a adapté son concept à l'industrie hôtelière et plaît aux globe-trotteurs soucieux des tendances. Chambres de taille correcte et colorées. Lits très confortables, sdb lumineuses, produits de toilette naturels. Le *lounge* au dernier étage, avec une vue splendide, offre petit-déjeuner, boissons et en-cas gratuits à toute heure.

Prenzlauer Berg

EASTSEVEN BERLIN HOSTEL AUBERGE DE JEUNESSE €

Plan p. 350 (030-9362 2240 ; www.eastseven.de/fr/ ; Schwedter Strasse 7 ; dort/d à partir de 25/65 € ; ; Senefelderplatz). Excellente adresse pour qui voyage en solo, cette petite auberge de jeunesse indépendante compte un personnel charmant qui se met en quatre pour ses hôtes. Les lieux se prêtent aux rencontres, dans le salon ou dans le jardin (hamacs), près du barbecue ou dans la cuisine ouverte 24h/24. Les dortoirs colorés disposent de lits confortables en pin et casiers. Interdit aux moins de 18 ans non accompagnés d'un parent.

BRILLIANT APARTMENTS APPARTEMENTS €€

Plan p. 350 (030-8061 4796 ; www.brilliant-apartments.de ; Oderberger Strasse 38 ; app à partir de 109 € ; ; M1, 12, Eberswalder Strasse). Ces 11 studios et appartements de 2 chambres, modernes et tendance, sont dotés de cuisines équipées. Design, ils n'en arborent pas moins une charmante touche d'ancien (briques apparentes, parquet). Quatre ont un balcon, un autre a un petit jardin. Le quartier est riche en cafés, restaurants et boutiques. Près du Mauerpark.

Les appartements à l'arrière sont plus calmes. En général, 3 nuits minimum.

HOTEL ODERBERGER HÔTEL €€

Plan p. 350 (030-780 089 760 ; www.hotel-oderberger.de ; Oderberger Strasse 56/57 ; d à partir de 129 €, avec petit-déj ; ; M1, 12, Eberswalder Strasse). Ces bains publics majestueux, dans un bâtiment néo-Renaissance de 1902, ont été transformés en hôtel moderne intégrant à merveille carrelages, lampes, portes et autres éléments d'origine. Son atout principal est la piscine (entrée 4 €) dans un espace à l'allure de cathédrale, où se tiennent parfois des événements. Excellent restaurant et bar cosy.

HOTEL KASTANIENHOF HÔTEL €€

Plan p. 350 (030-443 050 ; www.kastanienhof.berlin ; Kastanienallee 65 ; d à partir de 95 €, petit-déj 11 € ; ; M1, 12 jusqu'à Zionskirchstrasse, Rosenthaler Platz, Senefelderplatz). Ce charmant hôtel familial au personnel attentionné donne sur la Kastanienallee et ses cafés, restaurants et boutiques. Les 35 chambres de belle taille, aux tonalités douces, mêlent objets anciens et équipements modernes. Les moins chères sont sous les toits et les plus agréables avec clim.

LINNEN PENSION €€

Plan p. 350 (030-4737 2440 ; www.linnen-berlin.com ; Eberswalder Strasse 35 ; d à partir de 120 € ; ; Eberswalder Strasse). Cette "auberge de charme" loue 6 chambres adorables, personnalisées (et sans TV). La n°4, la plus petite, aux murs lambrissés ornés de mangeoires à oiseaux, s'inspire des cabanes dans les bois. La plus grande, la "Suite", aux murs lie-de-vin, jouit d'un balcon. Appartements à disposition. Dans l'espace du bas, petit-déjeuner, sandwichs et gâteaux sont servis jusqu'à 18h. Durée de séjour minimale variable selon la période.

Potsdamer Platz et Tiergarten

SCANDIC BERLIN POTSDAMER PLATZ HÔTEL €€

Plan p. 352 (030-700 7790 ; www.scandic-hotels.com ; Gabriele-Tergit-Promenade 19 ; d à partir de 115 €, petit-déj 17 € ; ; Mendelssohn-Bartholdy-Park). Un hôtel scandinave apprécié pour son emplacement central et ses chambres spacieuses avec parquets, matelas à ressorts, baies vitrées et rideaux occultants. On aime aussi son sens de l'écologie, sa salle de sport avec vue au 8e étage, le miel provenant de ses ruches sur le toit et les vélos en libre accès.

MÖVENPICK HOTEL BERLIN AM POTSDAMER PLATZ HÔTEL €€

Plan p. 352 (030-230 060 ; www.movenpick.com ; Schöneberger Strasse 3 ; d à partir de 115 €, petit-déj 24 € ; ; Anhalter Bahnhof). Cet établissement, certifié Green Globe (tourisme durable), est le résultat du mariage habile d'un design contemporain audacieux au style industriel de l'ancienne usine Siemens. Les chambres colorées sont garnies de meubles en olivier, et le restaurant, installé dans un patio, est coiffé d'une verrière. Si vous avez le sommeil léger, demandez les chambres "Sleep".

GRIMM'S POTSDAMER PLATZ HÔTEL €€

Plan p. 355 (030-258 0080 ; www.grimms-hotel.de ; Flottwellstrasse 45 ; d à partir de 90 €, petit-déj 11 € ; ; Mendelssohn-Bartholdy-Park). Les contes de fées des frères Grimm ont inspiré le nom et le décor de cet hôtel cosmopolite, qui reste épuré et dénué de kitsch. Matelas extralarge, parquet, chauffage et clim. écoresponsables : les 110 chambres offrent un confort haut de gamme dernier cri. On aime le sauna finlandais (12 € la séance) et le toit-terrasse.

S/O BERLIN DAS STUE BOUTIQUE-HÔTEL €€€

Plan p. 352 (030-311 7220 ; www.das-stue.com ; Drakestrasse 1 ; d à partir de 340 €, petit-déj 35 € ; ; 100, 106, 200). Ce refuge de caractère, aménagé dans l'ambassade danoise des années 1930, a beaucoup de charme mais rien d'ostentatoire. Le jardin ? Rien de moins que le parc de Tiergarten. Une tête de crocodile signée Quentin Garel jouxte le grand escalier qui dessert des chambres spacieuses et raffinées (certaines avec terrasse ou balcon), un bar branché et un restaurant étoilé au Michelin. Le spa dispose d'une piscine et d'un sauna, et l'on y dispense des massages exceptionnels.

Kreuzberg

GRAND HOSTEL CLASSIC AUBERGE DE JEUNESSE €

Plan p. 356 (030-2009 5450 ; www.grandhostel-berlin.de ; Tempelhofer Ufer 14 ; dort 19-24 €, lits jum 83 €, lits jum sans sdb 58 €, avec petit-déj ; ; Möckernbrücke). Cocktails dans un bar-bibliothèque, vue sur le canal... cette auberge de jeunesse 5 étoiles est confortable, conviviale et pittoresque. Elle est installée dans un bâtiment rénové des années 1870. Chambres privées avec lits jumeaux, moquette violette et tables de chevet en bois ; bon rapport qualité/prix.

Nouveau, le Grand Hostel Urban, au 6 Sonnenallee, en plein centre de Neukölln, est intéressant aussi.

HÜTTENPALAST AUBERGE DE JEUNESSE €

Plan p. 360 (030-3730 5806 ; www.huettenpalast.de ; Hobrechtstrasse 66 ; d caravane ou bungalow 70-100 €, hôtel 70-160 € ; réception 9h-18h ou sur rdv ; ; Hermannplatz). Cet hôtel et "camping d'intérieur", installé dans une ancienne usine d'aspirateurs, constitue un pied-à-terre inhabituel, même pour Berlin. Vous pouvez opter pour l'une des chambres d'hôtel classique (rénovées en 2020), ou choisir de passer la nuit dans un bungalow en bois façon mouchoir de poche, avec terrasse, ou dans une caravane vintage. Le jardin-terrasse, où plantes et fleurs poussent dans des bacs et des baignoires, compte plusieurs bancs et tables où se poser et discuter. Une étape pleine de poésie urbaine.

ORANIA.BERLIN — HÔTEL €€

Plan p. 358 (030-6953 9680 ; www.orania.berlin ; Oranienstrasse 40 ; d à partir de 190 € ; U Moritzplatz). Ce bel hôtel, situé dans un immeuble de 1913 joliment restauré, réunit à lui seul tous les traits propres à Berlin : élégance, culture, esprit cosmopolite alternatif et créativité culinaire. Le bar de la réception, chaleureux avec son mobilier élégant, son éclairage tamisé et sa cheminée, évoque un salon. Les 41 chambres confortables allient touches rétro et modernes. Des musiciens jouent au bar et au salon à l'étage. Le restaurant (p. 188) est excellent.

HOTEL JOHANN BERLIN — HÔTEL €€

Plan p. 356 (030-225 0740 ; www.hotel-johann-berlin.de ; Johanniterstrasse 8 ; d à partir de 97 €, petit-déj 13 € ; P ; U Prinzenstrasse). Cet hôtel de 33 chambres est très apprécié, grâce à son personnel très serviable, son atmosphère familiale et ses chambres spacieuses, au design épuré, rehaussé de quelques touches plus anciennes. Le jardin est idéal pour les petits-déjeuners l'été. À moins de 1 km du Musée juif et de l'animation de la Bergmannstrasse.

Neukölln

HOTEL PRENS BERLIN — HÔTEL €

Plan p. 360 (030-887 759 960 ; www.hotel-prens.com ; Kottbusser Damm 102 ; d 60-105 €, petit-déj 8,50 € ; P ; U Schönleinstrasse). Idéal si l'on s'accommode de peu d'espace, ce petit hôtel privé se situe en plein cœur du quartier dynamique de Neukölln, non loin d'un canal et d'une ribambelle de bars et de restaurants. Le design des chambres n'a rien d'exceptionnel, mais elles sont propres et confortables, avec fenêtres insonorisées.

Friedrichshain

EASTERN COMFORT HOSTELBOAT — AUBERGE DE JEUNESSE €

Plan p. 362 (030-6676 3806 ; www.eastern-comfort.com ; Mühlenstrasse 73 ; dort/d à partir de 16/58 €, petit-déj 8 € ; réception 8h-24h ; U Warschauer Strasse, S Warschauer Strasse). Laissez-vous bercer par le clapotis de la Spree, confortablement installé dans cette auberge de jeunesse flottante, sur deux bateaux, proche de l'East Side Gallery. Les cabines sont lambrissées et douillettes ; la plupart avec douches et toilettes. Faites-vous de nouveaux amis lors des fêtes organisées au bar *lounge*.

Cabines aussi à disposition sur un autre bateau amarré à Kreuzberg.

MICHELBERGER HOTEL — HÔTEL €€

Plan p. 362 (030-2977 8590 ; michelbergerhotel.com/en/ ; Warschauer Strasse 39 ; d à partir de 105 €, petit-déj 20 € ; P ; U Warschauer Strasse, S Warschauer Strasse). Au top de la créativité, cet hôtel porte le nom de son fondateur, Tom Michelberger. Il propose des chambres confortables qui n'en assument pas moins les racines industrielles du lieu. Leur taille a été conçue en fonction des besoins de chacun : solitaires, tourtereaux, familles et même groupes de rock. Personnel sympathique et compétent. Le restaurant (p. 208) est fréquenté par les clients comme par les Berlinois.

ALMODÓVAR HOTEL — HÔTEL €€

Plan p. 362 (030-692 097 080 ; www.almodovarhotel.de/fr/ ; Boxhagener Strasse 83 ; d à partir de 129 €, petit-déj 19,50 € ; P ; 21, M13, S Ostkreuz). Cet hôtel certifié bio est parfait pour garder de saines habitudes en voyage. Les 60 chambres disposent d'un mobilier moderne-rustique en bois de rose naturel, de murs bleu ciel, d'un tapis de yoga et de stations d'accueil pour iPod. Sauna sur le toit.

NHOW BERLIN — HÔTEL DESIGN €€

Plan p. 362 (030-290 2990 ; www.nhow-berlin.com/en/ ; Stralauer Allee 3 ; d à partir de 138 € ; P ; S Warschauer Strasse, U Warschauer Strasse). Cet imposant hôtel en bord de rivière a pour slogan "musique et style", et souligne le propos avec 2 studios d'enregistrement et des guitares à louer. L'allure est dynamique, avec un bloc cubique qui s'avance au-dessus de l'eau et le design rose-pop-digital de Karim Rashid. Pour profiter de Berlin, réservez une chambre donnant sur la Spree. Bon bar-restaurant avec terrasse face à la rivière.

Quartiers ouest et Charlottenburg

HOTEL-PENSION FUNK B&B €

Plan p. 366 (☎030-882 7193 ; www.hotel-pensionfunk.de ; Fasanenstrasse 69 ; d avec/sans sdb à partir de 82/52 €, avec petit-déj ; P ; UUhlandstrasse, Kurfürstendamm). Un B&B charmant, dans la maison d'une reine du cinéma muet, la danoise Asta Nielsen. L'endroit vous ramènera à l'âge d'or des années 1920, avec son décor et son mobilier Art nouveau. Les 14 chambres sont de taille très variable. Les moins chères ont une sdb commune ou une douche à l'intérieur et des toilettes dans le couloir.

25HOURS HOTEL BIKINI BERLIN HÔTEL DESIGN €€

Plan p. 366 (☎030-120 2210 ; www.25hours-hotels.com ; Budapester Strasse 40 ; ch 110-250 €, petit-déj 23 € ; P @ ; SZoologischer Garten, UZoologischer Garten). La thématique "jungle urbaine" de cet hôtel branché, installé dans l'emblématique Bikini Berlin des années 1950, fait écho à son emplacement, entre le zoo et la principale artère commerçante. Chambres agréables et touches design ; les meilleures donnent sur le zoo. Parmi les atouts du lieu : boulangerie sur place, prêt de vélos et de voitures Mini, "sauna jungle" avec vue sur le zoo et "Jogging Corner". Sur le toit, le Monkey Bar (p. 225) et le restaurant Neni (p. 223) attirent une clientèle locale.

SIR SAVIGNY BOUTIQUE-HÔTEL €€

Plan p. 366 (☎030-323 015 600 ; www.sirsavignyhotel.com ; Kantstrasse 144 ; d à partir de 140 €, petit-déj 22,50 € ; ; SSavignyplatz). Cet hôtel cosmopolite ravira les globe-trotteurs en quête de style et de sophistication. Une ambiance glamour audacieuse émane des 44 chambres bien équipées et décorées avec goût. Literie fabuleuse. Bibliothèque un peu chargée, mais idéale pour se réunir.

LOUISA'S PLACE BOUTIQUE-HÔTEL €€

Plan p. 366 (☎030-631 030 ; www.louisas-place.de ; Kurfürstendamm 160 ; ste 137-250 €, petit-déj 26 € ; P ; M19, M29, UAdenauerplatz). Installé dans un immeuble charmant datant de 1904, cet ensemble de suites éblouit par son raffinement dépourvu de clinquant. Avec leur plafond haut et leur mobilier traditionnel, les suites familiales, avec cuisine équipée, ont du caractère. Quoique petite, la piscine permet de se rafraîchir après le sauna ou une séance de tapis de course.

HOTEL ART NOUVEAU B&B €€

Plan p. 366 (☎030-327 7440 ; www.hotelartnouveau.de ; Leibnizstrasse 59 ; d 89-149 € ; @ ; 109, M19, M29, UAdenauerplatz, Wilmersdorfer Strasse, SSavignyplatz). Un étroit ascenseur grillagé conduit à ce beau B&B parqueté, dont les chambres colorées ne manquent ni de place ni de charme. Envie d'espace ? Choisissez la catégorie "supérieure" ou une suite. En prime : les lits superbes, le petit-déjeuner buffet (12 €) et le bar en libre-service.

HENRI HOTEL BOUTIQUE-HÔTEL €€

Plan p. 366 (☎030-884 430 ; www.henri-berlin.com ; Meinekestrasse 9 ; d à partir de 108 €, petit-déj 16 € ; P @ ; UKurfürstendamm). Cet hôtel de caractère tout confort vous ramènera à la Belle Époque. Situation idéale, près d'excellents restaurants et boutiques. Il y a 3 types de chambres niveau confort : les petites "Kabinett", les "Chambres" classiques et le luxueux "Salon". Plafonds en stuc, parquet et mobilier de la fin du XIXe siècle créent une ambiance rétro agréable.

HOTEL OTTO HÔTEL €€

Plan p. 366 (☎030-5471 0080 ; www.hotelotto.com/en/ ; Knesebeckstrasse 10 ; d à partir de 92 €, petit-déj 18 € ; P ; UErnst-Reuter-Platz). Ce serait un simple hôtel d'affaires s'il n'y avait pas des bonus comme les produits de beauté équitables et le café ou le thé avec gâteaux offerts dans l'après-midi. Les chambres sont contemporaines, fonctionnelles, et rehaussées de touches colorées et de doux tissus. Les chambres standards sont petites. Petit-déjeuner "slow-food" servi jusqu'à 12h, à savourer sur le toit-terrasse.

HOTEL AM STEINPLATZ HÔTEL €€€

Plan p. 366 (☎030-554 4440 ; www.hotelsteinplatz.com ; Steinplatz 4 ; ch 100-290 €, petit-déj 35 € ; P @ ; M45, 245, UErnst-Reuter-Platz). Vladimir Nabokov et Romy Schneider furent des clients de l'établissement d'origine, qui a débuté une seconde vie en 2013, un siècle après son ouverture. Les chambres de cet écrin Art déco revisitent les années 1920 de façon contemporaine avec de superbes luminaires, des lits très confortables et des stations d'accueil pour smartphones. Bar (p. 225) et restaurant élégants.

Comprendre Berlin

Histoire

Berlin s'est souvent retrouvée au carrefour de l'histoire, en particulier au XXe siècle. La ville, née au Moyen Âge, connut un relatif anonymat avant de devenir la capitale royale de Prusse en 1701. Toutefois, il fallut attendre le siècle passé pour que Berlin marquât véritablement l'histoire européenne – et mondiale – de son empreinte.

Le cœur médiéval historique de Berlin, aux alentours de l'église Saint-Nicolas, fut dévasté par les raids aériens de la Seconde Guerre mondiale. L'actuel Nikolaiviertel (quartier Saint-Nicolas) n'en est qu'une réplique, imaginée par le gouvernement est-allemand pour fêter le 750e anniversaire de la ville en 1987.

Berlin au Moyen Âge

La découverte récente d'une poutre en chêne ferait remonter la naissance de Berlin à 1183. Mais les données couramment admises aujourd'hui fixent la fondation de la ville à l'an 1237, avec l'installation par des marchands itinérants de deux comptoirs, Berlin et Cölln, sur les rives de la Spree, au sud-ouest de l'actuelle Alexanderplatz. Un emplacement synonyme de prospérité, sur un axe commercial est-ouest dont les origines remontent au VIIIe siècle, à mi-chemin environ entre les villes fortifiées de Köpenick au sud-est et de Spandau au nord-ouest. Les villages de marchands s'agrandirent peu à peu et finirent par s'unir en 1307 pour répondre à des objectifs politiques et de sécurité.

Au centre de la marche (duché) de Brandebourg, Berlin ne cessa alors d'affirmer son indépendance économique et politique. Les choses se déroulèrent au mieux jusqu'à la mort du gouverneur ascanien en 1319. Livrée à elle-même, la jeune cité devint la proie de barons avides de pillages. Elle parvint malgré tout à affirmer son indépendance et rejoignit en 1359 la Ligue hanséatique (association des villes marchandes de l'Europe du Nord). Cette indépendance ne plut guère à l'empereur Sigismond qui nomma Frédéric de Hohenzollern à la tête de la marche de Brandebourg en 1411, initiant ainsi 5 siècles de pouvoir ininterrompu pour la maison de Hohenzollern.

Chronologie

1230

Construction de l'église Saint-Nicolas (Nikolaikirche) dans l'actuel quartier Nikolaiviertel.

1237

Date anniversaire de la fondation de la ville, qui est associée à celle de Cölln, son comptoir jumeau.

1244

Première mention de Berlin dans un document historique.

La Réforme et la guerre de Trente Ans

La Réforme, lancée en 1517 par le prêtre Martin Luther dans la ville de Wittenberg, mit du temps à arriver jusqu'à Berlin. Elle finit par atteindre le Brandebourg, et le prince-électeur Joachim II (dont le règne s'étendit de 1535 à 1571) n'eut d'autre choix que de se convertir au protestantisme. Le 1er novembre 1539, dans l'église Saint-Nicolas de Spandau, se tint le premier culte luthérien. Aujourd'hui encore, le Land (État, dans l'acception fédérale) de Brandebourg – mais pas la capitale – célèbre l'événement par un jour férié officiel (le Reformationstag, jour de la Réformation).

Berlin se développa des décennies durant, puis s'embourba dans la guerre de Trente Ans (1618-1648), conflit opposant catholiques et protestants qui causa la mort de millions de personnes en Europe. Sous son règne (1620-1640), le prince-électeur Georges-Guillaume tenta de maintenir une certaine neutralité, mais son territoire fut continuellement mis à sac par les pillards des deux camps. À la fin de la guerre, Berlin était en piteux état : ruinée, dévastée, avec une population réduite par les massacres, la faim et les maladies.

De l'enceinte originelle de Berlin, haute de 2 m, il ne reste qu'une portion de 8 m de long. La muraille fut construite vers 1250 au moyen de blocs de rochers et de briques. Pour la voir, rendez-vous dans la Littenstrasse, près d'Alexanderplatz.

La capitale d'un nouveau royaume

Sous le long règne (1640-1688) de Frédéric-Guillaume, fils de Georges-Guillaume, le pays retrouva la stabilité. Celui que l'on appelait aussi le Grand Électeur prit plusieurs mesures qui permirent au Brandebourg de se hisser au niveau des grandes puissances européennes. Il assura d'emblée la sécurité de la ville en l'entourant de fortifications. Puis il leva de nouvelles taxes, qui lui permirent de bâtir trois nouveaux quartiers (Friedrichswerder, Dorotheenstadt et Friedrichstadt), d'unir la Spree et l'Oder par un canal (consolidant ainsi le rôle commercial de Berlin) et de créer le Lustgarten (Jardin d'agrément) et l'avenue Unter den Linden ("sous les tilleuls").

Son action la plus importante concerna le repeuplement de Berlin, favorisé par l'installation de réfugiés. En 1671, 50 familles juives arrivèrent de Vienne, rejointes en 1685 par les huguenots fuyant les persécutions après la révocation de l'édit de Nantes par Louis XIV. De 1680 à 1710, la population de la ville tripla quasiment, atteignant 56 000 habitants.

Fils du Grand Électeur, Frédéric III (électeur 1688-1701, puis roi 1701-1713) était un souverain ambitieux qui appréciait les arts et les sciences. Avec son épouse Sophie-Charlotte, il régnait sur une cour vivante et fréquentée par de nombreux intellectuels. Il fonda l'Académie des arts en 1696 et l'Académie des sciences en 1700. Un an plus tard,

1307

Berlin et Cölln décident de s'unir pour affirmer leur indépendance par rapport aux chefs locaux.

1360

Berlin-Cölln rejoint la Ligue hanséatique, qu'elle quittera en 1518 sans y avoir jamais joué un rôle majeur.

1411

L'empereur Sigismond nomme Frédéric de Hohenzollern à la tête du Brandebourg. C'est le début de 5 siècles de pouvoir ininterrompu pour la maison de Hohenzollern.

1443

Début de la construction du château de Berlin (Stadtschloss), sur l'île de la Spree, qui deviendra la résidence permanente des Électeurs en 1486.

il se proclamait roi *en* Prusse (et non de Prusse, en sorte de ménager les susceptibilités de l'empereur du Saint-Empire), sous le nom de Frédéric Ier. Berlin devint ainsi résidence royale et capitale du nouvel État de Brandebourg-Prusse.

L'ère prussienne

Le top des sites prussiens

- *Porte de Brandebourg (Mitte)*
- *Château et parc de Sans-Souci (Potsdam)*
- *Château de Charlottenbourg (Charlottenburg)*
- *Reichstag (Mitte)*
- *Colonne de la Victoire (Tiergarten)*

Avec l'arrivée au pouvoir du fils de Frédéric Ier, Frédéric-Guillaume Ier (règne 1713-1740), la vie culturelle marqua une pause. Le nouveau monarque, surnommé le Roi-Sergent, s'intéressait surtout à la puissance militaire de la Prusse. Il consacra une bonne partie de son règne à lever une armée de 80 000 hommes, instituant pour cela une conscription très impopulaire et échangeant avec d'autres souverains des hommes contre des richesses. Ses méthodes brutales poussèrent des milliers d'hommes à fuir avec leurs familles pour échapper à la conscription. S'ensuivit un fort ralentissement de l'économie berlinoise, jusqu'à la suppression de cette mesure en 1730. Même le Lustgarten fut transformé en terrain d'exercices pour les soldats du roi, qui, paradoxalement, n'eurent jamais l'occasion de se trouver sur un champ de bataille.

Cette armée n'en fut pas moins prête lorsque lui succéda son fils, le très francophile Frédéric II (règne 1740-1786), plus connu sous le nom de Frédéric le Grand. S'intéressant très vite à la Silésie, région de l'actuelle Pologne, le nouveau roi ne tarda pas à s'engager dans une série de conflits avec la Russie et l'Autriche, pour finalement obtenir gain de cause au terme de la guerre de Sept Ans, en 1763 (traité de Hubertsbourgen). Lorsqu'il n'était pas sur le front, Frédéric le Grand était plutôt sensible aux affaires culturelles et cherchait à se distinguer par la construction d'édifices. Il fut à l'origine de réalisations majeures, telles que l'Opéra national, la cathédrale Sainte-Edwige et l'université Humboldt.

Frédéric II adopta aussi certaines idées des Lumières : abolition de la torture, liberté de culte et réforme du système judiciaire. Sous son règne, les esprits les plus éclairés de l'époque se côtoyèrent à Berlin : Moses Mendelssohn, Gotthold Ephraim Lessing, Alexander von Humboldt, Voltaire... Ainsi, Berlin devint un extraordinaire centre culturel, bientôt qualifié d'"Athènes de la Spree".

L'intermède napoléonien

Après la mort de Frédéric le Grand, la situation de la Prusse se détériora de plus en plus et, en 1806, ce fut la défaite d'Iéna, à environ 400 km au sud-ouest de Berlin, face à l'armée de Napoléon Ier. Le 27 octobre 1806, l'Empereur passait la porte de Brandebourg, marquant le début d'une occupation qui allait durer trois ans.

1539

Joachim II célèbre le premier office luthérien. L'année suivante, il promulgue une ordonnance faisant du protestantisme la religion officielle du Brandebourg.

1618

Conflit religieux et luttes pour le pouvoir territorial débouchent sur la sanglante guerre de Trente Ans, qui ruine financièrement Berlin et réduit sa population à quelque 6 000 âmes.

1640

Frédéric-Guillaume, qui entrera dans l'histoire en tant que Grand Électeur, arrive au pouvoir et rétablit un semblant de normalité en construisant fortifications et infrastructures.

1665

À la suite d'importants incendies, une nouvelle loi fait déplacer les granges au-delà des limites de la ville, créant ainsi l'actuel Scheunenviertel ("quartier des Granges").

Les Français partis, un retour à l'ancien système ne paraissait guère envisageable. Les fonctionnaires, universitaires et commerçants remirent en question le pouvoir de la noblesse. Frédéric-Guillaume III (règne 1797-1840) entama alors un tourbillon de réformes, telles que la restriction du pouvoir des corporations et l'abolition du travail forcé. Les Juifs obtinrent l'égalité civique. Mais les réformes constitutionnelles majeures piétinaient, et le pouvoir restait concentré dans l'État prussien.

Cette période de stagnation politique s'accompagna paradoxalement d'un grand dynamisme intellectuel dans les cafés et salons. La nouvelle Universität zu Berlin (université Humboldt) attira des sommités comme Hegel et Ranke. De cette époque datent aussi les travaux de l'architecte Karl Friedrich Schinkel, dont les nombreuses réalisations, de la Nouvelle Garde à l'Ancien Musée, embellissent encore la capitale.

Ouvrage historique de référence, *Histoire de la Prusse* (2009), de Christopher Clark, couvre la période 1600-1947 et montre le rôle central joué par cette grande puissance dans le modelage de l'Europe moderne.

Révolution(s)

En 1840, l'accession au trône de Frédéric-Guillaume IV (règne 1840-1861) laissait espérer des réformes, mais le monarque se révéla finalement aussi réactionnaire que son père. Aussi Berlin n'échappa pas aux révolutions bourgeoises de 1848 qui avaient éclaté en tout début d'année en Italie et en France, puis essaimé à l'est. Toute la région réclamait la création d'un État allemand et l'obtention de droits démocratiques élémentaires.

Face aux manifestations qui se produisaient jusque dans son jardin, le roi céda sur quelques points, en particulier sur le droit de rassemblement et la liberté de la presse. Le 18 mars, lors d'une manifestation, deux coups de feu retentirent et la situation dégénéra. Des barricades furent élevées et de violents affrontements s'ensuivirent, faisant 183 morts côté révolutionnaire et 18 côté armée. Frédéric-Guillaume IV ordonna alors à ses troupes de se retirer avant d'annoncer à grand bruit son soutien aux idées libérales et nationalistes. Des élections furent organisées et une Assemblée nationale prussienne instaurée en mai 1848. Mais son influence demeura limitée en raison de dissensions entre les différentes factions. La restauration de la monarchie fut donc un jeu d'enfant pour le général Von Wrangel, qui entra dans Berlin en novembre 1848 avec 13 000 soldats prussiens restés fidèles au roi. Opportuniste, le monarque ne tarda pas à dissoudre le Parlement et proposa une nouvelle Constitution lui permettant de conserver un pouvoir absolu. Nombre d'acteurs durent choisir l'exil. La révolution politique était morte dans l'œuf.

C'était loin d'être le cas de la révolution industrielle. L'activité manufacturière était bien implantée depuis le XVIIIe siècle, et Berlin devint un important centre technologique dès l'aube de l'ère

1671
La première communauté juive de Berlin se forme avec quelques familles venues de Vienne à l'invitation du Grand Électeur. Elle compte plus de 1 000 membres en 1700.

1685
Frédéric-Guillaume promulgue l'édit de Potsdam, qui autorise les huguenots persécutés en France à s'installer à Berlin. Ils sont exemptés d'impôt pendant 10 ans et libres de célébrer leur culte.

1696
L'Électeur Frédéric III fonde l'Académie des arts (Akademie der Künste), la plus ancienne et la plus prestigieuse des institutions artistiques berlinoises.

1701
Le Brandebourg devient un royaume et Berlin sa capitale lorsque l'Électeur Frédéric III se fait couronner roi en Prusse.

Les urinoirs octogonaux verts qui parsèment Berlin datent de la fin du XIXe siècle, lorsque le système d'épuration se retrouva dépassé par la croissance endémique de la population. Il en reste environ une vingtaine, dont un sur la Chamissoplatz, à Kreuzberg, et un autre sur la Senefelderplatz, à Prenzlauer Berg. Ils sont surnommés *Cafe Achteck* (Café octogone).

industrielle. La construction du réseau ferroviaire (la première ligne Berlin-Potsdam fut ouverte en 1838) encouragea l'apparition de plus d'un millier d'usines, parmi lesquelles les géants de l'électricité AEG et Siemens. Des dizaines de milliers de personnes affluèrent alors à Berlin pour trouver du travail. La population dépassait les 400 000 habitants en 1847 et les infrastructures approchaient la saturation.

Bismarck et la naissance d'un empire

En 1857, Guillaume, frère de Frédéric-Guillaume IV, malade, assura la régence avant d'être couronné en 1861 sous le nom de Guillaume Ier jusqu'en 1888). Plus enclin au changement que son frère, il nomma Otto von Bismarck Premier ministre de la Prusse en 1862.

Bismarck avait pour principale ambition de se servir de la Prusse pour unifier l'Allemagne et employa des méthodes aussi anciennes qu'efficaces : domination, manipulation et guerre. Allié à l'Autriche, il commença par reprendre en 1864 la province de Schleswig-Holstein aux mains du Danemark, avant de se retourner contre l'Autriche en 1866 pour former, l'année suivante, la Confédération de l'Allemagne du Nord.

Une fois le Nord sous contrôle, l'attention de Bismarck se porta sur le Sud. Par d'habiles manœuvres diplomatiques, il isola la France et la poussa à déclarer la guerre à la Prusse en 1870. Il surprit alors Napoléon III en remportant la plupart des provinces germaniques du Sud ainsi que l'Alsace-Lorraine, dont l'annexion marqua la fin de la guerre.

Bismarck vit son dessein se réaliser : les États allemands furent unifiés avec Berlin pour capitale. Le couronnement de Guillaume Ier comme Kaiser (empereur), le 18 janvier 1871, au château de Versailles, marqua la naissance de l'Empire allemand, dont Bismarck était le "chancelier de fer".

Découvrez une foule de données sur Berlin sur le site Internet du Bureau des statistiques de Berlin (www.statistik-berlin-brandenburg.de – en allemand).

Les premières années de l'Empire allemand, période appelée *Gründerzeit* ("années de fondation"), furent portées par une croissance économique significative, alimentée par les sommes régulièrement versées par la France au titre des réparations de guerre. La population augmenta, des centaines de milliers de personnes vinrent chercher du travail dans les usines berlinoises. Le problème du logement fut résolu grâce à la construction d'innombrables *Mietskasernen* (littéralement "baraques à louer"), lotissements organisés autour de cours et constitués de minuscules appartements mal ventilés et sans plomberie dans lesquels s'agglutinaient des familles entières.

De nouveaux partis politiques furent créés pour donner une voix au prolétariat, en particulier le Sozialdemokratische Partei Deutschlands

1730

Le futur Frédéric II (dit le Grand) est arrêté sur l'ordre de son père le roi au moment où il s'apprête à fuir en Angleterre avec un ami. Le Roi-Sergent fait exécuter le complice sous les yeux de son fils.

1740

Frédéric le Grand fait de Berlin une ville des Lumières et l'embellit avec l'édification de monuments prestigieux. Berlin est surnommée l'"Athènes de la Spree".

1806

Après les victoires d'Iéna et d'Auerstedt, l'armée prussienne est en déroute, et Napoléon défile triomphalement avec ses troupes sous la porte de Brandebourg.

1806-1808

Les Français occupent Berlin. Napoléon Ier dérobe le Quadrige ornant la porte de Brandebourg et le rapporte à Paris (les Prussiens le rapatrieront en 1814...).

(SPD, Parti social-démocrate d'Allemagne). Fondé en 1875, il obtint 40% des voix à Berlin après seulement deux années d'existence. Bismarck fit très vite passer une loi rendant le parti illégal, ce qui n'empêcha pas ce dernier de rester populaire. Très conservateur, le chancelier n'en fit pas moins de considérables concessions au progrès, allant jusqu'à mettre en place un système de retraites et de sécurité sociale, tout en se méfiant des "vraies" réformes. À l'avènement de Guillaume II (1888-1918), des désaccords profonds émergèrent entre les deux hommes, le nouvel empereur souhaitant notamment étendre le système de sécurité sociale, tandis que son chancelier faisait passer des lois antisocialistes de plus en plus sévères. La mésentente était telle que Bismarck finit par quitter le pouvoir en 1890 et tourner définitivement le dos à la scène politique.

La Première Guerre mondiale

Le 28 juin 1914, l'assassinat à Sarajevo de l'archiduc François-Ferdinand, héritier de la couronne d'Autriche, déclencha une guerre entre l'Autriche-Hongrie et la Serbie. Alliée de la Serbie, la Russie mobilisa ses troupes. L'Allemagne, alliée de l'Autriche-Hongrie depuis 1879, ne tarda pas alors à déclarer la guerre à la Russie, puis, deux jours plus tard, à la France, rangée du côté russe. La mobilisation générale suscita l'enthousiasme de la population, qui croyait en une victoire rapide. Mais le conflit s'enlisa et l'euphorie ne tarda pas à céder la place à la désillusion, d'autant plus que la population des villes allemandes subit durement les conséquences de la pénurie de denrées alimentaires.

Si elle signifia la fin des combats, la défaite de 1918 se révéla désastreuse pour la stabilité intérieure du pays. Le traité de Versailles contraignit l'Allemagne à verser des réparations écrasantes et à abandonner l'Alsace-Lorraine, l'ouest de la Pologne et toutes ses colonies en Afrique. En outre, il rendit l'Allemagne responsable de toutes les pertes subies par ses ennemis. L'humiliation fut immense.

La défaite entraîna également l'effondrement de la monarchie. Le 9 novembre 1918, l'abdication de l'empereur Guillaume II mit fin à plus de 5 siècles de domination des Hohenzollern. Le jour même, Philipp Scheidemann, du SPD, proclama depuis la fenêtre du Reichstag la naissance de la République allemande. Quelques heures plus tard, Karl Liebknecht, fondateur de la Ligue spartakiste, proclama, depuis le balcon du château de Berlin, la République socialiste libre d'Allemagne. La lutte pour le pouvoir était ouverte.

Lectures historiques

Journal de Berlin 1934-1941. Chronique d'un correspondant étranger (William L. Shirer, 1941)

Berlin-Ouest, histoire d'une île allemande 1945-1989 (Jacqueline Hénard, 2009)

Berlin et le monde. Les timides audaces d'une nation réunifiée (Anne-Marie Le Gloannec, 2007)

Berlin. Fragments d'une histoire allemande (Raymond Depardon, 2014)

Une histoire de Berlin (Philippe Meyer, 2014)

Le Mur de Berlin (Frederick Taylor, 2006)

1814-1815

Les Prussiens et leurs alliés prennent leur revanche en battant l'armée napoléonienne. Ils baptiseront la Pariser Platz en souvenir de cette victoire sur la France.

1830

L'Altes Museum, le premier des 5 musées de l'Île des Musées (Museumsinsel), ouvre ses portes. Le dernier (le musée de Pergame) est inauguré exactement 100 ans plus tard.

1837

L'ère industrielle passe à la vitesse supérieure avec la création des ateliers d'August Borsig, dont sort la première locomotive allemande en 1840.

1838

Le premier train berlinois assure la liaison Berlin-Potsdam, plaçant la ville au centre d'un réseau ferroviaire en expansion à travers la Prusse.

Les spartakistes

Fondée par Rosa Luxemburg et Karl Liebknecht, la Ligue spartakiste chercha à établir une base républicaine pour mettre en pratique les théories de Karl Marx sur la révolution prolétarienne. Opposée aux socialistes modérés, la Ligue fusionna avec d'autres groupes pour former le Kommunistische Partei Deutschland (KPD, Parti communiste allemand) à la fin de l'année 1918. En janvier 1919, la rivalité qui les opposait au SPD, favorable à la démocratie parlementaire, conduisit les spartakistes à déclencher une insurrection révolutionnaire. À la suite de la répression brutale de cette révolte, Rosa Luxemburg et Karl Liebknecht furent assassinés par une milice réactionnaire. On jeta leurs corps sans cérémonie dans le Landwehrkanal.

La république de Weimar

La toute jeune république adopta sa Constitution en juillet 1919 dans la ville de Weimar, où l'Assemblée constituante s'était réfugiée pour fuir le chaos berlinois. Elle accorda le droit de vote aux femmes et garantit des droits élémentaires aux citoyens, mais donna au chancelier des pouvoirs bien trop importants, en lui permettant notamment de gouverner par décrets en cas d'état d'urgence – ce dont ne manqua pas de profiter Adolf Hitler après son accession au pouvoir.

La colonne de la Victoire (Siegessäule), dans le parc de Tiergarten, a joué les vedettes dans *Les Ailes du désir* de Wim Wenders et dans le clip *Stay* de U2. Elle a aussi inspiré le tube trance *For an Angel* de Paul van Dyk, en 1998, et le nom du principal magazine gay berlinois.

Le gouvernement de la république dite de Weimar (1920-1933) rassemblait une vaste coalition de centre gauche, menée par Friedrich Ebert, membre du SPD, puis par Paul von Hindenburg, indépendant. Le SPD resta le plus important parti politique en Allemagne jusqu'en 1932. Cependant, ce gouvernement, qui ne pouvait satisfaire ni les communistes ni les monarchistes, rencontra de nombreuses oppositions.

L'imposante métropole de Berlin, telle que nous la connaissons aujourd'hui, vit le jour en 1920, quand le gouvernement réunit les villes et villages de la région (Charlottenburg, Schöneberg, Spandau, etc.) sous une administration commune. Du jour au lendemain, Berlin devint l'une des plus grandes villes du monde, avec environ 3,8 millions d'habitants. Marqué par l'humiliation de 1918, l'instabilité sociale et politique, l'hyperinflation, la faim et les épidémies, le début des années 1920 ne laissait présager en rien un “âge d'or”. On comptait près de 235 000 Berlinois au chômage. Grèves, manifestations et émeutes se succédaient. La stabilité économique revint peu à peu avec la mise en circulation en 1923 d'une nouvelle monnaie, le Rentenmark, et l'application en 1924 du plan Dawes, prévu pour limiter le poids financier des réparations imposées à l'Allemagne à l'issue de la Première Guerre mondiale.

1848

Berlin est prise dans une tourmente en faveur de réformes démocratiques et de l'unification de l'Allemagne. Au bout de quelques mois, l'armée prussienne rétablit l'ordre ancien.

1862

Pour pallier la pénurie de logements, l'urbaniste en chef James Hobrecht fait construire des lotissements exigus pour la classe populaire.

1870-1871

Guerre franco-allemande. Après la victoire de Sedan, les armées prussiennes marchent sur Paris qu'elles assiègent de septembre 1870 à janvier 1871.

1871

Alliant stratégie de guerre et diplomatie, le chancelier du royaume de Prusse Otto von Bismarck parvient à unifier l'Allemagne, avec Berlin pour capitale.

De l'âge d'or culturel à la crise

Dans les années qui suivirent, Berlin connut un foisonnement culturel tel qu'elle n'en avait jamais vécu auparavant. La réputation de tolérance de cette capitale avant-gardiste faisait que l'on s'y pressait du monde entier pour goûter aux plaisirs du cabaret, du jazz et du dadaïsme. De grands noms de l'architecture (Bruno Taut, Martin Wagner, Hans Scharoun et Walter Gropius), des arts (Georg Grosz, Max Beckmann et Lovis Corinth) et de la littérature (Bertolt Brecht, Kurt Tucholsky, Wystan Hugh Auden et Christopher Isherwood) contribuèrent au rayonnement artistique de la ville.

La fin de la décennie marqua le retour de la crise, après le krach boursier du Jeudi noir, le 24 octobre 1929. En quelques semaines, près de 500 000 Berlinois perdirent leur emploi. Émeutes et manifestations réinvestirent les rues. La dépression qui suivit éroda davantage la fragile démocratie allemande et nourrit les extrémismes de tous bords.

Pris dans la tourmente, le maréchal Paul von Hindenburg, qui avait succédé à Ebert en 1925, se servit des pouvoirs que lui offrait la Constitution en cas d'urgence pour nommer Heinrich Brüning au poste de chancelier. Dès son arrivée au pouvoir, ce dernier provoqua la déflation de l'économie, mena une politique de baisses salariales et ruina l'épargne amassée par les classes moyennes.

Le climat politique devint particulièrement tendu et les heurts furent fréquents entre les communistes et les membres d'un parti qui faisait de plus en plus parler de lui, le Nationalsozialistische Deutsche Arbeiterpartei (NSDAP, Parti ouvrier allemand national-socialiste), dont le chef, obscur artiste raté autrichien, se nommait Adolf Hitler.

La montée au pouvoir d'Hitler

En 1930, le NSDAP réalisa une progression impressionnante, remportant 18% des suffrages nationaux. Briguant la présidence, Hitler entra en concurrence directe avec Hindenburg, alors président, lors des élections de 1932. Hitler obtint 37% des voix lors du second tour (25% à Berlin). Les élections législatives qui s'ensuivirent virent le NSDAP devenir le premier parti au Reichstag, avec 230 sièges. Un an plus tard, le 30 janvier 1933, Hindenburg, influencé par des conseillers conservateurs et devant faire face à l'échec des réformes économiques, nomma Hitler au poste de chancelier du Reich (*Reichskanzler*). La même nuit, des militants nazis célébrèrent leur accession au pouvoir en organisant un cortège aux flambeaux sous la porte de Brandebourg.

En mars 1933, Hitler convoqua les dernières élections "officiellement" libres avant la guerre. Malgré l'aide de ses redoutables sections d'assaut (SA, Sturmabteilung) et le prétexte fourni par l'incendie du Reichstag

1877

La population berlinoise atteint la barre du million, un chiffre quasi multiplié par deux en 1900.

1891

Ingénieur berlinois et pionnier de l'aviation, Otto Lilienthal fait le premier vol en planeur réussi au monde et parcourt 25 m. Il mourra 5 ans plus tard dans un accident d'avion.

1902

Après 20 ans de polémique et 8 ans de travaux, le premier tronçon du métro berlinois (U-Bahn) est enfin inauguré entre la Warschauer Strasse et l'Ernst-Reuter-Platz.

1918

La Première Guerre mondiale s'achève le 11 novembre avec la capitulation de l'Allemagne qui suit l'abdication du Kaiser Guillaume II. C'en est fini de la monarchie prussienne.

pour éliminer ses opposants, il n'emporta toujours pas la majorité absolue – les Berlinois, les moins convaincus de tous et peut-être plus conscients des événements en cours, ne furent "que" 31% à voter pour le NSDAP. Hitler persuada toutefois Hindenburg de lui confier des pouvoirs supplémentaires afin de "protéger le peuple et l'État".

Le 24 mars, le Parlement se réunit à Berlin, dans l'Opéra Kroll (détruit lors de la guerre), pour voter une loi accordant les pleins pouvoirs à Hitler. De fait, le Parlement n'avait plus lieu d'être : les nazis étaient désormais seuls au pouvoir.

Berlin sous les nazis

L'avènement du régime totalitaire nazi eut des répercussions immédiates pour l'ensemble de la population. Les partis de gauche, notamment le SPD et les partis communistes, ainsi que les syndicats furent interdits. La liberté de la presse disparut, et la terreur devint le lot quotidien de tous. Les membres des Sturmabteilung (SA), troupes d'assaut d'Hitler, vêtus de chemises brunes, arrêtèrent les opposants, torturèrent et assassinèrent nombre de personnes. Des camps de concentration furent mis en place presque immédiatement, comme celui du château d'eau à Prenzlauer Berg. Au nord de Berlin, on commença la construction de l'immense camp de Sachsenhausen. Pendant la seule "semaine sanglante de Köpenick", en juin 1933, près de 100 personnes furent tuées. Le 10 mai, des étudiants procédèrent à un autodafé de livres "anti-Allemands" sur la Bebelplatz, forçant à l'exil d'innombrables artistes et intellectuels.

Dans la longue filmographie de Margarethe von Trotta, la réalisatrice allemande la plus connue, *Rosenstrasse* (2003) dresse le portrait émouvant d'un groupe de femmes luttant pour sauver leurs époux juifs de la déportation en 1943. Un mémorial a été érigé dans cette rue.

La persécution des Juifs

Le régime se dévoila chaque jour un peu plus. En avril 1933, Joseph Goebbels, *Gauleiter* ("chef de district") de Berlin, qui venait d'être nommé ministre de la Propagande, annonça un boycott des commerces juifs. Peu après, les Juifs furent chassés des services publics et bannis de nombreuses professions, commerces et industries. En 1935, les lois de Nuremberg privèrent les Juifs de la nationalité allemande et de nombreux droits.

La situation politique de l'Allemagne semblait peu préoccuper la communauté internationale. Le vaste programme de construction et de nationalisation des industries entrepris par Hitler éradiqua le chômage (notamment par le travail forcé) et stabilisa l'économie, ce qui rassura un peu plus les observateurs. De même, les Jeux olympiques de 1936 à Berlin, véritable succès en matière de propagande, donnèrent une légitimité au gouvernement nazi et détournèrent l'attention internationale de l'horrible réalité du régime.

1919	1920	Années 1920	1921
Le mouvement spartakiste dirigé par Karl Liebknecht et Rosa Luxemburg est réprimé. Les deux révolutionnaires sont assassinés par une milice (Freikorps) réactionnaire.	Le 1er octobre, Berlin devient la plus grande métropole d'Allemagne. Le *Gross-Berlin* englobe 7 villes suburbaines, 59 villages et 27 domaines placés sous une administration commune, soit 3,8 millions d'habitants.	Désormais métropole culturelle, Berlin attire des artistes, des scientifiques et des philosophes majeurs de l'époque, comme Einstein, Brecht ou Otto Dix.	Après 8 années de travaux, la première autoroute du monde, l'AVUS, est inaugurée à Grunewald.

LES JEUX OLYMPIQUES SOUS LE SIGNE DE LA CROIX GAMMÉE

Lorsqu'en 1931 le CIO attribua à l'Allemagne l'organisation des Jeux olympiques de 1936, il entendait ainsi célébrer le retour du pays dans la communauté mondiale après sa défaite à l'issue de la Grande Guerre et le tumulte des années 1920. Personne ne pouvait imaginer que la jeune démocratie allemande porterait un dictateur à sa tête, en 1933.

Alors qu'Hitler inaugurait les Jeux, le 1er août 1936, dans le stade olympique de Berlin, des prisonniers achevaient le premier camp de concentration à Sachsenhausen, au nord de la ville. Pendant que le célèbre compositeur Richard Strauss dirigeait l'hymne olympique lors de la cérémonie d'ouverture, des escadrons de chasseurs mettaient le cap sur l'Espagne pour soutenir la dictature franquiste. Si la flamme olympique mit un terme provisoire aux persécutions politiques et raciales, et vit le retrait des panneaux antisémites, les Jeux constituèrent aussi une caisse de résonance pour la machine de propagande nazie, qui excellait dans l'art de mettre en scène des manifestations publiques grandioses, comme en témoigne *Les Dieux du stade*, le film de Leni Riefenstahl. Les participants et les spectateurs furent impressionnés par la chorégraphie des défilés et l'hospitalité allemande. Le fait qu'il s'agisse des premières olympiades diffusées par les radios du monde entier eut un impact accru sur l'opinion.

Sur le plan sportif, le succès fut au rendez-vous avec plus de 4 000 athlètes originaires de 49 nations, qui s'affrontèrent dans plus de 129 épreuves et établirent de nombreux records. La vedette incontournable des Jeux fut le coureur afro-américain Jesse Owens, qui remporta 4 médailles d'or sur le 100 m, le 200 m, le relais 4 x 100 m et le saut en longueur, gagnant ainsi le cœur du public et mettant à mal la croyance nazie en la supériorité de la race aryenne. Les Juifs allemands furent pour leur part exclus de la compétition, à l'exception symbolique de l'escrimeuse Helene Mayer, qui empocha une médaille d'argent.

Pour les Juifs, la terreur monta d'un cran le 9 novembre 1938 lors de la funestement célèbre *Reichspogromnacht* – plus connue sous le nom de nuit de Cristal, en référence aux vitrines brisées – durant laquelle des milliers de commerces et de lieux de culte juifs furent incendiés ou mis à sac, à Berlin et dans toute l'Allemagne. Le pillage prit une autre forme par la suite, lorsque ces biens furent cédés à prix de misère à des non-Juifs. Si les Juifs avaient amorcé leur fuite de l'Allemagne dès 1933, cette escalade dans la violence provoqua une nouvelle vague d'émigration vers le Royaume-Uni et surtout vers les États-Unis.

Le sort réservé aux Juifs s'aggrava encore après le déclenchement de la guerre. À la demande d'Hitler, Hermann Göring mandata une commission pour trouver une *Endlösung* ("solution finale") à la

1923

L'aéroport de Berlin-Tempelhof ouvre, devenant rapidement l'un des aéroports les plus importants d'Europe avec celui de Croydon à Londres et de Paris-Le Bourget.

1923-1924

Arrêté après un putsch avorté à Munich, Hitler est condamné à 5 ans de prison pour haute trahison (il ne restera emprisonné que quelques mois). Il en profite pour écrire *Mein Kampf*.

1924

Le premier feu de signalisation électrique d'Allemagne commence à réguler le chaos de la Potsdamer Platz.

1929

La Grande Dépression frappe Berlin, laissant 500 000 personnes au chômage. Trente membres du Parti ouvrier national-socialiste sont élus au Parlement de la ville.

LA RÉSISTANCE À HITLER

La résistance à Hitler, très tôt écrasée par les nazis, ne disparut pas totalement. La tentative d'assassinat menée par Claus Schenk von Stauffenberg le 20 juillet 1944 fut l'acte de rébellion le plus célèbre. Sa haute fonction dans l'armée lui permettant d'accéder au Wolfschanze (l'un des quartiers militaires d'Hitler, à côté de Görlitz, à 215 km à l'est de Berlin), Stauffenberg en personne plaça une valise contenant des explosifs sous la table de réunion, à proximité du fauteuil du Chancelier du Reich. La bombe explosa, mais le Führer fut protégé par la solide table en chêne et en réchappa. Stauffenberg et ses complices furent fusillés au Bendlerblock, quartier général de la Wehrmacht, non loin des pièces où ils avaient ourdi le complot. Par la suite, des centaines de personnes, dont beaucoup n'avaient rien à voir avec l'attentat, furent exécutées à la prison de Plötzensee. Les deux sites accueillent désormais le mémorial de la Résistance allemande (p. 162).

Les grands sites sur la Seconde Guerre mondiale

Topographie de la Terreur (Mitte)

Camp de concentration de Sachsenhausen (Oranienburg)

Mémorial de l'Holocauste (Mitte)

Mémorial de la Résistance allemande (Potsdamer Platz)

Maison de la conférence de Wannsee (Wannsee)

"question juive". En janvier 1942, une conférence tenue sur les rives du lac Wannsee, à Berlin, posa les bases de l'Holocauste. Les Juifs n'étaient pas les seuls visés : Tsiganes, dissidents politiques, prêtres (en particulier les jésuites), homosexuels et résistants furent également internés. Au total, 7 millions de personnes périrent dans les camps, principalement installés en Europe de l'Est. Seuls 500 000 déportés survécurent, libérés par les soldats alliés.

La bataille de Berlin

La Seconde Guerre mondiale débuta le 1er septembre 1939 avec l'invasion de la Pologne par les nazis. La France et la Grande-Bretagne eurent beau déclarer la guerre à l'Allemagne deux jours plus tard, cela n'empêcha pas la rapide défaite de la Pologne, de la Belgique, des Pays-Bas et de la France. D'autres pays, dont le Danemark et la Norvège, cédèrent devant l'armée du IIIe Reich.

En juin 1941, l'Allemagne rompit son pacte de non-agression avec Staline en attaquant l'URSS. D'abord payante, l'opération Barbarossa connut rapidement des difficultés et s'acheva par la défaite de Stalingrad (aujourd'hui Volgograd) l'hiver suivant, forçant l'armée allemande à battre en retraite.

Avec le débarquement en Normandie de juin 1944, les troupes alliées arrivèrent en force sur le continent européen, soutenues par des attaques aériennes systématiques sur Berlin et la plupart des villes allemandes. Durant les derniers jours de la guerre, Hitler, brisé et paranoïaque, ordonna la destruction de toutes les industries et infrastructures allemandes encore debout. L'ordre fut en grande partie ignoré.

1933

Hitler devient chancelier. Incendie du Reichstag. Début de la construction du camp de Sachsenhausen. Autodafé sur la Bebelplatz. En juin, seul le Parti national-socialiste est autorisé.

1936

Les Jeux olympiques de Berlin, en août, constituent pour le IIIe Reich une excellente occasion de propagande. Le caractère antisémite du régime nazi est gommé pour l'occasion.

1938

Le 9 novembre, lors de la nuit de Cristal, des commerces et établissements juifs sont attaqués dans la ville et le pays. Neuf des 12 synagogues berlinoises sont incendiées par des nazis.

1942

Lors de la conférence dite de Wannsee, des membres éminents de la SS décrètent l'extermination systématique des Juifs d'Europe, cyniquement baptisée la "solution finale".

La bataille finale pour Berlin débuta le 16 avril 1945. Le 21 avril, plus d'un million et demi de soldats soviétiques atteignirent la capitale par l'est. Le 25 avril, Berlin fut encerclée. Deux jours plus tard, les Soviétiques entrèrent dans le centre-ville, combattant des troupes disparates, composées de SS demeurés fidèles au Führer, mais aussi de tout jeunes gens et de vieillards enrôlés à la dernière heure. Le 30 avril, les combats atteignirent le quartier du Gouvernement. Hitler se réfugia dans son bunker, avec sa maîtresse, Eva Braun, qu'il avait épousée la veille. Ils se suicidèrent tous deux dans l'après-midi. Deux jours après, Berlin tomba aux mains des Soviétiques. Les soldats de l'Armée rouge assiégèrent le Reichstag et l'incendièrent.

Dans *Histoire d'un État disparu* (Ellipses, 2001), Francis Lachaise relate le parcours de la RDA de l'occupation soviétique jusqu'à la chute du mur de Berlin, sans oublier la question de l'intégration à l'Allemagne fédérale.

L'après-guerre

Le 7 mai 1945, l'Allemagne capitula. L'armistice qui mit officiellement fin à la Seconde Guerre mondiale en Europe fut signé le 8 mai dans les quartiers militaires américains de Reims, et dans les quartiers militaires russes de Berlin-Karlshorst, aujourd'hui transformés en musée consacré à l'histoire germano-soviétique (p. 243).

Le bilan de la guerre fut très lourd pour la population civile, principale victime des bombardements : des quartiers entiers furent rayés de la carte, plus de la moitié des bâtiments et un tiers des industries furent détruits ou endommagés. Au moins 125 000 Berlinois avaient perdu la vie dans le conflit. Avec près d'un million de femmes et d'enfants évacués, Berlin ne comptait plus, en mai 1945, que 2,5 millions d'habitants (contre 4,3 millions en 1939), dont deux tiers de femmes.

Dans Berlin occupée par les Soviétiques, des femmes principalement, les *Trümmerfrauen* ("femmes des décombres"), participèrent au déblaiement du vaste champ de ruines qu'était devenue la ville. Dans les années qui suivirent, les tonnes de gravats entassés formèrent des collines artificielles, les *Trümmerberge* ("montagnes de décombres"), comme le Teufelsberg, dans la forêt de Grunewald, et le mont Klamott, dans le parc public Friedrichshain.

L'armistice connut malgré tout son lot de petits triomphes : le métro circula de nouveau à partir du 14 mai 1945, le premier journal sortit des presses le 15 mai et, le 26 mai, la Philharmonie de Berlin accueillit son premier concert de l'après-guerre.

La conférence de Yalta et l'occupation

En vertu des dispositions prises par Winston Churchill, Franklin D. Roosevelt et Joseph Staline lors de la conférence de Yalta, du 4 au 11 février 1945, l'Allemagne fut divisée en 4 zones d'occupation. Berlin fut partagée en 20 zones administratives. La zone britannique

1944	1945	1948	1949
Le 20 juillet, Claus von Stauffenberg tente avec d'autres officiers supérieurs d'assassiner Hitler. Leur échec coûtera la vie aux conjurés et à beaucoup d'autres.	Les troupes soviétiques avancent sur Berlin et la bataille laisse la ville en ruine. Hitler se suicide le 30 avril, les combats cessent le 2 mai et l'armistice est signé le 8 mai.	Après l'instauration du Deutsche Mark par les Alliés, les Soviétiques décident le blocus de Berlin-Ouest : Américains et Britanniques mettent en place un pont aérien.	Création de la RFA (République fédérale d'Allemagne) et de la RDA (République démocratique allemande). Berlin reste sous le contrôle des Alliés.

comprenait Charlottenburg, Tiergarten et Spandau, la partie française se composait de Wedding et de Reinickendorf, et la zone américaine était constituée de Zehlendorf, Steglitz, Wilmersdorf, Tempelhof, Kreuzberg et Neukölln. Toutes ces zones formèrent plus tard Berlin-Ouest. Les Soviétiques administraient 8 zones, dont Mitte, Prenzlauer Berg, Friedrichshain, Treptow et Köpenick, le tout formant la future Berlin-Est. Les Soviétiques occupaient également la région autour de Berlin, la partie ouest de la ville étant donc complètement enclavée dans des territoires qu'ils contrôlaient.

En juillet et août 1945, les vainqueurs se réunirent dans le château de Cecilienhof, à Potsdam, pour décider du sort de l'Allemagne.

Les meilleurs sites sur la guerre froide

- *Mémorial du mur de Berlin (Prenzlauer Berg)*
- *East Side Gallery (Friedrichshain)*
- *Prison de la Stasi (Lichtenberg)*
- *Musée des Alliés (Dahlem)*
- *Musée de la Stasi (Mitte)*

Le grand refroidissement

Des mésententes éclatèrent rapidement entre Alliés occidentaux et Soviétiques. Pour les premiers, il était important avant tout d'aider l'Allemagne en relançant son économie dévastée. Les Soviétiques, eux, insistaient sur les réparations et commencèrent à user de la force et à exploiter leur zone d'occupation. Des dizaines de milliers d'hommes valides et de prisonniers de guerre furent envoyés dans des camps de travail au fin fond de l'Union soviétique. En revanche, du côté occidental, la démocratie commençait à prendre forme et des parlements furent élus dans les États allemands en 1946-1947.

La montée des tensions atteignit son apogée en juin 1948, lorsque les Occidentaux introduisirent le Deutsche Mark dans leur zone sans en informer l'URSS. Furieux, les Soviétiques frappèrent leur propre monnaie, l'Ostmark, et tirèrent prétexte de l'incident pour justifier le blocus économique de Berlin-Ouest, afin de contrôler Berlin dans sa totalité. Les Alliés mirent alors en place un pont aérien afin de ravitailler Berlin, évitant ainsi miraculeusement à l'ouest de la ville d'être absorbé par l'Empire soviétique.

Le pont aérien de Berlin

Le pont aérien marque une page glorieuse de l'histoire berlinoise après la Seconde Guerre mondiale. Le 24 juin 1948, les Soviétiques coupèrent les routes et les voies ferrées permettant de rallier Berlin afin d'obliger les Alliés à abandonner leurs secteurs et de s'assurer le contrôle de toute la ville.

Au cours des 11 mois suivants, l'aviation alliée achemina 24h/24 vivres, charbon, machines et marchandises diverses vers l'aéroport de Tempelhof (aujourd'hui fermé), dans l'ouest de la ville. Lorsque les Soviétiques revinrent sur leur position, les Alliés avaient effectué 278 000 vols, parcourant une distance équivalente à 250 voyages

1950

Faisant fi des protestations internationales, les chefs de la RDA font raser les vestiges du palais des rois de Prusse par pure idéologie.

Années 1950

Des centaines de milliers d'Allemands de l'Est rejoignent Berlin-Ouest et la RFA, privant ainsi la RDA d'une partie de sa main-d'œuvre et de ses cerveaux.

1951

Berlin accède à la notoriété cinématographique avec la première édition du Festival international du film de Berlin (Berlinale).

1953

Les chars soviétiques écrasent un soulèvement ouvrier à Berlin-Est, faisant des centaines de morts et de nombreux blessés.

aller-retour vers la Lune, et livré 2,5 millions de tonnes de fret. Le mémorial du Pont aérien (Luftbrückendenkmal), édifié à l'aéroport, rend hommage à ceux qui perdirent la vie en menant à bien cette mission.

Le blocus consolida les rapports entre Allemands de l'Ouest et Alliés, les Berlinois considérant ces derniers non plus comme des occupants mais comme des *Schutzmächte* ("puissances protectrices").

Les deux États allemands

En 1949, la division de l'Allemagne (et de Berlin) fut officialisée. La zone ouest devint la Bundesrepublik Deutschland (RFA, République fédérale d'Allemagne). Le plan Marshall apporta des millions de dollars pour reconstruire l'Allemagne de l'Ouest et contribua au boom économique, connu sous le nom de *Wirtschaftswunder* ("miracle économique"), avec une croissance moyenne de 8% par an de 1950 à 1961. Ce redressement bénéficia de l'arrivée de près de 2,3 millions de travailleurs immigrés, venus principalement de Turquie, de Yougoslavie et d'Italie, jetant du même coup les bases de la société multiculturelle d'aujourd'hui.

Parallèlement, la zone soviétique prit le nom de Deutsche Demokratische Republik (RDA, République démocratique allemande), avec pour capitale Berlin-Est et pour premier président Wilhelm Pieck. Cependant, dès le début, le Sozialistische Einheitspartei Deutschlands (SED, Parti socialiste unifié d'Allemagne), dirigé par Walter Ulbricht, prit les décisions en matière d'économie, de législation et de sécurité. Pour étouffer toute opposition, le tristement célèbre ministère de la Sécurité d'État (Ministerium für Staatssicherheit, ou Stasi) fut créé en 1950 et s'installa dans le quartier de Lichtenberg (aujourd'hui musée de la Stasi). Les "ennemis" du régime furent incarcérés dans la prison ultrasecrète de la Stasi, non loin de là.

Dans *Stasiland* (2004), la journaliste australienne Anna Funder se penche sur le vaste service d'espionnage des citoyens est-allemands de la Stasi, donnant la parole aux victimes et aux bourreaux.

En 1953, les premiers signes de mécontentement apparurent en RDA : la baisse de la production, la priorité de l'industrie lourde sur les biens de consommation engendrèrent des frustrations. Par ailleurs, la mort de Staline, en mars, fit naître des espoirs de réforme mais n'entraîna, dans les faits, que peu de changements. La pauvreté et les tensions économiques poussèrent le SED à revoir encore à la hausse les objectifs de rendement. Le 17 juin 1953, 10% des ouvriers du pays étaient dans la rue. Les forces armées soviétiques se déployèrent pour rétablir l'ordre. Un grand nombre de manifestants furent tués et 1 200 personnes arrêtées.

La construction du Mur

Tout au long des années 1950, le fossé économique entre les deux Allemagne se creusa, poussant des centaines de milliers d'Allemands

1957 La première Trabant sort des usines d'Allemagne de l'Est. Ces voitures seront fabriquées jusqu'en 1990.

1961 Onze jours après la pose de la première pierre du Mur, le 24 août, Günter Litfin, 24 ans, est abattu par des gardes-frontières alors qu'il tentait de traverser le port Humboldt à la nage.

1963 John F. Kennedy exprime sa solidarité avec la population berlinoise lors du fameux discours où il déclara *"Ich bin ein Berliner"*, le 26 juin à l'hôtel de ville de Schöneberg.

1964 Un grand projet transforme l'Alexanderplatz, la place centrale de Berlin-Est, en une vitrine architecturale du socialisme. Sa tour de la Télévision est inaugurée en 1969.

de l'Est, jeunes et bien formés pour la plupart, à partir chercher leur avenir à l'Ouest. L'exode atteignit un niveau tel que, dans la nuit du 13 août 1961, la RDA, avec l'accord des pays membres du pacte de Varsovie, installa des barbelés et creusa des fossés entre les deux parties de Berlin. Trois jours plus tard, la construction du Mur proprement dit, manifestation physique du rideau de fer et symbole fort de la guerre froide, commençait. La frontière intérieure de l'Allemagne fut plantée de barrières, étroitement surveillée et minée.

Les Berlinois furent comme assommés. Face à cette mesure, les Alliés occidentaux protestèrent officiellement et d'énormes manifestations eurent lieu à Berlin-Ouest, laissant l'Est complètement sourd. La tension entre les deux blocs atteignit alors son paroxysme. En octobre 1961, les chars américains et soviétiques se firent face à Checkpoint Charlie, à deux doigts de se faire la guerre. En 1963, le président américain John F. Kennedy fit une visite éclair à Berlin-Ouest. Réaffirmant l'importance de la liberté des Berlinois, son célèbre discours, au cours duquel il clama *"Ich bin ein Berliner"* ("Je suis un Berlinois"), prononcé du haut des marches de l'hôtel de ville de Schöneberg, remit la ville au cœur de la guerre froide.

En juillet 1990, les Pink Floyd interprétèrent en live leur album de 1979, *The Wall* ("Le Mur"), devant 200 000 personnes (et des millions de téléspectateurs à travers le monde) sur la Potsdamer Platz.

La nomination d'Erich Honecker (1912-1994) en 1971 permit de faciliter le rapprochement entre l'Est et l'Ouest et d'accélérer la reconnaissance de la RDA à l'échelle internationale. En septembre, la signature par les Alliés occidentaux et l'Union soviétique d'un nouvel accord quadripartite, au tribunal (*Kammergericht*) de Schöneberg, garantit l'accès à Berlin-Ouest depuis la RFA et assouplit les restrictions de déplacement entre les parties Est et Ouest de la ville. Cet accord ouvrit la voie à la signature du "traité fondamental", un an plus tard, par lequel les deux pays reconnaissaient leur indépendance et leur souveraineté respectives, acceptaient les frontières et s'engageaient à créer des "missions permanentes" à Bonn et à Berlin-Est.

La vie dans la ville divisée

Pendant 45 ans, Berlin fut une enclave politique soumise aux aléas de la guerre froide. Après la construction du Mur en 1961, les deux moitiés de la ville se développèrent comme des entités totalement distinctes.

Berlin-Ouest

L'économie de Berlin-Ouest n'aurait pas tenu sans d'importantes aides du gouvernement ouest-allemand, sous forme d'avantages fiscaux et de primes. Les Berlinois de l'Ouest bénéficiaient des mêmes aspects du capitalisme que tous les autres Allemands de l'Ouest : plein accès à

1967

La mort de Benno Ohnesorg, tué par la police lors d'une manifestation contre la venue du shah d'Iran à Berlin, provoque la radicalisation du mouvement étudiant.

1971

L'accord des Quatre signé par les pays alliés confirme le statut indépendant de Berlin. La RFA et la RDA reconnaissent officiellement leur souveraineté et leurs frontières respectives.

1976

Le palais de la République, siège du Parlement de la RDA et lieu de fêtes, est inauguré le 23 avril. Il remplace le palais des rois de Prusse démoli en 1950 après 5 siècles de présence des Hohenzollern.

1987

Les deux Berlin célèbrent séparément le 750e anniversaire de la ville. Le 12 juin, le président américain en visite, Ronald Reagan, s'exclame : "Monsieur Gorbatchev, démolissez ce mur !"

une vaste gamme de produits de consommation de qualité, à la toute dernière technologie et aux produits d'importation.

Du temps où Berlin-Ouest était totalement encerclée par Berlin-Est et la RDA, ses habitants ironisaient sur le fait qu'en voyage, la direction n'importait pas, puisqu'on allait toujours "à l'Est". Les Berlinois de l'Ouest ne connaissaient toutefois aucune restriction de mouvement, libres qu'ils étaient de partir et revenir à leur guise et de choisir leur destination de vacances. Berlin était reliée à l'Allemagne de l'Ouest par voie aérienne, ferroviaire et par quatre routes de transit, qui étaient des autoroutes (*Aubtobahnen*) ou des routes nationales classiques, également empruntées par les Allemands de l'Est. Les voyageurs en transit n'étaient pas autorisés à quitter la route principale. Courants, les contrôles à la frontière impliquaient souvent brimades et recherches chronophages.

Berlin-Est

D'emblée, la politique menée en matière d'économie, de justice et de sécurité fut dominée par un seul parti, le SED. Parmi ses principaux objectifs : faire de ses citoyens les membres loyaux d'une nouvelle société socialiste. Dès 6 ans, les enfants étaient intégrés dans un dense réseau d'organisations régies par l'État. Sur le lieu de travail, les syndicats étaient chargés du contrôle et de la conformité idéologiques. Officiellement, l'adhésion à l'un de ces groupes était volontaire, mais la refuser limitait l'accès à l'enseignement supérieur et les choix de carrière, et pouvait aussi éveiller les soupçons de la redoutée Stasi.

Avec la Centrum Warenhaus (aujourd'hui Galeria Kaufhof) sur l'Alexanderplatz pour magasin phare, Berlin-Est possédait un niveau de vie plus élevé que le reste de l'Allemagne de l'Est. Si les denrées de base (pain, lait, beurre, autres produits) étaient bon marché et abondaient, les denrées plus luxueuses et les produits de qualité, rares, ne s'obtenaient souvent qu'à force de patience et par relations. Les files devant les magasins étaient un spectacle ordinaire, et nombre d'articles étaient uniquement disponibles en tant que *Bückwaren*, c'est-à-dire soustraits aux regards, le vendeur devant se baisser (*bücken*) pour les prendre sous le comptoir. Le troc était également pratiqué couramment. Les produits de l'Ouest ne pouvaient être achetés que dans des magasins gouvernementaux de vente au détail appelés "Intershops", et uniquement par les privilégiés ayant accès à une monnaie forte (le mark est-allemand n'y était pas accepté).

Après la construction du Mur en 1961, les Berlinois de l'Est, comme les autres Allemands de l'Est, furent uniquement autorisés à se déplacer à l'intérieur de la RDA et vers les autres pays du bloc de l'Est. La plupart

Pour pallier la pénurie de logements, Marzahn, Hohenschönhausen et Hellersdorf, 3 quartiers constitués d'énormes lotissements de préfabriqués, furent construits à la lisière de Berlin-Est dans les années 1970 et 1980, destinés à accueillir 300 000 personnes. Bénéficiant d'équipements modernes comme le chauffage central et les canalisations intérieures, ces appartements étaient très convoités.

1989

Le 9 octobre, la RDA célèbre le 40e anniversaire de sa création, tandis que les cris des manifestants appelant à des réformes résonnent dans Berlin-Est.

1989

Le 4 novembre, un demi-million de Berlinois réclament la liberté d'expression, de réunion et de la presse sur l'Alexanderplatz. Le mur de Berlin tombe le 9 novembre, sans un coup de feu tiré.

1990

La réunification officielle de l'Allemagne divisée prend effet le 3 octobre, jour férié depuis.

1991

Le vote du Bundestag redonne à Berlin son statut de capitale et de siège du gouvernement fédéral. Les Berlinois élisent le premier gouvernement municipal de la ville réunifiée.

des voyages de vacances étaient subventionnés par l'État et organisés par les syndicats, mais des facteurs tels que la productivité individuelle et le niveau d'engagement social et politique déterminaient qui était autorisé à partir, où, quand et pour combien de temps.

Les femmes jouissaient d'une plus grande égalité à l'Est grâce à un vaste système gouvernemental de garde d'enfants qui facilitait la conciliation entre maternité et travail. Près de 90% des femmes possédaient ainsi un emploi rémunéré, dont beaucoup dans des domaines "non traditionnels" comme l'ingénierie et le bâtiment. Toutefois, cette égalité des sexes ne s'appliquait pas dans la sphère privée, où les femmes étaient largement responsables de l'éducation des enfants et des tâches ménagères. Monter en grade au travail ou dans des organisations était également rare.

La réunification

Le *Wende* (tournant) tant attendu s'opéra par étapes successives. Il fut parachevé, le 9 novembre 1989, par l'incroyable big bang que représenta la chute du Mur (voir p. 37).

Après une série de débats et de traités, le système de régions administratives mis en place par le SED fut aboli et les États, ou *Länder* (Brandebourg, Mecklenbourg-Poméranie Occidentale, Saxe, Saxe-Anhalt et Thuringe), furent rétablis. Sitôt réunifiée, Berlin devint une ville-État. L'union économique se mit en place au milieu de l'année 1990 et, en août, le traité sur l'unification étatique fut signé dans le palais du Prince héritier dans Unter den Linden. Monnaie commune et union économique devinrent réalité en juillet 1990.

En septembre 1990, la RFA, la RDA, l'URSS, la France, le Royaume-Uni et les États-Unis se réunirent à Moscou pour signer le traité "2+4" mettant fin à l'occupation de l'après-guerre et ouvrant la voie à la réunification de l'Allemagne. Un mois plus tard, l'État d'Allemagne de l'Est fut dissous et, en décembre, l'Allemagne organisa ses premières élections unifiées depuis la fin de la Seconde Guerre mondiale.

En 1991, une petite majorité (338 voix contre 320) des députés du Bundestag (Parlement allemand) vota pour le transfert du gouvernement à Berlin, rendant à cette dernière son statut de capitale. Ultime pierre à l'édifice, le 8 septembre 1994, une cérémonie marqua le départ des dernières forces alliées occidentales cantonnées à Berlin.

La première Love Parade, cette grande fête techno qui attira chaque été dans les rues de Berlin des millions de personnes entre 1989 et 2006, était d'une envergure bien plus modeste : un seul char et quelque 150 fêtards défilèrent sur le Kurfürstendamm, à Berlin-Ouest.

Après le Mur

À la suite de la réunification, Berlin redevint la capitale de l'Allemagne en 1990, puis le siège du gouvernement en 1999. Si les énormes projets de construction tels que la Potsdamer Platz et le quartier du

1994
Retrait des dernières troupes britanniques, françaises et américaines après un demi-siècle de présence.

1995
La Constitution de Berlin est adoptée puis ratifiée par référendum.

1999
Le 19 avril, le Parlement allemand tient sa première session dans le bâtiment historique du Reichstag, entièrement restauré par Norman Foster.

2001
Gay revendiqué, Klaus Wowereit est élu maire-gouverneur de Berlin.

LE BERLIN JUIF

L'histoire des Juifs de Berlin est longue et complexe. Au Friedhof Grosse Hamburger Strasse, le plus ancien cimetière juif de la ville, repose Moses Mendelssohn, un philosophe des Lumière arrivé à Berlin en 1743. Ses idées progressistes et son militantisme conduisirent à l'édit d'Émancipation de 1812, qui fit des Juifs des citoyens prussiens à part entière, égaux en droits et en devoirs.

À la fin du XIXe siècle, les Juifs berlinois, qui représentaient alors 5% de la population, étaient pour beaucoup devenus tout à fait allemands de langue et d'identité. Lorsqu'une vague de hassidim fuyant les pogroms d'Europe orientale arriva vers la même période, ils s'implantèrent dans l'actuel Scheunenviertel, un quartier pauvre à l'époque, où les logements ne coûtaient pas cher.

En 1933, la communauté juive berlinoise avoisinait 160 000 personnes, soit un tiers des Juifs d'Allemagne. Les persécutions orchestrées sous le régime nazi obligèrent la plupart d'entre eux à s'exiler ; 55 000 Juifs périrent. Seuls 1 000 à 2 000 d'entre eux auraient survécu aux années de guerre à Berlin, souvent grâce à l'aide de leurs voisins non juifs. Ces actes de courage sont immortalisés au mémorial aux Héros silencieux (p. 164). De nombreux monuments à Berlin sont dédiés aux victimes du IIIe Reich. Le plus important est, bien entendu, le mémorial de l'Holocauste (p.87), près de la porte de Brandebourg.

Gouvernement ont éradiqué les cicatrices visibles de la division, ils n'ont guère amélioré le bilan comptable de la ville et les statistiques du chômage. Pour ne rien arranger, Berlin a perdu les subventions fédérales élevées qu'elle recevait quand l'Allemagne était divisée. Plus de 250 000 emplois industriels ont également disparu entre 1991 et 2006, essentiellement avec la fermeture des usines peu rentables de Berlin-Est. Si l'on ajoute à cela une mauvaise gestion, un scandale bancaire, les dépenses excessives du gouvernement et la corruption, on ne s'étonnera guère que la ville ait accumulé une dette énorme de 60 milliards d'euros.

Élu en 2001, le maire-gouverneur Klaus Wowereit a réagi en réduisant les dépenses générales de façon drastique. Néanmoins, compte tenu de l'érosion de l'assiette de l'impôt par le taux de chômage important et la hausse croissante des allocations sociales, ces mesures n'ont pas suffi à tirer la ville d'affaire dans un premier temps. Pourtant, la réorientation d'une économie fondée sur l'industrie au profit des services a fini par porter ses fruits. Ainsi, le nombre d'emplois créés dépasse la moyenne nationale depuis près de 12 ans et aucune autre ville allemande ne compte autant de start-up. Son taux d'exportation ne cesse de progresser, de même que sa population. Les secteurs de la

2006

Première gare ferroviaire centrale de Berlin, la Hauptbahnhof ouvre le 26 mai. Deux semaines plus tard, l'Allemagne donne le coup d'envoi de la Coupe du monde de la Fifa 2006.

2008

Le dernier avion décolle de l'aéroport de Berlin-Tempelhof, transformé depuis en espace d'exposition et parc public.

2011

Berlin dépasse les 3,5 millions d'habitants, avec une croissance annuelle de 1,2%, la plus forte depuis la réunification. Cela s'explique surtout par l'arrivée de néo-Berlinois.

2015

La chancelière Angela Merkel offre l'asile provisoire aux réfugiés : plus de 70 000 nouveaux venus, principalement en provenance de Syrie, d'Irak et d'Afghanistan, arrivent à Berlin.

santé, du transport et de la technologie verte progressent eux aussi à pas de géant.

Devenue une véritable fourmilière sur le plan culturel, Berlin ville branchée a rejoint le réseau Unesco des villes créatives en 2006. Design, mode, scène artistique hyperdynamique, secteur de la musique florissant... la capitale berlinoise se renouvelle sans cesse comme elle l'a toujours fait. Au cours de la dernière décennie, elle est aussi devenue la pouponnière de l'économie des start-up d'Europe continentale : les jeunes talents de la tech mondiale y sont attirés par son multiculturalisme, ses prix relativement abordables, son ouverture d'esprit et son niveau d'anglais élevé. C'est à Berlin que sont nées des entreprises comme Zalando, SoundCloud, ResearchGate, GoEuro, Foodora et Clue. Près de la moitié d'entre elles ont été fondées par des néo-Berlinois.

En décembre 2017, 711 000 Berlinois (19% de la population) étaient des étrangers. Parmi ces personnes originaires de 185 pays, 19 900 venaient des États-Unis, 13 456 de Grande-Bretagne, 3 958 d'Australie et 3 515 du Canada. Les Turcs, au nombre de 98 121, constituent la communauté étrangère la plus importante de Berlin.

Bien qu'elle stagne, voire régresse, à présent, la population berlinoise n'a cessé de croître dans les années 2010, grâce à une légère hausse du taux de natalité, mais surtout du fait de l'immigration : expatriés venus d'Europe, demandeurs d'asile comme nouveaux venus du monde entier. Cette croissance a exacerbé la pénurie aiguë de logements et se loger à Berlin devient fort cher, les promoteurs préférant lancer des programmes haut de gamme ou reconvertir les habitations ordinaires en immeubles de luxe.

Si les diverses nationalités présentes à Berlin sont un de ses plus grands atouts, l'intégration sociale et économique reste problématique. En 2015 et 2016, l'arrivée de plus de 70 000 réfugiés, principalement de pays en guerre comme la Syrie, l'Irak et l'Afghanistan, a vite submergé les services administratifs et le processus d'intégration s'en est trouvé retardé. En 2018, l'afflux migratoire a diminué et de nombreux groupes privés ont contribué à renforcer les actions du gouvernement en faveur de l'intégration.

En réaction à la politique d'asile du gouvernement fédéral, Berlin n'a pas connu la même montée du populisme de droite que d'autres régions allemandes. Même après la première attaque terroriste et la mort de 12 personnes en 2016 sur un marché de Noël à la suite de la folle incursion d'une camionnette conduite par un demandeur d'asile, les Berlinois ont gardé leur calme.

2016

Un demandeur d'asile tunisien commet un attentat terroriste sur le marché de Noël de la Breitscheidplatz, tuant 12 personnes et en blessant 56.

2017

Angela Merkel est réélue chancelière et entame son quatrième mandat.

2020

L'aéroport de Berlin Brandebourg ouvre le 31 octobre avec 8 ans de retard.

Architecture

Berlin recèle de magnifiques bâtiments, du château de Charlottenbourg au Reichstag, du Musée juif au Sony Center. Cet éclectisme architectural a été façonné par l'histoire de la ville, des bombardements de la guerre à l'opposition de styles caractéristiques des années de division. Depuis la réunification, Berlin voit s'exprimer le talent d'architectes novateurs, parmi lesquels David Chipperfield, Norman Foster et Daniel Libeskind.

Des débuts modestes

Rares sont les édifices construits entre le Moyen Âge et le XVIIIe siècle à avoir survécu, une grande partie du cœur historique autour de l'actuel Rotes Rathaus ayant été détruite par la Seconde Guerre mondiale, suivie des démolitions des années 1960 et 1970. Seules deux églises gothiques

En haut : musée Saint-Nicolas (p. 121)

LES MURS DE BERLIN

1250 Le premier mur défensif est construit en rochers et s'élève à 2 m de haut.

XIVe siècle Le mur est fortifié avec des briques et surélevé pour atteindre 5 m.

1648-1734 L'enceinte médiévale est remplacée par des fortifications sophistiquées.

1734-1866 Un mur d'octroi à 18 portes, dont celle de Brandebourg, est édifié.

1961-1989 Le mur de Berlin divise la ville.

largement reconstruites – Saint-Nicolas (1230), en brique rouge, et Sainte-Marie (1294) – rappellent le temps de la petite cité marchande berlinoise sur les rives de la Spree. L'église Saint-Nicolas se dresse au cœur du Nikolaiviertel, quartier faussement moyenâgeux bâti sur le site originel de la ville par la RDA pour célébrer le 750e anniversaire de Berlin en 1987. C'est un ensemble d'authentiques bâtiments, comme la Knoblauchhaus, demeure de riches négociants du XVIIIe siècle transformée en musée, et de reconstitutions d'édifices, telle la taverne Zum Nussbaum. La Maison gothique et les maisons à pans de bois du quartier de Kolk subsistent dans le quartier périphérique de Spandau. Les traces architecturales de la Renaissance, qui gagna Berlin au début du XVIe siècle, sont plus rares encore. Parmi les vestiges notables, citons le pavillon de chasse de Grunewald et la citadelle de Spandau.

Place au baroque

Au fur et à mesure que Berlin se développait, les exigences de représentation de ses souverains se firent plus pressantes, surtout aux XVIIe et XVIIIe siècles. Le Grand Électeur Frédéric-Guillaume agrandit notamment la ville en ajoutant 3 quartiers résidentiels, une enceinte fortifiée et un grand boulevard à 3 voies appelé Unter den Linden.

Il s'agit de la période baroque, un style qui mélange architecture, sculpture, ornementation et peinture en une *Gesamtkunstwerk* ("œuvre d'art totale"). À Berlin et dans le nord de l'Allemagne, ce style garde une certaine simplicité formelle et n'atteindra jamais l'exubérance qui le caractérise dans les régions plus au sud du pays.

Si Frédéric-Guillaume pose les fondations du nouveau Berlin, ce n'est qu'avec l'arrivée au pouvoir en 1688 de son fils l'Électeur de Brandebourg Frédéric III, devenu en 1701 Frédéric Ier roi de Prusse, que la ville acquiert un statut de résidence prestigieuse. Au cours de son règne, il dote Berlin de deux constructions baroques majeures, qui portent la griffe de Johann Arnold Nering : le château de Charlottenbourg – que Johann Friedrich Eosander agrandira ensuite pour en faire un palais à 3 ailes inspiré de Versailles – et l'Arsenal (Zeughaus) sur Unter den Linden. Désormais dédié au musée de l'Histoire allemande, l'arsenal a été assorti d'une annexe dessinée dans les années 1990 par Ieoh Ming Pei : une cage d'escalier transparente, dont la spirale évoque une coquille d'escargot, s'élève devant cet édifice qui mélange harmonieusement le verre, la pierre naturelle et les jeux de lumière, caractéristique de l'approche postmoderniste de l'architecte.

Bâti pour servir de résidence d'été à Sophie-Charlotte, l'épouse du roi Frédéric Ier, le château de Charlottenburg, d'abord appelé château de Lietzenburg, fut rebaptisé du nom de la reine, après sa mort soudaine en 1705. Son mausolée se trouve dans le parc.

Au début du XVIIIe siècle, deux magnifiques églises sont érigées sur le Gendarmenmarkt, au cœur du quartier où s'étaient installés les huguenots immigrés à Berlin (communauté qui représentait alors 25% environ de la population) : l'Église allemande, conçue par Martin Grünberg, et l'Église française, construite par Louis Cayart.

Aucun autre roi n'a autant modifié le paysage berlinois que Frédéric le Grand (Frédéric II). Avec son ami d'enfance, l'architecte Georg

Cathédrale Sainte-Edwige

Wenzeslaus von Knobelsdorff, il conçoit le Forum Fridericianum, un quartier culturel construit autour de l'actuelle Bebelplatz, dans un style appelé "rococo frédéricien" mariant le baroque à des éléments néoclassiques. Les exploits guerriers du roi ayant vidé les caisses, l'architecte ne peut réaliser qu'une partie de son rêve, mais signe tout de même l'Opéra national, édifice néoclassique, la cathédrale Sainte-Edwige, inspirée du Panthéon de Rome, et l'exubérante Ancienne Bibliothèque royale – sans oublier un palais destiné au frère du roi, Henri, qui accueillera ensuite l'université Humboldt. Knobelsdorff a également conçu la Nouvelle Aile du château de Charlottenbourg, mais c'est le château de Sans-Souci, à Potsdam, qui est considéré comme son plus grand chef-d'œuvre.

Après la mort de Knobelsdorff en 1753, deux architectes perpétuent son style : Philipp Daniel Boumann, à qui l'on doit le château de Bellevue, un cadeau pour August Ferdinand, le plus jeune frère de Frédéric, et Carl von Gontard, qui ajoute deux tours couronnées d'un dôme aux églises allemande et française du Gendarmenmarkt.

Les plus beaux palais prussiens

Château de Sans-Souci, Potsdam (p. 230)

Château de Charlottenbourg, Berlin (p. 216)

Nouveau Palais, Potsdam (p. 232)

Château de Schönhausen (Pankow)

L'influence de Schinkel

Le style architectural ayant le plus marqué le paysage urbain berlinois est le néoclassicisme, et cela en grande partie grâce à Karl Friedrich Schinkel (1781-1841), le plus grand architecte prussien. En réaction au baroque flamboyant, le néoclassicisme prône un retour aux éléments hérités de l'Antiquité : colonnes, frontons et coupoles.

La première commande faite à Schinkel est le temple de Pomone à Potsdam, qu'il acheva en 1801, âgé de 19 ans seulement. En 1810, Schinkel participe à la conception du mausolée de la reine Louise, dans le parc du château de Charlottenbourg, mais il n'impose réellement son

Nouvelle Garde (p. 95)

style qu'avec sa première commande personnelle : la Nouvelle Garde dans l'Unter den Linden, achevée en 1818. Jadis corps de garde de l'armée, le bâtiment est aujourd'hui un mémorial de guerre abritant une sculpture poignante signée Käthe Kollwitz.

Le développement architectural de Berlin fut grandement façonné par la modernisation des transports. Le premier train quitta Berlin pour Potsdam en 1838, le premier S-Bahn s'ébranla en 1882, et l'U-Bahn fut mis en service en 1902.

Non loin de là, sur l'île des Musées, l'Ancien Musée, avec sa façade à colonnades, est considéré comme l'œuvre de la maturité de Schinkel. Parmi d'autres édifices néoclassiques, citons la Schauspielhaus (rebaptisée Konzerthaus) sur le Gendarmenmarkt, et le Nouveau Pavillon, dans le jardin du château de Charlottenbourg. En revanche, pour l'église Friedrichswerdersche, Schinkel puise son inspiration dans le renouveau gothique anglais du début du XIXe siècle. De style Tudor, le château Babelsberg à Potsdam est aussi basé sur des dessins de Schinkel.

Après la mort de Schinkel en 1841, de nombreux disciples de l'architecte prolongent son héritage, plus particulièrement Friedrich August Stüler, qui signe le Nouveau Musée et l'Ancienne Galerie nationale sur l'île des Musées, ainsi que l'église Saint-Matthieu, dans l'actuel Kulturforum.

Les logements sociaux

Dans *Das Steinerne Berlin* ("le Berlin de pierre"), publié en 1930, Werner Hegemann décrit Berlin à juste titre comme "la plus grande ville d'habitat populaire du monde". Le début de l'industrialisation, au milieu du XIXe siècle, attire des milliers de nouveaux arrivants qui espèrent améliorer leur sort en travaillant dans les usines. Il devient urgent de renforcer les infrastructures et de fournir des logements peu coûteux à la population. Un projet rédigé en 1862 par l'urbaniste en chef James Hobrecht suggère un plan d'extension urbaine qui prévoit deux routes périphériques circulaires, rejointes par des voies rayonnant à partir du centre. Les espaces entre les voies sont occupés par de vastes terrains vendus aux spéculateurs et aux promoteurs. Les seules restrictions concernent la hauteur maximale des édifices, limitée à 22 m (l'équivalent de 5 étages), et une surface minimale de 5,34 m² pour les cours intérieures afin de permettre l'accès des véhicules de pompiers.

Cette réglementation laxiste entraîne la prolifération sauvage d'immeubles populaires appelés *Mietskasernen* (littéralement "baraques à louer") dans de nouveaux quartiers périphériques comme Prenzlauer Berg, Kreuzberg, Wedding et Friedrichshain. Chacun est destiné à accueillir le plus grand nombre de personnes dans l'espace le plus réduit possible. Des familles entières se retrouvent entassées dans de minuscules appartements sombres auxquels on accède par des escaliers intérieurs, qui desservent également des toilettes collectives. Nombre de logements servent aussi d'ateliers de menuiserie et de couture. Seuls les appartements donnant sur la rue, réservés à la bourgeoisie, sont lumineux, spacieux et dotés d'un balcon.

L'ère industrielle marque l'explosion démographique de Berlin. Sa population a plus que doublé entre 1858 et 1875, pour atteindre 969 050 habitants. Elle avait à nouveau doublé en 1905, nécessitant toujours plus de logements bon marché.

L'historicisme

Avec la création de l'Empire germanique en 1871, l'architecture reflète les exigences de représentation de l'Allemagne nouvellement unie avec une tendance au pompeux. Aucun style nouveau n'apparaît, les architectes se contentant essentiellement de recycler les modèles précédents (roman, Renaissance, baroque, les mélangeant parfois) selon une approche appelée "historicisme" ou "Wilhelmisme", en référence au Kaiser Guillaume (Wilhelm) Ier. Cela explique pourquoi nombre d'édifices berlinois semblent bien plus anciens qu'ils ne le sont en réalité. Les exemples les plus célèbres de l'historicisme sont le Reichstag, de Paul Wallot, et la cathédrale de Berlin, de Julius Raschdorff, de style néo-Renaissance. L'Anhalter Bahnhof de Franz Schwechten et l'église du Souvenir de l'empereur Guillaume, tous deux en ruine, sont deux exemples du style néoroman. Quant au musée Bode, conçu par Ernst von Ihne, il est le représentant du style néobaroque.

LE BAUHAUS

Le Bauhaus, dont on a fêté le centenaire en 2019, fut fondé à Weimar par l'architecte berlinois Walter Gropius. C'était une école interdisciplinaire qui visait à abolir la séparation entre beaux-arts et arts appliqués, et à réunir l'art et la vie quotidienne. Une de ses grandes devises proclamait : "La forme suit la fonction." Les produits étaient conçus en pensant à la production de masse et présentaient des lignes fortes, claires, et peu ou pas d'ornements. Dès le début, le mouvement attira des artistes aussi importants que Paul Klee, Lyonel Feininger, Vassili Kandinski, Marcel Breuer ou Wilhelm Wagenfeld.

Après la fermeture de l'école de Weimar par le pouvoir conservateur en 1925, celle-ci se réfugia à Dessau, puis à Berlin en 1932, avec à sa tête Ludwig Mies van der Rohe. Mais, un an plus tard, les nazis fermaient l'école pour de bon. La plupart de ses membres s'exilèrent. Gropius devint directeur de l'école d'architecture de Harvard, Mies van der Rohe dirigea celle de l'Illinois Institute of Technology à Chicago. Tous deux contribuèrent au développement du successeur stylistique du Bauhaus, le style international.

Le musée du mouvement, Bauhaus-Archiv, occupe un édifice construit en 1978 sur les plans de Gropius. Il fait l'objet d'un vaste aménagement avec expansion qui devrait s'achever en 2023. En attendant, un espace temporaire est accessible à Charlottenburg (www.bauhaus.de/en/bauhaus-archiv/4657_the_temporary/).

Ci-dessus : musée Bode (p. 112)
Ci-contre : cathédrale de Berlin (p. 118)

La Shell-Haus (p. 282) de l'architecte Emil Fahrenkamp

Tandis que les quartiers ouvriers sordides se multiplient au nord, à l'est et au sud du centre-ville, l'ouest de Berlin (Charlottenburg, Wilmersdorf) est aménagé pour les classes moyennes et les notables sous l'impulsion du "chancelier de fer" Otto von Bismarck. Il fait élargir le Kurfürstendamm et bâtir d'agréables immeubles résidentiels le long du boulevard et de ses rues adjacentes. Dans le même temps, la haute société berlinoise se réfugie plus à l'ouest encore, loin du centre-ville oppressant. Grunewald et Dahlem, avec leur groupement de villas, autre héritage de l'ère Bismarck, font encore partie aujourd'hui des quartiers les plus élégants.

Ceux qui apprécient le Bauhaus peuvent faire l'expérience de louer une des maisons mitoyennes (qui a été restaurée) du lotissement de la cité du Fer-à-Cheval (1925), conçu par Bruno Taut. Réservation sur www.tautes-heim.de.

La naissance du modernisme

Si les architectes de la fin du XIXe siècle sont majoritairement tournés vers le passé, quelques esprits progressistes parviennent tout de même à s'imposer, le plus souvent avec des bâtiments à vocation industrielle ou commerciale. Parfois qualifié de père de l'architecture moderne, Peter Behrens (1868-1940) forme de futurs grands noms du modernisme comme Le Corbusier, Walter Gropius et Ludwig Mies van der Rohe. L'une de ses premières constructions, l'AEG Turbinenhalle, bâtie en 1909 aux nos 12-14 de la Huttenstrasse à Moabit, est considérée comme une icône du début de l'architecture industrielle.

Le climat de créativité des années 1920 attire ensuite à Berlin quelques-uns des architectes les plus brillants et les plus avant-gardistes, notamment Bruno et Max Taut, Erich Mendelsohn, Hans Poelzig et Hans Scharoun. En 1925, ils forment une association architecturale appelée Der Ring ("l'Anneau"), unis par leur désir de rompre avec l'esthétique traditionnelle (en particulier avec le morne

Architecture socialiste dans la Karl-Marx-Allee

historicisme) et de promouvoir une approche moderne, accessible et socialement responsable de la construction.

Leurs théories sont mises en pratique lorsque Berlin affronte une nouvelle pénurie de logements. Sous l'égide de l'urbaniste en chef Martin Wagner, les membres de l'Anneau créent une nouvelle forme de logements sociaux appelés *Siedlungen* (constructions résidentielles) qui, contrairement aux immeubles d'habitation aux logements minuscules, agrandissent l'espace de vie et incorporent des jardins, des écoles, des commerces et d'autres espaces communs facilitant l'interaction sociale. En collaboration avec Bruno Taut, Wagner dessine lui-même la célèbre cité du Fer-à-Cheval à Neukölln. Depuis 2008, elle est classée au patrimoine mondial de l'Unesco, avec 5 autres cités berlinoises (p. 286).

Pour voir à quoi ressemblerait Berlin si les nazis avaient gagné la guerre, allez voir l'exposition Le Mythe Germania – Vision et Crimes, à Wedding.

En matière d'architecture non résidentielle, l'expressionnisme se développe, avec Erich Mendelsohn pour principal chef de file. Cette approche organique et sculpturale trouve un bel exemple dans l'Universum Kino (Cinéma Universum, 1926, actuel cinéma Schaubühne) et l'IG-Metall-Haus (1930), au n°148 de l'Alte Jakobstrasse, à Kreuzberg. La Shell-Haus, au n°60 de Reichspietschufer, suit les mêmes principes architecturaux. Évoquant un immense escalier, c'est l'un des premiers édifices de Berlin dont le squelette d'acier se cache sous un manteau de travertin. Sa silhouette étonnamment ondulée s'apprécie mieux depuis la rive sud du Landwehrkanal.

Le monumentalisme nazi

Le modernisme reçoit un brutal coup d'arrêt avec l'arrivée au pouvoir d'Adolf Hitler, en 1933. Le nouveau régime procède immédiatement à la fermeture de l'école du Bauhaus (p. 279), l'une des institutions qui a le plus influencé l'architecture et le design du XXe siècle. Bon nombre des architectes visionnaires qui y enseignaient, notamment Gropius, Mies van der Rohe, Wagner et Mendelsohn, se voient contraints de s'exiler aux États-Unis.

De retour à Berlin, Hitler, grand admirateur du monumentalisme, désigne Albert Speer comme architecte en chef et le charge de transformer la ville en "Welthauptstadt Germania", la future capitale du Reich. Aujourd'hui, seuls quelques édifices permettent aux visiteurs d'imaginer à quoi aurait ressemblé Berlin si l'histoire n'en avait pas décidé autrement. Parmi eux figure le Stade olympique, digne d'un Colisée, l'aéroport de Tempelhof et l'ancien ministère de l'Aviation, aujourd'hui occupé par le ministère fédéral des Finances.

La ville divisée

Bien avant que le Mur ne soit construit en 1961, l'affrontement entre le système idéologique et économique des Alliés occidentaux et celui de l'URSS se ressent dans le domaine de l'architecture.

Berlin-Est

L'Allemagne de l'Est prend pour modèle Moscou, où Staline privilégie un style qui consiste en une réinterprétation socialiste du néoclassicisme. L'architecte est-allemand le plus important est Hermann Henselmann, maître d'œuvre de la Karl-Marx-Allee (appelée Stalinallee jusqu'en 1961), à Friedrichshain. Construit entre 1952 et 1965, c'est le premier "boulevard socialiste" de Berlin-Est, directement inspiré du *Zuckerbäckerstil* ("gâteau de mariage"), style monumental cher à Staline. Ce style atteint son apogée avec l'Alexanderplatz, la place centrale qui bénéficie d'une réfection socialiste dans les années 1960.

Les seuls édifices d'avant-guerre qui ont survécu sur l'Alexanderplatz sont signés Peter Behrens : la Berolinahaus (1930) et l'Alexanderhaus (1932).

Si l'Alexanderplatz et la Karl-Marx-Allee sont des projets prestigieux, ils ne résolvent en rien le besoin de plus en plus important, au début des années 1970, de logements bon marché. Le gouvernement répond à cette problématique en bâtissant 3 villes satellites en banlieue - Marzahn, Hohenschönhausen et Hellersdorf - dans les années 1970 et 1980. Tel un Legoland géant, ces immenses ensembles d'habitations consistent essentiellement en des rangées de hauts *Plattenbauten* rectangulaires, des dalles en béton précontraint. Avec ses 62 000 appartements, la seule Marzahn pouvait loger 165 000 personnes. Équipés de tout le confort moderne - notamment de salles de bains et d'ascenseurs -, ces logements étaient très prisés de la population est-allemande, en dépit d'une certaine monotonie architecturale.

LA MIES VAN DER ROHE HAUS

La dernière demeure commandée à Mies van der Rohe avant qu'il ne s'exile en Amérique fut la **Villa Lemke** (Haus Lemke ; 030-9700 0618 ; www.miesvanderrohehaus.de ; Oberseestrasse 60 ; 11h-17h mar-dim ; P ; M5) GRATUIT située au bord du lac Obersee. Achevée en 1933, cette villa de plain-pied à l'élégance austère est construite en L et coiffée d'un toit plat. Son emprise réduite est animée par de grandes baies, une façade en briques rouille et une vaste terrasse prolongeant le séjour. Ce joyau du Bauhaus fidèlement restauré accueille chaque année diverses expositions d'art et d'architecture.

Une visite à combiner avec une balade autour de l'Obersee ou avec la visite de la tristement célèbre prison de la Stasi, située à 15 minutes à pied.

La Nouvelle Galerie nationale (p. 163) dessinée par Mies Van Der Rohe

Dans les années 1920, Alois, le demi-frère d'Adolf Hitler, était serveur au Weinhaus Huth. C'est le seul édifice de la Potsdamer Platz resté debout après la Seconde Guerre mondiale. Pendant des décennies, il a subsisté, totalement isolé, au milieu de la "bande de la mort", créée par la construction du Mur.

Berlin-Ouest

À Berlin-Ouest, les urbanistes tentent au contraire d'éradiquer la moindre trace de monumentalisme nazi et de reconstruire une ville dans une veine moderniste. Le pendant de la Karl-Marx-Allee est le quartier Hansa (Hansaviertel), aéré et vert, qui mélange tours et pavillons individuels. Construit entre 1954 et 1957 au nord-ouest de Tiergarten, il porte la marque des plus grands architectes internationaux, parmi lesquels Gropius, Oscar Niemeyer, Alvar Aalto et Le Corbusier, et est appelé à servir de modèle pour d'autres quartiers résidentiels.

Les années 1960 voient la naissance d'un autre projet de grande ampleur avec le Kulturforum. Cet ensemble de musées et de salles de concerts est l'œuvre de Hans Scharoun. Sa Philharmonie, le premier bâtiment à sortir de terre en 1963, est considérée comme un chef-d'œuvre du modernisme sculptural expressionniste. La Nouvelle Galerie nationale de Mies van der Rohe est un autre édifice remarquable du Kulturforum. Cet énorme cube d'acier et de verre est perché sur un podium de granit et coiffé d'un toit encaissé dans une ossature d'acier qui semble défier les lois de la gravité.

L'Ouest connaît aussi une pénurie de logements et bâtit sa version occidentale des grands ensembles d'habitation, notamment le Gropiusstadt, dans le sud de Neukölln, et le Märkisches Viertel, à Reinickendorf, au nord-ouest de Berlin.

Après la réunification

La réunification constitue à la fois une opportunité et un défi, puisqu'il s'agit pour Berlin de retrouver une identité architecturale. Le Mur et la "bande de la mort" disparus, il faut réunir physiquement les deux moitiés de la ville en comblant de grands espaces vides. À nouveau,

La Paul-Löbe-Haus (p. 91) et la Marie-Elisabeth-Lüders-Haus (p. 92)

la “Reconstruction critique” sert de ligne conductrice sous l’égide de l’urbaniste en chef Hans Stimmann. Les architectes doivent respecter quantité de critères (hauteur des bâtiments, matériaux de construction, etc.), afin de rebâtir Berlin sous sa forme historique, plutôt que de créer une ville moderne et verticale.

Potsdamer Platz

C’est le plus grandiose des chantiers du Berlin d’après-1990 (qui, incidemment, fait exception aux principes de la Reconstruction critique). La Potsdamer Platz est une réinterprétation moderne de la place historique qui fut le cœur vivant de la capitale jusqu’à la Seconde Guerre mondiale. La partie de la ville que divisait autrefois le Mur a fait place à un quartier agencé selon un schéma urbain dense et irrégulier, modèle type de la ville européenne. Emmené par Renzo Piano, le projet a été réalisé par une équipe internationale d’architectes contemporains renommés, parmi lesquels Helmut Jahn, Richard Rogers et Rafael Moneo.

Pariser Platz

Cette place située devant la porte de Brandebourg a été entièrement reconstruite. Ce carré formel, introspectif, est entouré de banques, d’ambassades et de l’hôtel Adlon. Conformément aux principes de la Reconstruction critique, tous ces bâtiments devaient avoir des façades en pierre naturelle. L’Académie des arts est le seul bâtiment de la place avec une façade en verre. Son architecte, Günter Behnisch, dut se battre bec et ongles pour l’imposer, arguant que l’unique bâtiment public de la Pariser Platz se devait d’être ouvert, accueillant et transparent. Quant à l’Adlon, il s’agit d’une copie quasi conforme du bâtiment de 1907.

L’architecte Frank Gehry, connu pour ses formes singulières, a dû brider son élan créateur pour dessiner la DZ Bank, sur la Pariser Platz, à la façade froide et austère. Une surprise vous attend toutefois à l’intérieur : un atrium baigné de lumière, où trône une immense sculpture en acier inoxydable futuriste, abritant une salle de conférences.

Quartier du Gouvernement

En 1991, la décision de rapatrier le gouvernement fédéral à Berlin a déclenché une frénésie d'activités de constructions dans l'espace vacant entre le Reichstag et la Spree, le Regierungsviertel. Alignées sur un axe est-ouest se succèdent la Chancellerie, la Paul-Löbe-Haus et la Marie-Elisabeth-Lüders-Haus, dessinées par Axel Schultes et Charlotte Frank. Ces édifices administratifs forment le Band des Bundes ("Ruban de la Fédération"), lien symbolique entre les deux parties de la ville autrefois séparées, de part et d'autre de la Spree.

LES CITÉS OUVRIÈRES DE BERLIN

Très dissemblables sur le plan architectural, l'île des Musées, le château de Sans-Souci et la cité du Fer-à-Cheval (Hufeisensiedlung) à Neukölln ont pourtant un point commun : tous les trois sont classés au patrimoine mondial de l'Unesco. La cité du Fer-à-Cheval a été la dernière à intégrer l'illustre liste en 2008, en même temps que 5 autres cités ouvrières berlinoises.

Conçues entre 1910 et 1933 par des architectes renommés, comme Bruno Taut et Martin Wagner, ces cités emblématiques du modernisme constituent les premiers exemples d'un habitat de masse innovant de style "paquebot", à la fois fonctionnel et à taille humaine. Reflétant l'esprit de la république de Weimar, une période d'expérimentations effrénées et de réformes sociales, elles offrent un contraste saisissant avec les immeubles d'habitation insalubres de la fin du XIXe siècle. Leurs appartements, bien que modestes, étaient pratiques et dotés d'une cuisine, d'une salle de bains et de balcons laissant pénétrer l'air et la lumière. Pour de plus amples détails, consultez le site Internet de l'Unesco (whc.unesco.org/fr/list/1239).

Hufeisensiedlung, Neukölln (Lowise-Reuter-Ring ; U-Bahn : Parchimer Allee). Taut et Wagner ont imaginé cette cité en forme de fer à cheval sur 3 étages (1933-1935), un ensemble de 1 000 appartements avec balcon organisé autour d'un jardin central, plus quelques maisons "unifamiliales". De la station, suivez la Fritz-Reuter-Allee vers le nord.

Cité-jardin Falkenberg, Köpenick (Gartendstadt Falkenberg ; Akazienhof, Am Falkenberg et Gartenstadtweg ; Köpenick ; S-Bahn : Grünau). Bâtie par Bruno Taut entre 1910 et 1913, la plus ancienne du lot compte de nombreuses maisonnettes colorées (accès depuis Am Falkenberg).

Siemensstadt, Spandau (Geisslerpfad, Goebelstrasse, Heckerdamm, Jungfernheideweg, Mäckeritzstrasse ; U-Bahn : Siemensdamm). Ce grand ensemble (1929-1931) à la taille impressionnante combine les visions de plusieurs architectes, notamment le minimalisme de Walter Gropius, l'approche organique de Hugo Häring et le style "paquebot" cher à Hans Scharoun (accès par Jungfernheideweg).

Schillerpark Siedlung, Wedding (Barfussstrasse, Bristolstrasse, Corker Strasse, Dubliner Strasse, Oxforder Strasse, Windsorer Strasse ; U-Bahn : Rehberge). Inspirée de l'architecture néerlandaise, cette immense cité (1924-1930) imaginée par Taut arbore une façade en brique rouge et blanche aux lignes dynamiques. Pour une vue optimale, arrivez par la Barfussstrasse.

Weisse Stadt, Reinickendorf (Aroser Allee et rues voisines ; U-Bahn : Residenzstrasse ; bus 120 : Weisse Stadt). Conçue par Martin Wagner, cette Cité blanche en forme d'éventail (1929-1931) doit son nom aux façades blanches de ses 1 200 appartements. L'artère principale est Aroser Allee, qu'enjambe un emblématique bâtiment en brique à l'intersection avec la Genfer Strasse.

Wohnstadt Carl Legien, Prenzlauer Berg (Erich-Weinert-Strasse ; S-Bahn : Prenzlauer Allee). Pour cette cité (1928-1930) de Prenzlauer Berg, Taut a placé dans un espace semi-ouvert des rangées d'immeubles de 4 ou 5 étages et des jardins (accès par l'Erich-Weinert-Strasse).

Cube Berlin

Le Reichstag, qui abrite le Bundestag (Parlement allemand), domine tous ces édifices flambant neufs. Le dôme en verre constitue l'élément le plus emblématique du bâtiment, entièrement refait par Norman Foster.

Sur la rive nord se dresse la Hauptbahnhof, la première gare centrale de l'histoire de Berlin. Achevée en 2006, cette "navette spatiale", tout de verre et d'acier, a été conçue par le cabinet hambourgeois Gerkan, Marg und Partner. Au sud de la gare, en bord de rivière, le ministère fédéral de l'Éducation et de la Recherche s'inscrit avec fierté dans le paysage urbain depuis 2014.

Autres trophées architecturaux

À Kreuzberg, le Musée juif (1999) déconstructiviste de Daniel Libeskind est l'un des édifices les plus audacieux et les plus provoquants construits à Berlin depuis la réunification. Avec sa structure zigzagante et irrégulière, et sa peau de zinc percée de fenêtres évoquant des balafres, ce bâtiment, bien plus qu'un musée, est une véritable métaphore de l'histoire juive.

Sur l'île des Musées, le Nouveau Musée (2009) auquel a redonné vie David Chipperfield a capté l'attention du monde entier. Tel un splendide puzzle géant, il associe des fragments de la structure d'origine, ruinée par la Seconde Guerre mondiale, et des éléments modernes. Chipperfield a également conçu la Galerie James-Simon adjacente (2019), qui sert d'entrée centrale à tous les établissements de l'île des Musées.

Les quartiers ouest ont aussi vu naître plusieurs bâtiments d'importance, comme l'imposant Waldorf Astoria Hotel et son voisin l'Upper West, une tour d'appartements et de commerces tout aussi élancée. La construction du Zoom, bâtiment de bureaux et de

Le top des bâtiments depuis 1990

Musée juif (p. 180 ; Daniel Libeskind ; Kreuzberg)

Dôme du Reichstag (p. 85 ; Norman Foster ; Mitte)

Sony Center (p. 155 ; Helmut Jahn ; Potsdamer Platz)

Nouveau Musée (p. 109 ; David Chipperfield ; Île des Musées)

Cube Berlin (p. 288 ; 3XN ; Historic Mitte)

commerces avec une façade de verre longue de 150 m, face aux tours jumelles de l'Astoria/Upper West, est également achevée.

Évolutions récentes et projets à venir

Plus de 30 ans après la réunification, les grues pourraient avoir totalement disparu de Berlin, mais nombre de grands chantiers sont encore en cours ou au stade d'ébauche.

Si le dessin d'architecture vous intéresse, rendez-vous à la Fondation Tchoban, musée privé installé dans un bel immeuble moderniste de Prenzlauer Berg.

Initiée en 2013, la construction d'une réplique de l'ancien palais prussien de Berlin (Berliner Stadtschloss) s'est terminée en 2020 pour devenir le Forum Humboldt, son nom aujourd'hui. Seul l'extérieur rappelle le château historique car musées et institutions culturelles y ont pris place.

C'est également en 2020 qu'a été achevé l'étonnant Cube Berlin, situé devant la Hauptbahnhof et donnant sur la Spree. Conçu par le cabinet d'architecture danois 3XN, il est considéré comme l'immeuble de bureaux le plus "intelligent" d'Europe et sa façade en miroirs cache des renfoncements triangulaires formant des terrasses.

Au nord de la grande gare ferroviaire, le plus vaste chantier de construction berlinois prend forme à toute allure. Appelé Europa-City, ce nouveau quartier de 40 ha possédera sa propre station de S-Bahn, un pont sur le canal et des places verdoyantes.

En octobre 2020 a été inauguré le nouveau QG du fameux groupe de presse et médias Axel Springer dans la Zimmerstrasse, à Mitte. Ce bâtiment signé OMA, le cabinet de Rem Koolhas, est centré sur un puits de lumière de 45 m de haut entouré de bureaux formant des terrasses en cascade. Le hall du rez-de-chaussée est ouvert au public et un bar sur le toit est en construction.

Peinture et arts visuels

L'art va droit au cœur des Berlinois et occupe une place clé dans cette ville où l'ampleur de l'activité créatrice est étourdissante. Cadre emblématique pour toute forme d'art plastique, Berlin exalte une force qui influence les artistes comme les habitants, et fascine tout visiteur qui prend le temps de s'y plonger.

L'âge d'or baroque

Les beaux-arts ne fleurirent réellement à Berlin qu'à la fin du XVIIe siècle, lorsque le futur Frédéric Ier, encore Grand Électeur, fonda en 1696 l'Académie des arts, sous l'influence du sculpteur et architecte Andreas Schlüter (1660-1714). Celui-ci créa des œuvres somptueuses, comme la statue équestre du Grand Électeur (aujourd'hui dans la cour d'honneur du château de Charlottenbourg) et de poignants masques de soldats mourants qui ornent la cour intérieure de l'actuel musée de l'Histoire allemande. En peinture, la tendance était alors définie par le Français Antoine Pesne (1683-1757), nommé peintre de la cour en 1710 et auteur de la galerie de portraits royaux.

Les arts connurent un âge d'or avec l'avènement de Frédéric II (Frédéric le Grand) en 1740. Le nouveau roi misa sur l'expertise artistique de son ami Georg Wenzeslaus von Knobelsdorff (1699-1753), disciple de Pesne, et réunit une riche collection de tableaux de maîtres, dont nombre d'œuvres signées Jean-Antoine Watteau.

Le XIXe siècle

En matière de sculpture, le néoclassicisme fut illustré par le Quadrige de Johann Gottfried Schadow (1764-1850) qui couronne la porte de Brandebourg. Son disciple Christian Daniel Rauch (1777-1857) se révéla particulièrement doué pour exprimer la beauté idéalisée de manière très réaliste, talent dont témoigne la statue équestre de Frédéric le Grand (1851) sur Unter den Linden. D'autres sculptures de Rauch, de son maître Schadow et d'artistes contemporains sont exposées dans la magnifique église dessinée par Karl Friedrich Schinkel (1781-1841) : Friedrichswerdersche, à Mitte.

Le dinandier Emanuel Jury, chargé de réaliser en cuivre le fameux Quadrige de la porte de Brandebourg (un moment subtilisé par Napoléon), a pris sa nièce pour modèle de la déesse de la Victoire qui conduit le char.

En peinture, le romantisme, qui mise grandement sur l'émotion et un idéalisme rêveur, domina le siècle. Cette évolution s'explique par l'éveil d'un sentiment nationaliste en Allemagne, lancé par les guerres napoléoniennes. Caspar David Friedrich (1774-1840) en fut la figure majeure, maître dans l'art des paysages allégoriques et mélancoliques. Plus connu en tant qu'architecte, Karl Friedrich Schinkel a néanmoins signé quelques toiles romantiques. Par ailleurs, les vues de Berlin d'Eduard Gärtner (1801-1877), qui illustrent l'évolution du paysage urbain, séduisirent tout particulièrement les classes moyennes.

Parallèlement se développait le style Biedermeier, plus conservateur et particulièrement attentif au détail, qui séduisait la classe moyenne prussienne en plein développement. Ce nom vient de l'adjectif *bieder* (conventionnel) et de Meier, un patronyme allemand très courant ; vous en découvrirez de beaux exemples à la Knoblauchhaus à

Nikolaiviertel (fermée durant la pandémie). L'Ancienne Galerie nationale, sur l'Île des Musées, et le Nouveau Pavillon, au château de Charlottenbourg (fermé durant la pandémie de Covid-19), exposent tous deux des tableaux du XIXe siècle.

Disciple de Rauch, le sculpteur Reinhold Begas a développé un style théâtral néobaroque qui a suscité de vives controverses de son vivant. Parmi ses œuvres majeures figurent la fontaine de Neptune près de la tour de la Télévision et le monument à Schiller, sur le Gendarmenmarkt.

L'entrée dans le XXe siècle

La Sécession berlinoise

Fondé en 1898 par un groupe d'artistes opposés à l'enseignement académique traditionnel qui étouffait toute nouvelle forme d'expression, le mouvement de la Sécession berlinoise était en gestation depuis le refus du Verein Berliner Künstler (association des artistes berlinois) d'exposer Edvard Munch en 1891. En 1898, le rejet d'un paysage de Walter Leistikow (1865-1908) par le jury poussa 65 artistes emmenés par Leistikow et Max Liebermann (1847-1935) à faire sécession. Parmi les "sécessionnistes" berlinois célèbres, citons Lovis Corinth (1858-1925), Max Slevogt (1868-1932), Ernst Ludwig Kirchner (1880-1938), Max Beckmann (1884-1950) ou Käthe Kollwitz (1867-1945).

Die Brücke et l'expressionnisme

Fondé à Dresde en 1905 par Ernst Ludwig Kirchner, Erich Heckel (1883-1970) et Karl Schmidt-Rottluff (1884-1976), le groupe Die Brücke ("le Pont") secoua le monde de l'art et ouvrit la voie à l'expressionnisme allemand. Formes abstraites, perspective aplatie et couleurs vives caractérisent cette nouvelle esthétique. Le mouvement s'installa à Berlin en 1911, puis le groupe se sépara en 1913. Le petit musée Die Brücke du quartier Grunewald réunit une fort belle collection de ces toiles fondamentales.

Ce sont les expressionnistes qui rompirent avec la Sécession berlinoise en 1910 après le rejet de leur travail par son jury. Max Pechstein (1881-1955) en tête, ils formèrent ainsi la Nouvelle Sécession.

Le Bauhaus et l'art sous le nazisme

Lancé en 1919 à Weimar par Walter Gropius, le Bauhaus (p. 279) a fortement influencé le design moderne. Ce mouvement qui lie la forme à la fonction, abolit la frontière entre arts majeurs et arts appliqués développe un style aux lignes simples et fortes destiné à tous. L'école a

LE DADAÏSME BERLINOIS

Parti de Zurich en 1916, le dadaïsme, mouvement artistique d'avant-garde formé en réaction aux horreurs de la Première Guerre mondiale, atteignit Berlin en 1918. Cette année-là, le poète Richard Huelsenbeck (1892-1974) lança en février le premier événement dada avant de rédiger le manifeste du groupe, *Der Dadaïsmus im Leben und in der Kunst* (Le Dadaïsme dans la vie et dans l'art). Parmi les membres fondateurs, on comptait Georg Grosz (1893-1959), l'inventeur du photomontage John Heartfield (1891-1968) et Hannah Höch (1889-1978). Nombre d'autres artistes tels Marcel Duchamp, Kurt Schwitters ou Hans Arp s'essayèrent aussi au dadaïsme.

Les dadaïstes avaient une approche irrationnelle, satirique et souvent absurde, sous-tendue par un parti pris politique et une tendance à la provocation. La première Foire internationale dada, en 1920, se déroula ainsi sous l'égide d'un mannequin d'officier allemand à tête de porc, suspendu au plafond.

Particulièrement influencé par le dadaïsme, Otto Dix créa dans les années 1920 une série de toiles sombres aux scènes de guerre très éprouvantes : corps défigurés, agonisant, en décomposition. À la fin de ces mêmes années, Dix et Grosz devinrent des figures clés du Neue Sachlichkeit (Nouvelle Objectivité), un mouvement dérivé de l'expressionisme qui se caractérise par son regard froid, pratique et objectif sur la réalité.

quitté Dessau pour Berlin en 1932. Un an plus tard, elle était réduite au silence par les nazis. Nombre d'artistes quittèrent alors le pays, d'autres furent emprisonnés ou internés en camp de concentration, et leurs œuvres furent confisquées et détruites.

À la place, le régime promut un art souvent indigent, se résumant à des formes "aryennes" sommaires et privilégiant le style épique. L'œuvre de Mjölnir (1901-1980), artiste de propagande, définit le goût typique de l'époque pour les symboles gothiques et les représentations de héros surhumains.

L'après-guerre

Au lendemain de la Seconde Guerre mondiale, la scène artistique berlinoise était aussi morcelée que la ville. À l'Est, les artistes se virent contraints de suivre à la lettre la ligne du "réalisme socialiste" au moins jusqu'à la fin des années 1960. Des artistes de la Berliner Schule (école de Berlin), comme Manfred Böttcher (1933-2001) ou Harald Metzkes (né en 1929), se tournèrent alors vers une forme d'expression plus interprétative et émotionnelle, inspirée par les couleurs et l'esthétique de Beckmann, de Matisse et de Picasso, entre autres artistes majeurs. Avec les années 1970, la place de l'individu dans la société devenant un thème dominant, les galeries clandestines fleurirent et l'art devint un enjeu collectif.

Dans le Berlin-Ouest d'après-guerre, les artistes s'empressèrent d'absorber les influences de l'art abstrait. Parmi les pionniers, le groupe Zone 5 se réunit autour de Hans Thiemann (1910-1977) et des surréalistes Heinz Trökes (1913-1977) et Mac Zimmermann (1912-1995). Dans les années 1960, la politique devint le sujet prédominant et un nouveau style appelé "réalisme critique" vit le jour, avec des artistes tels que Ulrich Baehr (né en 1938), Hans-Jürgen Diehl (né en 1940) et Wolfgang Petrick (né en 1939). En 1973, un autre mouvement appelé l'école de la nouvelle magnificence (*Schule der Neuen Prächtigkeit*) proposa une approche similaire. Mais l'expressionnisme revint en force au début des années 1980 avec le groupe des nouveaux fauves (*Junge Wilde*) composé notamment de Salomé (né en 1954), Helmut Middendorf (né en 1953) et Rainer Fetting (né en 1949). L'un des peintres allemands néo-expressionnistes les plus célèbres est un Berlinois d'adoption : Georg Baselitz (né en 1938).

Pour rester au courant de ce qui se fait sur la scène artistique, visitez les nombreuses et excellentes galeries berlinoises telles que Galerie Eigen+Art ou Contemporary Fine Arts, et suivez les expositions de la Hamburger Bahnhof et des collections Boros et Julia Stoschek.

Aujourd'hui

La scène artistique de Berlin est l'une des plus dynamiques d'Europe. On estime à une vingtaine de milliers le nombre d'artistes professionnels vivant à Berlin, et non des moindres. L'Islandais Olafur Eliasson, Thomas Demand, Jonathan Meese, Via Lewandowsky, Isa Genzken, Tino Seghal, la Turque Esra Ersen, John Bock et le duo dano-norvégien Ingar Dragse -Michael Elmgreen, tous vivent et travaillent à Berlin, ou y ont leur seconde maison. De 2015, date de son exil, à 2019, l'artiste multiple Ai Weiwei a eu son atelier à Berlin où il a enseigné comme professeur invité à l'Universität der Künste, avant de préférer Londres où il a déménagé avec sa famille.

Berlin est également devenue une des capitales européennes du *street art* ; des artistes internationaux comme Blu, JR, Os Gêmeos et Shepard Fairey ont laissé leurs empreintes sur les murs de la ville, de même que les Allemands Alias et El Bocho. Le *street art* est particulièrement présent à l'est de Kreuzberg (autour de la station d'U-Bahn Schlesisches Tor), à Mitte (Haus Schwarzenberg), dans le RAW Gelände, à Friedrichshain et dans l'ancienne station d'espionnage du Teufelsberg. En 2016, Urban Nation, le premier musée au monde entièrement consacré au *street art*, a ouvert ses portes à Berlin, dans le quartier de Schöneberg.

Fin avril, collectionneurs et galeristes du monde entier rejoignent Berlin chaque année pour le Gallery Weekend organisé par plus de 40 galeries. Les années paires, la Biennale de Berlin, grand rendez-vous de l'art contemporain, s'étend sur deux mois au printemps ou en été.

Littérature et cinéma

Depuis ses débuts, la scène littéraire berlinoise se caractérise par un mélange de provincialisme et de mondanité. À l'inverse, Berlin a joué un rôle majeur dans l'histoire du cinéma : en 1895, Max Skladanowsky projetait les premiers films avec un bioscope ; en 1912, l'un des premiers studios de cinéma au monde ouvrait à Potsdam ; et, depuis 1951, la ville accueille un important festival international de cinéma.

Littérature

Des Lumières au naturalisme

L'histoire littéraire de Berlin commence au siècle des Lumières (XVIIIe siècle), dominé par des idéaux humanistes. Connu pour ses œuvres critiques, ses fables et ses tragédies, Gotthold Ephraim Lessing (1729-1781) fut un auteur majeur de cette époque ; il écrivit la pièce *Minna von Barnhelm* (1763) à Berlin. Le romantisme, dans le sillage des Lumières, fut la période des poètes, parmi lesquels Achim von Arnim (1781-1831), Clemens Brentano (1778-1842) et Heinrich von Kleist (1777-1811), qui se suicidera près du lac de Wannsee en 1811.

Au milieu du XIXe siècle, le réalisme s'intéressa à la classe moyenne alors émergente. Theodor Fontane (1819-1898) éleva le roman social au rang d'œuvre d'art en présentant l'aristocratie et la classe moyenne enlisées dans leurs carcans. Parmi ses œuvres les plus connues : le roman *Effi Briest* (1894). Dans le prolongement du réalisme, le naturalisme s'efforça de recréer chaque milieu social. Avec ses récits fustigeant l'injustice et la rude vie de la classe ouvrière, Gerhart Hauptmann (1862-1946) remporta le prix Nobel de littérature en 1912.

Romans cultes dont l'action se passe à Berlin

- *Berlin Alexanderplatz*, Alfred Döblin (1929)
- *Adieu à Berlin*, Christopher Isherwood (1939)
- *Seul dans Berlin*, Hans Fallada (1947)
- *Le Sauteur du mur*, Peter Schneider (1983)
- *Herr Lehmann*, Sven Regener (2001)
- *Moi, Christiane F., 13 ans, droguée, prostituée* (1978)

Modernisme et modernité

Devenu une pépinière littéraire, le Berlin des années 1920 attira des écrivains tels qu'Alfred Döblin (1878-1957), dont le *Berlin Alexanderplatz* (1929), vagabondage stylisé à travers cette époque, fait autorité, et le Britannique Christopher Isherwood (1904-1986), dont le splendide *Adieu à Berlin* (1939) est à l'origine de la comédie musicale et du film *Cabaret*. Lorsqu'il vécut lui aussi à Berlin dans les années 1930, Vladimir Nabokov publia *Le Don*, histoire d'un écrivain russe ayant fui la révolution dans son pays et réfugié à Berlin.

Kurt Tucholsky (1890-1935) et Erich Kästner (1899-1974) comptent parmi les autres grands noms de cette période. Nombre de ces artistes quittèrent l'Allemagne à l'arrivée des nazis, et les autres préférèrent souvent garder le silence et œuvrer clandestinement, voire pas du tout.

À Berlin-Ouest, le renouveau d'après-guerre fut dominé par *Le Tambour* (1958), de Günter Grass (1927-2015, Prix Nobel de littérature en 1999), qui retrace l'histoire récente de l'Allemagne à travers les yeux d'un enfant refusant de grandir. Au milieu des années 1970, une partie du milieu littéraire de Berlin-Est commença à se défaire du joug socialiste. La romancière controversée Christa Wolf (1929-2011) fut l'une des grandes figures de la littérature est-allemande, tandis qu'Heiner

Müller (1929-1995) eut pour particularité d'être impopulaire dans les deux Allemagnes. Son œuvre dense et difficile comprend *Le Briseur de salaires* et la trilogie théâtrale *Germania* (1985).

En 1978, *Moi, Christiane F., 13 ans, droguée, prostituée...*, récit autobiographique racontant la plongée dans la drogue et la prostitution d'une adolescente de Berlin-Ouest, bouleverse le monde entier. Il est adapté en film en 1981.

Le nouveau roman de Berlin

Dans les années 1990, de nombreux romans eurent pour thème la réunification allemande ; beaucoup se déroulent à Berlin, dont l'ironique *Heroes Like Us* (1998) de Thomas Brussig (non traduit en français), *Johannisnacht* (1996, non traduit en français) d'Uwe Timm, *Chute libre à Berlin* (2000) de Peter Schneider et *Zonenkinder* (2002, non traduit en français) de Jana Hensel. Günter Grass contribua lui aussi au débat avec *Toute une histoire* (1995). À lire également, *Le Jour des morts* (1998), du Néerlandais Cees Nooteboom.

Sven Regener, chanteur du groupe berlinois Element of Crime, dépeint une facette plus légère du Berlin d'après la réunification. Son *Herr Lehmann* (2001, traduit en français en 2004) est un journal alcoolisé des nuits de Kreuzberg à l'époque de la chute du Mur. Mais le plus grand succès dans ce domaine est l'œuvre de l'écrivain d'origine russe Vladimir Kaminer, *Russendisko* (2000), un ensemble de vignettes truculentes sur la vie à Berlin. Ces deux livres ont été adaptés au cinéma.

La romancière Herta Müller (née en 1953 en Roumanie dans une région germanophone) vit en Allemagne, a enseigné à Berlin et écrit dans la langue de Goethe. Elle a reçu le prix Nobel de littérature en 2009.

Autre auteur allemand populaire, Volker Kutscher (né en 1962), dont les romans policiers *Le Poisson mouillé* et *La Mort muette* (2010 et 2011 pour les éditions françaises) se déroulent sur fond de république de Weimar et ont inspiré la série *Babylon Berlin* (2017).

Berlin ne cesse en outre d'inspirer les auteurs étrangers. *L'Innocent* (1990) du Britannique Ian McEwan et *Berlin 49* (2016) de l'Américain Joseph Kanon sont des romans d'espionnage campés dans les années 1950. Kanon a également écrit *L'Ami allemand* (2001), adapté au cinéma. *La Trilogie berlinoise* (1989-1991) du Britannique Philip Kerr (1956-2018), suit un détective privé qui enquête sur des crimes dans l'Allemagne nazie. L'histoire de la ville se dévoile dans une scène onirique du *Livre des nuages* (2009) de l'Américaine Chloe Aridjis. Pour un regard francophone, on lira *Demande à la nuit* (2016), d'Anne Laure Jaeglé, carnet de bord sur les étourdissantes nuits berlinoises.

Cinéma

Avant 1945

La mythique UFA (Universum Film AG), l'un des premiers studios de cinéma au monde, fut fondé à Potsdam, près de Berlin, en 1912. Il produit encore des blockbusters allemands aussi bien qu'étrangers sous son avatar moderne : les Filmstudios Babelsberg. Les années 1920 et le début des années 1930 furent celles du boom cinématographique berlinois : la UFA devint l'usine à rêves d'Allemagne, et la plastique de Marlene Dietrich, comme sa voix caractéristique, séduisirent la planète entière. Dès 1919, Ernst Lubitsch réalisa des films historiques et des comédies comme *Madame du Barry*, avec pour acteurs principaux Pola Negri et l'Allemand Emil Jannings. Ce comédien fut le premier à recevoir un Oscar pour sa prestation dans deux films américains lors de la toute première cérémonie de 1929. En 1927 sortait *Berlin, symphonie d'une grande ville*, le classique de Walter Ruttmann, un documentaire muet fascinant qui décrit la vie quotidienne du Berlin des années 1920.

Le samedi à minuit, au Babylon, célèbre cinéma de Mitte, profitez de projections de films muets gratuites accompagnées à l'orgue.

Le musée du Cinéma et de la Télévision, sur la Potsdamer Platz, le musée du Cinéma de Potsdam et le Filmpark, à Babelsberg, sont de bons endroits pour découvrir l'histoire du cinéma allemand.

Les autres films des années 1920 étaient hautement expressionnistes, caractérisés par des contrastes forts, des angles nets, des ombres épaisses et d'autres éléments déformants. *Nosferatu le vampire* (1922), une adaptation de *Dracula* par Friedrich Wilhelm Murnau, et le révolutionnaire *Metropolis* (1927), de Fritz Lang, figurent parmi les célèbres films qui employèrent ces techniques. Un des tout premiers films parlants fut *L'Ange bleu* de Josef von Sternberg, avec Marlene Dietrich. Après 1933, cependant, les cinéastes virent leur liberté artistique se restreindre peu à peu, sans parler des financements, et, en 1939, une grande partie de l'industrie - dont beaucoup de représentants étaient juifs - avait fui à Hollywood.

Les films produits sous le nazisme furent principalement de la propagande, la controversée réalisatrice berlinoise Leni Riefenstahl (1902-2003) ayant participé à la créativité du genre jusqu'à l'exagération. Le film le plus célèbre, *Le Triomphe de la volonté*, décrit le congrès de Nuremberg de 1934. *Les Dieux du stade* relate les Jeux olympiques de 1936.

Après 1945

L'industrie cinématographique berlinoise s'est trouvée relancée après 1945, particulièrement à l'Ouest. Pendant les années 1970, en particulier, la ville vit revenir de nombreux réalisateurs, attirés par d'importantes aides à la production. Parmi eux : des sommités du

MARLENE DIETRICH

Marie Magdalena von Losch, dite Marlene Dietrich (1901-1992), naît dans une famille de la classe moyenne berlinoise. Après une formation dramatique, elle captive d'abord le public en jouant les garçonnes libertines dans des films muets, puis endosse les rôles de femme fatale. En 1930, le film parlant *L'Ange bleu* lui assure son premier grand succès au parfum de scandale, et marque le début d'une collaboration de 7 films avec le réalisateur Josef von Sternberg, qui l'emmène à Hollywood et en fait une star planétaire. Dietrich construit alors soigneusement son image, fortement érotisée : dominatrice, sévère, ambiguë, mais avec toujours un brin d'autodérision. Sa performance face à Gary Cooper dans *Cœurs brûlés* (*Morocco*, 1930), de Sternberg, lui vaut son unique nomination aux Oscars.

Après l'arrivée au pouvoir des nazis en 1933, Marlene Dietrich décide de rester à Hollywood. Hitler lui promet de lui dérouler le tapis rouge si elle rentre à Berlin, mais elle répond en demandant si elle peut revenir avec Sternberg – cinéaste juif peu apprécié des nazis. L'actrice, qui critique ouvertement le nouveau régime, prend la nationalité américaine en 1939, et soutient le moral des troupes alliées lors de la Seconde Guerre mondiale en effectuant des tournées sur le front en Europe, où elle n'hésite pas à se mettre en danger. C'est à cette époque qu'elle immortalise la version anglaise de la chanson *Lili Marlene*.

Après guerre, Dietrich quitte Paris, où elle s'était installée avec Jean Gabin, pour regagner Hollywood. Elle tourne notamment *La Scandaleuse de Berlin* (1948) de Billy Wilder et *Le Grand Alibi* (1950) d'Alfred Hitchcock. L'actrice, qui a souvent chanté dans ses films, entame ensuite une nouvelle carrière en enregistrant des disques et en donnant des concerts à travers le monde, de Londres à Las Vegas. Elle tient son dernier rôle en 1978 dans *C'est mon gigolo*, film avec David Bowie ayant Berlin pour décor. Mais c'est à Paris qu'elle passe la fin de sa vie, refusant apparitions publiques et visites, afin de préserver jusqu'au bout son aura de séductrice... Marlene Dietrich repose à présent dans sa ville natale, **Berlin** (cimetière municipal III, Stubenrauchstrasse 43-45 ; 8h-18h ; S Bundesplatz, U Bundesplatz). Une section du musée du Cinéma et de la Télévision (p. 156) lui est spécialement consacrée, et la Berlinale a lieu chaque année sur la Marlene-Dietrich-Platz.

UNORTHODOX – LE TOP 5 DES LIEUX DU TOURNAGE

Peu de productions au succès aussi retentissant qu'*Unorthodox* (série Netflix adoubée aux Emmy Awards en 2020) ont autant mis Berlin sous le feu des projecteurs.

Replongez dans la série en visitant ces sites !

Musée des Instruments de musique (p. 163). Le musée sert de décor à l'Académie de musique, où Esty rencontre ses nouveaux amis.

Winterfeldtplatz (p. 176). Près de cette place au cœur de Schöneberg, la mère d'Esty habite dans l'immeuble excentrique conçu par l'architecte Hinrich Baller.

Plage du lac de Wannsee (p. 240). Dans une scène de "renaissance", Esty entre dans le lac de Wannsee tout habillée, avant de retirer sa perruque et de se laisser flotter.

Cimetière juif de Weissensee Yanky, mari dont Esty est séparée, et son cousin Moishe s'y promènent.

The Barn (p. 167). C'est dans ce café de la fameuse Haus Huth (Weinhaus Huth), un immeuble de 1912, qu'Esty rencontre Robert pour la première fois.

nouveau cinéma allemand comme Rainer Werner Fassbinder (1945-1982), Volker Schlöndorff (né en 1939), Werner Herzog (né en 1942) et Wim Wenders (né en 1945). Ce dernier a réalisé *Les Ailes du désir* (*Der Himmel über Berlin* en allemand ; 1987), film encensé et magique : une histoire d'amour où les anges descendent sur le no man's land de la Potsdamer Platz, zone dévastée et déserte, coupée en deux par le Mur dont plus rien ne subsiste aujourd'hui.

Parmi les meilleurs films sur la période nazie, on peut citer *Les assassins sont parmi nous* (1946) de Wolfgang Staudte (1906-1984), *Le Mariage de Maria Braun* (1979) de Fassbinder, *Rosenstrasse* (2003) de Margarethe von Trotta (née en 1942), et l'extraordinaire *La Chute* (2004) d'Oliver Hirschbiegel (né en 1957), qui relate les derniers jours d'Adolf Hitler.

Après la réunification, les comédies dramatiques furent à l'honneur. Désormais culte, *Good Bye, Lenin!* (2003), de Wolfgang Becker né en 1954, est l'amusante histoire d'un fils qui tente de reproduire la vie dans la RDA pour sauver sa mère malade. Florian Henckel von Donnersmarck (né en 1973) fut le premier à braquer les caméras sur la face sombre de l'Allemagne de l'Est avec *La Vie des autres* (2006), oscarisé, révélant l'emprise qu'avait la police secrète est-allemande, la Stasi.

Outre la Berlinale connue dans le monde entier, des dizaines d'autres festivals du film ont lieu à Berlin tout au long de l'année, dont le Festival du film juif, le Festival du film arabe et le festival punk Too Drunk to Watch. Consultez les programmes de ces manifestations sur www.berliner-filmfestivals.de.

Aujourd'hui

De nos jours, le Hollywood allemand n'est plus Munich ni Hambourg, mais bien Berlin, avec une moyenne de 300 productions et coproductions allemandes et internationales filmées chaque année, dans la ville ou en studio à Babelsberg. Des équipes bien formées, un studio moderne et des équipements de postproduction, des subventions de l'État et d'authentiques sites de la "Vieille Europe" attirent des stars comme Quentin Tarantino (*Inglourious Basterds,* 2009) et George Clooney (*Monuments Men,* 2014). Autres grosses productions récentes : *La Voleuse de livres* (2013) de Brian Percival, *The Grand Budapest Hotel* (2014), *Hunger Games : La Révolte, partie 2* (2015), *A Hologram for the King* (Un hologramme pour le roi, 2015) avec Tom Hanks, toute la saison 5 de la série TV *Homeland* (2015), et *Le Pont des espions* (2015) de Steven Spielberg.

Parmi les films récents sur Berlin, citons *Oh Boy* (2012), tragi-comédie sur un jeune homme qui peine à trouver un sens à sa vie au début des années 2000, et *Victoria* (2015), tour de force filmé en une seule longue prise, sur une jeune Espagnole qui rencontre trois Berlinois après une soirée en club et se retrouve à braquer une banque la même nuit. *Axolotl Overkill* (2017), d'après le roman de 2010 d'Helene Hegemann, emmène aussi le spectateur dans une folle virée dans la nuit berlinoise, vue par les yeux de Mifti et ses 16 ans. Plus sérieux, *Seul dans Berlin* (2016), d'après le roman éponyme de Hans Fallada, traite d'un couple innocent qui tombe aux mains de la Gestapo.

Des séries TV au succès international font également la part belle à Berlin : *Berlin Station* (2016), drame d'espionnage, et surtout *Babylon Berlin* (2017), une histoire policière superbement filmée dans le décor du Berlin d'avant la prise du pouvoir par les nazis. Plus célèbre encore et récompensée aux Emmy Awards, la série Netflix *Unorthodox* (2020) raconte l'histoire d'une jeune femme qui quitte sa communauté hassidique de Brooklyn pour se réinventer à Berlin.

Musique

Le milieu musical est à l'image de la ville : polymorphe, divers et changeant. Avec au moins 2 000 groupes actifs, des dizaines de labels indépendants, et une production générant environ 60% des recettes musicales du pays, Berlin – qui est aussi le siège européen d'Universal Music et de MTV – est la capitale incontestée en ce domaine.

Les débuts

Pendant des siècles, Vienne, Leipzig et d'autres villes européennes firent beaucoup d'ombre à Berlin en matière de musique. Parmi les exceptions notables, *Le Freischütz* de Carl Maria von Weber, dont la première eut lieu en 1821 à la Schauspielhaus (l'actuelle Konzerthaus) sur le Gendarmenmarkt, est considéré comme le premier opéra romantique allemand d'importance. La musique de Weber influença *Le Songe d'une nuit d'été* du Berlinois d'origine Felix Mendelssohn-Bartholdy dès 1843. Cette même année, son confrère Giacomo Meyerbeer devenait directeur général de la musique de Prusse.

Créé en 1882, l'Orchestre philharmonique de Berlin acquit rapidement une envergure internationale sous la houlette de Hans von Bülow, et de Wilhelm Furtwängler à partir de 1923. Après la Seconde Guerre mondiale, Herbert von Karajan en reprit la direction. Compositeur de l'hymne national du pays, Hanns Eisler fut une figure clé de l'Allemagne de l'Est.

Les années 1920

Le cabaret a beau être né dans le Paris des années 1880, il prit son essor dans le Berlin déluré des années 1920 avec une dominance jazz, notamment après les retentissants spectacles au théâtre de l'Ouest (Theater des Westens) de l'Américaine Joséphine Baker, vêtue d'une simple ceinture de bananes. Par la suite, les musiques de cabaret prirent la forme de *Berlin Schlager* : des chansons légères un peu farfelues et surréalistes, aux titres comme *Mein Papagei frisst keine harten Eier* ("Mon perroquet n'aime pas les œufs durs").

L'ensemble vocal de *Schlager* ayant connu le plus grand succès fut les Comedian Harmonists, un *"boys band"* fondé en 1927 par Harry Frommermann dans la même veine que le groupe américain des Revelers qu'il appréciait. Les harmonies a cappella du sextuor, composé d'un baryton, une basse, 3 ténors et un

BERLIN EN CHANSONS

1973
Berlin (Lou Reed). Le sort tragique de deux drogués.

1977
Heroes (David Bowie). Deux amants et le "Mur de la honte".

1978
Nina Hagen Band (Nina Hagen). Le premier album de l'égérie du punk allemand, née à Berlin-Est.

1980
Wir stehen auf Berlin (Ideal). Déclaration d'amour du groupe phare de la new wave allemande.

1983
99 Luftballons (Nena). Un tube pop sur les tensions de la guerre froide.

1991
Zoo Station (U2). Voyage surréaliste inspiré par une station de métro berlinoise.

1995
Born to Die in Berlin (The Ramones). Berlin côté sombre.

2000
Dickes B (Seeed). Ode reggae à Berlin.

2008
Schwarz zu Blau (Peter Fox). L'esprit rugueux et alternatif de Kottbusser Tor.

2011
Königin von Kreuzberg (Prinz Pi). Le rap énervé d'un natif de Charlottenburg.

pianiste, imitaient parfaitement les instruments de musique. Le groupe se sépara en 1934 ; 3 de ses membres étaient Juifs et fuirent l'Allemagne. Sorti en 1997, le film Comedian *Harmonists* du réalisateur Joseph Vilsmaier retrace l'histoire et le succès du groupe.

Autre succès, *L'Opéra de quat'sous* (1928), de Bertolt Brecht, mis en musique par Kurt Weill, contenant des chansons célèbres, telles "La Complainte de Mackie". Friedrich Holländer, autre compositeur clé de l'univers du cabaret, se distingue par son esprit, ses talents d'improvisateur et ses paroles bien tournées. *Falling in Love Again / Ich bin von Kopf bis Fuss aus Liebe eingestellt*, chanté par Marlene Dietrich dans *L'Ange bleu* (Josef von Sternberg ; 1930), figure parmi ses titres les plus connus (le film fut tourné simultanément en anglais et en allemand, et l'actrice interpréta les chansons dans les 2 langues). Comme bien d'autres talents (dont Weill et Brecht), Holländer quitta l'Allemagne à l'arrivée des nazis au pouvoir, et poursuivit sa carrière à Hollywood.

Les palpitantes années 1920 attirèrent à Berlin nombre de musiciens classiques, dont Arnold Schönberg et Paul Hindemith, qui enseignèrent respectivement à l'Académie des arts et à l'École supérieure de musique. Les compositions atonales de Schönberg trouvèrent ici un écho, tout comme ses expérimentations autour du bruit et des effets sonores. Hindemith explora quant à lui ce nouveau média qu'était la radio, et donna des cours sur la musique de film.

Une plaque marque l'entrée du 155 Hauptstrasse, à Schöneberg, où logèrent David Bowie et Iggy Pop à la fin des années 1970. L'appartement de 7 pièces était au 1er étage. Iggy Pop s'installa ensuite seul de l'autre côté de la cour.

Pop, punk et rock au temps du Mur

Après la Seconde Guerre mondiale, Berlin devint le fer de lance de nombreuses innovations musicales. À Berlin-Ouest, Tangerine Dream contribua notamment à propager le son psychédélique de la fin des années 1960, tandis que Ton Steine Scherben, le groupe de Rio Reiser, devenait un groupe de rock en langue allemande déterminant des années 1970 et 1980. À la même époque, la subculture de Kreuzberg lançait le mouvement punk au SO36 et dans d'autres clubs connus. Parmi leurs habitués : David Bowie et Iggy Pop, qui partagèrent un appartement à Schöneberg dans les années 1970. Tentant de se libérer de sa toxicomanie, et fortement inspiré par l'ambiance sombre de Berlin, Bowie écrivit et enregistra une partie de sa *Trilogie berlinoise*

LES STUDIOS HANSA

Si Londres a Abbey Road, Berlin a également son lieu d'enregistrement mythique : les **Studios Hansa** (plan p. 352 ; www.meistersaal-berlin.de ; Köthener Strasse 38 ; M41, U Potsdamer Platz, S Potsdamer Platz), qui attirèrent durant la guerre froide des artistes de tous horizons. Le seul moyen de découvrir aujourd'hui cette Mecque musicale – devenue un lieu d'événements mondains – est de s'inscrire aux Berlin Music Tours (p. 309), un circuit très intéressant qui permet d'apprendre, entre autres, pourquoi Martin Gore de Depeche Mode s'y est dénudé pour enregistrer une chanson d'amour.

"The Big Hall by the Wall" (la grande salle près du Mur) est le surnom donné par David Bowie au superbe Studio 2, appelé plus officiellement Meistersaal (la salle des Maîtres) et richement décoré. On peut imaginer Bowie regardant depuis ses fenêtres par-dessus la muraille de béton et faisant signe aux gardes armés dans leurs miradors. C'est ici que le Thin White Duke enregistra à la fin des années 1970 les visions torturées de l'album *Heroes* – qui constitue avec *Low* et *Lodger* sa fameuse *Trilogie berlinoise*. Bowie produisit aussi *The Idiot* et *Lust for Life* de son ami Iggy Pop.

Parmi les artistes ayant enregistré aux Hansa Studios figurent : Nina Hagen, Nick Cave, David Byrne, Einstürzende Neubauten, Die Ärzte, Snow Patrol, Green Day, REM ou encore The Hives et les Pet Shop Boys. Depeche Mode y produisit 3 albums entre 1983 et 1986 : *Construction Time Again*, *Some Great Reward* et *Black Celebration*.

(*Low, Heroes* et *Lodger*) dans les fameux studios Hansa. L'ouvrage de Matthieu Thibault *David Bowie. L'avant-garde pop* (2016), dans sa partie consacrée à cette trilogie, donne un aperçu de cette période grisante.

En Allemagne de l'Est, le rock et le reste de la musique populaire de l'Ouest étaient d'un accès restreint, et peu de stars occidentales étaient invitées à se produire en concert. La liberté des artistes de l'Est était très limitée : les paroles des chansons devaient être approuvées, et les spectacles étaient systématiquement contrôlés. Malgré tout, le pays vit l'apparition massive des groupes de l'*Ostrock* (le "Rock de l'Est"). Certains parmi les plus importants, comme The Puhdys, Karat, Silly ou City, passèrent à travers les mailles de la censure en déguisant leurs critiques en métaphores d'apparence inoffensive, ou en insérant délibérément des paroles provocantes, vouées à être supprimées par le bureau de censure. Ils récoltèrent un immense succès des deux côtés du Mur.

Nombre d'anticonformistes furent exclus de la profession et interdits de concert. L'auteur-compositeur-interprète Wolf Biermann déclencha une polémique lorsqu'en 1976 il ne fut pas autorisé à retourner en RDA après une série de concerts à l'Ouest, en dépit d'être un fervent socialiste (mais critique envers le régime). Quand d'autres artistes se rallièrent à sa cause, eux aussi furent exilés, dont Nina Hagen, belle-fille de Biermann et chanteuse pop de Berlin-Est, qui deviendra une pionnière du punk de Berlin-Ouest. Restreinte mais vitale, la scène punk de Berlin-Est vit naître Sandow et Feeling B, dont les membres formeront en 1994 le groupe de métal industriel Rammstein. Bien que leurs chansons sombres et provocatrices soient entièrement en allemand, ils sont l'un des groupes allemands les plus écoutés au monde.

Une fois à Berlin-Ouest en 1977, Hagen fonda le Nina Hagen Band à Kreuzberg et séduisit les adolescents avec ses paroles provocantes, sa voix stridente et ses performances théâtrales. L'un de ses premiers hits, "*Auf'm Bahnhof Zoo*" évoque la gare Zoologischer Garten, alors connue pour être un repaire de drogués et de mineurs prostitués.

Hagen contribua aussi au développement de la *Neue Deutsche Welle* ("new wave allemande"). Ce courant du début des années 1980 engendra des groupes berlinois à l'ouest tels que D.A.F., Trio, Neonbabies, Ideal et UKW, de même que Rockhaus à Berlin-Est. Ces années-là ont aussi vu la naissance de Die Ärzte, dont le dernier album, enregistrement live de *Die Nacht der Dämonen*, est paru en 2013. Einstürzende Neubauten est un groupe précurseur du son préindustriel, où les instruments sont des bidons d'essence, des perceuses électriques et des tronçonneuses. Son fondateur, Blixa Bargeld, sera aussi pendant 10 ans guitariste du groupe The Bad Seeds, dont le leader, l'Australien Nick Cave, connut sa période berlinoise au parfum d'héroïne au début des années 1980.

Pop, rock et hip-hop après 1990

Depuis la réunification, des centaines de groupes indé, punks, alternatifs et gothiques se produisent pour la plus grande joie du public berlinois. Die Ärzte, Element of Crime et Einstürzende Neubauten, toujours en activité, ont été rejoints par d'autres groupes à succès qui s'exportent, comme Beatsteaks (punk rock alternatif) qui en est à son 10e album, et Wir sind Helden (pop rock), qui a pour leader la charismatique Judith Holofernes, dont le premier album solo est sorti en 2014.

La bonne musique berlinoise se décline également au son de l'électro-jazz et du *breakbeat*, privilégiant les groove luxuriants, les samples peu connus et les rythmes relaxants. Les DJ du collectif allemand Jazzanova figurent parmi les grands noms de la scène downtempo. Leur label Sonar Kollektiv promeut d'autres artistes célèbres, dont Micatone. Le *dancehall* fait un carton à Berlin depuis la fondation de Seeed en 1998.

La Barenboim-Said Akademie, ouverte en 2016, porte le nom de ses deux fondateurs : le chef d'orchestre Daniel Barenboim (qui cumule les nationalités argentine, israélienne, espagnole et palestinienne) et l'universitaire américano-palestinien Edward Saïd. C'est une école de musique réputée, accueillant surtout des élèves du Moyen-Orient et d'Afrique du Nord, dans un esprit de réconciliation des peuples.

Cavalcade techno qui attirera des millions de gens à Berlin chaque été de 1989 à 2010, la Love Parade démarre en fait modestement avec un seul char et 150 fêtards dans le Kurfürstendamm de Berlin-Ouest lors de sa première édition.

Stadtaffe (2008), album solo de son leader Peter Fox, fut l'un des albums les plus vendus en Allemagne et remporta le prix de l'album de l'année aux Echo (Victoires de la musique allemandes) de 2010. Tout aussi apprécié, le groupe Culcha Candela (un Seeed en version plus pop) a sorti son 7e album studio, *Feel Erfolg*, en 2017.

Le documentaire *B-Movie: Lust & Sound in West Berlin 1979-1989*, de Mark Reeder (2015), évoque magistralement l'univers de la culture musicale des années 1980, avec Joy Division, Nick Cave, Die Ärzte, Einstürzende Neubauten, etc.

Le rap et le hip-hop local font de nombreux adeptes grâce à Sido, Fler, Bushido et Kool Savas, cofondateurs de Masters of Rap (MOR) en 1996. En 1998, Sido, de son côté, fonda le duo Alles ist die Sekte (A.i.d.S.) avec son ami B-Tight. Ses paroles sont jugées extrêmement provocantes, même dans le monde du hip-hop. Son adhésion publique à la mouvance complotiste QAnon à l'heure de la pandémie de Covid-19 n'a pas amélioré sa réputation.

Les Berlinois Casper et Marteria remportent aussi un énorme succès. KIZ, quant à eux, font davantage dans le *gangsta rap* parodique, avec des paroles souvent ironiques qui dénoncent les absurdités de la société et du monde politique. Berlin compte d'autres artistes connus, comme l'excentrique King Khan, Canadien d'origine qui a alimenté le revival du rock garage ; le groupe country western The BossHoss ; l'auteure-compositrice-interprète électro-folk Clara Hill ; le groupe de rock indé Gods of Blitz, et l'inclassable troupe des 17 Hippies. Tout aussi atypique, la Danoise Agnes Obel, qui vit à Berlin depuis 2005, vient d'entamer une collaboration inédite avec la prestigieuse maison de disques classiques Deutsche Grammophon.

La ville de la techno

Qu'on l'appelle techno, électro, house ou minimale, la musique électronique est le son berlinois par excellence : si elle est née à Detroit, c'est à Berlin qu'elle est arrivée à maturité.

La graine fut plantée en 1988 dans une sombre, froide et humide discothèque en sous-sol de la Köpenicker Strasse : UFO. Ses "parrains", Dr. Motte, WestBam et Kid Paul, y jouèrent leurs premiers concerts, pour la plupart des raves acid-house à transpirer toute la nuit. Le même Motte eut l'idée de faire descendre la fête dans la rue : la Love Parade était née (forte d'un million et demi de personnes en 1999).

Berlin Calling, sorti en 2008 et réalisé par Hannes Stöhr, est le premier film important sur la scène techno berlinoise. Il s'inspire largement de la vie du DJ Paul Kalkbrenner, lequel tient d'ailleurs le rôle principal.

La chute du Mur et le vent de liberté artistique qui s'ensuivit propulsèrent la techno sur le devant de la scène. L'euphorie qui en découla, l'accès soudain aux friches industrielles de Berlin-Est et l'absence de contrôle par les autorités furent autant de facteurs décisifs qui firent de Berlin la Mecque de la techno. En 1991, les musiciens techno suivirent le fondateur d'UFO Dimitri Hegemann au Tresor, où le DJ Tanith et le pionnier de la trance Paul van Dyk firent leurs débuts. Aujourd'hui, le Tresor demeure un label majeur, représentant Jeff Mills, Blake Baxter et Cristian Vogel, parmi beaucoup d'autres.

Fondé par Ellen Allien en 1999, le label phare BPitch Control a lancé les carrières de Modeselektor, Apparat, Sascha Funke et Paul Kalkbrenner. Autre poids lourd, le label collectif Get Physical produit Booka Shade, Nôze et le dynamique tandem M.A.N.D.Y., dont la fusion house, électro, minimale et funk crée un son qui donne irrésistiblement envie de danser. Fondé en 1997 par Marco Haas (alias T.Raumschmiere), le label répondant au nom charmant de Shitkatapult produit des genres variés allant de l'electronica d'avant-garde au tech-rock et à la musique d'ambiance – le duo Tiefschwarz en est l'un des piliers. Parmi les autres grands DJ berlinois, citons Ben Klock, Marcel Dettmann, Tama Sumo et Steffi, officiant au Berghain et représentés par le label Ostgut Ton.

Les artistes étrangers ont aussi influencé les musiciens berlinois – notamment la Canadienne Peaches, Richie Hawtin, innovateur anglo-canadien, ou encore Ricardo Villalobos, maître chilien du minimalisme.

Berlin pratique

Transports

DEPUIS/VERS BERLIN

La plupart des visiteurs viennent à Berlin en avion. Après 8 ans de retard, l'aéroport Willy-Brandt de Berlin-Brandebourg (BER), environ 27 km au sud du centre-ville, a enfin ouvert ses portes le 31 octobre 2020.

Plusieurs transporteurs européens majeurs, ainsi que des compagnies à bas prix, proposent des vols directs pour Berlin depuis toute l'Europe. En revanche, les visiteurs non européens devront changer d'avion dans une grande ville comme Francfort ou Amsterdam.

Selon votre point de départ, relier Berlin en train ou en bus peut être envisageable. Vols, visites et voitures peuvent être réservés en ligne sur www.lonelyplanet.fr.

Voie aérienne

Aéroport Willy-Brandt de Berlin-Brandebourg (BER)

L'**aéroport Berlin-Brandebourg** (BER ; ☎030-609 160 910 ; ber.berlin-airport.de ; Schönefelder Allee) dispose de deux terminaux : le terminal central tout neuf, Terminal 1 (T1), et le Terminal 2 (T2). Dans un premier temps, seul le T1 sera en service.

Le Terminal 5 (T5), l'ancien aéroport de Schönefeld, a fermé en mars 2021 faute de passagers.

L'office du tourisme du T1 est ouvert de 9h à 16h, mais ces horaires peuvent être variables.

S-BAHN ET TRAINS RÉGIONAUX

Une gare ferroviaire sous le Terminal 1 relie l'aéroport au Terminal 5 par le S-Bahn. Il vous faudra un billet couvrant les zones ABC (3,80 €) pour les trajets suivants :

Flughafen-Express FEX Ces trains circulent deux fois par heure, de 4h à minuit, et relient la Hauptbahnhof (gare principale) et les T1/2 en 30 minutes. Ils desservent aussi Gesundbrunnen et Ostkreuz.

Trains régionaux Les trains régionaux réguliers de la Deutsche Bahn appelés RE7 et RB14 relient le centre-ville et les T1/T2 une fois par heure (30 minutes).

S-Bahn Les S-Bahn empruntent les mêmes voies, mais s'arrêtent plus souvent. Le S9 part toutes les 20 minutes ; 45 minutes de trajet depuis/vers le centre-ville. Le S9 dessert aussi le parc des expositions (sortir à Messe Süd). Pour le rejoindre, vous pouvez aussi prendre le S45 jusqu'à Südkreuz, puis prenez le S41 et descendez à Messe Nord/ICC.

U-BAHN

BER n'est pas desservi par l'U-Bahn. La station la plus proche, Rudow, est à environ 20 minutes avec les bus X7, X71 ou 171 depuis les T1/T2. Depuis Rudow, l'U7 rejoint le centre-ville. Cette liaison est utile pour se rendre à Neukölln ou Kreuzberg. Il vous faudra un billet ABC (3,80 €).

AVERTISSEMENT

Les informations contenues dans ce chapitre sont particulièrement susceptibles de changements. Vérifiez directement auprès de la compagnie aérienne ou de l'agence de voyages les modalités d'utilisation de votre billet d'avion. N'hésitez pas à comparer les prestations. Les détails fournis ici doivent être considérés à titre indicatif et ne remplacent en rien une recherche personnelle attentive.

TAXI

Il y a une station de taxis à la sortie du T1. Comptez environ 50-60 € et 1 heure pour rejoindre le centre de Berlin.

LOCATION DE VOITURE ET AUTOPARTAGE

Les loueurs de voitures Avis, Enterprise, Europcar, Hertz, Sixt et Terstappen sont présents au BER.

Quatre compagnies d'autopartage couvrent l'aéroport : Share Now, Miles, Sixt Share et We Share. Récupérez votre véhicule sur le parking P4 (T1/T2).

Depuis la France

Air France (☎36 54 ; www.airfrance.fr) rallie Berlin par vol direct plusieurs fois par jour à partir de 100 € l'aller-retour en basse saison. La durée du vol est de 1 heure 45.

Les compagnies low cost proposent des tarifs plus avantageux en s'y prenant à l'avance et en étant souple sur les dates. À partir de 60 € l'aller-retour, **EasyJet** (www.easyjet.com/fr) dessert Berlin-Brandebourg (BER) au départ de Paris-Orly et Paris CDG, Lyon, Bordeaux, Biarritz, Marseille, Bastia, Nice, Nantes et Bâle-Mulhouse.

La compagnie régulière **Lufthansa** (☎01 70 48 91 70 ; www.lufthansa.com) assure des vols Paris-Berlin, avec escale.

Les amateurs de voyages culturels pourront aussi contacter les agences spécialisées dans les séjours avec guides conférenciers :

Clio (☎01 53 68 82 82 ; www.clio.fr ; 34 rue du Hameau, 75015 Paris)

Intermèdes (☎01 45 61 90 90 ; www.intermedes.com ; 10 rue de Mézières, 75006 Paris)

Il est parfois intéressant de réserver le billet d'avion et l'hébergement en même temps. La plupart des sites Internet de réservation en ligne proposent des formules avion + hôtel. Pour une sélection d'adresses Internet, consultez l'encadré *Agences en ligne*.

Depuis la Belgique

Brussels Airlines (☎0902 51 600 ; www.brusselsairlines.com/fr-be) dessert Berlin-Brandebourg (BER) par vol direct depuis Bruxelles, plusieurs fois par jour, à partir de 90 €.

La **Lufthansa** (☎32 26 20 08 88 ; www.lufthansa.com) assure également des vols directs Bruxelles-Berlin, à partir d'environ 100 € (hors bagages).

Ryanair (☎32 7848 2138 ; www.ryanair.com/be/fr) propose des vols directs Bruxelles-Berlin Brandebourg (BER), à partir de 60 € l'aller-retour hors bagages, en s'y prenant à l'avance et en étant souple sur les dates.

Voici une sélection d'agences de voyages :

Airstop (☎070 23 31 88 ; www.airstop.be/fr)

Connections (☎070 23 33 13 ; www.connections.be/fr-be ; coordonnées des agences sur le site Internet).

Gigatour – Voyages Eole (agence de Bruxelles ☎02 672 35 03 ; www.voyageseole.be ; coordonnées des agences sur le site Internet)

Depuis la Suisse

Swiss (☎0848 700 700 ; www.swiss.com/ch/fr) assure plusieurs vols directs par jour pour Berlin-Brandebourg (BER) au départ de Zurich (à partir de 130 FS).

EasyJet (www.easyjet.com/fr) propose des vols directs pour Berlin-Brandebourg (BER) au départ de Zurich (à partir de 90 FS l'aller-retour ; 1 heure 25), Genève (à partir de 60 FS l'aller-retour ; 1 heure 45) et Bâle-Mulhouse (à partir de 55 FS ; 1 heure 35) ; tarifs attrayants en s'y prenant à l'avance et en étant souple sur les dates.

AGENCES EN LIGNE

Vous pouvez réserver votre vol via une agence en ligne ou vous renseigner auprès d'un comparateur de vols :

www.bourse-des-vols.com
www.ebookers.fr
www.expedia.fr
www.govoyages.com
www.kayak.fr
www.opodo.fr
www.skyscanner.fr
voyages.kelkoo.fr
www.partirou.com

Pour les trains consultez :

www.oui.sncf
www.trainline.fr

Depuis le Canada

Vous devrez passer d'abord par New York ou par une grande ville européenne, d'où vous prendrez une correspondance pour Berlin. Par exemple, **Air Canada** (☎1 888 247 2262 ; www.aircanada.ca) propose des vols de Montréal vers Berlin-Brandebourg (BER) via Bruxelles ou Francfort à partir de 1 300 $C (environ 10 heures de vol).

La compagnie régulière **Icelandair** (☎1 800 223 5500 ; www.icelandair.com) propose des vols Toronto-Berlin avec escale, à partir de 900 $C (entre 10 et 11 heures de vol). C'est aussi le cas de **TAP Air Portugal** (☎1 800 903 7914 ; www.flytap.com), à partir de 1 000 $C (environ 13 heures de vol).

Vous pouvez contacter :

Travel Cuts – Voyages Campus (☎1 800 667 2887 ; www.travelcuts.com ; coordonnées des agences sur le site Internet)

Travelocity (www.travelocity.ca)

VOYAGES ET CHANGEMENTS CLIMATIQUES

Tous les moyens de transport fonctionnant à l'énergie fossile génèrent du CO_2 – la principale cause du changement climatique induit par l'homme. L'industrie du voyage est aujourd'hui dépendante des avions. Si ceux-ci ne consomment pas nécessairement plus de carburant par kilomètre et par personne que la plupart des voitures, ils parcourent en revanche des distances bien plus grandes et relâchent quantité de particules et de gaz à effet de serre dans les couches supérieures de l'atmosphère. De nombreux sites Internet utilisent des "compteurs de carbone" permettant aux voyageurs de compenser le niveau des gaz à effet de serre dont ils sont responsables par une contribution financière à des projets respectueux de l'environnement. Lonely Planet "compense" les émissions de tout son personnel et de ses auteurs.

Voie terrestre

Bus

Beaucoup de visiteurs viennent à Berlin en autocar, option facile et abordable. Les compagnies de bus desservent d'innombrables villes dans toute l'Europe. **Flixbus** (www.flixbus.de) est le principal opérateur (la compagnie a absorbé les compagnies Isilines et Eurolines).

La **gare routière centrale** (Zentraler Omnibusbahnhof ou ZOB ; ☎030-3010 0175 ; www.zob-berlin.de ; Messedamm 8 ; Ⓢ Messe/ICC Nord, Ⓤ Kaiserdamm) est proche de la foire commerciale à l'ouest de la ville. Les bus Flixbus (ci-contre) font aussi une dizaine d'autres arrêts en ville, notamment à l'aéroport BER et à l'Alexanderplatz.

TRANSPORTS EN COMMUN

Station d'U-Bahn la plus proche de la ZOB à environ 300 m au nord, Kaiserdamm est desservie par la ligne U2, qui vous conduit à la station Zoologischer Garten en quelque 8 minutes et à Alexanderplatz en 28 minutes.

La station de S-Bahn la plus proche est Messe Nord/ICC, à environ 400 m au sud-est de la ZOB. Elle est desservie par la Ringbahn (ligne circulaire) S41/S42, pratique pour se rendre dans des quartiers comme Prenzlauer Berg, Friedrichshain et Neukölln.

Tous ces trajets nécessitent un billet de zones AB (3 €).

TAXIS ET COURSES PARTAGÉES

Pour une course classique ou partagée, rejoignez l'entrée principale de la ZOB, sur la Masurenallee. Comptez 15 € environ en taxi pour l'ouest du centre et les abords du Zoologischer Garten, 28 € pour l'est du centre autour de l'Alexanderplatz.

DEPUIS/VERS LES VILLES D'EUROPE

Plusieurs compagnies de bus assurent des liaisons jusqu'à Berlin au départ de nombreuses villes d'Europe. Depuis Paris ou Bruxelles, comptez au moins 12 heures 30 de trajet et à partir de 40 € l'aller. Cette solution peut se révéler pratique en partant le soir vers 20h et en arrivant le lendemain matin vers 9h. Renseignez-vous auprès des opérateurs suivants :

Flixbus (www.flixbus.fr)

BlaBlaCar Bus (fr.ouibus.com)

Train

La **gare principale** (Hauptbahnhof ; plan p. 340 ; www.bahnhof.de ; Europaplatz 1 ; 📶 ; Ⓢ Hauptbahnhof, Ⓤ Hauptbahnhof) est au cœur de la ville, juste au nord du quartier du gouvernement. Elle est bien reliée aux autres villes allemandes, ainsi qu'aux pays voisins. Taxis, trams et bus partent du côté de la sortie nord (Europaplatz). Pour rejoindre les hôtels, la Spree et le quartier du gouvernement, prenez la sortie sud (Washingtonplatz). Un office du tourisme se trouve près de la sortie nord.

Achetez vos billets dans le Reisezentrum (agence de voyages), entre les quais 12 et 13 au premier niveau supérieur (OG1), en ligne sur www.bahn.de, aux guichets de la gare ou sur l'application DB Navigator.

Des consignes sont situées derrière le bureau de change de la Reisebank, au niveau OG1, entre les quais 14 et 15.

TRANSPORTS EN COMMUN

Les lignes S5 et S7 du S-Bahn partent du niveau supérieur OG2, suivent un axe est-ouest et desservent toutes les deux Zoologischer Garten, Alexanderplatz et Ostkreuz (pour rejoindre Friedrichshain). Pour aller au parc des expositions, prendre le S5 jusqu'à Messe Nord/ICC.

Depuis décembre 2020, l'extension de l'U5 (U-Bahn) relie la Hauptbahnhof à Unter den Linden, Alexanderplatz et Friedrichshain.

Les trams partent de l'Europaplatz. Le M5 rejoint l'Alexanderplatz via le Scheunenviertel, le M8 dessert l'Alexanderplatz via la Rosenthaler Platz, le M10 relie la Warschauer Strasse (Friedrichshain) via Prenzlauer Berg. Les billets (AB) coûtent 3 €.

TAXIS ET COURSES PARTAGÉES
Une station de taxis est située devant la sortie de l'Europaplatz. Des chauffeurs Uber et Free Now y sont aussi présents.

DEPUIS LA FRANCE
Pour rejoindre Berlin depuis Paris, il y a plusieurs options :

- Prendre un train Thalys à Paris-Nord et changer à Cologne, puis prendre un ICE (InterCity Express) jusqu'à Berlin
- Prendre un TGV à Paris-Est avec changement à Karlsruhe, Francfort ou Mannheim, puis un ICE (InterCity Express) jusqu'à Berlin
- Le voyage dure un peu plus de 8 heures (parfois jusqu'à 12 heures selon la correspondance), et la réservation peut se faire via la **SNCF** (☎3635 ; www.oui.sncf) ou la **Deutsche Bahn** (DB ; www.bahn.com/fr). Comptez à partir de 99 € l'aller (mieux vaut réserver assez tôt pour avoir les choix les plus intéressants).

DEPUIS LA BELGIQUE

- Pour gagner Berlin depuis Bruxelles en train en un peu moins de 7 heures, il faut prendre un Thalys ou un ICE (InterCity Express) jusqu'à Cologne, puis changer pour un autre ICE à destination de Berlin. L'aller-retour coûte à partir de 160 €.
- Renseignements et réservations auprès de la **SNCB** (☎0892 06 50 50 ; www.b-europe.com)

DEPUIS LA SUISSE

- Des trains ICE (InterCity Express) directs relient quotidiennement Bâle à Berlin (7 heures 45) ou via Francfort, Hanovre, Karlsruhe ou Mannheim.
- Des trains de nuit directs partent également de Bâle et de Zurich.
- Au départ de Genève, prenez un IC5 (InterCity) jusqu'à Olten, puis un ICE jusqu'à Berlin (environ 10 heures 30)
- Renseignements et réservations auprès de la **SBB-CFF** (☎0900 300 300 ; www.sbb.ch/fr).

COMMENT CIRCULER

Se promener à pied dans les quartiers (*Kieze* en argot local) de Berlin est un plaisir, mais, pour aller de l'un à l'autre, utilisez l'excellent système de transports en commun ou louez un vélo. Géré par le BVG (www.bvg.de), ce système englobe U-Bahn (métro), S-Bahn (trains interurbains), bus, trams et ferrys. L'U-Bahn et le S-Bahn sont les plus pratiques. Les billets sont valables pour tous les transports en commun.

Pour planifier vos trajets et pour plus d'informations, rendez-vous sur le site Internet (allemand, anglais). Des plans du réseau sont affichés dans les stations (en général sur les quais), dans les rames d'U-Bahn et de S-Bahn, ainsi qu'à bord des trams.

U-Bahn

L'U-Bahn est le moyen le plus rapide de circuler dans Berlin. Les lignes (baptisées U1, U2, etc.) fonctionnent de 4h à 0h30, et toute la nuit les vendredis, samedis et jours fériés (sauf la ligne U4). Du dimanche au jeudi, les bus de nuit prennent la relève.

S-Bahn et trains régionaux

Le S-Bahn (désignés par S1, S2, etc.) circule moins fréquemment que l'U-Bahn, mais marque aussi moins d'arrêts. Il est mieux adapté aux longs trajets. Il fonctionne de 4h environ à 0h30 et toute la nuit les vendredis, samedis et jours fériés.

Pour les destinations les plus lointaines desservies par les trains RB et RE, il vous faudra un billet couvrant les zones ABC ou un billet de train **Deutsche Bahn** (☎01806 996 633 ; www.bahn.com).

Bus

Les bus sont lents, mais pratiques pour visiter la ville à bas prix (notamment les lignes 100, 200 et 300). Ils circulent fréquemment entre 4h30 et 0h30. Les bus de nuit (N1, N5, etc.) prennent le relais après 0h30. Les bus MetroBuses (M19, M41, etc.) fonctionnent 24h/24, 7j/7.

CIRCULER LA NUIT

Quelle que soit l'heure, on peut toujours circuler dans Berlin.

- Les U-Bahn circulent toutes les 15 minutes, toute la nuit les vendredis, samedis et jours fériés (sauf l'U4).
- Du dimanche au jeudi, des bus de nuit (N1, N2, etc.) suivent les parcours des U-Bahn entre 0h30 et 4h, toutes les 30 minutes.
- Les MetroBus (affichés M11, M19 etc.) et MetroTram (M1, M2, etc.) circulent chaque nuit toutes les 30 minutes entre 0h30 et 4h30.

Tram

Les tramways (*Strassenbahn*) ne circulent quasiment que dans les quartiers est de Berlin. Ceux désignés par M1, M2, etc., circulent 24h/24 et 7j/7. La ligne M1, qui relie Prenzlauer Berg à l'Île des Musées via Hackescher Markt, est très utile. Les lignes M5, M8 et M10 desservent Hauptbahnhof.

Taxi

Vous pouvez commander un **taxi** (☎030-210 101, 030-443 322, 030-210 202 ; www.taxi-in-berlin.de) par téléphone ou sur une application (Free Now, Taxi Berlin, taxi.eu, etc.), en héler un ou en prendre un à une station. La nuit, ils sont souvent en file devant les théâtres, les discothèques et autres établissements.

Le prix minimal d'une course est de 3,90 €. Comptez ensuite 2,30 € par kilomètre jusqu'à 7 km, puis 1,65 € pour chaque kilomètre supplémentaire. Paiement en espèces ou carte bancaire. Prévoyez environ 10% de pourboire.

Une courte distance (jusqu'à 2 km) vous sera facturée 6 €, à condition de héler le taxi et d'indiquer au chauffeur que vous souhaitez le tarif *Kurzstrecke* en montant à bord. Si vous choisissez de poursuivre au-delà de 2 km, les tarifs habituels s'appliquent à toute la course.

TRAJET	COÛT
Alexanderplatz – Zoologischer Garten	20 €
East Side Gallery – porte de Brandebourg	18 €
Musée juif – Hackescher Markt	12 €
Kollwitzplatz – Gendarmenmarkt	15 €

Courses partagées

Les courses partagées sont moins chères que les courses en taxi classiques. Chez Uber, les UberX, Comfort, UberXL, Premium et Green sont conduits par des chauffeurs habilités.

Le plus grand concurrent berlinois d'Uber est l'application locale Free Now, qui donne le choix entre un taxi classique ou un véhicule privé affilié ("Ride"), qui coûte moins cher. Parfois, même en choisissant un "Ride", un taxi se présente ; dans ce cas, le prix n'augmente pas.

Lyft n'opère pas à Berlin.

BerlKöni, autre service de courses partagées, n'est disponible que dans l'est du centre-ville (Mitte, Prenzlauer Berg, Friedrichshain, Kreuzberg et Neukölln).

Vélo et trottinette électrique

Le vélo est pratique, autant pour explorer en profondeur les quartiers que pour traverser la ville. Plus de 1 100 km de pistes cyclables prévues à cet effet facilitent la circulation. Même les cyclistes les moins chevronnés y trouveront leur compte.

Cela dit, restez attentif aux dangers que constituent les conducteurs agressifs ou distraits, les automobilistes qui ouvrent leurs portières sans regarder ou qui tournent à droite aux carrefours en vous coupant la route. Attention aussi de ne pas coincer vos roues dans les rails de tram. Les casques ne sont pas obligatoires, mais ils sont recommandés.

C'EST PARTI POUR UN TOUR !

La visite de la ville à bord des bus 100, 200 et 300 est l'une des meilleures affaires à Berlin, et c'est un vrai secret de Polichinelle ! Pour le prix d'un titre de transport (tarif AB, 3 €), on peut voir la quasi-totalité des sites majeurs du centre-ville, en montant et descendant à l'envi pendant les 2 heures de validité du titre. Si vous envisagez une visite sur la journée entière, privilégiez la *24-Stunden-Karte* (carte journalière, 8,80 €) pour économiser.

Bus 100 Il relie la gare Zoologischer Garten à Alexanderplatz, en passant par l'église du Souvenir, la colonne de la Victoire dans le Tiergarten, le Reichstag, la porte de Brandebourg et Unter den Linden.

Bus 200 Il circule aussi entre la gare Zoologischer Garten et Alexanderplatz, mais son itinéraire passe plus au sud, par les musées du Kulturforum, la Philharmonie et Potsdamer Platz. Il suit ensuite la Leipziger Strasse vers l'est avant de bifurquer au nord sur la Karl-Liebknecht-Strasse et de dépasser l'hôtel de ville.

Bus 300 Il circule entre la Philharmonie et les stations de U-/S-Bahn de la Warschauer Strasse, en passant par Potsdamer Platz, Unter den Linden, Alexanderplatz et l'East Side Gallery.

BILLETS ET PASS

➡ Pour acheter des billets, le plus simple est de télécharger l'application BVG (allemand, anglais).

➡ Des billets papier peuvent être achetés aux automates des stations d'U-Bahn et de S-Bahn et à bord des trams. Ils doivent être validés (compostés) avant la montée à bord.

➡ En raison de la pandémie de Covid-19, les chauffeurs de bus n'en vendent plus ; pensez à les acheter avant.

➡ Voyager sans titre de transport valide est passible d'une amende de 60 €.

➡ Les automates des stations d'U-Bahn et de S-Bahn acceptent les espèces, les cartes bancaires et les paiements via Google Pay et Apple Pay. Les automates des trams n'acceptent que les pièces ; il faut parfois faire l'appoint.

➡ Pour la plupart des trajets, un billet pour les zones AB suffit ; ils sont valables 2 heures et dans une seule direction (pas d'aller-retour).

➡ La *24-Stunden-Karte* (carte journalière) est valable 24 heures à compter de la première validation pour un nombre de trajets illimités, à bord de tous les transports en commun. La *24-Stunden-Karte Kleingruppe* (carte journalière "petit groupe") est valable pour un groupe de 5 personnes maximum voyageant ensemble.

➡ Le *Kurzstreckenticket* (billet trajet court, 2 €) permet de faire 3 stations en U-Bahn ou S-Bahn ou 6 stations en bus ou tram. Correspondances interdites.

TYPE DE BILLETS	AB (€)	BC (€)	ABC (€)
Einzelfahrschein (aller)	3	3,50	3,80
Ermässigt (aller, tarif réduit)	1,90	2,40	2,70
24-Stunden-Karte (carte journalière)	8,80	9,20	10
24-Stunden-Karte Kleingruppe (carte journalière groupe)	25,50	26	26,50
Wochenkarte (pass hebdomadaire)	36	37	43

On peut monter avec son vélo dans certains wagons de l'U-Bahn et du S-Bahn (ceux qui ont un logo vélo), ainsi que dans les trams et sur les lignes de bus de nuit allant du N1 au N9. Munissez-vous d'un ticket en plus pour vélo appelé *Fahrrad-Ticket* (2 €, ou 4,90 € pour la journée). Emporter son vélo dans les trains régionaux (RE, RB) coûte 3,30 € par trajet ou 6 € par jour.

Les sites www.bikemap.net et www.bbbike.de sont pratiques pour planifier son itinéraire et l'application Komoot aide à trouver de bons circuits.

Location de vélos

Nombre d'auberges de jeunesse et d'hôtels prêtent ou louent des vélos. Sinon, vous pourrez en louer presque n'importe où, dans des boutiques dédiées ou des stations-service, mais aussi dans des épiceries, des cafés et même des boutiques de vêtements.

Comptez à partir de 8 € la journée (entre 8 et 24 heures selon les agences). Une caution et/ou le dépôt d'une pièce d'identité est demandé.

Nous vous conseillons les agences suivantes. En été, réservez bien en avance.

Fahrradstation (plan p. 340 ; ☎01805 108 000 ; www.fahrradstation.com ; Dorotheenstrasse 30 ; location par jour/sem 15/49 € ; Ⓢ Friedrichstrasse, Ⓤ Friedrichstrasse). Grande flotte de vélos de qualité, personnel parlant anglais, 2 agences à Mitte. Location de vélos électriques. Réservez en ligne. Livraison et récupération possibles (60 €). Circuits guidés à vélo (35 €).

Lila Bike (plan p. 350 ; www.berlin-citytours-by-bike.de ; Schönhauser Allee 41 ; 24 heures 8 €, 24 heures supp 5 € ; ⏰10h-20h lun-sam et 13h-20h dim avr-août, 10h-19h lun-sam, 13h30-19h dim sept-mars ; Ⓤ Eberswalder Strasse). Petite agence dans Prenzlauer Berg qui loue des vélos de qualité à des tarifs avantageux.

Systèmes de vélo partagé

Les systèmes de vélo en libre-service rencontrent un franc succès à Berlin et les opérateurs sont nombreux. On trouve des vélos à presque tous les coins de rue dans les quartiers centraux (à l'intérieur de la Ringbahn, ligne circulaire) et parfois au-delà. Tous fonctionnent en libre-service automatisé, avec un retrait/dépôt soit dans des stations, soit en liberté dans des zones prédéfinies. Il faut télécharger une application sur son téléphone et s'enregistrer en ligne, via une hotline ou à certains terminaux dans les rues. En général, il faut scanner le code QR pour débloquer le cadenas électronique. Les tarifs, variables selon les compagnies, restent très raisonnables. Comptez environ 0,50 € pour 30 minutes, et pas plus de 15 € par jour.

Les opérateurs principaux sont Donkey Republic, Lime Bike, Nextbike et Call a Bike.

Trottinette électrique

L'Allemagne a officiellement autorisé la circulation en trottinette électrique en juin 2019, et, bien que ça ne plaise pas à tout le monde, ça semble parti pour durer. Comme pour les vélos en libre-service, il faut payer par carte bancaire ou par PayPal sur un smartphone avec l'application adéquate. Les principaux opérateurs sont Lime, Tier, Circ et Voi ; vous payez d'abord 1 €, puis 20-25 centimes la minute. Bien sûr, quelques règles sont à respecter.

- Usage strictement limité aux routes et aux pistes cyclables.
- Une personne par trottinette.
- Vitesse limitée à 20km/h.
- Casque non obligatoire, mais conseillé.

Voiture et moto

Circuler en voiture à Berlin ne facilite pas la vie, bien au contraire, car les parkings sont rares et onéreux.

Les principales compagnies internationales sont présentes dans les aéroports, les grandes gares ferroviaires et un peu partout en ville. Réservez pour bénéficier des meilleurs tarifs. Se rendre dans un pays d'Europe de l'Est comme la République tchèque ou la Pologne avec son véhicule de location est souvent interdit : renseignez-vous au préalable si vous prévoyez une escapade hors de Berlin.

Autopartage

Besoin d'une voiture quelques heures ou le temps d'un petit trajet ? L'autopartage est une bonne alternative à la location de voiture. Téléchargez l'application pour vous inscrire et localiser le véhicule le plus proche, déverrouillez-le et le tour est joué ! Garez ensuite le véhicule sur un emplacement autorisé dans la zone de couverture de l'opérateur.

Les opérateurs principaux sont Share Now, Sixt Share, We Share et Miles. La flotte de We Share est entièrement électrique et fonctionne à l'énergie verte. Ces opérateurs facturent à la minute, sauf Miles, qui facture au kilomètre et dispose par ailleurs de nombreux vans. Des forfaits de plusieurs heures ou à la journée existent aussi.

CIRCUITS ORGANISÉS

Pour d'autres visites en français, voir l'encadré p. 17.

À pied

Vive Berlin (☎49-157 3298 8384 ; francais@viveberlintours.de ; www.viveberlintours.de/fr ; visites quotiennes 19-23 €, visites privées sur devis ; ⏲tlj 10h). Visites quotidiennes en français tous les jours à 10h (entre 3 heures 30 et 6 heures) : les incontournables, Berlin-Est, Berlin authentique ou Potsdam. D'autres itinéraires en visites privées (quartier juif, musée de Pergame...) sur réservation. Également des visites virtuelles en ligne.

Alternative Berlin Tours (☎0162 819 8264 ; www.alternativeberlin.com ; circuit 14-35 €). Une agence qui sort des sentiers battus et propose 6 circuits pour découvrir la face cachée de la ville, notamment un très bon circuit *street art* (avec atelier en option), un circuit nocturne et la visite du "vrai Berlin". Si c'est votre première fois à Berlin, suivez le "Free Tour", proposé tous les jours, à prix libre. Le site Internet donne tous les détails et permet de s'inscrire. Visites en anglais.

Original Berlin Walks (☎0177 302 9194; www.berlinwalks.de ; plein/réduit à partir de 20/18 €). La plus ancienne agence de visites guidées à pied en anglais de Berlin propose un circuit généraliste et des circuits à thèmes (Seconde Guerre mondiale et IIIe Reich, Berlin-Est, Berlin *queer*) et d'autres visites autour du *street art*, de la bière artisanale et des visites du camp de concentration de Sachsenhausen et de Potsdam. Guides expérimentés. Réservation, horaires et points de rendez-vous disponibles en ligne.

Insider Tour Berlin (☎030-692 3149 ; www.insidertour.com ; circuits tarif plein/réduit 19/16 €). Cette société réputée propose un circuit généraliste intéressant, des circuits à thème (guerre froide, IIIe Reich, le Berlin juif) et des visites du camp de concentration de Sachsenhausen, de Potsdam et de Dresde. Sont aussi proposées des visites guidées du musée de Pergame et du Nouveau Musée. Réservation, horaires et points de rendez-vous disponibles en ligne.

New Berlin Tours (www.newberlintours.com ; visite tarif plein/réduit à partir de 15/13 €). Circuits amusants et instructifs, par les pionniers des visites à prix libre. Visite du camp de concentration de Sachsenhausen, circuit sur les traces du Mur et circuit culturel autour du *street art*, entre autres itinéraires. Réservation, horaires et points de rendez-vous disponibles en ligne.

À vélo

Fat Tire Tours Berlin (plan p. 344 ; ☎030-2404 7991 ; www.fattiretours.com/berlin ; Panoramastrasse 1a ; tarif plein/réduit à partir de 28/26 €, vélo compris ; S Alexanderplatz, U Alexanderplatz). Cette société très réputée propose des visites guidées à vélo, vélo électrique ou gyropode. Outre le classique tour de la ville, il existe des tours centrés sur le Mur ou sur le IIIe Reich, ainsi qu'une excursion à Potsdam. Les visites partent de l'entrée de la tour de la Télévision. Réservation conseillée.

Berlin on Bike (plan p. 350 ; ☎030-4373 9999 ; www.berlinonbike.de/en/ ; Knaackstrasse 97, Kulturbrauerei, cour 4 ; tarif plein/réduit 29/25 €, vélo compris, location vélo 10-15 € les 24 heures ; ⏰8h-20h tlj mi-mars à mi-nov, 10h-16h lun-ven mi-nov à mi-mars ; M1, U Eberswalder Strasse). Une compagnie de bonne réputation qui propose de nombreux circuits à vélo intelligents et amusants, guidés par des habitants. Visites de la ville en anglais (Berlin's Best) tous les jours, visites autour du Mur, mais aussi des circuits "Berlin alternatif" et *street art*, aux horaires plus restreints. D'autres circuits (en nocturne, par exemple) sont possibles sur demande. Horaires et réservation en ligne.

En bus

Les bus touristiques avec montée/descente à volonté parcourent les principaux sites en boucles de 2 heures, avec des commentaires enregistrés basiques en plusieurs langues. Départ toutes les 15 à 30 minutes de 10h à 17h ou 18h tous les jours ; les billets (10-20 €, réductions pour les enfants) s'achètent à bord. Des circuits traditionnels (sans descendre du bus), des circuits combinés bateau-bus et des excursions à Potsdam Spreewald sont aussi proposés. Vous trouverez des prospectus dans les hôtels ou les offices du tourisme.

En bateau

Quand il fait bon, une croisière en bateau sur les rivières, les canaux et les lacs de Berlin est un joli moyen de découvrir la ville. Les circuits vont de petits tours de 1 heure autour du centre historique à des visites plus longues jusqu'au château de Charlottenbourg via le Landwehrkanal.

Voici les principaux opérateurs :

Stern + Kreis (☎030-536 3600 ; www.sternundkreis.de ; circuits à partir de 17 € ; ⏰mars-déc)

Reederei Bruno Winkler (☎030-349 9595 ; www.reedereiwinkler.de ; circuits 16-27 € ; ⏰avr à mi-oct)

Reederei Riedel (☎030-6293 3194 ; www.reederei-riedel.de ; circuits à partir de 17 € ; ⏰mars-oct)

Circuits à thème

Refugee Voices Tours (☎0157 5221 5445 ; www.refugeevoicestours.org ; ⏰sur rdv). Près d'un million de réfugiés sont arrivés en Allemagne en 2015, principalement en provenance d'Afghanistan, de Syrie et d'Irak, pays déchirés par la guerre. Lors de cette visite de 2 heures, un réfugié syrien vous expliquera quels dangers les ont poussés à quitter leur pays pour s'installer à Berlin. La visite fait aussi des parallèles entre l'histoire allemande et syrienne. Elle se termine par un repas facultatif au restaurant Mandi (8 €).

Berlin Music Tours (☎0172 424 2037 ; www.musictours-berlin.com ; balade Bowie 19 € ; ⏰balade Bowie 12h sam-dim avr-oct, 11h30 nov-mars, autres balades sur demande). L'histoire musicale de Berlin – de Bowie à U2 et Rammstein, des clubs culte à la Love Parade – revit grâce à ces circuits en bus ou à pied guidés par les spécialistes de cette compagnie réputée. La balade sur les traces de Bowie est à horaires réguliers, mais les autres options comme le circuit multimédia en bus et les circuits U2 ou Depeche Mode ne se font que sur demande. Certains vous permettent d'entrer dans les célèbres studios Hansa (p. 298). Renseignez-vous sur les circuits proposés en français ou en anglais. Prix en fonction de la taille du groupe.

Berlinagenten (☎030-4372 0701 ; www.berlinagenten.com). En vous ouvrant les portes des bars, boutiques, restaurants, boîtes de nuit, maisons privées et sites, un guide privé initié vous fera saisir toutes les facettes berlinoises de l'art de vivre urbain. Des dizaines de circuits culinaires, culturels et "art de vivre" sont proposés, dont le très prisé "Gastro Rallye". Prix en fonction de la taille du groupe.

Eat the World (☎030-206 229 990 ; www.eat-the-world.com ; circuits adulte sem/we 29/39 €, enfant 20 €). Savourez les quartiers de Berlin à petites bouchées avec ces visites gastronomiques de 3 heures qui passent par des cafés, traiteurs, boulangeries, glaciers et autres endroits savoureux. Circuits dans 9 quartiers, dont Friedenau et Wedding situés hors des sentiers battus.

Carnet pratique

Ambassades et consulats

Ambassades et consulats étrangers à Berlin

France Ambassade (☎030-590 039 000, service des visas au Consulat général de Francfort ☎069 79 50 960 ; de.ambafrance.org ; Pariser Platz 5, Mitte ; Ⓡ Brandeburger Tor ; Ⓑ 100, TXL)

Belgique Ambassade (☎030-206 420 ; germany.diplomatie.belgium.be/fr ; Jägerstrasse 52-53, Mitte ; Ⓢ Hausvogteiplatz)

Canada (☎030-203 120 ; www.allemagne.gc.ca ; Leipziger Platz 17, Tiergarten ; Ⓢ Potsdamer Platz, Ⓡ Potsdamer Platz)

Suisse (☎030-390 4000 ; www.eda.admin.ch/berlin ; Otto-von-Bismarck-Allee 4a, Mitte ; Ⓢ Bundestag ; Ⓑ 100)

Ambassades et consulats allemands à l'étranger

France Ambassade (☎01 53 64 76 70 ; allemagneenfrance.diplo.de/fr-fr ; 13/15 avenue Franklin D. Roosevelt, 75008 Paris). Coordonnées des consulats de Bordeaux, Lyon, Marseille et Strasbourg sur le site Internet.

Belgique Ambassade (☎0032 2 787 1800 ; bruessel.diplo.de/be-fr ; rue Jacques de Lalaing 8-14, 1040 Bruxelles).

Canada Ambassade (☎613 232 1101 ; canada.diplo.de/ca-fr ; 1 Waverley Street, Ottawa, ON, K2P 0T8) ; Consulat général (☎514 931 2277 ; canada.diplo.de/ca-fr ; 1250 bd René-Lévesque Ouest, Bureau 4315, Montréal, Québec, H3B 4W8). Coordonnées des consulats de Toronto et de Vancouver sur le site Internet.

Suisse Ambassade (☎41 31 359 41 11 ; bern.diplo.de/ch-fr ; Willadingweg 83, 3006 Berne ; Section des visas : Willadingweg 78, 3006 Berne). Coordonnées des consulats de Genève, Bâle, Lugano et Zurich sur le site Internet.

Argent

Cartes bancaires

➡ À cause de la pandémie de Covid-19, le paiement sans contact par carte bancaire a explosé. Les cartes bancaires sont désormais acceptées dans la plupart des commerces, hôtels, restaurants, bars, taxis, salles de spectacle et automates de titres de transport. Il reste encore des endroits ne prenant

UN FIL D'ARIANE EN VOYAGE

Le portail **Ariane** (pastel.diplomatie.gouv.fr/fildariane), mis en place par le Centre de crise du ministère des Affaires étrangères, est un service gratuit permettant au voyageur français à l'étranger d'être contacté par le service consulaire, sur son téléphone portable ou par e-mail, au cas où des événements graves (crise politique, catastrophe naturelle, attentat...) se produiraient dans le pays durant son séjour, ou de contacter rapidement sa famille ou ses proches en France en cas de besoin.

La procédure d'inscription se réalise en ligne, où vous donnez des informations sur votre voyage (date de départ, de retour, numéro de téléphone portable, coordonnées d'éventuels contacts sur place, adresses de séjour et itinéraire prévu, etc.).

Grâce à ce service, vous recevrez en outre, avant votre départ, des recommandations de sécurité par e-mail si la situation dans le pays le justifie.

Il existe une application pour les Smartphones et les tablettes, intitulée *Conseils aux voyageurs*.

que des espèces (petits commerces et restaurants).

➡ Les Visa et MasterCard sont généralement mieux acceptées que l'American Express.

➡ Le paiement par carte bancaire est parfois soumis à un montant minimal.

➡ Les retraits dans les DAB peuvent entraîner des frais de transaction élevés – renseignez-vous auprès de votre banque au préalable.

Change

Vous trouverez des bureaux de change (*Wechselstuben*) dans les aéroports et les principales gares ferroviaires. Leurs horaires sont généralement plus étendus et leurs tarifs plus attractifs que ceux des banques commerciales.

Quelques bureaux bien situés :

Reisebank (www.reisebank.de). Succursales à Zoologischer Garten, à la Hauptbahnhof, à l'Ostbahnhof et à la Bahnhof Friedrichstrasse.

Euro-Change (www.euro-change.de). Station d'Alexanderplatz ; Europa Center, Friedrichstrasse 80.

TAUX DE CHANGE

Canada	1 $CA	0,68 €
États-Unis	1 $US	0,84 €
Suisse	1 CHF	0,91 €

Pour les taux de change actualisés, consultez le site www.xe.com.

Distributeurs automatiques de billets (DAB)

➡ Les DAB (*Geldautomat*) sont le moyen le plus simple et pratique d'obtenir des espèces. La plupart sont accessibles 24h/24, 7j/7, et reliés aux réseaux internationaux comme Cirrus, Plus, Star et Maestro.

➡ Les DAB non liés aux grandes banques facturent parfois des frais de transaction plus élevés (5 € ou plus). Les DAB ne reconnaissent pas les codes à plus de 4 chiffres.

➡ La plupart des établissements utilisent l'authentification par code. Si votre carte n'a pas de puce, il se peut que l'on recourt au reçu à signer, mais pas toujours : renseignez-vous préalablement.

➡ Le paiement sans contact a fait son apparition.

➡ Il se peut que votre banque applique des frais de transaction ou de conversion.

INFOS PRATIQUES

Journaux et magazines Les quotidiens les plus lus sont *Tagesspiegel*, *Berliner Zeitung*, *Berliner Morgenpost* et *taz*. Le magazine *Tip* détaille les événements à venir. *Siegessäule* est un magazine LGBTQ+ gratuit. *Exberliner* est un magazine culturel en anglais destiné aux expatriés.

Radio et TV Radio 1 (95,8 FM) et Flux FM (100.6 FM) sont des radios populaires. Pour les infos locales à la TV, branchez-vous sur RBB.

Eau L'eau du robinet est potable, mais la plupart des habitants préfèrent l'eau en bouteille, gazeuse ou plate.

Poids et mesures L'Allemagne utilise le système métrique.

Espèces

Alors que l'argent liquide était roi en Allemagne, la pandémie de Covid-19 a tout changé : la carte bancaire est devenue le moyen de paiement privilégié. Au cas où, ayez toujours un peu d'espèces sur vous.

Pourboires

Les choses changent mais, dans l'ensemble, les Allemands trouvent toujours impoli de laisser le pourboire sur la table. Dites plutôt au serveur le montant total que vous souhaitez payer. Si vous ne voulez pas que l'on vous rende la monnaie, dites "*Stimmt so*" (C'est bon.).

➡ **Hôtels** Femmes de chambre 2 € par jour ; bagagistes 2 € par sac.

➡ **Restaurants** Il est d'usage d'ajouter 10% pour un bon service.

➡ **Bars et pubs** De 5% à 10% pour le service à table, arrondis à l'euro près ; pas de pourboire ou minime pour le self-service.

➡ **Taxis** 10%, arrondis à l'euro près.

➡ **Toilettes publics** 0,50 €.

TVA

La TVA allemande, prélevée sur la plupart des biens au taux de 19%, est appelée *Umsatzsteuer* ou *Mehrwertsteuer*. Pour les aliments, les livres et les services, elle est de 7%. La TVA est incluse dans le prix. Si votre résidence permanente est située en dehors de l'UE, vous pouvez demander le remboursement partiel de la TVA payée sur les biens achetés.

Cartes de réduction

Berlin Welcome Card (www.berlin-welcomecard.de ; trajets 48/72 heures en zones AB 23/33 €, en zones ABC 28/38 €, zones AB/ABC 72 heures avec accès à l'Île des Musées 51/55 €). Trajets en transports publics illimités pour 1 adulte et jusqu'à 3 enfants de moins de 14 ans ; jusqu'à 50% de remise pour

200 monuments, attractions et visites ; valables jusqu'à 6 jours. En vente en ligne, dans les offices du tourisme, aux billetteries automatiques des gares d'U-Bahn et du S-Bahn et dans les points de vente BVG.

CityTourCard (www.citytourcard.com ; trajet 48/72 heures/5 jours en zones AB 19,90/29,90/42,50 €, en zones ABC 22,90/33,90/46,90 €). Même principe que la Berlin Welcome Card ; un peu moins chère, elle offre moins de remises. Valable jusqu'à 6 jours, en vente en ligne, dans les offices du tourisme et aux billetteries automatiques des gares de l'U-Bahn et du S-Bahn.

Museumspass Berlin (tarif plein/réduit 29/14,50 €). Offre pour 3 jours d'affilée un accès permanent à une trentaine de musées, y compris les meilleurs, comme le Pergame. En vente en ligne, dans les offices du tourisme, dans les musées participants et dans beaucoup d'hôtels.

Électricité

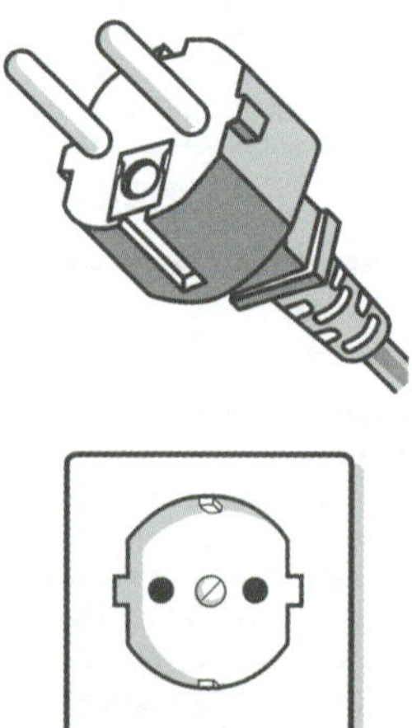

230 V/50 Hz

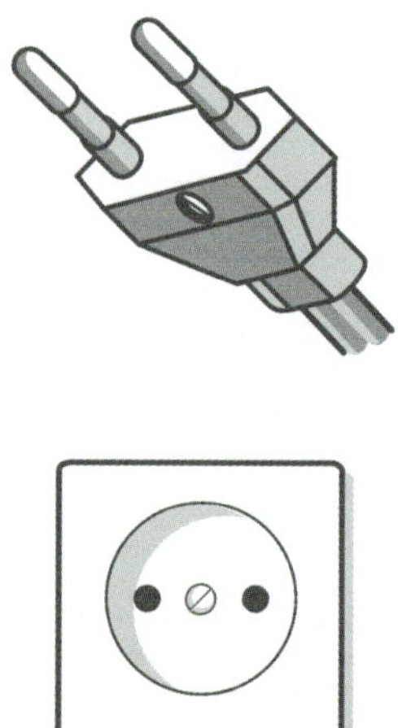

230 V/50 Hz

Douane

Les biens qui entrent ou qui sortent de pays de l'UE ne sont soumis à aucune taxe tant que les frais de douane ont déjà été payés dans un pays européen et qu'ils sont uniquement destinés à un usage personnel. Les boutiques en duty free ne sont accessibles que si vous sortez de l'UE.

Formalités et visas

- Pour entrer en République fédérale d'Allemagne, les ressortissants des pays de l'Union européenne n'ont pas besoin de visa. Les Français, les Belges et les Suisses peuvent y entrer librement munis d'un passeport ou d'une carte nationale d'identité en cours de validité.
- Pour un long séjour, les ressortissants européens doivent toutefois se signaler auprès des autorités (*Bürgeramt*) dans un délai de 2 semaines après leur arrivée. Ils pourront prouver leur droit au séjour sur présentation d'une attestation de domicile (*Anmeldebestätigung*) et d'une carte nationale d'identité ou un passeport en cours de validité.
- Les Canadiens doivent présenter un passeport valide, mais n'ont pas besoin de visa pour un séjour touristique dans l'espace Schengen d'une durée maximale de 90 jours par période de 180 jours. Attention, les séjours sont cumulatifs et incluent les jours passés dans tout pays de l'espace Schengen.
- Les visiteurs hors UE ou d'un pays sans obligation de visa devront se procurer un visa Schengen pour entrer en Allemagne. Il est valable pour des séjours d'une durée maximale de 90 jours. La résidence permanente légale dans un pays Schengen rend le visa inutile, quelle que soit votre nationalité.
- Les passeports doivent être valables au moins 3 mois après la date de départ prévue de l'espace Schengen.
- Pour plus de détails et pour connaître les dernières règles en date, consultez le site www.auswaertiges-amt.de ou renseignez-vous auprès du consulat allemand de votre pays.
- Avant le départ, il est impératif de contacter les ambassades et les consulats pour s'assurer que les modalités d'entrée sur le territoire n'ont pas changé. Nous vous conseillons de scanner ou de photocopier tous vos documents importants (pages d'introduction de votre passeport, cartes bancaires, police d'assurance, billets de train/d'avion/de bus, permis de conduire, etc.). Conservez ces copies à part des originaux. Vous pouvez aussi les scanner, et les envoyer dans un fichier attaché sur votre propre boîte mail. Vous remplacerez ainsi plus aisément ces documents en cas de perte ou de vol.

RESTRICTIONS SUR LES IMPORTATIONS

PRODUIT	DÉTAXÉ (EN VENANT DE L'EXTÉRIEUR DE L'UE)	TAXÉ À L'INTÉRIEUR DE L'UE
Alcool	1 l de spiritueux (à plus de 22% d'alcool) *ou* 2 l de vin cuit ou équivalent *et* 16 l de bière *et* 4 l de vin (âge minimum : 17 ans)	10 l spiritueux, 20 l vin cuit ou équivalent, 110 l de bière, 60 l de vin effervescent, pas de limite pour le vin
Tabac	200 cigarettes ou 100 cigarillos ou 50 cigares ou 250 g de tabac (âge minimum : 17 ans)	800 cigarettes ou 200 cigares ou 400 cigarillos ou 1 kg de tabac
Autres marchandises	Jusqu'à 300 € de marchandises si vous arrivez par voie terrestre ou 430 € si vous arrivez par bateau ou par avion (175 € pour les moins de 15 ans)	n/a

Handicapés

Berlin s'est beaucoup amélioré quant aux besoins des personnes à mobilité réduite, en fauteuil roulant, aveugles ou malvoyants, malentendants.

➡ L'office du tourisme Visit Berlin propose un très bon guide en ligne sur www.visitberlin.de/en/accessible-berlin.

➡ On trouve des rampes d'accès et/ou des ascenseurs dans de nombreux bâtiments publics, dont les gares, les musées, les salles de spectacle et les cinémas. Les hôtels les plus récents disposent d'ascenseurs, et certaines chambres sont équipées d'embrasures de porte élargies et de salles de bains adaptées. L'association à but non lucratif Mobidat (www.mobidat.de, en allemand) possède une base de données en ligne des cafés, restaurants, hôtels, théâtres et autres lieux publics indiquant leur accessibilité.

➡ La plupart des bus, des trains et des tramways sont accessibles, et nombre de stations de l'U-Bahn et du S-Bahn sont équipées de rampes d'accès ou d'ascenseur. Beaucoup de stations disposent de bandes de guidage au sol destinées aux personnes non-voyantes ou malvoyantes. Les chiens guides sont autorisés partout. Des panneaux électroniques affichent le nom des stations pour les passagers malentendants. Besoin d'aide pour préparer vos déplacements ? Contactez le BVG (☎030-194 49 ; www.bvg.de), la compagnie des transports en commun berlinois.

➡ Si vous avez besoin d'informations à bord d'un train, S-Bahn compris, consultez www.bahn.de/barrierefrei.

➡ Le **Rollstuhlvermietung** (loueur de fauteuils roulants ; ☎0177 833 5773 ; rollstuhlvermietung.berlin, en allemand ; ⏲24h/24) est un service de location et de réparation de fauteuils roulants disponible 24h/24. Livraison dans tout Berlin.

En France, l'**APF** (Association des paralysés de France ; ☎01 53 80 92 97 ; www.apf.asso.fr ; 13 place de Rungis, 75013 Paris) peut fournir des informations utiles sur les voyages accessibles. L'agence de voyages **Yoola** (www.yoola.fr) et l'association **Ailleurs & Autrement** (www.ailleursetautrement.fr) organisent des voyages adaptés aux personnes à mobilité réduite. **Yanous** (www.yanous.com) et **handicap.fr** (www.handicap.fr) constituent également de bonnes sources d'information.

Désormais, les principales plateformes d'hébergement que sont **Abritel** (www.abritel.fr), **Airbnb** (www.airbnb.fr), **Booking** (www.booking.com) et **Hotels.com** (fr.hotels.com) ont intégré des critères d'accessibilité à leur moteur de recherche. **Mobee Travel** (www.mobeetravel.com) est une start-up qui regroupe des hébergements accessibles et qui propose aussi des séjours sur mesure. Les agences de voyages **Yoola** (www.yoola.fr) et **Comptoir des Voyages** (www.comptoir.fr) organisent des voyages adaptés aux personnes à mobilité réduite.

Heure locale

Dans toute l'Allemagne, les horloges sont réglées sur l'heure de l'Europe centrale (GMT/UTC + 1 heure). Paris, Bruxelles et Genève sont à la même heure que Berlin. Quand il est 12h à Berlin, il est 7h à Montréal. En ce qui concerne les changements d'heure, l'Allemagne observe le même calendrier que la plupart des autres pays d'Europe : passage à l'heure d'été à 2h le dernier dimanche de mars, retour à l'heure d'hiver le dernier dimanche d'octobre.

Heures d'ouverture

Voici les horaires généralement pratiqués, mais ils ne sont régis par aucune règle. Ils peuvent varier selon la saison et l'endroit (centre-ville ou banlieue). Bars et clubs n'ont aucune restriction horaire.

Banques 9h30-18h lun-ven, parfois 9h30-13h sam

Bars 17h-1h ou plus tard

Boutiques 11h-19h lun-ven, 11h-16h sam

Cafés 8h-20h

Clubs 23h-5h ou plus tard

Poste 9h-18h lun-ven, 9h-13h sam

Magasins 10h-20h lun-sam

Restaurants 11h-23h

Supermarchés 8h-20h ou plus tard

Internet (accès)

➡ Le Wi-Fi (W-LAN en allemand) gratuit est disponible dans presque tous les hôtels, auberges de jeunesse et appartements loués.

➡ Dans certains hébergements, il peut être limité à certaines pièces et/ou aux parties communes. Si vous en avez besoin dans votre chambre, prenez soin de le préciser en réservant.

➡ Beaucoup de cafés, de bars et même de boulangeries, de supermarchés et de boutiques ont un accès Wi-Fi gratuit, mais il faut généralement obtenir un mot de passe.

➡ Le Wi-Fi public gratuit, réseau nommé "Free Wifi Berlin", est disponible dans 2 000 points d'accès dispersés dans toute la ville, notamment sur les places publiques, près de monuments comme la porte de Brandebourg, dans les gares, musées, bibliothèques, tribunaux et mairies. Consultez le site www.berlin.de/en/wifi pour la liste détaillée et pour plus d'informations.

➡ Le réseau de transports en commun BVG offre aussi un accès Wi-Fi gratuit dans beaucoup de stations de l'U-Bahn et à bord de quelques trains.

➡ Les cybercafés ont pratiquement disparu. S'il le faut, demandez à votre hôtel.

CONSEILS AUX VOYAGEURS

La plupart des gouvernements possèdent des sites Internet qui recensent les dangers possibles et les régions à éviter. Consultez notamment les sites suivants :

Ministère des Affaires étrangères français (www.diplomatie.gouv.fr)

Ministère des Affaires étrangères de Belgique (diplomatie.belgium.be)

Département fédéral des Affaires étrangères suisse (www.dfae.admin.ch)

Ministère des Affaires étrangères du Canada (www.voyage.gc.ca)

Jours fériés

Les magasins, les banques, les bureaux de l'administration et des sociétés privées sont fermés les jours fériés (*gesetzliche Feiertage*) suivants :

Neujahrstag (Nouvel An) – 1er janvier

Internationaler Frauentag (Journée internationale des droits des femmes) 8 mars

Ostern (Pâques) – mars/avril ; Vendredi saint, dimanche et lundi de Pâques

Christi Himmelfahrt (Ascension) – 40 jours après Pâques, toujours un jeudi

Maifeiertag (fête du Travail) – 1er mai

Pfingsten (dimanche et lundi de Pentecôte) – mai/juin

Tag der Deutschen Einheit (fête de l'Unité allemande) – 3 octobre

Weihnachtstag (Noël) – 25 décembre

Zweiter Weihnachtstag (Saint-Étienne) – 26 décembre

Offices du tourisme

Visit Berlin (www.visitberlin.de), l'office du tourisme berlinois, dispose de 5 bureaux ouverts au public, de comptoirs d'information aux aéroports, et d'un **centre d'appels** (☎030-2500 2333 ; ⏰9h-18h lun-ven). Son personnel polyglotte répond à toutes vos questions et peut vous réserver hôtels et transports.

Aéroport Willy-Brandt de Berlin-Brandebourg (☎030-250 025 ; Terminal 1, Niveau 0 ; ⏰9h-16h ; Ⓡ Flughafen BER Terminal 1-2, Ⓢ Flughafen BER Terminal 1-2).

Porte de Brandebourg (plan p. 340 ; ☎030-250 023 ; Pariser Platz, Brandenburger Tor, aile sud ; ⏰10h-19h avr-août, 10h-18h sept-mars ; Ⓢ Brandenburger Tor, Ⓤ Brandenburger Tor).

Hauptbahnhof (plan p. 340 ; ☎030-250 025 ; Hauptbahnhof, entrée sur l'Europaplatz, rdc ; ⏰8h-20h ; Ⓢ Hauptbahnhof, Ⓡ Hauptbahnhof).

Forum Humboldt (ouverture à l'été 2021)

Problèmes juridiques

- La loi allemande exige que vous soyez toujours en possession d'une pièce d'identité avec une photo, comme un passeport, une carte d'identité ou un permis de conduire, bien que vous ne soyez pas tenu de l'avoir sur vous en permanence.
- L'alcoolémie est limitée pour les conducteurs à 0,5 g/l et 0,016 g pour les cyclistes. Les personnes dépassant cette limite s'exposent à une lourde amende, à la confiscation de leur permis et même à de la prison. Il n'est pas illégal de boire en public, mais restez discret.
- La possession, l'achat et la culture de cannabis sont des délits. Si vous vous faites prendre, vous pouvez être poursuivi, même si c'est rarement le cas pour une quantité n'excèdant pas 10 g. Les vendeurs encourent des punitions bien plus sévères, tout comme les individus pris en possession de toute autre drogue récréative. Les fouilles à l'entrée des discothèques sont courantes.
- En cas d'arrestation, vous aurez le droit de passer un appel téléphonique et serez présumé innocent jusqu'à preuve du contraire, mais vous pourrez rester détenu jusqu'au procès. Si vous ne connaissez pas d'avocat susceptible de vous aider, contactez votre ambassade.

Services médicaux

- *Rettungsstelle* (service des urgences), *Krankenhaus* (hôpital) et *Arztpraxis* (cabinet médical) dispensent des soins de qualité. La plupart des médecins parlent au moins un peu anglais, surtout dans les hôpitaux.
- L'hôpital le plus central avec un service d'urgences ouvert 24h/24 est le très réputé **Charité Mitte** (plan p. 340 ; ☎030-450 50 ; www.charite.de/en/ ; urgences Luisenstrasse 65 ; ⏲24h/24 ; 🚌147, Ⓢ Oranienburger Tor).
- Pour les problèmes mineurs (migraine, ecchymoses, diarrhée), les pharmaciens peuvent vous conseiller, vous vendre des médicaments sans ordonnance et vous adresser à un médecin si nécessaire.
- Les préservatifs sont en vente dans les drugstores, pharmacies et supermarchés. Il faut une ordonnance médicale pour la pilule contraceptive sauf pour celle "du lendemain". Elle est vendue en pharmacie à 16-18 €.

Pharmacies

- Seules les pharmacies (*Apotheke*) – et non les *Drogerien* – délivrent des médicaments sur ordonnance, ou sans ordonnance (*Rezeptfrei*) pour les affections bénignes comme les rhumes ou les maux d'estomac.
- En cas d'affection plus grave, consultez un médecin, qui vous délivrera une ordonnance (*Rezept*). Si vous prenez régulièrement un médicament, prévoyez d'en apporter assez pour toute la durée de votre voyage. La même marque n'est peut-être pas disponible en Allemagne.

ASSURANCES ET SOINS MÉDICAUX

La carte européenne d'assurance maladie (CEAM), nominative, individuelle et valable un an, assure l'aide médicale d'urgence (mais non le rapatriement sanitaire) aux citoyens de l'Union européenne. Vous devez en faire la demande auprès de votre caisse d'assurance maladie ou en ligne sur www.ameli.fr. Comptez un délai de 2 semaines pour la réception.

Il est conseillé de souscrire une assurance qui vous couvrira en cas d'annulation de votre voyage, de vol, de perte de vos affaires, de maladie ou encore d'accident. Les assurances internationales pour étudiant sont en général d'un bon rapport qualité/prix. Lisez avec la plus grande attention les clauses en petits caractères : c'est là que se cachent les restrictions.

Vérifiez notamment que les "sports à risques", comme la plongée, la moto ou même la randonnée ne sont pas exclus de votre contrat, ou encore que le rapatriement médical d'urgence, en ambulance ou en avion, est couvert. De même, le fait d'acquérir un véhicule dans un autre pays ne signifie pas nécessairement que vous serez protégé par votre propre assurance.

Vous pouvez choisir une assurance qui réglera directement les hôpitaux et les médecins, vous évitant ainsi d'avancer des sommes qui ne vous seront remboursées qu'à votre retour. Dans ce cas, conservez avec vous tous les documents nécessaires.

Attention ! Avant de prendre une police d'assurance, vérifiez bien que vous ne bénéficiez pas déjà d'une assistance par votre carte bancaire, votre mutuelle ou votre assurance automobile. C'est bien souvent le cas.

➡ Les noms et les adresses des pharmacies de garde sont affichés sur toutes les vitrines des officines. Sinon, appelez le ☎011 41 pour un message enregistré indiquant quelles pharmacies sont ouvertes en dehors des horaires classiques.

Téléphone

Téléphones portables

➡ Les téléphones portables (*Handys*) fonctionnent avec le réseau GSM900/1800.

➡ En 2017, l'Union européenne a adopté le règlement "Roam Like At Home" : avec un opérateur européen, vous ne payez plus de frais d'itinérance quand vous appelez/êtes appelé, envoyez/recevez un SMS et utilisez des données mobiles dans un autre pays de l'UE (si votre forfait comprend ces services depuis l'étranger).

➡ Sans opérateur européen mais avec un téléphone débloqué, vous pouvez faire baisser les frais d'itinérance en achetant une carte SIM allemande prépayée. Pour fonctionner, les téléphones américains et canadiens doivent être multibandes.

➡ En vente dans les supermarchés, épiceries de quartier et magasins d'électronique, les cartes SIM sont vendues à partir de 5 € et peuvent être rechargées en fonction de vos besoins.

➡ Appeler d'un fixe vers un téléphone portable revient plus cher que de téléphoner vers un autre fixe. Les appels entrants sur les portables sont gratuits.

➡ Les appels ne sont autorisés au volant qu'avec un kit mains libres.

FUMEURS OU NON-FUMEURS ?

➡ Sauf dans les zones prévues à cet effet, il est interdit de fumer (même des cigarettes électroniques) dans les édifices publics, les aéroports et les stations de l'U-Bahn et du S-Bahn.

➡ Il est également interdit de fumer dans les restaurants, les bars et les clubs, à moins qu'ils ne possèdent une pièce séparée et hermétique destinée aux fumeurs. Mais cette règle est souvent ignorée.

➡ Les propriétaires de bars et pubs comprenant une seule pièce de moins de 75 m^2, ne servant pas à manger et dont l'accès est interdit aux moins de 18 ans, peuvent se déclarer "*Raucherbar*" (bar fumeurs), à condition de se désigner comme tel.

➡ Les bars à narguilé (*shisha*) sont autorisés à condition de ne pas vendre d'alcool et de ne pas admettre de clients de moins de 18 ans.

Indicatifs téléphoniques

Les numéros de téléphone allemands se composent d'un indicatif régional, qui commence par 0, suivi du numéro local. L'indicatif régional de Berlin est le ☎030. Pour passer un appel à Berlin depuis un téléphone fixe de Berlin, il est inutile de composer l'indicatif régional. En revanche, vous devez le composer si vous appelez depuis une ligne fixe en dehors de Berlin, ou depuis un portable.

Les numéros de portables allemands commencent par des indicatifs à 4 chiffres comme ☎0151, ☎0157 ou ☎0173.

Appeler Berlin de l'étranger Composez votre code d'accès à l'international, puis le code de l'Allemagne ☎49, le ☎30 (code de la zone sans le 0 initial), suivi du numéro local.

Appeler l'étranger depuis Berlin Composez le ☎00 (code d'accès international), puis le code du pays (☎33 pour la France, ☎32 pour la Belgique, ☎41 pour la Suisse et ☎1 pour le Canada) et le numéro désiré.

Toilettes

➡ Les toilettes allemandes (à plateau) imposent à chacun, hommes compris, de s'asseoir pour uriner.

➡ Les toilettes publiques autonettoyantes disponibles 24h/24 sont de plus en plus fréquentes. L'accès coûte 0,50 € et vous avez 15 minutes. La plupart sont accessibles en fauteuil roulant.

➡ Dans les centres commerciaux, les discothèques, les *Biergarten*, etc., la personne chargée de l'entretien des toilettes s'attend à un pourboire d'environ 0,50 €.

Urgences

Ambulance	☎112
Code d'accès à l'international	☎00
Indicatif du pays	☎49
Police	☎110
Pompiers	☎112

Langue

Parlé par quelque 100 millions de personnes, l'allemand appartient à la branche occidentale des langues germaniques, se rapprochant à la fois de l'anglais et du néerlandais. On en distingue généralement deux formes – le bas allemand (*Plattdeutsch*) et le haut allemand (*Hochdeutsch*). Le bas allemand désigne les dialectes parlés dans le nord de l'Allemagne. Utilisé dans ce chapitre, le haut allemand est considéré comme la langue standard, comprise par l'ensemble des communautés germanophones.

La prononciation de l'allemand est assez simple pour les francophones, car la plupart des sons se prononcent comme ils s'écrivent. Attention tout de même au "ch", qui se prononce comme un "r" raclé après les voyelles a, o et u. Si vous aimez Bach, ne dites donc pas bak mais plutôt *BaRch*. Le "h" en début de mot se prononce : imaginez faire de la buée sur un miroir. Pour vous éviter l'apprentissage difficile des règles d'accentuation (et de leurs nombreuses exceptions), nous avons indiqué en *italique* la syllabe qui porte l'accent tonique. Les mentions (pol) et (fam) indiquent les formes de politesse et les formes familières.

CONVERSATION

Bonjour	*Guten Tag*	gou·ténn tâk
Au revoir	*Auf Wiedersehen*	aof *vî*·der·zé·énn
Oui/non	*Ja/Nein*	ya/nayn
S'il vous/te plaît	*Bitte*	*bi*·te
Merci	*Danke*	*dang*·ke
De rien/ avec plaisir	*Bitte*	*bi*·te

POUR ALLER PLUS LOIN

Indispensable pour mieux communiquer sur place : le *Guide de conversation Allemand* de Lonely Planet. Pour réserver une chambre, lire un menu ou simplement faire connaissance, ce manuel permet d'acquérir des rudiments de l'allemand. Inclus : un minidictionnaire bilingue.

Excusez-moi/désolé(e)
Entschuldigung énnt·*chul*·di·goung

Comment allez-vous/vas-tu ?
Wie geht es Ihnen/dir? (pol/fam) vî gét ess î·nénn/dîr

Bien, merci. Et vous/toi ?
Danke, gut. *dang*·ke goute
Und Ihnen/dir? (pol/fam) unt *î*·nen/dîr

Comment vous appelez-vous/t'appelles-tu ?
Wie ist Ihr Name? (pol) vî ist îr *nâ*·me
Wie heißt du? (fam) vî hayst dou

Je m'appelle...
Mein Name ist... (pol) mayn *nâ*·me isst
...Ich heiße... (fam) icH *hay*·sse ...

Parlez-vous/parles-tu français/anglais ?
Sprechen Sie Französisch/Englisch? (pol)
chpré·cHén zi frann·tseuh·zich/eng·lich
Sprichst du Französisch/Englisch? (fam)
chpricHst dou frann·tseuh·zich/eng·lich

Je ne comprends pas.
Ich verstehe nicht. icH fer·*chté*·e nicHt

HÉBERGEMENT

auberge	*Gasthof*	*gast*·hôf
auberge de jeunesse	*Jugend-herberge*	*you*·guénnt-hér·bér·gue
camping	*Campingplatz*	*kémm*·pinng·plats
chambre d'hôte	*Privatzimmer*	pri·*vât*·tsi·mer
hôtel	*Hotel*	ho·*tél*
pension	*Pension*	pâng·*zyôn*
Avez-vous une...	*Haben Sie ein...?*	*hâ*·bén zê ayn ...

chambre double ?
Doppelzimmer *do*·pel·tsi·mer

chambre simple ?
Einzelzimmer *ayn*·tsel·tsi·mer

Combien est-ce par... ?
Wie viel kostet es pro...? vê fêl *kos*·tet ess prô...

nuit	*Nacht*	naRcht
personne	*Person*	per·*zôn*

EXPRESSIONS COURANTES

Pour vous débrouiller en allemand, servez-vous de ces modèles :

Quand (le prochain vol) part-il ?
Wann ist (der nächste Flug)? — vann isst (dér néRchs·té flouk)

Où est (la gare) ?
Wo ist (der Bahnhof)? — vô ist (dér bânn·hôf)

Où puis-je (acheter un ticket) ?
Wo kann ich (eine Fahrkarte kaufen)? — vô kan icH (ay·ne fâr·kar·te kao·fén)

Avez-vous (une carte) ?
Haben Sie (eine Karte)? — hâ·ben zî (ay·ne kar·te)

Y a-t-il (des toilettes) ?
Gibt es (eine Toilette)? — guipt ess (ay·ne to·a·le·te)

Je voudrais (un café).
Ich möchte (einen Kaffee). — icH meucH·té (ay·nén ka·fé)

Je voudrais (louer une voiture).
Ich möchte (ein Auto mieten). — icH meucH·té (ayn ao·to mî·tén)

Puis-je (entrer) ?
Darf ich (hereinkommen)? — darf icH (her·ayn·ko·ménn)

Pouvez-vous (m'aider), s'il vous plaît ?
Könnten Sie (mir helfen)? — keuhnn·ténn zî (mîr hél·fénn)

Dois-je (réserver) ?
Muss ich (einen Platz reservieren lassen)? — mouss icH (ay·nén plats re·zer·vî·ren la·ssen)

Le petit-déjeuner est-il compris ?
Ist das Frühstück inklusive? — isst dass *fru*·chtuk in·klou·*zi*·ve

DIRECTIONS

Où est... ? — *Wo ist ...?* — vô isst...

Quelle est l'adresse ?
Wie ist die Adresse? — vî isst dî a·*dré*·sseu

À quelle distance se trouve-t-il/elle ?
Wie weit ist es? — vî *vayt* isst ess

Pouvez-vous me montrer (sur la carte) ?
Können Sie es mir (auf der Karte) zeigen? — *ker*·nen zî ess mîr (aof dér *kar*·te) *tsay*·guénn

Quel est le chemin ?
Wie kann ich da hinkommen? — vî kan icH dâ*hin*·ko·mén

Tournez...	*Biegen Sie... ab.*	bî·guénn zî ... ap
à l'angle	*an der Ecke*	an dér *é*·ke
au feu	*bei der Ampel*	bay dér *am*·pél
à gauche	*links*	lingks
à droite	*rechts*	recHts

SE RESTAURER ET PRENDRE UN VERRE

Je voudrais réserver une table pour...	*Ich möchte einen Tisch für ... reservieren*	icH *meuhcH*·te *ay*·nénn tich fur ... ré·zer·*vî*·rénn
(20) heures	*(acht) Uhr*	(acHt) *our*
(2) personnes	*(zwei) Personen*	(tsvai) per·*zô*·nénn

Je voudrais la carte, s'il vous plaît.
Ich hätte gern die Speisekarte, bitte. — icH hé·teuh guérn dî chpay·ze·kar·teuh, bi·te

Que me conseillez-vous ?
Was empfehlen Sie? — vas emp·fé·lénn zi

Qu'y a-t-il dans ce plat ?
Was ist in diesem Gericht? — vas ist in dî·zémm gué·ricHt

Je suis végétarien.
Ich bin Vegetarier/ Vegetarierin. (m/f) — icH bin vé·gué·tâ·ri·ér / vé·gué·tâ·ri·é·rin

C'était délicieux.
Das hat hervorragend geschmeckt. — das hat hér·fôr·râ·guént gué·chmékt

Tchin tchin ! — *Prost!* — prôst

Pourriez-vous m'apporter l'addition ?
Bitte bringen Sie die Rechnung. — bi·te bring·énn zî dî recH·noung

Mots utiles

carte des boissons	*Getränke karte*	gué·*treng*·keuh·kar·te
chaud	*warm*	varm
coupe	*Schüssel*	*chu*·sel
couteau	*Messer*	*mé*·sér
cuillère	*Löffel*	*leuh*·fél
desserts	*Nachspeisen*	*nâRch*·chpay·zen
déjeuner	*Mittagessen*	*mi*·tâk·è·ssénn
dîner	*Abendessen*	*â*·bénnt·è·ssénn
épicé	*würzig*	vur·tsikh
épicerie	*Lebensmittel-laden*	*lé*·bénns·*mi*·tel lâ·dén
épicerie fine	*Feinkost-geschäft*	*fayn*·kost·gué·cheft
fourchette	*Gabel*	*gâ*·bel
froid	*kalt*	kalt
marché	*Markt*	markt
menu	*Menü*	may·*nü*
petit-déjeuner	*Frühstück*	*fru*·chstuk
plat du jour	*Gericht des Tages*	gué·*ricHt* des *tâ*·gues
restaurant	*Restaurant*	res·to·*râng*
tasse	*Tasse*	*ta*·seu
verre	*Glas*	glâs

Viande et poisson

agneau	*Lammfleisch*	lam·flaych
bœuf	*Rindfleisch*	rint·flaich
carpe	*Karpfen*	karp·fénn
crustacés	*Schaltiere*	châl·tî·re
fruits de mer	*Meeresfrüchte*	mér·res·frucH·te
hareng	*Hering*	hé·rinng
poisson	*Fisch*	fich
porc	*Schweinefleisch*	chvay·ne·flaych
saucisse	*Wurst*	vourst
saumon	*Lachs*	laks
truite	*Forelle*	fo·ré·le
veau	*Kalbfleisch*	kalp·flaich
viande	*Fleisch*	flaich
volaille	*Geflügelfleisch*	gué·flu·guél·flaich

Fruits et légumes

banane	*Banane*	ba·nâ·ne
carotte	*Möhre*	meuh·reu
champignon	*Pilz*	pilts
chou	*Kraut*	kraout
citron	*Zitrone*	tsi·trô·ne
concombre	*Gurke*	gour·ke
épinards	*Spinat*	chpi·nât
fraise	*Erdbeere*	ért·bér·re
fruit	*Frucht/Obst*	frucHt/ôpst
haricot	*Bohne*	bô·ne
laitue	*Kopfsalat*	kopf·za·lât
légume	*Gemüse*	gué·mu·ze
lentilles	*Linsen*	lin·zen
noix	*Nüsse*	nu·se
oignon	*Zwiebel*	tsvî·bel
orange	*Orange*	o·râng·she
pastèque	*Wasser-melone*	va·ser·me·lô·ne
petits pois	*Erbse*	érp·se
poivron	*Paprika*	pap·ri·kâ
pomme	*Apfel*	ap·fel
pomme de terre	*Kartoffel*	kar·to·fél
prune	*Pflaume*	pflao·meu
raisins	*Weintrauben*	vain·trao·bénn
tomate	*Tomate*	to·mâ·te

Divers

beurre	*Butter*	bou·tér
confiture	*Marmelade*	mar·me·lâ·de
fromage	*Käse*	ké·ze
miel	*Honig*	hô·nicH
œuf/œufs	*Ei/Eier*	ay/ay·ér
pain	*Brot*	brôt
pâtes	*Nudeln*	nou·deln
poivre	*Pfeffer*	pfê·fer
riz	*Reis*	rays
sel	*Salz*	zalts
soupe	*Suppe*	zou·peu
sucre	*Zucker*	tsou·ker

Boissons

bière	*Bier*	bîr
café	*Kaffee*	ka·fé
eau	*Wasser*	va·ser
jus	*Saft*	zaft
jus d'orange	*Orangensaft*	o·rang·gênn·zaft
lait	*Milch*	milcH
thé	*Tee*	té
vin blanc	*Weißwein*	vais·vén
vin mousseux	*Sekt*	zekt
vin rouge	*Rotwein*	rôt·vén

URGENCES

Au secours !
Hilfe! hil·feu

Allez-vous-en !
Gehen Sie weg! gué·énn zî vék

Appelez la police !
Rufen Sie die Polizei! rou·fénn zî dî po·li·tsay

Appelez un médecin !
Rufen Sie einen Arzt! rou·fénn zî ay·nénn artst

J'ai mal là.
Es tut hier weh. ess tout hîr vé

PANNEAUX

Ausgang	Sortie
Damen	Dames
Eingang	Entrée
Geschlossen	Fermé
Herren	Messieurs
Toiletten (WC)	Toilettes
Offen	Ouvert
Verboten	Interdit

Je suis allergique à...
Ich bin allergisch gegen... icH bin a·*lér*·guich *guégénn...*

Je suis malade.
Ich bin krank. icH bin krank

Je suis perdu.
Ich habe mich verirrt. icH *hâ*·beu micH fer·*irt*

Où sont les toilettes ?
Wo ist die Toilette? vo ist dî to·a·*le*·te

SHOPPING

Je voudrais acheter...
Ich möchte... kaufen. icH *meuhcH*·te... *kao*·fén

Je regarde juste.
Ich schaue mich nur um. icH *chao*·é micH nour oum

Pouvez-vous me montrer ?
Können Sie es mir zeigen? keuh·nénn zî es mîr *tsay* ·guénn

Combien coûte ceci ?
Wie viel kostet das? vî fîl *kos*·tét dass

Pouvez-vous baisser le prix ?
Können Sie mit dem Preis heruntergehen? keuh·nénn zî mit dem prais he·roun·tér·gué·énn

Il y a une erreur dans l'addition.
Da ist ein Fehler in der Rechnung. dâ ist ayn fé·ler in dér recH·noung

DAB	*Geldautomat*	gelt·ao·to·mât
office du tourisme	*Fremden-verkehrsbüro*	*frémm*·dénn·fer·kérs·bu·rô
poste	*Postamt*	post·amt

HEURE ET DATES

Quelle heure est-il ?
Wie spät ist es? vî chpét isst ess

Il est (10) heures.
Es ist (zehn) Uhr. éss isst (tsén) our

À quelle heure ?
Um wie viel Uhr? oum vî fîl our

matin	*Morgen*	mor·guénn
après-midi	*Nachmittag*	naRch·mi·tâk
soir	*Abend*	â·bennt
hier	*gestern*	gués·terne
aujourd'hui	*heute*	hoy·te
demain	*morgen*	mor·guénn

QUESTIONS

Quoi ?/ Qu'est-ce que ?	*Was?*	vas
Quand ?	*Wann?*	van
Où ?	*Wo?*	vô
Qui ?	*Wer?*	vér
Pourquoi ?	*Warum?*	va·*roum*

lundi	*Montag*	môn·tâk
mardi	*Dienstag*	dîns·tâk
mercredi	*Mittwoch*	mite·voch
jeudi	*Donnerstag*	do·nérss·tâk
vendredi	*Freitag*	fray·tâk
samedi	*Samstag*	zamms·tâk
dimanche	*Sonntag*	zon·tâk

janvier	*Januar*	yânn·ou·âr
février	*Februar*	fé·brou·âr
mars	*März*	mérts
avril	*April*	a·prile
mai	*Mai*	may
juin	*Juni*	you·ni
juillet	*Juli*	you·li
août	*August*	ao·gouste
septembre	*September*	zépe·témm·bér
octobre	*Oktober*	ok·tô·bér
novembre	*November*	no·vemm·bér
décembre	*Dezember*	dé·tsémm·bér

TRANSPORTS

Transports en commun

avion	*Flugzeug*	flouk·tsoyk
bateau	*Boot*	bôt
bus	*Bus*	bouss
métro	*U-Bahn*	ou·bânn
train	*Zug*	tsouk

Quand part le ... bus ?	*Wann fährt der... Bus?*	van fért dér... bouss
premier	*erste*	*ers*·té
dernier	*letzte*	*lets*·té
prochain	*nächste*	*nécHs* ·te
Un ... pour (Cologne).	*Eine... nach (Köln).*	*ay*·né... naRch (keuhln)
billet 1re classe	*Fahrkarte erster Klasse*	*fâr*·kar·té *ers*·ter *kla*·sse
billet 2e classe	*Fahrkarte zweiter Klasse*	*fâr*·kar·té *tsvay*·ter *kla*·sse
billet aller	*einfache Fahrkarte*	*aynn*·faRché *fâr*·kar·té
billet A/R	*Rückfahrkarte*	*ruk*·fâr·kar·té

À quelle heure arrive-t-il ?
Wann kommt er an? van komt er ânn

Est-il direct ?
Ist es eine direkte Verbindung? isst ess ay·né di·rek·té fer· *bin* ·doung

S'arrête-t-il à... ?
Hält es in ...? — hélt ess in ...

Quelle gare est-ce ?
Welcher Bahnhof ist das? — vèl·cHer bânn·hôf isst dass

Quel est le prochain arrêt ?
Welches ist der nächste Halt? — vèl·cHés isst dér nècHs-té halt

Je veux descendre ici.
Ich möchte hier aussteigen. — icH meuhcH-té hîr *aos* ·chtay·guén

Pouvez-vous me dire quand nous arriverons à...
Könnten Sie mir bitte sagen, wann wir in ... ankommen? — keun·tén zî mir bi·te â·gén vann vîr in... *ann* ·ko·mén

Amenez-moi à (cette adresse), s'il vous plaît.
Bitte bringen Sie mich zu (dieser Adresse). — bi·te bring·en zî micH tsou (dî·zer a·dre·se)

guichet	*Fahrkarten-verkauf*	*fâr*·kar·ténn fer·kaof
horaires	*Fahrplan*	*fâr*·plân
quai	*Bahnsteig*	*bân*-chtayk

Voiture, moto et vélo

Je voudrais louer un/une...	*Ich möchte ein... mieten.*	icH meuhcH·té ayn... mî·tén
4×4	*Allrad fahrzeug*	al-rât-fâr·tsoyk
moto	*Motorrad*	mô·tor·rât
vélo	*Fahrrad*	fâr·rât
voiture	*Auto*	ao·to
Quel est le prix par... ?	*Wie viel kostet es pro...?*	vî fîl kos·tét es prô...
jour	*Tag*	tak
semaine	*Woche*	vo·Rchè
casque	*Helm*	hélm
essence	*Benzin*	ben·tsîn
pompe à vélo	*Fahrradpumpe*	fâr·rât·poum-peuh
siège	*Kindersitz*	kin·der·zits

Est-ce la route pour... ?
Führt diese Straße nach...? — furt dî·ze chtrâ·ssé nâRch...

(Combien de temps) puis-je me garer ici ?
(Wie lange) Kann ich hier parken? — (vî lang·e) kan icH hîr par·ken

NOMBRES

1	*eins*	aynts
2	*zwei*	tsvay
3	*drei*	dray
4	*vier*	fîr
5	*fünf*	funf
6	*sechs*	zeks
7	*sieben*	*zî*·ben
8	*acht*	acHt
9	*neun*	noyn
10	*zehn*	tsén
20	*zwanzig*	*tsvan*·tsikh
30	*dreißig*	*dray*·tsikh
40	*vierzig*	*fîr*·tsikh
50	*fünfzig*	*funf*·tsikh
60	*sechzig*	*zecH*·tsikh
70	*siebzig*	*zîp*·tsikh
80	*achtzig*	*acHt*·tsikh
90	*neunzig*	*noyn*·tsikh
100	*hundert*	*houn*·dért
1 000	*tausend*	*tao*·zénnt

Où puis-je trouver une station-service ?
Wo ist eine Tankstelle? — vô ist ay·ne tangk·chte·le

J'ai besoin d'un mécanicien.
Ich brauche einen Mechaniker. — icH brao·Rchè ay·nén me·cHâ·ni·ker

Ma voiture/moto est en panne (à...)
Ich habe (in...) eine Panne mit meinem Auto/Motorrad. — icH hâ·beu (in...) ay·ne pa·neu mit may·ném ao·to/mô·tor·rât

Je suis en panne d'essence.
Ich habe kein Benzin mehr. — icH hâ·bé kayn ben·tsîn mér

J'ai un pneu crevé.
Ich habe eine Reifenpanne. — icH hâ·beu ay·ne rai·fen·pa·ne

Y a-t-il des pistes cyclables ?
Gibt es Fahrradwege? — guipt ess *fâr*·rât·vé·gueu

Y a-t-il un parking à vélos ?
Gibt es Fahrrad-Parkplätze? — guipt ess *fâr*·rât park·plé·tseu

GLOSSAIRE

Vous rencontrerez peut-être les termes et abréviations ci-dessous pendant votre séjour à Berlin.
(pl) indique le pluriel

Abfahrt – départ (trains et bus)
Allee – avenue
Altstadt – vieille ville
Apotheke – pharmacie
Ärzt – docteur
Ärtzlicher Notdienst – urgences médicales

Bad – spa, bain, salle de bains
Bahnhof – gare
Bahnhofpolizei – police de gare
Bahnsteig – quai de gare
Bedienung – service, serveur(se)
Berg – montagne
Bibliothek – bibliothèque
Biergarten – brasserie en plein air (Biergärten au pluriel)
Bierkeller – cave à bières
Brauerei – brasserie
BRD – Bundesrepublik Deutschland (en français, RFA pour république fédérale d'Allemagne), *voir aussi* DDR
Brotzeit – "l'heure du pain", en-cas consistant pris l'après-midi, à base de pain avec charcuterie, fromage ou saucisses
Brücke – pont
Brunnen – fontaine, puits
Bundestag – Parlement de l'Allemagne
Burg – château
Busbahnhof – gare routière

CDU – Christliche Demokratische Union (Union chrétienne-démocrate), parti de centre droit
DB – Deutsche Bahn (chemins de fer allemands)
DDR – Deutsche Demokratische Republik (en français, RDA pour République démocratique allemande), nom de l'ancienne Allemagne de l'Est, *voir aussi* BRD
Denkmal – mémorial
Deutsches Reich – Empire allemand, désigne la période 1871-1918
DJH – Deutsches Jugendherbergswerk (association des auberges de jeunesse allemandes)
Dom – cathédrale
Dorf – village
Drittes Reich – IIIe Reich, Allemagne nazie de 1933 à 1945

Eintritt – entrée (tarif de l')
Eintrittskarte – ticket/billet
Ermässigt – réduit (tarif)

Fahrplan – horaires
Fahrrad – vélo
FDP – Freie Demokratische Partei (Parti démocratique libre), parti libéral-démocrate
Ferienwohnung, Ferienwohnungen (pl) – appartement de vacances
Fest – festival
Feuerwehr – pompiers
Flohmarkt – marché aux puces
Flughafen – aéroport

Gasse – voie/ruelle
Gästehaus – petit hôtel, auberge
Gaststätte – café-restaurant
Gedenkstätte – mémorial
Gepäckaufbewahrung – consigne
Gestapo – contraction de Geheime Staatspolizei, police secrète nazie, de 1933 à 1945
Gründerzeit – "période des fondateurs", premières années de l'Empire allemand, de 1871 à 1890 environ

Hafen – port
Haltestelle – arrêt de bus
Hauptbahnhof (Hbf) – gare principale
Heiliges Römisches Reich – Saint-Empire romain, du VIIIe siècle jusqu'en 1806
Hochdeutsch – le "haut allemand", l'allemand parlé et écrit standard
Hof (Höfe) (pl) – cour(s) intérieure(s)
Hotel garni – hôtel sans restaurant où l'on ne sert que le petit-déjeuner

Imbiss – snack, débit de boissons et aliments à emporter
Insel – île

Jugendstil – Art nouveau

Kabarett – spectacle comique, parfois musical
Kaffee und Kuchen – "café et gâteaux", traditionnelle pause-café de l'après-midi
Kaiser – empereur, vient du mot "César"
Kapelle – chapelle
Kartenvorverkauf – billetterie
Kiez – quartier
Kino – cinéma
König – roi
Konzentrationslager (KZ) – camp de concentration
Kristallnacht – Nuit de Cristal, pogrom organisé par les nazis le 9 novembre 1938 contre les Juifs
Krankenhaus – hôpital
Kunst – art
Kunsthotel – hôtel conçu par un artiste ou décoré d'objets d'art
Kurort – station thermale
Kurtaxe – taxe de séjour

Land, Länder (pl) – État, région (d'Allemagne)
Landtag – Parlement régional
Lesbe (Lesben) (pl) – lesbienne(s) (n)
Lesbich – lesbien (adj)

Marktplatz – lieu ou place de marché ; souvent abrégé Markt

Mass – chope de bière d'un litre

Mehrwertsteuer (MWST) – taxe sur la valeur ajoutée (TVA)

Mensa – cafétéria de l'université

Mietskaserne – immeubles d'habitation construits autour de cours intérieures

Milchcafé – café au lait

Münster – grande église, cathédrale

Nord – nord

Notdienst – urgences

NSDAP – Parti national-socialiste des travailleurs allemands, parti nazi

Ossis – surnom donné aux Allemands de l'ancienne RDA

Ost – est

Ostalgie – fusion des mots *Ost* et *Nostalgie* exprimant la nostalgie de l'Allemagne de l'Est

Palais – (petit) palais

Palast – palais

Parkhaus – parking couvert

Passage – galerie marchande

PDS – Partei des Demokratischen Sozialismus (Parti du socialisme démocratique), ex-Parti communiste

Pension, Pensionen (pl) – pension bon marché

Pfand – consigne des bouteilles

Pfarrkirche – église paroissiale

Platz – place

Postamt – bureau de poste

Radwandern – cyclotourisme

Rathaus – hôtel de ville

RDA – République démocratique allemande (ancienne Allemagne de l'Est), *voir aussi* DDR

Reich – empire

Reisezentrum – guichets pour voyageurs dans les gares ferroviaires et routières

Rezept – ordonnance

Rezeptfrei – médicaments en vente libre

RFA – république fédérale d'Allemagne, *voir aussi* BRD

Ruhetag – jour de repos, de fermeture hebdomadaire

SA – Sturmabteilung, section d'assaut de l'Allemagne nazie

Saal, Säle (pl) – salle

Sammlung – collection

S-Bahn – Schnellbahn ; réseau interurbain métro/train

Schiff – bateau

Schatzkammer – trésor

Schloss – château, palais

Schnellimbiss – fast-food

Schwul – gay (adj)

Schwule, Schwuler (pl) – gay(s) (n)

SED – Sozialistische Einheitspartei Deutschland (Parti socialiste unifié d'Allemagne), parti unique de la RDA

See – lac

SPD – Sozialdemokratische Partei Deutschlands (Parti social-démocrate allemand)

Speisekarte – carte

SS – Schutzstaffel, organisation nazie qui fournissait les gardes du corps d'Hitler, ainsi que les gardiens des camps de concentration et les troupes de la Waffen-SS pendant la Seconde Guerre mondiale

Stasi – police secrète de la RDA (sous les ordres du Ministerium für Staatssicherheit, ministère pour la Sécurité d'État)

Strasse – rue ; abrégé en Str

Süd – sud

Szene – "scène" (lieux branchés)

Tageskarte – menu et plat du jour, ou ticket pour la journée dans les transports publics

Telefonkarte – carte de téléphone

Tor – porte (de ville)

Trabant – voiture à moteur à deux temps, fierté de la RDA

Trödel – bric-à-brac

Turm – tour

U-Bahn – métro

Übergang – correspondance (dans le métro...)

Ufer – rive

Viertel – quartier

Volksmusik – musique folklorique

Wald – forêt

Weg – chemin, sentier

Weihnachtsmarkt – marché de Noël

Weinstube – bar à vins ou taverne traditionnelle

Wende – "changement" ou "moment où tout a basculé" en 1989, lorsque la RDA s'est effondrée, ouvrant la voie à la réunification

Wessis – surnom donné aux Allemands de l'Ouest

West – ouest

Zeitung – journal

Zimmer Frei – chambre(s) à louer (hébergement)

En coulisses

VOS RÉACTIONS ?

Vos commentaires nous sont très précieux et nous permettent d'améliorer constamment nos guides. Notre équipe lit toutes vos lettres avec la plus grande attention. Nous ne pouvons pas répondre individuellement à tous ceux qui nous écrivent, mais vos commentaires sont transmis aux auteurs concernés. Tous les lecteurs qui prennent la peine de nous communiquer des informations sont remerciés dans l'édition suivante, et ceux qui nous fournissent les renseignements les plus utiles se voient offrir un guide.

Pour nous faire part de vos réactions, prendre connaissance de notre catalogue et vous abonner à notre newsletter, consultez notre site Internet : **www.lonelyplanet.fr**.

Nous reprenons parfois des extraits de notre courrier pour les publier dans nos produits, guides ou sites Web. Si vous ne souhaitez pas que vos commentaires soient repris ou que votre nom apparaisse, merci de nous le préciser. Notre politique en matière de confidentialité est disponible sur notre site Internet.

À NOS LECTEURS

Merci aux voyageurs qui ont utilisé la dernière édition de ce guide et qui nous ont écrit pour nous faire part de leurs conseils, de leurs suggestions et de leurs anecdotes :

Laure Bertrand, Florentin Brager, Guillaume Evrard

UN MOT DE L'AUTEURE

Andrea Schulte-Peevers

Un grand merci aux merveilleuses personnes qui m'ont apporté conseils, éclaircissements, idées et encouragements pour la rédaction de ce guide (sans ordre particulier) : Henrik Tidefjärd, Barbara Woolsey, Kerstin Riedel, Claudia Scheffler, Frank Engster, Heiner et Claudia Schuster, Anna Lübbe, Renate Freiling, Shachar et Dorit Elkanati, Bernd Olsson, Friederike Werner et, bien sûr, David Peevers.

CRÉDITS PHOTO

Photographie de couverture : Fernsehturm (tour de la Télévision), Alexanderplatz, Sabine Lubenow/AWL Images ©

À PROPOS DE CET OUVRAGE

Cette 9e édition en français de *Berlin*, adaptée de la 12e édition en anglais du guide *Berlin*, a été mise à jour et rédigée par Andrea Schulte-Peevers, qui a travaillé sur les 9 précédentes éditions de ce guide.

Traduction Antoine Thibault, Florence Guillemat-Szarvas et Laura Vaz

Direction éditoriale Didier Férat

Responsable éditorial Dominique Bovet

Responsable prépresse Jean-Noël Doan

Coordination éditoriale Cécile Bertolissio

Maquette Valérie Police

Cartographie Cartes adaptées en français par Eduardo Yanes-Blanch

Couverture Adaptée en français par Laurent Briard pour l'édition française

Fabrication Emmanuelle Laine

Remerciements à Olympe Richez pour sa préparation du manuscrit, à Carole Huon, Rose-Hélène Lempereur et Agnès Mauxion-Poujol pour leur précieuse contribution au texte, à Christiane Mouttet pour sa relecture attentive et sa grande disponibilté, à Vahagn Terzian pour son travail de référencement. Merci également à Dominique Spaety, à Dominique Bovet et à toute la sympathique équipe du bureau de Paris pour leur soutien. Enfin, merci à Luan Angel et Nigel Longuet à Londres et à Jean-Pierre Masclef à Melbourne.

Voir aussi les index des rubriques :
OÙ SE RESTAURER P. 330
OÙ PRENDRE UN VERRE ET FAIRE LA FÊTE P. 331
OÙ SORTIR P. 332
SHOPPING P. 332
SPORTS ET ACTIVITÉS P. 333
OÙ SE LOGER P. 333

Index

Références des sites
Références des **cartes**
Références des **photos**

OÙ SE RESTAURER

Références des sites
Références des **cartes**
Références des **photos**

OÙ PRENDRE UN VERRE ET FAIRE LA FÊTE

Références des sites
Références des **cartes**
Références des **photos**

OÙ SORTIR

SHOPPING

SPORTS ET ACTIVITÉS

OÙ SE LOGER

Légende des cartes

À voir
- Plage
- Réserve ornithologique
- Temple bouddhiste
- Château/palais
- Église/cathédrale
- Temple confucéen
- Temple hindou
- Mosquée
- Temple jaïn
- Synagogue
- Monument
- Musée/galerie/édifice historique
- Ruines
- Sentō (bain public)
- Temple shintoïste
- Temple sikh
- Temple taoïste
- Cave/vignoble
- Zoo
- Autre site

Activités, cours et circuits organisés
- Bodysurfing
- Plongée/snorkeling
- Canoë/kayak
- Cours/circuits organisés
- Ski
- Snorkeling
- Surf
- Piscine/baignade
- Randonnée
- Planche à voile
- Autres activités

Où se loger
- Hébergement
- Camping

Où se restaurer
- Restauration

Où prendre un verre
- Bar
- Café

Où sortir
- Salle de spectacle

Shopping
- Magasin

Renseignements
- Banque
- Ambassade/consulat
- Hôpital/centre médical
- Accès Internet
- Police
- Bureau de poste
- Centre téléphonique
- Toilettes
- Office du tourisme
- Autre adresse pratique

Géographie
- Plage
- Refuge/gîte
- Phare
- Point de vue
- Montagne/volcan
- Oasis
- Parc
- Col
- Aire de pique-nique
- Cascade

Agglomérations
- Capitale (pays)
- Capitale (région/État/province)
- Grande ville
- Petite ville/village

Transports
- Aéroport
- Poste frontière
- Bus
- Téléphérique/funiculaire
- Piste cyclable
- Ferry
- Métro/Tube Station (anglais)
- Monorail
- Parking
- Station-service
- S-Bahn
- Taxi
- T-Bane/Station T-Bane (norvégien)
- Gare/chemin de fer
- Tramway
- U-Bahn (allemand)
- Autre moyen de transport

Les symboles recensés ci-dessus ne sont pas tous utilisés dans ce guide

Routes
- Autoroute à péage
- Voie rapide
- Nationale
- Route secondaire
- Petite route
- Chemin
- Route non goudronnée
- Route en construction
- Place/rue piétonne
- Escalier
- Tunnel
- Passerelle
- Promenade à pied
- Promenade à pied (variante)
- Sentier

Limites et frontières
- Pays
- État/province
- Frontière contestée
- Région/banlieue
- Parc maritime
- Falaise
- Rempart

Hydrographie
- Fleuve/rivière
- Rivière intermittente
- Canal
- Étendue d'eau
- Lac asséché/salé/intermittent
- Récif

Topographie
- Aéroport/aérodrome
- Plage/désert
- Cimetière (chrétien)
- Cimetière (autre)
- Glacier
- Marais
- Parc/forêt
- Site (édifice)
- Terrain de sport
- Mangrove

INDEX DES CARTES

Légende p. 342

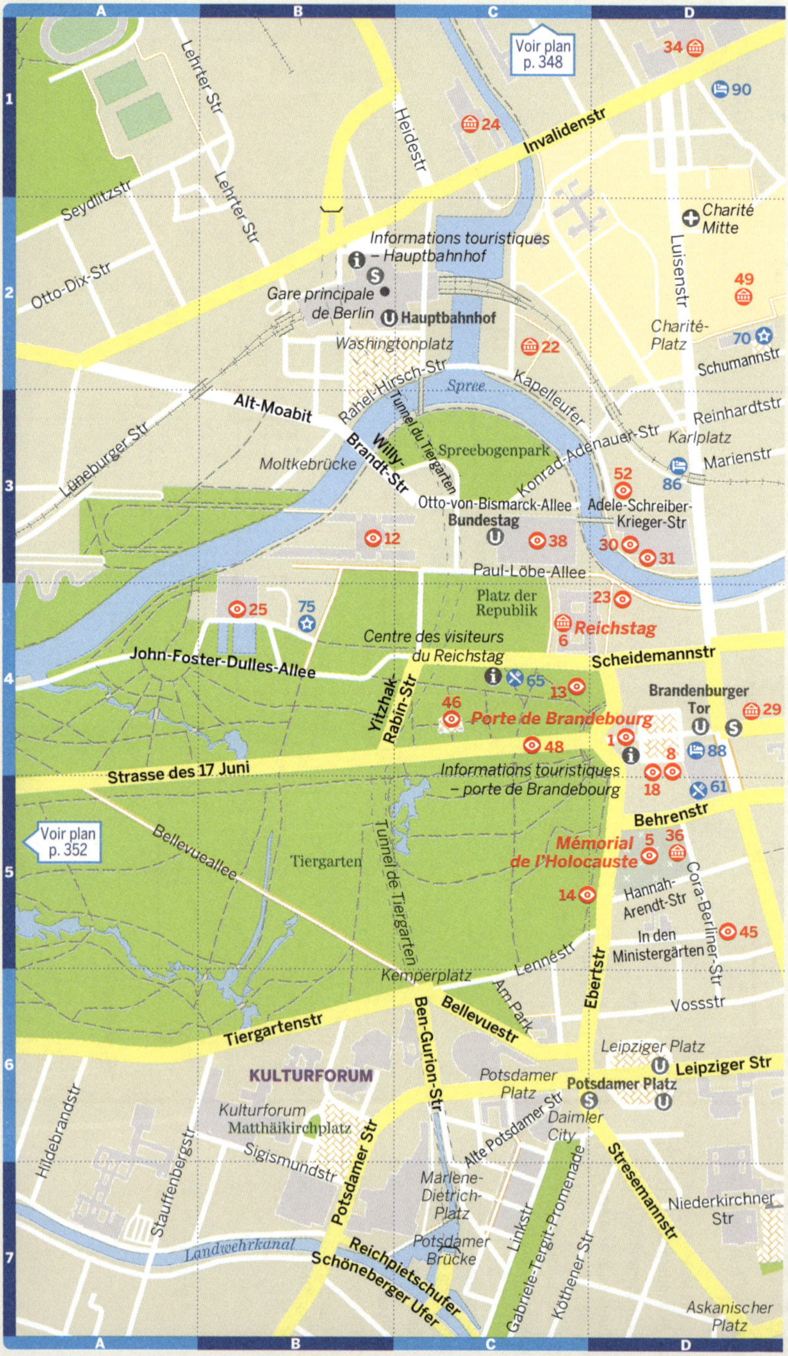

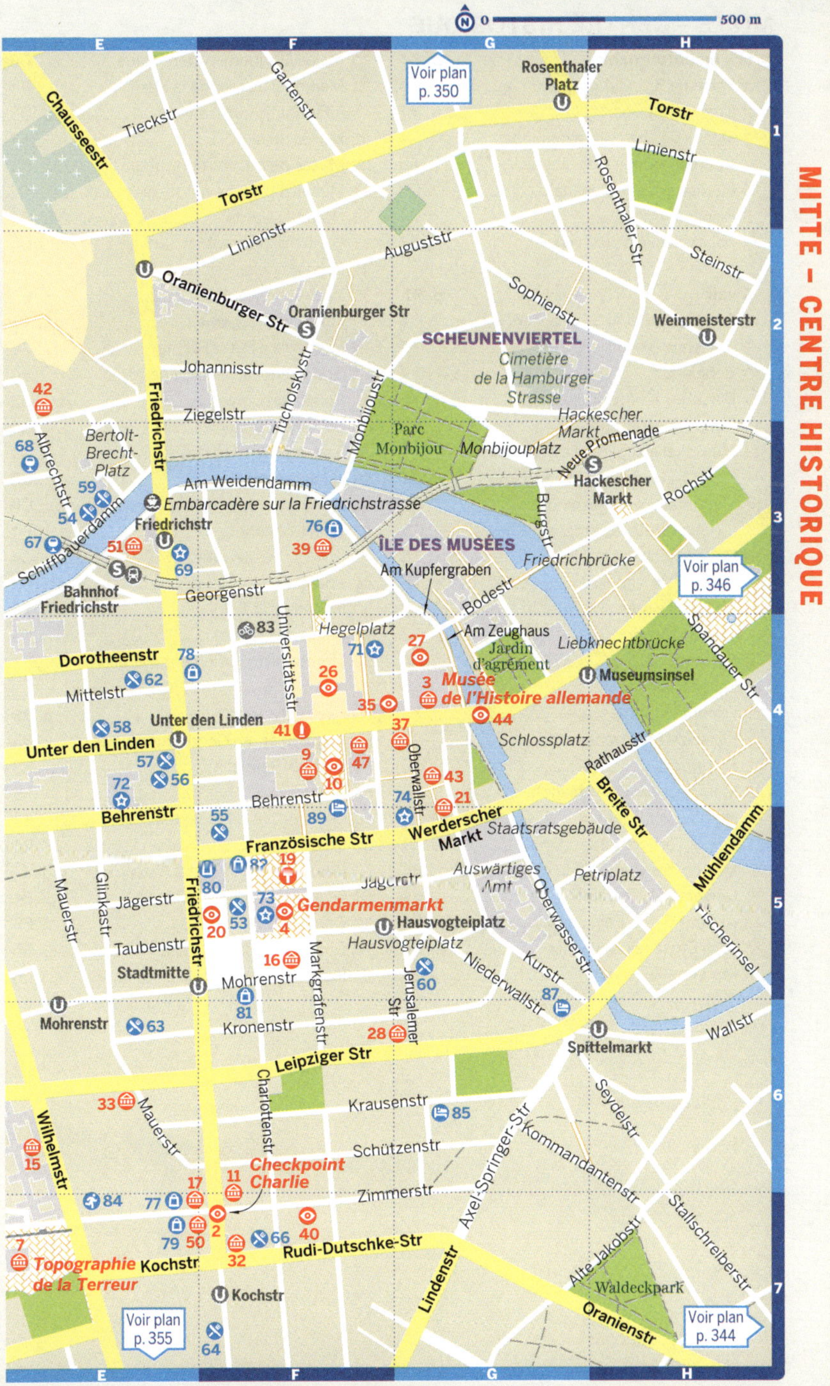
MITTE – CENTRE HISTORIQUE
0
500 m
Voir plan p. 350
Voir plan p. 346
Voir plan p. 355
Voir plan p. 344
Rosenthaler Platz
Torstr
Chausseestr
Tieckstr
Gartenstr
Linienstr
Auguststr
Rosenthaler Str
Steinstr
Sophienstr
Oranienburger Str
Weinmeisterstr
SCHEUNENVIERTEL
Cimetière de la Hamburger Strasse
Johannisstr
Tucholskystr
Monbijoustr
Ziegelstr
Friedrichstr
Albrechtstr
Bertolt-Brecht-Platz
Parc Monbijou
Monbijouplatz
Hackescher Markt
Neue Promenade
Rochstr
Am Weidendamm
Embarcadère sur la Friedrichstrasse
Schiffbauerdamm
Bahnhof Friedrichstr
ÎLE DES MUSÉES
Am Kupfergraben
Burgstr
Friedrichbrücke
Bodestr
Georgenstr
Universitätsstr
Hegelplatz
Am Zeughaus
Jardin d'agrément
Liebknechtbrücke
Spandauer Str
Museumsinsel
Dorotheenstr
Mittelstr
Unter den Linden
Musée de l'Histoire allemande
Schlossplatz
Oberwallstr
Rathausstr
Breite Str
Behrenstr
Französische Str
Werderscher Markt
Staatsratsgebäude
Mühlendamm
Jägerstr
Auswärtiges Amt
Petriplatz
Mauerstr
Glinkastr
Oberwasserstr
Fischerinsel
Gendarmenmarkt
Hausvogteiplatz
Taubenstr
Stadtmitte
Mohrenstr
Markgrafenstr
Jerusalemer Str
Niederwallstr
Kurstr
Kronenstr
Spittelmarkt
Wallstr
Leipziger Str
Seydelstr
Krausenstr
Wilhelmstr
Charlottenstr
Schützenstr
Axel-Springer-Str
Kommandantenstr
Checkpoint Charlie
Zimmerstr
Stallschreiberstr
Rudi-Dutschke-Str
Lindenstr
Alte Jakobstr
Topographie de la Terreur
Kochstr
Waldeckpark
Oranienstr

MITTE – CENTRE HISTORIQUE

Où prendre un verre et faire la fête **p. 101**

Où sortir **p. 101**

Shopping **p. 102**

Activités **p. 103**

Où se loger **p. 249**

ÎLE DES MUSÉES ET ALEXANDERPLATZ

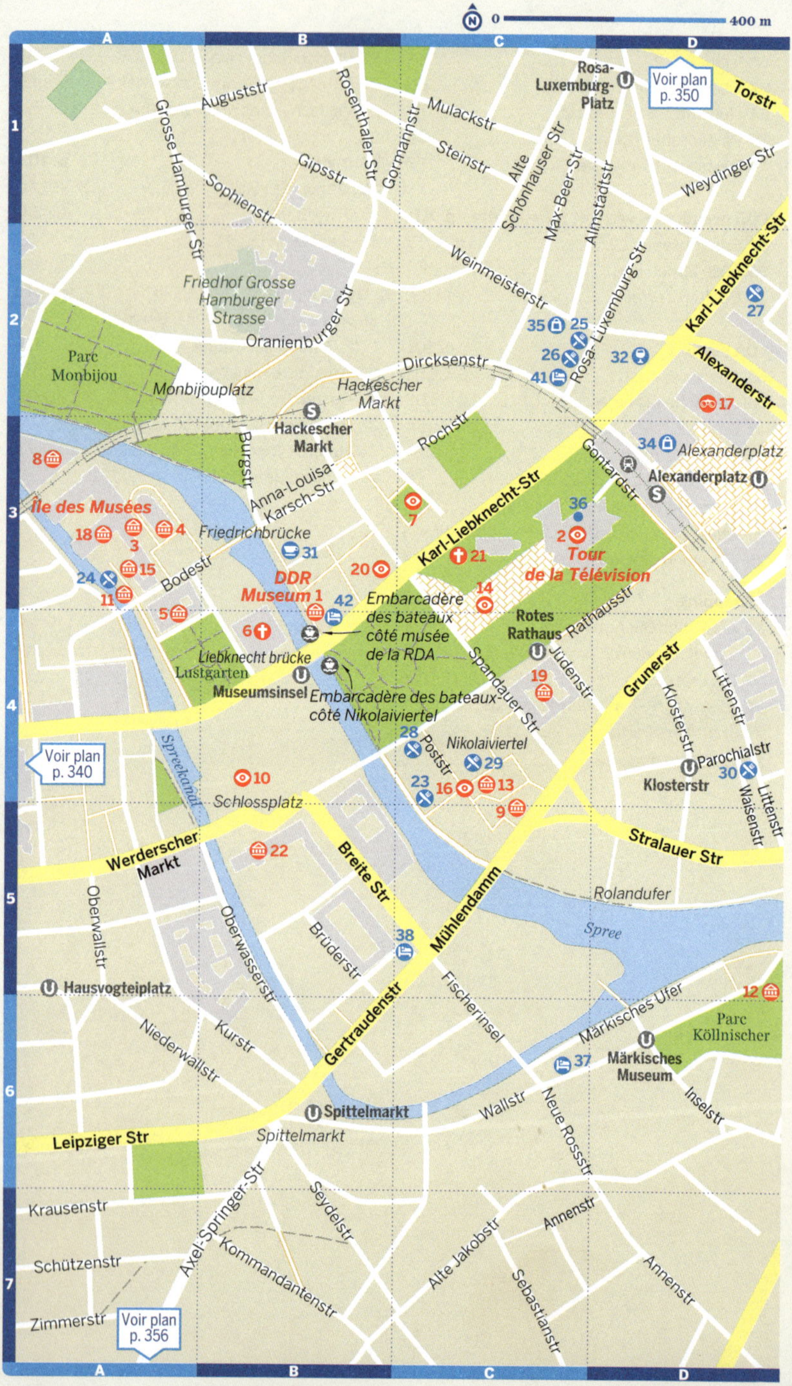

Les incontournables **p. 106**

1 Musée de la RDA B4
2 Tour de la Télévision C3
3 Île des Musées A3

À voir **p. 117**

4 Ancienne Galerie nationale ..A3
5 Ancien Musée A4
6 Cathédrale de Berlin B4
7 Bloc des Femmes C3
8 Musée Bode A3
9 Musée du Chanvre C5
10 Forum Humboldt B4
11 Galerie James-Simon A3
12 Musée de la Marche de Brandebourg D5
13 Musée Saint-Nicolas C4
14 Fontaine de Neptune C3
15 Nouveau Musée A3
16 Nikolaiviertel C4
17 Terrasse panoramique de Park Inn D2
18 Musée de Pergame A3
19 Hôtel de Ville C4
20 Sealife Berlin B3
21 Église Sainte-Marie C3
22 Conseil d'État B5

Où se restaurer **p. 121**

23 Brauhaus Georgbraeu C4
24 Cu29 ....A3
25 Dolores C2
26 Good Bank C2
27 Hofbräuhaus Berlin D2
28 Ngon C4
Sphere ....(voir 2)
29 Zum Nussbaum C4
30 Zur Letzten Instanz D4

Où prendre un verre et faire la fête **p. 123**

31 Allegretto Gran Cafe B3
32 Braufactum Berlin D2

Shopping **p. 123**

33 Alexa E4
34 Galeria Kaufhof D3
35 IC! Berlin C2

Sports et activités **p. 309**

36 Fat Tire Tours Berlin C3

Où se loger **p. 249**

37 art'otel berlin mitte C6
38 Capri by Fraser C5
39 One80° Hostel E2
40 Hotel Indigo Alexanderplatz E2
41 Motel One Berlin-Hackescher Markt C2
Park Inn by Radisson Berlin Alexanderplatz ....(voir 17)
42 Radisson Blu Hotel B4

SCHEUNENVIERTEL

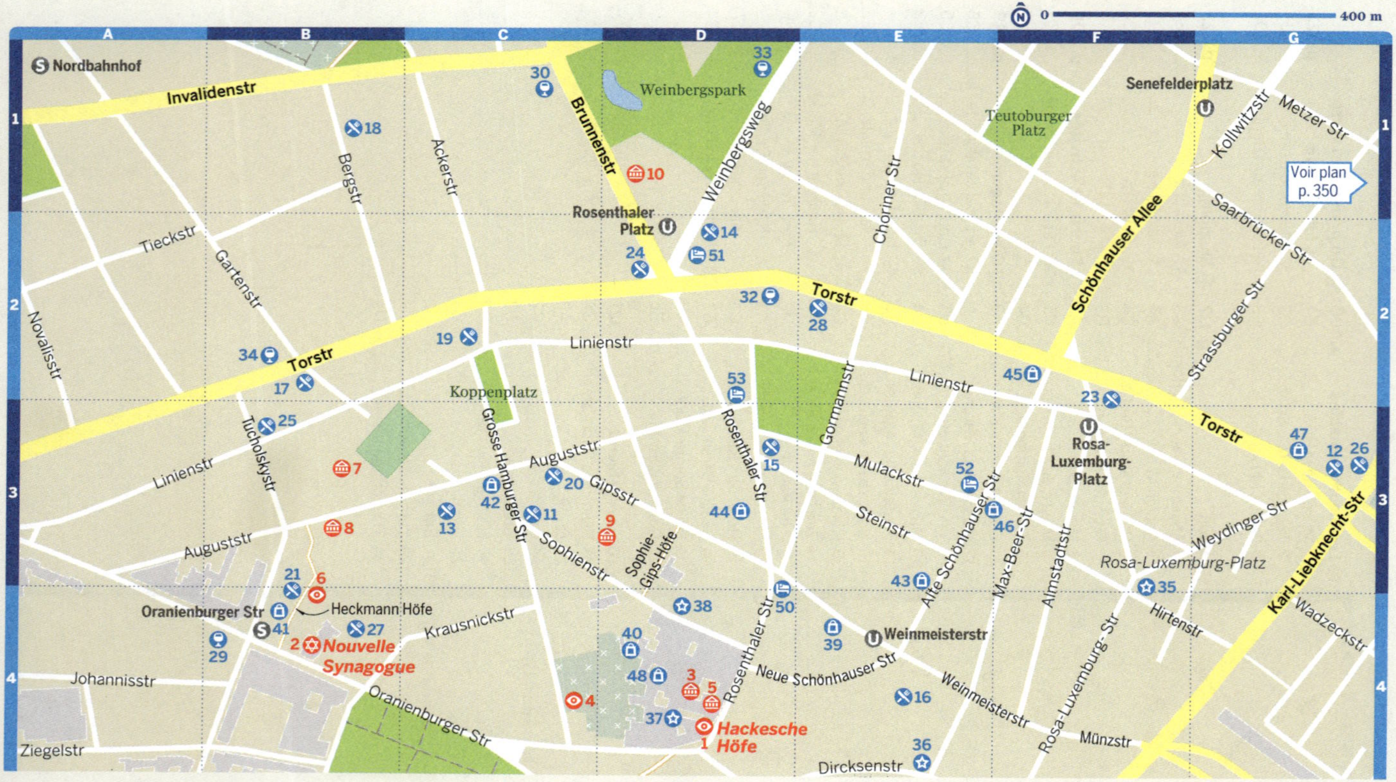

Les incontournables p. 126

- 1 Hackesche Höfe D4
- 2 Nouvelle Synagogue B4

À voir p. 127

- 3 Centre Anne Frank D4
- 4 Friedhof Grosse Hamburger Strasse C4
- 5 Haus Schwarzenberg D4
- 6 Heckmann-Höfe B4
- Ancienne école juive de filles .... (voir 8)
- 7 KW Institute for Contemporary Art B3
- Monsterkabinett .... (voir 3)
- Musée et atelier pour non-voyants Otto Weidt .... (voir 3)
- 8 Musée Frieder Burda – Salon Berlin B3
- 9 Collection Hoffmann D3
- 10 Times Art Center Berlin D1

Où se restaurer p. 129

- 11 Beets & Roots C3
- 12 Cecconi's G3
- 13 Clärchens Ballhaus C3
- 14 Daluma D2
- 15 District Môt D3
- 16 Father Carpenter E4
- 17 Frea B2
- 18 Katz Orange B1
- 19 Kopps C2
- 20 KWA C3
- Mogg .... (voir 8)
- Muret La Barba .... (voir 15)
- 21 Night Kitchen B4
- Pauly Saal .... (voir 8)
- 22 Petit Bijou B5
- 23 Remi F2
- 24 Rosenthaler Grill und Schlemmerbuffet D2
- 25 Schwarzwaldstuben B3
- 26 Store Kitchen G3
- 27 Tadshikische Teestube B4
- 28 To the Bone E2

Prendre un verre et faire la fête p. 132

- Amano Bar .... (voir 53)
- 29 Aufsturz B4
- 30 Buck & Breck C1
- Café Bravo .... (voir 7)
- Cafe Cinema .... (voir 5)
- 31 Coven D5
- Eschschloraque Rümschrümp .... (voir 3)
- 32 Mikkeler D2
- 33 Rosengarten D1
- 34 Torbar B2

Où sortir p. 136

- 35 Babylon F3
- 36 b-Flat E4
- 37 Chamäleon D4
- Hackesche Höfe Kino .... (voir 37)
- Kino Central .... (voir 3)
- 38 Sophiensaele D4

Shopping p. 136

- 39 1. Absinth Depot Berlin E4
- 40 Ampelmann Berlin D4
- 41 Bonbonmacherei B4
- 42 Do You Read Me?! C3
- 43 Hundt Hammer Stein E3
- 44 Kauf Dich Glücklich D3
- 45 lala Berlin F2
- 46 Paper & Tea E3
- 47 Schwarzer Reiter G3
- 48 Trippen Flagship Store D4

Sports et activités p. 29

- 49 Kinderbad Monbijou C5

Où se loger p. 250

- 50 Casa Camper D3
- 51 Circus Hostel D2
- 52 Flower's Boardinghouse Mitte E3
- 53 Hotel Amano D2

OUEST DE SCHEUNENVIERTEL

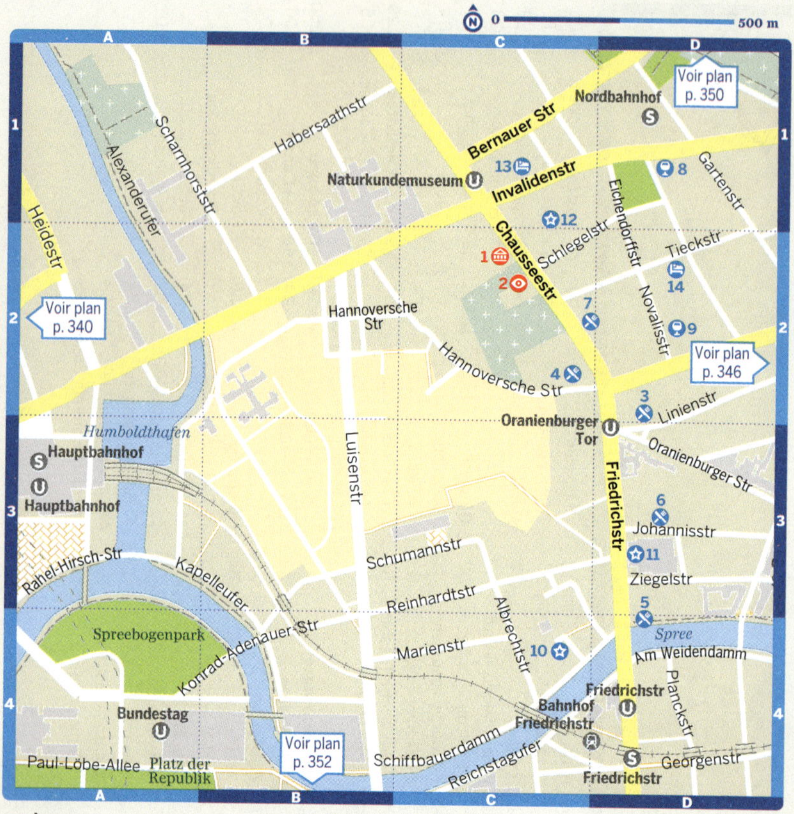

À voir **p. 127**

1 Musée Brecht-Weigel C2
2 Dorotheenstädtischer Friedhof C2

Où se restaurer **p. 129**

3 Dada Falafel D2
4 Einsunternull C2
5 Grill Royal D4
6 House of Small Wonder D3
7 Rutz C2
Zenkichi .... (voir 6)

Où prendre un verre et faire la fête **p. 132**

8 Castle D1
9 Melody Nelson D2

Où sortir **p. 136**

10 Berliner Ensemble C4
11 Friedrichstadt-Palast Berlin D3
12 Kunstfabrik Schlot C1

Où se loger **p. 250**

13 Boutique Hotel i31 .... C1
14 Honigmond Boutique Hotel D2

PRENZLAUER BERG

Les incontournables **p. 140**

1 Mémorial du Mur de Berlin A6

À voir **p. 142**

2 Friedrich-Ludwig-Jahn-Sportpark D3
3 Église Gethsémané E2
4 Cimetière juif
de Schönhauser Allee E6
5 Jugendfarm Moritzhof C2
6 Kollwitzplatz F5
7 Kulturbrauerei E4
8 Mauerpark D4
9 Musée de la Kulturbrauerei E4
10 Le Mythe Germania
– Vision et Crimes A2
11 Fondation Tchoban – Musée
du Dessin d'architecture D6
12 Zeiss Grossplanetarium G4

Où se restaurer **p. 145**

13 Anna Blume F5
14 Ataya Caffe G2
Ausspanne .... (voir 63)
15 Bird D3
16 Chutnify F5
17 Der Blaue Fuchs E5
18 Der Hahn ist Tot! D6
19 Eispatisserie Hokey Pokey F2
20 Habba Habba D5
21 Holy Everest D2
22 Kanaan F3
23 Konnopke's Imbiss E4
24 Lucky Leek F6
25 Mrs Robinson's F3
26 Oderquelle D4
27 Ost-West Cafe B5
28 Standard – Serious Pizza D6
29 Street Food auf Achse E5
30 Umami F6
31 W-Der Imbiss D6
32 Zum Schusterjungen E4

Où prendre un verre et faire la fête **p. 149**

33 August Fengler E4
34 Becketts Kopf F3
35 Bonanza Coffee Heroes D4
36 BrewDog B6
37 Bryk Bar F5
38 Cafe Chagall E7
39 Greifbar F2
40 Lamm Bar E1
41 Mauersegler C4
42 Prater Garten E4
43 Stone Brewing Tap Room D4
44 Weinerei Forum C6

Où sortir **p. 151**

45 Bearpit Karaoke C4
46 Dock 11 .... D5
47 Lichtblick Kino D5
48 Max-Schmeling-Halle D3

Shopping **p. 151**

49 DearGoods D1
50 Flohmarkt im Mauerpark C4
51 Goldhahn und Sampson F4
52 Kollwitzplatzmarkt F5
53 Ratzekatz F4
54 Saint Georges English Bookshop F5
55 Sugafari D2
Ta(u)sche .... (voir 53)
56 Trödelmarkt Arkonaplatz C5
57 Zweimalschön F4

Sports et activités **p. 145, p. 307, p. 309**

58 Berlin on Bike E5
59 Lila Bike E4
60 Schwedter Nordwand Climbing
Walls C2

Où se loger **p. 251**

61 Brilliant Apartments D4
62 EastSeven Berlin Hostel E6
63 Hotel Kastanienhof D6
64 Hotel Oderberger E5
65 Linnen D4

Légende p. 349

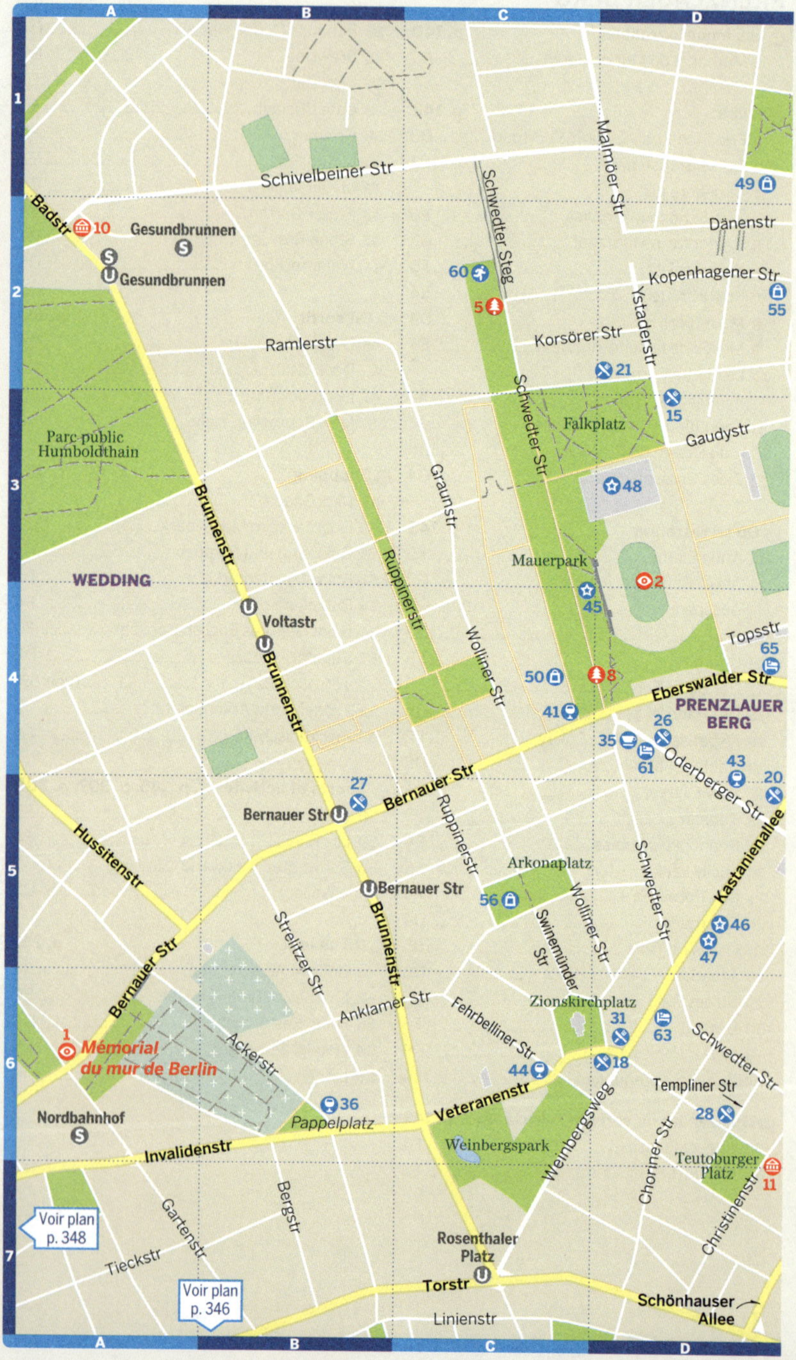

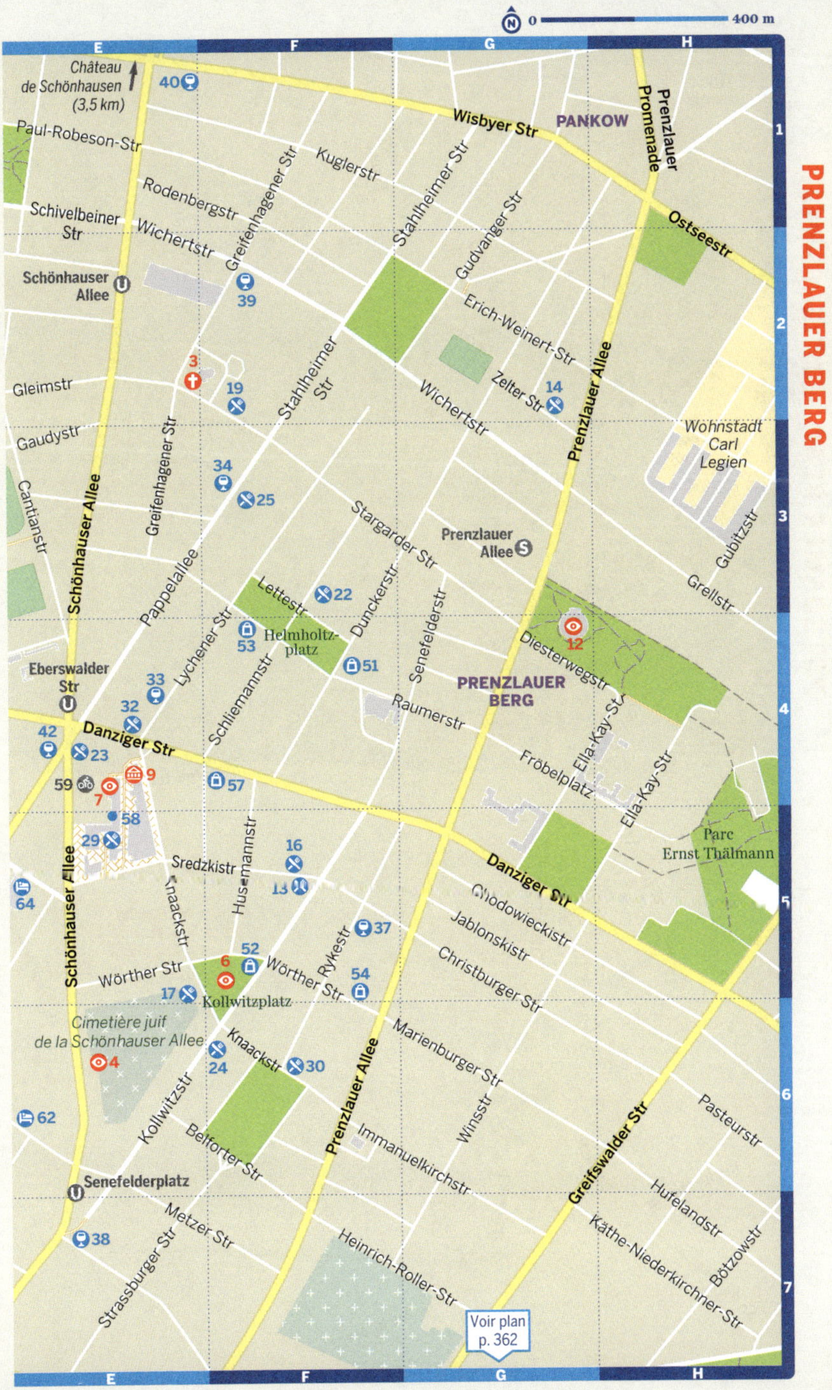
PRENZLAUER BERG
0
400 m
E
F
G
H
1
2
3
4
5
6
7
Château de Schönhausen (3,5 km)
PANKOW
Wisbyer Str
Prenzlauer Promenade
Ostseestr
Paul-Robeson-Str
Kuglerstr
Stahlheimer Str
Rodenbergstr
Greifenhagener Str
Gudvanger Str
Schivelbeiner Str
Wichertstr
Schönhauser Allee
Erich-Weinert-Str
Gleimstr
Zelter Str
Prenzlauer Allee
Wohnstadt Carl Legien
Gaudystr
Cantianstr
Stargarder Str
Gubitzstr
Prenzlauer Allee
Grellstr
Pappelallee
Lettestr
Helmholtz-platz
Dunckerstr
Senefelderstr
Diesterwegstr
Lychener Str
Eberswalder Str
Schliemannstr
PRENZLAUER BERG
Raumerstr
Ella-Kay-Str
Danziger Str
Fröbelplatz
Parc Ernst Thälmann
Sredzkistr
Husemannstr
Knaackstr
Chodowieckistr
Jablonskistr
Christburger Str
Rykestr
Wörther Str
Kollwitzplatz
Cimetière juif de la Schönhauser Allee
Marienburger Str
Greifswalder Str
Pasteurstr
Kollwitzstr
Belforter Str
Winsstr
Immanuelkirchstr
Senefelderplatz
Hufelandstr
Metzer Str
Käthe-Niederkirchner-Str
Bötzowstr
Strassburger Str
Heinrich-Roller-Str
Voir plan p. 362
40
39
3
19
14
34
25
22
12
53
51
33
32
42
23
9
59
7
57
58
29
16
13
64
37
52
6
54
17
24
30
4
62
38

Légende p. 354

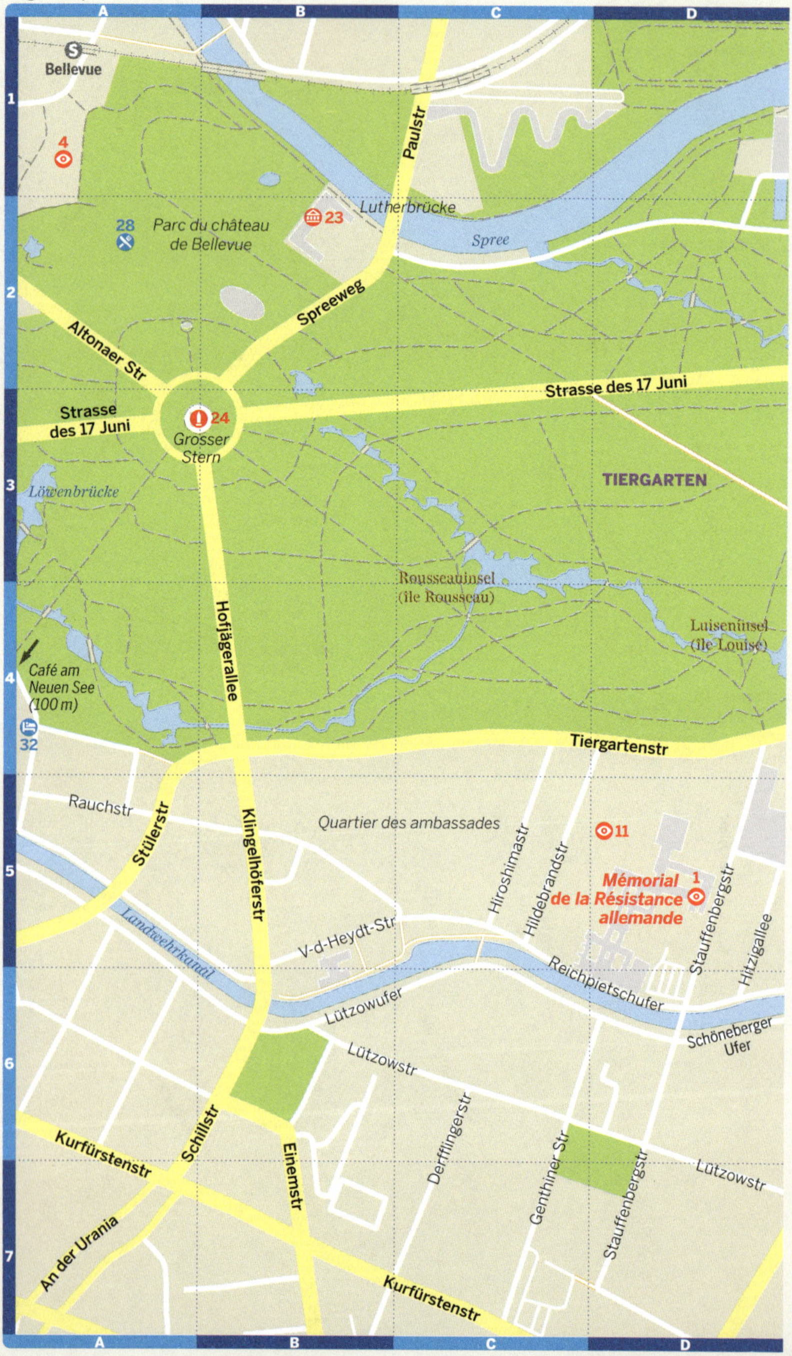

POTSDAMER PLATZ ET TIERGARTEN

POTSDAMER PLATZ ET TIERGARTEN

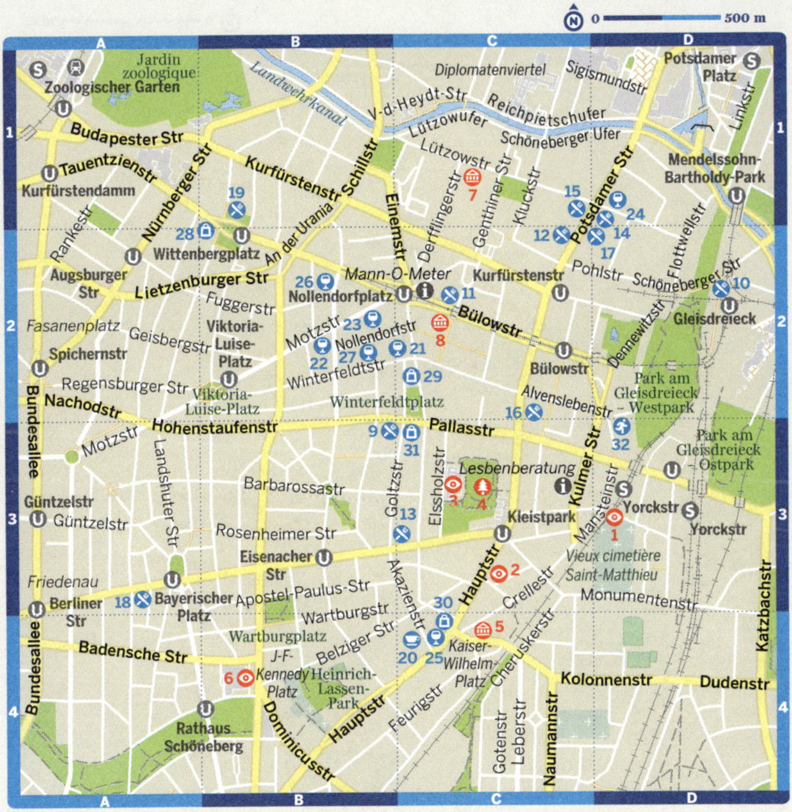

À voir p. 171

1 Vieux cimetière Saint-Matthieu........... D3
2 Appartement de David Bowie.......... C3
3 Kammergericht............ C3
4 Kleistpark...................... C3
5 Musée des Choses inouïes........................C4
6 Mairie de Schöneberg...B4
7 Musée de l'Homosexualité.....C1
8 Musée Urban Nation.....C2

Où se restaurer p. 173

9 Bonvivant Cocktail Bistro.......................... B3
10 BRLO Brwhouse........... D2
11 Frühstück 3000........... C2
12 Irma La Douce.............. C2
13 Jones Ice Cream C3
14 Joseph-Roth-Diele.........D1
15 Kin Dee...........................C1
16 Malakeh...........................C2
Rocket + Basil ......(voir 24)
17 Sticks'n'Sushi................ D2
18 Taverna Ousia A3
19 Witty's Bioland Imbiss..........................B1

Où prendre un verre et faire la fête p. 175

20 Double Eye.................... C4
21 Green Door C2
22 Hafen B2
23 Heile Welt...................... B2
24 Kumpelnest 3000.........D1
25 Möve im Felsenkeller.... C4
26 Sally Bowles.................. B2
27 Stagger Lee B2
Tom's Bar.............(voir 22)
Victoria Bar .... (voir 12)

Où sortir p. 176

Wintergarten Variété................(voir 12)

Shopping p. 176

Acne Studios .... (voir 17)
Flohmarkt am Rathaus Schöneberg ....(voir 6)
28 KaDeWe........................ B2
29 Markt am Winterfeldtplatz C2
30 Öz-Gida Supermarkt C4
31 Winterfeldt Schokoladen............... C3

Sports et activités p. 174

32 Sultan Hamam Berlin ... D3

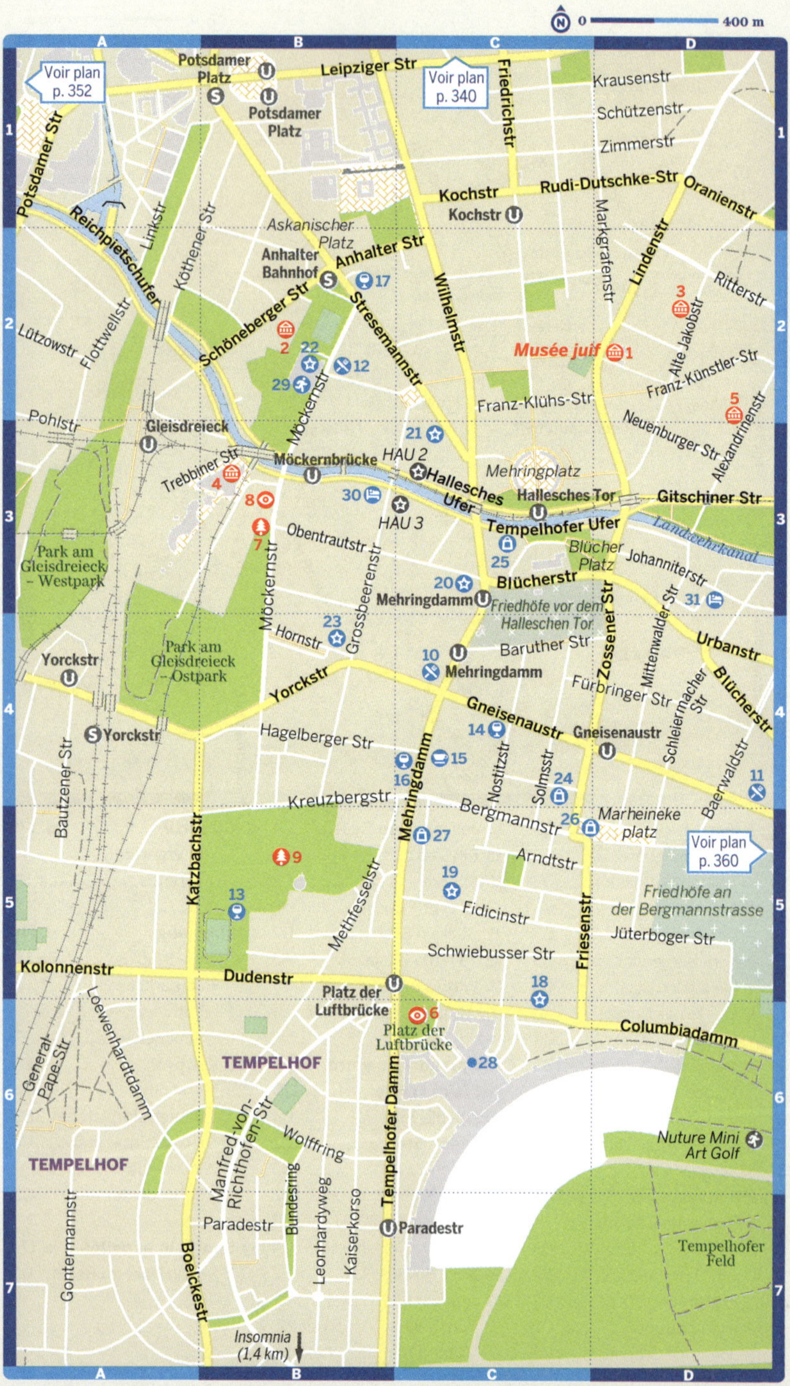

0
400 m
A
B
C
D
1
2
3
4
5
6
7
Voir plan p. 352
Voir plan p. 340
Voir plan p. 360
Potsdamer Platz
Potsdamer Platz
Leipziger Str
Friedrichstr
Krausenstr
Schützenstr
Zimmerstr
Potsdamer Str
Kochstr
Rudi-Dutschke-Str
Oranienstr
Kochstr
Reichpietschufer
Linkstr
Köthener Str
Askanischer Platz
Anhalter Bahnhof
Anhalter Str
17
Wilhelmstr
Markgrafenstr
Lindenstr
Ritterstr
Lützowstr
Flottwellstr
Schöneberger Str
Stresemannstr
2
22
12
29
Möckernstr
Musée juif
1
3
Alte Jakobstr
Franz-Künstler-Str
5
Alexandrinenstr
Franz-Klühs-Str
Neuenburger Str
Pohlstr
Gleisdreieck
21
Trebbiner Str
4
Möckernbrücke
HAU 2
Hallesches Ufer
Mehringplatz
Hallesches Tor
Gitschiner Str
8
30
HAU 3
Tempelhofer Ufer
Landwehrkanal
7
Obentrautstr
25
Blücher Platz
Johanniterstr
Park am Gleisdreieck – Westpark
Grossbeerenstr
20
Blücherstr
Mehringdamm
Friedhöfe vor dem Halleschen Tor
31
Zossener Str
Mittenwalder Str
Möckernstr
23
Hornstr
Urbanstr
Park am Gleisdreieck – Ostpark
10
Mehringdamm
Baruther Str
Yorckstr
Yorckstr
Fürbringer Str
Schleiermacher Str
Blücherstr
Gneisenaustr
Gneisenaustr
14
Yorckstr
Hagelberger Str
15
16
Mehringdamm
Nostitzstr
Solmsstr
24
Baerwaldstr
11
Bautzener Str
Kreuzbergstr
Bergmannstr
26
Marheineke platz
Katzbachstr
27
9
Arndtstr
19
Friedhöfe an der Bergmannstrasse
13
Methfesselstr
Fidicinstr
Friesenstr
Jüterboger Str
Schwiebusser Str
Kolonnenstr
Dudenstr
Platz der Luftbrücke
18
Loewenhardtdamm
6
Platz der Luftbrücke
Columbiadamm
General-Pape-Str
TEMPELHOF
28
Manfred-von-Richthofen-Str
Wolffring
Tempelhofer Damm
Nuture Mini Art Golf
TEMPELHOF
Bundesring
Leonhardyweg
Kaiserkorso
Gontermannstr
Paradestr
Paradestr
Tempelhofer Feld
Boelckestr
Insomnia (1,4 km)

OUEST DE KREUZBERG

EST DE KREUZBERG

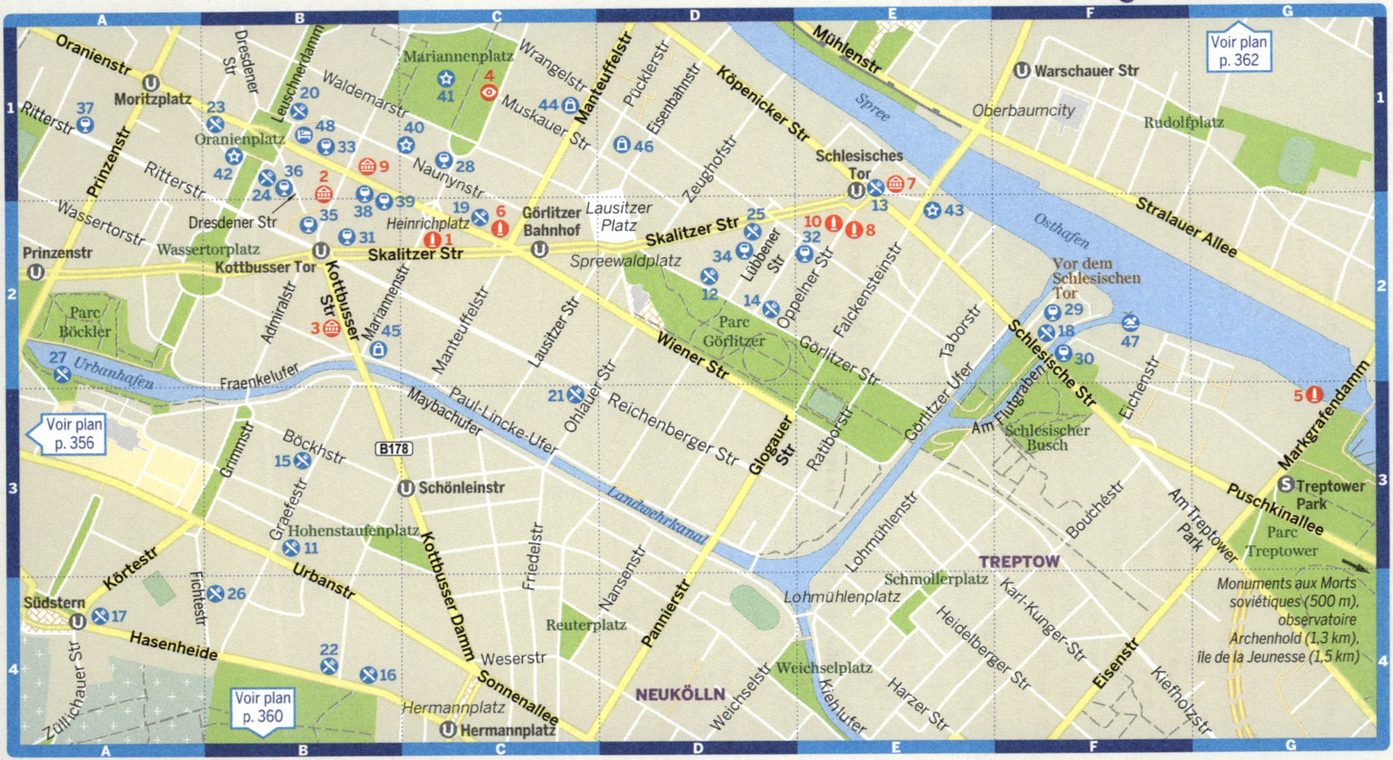

EST DE KREUZBERG

À voir **p. 184**

1 Fresque Astronaut/Cosmonaut ... C2
2 Musée FHXB de Friedrichshain-Kreuzberg B1
3 Cité d'artistes de Béthanie B2
4 Kunstquartier Bethanien C1
5 Molecule Man G3
6 Fresque Nature Morte C2
Fresque Pink Man .... (voir 43)
7 Ramones Museum E1
8 Fresque Rounded Heads E2
9 Musée des Choses B1
10 Fresque Yellow Man E2

Où se restaurer **p. 185**

11 Albatross Bakery & Cafe B3
12 Annelies D2
13 Burgermeister E1
14 Café Mugrabi D2
15 Cocolo Ramen X-Berg B3
16 Con Tho B4
17 Fes Turkish BBQ A4
18 Freischwimmer F2
19 Goldies C2
20 Henne B1
21 Mama Shabz C3
22 Masaniello B4
23 Max und Moritz B1
24 Ora B1
Orania.Restaurant .... (voir 48)
Sironi .... (voir 46)
25 Ta'Cabrón Taquería D2
26 Tulus Lotrek B4
27 Van Loon A2

Prendre un verre et faire la fête **p. 189**

28 Apotheken Bar C1
29 Birgit & Bier F2
30 Club der Visionäre F2
31 Fahimi Bar B2
GMF .... (voir 37)
32 Hopfenreich E2
33 Luzia B1
34 Madame Claude D2
35 Möbel Olfe B2
36 Otto Rink B1
37 Ritter Butzke A1
38 Roses B1
39 SO36 .... B2
Würgeengel .... (voir 36)

Où sortir **p. 191**

40 Ballhaus Naunynstrasse C1
41 Freiluftkino Kreuzberg C1
42 fsk-Kino B1
43 Musik & Frieden E2

Shopping **p. 192**

44 Folkdays C1
45 Hard Wax B2
46 Markthalle Neun D1
VooStore .... (voir 9)

Sports et activités **p. 193**

47 Badeschiff F2

Où se loger **p. 252**

48 Orania.Berlin B1

NEUKÖLLN

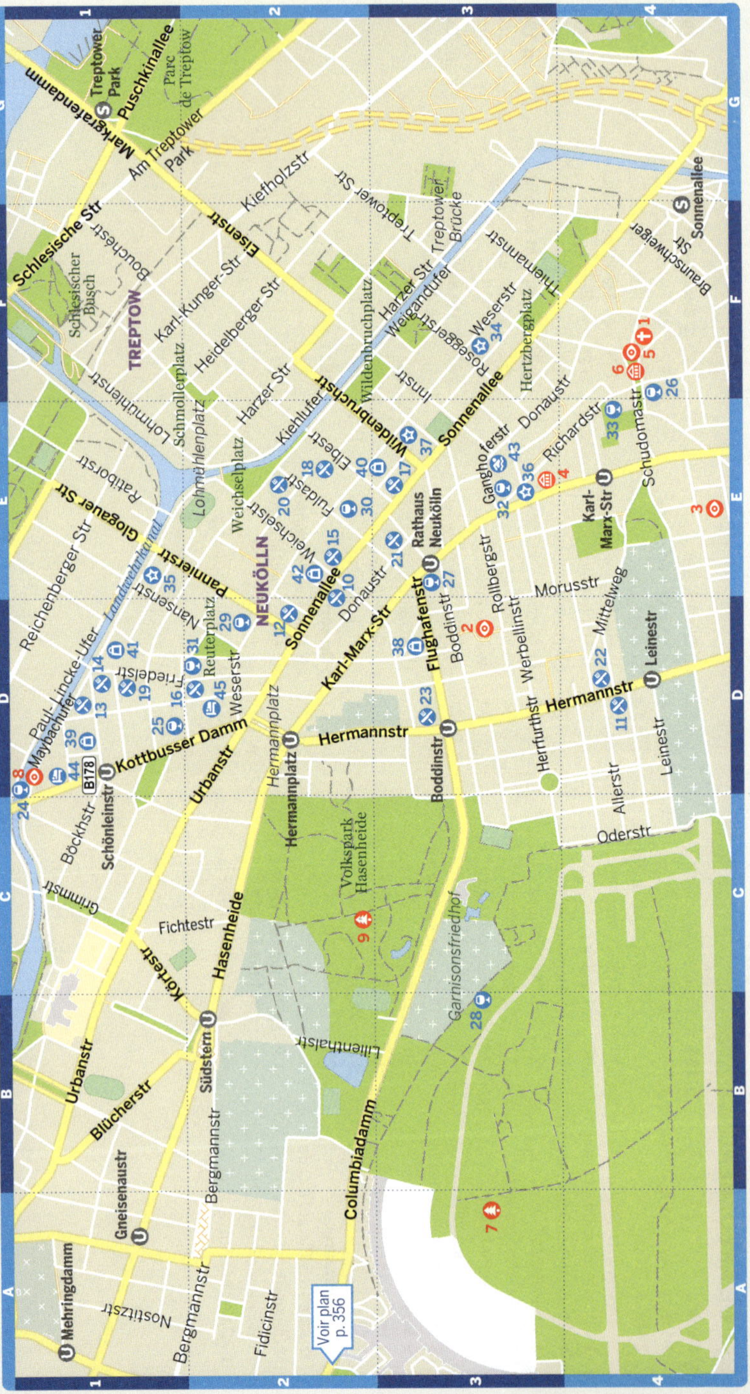

0
500 m
N
Treptower Park
Puschkinallee
Parc de Treptow
Markgrafendamm
Am Treptower Park
Schlesische Str
Bouchéstr
Schlesischer Busch
TREPTOW
Eisenstr
Kiefholzstr
Karl-Kunger-Str
Heidelberger Str
Treptower Str
Schmollerplatz
Lohmühlenstr
Lohmühlenplatz
Harzer Str
Wildenbruchplatz
Weigandufer
Treptower Brücke
Kiehlufer
Wildenbruchstr
Weserstr
Rosegerstr
Thiemannstr
Innstr
Sonnenallee
Hertzbergplatz
Braunschweiger Str
Donaustr
Ganghoferstr
Richardstr
Schudomastr
Karl-Marx-Str
Elbestr
Fuldastr
Weichselplatz
Weichselstr
Ratiborstr
Glogauer Str
Reichenberger Str
Landwehrkanal
Pannierstr
Nansenstr
NEUKÖLLN
Rathaus Neukölln
Rollbergstr
Morusstr
Werbellinstr
Mittelweg
Boddinstr
Flughafenstr
Leinestr
Hermannstr
Herrfurthstr
Allerstr
Oderstr
Paul-Lincke-Ufer
Maybachufer
Friedelstr
Reuterplatz
Weserstr
Kottbusser Damm
B178
Schönleinstr
Böckhstr
Hermannplatz
Urbanstr
Grimmstr
Fichtestr
Hasenheide
Volkspark Hasenheide
Körtestr
Garnisonsfriedhof
Lilienthalstr
Südstern
Bergmannstr
Blücherstr
Gneisenaustr
Columbiadamm
Mehringdamm
Nostitzstr
Fidicinstr
Voir plan p. 356

NEUKÖLLN

À voir — p. 196

1 Bethlehemskirche F4
2 KINDL – Centre d'art contemporain D3
3 Körnerpark E4
4 Musée du Théâtre de marionnettes E3
5 Rixdorf F4
6 Rixdorfer Schmiede F4
7 Tempelhofer Feld A3
8 Marché turc D1
9 Volkspark Hasenheide C2

Où se restaurer — p. 197

10 Azzam D2
11 Barra D4
12 Berlin Burger International D2
Brammibal's Donuts .... (voir 44)
13 Cafe Jacques D1
14 Chicha D1
15 City Chicken E2
16 Coda D2
17 Damaskus Konditorei E3
18 eins44 .... E2
19 Fräulein Frost D1
20 Knödelwirtschaft E2
21 La Bolognina E3
22 La Stella Nera D4
23 Two Planets D3

Où prendre un verre et faire la fête — p. 199

24 Ankerklause D1
25 Geist im Glass D1
26 Herr Lindemann F4
27 Klunkerkranich E3
28 Luftgarten B3
29 Thelonius D2
30 TiER E2
31 Truffle Pig D2
32 Velvet Bar E3
33 Zosse E4

Où sortir — p. 200

34 Comedy Café Berlin F3
35 Il Kino E1
36 Neuköllner Oper E3
37 Wolf Kino E3

Shopping — p. 201

38 Curious Fox D3
39 Kollateralschaden D1
40 Neuzwei E3
41 Nowkoelln Flowmarkt D1
42 Shio Store E2

Sports et activités — p. 201

43 Stadtbad Neukölln E3

Où se loger — p. 253

44 Hotel Prens Berlin D1
45 Hüttenpalast D2

Légende p. 364

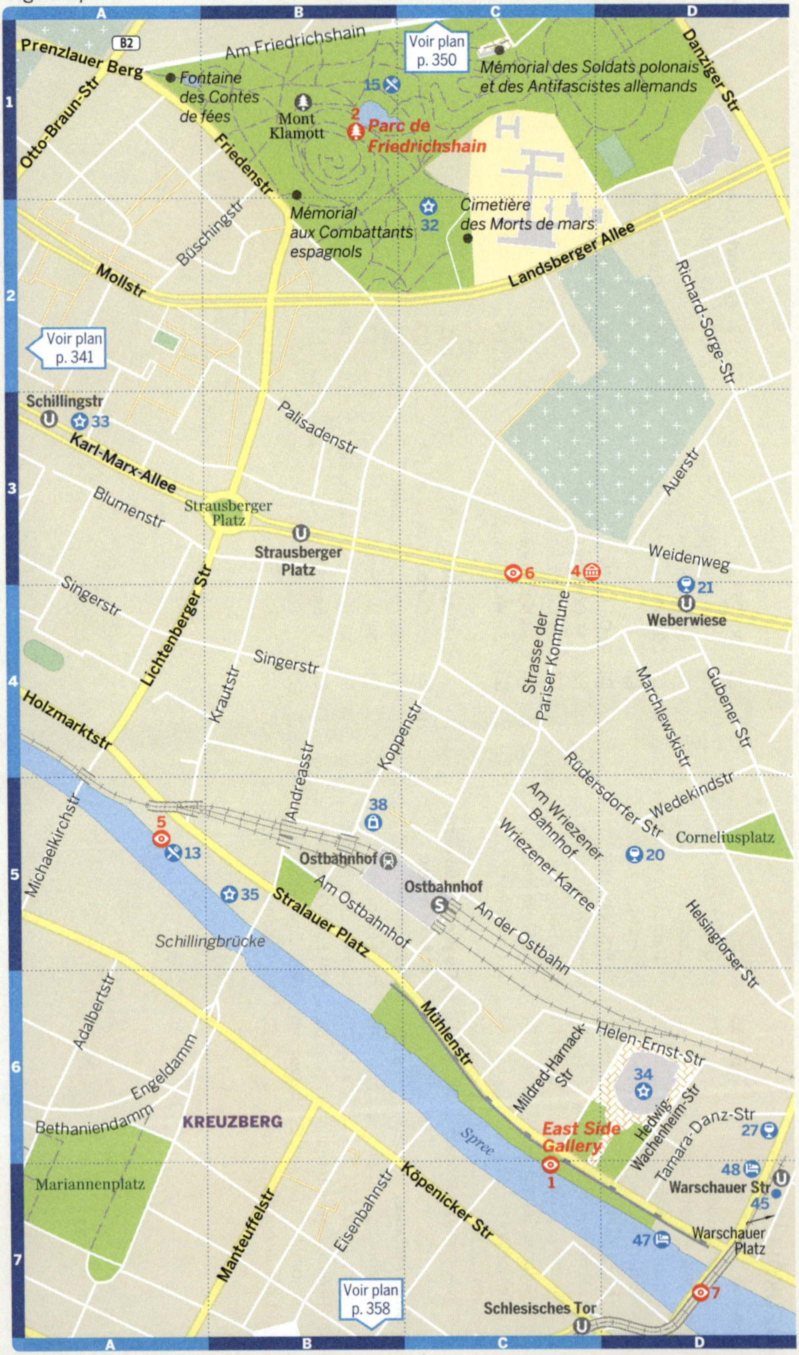

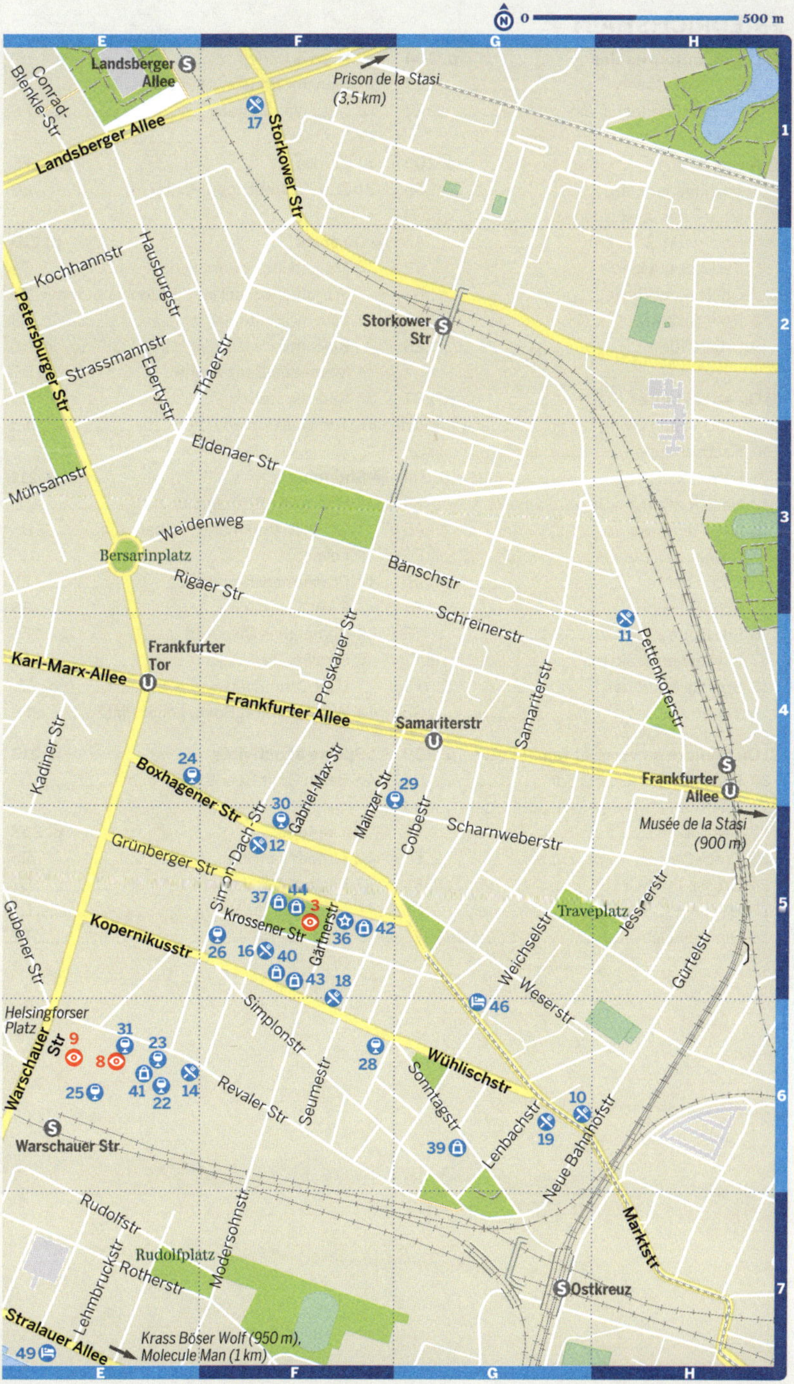

FRIEDRICHSHAIN
0
500 m
Landsberger Allee
Landsberger Allee
Conrad-Blenkle-Str
Prison de la Stasi (3,5 km)
Storkower Str
Kochhannstr
Hausburgstr
Petersburger Str
Strassmannstr
Ebertystr
Thaerstr
Storkower Str
Eldenaer Str
Mühsamstr
Weidenweg
Bersarinplatz
Rigaer Str
Bänschstr
Schreinerstr
Pettenkoferstr
Frankfurter Tor
Karl-Marx-Allee
Proskauer Str
Frankfurter Allee
Samariterstr
Samariterstr
Frankfurter Allee
Musée de la Stasi (900 m)
Kadiner Str
Boxhagener Str
Gabriel-Max-Str
Simon-Dach-Str
Mainzer Str
Colbestr
Scharnweberstr
Grünberger Str
Krossener Str
Gärtnerstr
Traveplatz
Jessnerstr
Weichselstr
Weserstr
Gürtelstr
Gubener Str
Kopernikusstr
Simplonstr
Helsingforser Platz
Warschauer Str
Wühlischstr
Revaler Str
Seumestr
Sonntagstr
Lenbachstr
Neue Bahnhofstr
Warschauer Str
Rudolfstr
Modersohnstr
Rudolfplatz
Lehmbruckstr
Rotherstr
Marktstr
Ostkreuz
Stralauer Allee
Krass Böser Wolf (950 m), Molecule Man (1 km)

FRIEDRICHSHAIN

QUARTIERS OUEST ET CHARLOTTENBURG

Légende p. 365

QUARTIERS OUEST ET CHARLOTTENBURG

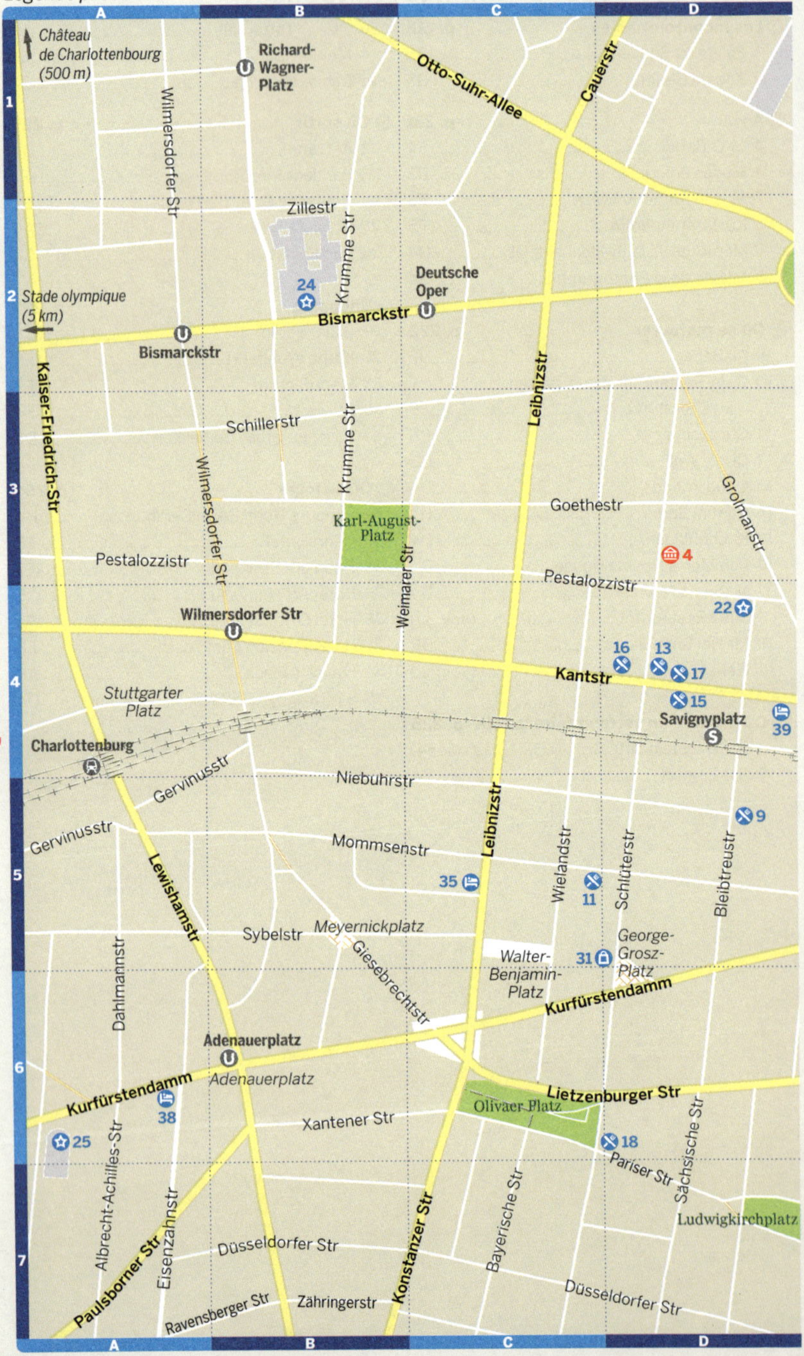

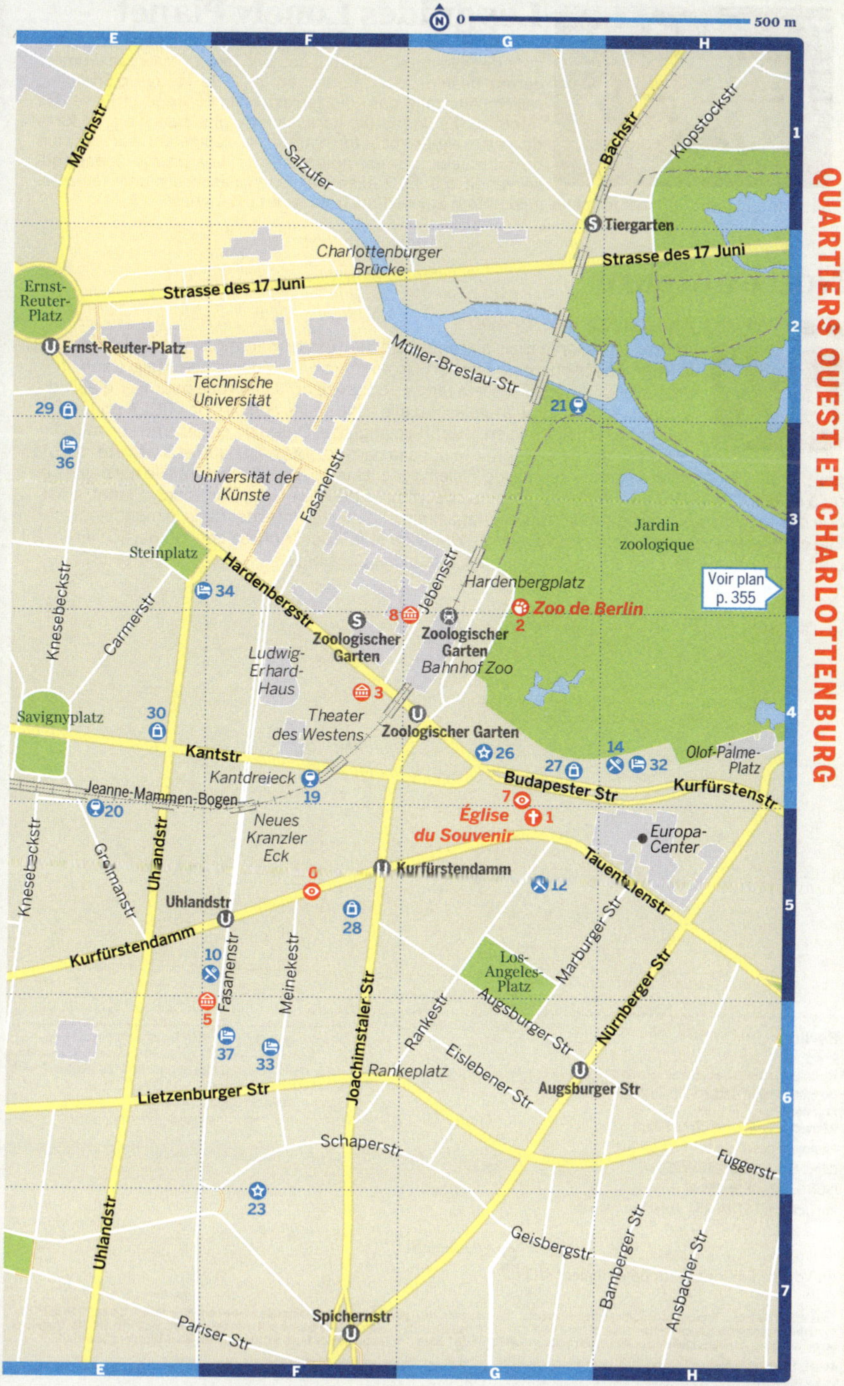

0 500 m
QUARTIERS OUEST ET CHARLOTTENBURG
Marchstr
Salzufer
Bachstr
Klopstockstr
Tiergarten
Charlottenburger Brücke
Strasse des 17 Juni
Ernst-Reuter-Platz
Müller-Breslau-Str
Technische Universität
Universität der Künste
Fasanenstr
Jardin zoologique
Steinplatz
Hardenbergstr
Hardenbergplatz
Jebensstr
Voir plan p. 355
Zoo de Berlin
Knesebeckstr
Carmerstr
Zoologischer Garten
Ludwig-Erhard-Haus
Bahnhof Zoo
Theater des Westens
Savignyplatz
Kantstr
Olof-Palme-Platz
Kantdreieck
Budapester Str
Kurfürstenstr
Jeanne-Mammen-Bogen
Église du Souvenir
Neues Kranzler Eck
Europa-Center
Grolmanstr
Uhlandstr
Kurfürstendamm
Tauentzienstr
Marburger Str
Meinekestr
Joachimstaler Str
Los-Angeles-Platz
Nürnberger Str
Rankestr
Augsburger Str
Eislebener Str
Rankeplatz
Lietzenburger Str
Schaperstr
Fuggerstr
Geisbergstr
Bamberger Str
Ansbacher Str
Pariser Str
Spichernstr

Les guides Lonely Planet

Une vieille voiture déglinguée, quelques dollars en poche et le goût de l'aventure, c'est tout ce dont Tony et Maureen Wheeler eurent besoin pour réaliser, en 1972, le voyage d'une vie : rallier l'Australie par voie terrestre via l'Europe et l'Asie. De retour après un périple harassant de plusieurs mois, et forts de cette expérience formatrice, ils rédigèrent sur un coin de table leur premier guide, *Across Asia on the Cheap*, qui se vendit à 1 500 exemplaires en l'espace d'une semaine. Ainsi naquit Lonely Planet, dont les guides sont aujourd'hui traduits en 13 langues.

Notre auteure

Andrea Schulte-Peevers

Andrea vit à Berlin mais a grandi à Bochum, charmante ville industrielle de la Ruhr, que le chanteur Herbert Grönemeyer a fait connaître. Malgré son amour pour cette ville, elle a fait ses bagages après le lycée pour filer d'abord à Londres, puis à Los Angeles, où elle a hanté les couloirs de l'UCLA pour décrocher un diplôme en littérature anglaise. Dotée de ce sésame convoité, elle s'est lancée sans crainte dans la carrière journalistique et a vite été recrutée par Lonely Planet pour sa connaissance de l'Allemagne. Une collaboration dont elle n'a depuis eu qu'à se féliciter. En 20 ans, Andrea a écrit ou coécrit près de 100 titres pour Lonely Planet, ainsi que des articles pour des quotidiens, des magazines et des sites Internet dans le monde entier. Elle est également consultante en voyage, traductrice et éditrice. Andrea connaît particulièrement bien l'Allemagne, les Émirats arabes unis, la Crète et les Caraïbes.

Berlin
9e édition
Traduit et adapté de l'ouvrage *Berlin City, 12th edition, November 2021*

92 avenue de France - 75013 Paris
Photographes © comme indiqué 2021
Dépôt légal Septembre 2021
ISBN 978-2-81619-289-6
Imprimé par ESTIMPRIM, Autechaux, France

En Voyage Éditions | un département édi8